froiam & basiliscū hie
mis tempore misit sicque
in palatio hoc & natalem
dni & pascha a domno
rege celebrata sunt &
in mutauit se numerus
annorum. in

DCCXCVIIII

Romani leonē papā l&a
nia maiore captū exce
cauerunt ac lingua detrun
cauerunt. qui in custodiā
missus nocte per murū
euasit. & ad legatos dom
ni regis qui tunc apud ba
silicam sci petri erant
uuirundū scilicet abbatē
& uuinigisū spoletinū ducē
ueniens spoletiū est de
ductus; Domnus rex ad sa
xoniā profectus in loco
qui uocatur paderbrunno

[…]tis castris consedit
[…]nde diuisa exercitu
carlū filium suū cum
medietate ad conloquiū
sclauorū que rexipondos
[…]inde nordliudis uene
[…]nt saxones in barden
[…]uui direxit. ipse alte
ra medietate secum rexema:
eodē inloco leonē pontifice
summo cū honore suscepit
ibique redditū carli filii sui
expectans leonē pontifi
ce simili quo susceptꝰ est.
honore dimisit qui statim
romā profectꝰ est. et rex
aquasgrani palaciū suū
reuersus est inea dō expe
dicione legatus michahe
lis sicilie prefecti nomi
ne daniel ad domnum
regem uenit. adq; inde

799

Karl der Große
und Papst Leo III.
in Paderborn

KUNST UND KULTUR DER KAROLINGERZEIT

Band 1

Katalog der Ausstellung
Paderborn 1999

herausgegeben von Christoph Stiegemann
und Matthias Wemhoff

SCS PETRVS
SCISSIMV DN LEO PP
DN CARVLO REGI
BEATE PETRE DONAS
VITA LEON PP E BICTO
RIA CARVLO REGI DONAS

799 Kunst und Kultur der Karolingerzeit

Karl der Große und Papst Leo III. in Paderborn

Band 1

Katalog der Ausstellung
Paderborn 1999

herausgegeben von
Christoph Stiegemann und
Matthias Wemhoff

VERLAG PHILIPP VON ZABERN · MAINZ

799 – Kunst und Kultur der Karolingerzeit
Karl der Große und Papst Leo III. in Paderborn

Eine gemeinsame Ausstellung der Stadt Paderborn, des Erzbistums Paderborn und des Landschaftsverbandes Westfalen-Lippe vom 23. Juli – 1. November 1999

Die Ausstellung wurde gefördert durch

Ernst von Siemens-Kunstfonds
Stiftung Kunst und Kultur des Landes NRW
Nordrhein-Westfalen-Stiftung
Eurowings
Kulturstiftung der Länder

EvS
ERNST VON SIEMENS KUNSTFONDS

STIFTUNG
KUNST UND KULTUR
DES LANDES NRW

Gefördert von der
Nordrhein-Westfalen-Stiftung
Naturschutz, Heimat- und Kulturpflege

eurowings
OFFICIAL CARRIER

Gefördert von der KulturStiftung der Länder
aus Mitteln des Beauftragten der Bundesregierung für Angelegenheiten der Kultur und der Medien

Katalog in zwei Teilbänden zur Ausstellung in Paderborn

799 – Kunst und Kultur der Karolingerzeit
Karl der Große und Papst Leo III. in Paderborn

Band I:
XLII, 417 Seiten mit 455 Farb- und 158 Schwarzweißabbildungen

Band II:
VIII, 520 Seiten (419–938) mit 289 Farb- und 141 Schwarzweißabbildungen

Umschlag Vorderseite: Evangelist Johannes im Lorscher Evangeliar. Vatikanstadt, Biblioteca Apostolica Vaticana, Pal. lat. 50, fol. 67v (Kat.Nr. X.21b)

Vorsatz: Annales regni Francorum (Reichsannalen), 9. Jahrhundert. Vatikanstadt, Biblioteca Apostolica Vaticana, Vat. reg. lat. 617, fol. 31v – 32r (Kat.Nr. II.1)

Frontispiz: Trikliniumsmosaik, Rom, S. Giovanni in Laterano

Umschlag Rückseite: Wandmalereifragment mit Ranke. Paderborn, Westfälisches Museum für Archäologie, Museum in der Kaiserpfalz

Die Deutsche Bibliothek – CIP-Einheitsaufnahme

799 – Kunst und Kultur der Karolingerzeit :
Karl der Große und Papst Leo III. in Paderborn ;
[Ausstellung der Stadt Paderborn, des Erzbistums Paderborn und des Landschaftsverbandes Westfalen-Lippe vom 23. Juli – 1. November 1999] / hrsg. von Christoph Stiegemann und Matthias Wemhoff. – Mainz : von Zabern

Bd. 1 und 2 (1999) (Katalog-Handbuch)
ISBN 3-8053-2456-1
ISBN 3-8053-2460-X (Museumsausgabe)

Katalog-Konzeption: Ausstellungsgesellschaft 799 GbR

Katalog-Produktion:
Verlag Philipp von Zabern, Mainz am Rhein:
Lothar Bache (Gestaltung), Dr. Klaus Rob (Lektorat), Erik Schüßler (Scans), Peter Bottelberger und Walter Wöstheinrich (Technik)
Lithos: Scancomp, Wiesbaden
Druck: Kunze und Partner, Mainz

ISBN 3-8053-2456-1
ISBN 3-8053-2460-X (Museumsausgabe)

PADERBORN
799

Der Bundespräsident der Bundesrepublik Deutschland

HERR DR. H. C. JOHANNES RAU

gewährte der Ausstellung

799 – KUNST UND KULTUR DER KAROLINGERZEIT
Karl der Große und Papst Leo III. in Paderborn

sein hohes Patronat

Die Objekte zu den folgenden Kat.Nrn. konnten aus konservatorischen Gründen leider nicht ausgeliehen werden:
Kat.Nr. II.43, II.48, III.75, VII.16, XI.20, XI.21, XI.31, XI.32a

Inhaltsverzeichnis

Leihgeber

Aachen, Domkapitel
Abbadia San Salvatore (Siena), Monastero Cistercense del SS. Salvatore
Amersfoort, Rijksdienst voor het Oudheidkundig Bodemonderzoek
Angers, Bibliothèque Municipale
Attendorn, Südsauerlandmuseum
Augsburg, Diözesanmuseum

Bamberg, Staatsbibliothek
Bergkamen, Sammlung A. Ernst
Berlin, Staatliche Museen zu Berlin – Preußischer Kulturbesitz
– Antikensammlung
– Kunstbibliothek
– Münzkabinett
– Museum für Spätantike und Byzantinische Kunst
– Museum für Vor- und Frühgeschichte
Berlin, Staatsbibliothek Preußischer Kulturbesitz,
– Handschriftenabteilung
– Musikabteilung mit Mendelssohn-Archiv
Bern, Burgerbibliothek
Bielefeld, Ratsgymnasium
Bielefeld, Westfälisches Museum für Archäologie
Bodenheim, Sammlung Siebenhaar
Bonn, Rheinisches Landesmuseum
Bozen, Museo Civico
Braunschweig, Herzog Anton Ulrich-Museum
Bremen, Focke-Museum/Bremer Landesmuseum
Brescia, Musei Civici d'Arte e Storia
Budapest, Budapesti Történeti Múzeum Aquincumi Múzeuma – Aquincum Museum des Historischen Museums der Stadt Budapest
Büren, Kreismuseum Wewelsburg
Bukarest, Biblioteca Naţională a României – National Library of Romania, Filială Alba Iulia, Biblioteca Batthyáneum

Cambrai, Médiathèque municipale
Cambridge, The Syndics of the Fitzwilliam Museum
Campobasso, Soprintendenza Archeologica e per i beni ambientali architettonici artistici e storici del Molise-Campobasso
Cergy-Pontoise, Conseil Général du Val d‹Oise
Chalon-sur-Saône, Musée de Chalon-sur-Saône
Cleveland/Ohio, The Cleveland Museum of Art
Compiègne, Musée Antoine Vivenel
Cuxhaven, Stadt Cuxhaven, Stadtmuseum

Darmstadt, Hessisches Landesmuseum
Detmold, Lippisches Landesmuseum
Dijon, Musée Archéologique de Dijon
Dortmund, Ev. Kirchengemeinde Syburg – Auf dem Höchsten
Dortmund, Museum für Kunst und Kulturgeschichte
Dortmund, Sammlung Skrzypek
Duisburg, Kultur- und Stadthistorisches Museum
Düsseldorf, Universitäts- und Landesbibliothek

Einsiedeln, Stiftsbibliothek
Enger, Widukind-Museum
Essen, Schatzkammer der Propsteikirche St. Ludgerus Essen-Werden
Essen, Domschatzkammer
Eton, Eton College Library

Frankfurt a.M., Museum für Vor- und Frühgeschichte
Freiburg, Universitätsbibliothek
Fritzlar, Domschatz
Fürstenberg, Graf von Westphalen
Fulda, Domkirche und Dommuseum
Fulda, Hessische Landesbibliothek

Gent, Sint-Baafskapittel
Gescher, Glockenmuseum
Geseke, Hellwegmuseum
Gießen, Anthropologisches Institut Universität Gießen
Göttingen, Seminar für Ur- und Frühgeschichte der Georg-August-Universität

Hamburg, Helms-Museum, Stiftung ö. R.
Hannover, Kestner-Museum
Hannover, Niedersächsisches Landesamt für Denkmalpflege
Hannover, Niedersächsisches Landesmuseum, Urgeschichts-Abteilung
Heidelberg, Antikenmuseum des Archäologischen Instituts der Universität Heidelberg
Herzfeld, Kath. Kirchengemeinde St. Ida
Höxter, Stadtarchäologie
Höxter-Corvey, Kath. Kirchengemeinde St. Stephanus und Vitus

Ingelheim, Museum bei der Kaiserpfalz

Jarrow, Bede's World and St. Paul's Parochial Church Council

Kamen, Stadtarchiv
Karlsruhe, Badische Landesbibliothek
Karlstadt, Stadtgeschichte-Museum
Kassel, Staatliche Museen
Köln, Erzbischöfliche Diözesan- und Dombibliothek
Köln, Metropolitankapitel der Hohen Domkirche Köln
Köln, Schnütgen-Museum
Konstanz, Archäologisches Landesmuseum Baden-Württemberg
Kopenhagen, Nationalmuseet, The Danish Department, The Danish Prehistory
Krefeld, Museum Burg Linn

Laon, Bibliothèque municipale
Leiden, Rijksmuseum van Oudheden
Leiden, Rijksmuseum het Koninklijk Penningkabinet
Leipzig, Grassi-Museum – Museum für Kunsthandwerk
Le Mans, Ville du Mans – Mediathèque Louis Aragon
Lichtenau-Dalheim, Landschaftverband Westfalen-Lippe – Kloster Dalheim
Lippstadt, Sammlung Borgmeyer
Liverpool, The Board of Trustees of the National Museums and Galleries on Merseyside, Liverpool Museum
Liverpool, The Sydney Jones Library, University of Liverpool
London, The British Library
London, The Trustees of the British Museum
London, The Trustees of the Victoria and Albert Museum
Lorsch, Verwaltung der Staatlichen Schlösser und Gärten Hessen, Museumszentrum Lorsch
Los Angeles, The J. Paul Getty Museum

Maaseik, Schatzkammer der St.-Catharinenkirche
Maastricht, Stichting Schatkamer Sint Servaas
Mailand, Biblioteca Ambrosiana
Mailand, Sopraintendenza per i beni artistici e storici per le provincie di Milano, Bergamo, Como, Lecco, Lodi Pavia, Sondrio, Varese – Pinacoteca di Brera
Mainz, Bischöfliches Dom- und Diözesanmuseum
Mainz, Landesamt für Denkmalpflege, Abt. Archäologische Denkmalpflege
Mainz, Landesmuseum
Mainz, Sammlung Schmieg
Manchester, The John Rylands University Library, University of Manchester
Mannheim, Reiss-Museum
Manresa, Museo Comarcal
Marburg, Marburger Universitätsmuseum für Kunst und Kulturgeschichte
Marsberg, Kath. Kirchengemeinde St. Peter und Paul
Metelen, Kath. Kirchengemeinde St. Cornelius und Cyprianus
Metz, La Cour d'Or, Musées de Metz
Minden, Kath. Dompropsteigemeinde
Minden, Mindener Museum für Geschichte, Landes- und Volkskunde
Modena, Biblioteca Capitolare
Montpellier, Universités de Montpellier, Bibliothèque interuniversitaire – Bibliothèque universitaire médecine
Monza, Museo del Tesoro del Duomo
München, Bayerische Staatsbibliothek
München, Bayerisches Nationalmuseum
Münster, Diözesanbibliothek
Münster, Domkammer der Kathedralkirche St. Paulus Münster
Münster, Nordrhein-Westfälisches Staatsarchiv
Münster, Universitäts- und Landesbibliothek
Münster, Westfälisches Museum für Archäologie

Nancy, Archives Générales du département de Meurthe-et-Moselle
Nevers, Musée Municipal Frédéric-Blandin
Nürnberg, Germanisches Nationalmuseum

Olpe, Westfälisches Museum für Archäologie
Orte, Museo Diocesano di Arte Sacra
Oslo, Universitetets Oldsaksamling
Osnabrück, Domschatzkammer und Diözesanmuseum

Osnabrück, Kulturgeschichtliches Museum, Archäologische Abteilung
Oxford, Christ Church College Library
Oxford, The Visitors of the Ashmolean Museum, University of Oxford
Oxford, The Curators of the Bodleian Library

Paderborn, Erzbischöfliche Akademische Bibliothek
Paderborn, Stadtarchiv
Paris, Bibliothèque de L'Arsenal
Paris, Bibliothèque Nationale de France
Paris, Musée du Louvre
Paris, Musée National des Arts et Traditions Populaires
Paris, Musée National du Moyen-Age – Thermes de Cluny
Pavia, Musei Civici
Prag, Národní muzeum v Praze (National Museum)

Ravenna, Museo Nazionale
Regensburg, Museen der Stadt Regensburg – Historisches Museum
Ribe, Den Antikvariske Samling
Rom, Istituto Pontificio di Archeologia Christiana
Rom, Soprintendenza Archeologica di Ostia, Museo Nazionale dell'Alto Medioevo
Rom, Soprintendenza Archeologica di Roma, Museo Nazionale Romano
Rom, Sovraintendenza ai Beni Culturali, Museo di Roma, Ufficio Speciale Fori Imperiali e Mercati di Traiano
Rottenburg, Diözesanmuseum
Rouen, Service régional de l'archéologie

Saint-Denis, Basilique de Saint-Denis
Saint-Denis, Ville de Saint-Denis, Unité d'Archéologie
Salerno, Soprintendenza per i beni ambientali, architettonici, artistici e storici di Salerno e Avellino
Schleswig, Archäologisches Landesmuseum der Christian-Albrechts-Universität zu Kiel
Schwerin, Archäologisches Landesmuseum Mecklenburg-Vorpommern
Schwerte, Ruhrtalmuseum
Sélestat, Bibliothèque Humaniste
Sens, Musées de Sens
Soest, Burghof-Museum
Soest, Stadtarchäologie
Southampton, Cultural services, City Council
Split, Muzej Hrvatskih Arheoloskih Spomenika (Museum of Croatian Archaeological Monuments)
St. Paul im Lavanttal, Benediktinerstift St. Paul im Lavanttal
Stockholm, Statens Historiska Museum
Stuttgart, Württembergische Landesbibliothek
Stuttgart, Württembergisches Landesmuseum

Trier, Domschatz
Trier, Stadtbibliothek
Tübingen, Münzsammlung der Universität

Utrecht, Rijksmuseum Het Catharijneconvent
Uppsala, Museum Gustavianum, Museet för Nordiska Fornsaker

Valenciennes, Bibliothèque municipale classée
Vatikanstadt, Biblioteca Apostolica Vaticana und Museo Sacro
Vechta, Kath. Propsteikirche St. Georg
Venedig, Museo Archeologico Nazionale
Vercelli, Biblioteca Capitolare
Villiers-le-Bel, Association J.P.G.F.

Washington, Dumbarton Oaks, Byzantine Collection
Wien
– Kunsthistorisches Museum, Antikensammlung
– Kunsthistorisches Museum, Kunstkammer
– Kunsthistorisches Museum, Münzkabinett
Wien, Österreichische Nationalbibliothek
Wiesbaden, Sammlung Dengler
Wilhelmshaven, Niedersächsisches Institut für historische Küstenforschung
Wolfenbüttel, Herzog August Bibliothek
Würzburg, Universitätsbibliothek

York, Yorkshire Museum

Wissenschaftlicher Beirat

Dank für Rat und Unterstützung

Prälat Theo Ahrens, Paderborn
Daniel Alcouffe, Paris
Dompropst Josef Alfers, Münster
Dr. Otmar Allendorf, Paderborn
Dr. Werner Altmeier, Höxter-Corvey
Jean-Pierre Angremy, Paris
Roland Aniol, Schleswig
Dott.ssa Maria Stella Arena, Rom
Alexander Arens, Geseke
François Avril, Paris
Janet M. Backhouse, London
Prof. Dr. Manfred Balzer, Münster
Isabelle Bardiès, Metz
Michael Bartusch, Kamen
Dr. Franz Alto Bauer, Rom
Prof. Dr. Reinhold Baumstark, München
Prof. Dr. Herbert Beck, Frankfurt
Dr. Karl W. Beinhauer, Mannheim
Claudine Belayche, Angers
Dr. Hans-Bodo Bertram, Bonn
Marion Bertram, Berlin
Martin Beutelspacher, Minden
Eric Blanchegorge, Compiègne
Louis Bonnamour, Chalon-sur-Saône
Dr. Andreas Boos, Regensburg
Dr. Jan-Derk Boosen, Münster
Günther Borgmeyer, Lippstadt
Susan Boyd, Washington
Prof. Dr. Tilo Brandis, Berlin
Dr. Andrea Bräuning, Stuttgart
Angelika Brockmann-Peschel, Münster
Prof. Gian Pietro Brogiolo, Padua
Drs. Marijke Brouwer, Leiden
Duncan Brown, Southampton
Arnulf Brückner, Münster
Prof. Dr. Ralf Busch, Hamburg
Anna Busch, Uppsala
Prof. Dr. Klaus Bußmann, Münster
Georg Büttner, Karlstadt
Florence Callu, Paris
Marian Campbell, London
Dr. Eduard Carbonell i Esteller, Barcelona
Arch. Mauro Carpiceci, Rom
Christine Carrier, Amiens
Dr. Juan Antonio Cervelló-Margalef, Köln
John Cherry, London
Mary Clapinson, Oxford
S. E. Erzbischof Benito Cocchi, Modena
Dr. Pierre Cockshaw, Brüssel
Dr. Michel Colardelle, Paris
Marco Collareta, Pisa
Kanunnik Ludo Collin, Gent
Hubert Collin, Nancy
Dott. Bruno Contardi, Mailand
Dott. Roberto Conti, Monza
Priore Don Roberto Corvini, Abbadia San Salvatore (Siena)
Robin A. Crighton, Cambridge
Ines Dal Maschio, Barcelona
Arch. Marilena Dander, Campobasso
Dr. Ileana Dârja, Alba Iulia
Dr. Joachim Deeters, Köln
Drs. Henri L. M. Defoer, Utrecht
Thierry Delcourt, Troyes
Prof. Dr. Günther Dembski, Wien
Jens Dengler, Wiesbaden
Karl Heinrich Deutmann M.A., Dortmund
Michel Dhénin, Paris
Marie-Pierre Dion, Valenciennes
Dr. Wolfgang Dittrich, Hannover
Prof. Dr. Gerhard Dohrn-van-Rossum, Chemnitz
Dr. Hans Drescher, Hamburg
Weihbischof em. Hans Leo Drewes, Paderborn (†)
Dr. Ute Drews, Schleswig
Prof. Dr. Wolf-Dieter Dube, Berlin
Prof. Dr. Alexander Dückers, Berlin
Jan van Duisburg, Amersfoort
Hartwig Dülberg, Münster
S. E. Erzbischof DDr. Johannes Dyba, Fulda
Dr. Renate Eikelmann, Nürnberg

Prof. Dr. Victor H. Elbern
Wilhelm Elling, Vreden
Dr. Konrad Elmshäuser, Bremen
Alain Erlande-Brandenburg, Paris
Propst Dr. Heinrich Engel, Essen-Werden
Elisabeth Scholz, Hildesheim
Ion Dan Erceanu, Bukarest
Andreas Ernst, Bergkamen
Prof. Dr. Anton von Euw, Köln
Prof. Dr. Bernd Evers, Berlin
Dr. Johannes Ey, Wilhelmshaven
Dr. Birgitta Falk, Hannover
P. Prof. Raffaele Farina S.D.B., Vatikanstadt
Pfarrer Heinz-Gerhard Feldmann, Marsberg
Dr. Herbert Fendrich, Essen
Lene Feveile, Ribe
Prof. Dr. Heinz Finger, Düsseldorf
Stephen Fliegel, Cleveland/Ohio
Richard A. Foster, Liverpool
Dr. Rudolf Frankenberger, Augsburg
Dr. Gunther Franz, Trier
Rémi Froger, Le Mans
Doz. Dr. Ernst Gamillscheg, Wien
Mgr. Leopoldo Gariboldi, Monza
Jean-Claude Garreta, Paris
Prälat Prof. Dr. Erwin Gatz, Rom
Dr. Wilhelm Gebers, Hannover
Dr. Jan Gerchow, Essen
Dr. Martin Germann, Bern
Dr. Jochen Giesler, Bonn
Johannes Giffels, Botschaft der Bundesrepublik Deutschland, Budapest
Don Delfo Gioacchini (†), Orte
Mihaela Golban, Bukarest
Dr. Monika Graen, Paderborn
Prof. Bo Gräslund, Uppsala
Pfarrer Ralf Greth, Dortmund
Holger Grewe M.A., Ingelheim
Dr. G. Ulrich Großmann, Nürnberg
Dr. Kurt Gschwantler, Wien
Rémy Guadagnin, Villiers-le-Bel
Dr. Winfried Hagenmaier, Freiburg
Dr. Bertram Haller, Münster
Richard Hamer, Oxford
Elizabeth Hartley, York
Dr. Claus-Peter Hasse, Magdeburg
Dr. Georg Hauser, Köln
Prof. Dr. Wolf-Dieter Heilmeyer, Berlin
Dr. Felix Heinzer, Stuttgart
Dr. Helmut Hell, Berlin
Prof. Dr. Karl Hengst, Paderborn
Dompropst Bernard Henrichs, Köln
Prof. Dr. Klaus Herbers, Erlangen
Dr. Hubert Heymans, Maaseik
Dompropst Dr. Wilhelm Hentze, Paderborn
Otto Höffer, Attendorn
Dr. Erla Hohler, Oslo
Dr. Friedrich Gerhard Hohmann, Paderborn
Dr. Eva Maria Hoyer, Leipzig
Viviane Huchard, Paris
Arch. Anna Maria Iannucci, Ravenna
Dr. Lutz Ilisch, Tübingen
Dr. Peter Ilisch, Münster
Dr. Eva Irblich, Wien
Jan Jacobi, Paderborn
Propst Paul Jakobi, Minden
Monique Jannet, Dijon
Dr. Géza Jászai, Münster
Dr. Lars Jørgensen, Kopenhagen
Frank John, Paderborn
Prof. Dr. Milijenko Jurkovic, Zagreb
Cordula Kähler, Frankfurt
Volker Kaiser, Salzkotten
Dr. Irene Kappel, Kassel
Dipl. phil. Ursula Kästner, Berlin
Dr. Claude Keisch, Berlin
Prälat Dr. Max Eugen Kemper, Botschaft der Bundesrepublik Deutschland beim Heiligen Stuhl, Rom
Dr. Josef Kirmeier, Augsburg
Jürgen Kistner, Kamen
Ludwig Kirsch, Mainz
Dr. Michael J. Klein, Mainz
Gerd Korinthenberg, Düsseldorf
Dr. Attila Környei, Sopron
Prof. Dr. Lieselotte Kötzsche
Dr. Hans-Jürgen Kotzur, Mainz
Dr. Manfred Kramer, Luzern
Dr. Bernd Matthias Kremer, Freiburg
Dr. Thomas Kren, Los Angeles
Dr. Johann Kronbichler, Salzburg
Dr. Renate Kroos, München
Regine Krull, Enger
Willi Kuhlmann, Dortmund
Prof. Dr. Manfred Kunter, Gießen
Claudia Kusch, Ancona
Prof. Adriano La Regina, Rom
Prof. Eugenio La Rocca, Rom
Lothar Lambacher, Berlin

Dr. Jan Peder Lamm, Stockholm
Dr. Odo Lang OSB, Einsiedeln
Marie Lapalus, Mâcon
Dr. Rolf Lauer, Köln
Dr. Friedrich Laux, Hamburg
Jacques Le Maho, Rouen
Jean Lefebvre, Laon
Dr. Manfred Leithe-Jasper, Wien
Prof. Dr. Albert Lemeunier, Lüttich
Dr. Hilke Lenzing, Paderborn
Dr. Herta Lepie, Aachen
Marie Clotilde Lequoy, Rouen
Dr. Milan Lička, Prag
Dott. Paolo Liverani, Rom
Gerda Lobe-Röder, Fulda
John Loftus M.A., Schwerte
Pfarrer Rolf Lohmann, Lippetal-Herzfeld
Dr. Alfred Löhr, Bremen
Dott. Saverio Lomartire, Pavia
Gregor Lucas, Paderborn
Dr. Jochen Luckhardt, Braunschweig
Dr. Reimo Lunz, Bozen
Dr. Friedrich Lüth, Lübstorf
Dr. Peter Lütke Westhues, Paderborn
Helmut Maintz, Aachen
Dott. Luigi Malnati, Padua
Dott. Federico Marazzi, Rom
Dr. Regine Marth, Braunschweig
Arch. Ruggero Martines, Salerno
Dott.ssa Luciana Martini, Ravenna
S. E. Erzbischof Enrico Masseroni, Vercelli
Dr. Kai R. Mathieu, Bad Homburg vor der Höh
Dr. Klaus Maurice, Berlin
Prof. Milton McC. Gatch, New York
Dr. Peter McNiven, Manchester
Dr. Gabriele Mendelssohn, Ingelheim
Prof. Dr. Wilfried Menghin, Berlin
F. M. J. Mennens, Maastricht
Fritz-Theo Mennicken, Düsseldorf
Michael C. Meredith, Eton
Dr. Mark Mersiowsky, Tübingen
Boris Meyer, Berlin
Hubert Meyer, Sélestat
Prof. Dr. Josef Meyer zu Schlochtern, Paderborn
Nicole Meyer-Rodrigues, Saint-Denis
Egil Mikkelsen, Oslo
Prof. Dr. Wolfgang Milde, Wolfenbüttel
Susan A. Mills, Jarrow
Dr. Ante Milosevic, Split
Dr. Georg Minkenberg, Aachen
Gottfried Minkenberg, Münster
Bruno Mocchi, Botschaft der italienischen Republik, Bonn
Uli Möckel, Beckum
Dr. Reimer Möller, Soest
Alain Monestier, Paris
Dr. Ulrich Montag, München
Dr. P. Roger S. Moorey, Oxford
Dott. Giovanni Morello, Vatikanstadt
Dr. Karin Morvay, Würzburg
Dompropst Prälat Dr. Hans Müllejans, Aachen
Dechant Conrad Müller o. pream., Fritzlar
Markus Müller, Münster
Rolf Dietrich Müller, Paderborn
Ann Münchow, Neu-Moresnet
Prof. Dr. Barbara Mundt, Berlin
Eugen Müsch, Münster
Dr. Heribald Närger, München
Françoise Navet, Cergy-Pontoise
Herbert Neseker, Düsseldorf
Dr. Arnold Nesselrath, Rom
Dott. Giorgio Nestori, Rom
Dr. Roswitha Neu-Kock, Köln
Hedwig Nieland, Münster
Dott.ssa. Leila Nista, Rom
Reinhard Nolte, Paderborn
Karl Noltenhans, Paderborn
P. Nikolaus Nonn OSB, Meschede
Dr. Ute Obhof, Karlsruhe
Klaus-Peter Ohm, Paderborn
Dr. Peter Ohr, Botschaft der Bundesrepublik Deutschland, Paris
Kenneth Pearson, Richmond
Prof. Paolo Peduto, Vietri sul Mare/Salerno
Dr. Michael Peter, Berlin
Martine Petitjean, Compiègne
Dr. Hermann Pflug, Heidelberg
Caroline Piel, Paris
Dr. Roland Pieper, Münster
Lino Pizzi, Nonantola
Dr. Alheydis Plassmann, Bonn
Dr. Joachim M. Plotzek, Köln
Thomas Pöpper M.A., Rom
Dr. Hartmut Polenz, Münster
Pamela J. Porter, London
Prälat Dr. Alfred Pothmann, Essen
Dr. Burghard Preusler, Fulda
Dr. Matthias Puhle, Magdeburg

Dr. Ursula Quednau, Münster
Dr. Holger Rabe, Höxter-Corvey
Dr. Martin Raspe, Trier
Dott.ssa Giovanna Luisa Ravagnan, Venedig
Mgr. Prof. Gianfranco Ravasi, Mailand
Prof. Dr. Manfred Rech, Bremen
Gertrudis Rechenberg, Paderborn
Françoise Reginster, Nevers
Dr. habil. Thilo Rehren, Bochum
Dr. Christoph Reichmann, Krefeld
Dr. habil. Winfried Reininghaus, Münster
Annette Reiter, Marburg
Dr. Ralph Röber, Konstanz
Gerhard Konrad Röckel, Halle/Westf.
Dr. Georg Römhild, Paderborn
Prälat Prof. DDr. Franz Ronig, Trier
Jean-Maurice Rouquette, Arles
Gönke Roscher, Botschaft der Bundesrepublik Deutschland, Bukarest
Monique de Ruette, Brüssel
Dr. Christiane Ruhmann, Münster
Dr. Gerd Rupprecht, Mainz
Franz Rutzen, Mainz
Dott. Riccardo Santangeli Valenzani, Rom
Dott. Bruno Santi, Siena
Dott.ssa Marina Sapelli, Rom
Lydwine Saulnier-Pernuit, Sens
Drs. Marjan Scharloo, Leiden
Dr. Hermann Schefers, Lorsch
Dr. Bernhard Schemmel, Bamberg
Prof. Dr. Kurt Schietzel, Schleswig
Dr. Theun-Mathias Schmidt, Berlin
Prof. Dr. Wolfgang Schlüter, Osnabrück
Hermann-Josef Schmalor, Paderborn
Prof. Dr. Alfred A. Schmid, Fribourg
Prof. Dr. Helwig Schmidt-Glintzer, Wolfenbüttel
Peter Schmieg, Mainz
Dr. Marie-Luise Schnackenburg, Osnabrück
Thomas Schulte, Bielefeld
Dechant Josef Schürmeyer, Höxter-Corvey
Dr. Gisela Schumacher-Matthäus, Münster
Dr. Ernst Seraphim, Paderborn
Günter Siebenhaar, Bodenheim
Pit Siebigs, Aachen
Beat Sigrist, Münster
Claude Sintes, Arles
P. Mag. Dr. Gerfried M. Sitar OSB, St. Paul im Lavanttal
Zbigniew Skrzypek, Dortmund
S. Em. Angelo Kardinal Sodano, Vatikanstadt
Dr. Johannes-Hendrik Sonntag, Gescher
Philippe Soulier, Saint-Ouen-l'Aumône
Prof. Dr. Herrad Spilling, Stuttgart
Drs. Caspar H. Staal, Utrecht
Marlis Stähli M.A., Zürich
Dr. Helmut Stampfer, Bozen
Dr. Chiara Stella, Brescia
Prof. Dr. Hans-Georg Stephan, Göttingen
Prälat Dr. Joseph Steup, Paderborn
Prof. Dr. Peter Stotz, Zürich
Dott.ssa Renata Stradiotti, Brescia
Anneliese Streiter, Nürnberg
Prof. Claudio Strinati, Rom
Dr. Alexandra Sucrow, Paderborn
P. Sigismund Tagage, Maastricht
Heinz Telgenbüscher, Paderborn
Lothar Terkowsky, Münster
Bénédicte Terouanne, Cambrai
Pfarrer Wilfried Theising, Metelen
Dr. Bernd Thier, Münster
Melanie Thierbach M.A., Augsburg
Dr. Gernot Tromnau, Duisburg
Dr. Vera Trost, Stuttgart
Dr. Ingrid Ulbricht, Schleswig
Dr. Matthias Untermann, Freiburg
Wolfgang Urban, Rottenburg
Dr. Francis Van Noten, Brüssel
Dr. Peter Veddeler, Münster
Mons. Giuseppe Versaldi, Vercelli
Mireille Vial, Montpellier
Francesc Vila, Manresa
Dr. William D. Voelkle, New York
Dr. Volker de Vry, Paderborn
Dr. Andrea Wandschneider, Paderborn
Dr. Maureen M. Watry, Liverpool
Prof. DDr. Günter Wegner, Hannover
Mona Wehling-Fidermàk M.A., Düsseldorf
Propst Günther Weigand, Vechta
Dr. Albrecht Weiland, Regensburg
Prof. Dr. Karin von Welck, Berlin
Andreas Wendowski-Schünemann M.A., Cuxhaven
Drs. Annemarieke Willemsen, Leiden
Dr. DyFri Williams, London
Prof. Wilhelm Winkelmann, Münster
Günter Wißbrock, Paderborn
Dr. Jürgen Wittstock, Marburg
Dr. Rotraut Wolf, Stuttgart
Michael Wyss, Saint-Denis
Dr. Wulf-Haio Zimmermann, Wilhelmshaven
S. E. Bischof Divo Zadi, Civita Castellana
Dr. Paula Zsidi, Budapest

Förderer und Sponsoren

FÖRDERVEREIN KULTURFONDS PADERBORN e.V.

Vorstand:
Vorsitzender: Stadtdirektor a. D. Wilhelm Ferlings
Oberkreisdirektor a. D. Werner Henke
Weihbischof em. Dr. Paul Nordhues
Hans Behringer
Ulrich Mettenmeier
Elmar Volkmann

Zahlreiche Unternehmen, Privatleute und Institutionen unterstützten den Förderverein „Kulturfonds Paderborn e.V.", der es ermöglichte, bedeutende Kunstwerke aus karolingischer Zeit in Paderborn zu präsentieren:

Ahle GmbH, Malermeister, Paderborn
Anneliese Zementwerke AG, Ennigerloh
Bank für Kirche und Caritas eG, Paderborn
Benteler AG, Paderborn
Berchem, Restaurator und Malermeister, Essen
Bette GmbH & Co. KG, Delbrück
Beverungen Communications, Paderborn
Bracht Autokräne GmbH, Erwitte
Bernd Cassau, Atelier für kirchliche Goldschmiedekunst, Paderborn
Claas KGaA, Harsewinkel
Dany Fachhandel GmbH & Co., Paderborn
Dr. Klaus Hölscher, Bad Lippspringe
Eurowings Luftverkehrs AG, Dortmund
Einkaufszentrum Libori-Galerie, Paderborn
Enjoy Witt & Roggenkamp, Paderborn
Finke Wohnwelt KG, Paderborn
Forbo Werke GmbH, Paderborn
Friemuth GmbH & Co. KG, Paderborn
Geha Möbelwerke GmbH & Co. KG, Hövelhof
Germania-Werk Krome GmbH & Co. KG, Schlangen
Hartmann Spedition und Möbeltransport GmbH & Co. KG, Paderborn
Harmonie-Gesellschaft Paderborn
Jaguar House Kleine GmbH & Co., Paderborn
Kath. Kirchengemeinde St. Stephanus und Vitus, Corvey
Keimfarben GmbH & Co. KG, Diedorf
Klingenthal Textilhäuser GmbH, Paderborn
Leonardo, Bad Driburg
Libori Gilde, Paderborn
Mecketh Gerüstbau GmbH, Paderborn
Mettenmeier GmbH, Vermessung und Graph. Datenverarbeitung, Paderborn
Niewels GmbH & Co. KG, Bad Lippspringe
Ochsenfarth Restaurierungen GmbH, Paderborn
Paderborner Bürgerverein e. V.
PESAG AG, Paderborn
Peters GmbH, Glasmalerei, Paderborn
Sanders Gerüstbau GmbH, Paderborn
Siemens Nixdorf, Retail and Banking Systems GmbH, Paderborn
Sparkasse Paderborn
Stadtwerke Paderborn GmbH
Vetter & Engels GmbH & Co. KG, Fachhandel für Sanitär und Heizung, Paderborn
Volksbank Paderborn
Westfälische Ferngas-AG
Weidmüller GmbH & Co., Paderborn
Werner GmbH, Büro- und Objekteinrichtung, Paderborn
Westdeutsche Landesbank, Girozentrale Düsseldorf, Münster
Westfalen-Blatt
Carl Wildbrett, Bobingen
Zumdieck Import-Export-Agentur GmbH, Paderborn

Ausstellungsgesellschaft

AUSSTELLUNGSGESELLSCHAFT 799

Ausstellung „799 – Kunst und Kultur der Karolingerzeit"
GbR der Stadt Paderborn, des Erzbistums Paderborn und des Landschaftsverbands Westfalen-Lippe (LWL)

GESELLSCHAFTERVERSAMMLUNG
Vorsitzender: Bürgermeister Wilhelm Lüke MdL
Stellvertreter: Generalvikar Bruno Kresing
Stellvertreter: Landesrat a. D. Friedhelm Nolte

Wilm Brepohl
Dompropst Weihbischof em. Hans Leo Drewes (†)
(bis 12. 1. 1998)
Joseph Hackfort
Dompropst Prälat Dr. Wilhelm Hentze (seit 12. 1. 1998)
Prälat Josef Luhmann
Margarete Montag
Michael Pavlicic
Joseph Vögele
Beratend: Hartmut Hüttemann

AUFSICHTSRAT
Vorsitzender: Landesrat a. D. Friedhelm Nolte
Stellvertreter: Prälat Manfred Grothe
Dieter Bartha
Karl Bauschke
Wilm Brepohl
Stadtdirektor Prof. Dr. Werner Schmeken

GESCHÄFTSFÜHRUNG
Geschäftsführer:
Dr. Johannes Slawig (bis 10/98)
Dr. Thomas Adloff (10/98–4/99)
Josef Rensing (seit 5/99)
Dr. Christoph Stiegemann
Dr. Matthias Wemhoff

Prokuristen:
Friedhelm Meyer
Klaus Möller

Sekretariat:
Anja Lüke

Ausstellung

WISSENSCHAFTLICHE GESAMTLEITUNG
Dr. Christoph Stiegemann
Dr. Matthias Wemhoff

WISSENSCHAFTLICHES SEKRETARIAT
Dr. Stefan Fassbinder
Dr. Petra Koch

WISSENSCHAFTLICHE BERATUNG
Prof. Dr. Matthias Becher, Bonn
Prof. Dr. Hilde Claussen, Münster
Dr. Christoph Grünewald, Münster
P. Prof. Michael Hermes OSB, Meschede
Dr. Gabriele Isenberg, Münster
Prof. Dr. Jörg Jarnut, Paderborn
Prof. Dr. Uwe Lobbedey, Münster
Prof. Dr. Florentine Mütherich, München
Prof. Dr. Joachim Poeschke, Münster
Renate Wiechers

Prof. Dr. Wulf Arlt, Basel
Dr. Werner Best, Bielefeld
Dr. Henriette Brink-Kloke, Dortmund
Dr. Georg Eggenstein, Paderborn
Dr. Sveva Gai, Paderborn
Anja Grothe M.A., Paderborn
Dr. Philip Hömberg, Paderborn
Andreas König M. A., Höxter
Dr. Stephan Krabath, Göttingen
Dieter Lammers, Bramsche
Dr. Birgit Mecke, Paderborn
Dr. Walter Melzer, Soest
Marianne Moser M.A., Paderborn
Dr. Hans-Werner Peine, Münster
Matthias Preißler M. A., Paderborn
Dr. Susan Rankin, Cambridge
Dr. Thilo Rehren, Bochum
Dr. Christiane Ruhmann, Münster
Bernhard Schroth M.A., Marburg
Anna-Helena Schubert M.A., Olpe
Dr. Frank Siegmund, Göttingen
Dr. Paul Thissen, Paderborn
Dr. Elke Treude, Detmold
Herbert Westphal, Paderborn
Gisela Wolf, Göttingen

RECHERCHE UND QUELLENSAMMLUNG
Dr. Stefan Fassbinder
Sylvia Heuser
Sascha Käuper M.A.
Dr. Petra Koch
Ansgar Köb M.A.
Dr. Stephan Krabath, Göttingen
Annekatrein Löw M.A. Münster
Dr. Alexandra Pesch, Münster
Claudia Weskamp

ÜBERSETZUNGEN
Dr. Sveva Gai
Nicole Millet-Freitag
Nixdorf Sprachendienst
Barbara Pantano

SEKRETARIAT
Rita Diermann
Petra Piepenbrock

KUNSTTRANSPORTE
Schenker Eurocargo (Deutschland) AG – eurocargoart, Düsseldorf

VERSICHERUNG
AON Artscope, Mülheim

KONSERVATORISCHE BETREUUNG
Boris Meyer, Berlin
Ochsenfarth Restaurierungen GmbH Paderborn: Peter Butt, Gerd Drescher, Matthias Rüenauver
Jorun Ruppel
Restauratoren der Herzog August Bibliothek Wolfenbüttel
Herbert Westphal

AUSSTELLUNGSGESTALTUNG

Kaiserpfalz
Barbara Hähnel-Bökens, Düsseldorf
mit
Ingrid Breuninger, Stuttgart
Iris Buchholz, Münster

Diözesanmuseum
Barbara Hähnel-Bökens, Düsseldorf
Dr. Christoph Stiegemann
mit
Bernhard Schulte
Achim Buhse, Stuttgart

Städtische Galerie
Barbara Hähnel-Bökens, Düsseldorf
mit
Achim Buhse, Stuttgart

AUSSTELLUNGSGRAPHIK UND INSZENIERUNGEN
Barbara Hähnel-Bökens, Düsseldorf
mit
Iris Buchholz, Münster

Karl Noltenhans (Diözesanmuseum)

unter Mitarbeit von:
Olga Heilmann
Ulrich Haarlammert, Maßwerk, Münster
Peter Simmes, Münster
Willi Strich, Münster
Yves Michel Moscato, Münster

AUSSTELLUNGSTEXTE

Kaiserpfalz
Dr. Stefan Fassbinder
Dr. Matthias Wemhoff
unter Mitarbeit von: Dr. Sveva Gai, Anja Grothe M.A., Gerd Korinthenberg, Dr. Birgit Mecke, Matthias Preißler M.A., Claudia Weskamp

Diözesanmuseum
Dr. Petra Koch
unter Mitarbeit von: Ulrike Hauser M.A., Gerhard Konrad Röckel, Christiana Wagener

REPROGRAPHIE UND DRUCK
Bucher und Eicher Digital, Kernen
Eicher Siebdruck, Kernen
Ginuth und Hofmeister GbR, Düsseldorf
Page Design, Peter Henrichs, Hilden
Rheinische Repro, Düsseldorf
RLS Jakobsmeyer
Studio F, Horst Freibeuter, Düsseldorf
Weger GmbH, Hückeswagen

AUSSTELLUNGSTECHNIK
Koordination Kaiserpfalz:
Ingrid Breuninger
Koordination Diözesanmuseum:
Bernhard Schulte
Koordination Städtische Galerie:
Hans-Jürgen Halemeier
mit Josef Luttmann,
Friedrich Heinz,
Hans-Georg Ilskens

Ahle GmbH, Malermeister
BCS Beverungen
Böhm Vitrinenbau, Waiblingen
Bosch Telekom Bochum
Georg Dröge, Objekteinrichtungen, Marsberg
Elektro Hannemann
Enjoy, Andreas Witt
Forbo Werke GmbH
Heinzelmann, Karlheinz Dorettke, Mühlacker
Hinrichs Fotofactory, Georgsmarienhütte
Rothstein, Vitrinenbau, Wolfgang Siejek
Adolf Vössing, Kunstschreinerei, Jakobsberg
Günter Wiemers, Metallbau

AUSSTELLUNGSAUFBAU
Bernd Fieseler, Dr. Sveva Gai, Anja Grothe M.A., Ulrike Hauser M.A., Franz-Josef Koch (Geseke), Ansgar Köb M.A., Dr. Birgit Mecke, Matthias Preißler M.A., Ursula Pütz, Jorun Ruppel, Norbert Schüth, Michael Ströhmer M.A., Herbert Westphal, Mariette Wiemeler

LICHTPLANUNG
Conceptlicht GmbH, Traunreut
Helmut Angerer

KLIMATECHNIK
Ing. Büro Gerhard Kahlert, Haltern
Peter van Eijsden
Niewels GmbH & Co.KG, Bad Lippspringe

MODELLBAU
Modelle Pfalz Paderborn:
ROESE Design, Gerhard Roese, Darmstadt
Wissenschaftliche Beratung:
Dr. Sveva Gai
Prof. Dr. Uwe Lobbedey, Münster
Dr. Birgit Mecke
Matthias Preißler M. A.

Modell Siedlung Lengerich-Hohne:
Modellbau Geier, Dorothea Geier, Münster
Wissenschaftliche Beratung:
Dr. Christiane Ruhmann, Münster
Renate Wiechers, Münster

Modelle karolingischer Kirchen in Westfalen:
Wolfgang Hannemann, Modellbau für Architektur und Industrie, Oldenburg
Wissenschaftliche Beratung:
Prof. Dr. Uwe Lobbedey, Münster

AUDIOVISUELLE MEDIEN
Filme: Landesbildstelle Westfalen, Dr. Hermann-Josef Höper, Münster
Computeranimation „Franken und Sachsen“: Multimedia Point, Dr. Jürgen Feuerstarke, Teltow
Hörspiele und Tonsequenzen: Prof. Lothar Spree, Frankfurt
Musik: P. Prof. Michael Hermes OSB, Meschede
CD-Produktion: P. Nikolaus Nonn OSB, Meschede

MULTI-MEDIA PROJEKT „CHARLEMAGNE – THE MAKING OF EUROPE“
Idee und Konzeption: Prof. Lothar Spree, Frankfurt
Drehbuch und Regie: Prof. Lothar Spree, Dirk Schulz
Musik und Ton: Helmut Bieler-Wendt
Multimediavisionstechnik: Beverungen Communications
Produktionsleitung: Karl Schmitt-Rheinbay
Computeranimation: asb baudat, Prof. Manfred Koop
CD-Rom/Touchscreen: Dorothea Lauen, Stefan Kölmel, Markus Graf

WANDERAUSSTELLUNG SCRIPTORIUM
Dr. Vera Trost, Stuttgart

KAROLINGISCHER GARTEN IM KLOSTER ABDINGHOF
Ausführung: Dr. Frank Becker, Manfred Pohsin

ORGANISATION UND LOGISTIK
Dr. Frank Becker
Franz-Josef Beine
Heinrich Block
Helga Gelhar
Wolfgang Hesse
Alfred Jolk
Klemens Kendzorra
Rudolf Kirchhoff
Bruno Koch
Manfred Schlaffer
Reinhold Stecher
Karl-Josef Tielke
Michael Welling

Marketing und Kommunikation

MARKETINGBEIRAT
Vorsitzender: Prof. Dr. Dr. Gerhard Ortner
Hans Behringer
Klaus Bruns
Dr. Oliver Claes
Ulrich Mettenmeier
Thomas Schäfers
Manfred Schlaffer
Detlev Sirringhaus
Reinhold Stecher
Frank Tafertshofer
Willi Thiele
Heribert Zelder

PROJEKTBÜRO
Leitung: Heribert Zelder
Dr. Norbert Börste
Dr. Michael Drewniok
Sandra Fiedler
Claudia Mellin
Marc Riley
Jan Erik Weinekötter
Claudia Wulf
mit freundlicher Unterstützung des Verkehrsvereins Paderborn e.V.

PRESSEARBEIT
Dr. Oliver Claes
Mit Unterstützung von: Frank Tafertshofer, Willi Lünz, Thomas Schäfers

INTERNET
Dr. Michael Drewniok, RLS Jakobsmeyer

PLAKAT UND WERBEMITTEL
Bonifatius GmbH
Horst Freibeuter, Studio für Typographie, Düsseldorf
Barbara Hähnel-Bökens, Düsseldorf
Media Print
Karl Noltenhans
RLS Jakobsmeyer
Rodenbröker und Partner GmbH
Werbeagentur Schnelle

MUSEUMSPÄDAGOGIK
Dr. Christiane Brehm
Beratung:
Renate Wiechers, Münster
unter Mitarbeit von Raphaela Willeke, Michael Lagers, Simone Heimann

PADERBORNER KÖNIGSBOTE
Begleitheft für Kinder ab 10 Jahre
Dr. Christiane Brehm
Mit Zeichnungen von
Veronika Wypior

AUSSTELLUNGSJOURNAL „VERNISSAGE“
VERNISSAGE Verlag GmbH & Co KG, Heidelberg
Koordination:
Dr. Stefan Fassbinder
Dr. Petra Koch

AKUSTISCHE FÜHRUNG
Linon – Der rote Faden
Dr. Reinhold Jandesek
Lutz Oldemeier

Katalog

KONZEPTION UND ORGANISATION
Dr. Christoph Stiegemann
Dr. Matthias Wemhoff

REDAKTION
Dr. Susanne Hohmann

Christiane Althoff M.A.
Ulrike Hauser M.A.
Ursula Pütz

unter Mitarbeit von:
Andreas Gaidt
Annekatrein Löw M.A.
Mechthild Niggemeier
Andrea Simon
Judith Stahl
Marianne Steiner
Bettina Tappeser
Anne Veltrup M.A.
Günter Wißbrock

BILDREDAKTION
Ursula Pütz
Christiane Althoff M.A.

NEUAUFNAHMEN
Stefan Brentführer, Münster
Ansgar Hoffmann, Schlangen

KARTEN UND PLÄNE
Wissenschaftliche Betreuung:
Dr. Werner Best, Olivier Bruand, Dr. Stefan Fassbinder, Dr. Christoph Grünewald, Dr. Philipp R. Hömberg, Sascha Käuper M.A., Dr. Petra Koch, Ansgar Köb M.A., Dr. Christiane Ruhmann

Herstellung:
Karl Noltenhans, Atelier Hähnel-Bökens, Olga Heilmann, Christiane Böker

ÜBERSETZUNGEN
Andreas Bücker, Steffen Dieffenbach/Christian Wieland, Dr. Stefan Fassbinder, Nicole Freitag-Millet, Dr. Sveva Gai/Reiner Taddei, Ingrid Gardill M.A., Gabriele Köster M.A., Rudolf Kräuter M.A., Barbara Pantano, Dr. Michael Peter, Tradukas GbR (Berlin), Dr. Michael Wolfson

UMSCHLAGGESTALTUNG
Karl Noltenhans

KATALOG-PRODUKTION

Verlag Philipp von Zabern, Mainz am Rhein

Lothar Bache (Gestaltung)
Dr. Klaus Rob (Lektorat)
Erik Schüßler (Scans)
Peter Bottelberger und Walter Wöstheinrich (Technik)

Autoren

Arnold Angenendt	
Wulf Arlt	W.A.
Manfred Balzer	
Franz Alto Bauer	F.A.B.
Matthias Becher	
Rudolf Bergmann	R.B.
Werner Best	W.B.
Katharina Bierbrauer	K.B.
Henriette Brink-Kloke	H.B.-K.
Donald A. Bullough	D.A.B.
Marian Campbell	M.C.
Torsten Capelle	T.C.
Hilde Claussen	H.C.
Rosemary Cramp	R.C.
Francesca Dell'Acqua	F.D.A.
Michel Dhénin	M.D.
Hans Drescher	H.D.
Arne Effenberger	A.E.
Georg Eggenstein	G.E.
Heide Eilbracht	H.E.
Victor H. Elbern	V.H.E.
Otfried Ellger	O.E.
Lorenz Enderlein	L.E.
Franz-Reiner Erkens	
Peter Ettel	P.E.
Johannes Ey	J.E.
Stefan Fassbinder	S.F.
Hermann Fillitz	H.F.
Eckhard Freise	E.F.
Sveva Antonella Gai	S.A.G.
Wilhelm Gebers	W.G.
Rolf Gensen	R.G.
Holger Grewe	H.G.
Anja Grothe	A.G.
Christoph Grünewald	C.G.
Helmar Härtel	H.H.
Hans-Jürgen Häßler	H.-J.H.
Klaus Herbers	K.H.
P. Michael Hermes OSB	P.M.H.
Lutz Ilisch	L.I.
Peter Ilisch	P.I.
Gabriele Isenberg	G.I.
Werner Jacobsen	W.J.
Peter Johanek	P.J.
Theo Jülich	Th.J.
Sascha Käuper	S.Kä.
Rainer Kahsnitz	R.K.
Hiltrud Kier	H.K.
Bernd Kluge	B.K.
Petra Köhn	P.K.
Andreas König	A.K.
Adrianus M. Koldeweij	A.M.K.
Stefan Krabath	S.Kr.
Karl-Heinrich Krüger	K.-H.K.
Willi Kuhlmann	W.K.
Manfred Kunter	M.K.
Dieter Lammers	D.L.
Angelika Lampen	
Manuela Laubenberger	M.La.
Uwe Lobbedey	U.L.
Anke Lohbeck	A.L.
Saverio Lomartire	S.L.
Ilaria de Luca	I.d.L.
Manfred Luchterhandt	M.Lu.
Lene Lund Feveile	L.L.F.
Regine Marth	R.M.
Peter-Hugo Martin	P.-H.M.
Rosamond McKitterick	
Birgit Mecke	B.M.
Cord Meckseper	C.M.

Walter Melzer	W.M.
Ursula Mende	U.M.
Nicole Meyer-Rodrigues	N.M.-R.
Gabriele Mietke	G.M.
Ante Milosevic	A.M.
John Mitchell	J.M.
Hartmut Möller	H.M.
Ursula Nilgen	U.N.
Lutz E. von Padberg	L.E.v.P.
Montserrat Pagès	M.Pa.
Lidia Paroli	L.P.
Paolo Peduto	P.P.
Hans-Werner Peine	H.-W.P.
Didier Perrugot	D.P.
Martine Petitjean	M.Pe.
Roland Pieper	R.P.
Hartmut Polenz	H.P.
Matthias Preißler	M.Pr.
Susan Rankin	S.R.
Martin Raspe	M.R.
Christoph Reichmann	C.Re.
Thilo Rehren	T.R.
Gerhard Roese	G.R.
Christiane Ruhmann	C.Ru.
Riccardo Santangeli Valenzani	R.S.V.
Dorothea Schellhas	D.S.
Wolfgang Schlüter	W.S.
Anne Schmid	A.S.
Theun-Mathias Schmidt	T.-M.S.
Herbert Schneider	H.Sch.
Regula Schorta	R.S.
Peter Schreiner	P.S.
Bernhard Schroth	B.S.
Anna-Helena Schubert	A.-H.S.
Frank Siegmund	F.S.
Hans-Georg Stephan	H.-G.S.
Heiko Steuer	H.St.
Judy Stevenson	J.S.
Hans-Walter Stork	H.-W.S.
Paul Thissen	P.T.
Erik Thunø	E.T.
Serena Tomezzoli	S.T.
Dominic Tweddle	D.T.
Ingrid Ulbricht	I.U.
Egon Wamers	E.W.
Norbert Wand	N.W.
Hans Jürgen Warnecke	H.J.W.
Ursula Warnke	U.W.
Matthias Wemhoff	M.We.
Herbert Westphal	H.W.
Winfried Wilhelmy	W.W.
Paul Williamson	P.W.
Michael Wolfson	M.Wo.
Michael Wyss	M.Wy.
Alfons Zettler	A.Z.

Paderborn, Luftaufnahme mit den drei Ausstellungsorten ▷

Zum Geleit

Am Vorabend der Jahrtausendwende blicken wir zurück auf ein Ereignis von welthistorischer Bedeutung, das sich vor 1200 Jahren in Paderborn zutrug. Im Jahr 799 empfing Karl der Große in der prächtig ausgebauten Paderborner Pfalz den aus Rom hilfesuchend zu ihm geeilten Papst Leo III. mit allen Ehren. Zwischen dem aufstrebenden fränkischen Reich und dem römischen Papsttum, das von Byzanz keinen Schutz mehr erwarten konnte, wurde ein Bündnis geschlossen, das im darauffolgenden Jahr mit der Kaiserkrönung Karls im Petersdom in Rom besiegelt wurde. Nicht erst aus der Retrospektive zeigt sich der besondere Rang dieses ersten „Europagipfels", auch den Zeitgenossen muß die Bedeutung des Treffens am Rande der damals christianisierten Welt klar vor Augen gestanden haben. Davon zeugt das kurz nach der Jahrhundertwende entstandene sog. Karlsepos, das die Begegnung in überhöhender Weise schildert: „Der König, der Vater Europas, und Leo, der oberste Hirte auf Erden, sind zusammengekommen und führen Gespräche über mancherlei Dinge."

Mit der Einsetzung des westlichen Kaisertums, in Paderborn vorbereitet und mit der Kaiserkrönung in Rom vollendet, war jene Verbindung zwischen Kaisertum und Papsttum hergestellt, die für die beiden Gewalten über Jahrhunderte zum Schicksal werden sollte. Das Treffen in Paderborn ist zugleich das Signum einer Epoche, in der sich eine umfassende gesellschaftliche Erneuerung und Neugestaltung Europas vollzog. Das Erbe der römischen Spätantike verband sich mit der Spiritualität des Christentums und mit der Dynamik des fränkischen Königtums. In dieser Zeit wurde die abendländisch lateinische Kultur geboren, die den europäischen Völkern über Jahrhunderte hinweg ein hohes Maß an geistiger, kultureller, religiöser und zivilisatorischer Gemeinsamkeit sicherte und die Geschicke Europas bis in die Gegenwart hinein prägte.

Das Jubiläum ist uns Anlaß, Verpflichtung und Chance zur Beschäftigung mit unserer Geschichte. Deshalb haben sich die Stadt Paderborn, das Erzbistum Paderborn und der Landschaftsverband Westfalen-Lippe (LWL) zusammengefunden, um in beispielhafter Kooperation eine große kunst- und kulturhistorische Ausstellung unter internationaler Beteiligung zu veranstalten. Kostbarste Leihgaben aus ganz Europa und den USA und teilweise noch nie gezeigte archäologische Funde lassen ein faszinierendes Bild der Karolingerzeit entstehen, das durch die vor Ort entdeckten Zeugnisse der Pfalz- und Kirchenbauten seinen besonderen Bezug erhält.

Der Gestaltungswillen und die schöpferische Kraft der Karolingerzeit haben bis heute nichts von ihrer Faszination verloren. Gerade am Vorabend der Jahrtausendwende erscheint es daher angebracht, sich der Wurzeln des lateinisch-christlichen Abendlandes neu zu vergewissern. Aus ihnen lassen sich Perspektiven für die Zukunft in einem geeinten Europa entwickeln. Uns verbindet das gemeinsame Ziel, die aus der Begegnung mit der Antike erwachsene christliche Kultur des Abendlandes als Fundament unserer demokratischen Gesellschaft ins Bewußtsein zu rücken. Mit der großen Karolinger-Ausstellung in Paderborn wollen wir dazu einen Beitrag leisten.

Unser Dank gilt allen Mitarbeitern und Förderern, die an der Verwirklichung dieses herausragenden Unternehmens Anteil haben. Damit verbinden wir den Wunsch, daß sich möglichst vielen Besuchern über die Anschauung der in der Ausstellung versammelten hochrangigen Exponate etwas vom Geist jener Epoche erschließen möge, die, so fern sie uns auch erscheinen mag, auf vielfältige Weise mit dem Heute verbunden ist.

Bürgermeister Wilhelm Lüke MdL
Vorsitzender der Gesellschafterversammlung

Generalvikar Bruno Kresing
Stellv. Vorsitzender der Gesellschafterversammlung

Landesrat a. D. Friedhelm Nolte
Vorsitzender des Aufsichtsrates

Vorwort der Herausgeber

Es gibt nur wenige Ereignisse in der Geschichte, die Entwicklungslinien einer ganzen Epoche wie in einem Focus bündeln. Ein solches ist die Begegnung Karls des Großen mit Papst Leo III. in Paderborn vor 1200 Jahren. Der aus Rom geflüchtete Papst, auf den zuvor ein Attentat verübt worden war, fand in Paderborn die Unterstützung Karls des Großen. Das hier geschlossene Bündnis zwischen Papst und Frankenherrscher nimmt mit der Kaiserkrönung am Weihnachtstag des Jahres 800 für alle Welt sichtbar Gestalt an. Mit der Wiedererrichtung eines westlichen Kaisertums wird die imperiale Tradition der christlichen Spätantike neu belebt, treten Regnum bzw. Imperium einerseits und Sacerdotium andererseits wieder in ein enges, von den beiderseitigen Beziehungen zu Byzanz zusätzlich beeinflußtes Verhältnis, das sich in den folgenden Jahrhunderten spannungsreich entfalten sollte. In der Regierungszeit Karls des Großen wurde eine Brücke zwischen der römischen Antike und dem Mittelalter geschlagen: die Renovatio imperii, die das Erbe der Antike mit dem Geiste des Christentums durchdrang, prägte die europäische Geschichte. Die Begegnung von 799 veränderte nicht nur die politische und geistliche Landschaft des damaligen Europa nachhaltig, sie markiert auch in der westfälischen Geschichte einen epochalen Einschnitt. Der unter dem Einfluß der fränkischen Reichskultur in den Jahrzehnten um 800 festzustellende Wandel der Lebensverhältnisse im gerade erst von den Franken eroberten und christianisierten Sachsen prägte die Region für Jahrhunderte. Die Begegnung steht nicht zuletzt aufgrund der 799 erfolgten Weihe der Kirche „von wunderbarer Größe" in engem Zusammenhang mit der Gründung des Bistums Paderborn, dessen 1200. Geburtstag in diesem Jahr gefeiert wird.

Eine Ausstellung, die das Ereignis der Begegnung in der Vielfalt seiner Bezüge darzustellen versucht, muß, so unsere ersten Vorüberlegungen, sowohl die regionalen Aspekte berücksichtigen als auch jene übergreifenden Themen in den Blick nehmen, die notwendig sind, wenn man ein historisch angemessenes Bild der Zeit Karls des Großen zeichnen will. Schon der Titel der Ausstellung spiegelt diese doppelte Intention. In der Jahreszahl 799 ist das Ereignis präsent, der Titel „Kunst und Kultur der Karolingerzeit" weist ins Allgemeine. Bald zeigte sich, daß ein solch anspruchsvolles Projekt nur in intensiver Zusammenarbeit verschiedener wissenschaftlicher Disziplinen verwirklicht werden kann. Archäologen, Historiker und Kunsthistoriker haben sich bei den Tagungen des Wissenschaftlichen Beirates, in vorbereitenden Kolloquien und in zahlreichen Arbeitsgruppen uneigennützig engagiert und wichtige Anregungen für die inhaltliche Gestaltung der Ausstellung gegeben. Dabei ging es nicht nur um die Sammlung und Sichtung des in der Forschung hinlänglich bekannten Materials. Neue Forschungen wurden angestoßen und im Vorfeld der Ausstellung durchgeführt. Die Archäologen in Westfalen haben die Gelegenheit zu einer „Bestandsaufnahme" genutzt und die Forschungsergebnisse der letzten Jahrzehnte zusammengetragen und interpretiert. Aufgrund der weit fortgeschrittenen Neuauswertung der Pfalzgrabung Paderborn ist es nun endlich möglich, ein Bild des Schauplatzes der Begegnung zu zeigen. Forschungen zur Baukunst der Langobarden, zu Kirchenbau und Ausstattung des 9. Jahrhunderts, insbesondere zu Wandmalerei, Stuckplastik und Monumentalepigraphik, aber auch zur Renovatio in den Künsten und zur Liturgie und Musik eröffnen neue Einblicke in die Karolingerzeit. Wir danken allen Kolleginnen und Kollegen für ihre großzügige Unterstützung, ihr Engagement und ihre auch bei zahlreichen Nachfragen nie nachlassende Hilfsbereitschaft.

Ein derart anspruchsvolles Ausstellungsunternehmen konnte in Paderborn nur realisiert werden, indem sich mehrere Träger der großen Aufgabe gemeinsam gestellt haben. Die Entscheidungsträger der Stadt Paderborn, des Erzbistums Paderborn und des Landschaftsverbandes Westfalen-Lippe besaßen die visionäre Kraft, das Unter-

Quadrigastoff. Aachen, Domschatz (Kat.Nr. II.17)

nehmen gemeinsam anzugehen, zu dessen Verwirklichung bereits 1995 eine eigene Ausstellungsgesellschaft gegründet wurde. In finanziell schwierigen Zeiten haben sie erhebliche Mittel für die Ausstellung bereitgestellt. Ihnen und allen Mitgliedern der Gesellschafterversammlung und des Aufsichtsrates gebührt unser besonderer Dank.

Der Fürsprache des Erzbischofs von Paderborn, Dr. Johannes Joachim Degenhardt, verdankt die Ausstellung viele kostbare Leihgaben aus kirchlichem Besitz im In- und Ausland. Herzlich danken möchten wir an dieser Stelle auch Herrn Prälat Dr. Max Eugen Kemper, Botschaftsrat der Botschaft der Bundesrepublik Deutschland beim Heiligen Stuhl, der sich mit großem Engagement für unser Projekt eingesetzt und uns viele Türen geöffnet hat. An dieser Stelle sei auch dem Leiter der Kulturabteilung des Auswärtigen Amtes, Herrn Ministerialdirektor Dr. Hans-Bodo Bertram ein herzliches Dankeschön gesagt, der uns bei einigen besonders schwierigen Leihanfragen im Ausland die Wege geebnet hat. In besonderem Maße hat sich Frau Professor Dr. Florentine Mütherich um die Ausstellung verdient gemacht. Ohne ihre tatkräftige Unterstützung bei den Leihverhandlungen wäre die Ausstellung in dieser Form nicht zustande gekommen. Hierfür ebenso wie für ihren fachlichen Rat möchten wir ihr von Herzen danken.

Das gesamte Ausstellungsprojekt in allen seinen Bereichen ist von den drei Partnern geplant und in den Gremien der Ausstellungsgesellschaft stets in bestem Einvernehmen beschlossen worden. Mit der Umsetzung war die Geschäftsführung beauftragt. Als von der Stadt Paderborn bestellter Geschäftsführer gestaltete der damalige Kulturdezernent Dr. Johannes Slawig die Ausstellung in der Planungsphase wesentlich mit. Große Verdienste bei der Durchführung erwarb sich sein Nachfolger in der Geschäftsführung, der Städtische Beigeordnete Josef Rensing. Ohne Friedhelm Meyer, den Prokuristen der Ausstellungsgesellschaft, wären viele Wünsche unerfüllt geblieben. Ihm gilt unser besonderer, ausdrücklicher Dank.

Verschiedene Stiftungen haben das Ausstellungsprojekt gefördert. Dankbar zu nennen sind: die Stiftung Kunst und Kultur des Landes Nordrhein-Westfalen, die Kulturstiftung der Länder aus Mitteln des Beauftragten der Bundesregierung für Angelegenheiten der Kultur und der Medien, die Nordrhein-Westfalen-Stiftung Naturschutz, Heimat- und Kulturpflege und der Ernst von Siemens-Kunstfonds.

Der neu gegründete „Kulturfonds Paderborn" hat in beispielhafter Weise Wirtschaftsunternehmen im Paderborner Raum gewonnen, die das Ausstellungsprojekt großherzig unterstützen. Wir sprechen allen Förderern der Ausstellung, die erst die Zusammenführung der qualitätvollen Leihgaben ermöglicht haben, unsere Anerkennung und unsere tiefe Dankbarkeit aus.

Wesentlichen Anteil an der Realisierung haben alle Mitarbeiter der Ausstellungsgesellschaft und der beteiligten Häuser, die sich ideenreich und zielstrebig eingesetzt und so den Erfolg der Ausstellung zu ihrem persönlichen Anliegen gemacht haben. Stellvertretend möchten wir die beiden Wissenschaftlichen Ausstellungssekretäre Frau Dr. Petra Koch und Herrn Dr. Stefan Fassbinder namentlich nennen. Ihrem unermüdlichen Einsatz ist das Gelingen der Ausstellung wesentlich zu verdanken.

Für die redaktionelle Betreuung des zweibändigen Katalog-Handbuches gebührt Dr. Susanne Hohmann und ihrem Team unsere Hochachtung und Anerkennung. Von besonderem fachlichem Enthusiasmus geprägt, haben sie Unmögliches möglich gemacht. Dem Verlag Philipp von Zabern, namentlich Herrn Franz Rutzen und Herrn Ludwig Kirsch, danken wir für die gute Zusammenarbeit.

Von Anfang an haben wir allein auf die Aura der originalen Werke aus jener Zeit gesetzt. Mit Dank erfüllten uns die bereitwilligen Zusagen der Leihgeber, sich auf Zeit von ihren Schätzen zu trennen. Ohne ihre Unterstützung wäre eine Ausstellung dieser Qualität nicht zustande gekommen.

Christoph Stiegemann   Matthias Wemhoff

Charlemagne – The Making of Europe

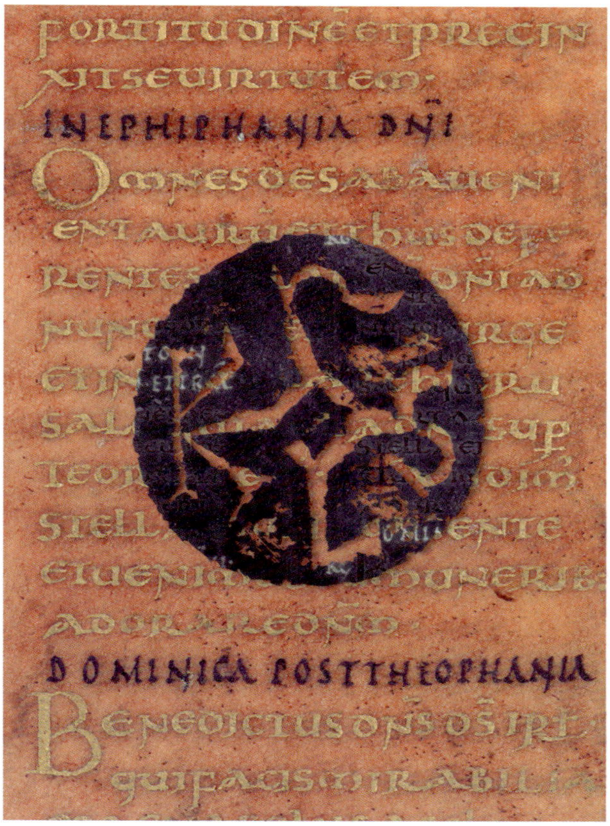

Fünf Museen in fünf Städten in fünf Ländern haben sich zu einer außergewöhnlichen Partnerschaft zusammengefunden. In allen fünf Häusern gab es unabhängig voneinander Planungen, im Zeitraum von 1999 bis 2001 Ausstellungen zur Epoche der Karolingerzeit zu veranstalten.

Sehr früh wurden erste Kontakte zwischen den Museen in Barcelona, York, Brescia, Split und Paderborn geknüpft. Bereits 1996 konnte ein erstes gemeinsames Treffen in Barcelona stattfinden, und schon bald begann eine rege Zusammenarbeit, um die Aktivitäten zu koordinieren.

Dabei war von Anfang an klar, daß keine Wanderausstellung, sondern eine Verbindung von Ausstellungen mit starkem regionalem Schwerpunkt entstehen sollte. Dem gegenseitigen Austausch von Leihgaben aus den beteiligten Museen und Regionen kommt dabei eine besondere Bedeutung zu. Für die Paderborner Ausstellung erhielten wir dankenswerterweise wichtige Exponate aus den Sammlungen der beteiligten Museen (Kat.Nrn. I.5–I.8). Außerdem wirbt ein gemeinsames Faltblatt für das Verbundprojekt.

Alle Ausstellungen finden in ehemaligen 'Randregionen' des Karolingerreiches statt. Gerade in diesen Regionen ist offenbar das Bewußtsein um die gemeinsamen Wurzeln der europäischen Kultur, die in die Zeit Karls des Großen zurückreichen, besonders lebendig.

Die erfolgreiche Zusammenarbeit findet ihren sichtbaren Ausdruck in der zunächst nur für Paderborn geplanten Multivision „799 – Aspekte einer Zeitenwende", die nun zu einer gesamteuropäischen Präsentation weiterentwickelt und großzügig von der Europäischen Kommission im Rahmen des Programms „Raphael" gefördert worden ist. Die Multivision mit Filmmaterial aus allen beteiligten Regionen wird auch in Barcelona, Brescia und Split zu sehen sein.

An dieser Stelle sei besonders dem scheidenden Präsidenten der Europäischen Kommission, Herrn Jacques Santer, herzlich gedankt. Er hat das gemeinsame Projekt zu seinem persönlichen Anliegen gemacht und nach Kräften unterstützt.

AUSSTELLUNG „CATALUNYA CAROLÍNGIA 785–987“

16. Dezember 1999 bis Februar 2000
Barcelona, Palau Nacional de Montjuïc, Museu Nacional d'Art de Catalunya

Im Rahmen des Projektes „Charlemagne – The Making of Europe“ leistet die Ausstellung „Catalunya carolíngia“ im Museu Nacional d'Art de Catalunya einen wichtigen Beitrag zu einer umfassenden Darstellung der karolingischen Epoche. Im Zentrum steht dabei die Entwicklung Kataloniens im 9. und 10. Jahrhundert. Diese Entwicklung ist einerseits durch die seit dem 8. Jahrhundert bestehende Vorherrschaft der Karolinger, andererseits aber, vor allem im 10. Jahrhundert, durch die zunehmenden Emanzipationsbestrebungen der katalanischen Grafschaften geprägt. Hinzu kommt die unmittelbare Nähe zur islamischen Welt, die nicht nur Anlaß zu Konflikten gab, sondern auch Möglichkeiten zu vielfältigen diplomatischen Kontakten sowie zu weitreichenden kulturellen und künstlerischen Beziehungen bot.

Am Beginn der Ausstellung wird dem Besucher eine Vorstellung vom Europa der Zeit Karls des Großen vermittelt. Dabei werden auch Parallelen zum heutigen Europa und zum Zusammenwachsen der Nationen, z. B. durch die Währungsunion, gezogen. Dem Besucher eröffnen sich dadurch zahlreiche Möglichkeiten zu einer vergleichenden geographischen und chronologischen Betrachtung.

Eines der wichtigsten Themen der Ausstellung ist die Herrschaftsstruktur der Karolingerzeit, wobei zunächst der Bezug zu Karl dem Großen, zur Entstehung und Organisation des karolingischen Reiches und zur Idee eines christlichen Kaisertums hergestellt wird. Die katalanischen Grafen und ihre Beziehungen zu den damaligen Machtzentren Europas stellen einen weiteren Themenschwerpunkt dar. Gleichzeitig wird auch die besondere Stellung und Organisation der Kirche gewürdigt. Im Vor-

Abb. 1 Sant Miguel de Cuixà, Inneres

Abb. 2 Sant Miguel de Terrassa, Wandmalerei

dergrund stehen dabei die Beziehungen zum Papst, die Einführung der römischen Liturgie und deren Bedeutung für Katalonien.

Ein weiteres zentrales Thema bildet das Verhältnis zur antiken Überlieferung. Es findet seinen bedeutendsten Ausdruck in der karolingischen *renovatio* und in der besonderen Rolle, die Rom in diesem Zusammenhang spielt. Doch wird auch das Fortleben dieser Renaissancebestrebungen in ottonischer Zeit und die besondere Bedeutung byzantinischer Einflüsse beleuchtet. Ein recht großer Abschnitt ist den kulturgeschichtlichen Auswirkungen dieser Entwicklung gewidmet. Hier wird unter anderem die Rolle der Klöster bei der Aneignung und Verbreitung des antiken Wissens vor Augen geführt. Besondere Aufmerksamkeit richtet sich sich ferner auf die hispano-römische Vergangenheit der Iberischen Halbinsel. Doch werden darüber hinaus auch die Beziehungen zum arabischen Cordoba sowie zur christlichen Welt im Norden, insbesondere zum Königreich Asturien, veranschaulicht.

Ein stärker regionalgeschichtlich geprägter Teil der Ausstellung behandelt die Entwicklung der katalanischen Grafschaften und der spanischen Mark. Von besonderem Interesse sind in diesem Zusammenhang die Nah- und Fernbeziehungen Kataloniens, ausgehend von den diplomatischen Kontakten über die Verkehrs- und Handelswege bis zu den vielfältigen Auswirkungen des Reliquienkultes.

Einen weiteren Schwerpunkt bildet die Rolle von Kunst und Architektur als Teil der Herrschaftsrepräsentation. Hier werden unter anderem herausragende Kirchenbauten Kataloniens, wie etwa Sant Cugat del Vallès oder Sant Miquel de Cuixà, vorgestellt und ihre Ausstattung mit Malereien, Skulpturen und Altären gewürdigt. Angesichts der mächtigen Auftraggeber gewinnt darüber hinaus die Stiftung von Goldschmiedearbeiten und illuminierten Handschriften besondere Bedeutung, in denen sich einheimische Traditionen mit Einflüssen aus der karolingischen Welt verbinden.

Der letzte Bereich der Ausstellung behandelt die Situation Kataloniens um das Jahr 1000. Hier wird gezeigt, in welchem Maße die zunehmende Organisation und Ausdehnung der katalanischen Grafschaften zusammen mit einer wachsenden Loslösung von den alten Machtzentren zur Eigenständigkeit dieser europäischen Region beigetragen haben, die in vielfältiger Weise mit der karolingischen Welt verbunden war und dort ihre Wurzeln hat.

AUSSTELLUNG „IL FUTURO DEI LONGOBARDI"

Juni bis November 2000
Brescia, Santa Giulia Museo della Città

In den vergangenen zwanzig Jahren haben Untersuchungen an einigen der wichtigsten italienischen Bauten des frühen Mittelalters höchst bedeutsame Ergebnisse zutage gebracht. So ließen Grabungen im Kloster San Salvatore in Brescia eine bisher unbekannte Bauabfolge erkennen, die den beiden dort errichteten Salvatorkirchen neue Bedeutung verleiht. In Spoleto haben neuere Forschungen für den Clitunnustempel und die große Salvatorbasilika eine Datierung in das 8. Jahrhundert ergeben. In Salerno konnten Reste von Bau und Ausstattung der zum Palast Arichis' II. gehörenden Pfalzkapelle aufgedeckt werden, und in San Vincenzo al Volturno kamen bei Grabungen die große Kirche S. Maria Maggiore sowie ein Teil des Klosterbereichs zutage. Alle diese Bauten, vielfach mit aufwendigen Dekorationen versehen, lassen ein neues Bild der italienischen Kunst des 8. Jahrhunderts entstehen, in dem vor allem Zentralorte wie Pavia und Mailand, aber auch bedeutende Herzogtümer wie Cividale, Brescia, Spoleto, Benevent und Salerno eine herausragende Stellung einnehmen.

Abb. 1 Brescia, sog. Desideriuskreuz (Anfang 9. Jahrhundert), Musei Civici d'Arte e Storia

In der Reihe dieser Orte kommt der alten langobardischen Königsstadt Brescia besondere Bedeutung zu. Im Jahre 753 gründete hier Desiderius, der spätere König der Langobarden, zusammen mit seiner Frau Ansa das Kloster San Salvatore. In der Folge stieg Brescia zu einem der bedeutendsten Zentren Europas auf und wurde zum Sammelpunkt der verschiedensten politischen, sozialen und kulturellen Entwicklungen im 8. und 9. Jahrhundert. In diese Zeit fällt mit der Eroberung des Langobardenreiches und der Krönung Karls des Großen im Jahre 774 zum König der Langobarden ein historisches Ereignis, das für die Geschichte Europas von größter Tragweite war: Das neu entstehende karolingische Imperium schuf mit der Einbindung des italischen Raums eine politische Struktur, von der Europa noch heute wesentlich geprägt ist.

Die Bemühungen des Desiderius stehen vielleicht im Zusammenhang mit dem Versuch, in Brescia ein neues Machtzentrum zu schaffen, in dessen Mittelpunkt das Kloster San Salvatore stand. Von Desiderius und seiner Frau Ansa gestiftet, wurde es der Obhut ihrer Tochter Anselperga übergeben. Bei der in unmittelbarer Nähe gelegenen, gleichfalls zu Ehren des hl. Salvator errichteten Kirche weisen darüber hinaus die Existenz eines Arkosolgrabs für die Königin Ansa sowie eine Reihe weiterer hochrangiger Bestattungen darauf hin, daß die Kirche als Grablege und als zentraler Ort für das Totengedächtnis der neuen Dynastie bestimmt war.

Desiderius nützte die inneren Spannungen in Rom und den Unwillen des fränkischen Königs Pippin zu einem weiteren militärischen Engagement in Italien dazu, die Stellung des 754 und 756 durch die beiden Niederlagen gegen die Franken erheblich geschwächten Langobardenreichs wieder zu festigen. Den Höhepunkt seiner Macht erreichte er in den Jahren zwischen 768 und 771, als er wiederholt in Rom intervenierte und gleichsam zum neuen Schutzherrn des Papstes wurde. Dies änderte sich grundlegend mit dem Amtsantritt Papst Hadrians I. im Jahre 772. Hadrian betrieb eine selbständigere Politik, drängte in Rom die Langobardenpartei zurück und lehnte sich wieder stärker an die Franken an. Am Ende dieser Entwicklung stand nach der Niederlage des Desiderius

Abb. 2 Brescia, San Salvatore, Inneres

im Jahre 774 die völlige Zerschlagung der langobardischen Herrschaft und die Erhebung Karls des Großen zum neuen langobardischen König.

Einzig das nahezu ganz Süditalien umfassende Herzogtum von Benevent, in dem der Schwiegersohn des Desiderius, Arichis II. (758–787), regierte, überstand die politische Krise. Es erhielt volle Selbständigkeit, die unter anderem in der Annahme des Fürstentitels durch Arichis II. zum Ausdruck kommt. Doch mußte auch er seit 787 die Oberhoheit Karls des Großen anerkennen.

Der Zusammenbruch der langobardischen Herrschaft in Italien bedeutete jedoch nicht das Ende der langobardischen Kunst und Kultur. Diese lebte auch unter den Karolingern weiter fort und bildete eine der wesentlichen Grundlagen, auf der sich die karolingische „Renaissance“ entwickelte. Unter diesem Aspekt bezeichnet die „Zukunft der Langobarden“, wie sie die Ausstellung in Brescia vor Augen führt, den Beitrag der Langobarden zur Errichtung der kulturellen Grundlagen des karolingischen Europa.

AUSSTELLUNG „CROATS AND CAROLINGIANS“

25. Dezember 2000 – 30. Mai 2001
Split, Muzej Hrvatskih Arheoloskih Spomenika

Die in Kroatien geplante Ausstellung über Kroaten und Karolinger gehört inhaltlich und konzeptionell zu dem Projekt „Charlemagne and the Making of Europe“. Sie steht im Zusammenhang mit den Ausstellungen in Paderborn und York im Hinblick auf die Person Karls des Großen und die Rolle, die er bei der Bildung des Fürstentums Kroatien und teilweise auch bei der Christianisierung der Kroaten spielte. Mit der Ausstellung in Brescia verbindet sie die Ähnlichkeit der Steinmonumente der istrischen Halbinsel, die zur Mark Friaul gehörte, mit denen Italiens. In der Konzeption kommt die Ausstellung in Split der in Barcelona am nächsten, da sie den gesamten Zeitraum vom Ende des 8. bis zum Ende des 10. Jahrhunderts behandelt und so die wichtigsten Jahrhunderte der Karolingerzeit beinhaltet.

Abb. 1 Frühmittelalterliche Kirche von Knin, nahe Vrlika

Die Ausstellung wird die Entwicklung eines Randgebietes des Karolingischen Imperiums von der Eroberung des Territoriums bis zur Bildung des Königreichs Kroatien behandeln. Genau wie bei der Ausstellung in Barcelona werden auch in Split die Beziehungen zu Byzanz und zum islamischen Herrschaftgebiet einbezogen – nicht zuletzt aufgrund der Grenzlage des kroatischen Territoriums, da die wichtigsten dalmatinischen Städte, die damals an das junge Fürstentum Kroatien grenzten, nach dem Frieden von Aachen 812 unter der politischen Oberherrschaft des byzantinischen Kaiserreichs blieben.

Etwa in der Mitte des 9. Jahrhunderts wurde auf kroatischem Territorium in der ehemals römischen Stadt Nin (*Aenona*) eine gesonderte Diözese für das gesamte unter der Kontrolle der kroatischen Fürsten stehende Gebiet gegründet. Die Bischöfe von Nin unterstanden direkt dem Patriarchat von Aquileia, und aus dieser Zeit sind Unterlagen über die Kontakte zwischen dem Patriarchen Walbertus und dem Bischof von Nin, Theodosius, erhalten.

Doch stärkten die kroatischen Fürsten in der zweiten Hälfte des 9. Jahrhunderts auch ihre Bindungen zum Papst. Der Briefwechsel zwischen dem kroatischen Fürsten Branimir und Papst Johannes VIII. ist erhalten geblieben; aus den Briefen wird deutlich, daß der Fürst dem Papst die Vorrangstellung einräumte. Genau zu dieser Zeit schritt der Prozeß der Christianisierung besonders schnell voran.

Unter den Funden aus karolingischer Zeit in Kroatien sind die Münzfunde von besonderer Bedeutung, insbesondere die byzantinischen Goldmünzen, mit denen die byzantinischen Städte Dalmatiens in der zweiten Hälfte des 9. Jahrhunderts ihren Tribut an die kroatischen Herrscher zahlten. In Kotor, Nin und Buzet wurden auch seltene Exemplare von Silbermünzen der fränkischen Herrscher, insbesondere König Lothars I., gefunden, die Zeugnis ablegen für die Kontakte mit dem italischen Königreich.

Die engen Beziehungen zum fränkischen Reich wiederum drücken sich durch die erhaltenen Kunstwerke des 9. Jahrhunderts aus, insbesondere das Reliquiar aus der Schatzkammer der Kathedrale von Nin mit den Reliquien der Heiligen Ambrosius, Marcellus und Anselmus, das wohl zwischen 830 und 840 in Mailand geschaffen wurde. Des weiteren sei das in Kerbschnittechnik bearbeitete Rauchfaß aus Vrlika, das stilistische Ähnlichkeit mit dem Kelch von Herzog Tassilo von Bayern aufweist, sowie ein aus Elfenbein geschnitztes Reliquienkästchen aus Nin genannt.

Der karolingische und generell westeuropäische Einfluß während des 9. Jahrhunderts hinterließ schließlich auch Spuren in der Kultur der alltäglichen Gebrauchsgegenstände. Dies gilt insbesondere für die Führungsschicht und ist auch an der militärischen Ausrüstung der kroatischen Fürsten zu erkennen. Aus den fürstlichen Gräbern im Mausoleum der kroatischen Herrscher in Knin sind beispielsweise außergewöhnliche Exemplare der Reitausrüstung erhalten geblieben, wie mehrere Beispiele luxuriöser Sporen zeigen, die mit Kerbdekor, Metallintarsien und Goldauflage verziert waren.

Die karolingische Präsenz in Südosteuropa war zu einem gewissen Grad für die Integration der kroatischen Region in den Kreis der westeuropäischen Christenheit und ihrer Zivilisation verantwortlich. Neue Entwicklungsrichtungen in diesem Gebiet mischten sich mit der antik-mediterranen Lebensweise und ihren Traditionen. Dabei ist von besonderer Bedeutung, daß die Karolinger zwar nicht lange unmittelbar präsent waren, die Einwohner Kroatiens dennoch jahrhundertelang als Angehörige der westeuropäischen Kultur galten, einer politischen Einheit, die während der Herrschaft Karls des Großen geschaffen wurde.

Abb. 2 Sporen aus Biskupija bei Knin

AUSSTELLUNG „THE GOLDEN AGE OF YORK. ALCUIN AND CHARLEMAGNE"

April bis Oktober 2001
York, The Yorkshire Museum

Im Jahre 867 eroberten die Wikinger York, das Herrschaftszentrum des alten Königreichs Northumbrien. Durch die Eroberung alarmiert, verbündeten sich die beiden Rivalen um den northumbrischen Königsthron, Osbert und Aelle, um die Stadt zurückzugewinnen. Beide wurden jedoch im Kampf getötet, ihre Armee vernichtend geschlagen. Damit war das Königreich Northumbrien ausgelöscht.

Historiker sehen in diesem Ereignis vielfach nur das zwangsläufige Ende einer langen Geschichte voller blutiger Kriege, Intrigen und wirtschaftlicher Krisen, einer Geschichte, die mehr als ein Jahrhundert andauerte, seitdem Eadbert, der letzte große König Northumbriens, 758 abgedankt hatte. Doch handelt es sich dabei in gewisser Weise nur um nachträgliche historische Rekonstruktionen, die von den Ergebnissen der späteren northumbrischen Geschichte ausgehen. Denn abgesehen von einigen fragmentarischen Berichten gibt es nichts, worauf sich diese Geschichte gründen könnte. Dies gilt für den Mangel an historiographischen Werken ebenso wie für das Fehlen von Königsurkunden und Prachthandschriften, aber auch für die Architektur, von der sich keinerlei bedeutende Zeugnisse erhalten haben.

Dieser düsteren Vorstellung vom politischen, wirtschaftlichen und sittlichen Verfall Northumbriens steht jedoch ein anderes, eindrucksvolles Bild entgegen: das einer bedeutenden historischen Persönlichkeit aus dieser Zeit, des gelehrten Mönches Alkuin, der uns durch seine eigenen Schriften, aber auch durch die seiner Schüler und durch Aufzeichnungen aus dem karolingischen Reich gegenwärtig geblieben ist.

Alkuin selbst gibt uns eine begeisterte Schilderung seiner Heimatstadt als einer Stadt mit „hohen Mauern und Türmen", ausgezeichnet durch die alte Peterskirche mit ihrem neuen, mit „Gold, Silber und erlesenen Steinen" geschmückten Altar, der an der Stelle stand, an der Edwin, der erste christliche König Northumbriens, getauft worden war. Darüber hinaus besaß York eine neu errichtete Kirche zu Ehren der Heiligen Weisheit, möglicherweise ein Zentralbau wie die Pfalzkapelle Karls des Großen in Aachen. Den Bestand der berühmten Bibliothek von York hielt Alkuin wortgewandt in Versen fest. Die Reihe der Autoren reichte von Hieronymus über Athanasius, Gregor den Großen und Johannes Chrysostomos bis zu Aristoteles, Vergil, Cicero und Boethius.

Alkuins Schilderung wird von der Archäologie bestätigt. Zahlreiche Funde aus den letzten zwei- bis dreihundert Jahren vermitteln ein neues Bild von der Geschichte der Stadt. So wurden bei Ausgrabungen bedeutende Skulpturen gefunden, und am Zusammenfluß der beiden Flüsse Foss und Ouse wurde das Handelszentrum des 7. und 8. Jahrhunderts mit vielen Hinweisen auf Fernhandel und einheimische Handwerksbetriebe entdeckt. Mit dem sog. Coppergate-Helm kam zudem ein beredtes Zeugnis für den hohen Rang der angelsächsischen Metallschmiedekunst in York zutage.

Abb. 1 Darstellung Alkuins aus der sog. Alkuin-Bibel. Bamberg, Staatsbibliothek, Msc. Bibl.1, fol. 5v

Auch die Ausgrabungen im Umland brachten aufschlußreiche Ergebnisse, von Funden prachtvoller Metallarbeiten bis zur Entdeckung des unbekannten Nonnenklosters von Flixborough am Südufer des Humber. Damit einher ging ein neues Verständnis für die einzigartigen Steinskulpturen dieser Region. In ihren Bilderzyklen verbindet sich hohe theologische Gelehrsamkeit mit großer künstlerischer Fertigkeit im neuen karolingischen Stil. In der Nähe des Klosters Mersham wurde sogar eine Säule errichtet, nicht etwa zu Ehren eines Herrschers, sondern als Zeichen für den Sieg Christi.

Die Ausstellung in York will Alkuin in seinem ursprünglichen geographischen und kulturellen Umfeld zeigen: im northumbrischen York, dem Königreich und der Stadt, die ihn in besonderer Weise geformt und geprägt haben. Die Geschichte des Königreichs Northumbrien wird dabei in wesentlichen Punkten neu geschrieben und bewertet werden müssen. Das Northumbrien des 8. und 9. Jahrhunderts war mitnichten nur ein dekadenter Abgesang des goldenen angelsächsischen Zeitalters. Es war pulsierend, aufregend, voller Leben und vollständig in das wieder auflebende Europa integriert.

Abb. 2 Sog. Coppergate-Helm, spätes 8. Jahrhundert. York, Castle Museum

*Vita Caroli.
Wien, Österreichische Nationalbibliothek,
Cod. 529, fol. 1r
(Kat.Nr. I.1)* ▷

VITA KAROLI IMPERATORIS

Vita karoli magni imperatoris.

Gens merouingorum de qua franci reges sibi creare soliti erant
usque in hildricum regem qui iussu stephani romani pontificis
depositus ac detonsus atque in monasterium trusus est durasse putatur.
Que licet in illo finita possit uideri tamen iam dudum nullius uigo-
ris erat nec quicquam in se clarum preter inane regis uocabulum prae-
ferebat. Nam et opes et potentia regni penes palatii praefectos qui
maiores domus dicebantur et ad quos summa imperii pertinebat tene-
bantur. Neque regi aliud relinquebatur quam ut regio tantum nomine
contentus crine profuso barba summissa solio resideret ac speciem domi-
nantis effingeret. Legatos undecumque uenientes audiret eisque abeun-
tibus responsa que erat edoctus uel etiam iussus ex sua uelut potestate
redderet cum praeter inutile regis nomen et precarium uite stipendium
quod ei praefectus aule prout uidebatur exhibebat nihil aliud proprii possideret
quam unam et eam perparui reditus uillam in qua domum et ex qua
famulos sibi necessaria ministrantes atque obsequium exhibentes paucae
numerositatis habebat. Quocumque eundum erat carpento ibat
quod bubus iunctis et bubulco rustico more agente trahebatur. Sic ad pa-
latium sic ad publicum populi sui conuentum qui annuatim ob regni
utilitatem celebrabatur ire sic domum redire solebat. At regni ad-
ministrationem et omnia que uel domi uel foris agenda ac dispo-
nenda erant praefectus aule procurabat. Quo officio tum cum hildricus
deponeretur pippinus pater karoli regis iam uelut hereditario fun-
gebatur. Nam pater eius karolus qui tyrannos per totam franciam
dominatum sibi uindicantes oppressit et sarracenos galliam
occupare temptantes duobus magnis proeliis uno in aquitania
apud pictauium ciuitatem altero iuxta narbonam apud birram fluui-
um deuicit ut in hispaniam eos redire compelleret. Eundem ma-
gistratum a patre pippino sibi dimissum egregie administrauerat.
Qui honor non aliis a populo dari consueuerat quam his qui clari-
tate generis et opum amplitudine ceteris eminebant.

KAPITEL I

799
Eine folgenreiche Begegnung

Franz-Reiner Erkens

Karolus Magnus – Pater Europae?

Methodische und historische Problematik

Das Treffen fand in Paderborn statt, in der Mitte des Jahres 799. Leo III., einige Wochen zuvor am 25. April während einer Bittprozession von seinen Gegnern in Rom überfallen, schwer mißhandelt und eingesperrt, suchte nach geglückter Flucht Karl den Großen auf, den König der Franken und Langobarden, den *patricius Romanorum*, den Schutzherrn der römischen Kirche, um sich dessen Rückhalts zu vergewissern und zu erfahren, ob der mächtige Herrscher an ihm als Papst festzuhalten gedachte oder ob er der Opposition Gehör schenken und ihn vom Papstthron vertreiben wollte. Doch der Heilige Vater, obwohl seine Amts- und Lebensführung anscheinend nicht über alle Zweifel erhaben war, brauchte sich keine Sorgen zu machen, denn Karl hatte sich offenbar schon längst für ihn entschieden – nicht nur, aber auch nicht zuletzt eingedenk der eindringlichen Mahnung seines angelsächsischen Freundes und Ratgebers Alkuin, des Abtes von Saint-Martin in Tours, der an die um 500 in geradezu klassischer Weise formulierte Rechtsauffassung erinnerte, daß der Papst von niemandem außer von Gott allein richtbar sei.

Einzelheiten über die Gespräche, die während des langen Aufenthaltes an der Pader zwischen Karl und Leo geführt worden sind, erfährt die Nachwelt nicht, doch ließ der König den Papst schließlich ehrenvoll nach Rom zurückführen und in seiner hohen Würde bestätigen. Er selbst freilich wartete noch ein Jahr, bevor er sich an den Tiber begab, um die denkwürdige Affäre endgültig zu bereinigen. Dabei wurde er am 25. Dezember des Jahres 800 von Leo III., der sich kurz zuvor durch einen Eid von allen gegen ihn erhobenen Vorwürfen gereinigt hatte, im Petersdom zum Kaiser gekrönt; kurz nach diesem epochalen Ereignis waltete er erstmals seines kaiserlichen Richteramtes und verurteilte die Papstattentäter zum Tode, begnadigte sie jedoch anschließend auf Bitten des Papstes und ließ sie danach zur Verbannung in das Frankenreich führen.

Ob die Kaiserkrönung Karls schon in Paderborn vereinbart wurde, wie wiederholt vermutet worden ist, läßt sich nicht mit letzter Sicherheit sagen. Dies ist zwar denkbar, aber nicht beweisbar – nicht beweisbar vor allem auch deshalb, weil die Quelle, die immer wieder als Zeugnis für eine imperiale Ausrichtung der Herrschaft Karls schon vor 800 herangezogen wurde, ein Epos, dessen erhaltener Teil vor allem auch den Paderborner Empfang des Papstes breit schildert, entgegen einer vor noch nicht allzu langer Zeit mit Nachdruck geäußerten Ansicht nicht schon vor, sondern erst kurz nach der Kaiserkrönung entstanden ist. Ihr kaiserliches Pathos ist daher nicht als Hinweis auf das Streben des großen Karolingers nach der Imperatorenwürde zu verstehen, sondern lediglich als Reflex des im lateinischen Abendland auf Weihnachten 800 erneuerten Kaisertums.

I. Das Oberhaupt Europas

Ohne Zweifel stand Karl am Ende des 8. Jahrhunderts auf dem Höhepunkt seiner Geltung. In zahlreichen Kriegszügen und durch ein unermüdliches organisatorisches Wirken zur Stabilisierung seines weiträumigen Herrschaftsgebildes nach innen hatte der König das fränkische Großreich, vermehrt hauptsächlich um das sächsische Stammesgebiet östlich des Rheines, unter Angliederung des italischen Langobardenreiches zur bestimmenden Macht im westlichen Europa gemacht. Seine Machtsphäre reichte von der Eider bis an den Ebro, von der Biskaya bis an Saale und Elbe, vom Ärmelkanal bis nach Pannonien (Ungarn), von der Nordsee bis nach Süditalien (das allerdings weiterhin unter byzantinischer Hoheit verblieb). Der größte Teil der lateinischen Christenheit stand unter seiner Herrschaft, aber auch zu den christlichen Reichen auf der britischen und irischen Insel sowie auf der unter islamischer Hegemonie stehenden Iberischen Halbinsel gab es rege Kontakte, und schließlich unterstellten sich sowohl der Patriarch von Jerusalem als auch die Bewohner der Balearen seinem Schutz (Abb. 1).

Als der Papst durch den auf ihn verübten Anschlag schwer gedemütigt und völlig vom Wohlwollen des Karolingers abhängig war und zur gleichen Zeit das byzantinische Kaisertum, die traditionsreiche christliche Ordnungsmacht im östlichen Mittelmeer, einflußreichen Kreisen im abendländischen Westen als erledigt galt, weil die byzantinische Kaiserin, die *basilissa* Irene, in einer moralisch verwerflichen Handlung ihren eigenen Sohn 797 vom Thron vertrieben hatte und dabei blenden ließ, um Alleinherrscherin zu werden, als mithin zwei von den drei Gewalten (*tres personae*), die laut Alkuin die christliche Herrschaft auf Erden an höchster Stelle verkörperten, ausgefallen waren, da blieb, wie wiederum Alkuin betont, allein noch der fränkische König, der große Schutzherr der Christenheit, handlungsfähig, da konnte allein noch Karl seine Verantwortung als christlicher Herrscher und Stellvertreter Gottes, als der er galt, wahrnehmen und überragte die *regalis dignitas*, die königliche Würde des Franken, die beiden anderen Gewalten, die *apostolica sublimitas* und die *imperialis dignitas*, an Macht, Weisheit und Würde.

Karls unvergleichlicher Vorrang, seine imperial zu nennende Stellung harrte am Ende des 8. Jahrhunderts freilich noch der formalen Ausgestaltung und des förmlichen Ausdrucks. Diese wurden mit der Kaiserkrönung gefunden. Etwa zur gleichen Zeit bezeichnete der unbekannte Verfasser des schon erwähnten Epos den Karolinger als *pater Europae*, als Vater Europas, schmückte ihn darüber hinaus aber auch noch mit ähnlichen auszeichnenden Begriffen und nannte ihn dabei die verehrungswürdige Zier Europas (*Europae venerandus apex*) sowie den verehrungswürdigen Leuchtturm Europas (*Europae veneranda pharus*). Schon um 775 sprach der Priester Cathwulf mit Blick auf Karl den Großen von dem Ruhm des Reiches Europa (*gloria regni Europae*), und noch bei Karls geschichtsschreibendem Enkel Nithard heißt es etwa vierzig Jahre später: *omnem Europem*, ganz Europa, habe der große Herrscher bei seinem Tod mit allem Guten erfüllt hinterlassen. Der Karolinger erscheint damit als das Oberhaupt Europas, des *regnum Europae*, das offenbar mit dem fränkischen Reich gleichgesetzt werden konnte und aus dessen sämtlichen Teilen der Kaiser Unterstützung für seine Bauvorhaben anfordern konnte – zumindest behauptet der Mönch Notker Balbulus aus St. Gallen gegen Ende des 9. Jahrhunderts, daß „ganz Europa" (*tota Europa*) die Mainzer Rheinbrücke vollendet habe.

II. Das Imperium Christianum

Freilich wurde der aus der Antike übernommene und in der Karolingerzeit nur ganz vereinzelt verwendete Begriff „Europa" nie Bestandteil des offiziellen Reichs- und Herrschertitels, sondern blieb ein ausschließlich von Gelehrten benutztes Wort, das schon unter den Nachkommen des großen Karolingers in Zeiten einer fortschreitenden Desintegration des fränkischen Großreiches an Attraktivität, aber auch – als terminologische Entsprechung für eine politische Realität – an Aktualität verlor. Er war in der Antike geprägt und politisch nicht zuletzt als Gegensatz zu Asien verstanden worden: als Bezeichnung für die höhere Einheit einer Vielzahl kleinerer, freiheitlich organisierter Staatswesen in Griechenland, die sich bei allem Unterschied im einzelnen doch wieder in einem höheren Sinne zusammengehörig fühlten und dabei vor allem von dem despotisch regierten Großreich der Perser abgrenzten. Im Mittelalter hingegen meinte „Europa" – wenn das Wort überhaupt in politischem Sinne gebraucht wurde – vor allem die Gesamtheit der christlichen Königreiche des Abendlandes und findet sich (wie schon in der Antike) wiederholt dann in den Quellen, wenn die von ihm umschriebene höhere Einheit durch Angriffe von außen gefährdet schien. Der sächsische Mönch und Geschichtsschreiber Widukind von Corvey etwa sah im 10. Jahrhundert durch Heinrichs I. und Ottos des Großen Siege fast ganz Europa von den Ungarn befreit; und Kreuzzugrhetorik des 12. Jahrhunderts vermochte den ersten in Christi Namen geführten Zug abendländischer Streiter, die das Heilige Land von der Herrschaft des Islam befreien wollten, als eine Auseinandersetzung zwischen Okzident und Orient, Europa und Asien, Glauben und Unglauben zu deuten. Aber erst seit dem ausgehenden Mittelalter begann sich der moderne Europa-Begriff zu formen und zum Ausdruck für eine kulturelle, kirchliche und politische Gemeinschaft zu werden, die es zu erhalten und zu verteidigen galt (im 15. und 16. Jahrhundert ganz besonders gegen die Osmanen). Das ganze Mittelalter hindurch ist die die politische und gesellschaftliche Vielfalt zu einer Einheit zusammenfassende Größe jedoch in der Regel nicht ein spezifischer Europa-Gedanke gewesen, sondern die Idee der *christianitas*, die Vorstellung von der universalen Christenheit.

Natürlich war auch das mit Europa identifizierte Karlsreich ein *imperium christianum*, wie nicht nur, aber doch mit besonderer Eindringlichkeit Alkuins meist spirituell zu verstehendes, gelegentlich aber auch auf den fränkischen Herrschaftsraum selbst zu beziehendes Schlagwort vom „christlichen Reich" in aller Deutlichkeit erkennen läßt. Der an dessen Spitze berufene Herrscher hatte als Stellvertreter Gottes auf Erden eine durch die Salbung verstärkte sakrale Autorität, die ihm eine umfassende

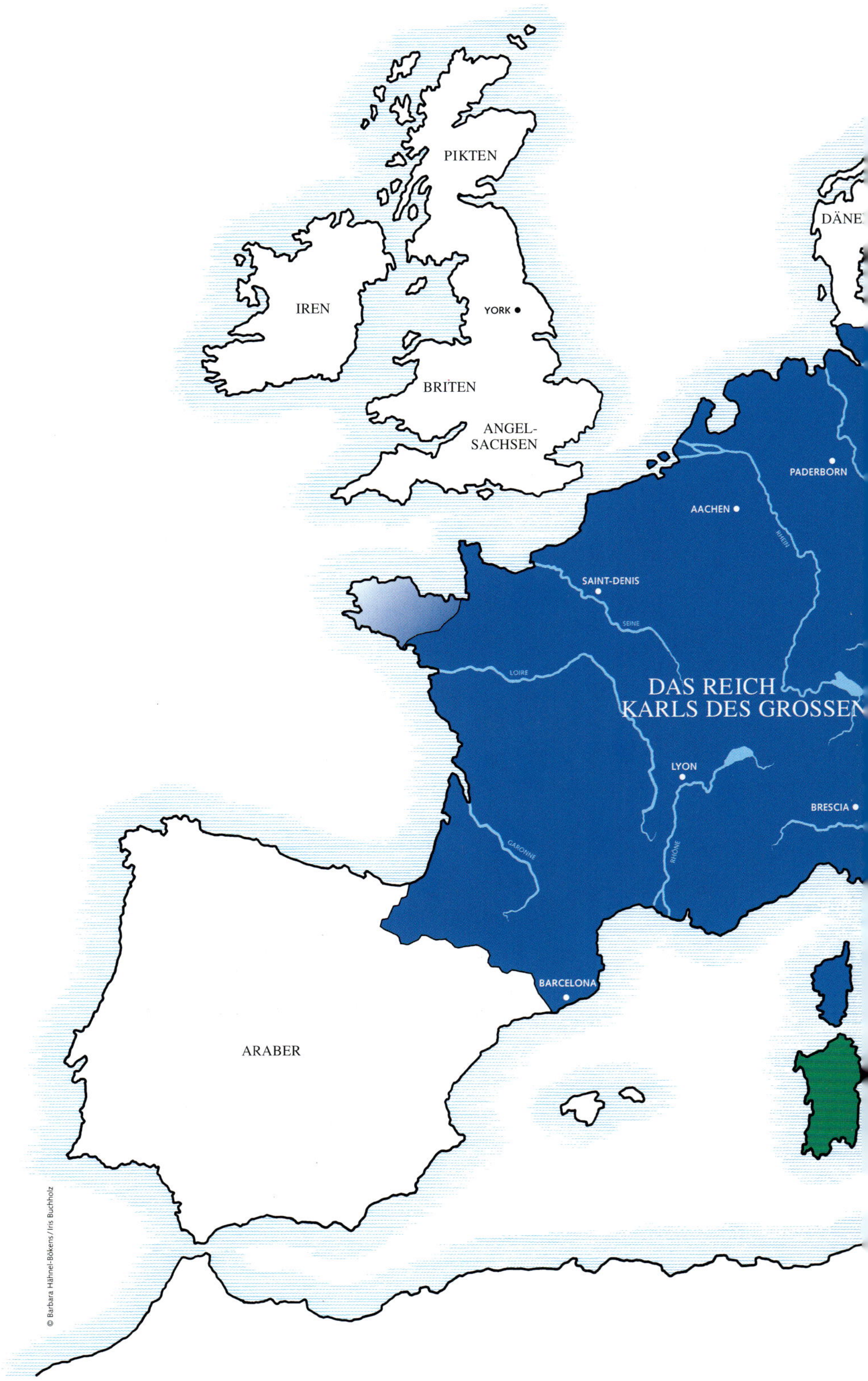

Abb. 1 Das Reich Karls des Großen um das Jahr 800

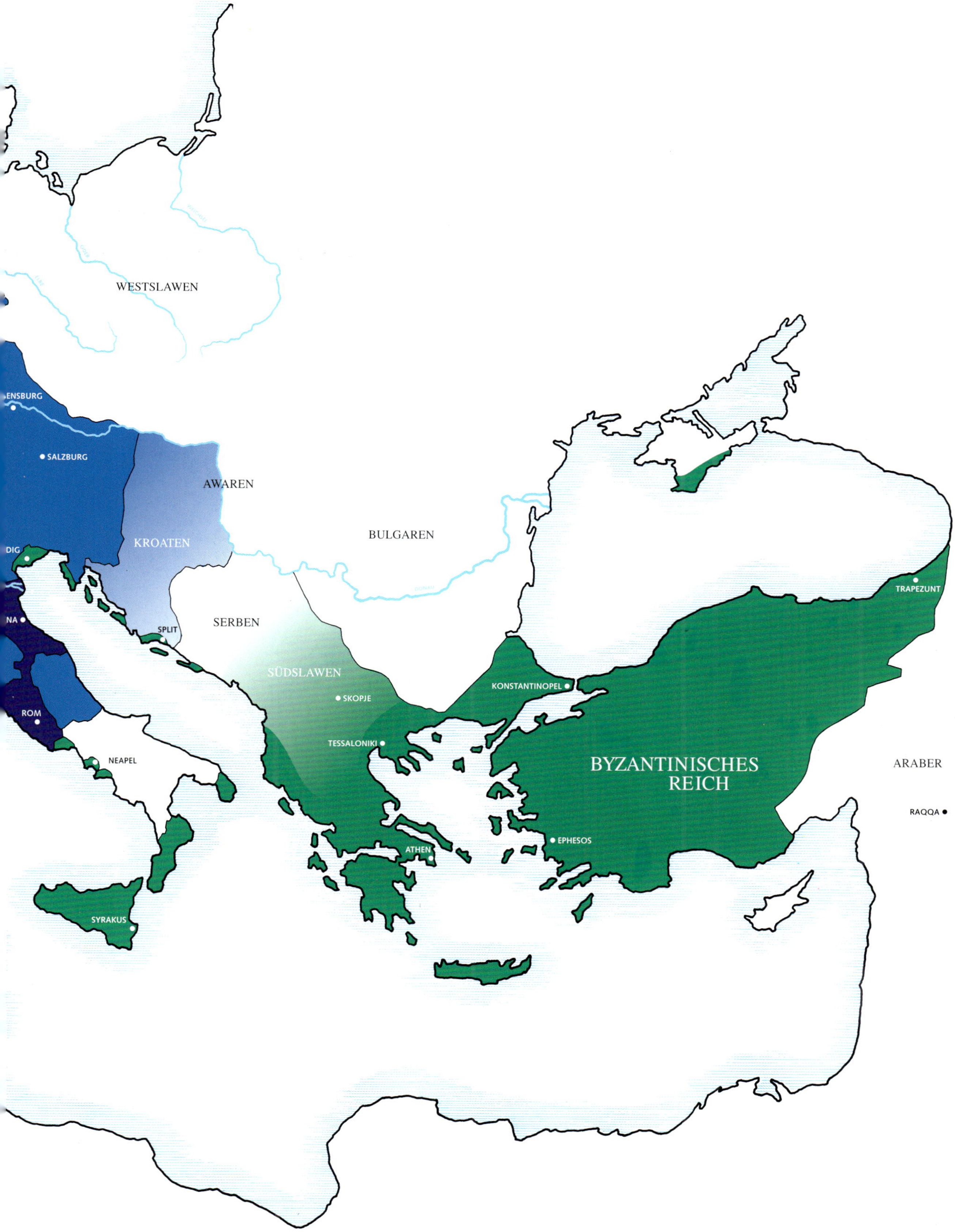
WESTSLAWEN
ENSBURG
SALZBURG
AWAREN
KROATEN
BULGAREN
DIG
NA
SPLIT
SERBEN
SÜDSLAWEN
SKOPJE
ROM
KONSTANTINOPEL
TRAPEZUNT
TESSALONIKI
NEAPEL
BYZANTINISCHES
REICH
ARABER
RAQQA
EPHESOS
ATHEN
SYRAKUS

Sorge für das christliche Volk und eine besondere Verantwortung für das Seelenheil aller übertrug. Karl hat sich selber zu dieser Verpflichtung bekannt, als er anläßlich der Wahl Leos III. zum Papst in seinem Glückwunschschreiben an den neuen Bischof von Rom erklärte, daß er, der König, sowohl für die Verteidigung der Christenheit gegen äußere Feinde als auch für die innere Reinheit des christlichen Glaubens zuständig sei, während er für diese schwierige Aufgabe vom Nachfolger Petri lediglich Gebetshilfe erwarte. Als Frieden sichernder, Recht wahrender, soziale Mißstände mildernder, die Kirche schützender und um das Seelenheil seiner Untertanen besorgter Monarch konnte Karl der Große seinen Zeitgenossen zweifellos zu Recht als *pater Europae* erscheinen, als väterlicher Herrscher über ein fast die gesamte lateinische Christenheit Kontinentaleuropas zusammenfassendes Reich.

III. Das Kaisertum des Westens

Da dieses das christliche Kerneuropa umspannende Herrschaftsgebilde keine Dauer gewann, blieb Karl der einzige mittelalterliche Herrscher, dem von Zeitgenossen eine europäische Paternität zugesprochen wurde – dem modernen Historiker fällt daher die keinesfalls leichte Aufgabe zu, dieses Urteil aus der Retrospektive zu überprüfen. Prägend für das spätere Europa ist Karl der Große zweifellos nicht durch die mit militärischer Macht und – gemessen an den Möglichkeiten der Zeit – mit organisatorischem Geschick betriebene Bildung eines Großreichs gewesen. Dieses befand sich keine hundert Jahre nach dem Tode des Kaisers in fortgeschrittener Auflösung, durch die das künftige Europa erst allmählich seine staatlichen Konturen empfing. Freilich setzten sich in den sog. karolingischen Nachfolgestaaten politische und soziale Strukturen, rechtliche und kulturelle Ansätze der karolingischen Epoche, die ihrerseits starke Impulse von Karls des Großen Bemühen um die herrschaftliche und gesellschaftliche Ordnung empfangen hat, fort, so daß unter Berücksichtigung des historischen Wandels ganz allgemein von der das frühere Mittelalter prägenden Kraft des karolingischen Zeitalters und näherhin des 9. Jahrhunderts gesprochen werden darf. Erinnert sei in diesem Zusammenhang nur an die Steigerung der herrscherlichen Sakralität durch das Aufkommen der Königssalbung unter Pippin I. sowie die damit verbundene, seit 751 immer deutlichere Formen annehmende Verkirchlichung des Thronerhebungsaktes und die dadurch immer stärker werdende Einbeziehung des Herrschers in die geistliche Sphäre.

Die Handlung Karls, die am sichtbarsten nachwirkte, war zweifellos die Wiederaufrichtung des Kaisertums im abendländischen Westen, mithin die Schaffung einer Institution, die – über viele Wandlungen hinweg – seit Otto dem Großen von den ostfränkisch-deutschen Herrschern verkörpert worden ist und erst nach mehr als tausend Jahren, am 6. August 1806, durch die Erfüllung eines von Napoleon Bonaparte gestellten Ultimatums ihr Ende fand, als der Reichsherold unter den Klängen silberner Fanfaren von der Balustrade der Wiener Kirche „Von den neun Chören der Engel“ das Ende des Heiligen Römischen Reiches verkündete, indem er die Urkunde verlas, mit der „Franz der Zweite, von Gottes Gnaden erwählter römischer Kaiser, zu allen Zeiten Mehrer des Reiches“ die Kaiserkrone niederlegte (um künftig als Franz I. und unter dem schon zwei Jahre zuvor angenommenen Titel eines „Kaisers von Österreich“ nur noch die Habsburgermonarchie zu regieren).

Es wirkte aber auch die Erinnerung an Karl den Großen nach, die Vorstellung, die sich die Nachwelt aufgrund seiner Herrschaftsleistung von ihm machte, galt der Karolinger doch dem gesamten Mittelalter als Idealherrscher, auf den sich die westfränkisch-französischen Könige ebenso beriefen wie die ostfränkisch-deutschen, in dessen Tradition sie sich stellten zur besseren Legitimierung der eigenen Herrschaft und dessen Altersresidenz Aachen die deutschen Könige bis in das 16. Jahrhundert hinein aufsuchten, um sich hier krönen und salben zu lassen oder zumindest seinen Thron zu besteigen, wenn die Krönung zuvor an einem anderen Ort stattgefunden hatte. Wipo etwa, der Biograph Konrads II., weiß das Königtum seines Helden als des Begründers einer neuen Herrscherdynastie im 11. Jahrhundert nicht besser zu legitimieren als durch den Bericht über die erfolgreiche Regierungstätigkeit des ersten Salierkaisers und den damit verbundenen Hinweis auf ein Sprichwort, das bald nach Konrads Wahl zum König aufgekommen sein soll und von dem Herrscher ottonischer Abstammung behauptet habe, daß an seinem Sattel die Steigbügel Karls des Großen hingen.

IV. Der Initiator einer Renaissance

Wenn aber auch Herrschertum und Herrscherbild des ersten abendländischen Kaisers deutlich sichtbare Spuren in der mittelalterlichen Geschichte hinterlassen haben, so waren es letztlich jedoch kaum die Taten als erfolgreicher und schwertkundiger Heerführer oder als kluger Lenker eines weiträumigen Imperiums und umsichtiger Organisator von Hof und Reich, Güterverwaltung und Rechtspflege, die Karl mit einem gewissen Recht als *pater Europae* erscheinen lassen, sondern diesen Ehrentitel verdiente sich der Karolinger vielmehr als Initiator der sog. Karolingischen Renaissance, mithin durch sein kulturelles und intellektuelles Wirken.

Die Verantwortung des sakral legitimierten Herrschers für die gesamte Christenheit, die Karl schon vor der Kaiserkrönung willig akzeptiert hatte, nach den römischen Ereignissen des Jahres 800 aber wohl noch schwerer empfunden haben dürfte als zuvor, die von ihm beanspruchte Sorge für den christlichen Glauben, welche etwa auf dem Frankfurter Konzil von 794 einen besonderen Ausdruck gefunden hatte, die gleichsam heilsgeschichtliche Dimension der christlichen Herrscherpflicht ließen den mächtigen König, den *rex in potestate*, in der Tat zum *pontifex in praedicatione* werden (wie ihn Alkuin gegenüber Elipandus von Toledo beschrieb), machten Karl – wie der Ependichter betont – zum *rector et doctor*, zu einem Leiter und Lehrer, der das christliche Volk unterweist aus Sorge für das Seelenheil aller, und ließen ihn dabei zum unumstrittenen *Europae venerandus apex* werden: zum „Gipfel Europas" und zu Licht und Weisheit (*lux et sapientia*) für alle Völker und Länder. Aus diesem Herrschaftsverständnis erwuchs die Verpflichtung des Herrschers, „Irriges zu bessern, Unnützes zu beseitigen und Richtiges zu bekräftigen", wie Karl in seiner Generalermahnung (*admonitio generalis*) des Jahres 789 mit Nachdruck erklärte; denn nur, wenn alles korrekt war, konnte den Feinden Gottes und den Gegnern der Wahrheit mit Erfolg entgegengetreten und das Heil errungen werden. Diese Erkenntnis aber erzeugte einen ungeheuren Verbesserungs- und Erneuerungswillen, der schließlich alle kulturellen Bereiche erfaßte.

Wenn eine ordentliche Verehrung Gottes als heilsnotwendig und als Voraussetzung für den Bestand von Reich und Dynastie begriffen wurde, dann mußten die Unterschiede im Wortlaut der lateinischen Bibel, die Divergenzen in den kirchlichen Rechtsbüchern und die Abweichungen beim Vollzug der Liturgie tiefste Besorgnis erregen. Deshalb wurde die Forderung nach authentischen Texten und nach einer Bibelkorrektur laut. Die rechte Norm, die *norma rectitudinis*, mußte gefunden, das Falsche und Unzulängliche ausgemerzt oder korrigiert werden. Zu bessern (*corrigere*) ist daher das Leitmotiv des Erneuerungsstrebens gewesen, und *correctio* war das Ziel.

V. Erziehung, Bildung, Wissenschaft, Kultur

Alle Anstrengungen um die *correctio* konnten aber nur dann erfolgreich sein, wenn zuvor das Bildungsniveau ganz allgemein gehoben wurde. Besonders den Kirchen und Klöstern ist daher die Pflege des Unterrichts, der *studia litterarum*, eingeschärft worden. Die angestrebte Korrektur des Gottesdienstes hatte deshalb eine Schul- und Bildungsreform zur Folge und führte schließlich sogar zu einer Wiederbelebung der Wissenschaft, die wiederum der Herrschaft und Verwaltung sowohl des Reiches als auch der königlichen Güter nutzbar gemacht werden konnte, denn qualifiziertes Handeln im weltlichen wie kirchlichen Bereich, bei der Rechtsprechung wie im Gottesdienst, beim Regieren und selbst bei der Pflege der Muße setzt rechtes Wissen voraus. In seiner *epistola de litteris colendis* hat Karl daher auch um 795 den Abt Baugulf von Fulda darüber belehrt, daß gutes Tun zwar besser sei als gutes Wissen, daß jedoch das Wissen dem Tun vorausgehe.

„Gutes Wissen" erforderte zunächst die Reinigung der lateinischen Sprache von den Vulgarismen, die in den vergangenen Jahrhunderten in sie eingedrungen waren. Dabei wurde jedoch nicht wie im spätmittelalterlichen und renaissancezeitlichen Humanismus die klassische Latinität zum Vorbild gewählt, sondern das spätantike Latein der Patristik. Die Sprache der Kirchenväter wurde zum Muster, weswegen die „Karolingische Renaissance" eben keine Wiedergeburt der Antike, sondern allenfalls der Spätantike gewesen ist. In nachklassischer Form wurde das Lateinische als kirchliche und für lange Zeit auch als weltliche Amtssprache, vor allem aber als Gelehrtensprache endgültig von der Entwicklung der romanischen Volkssprachen gelöst und zum internationalen Verständigungsmittel in Europa: zu einer *lingua franca* der Gebildeten bis weit über das Mittelalter hinaus.

Neben die Reinigung der Sprache trat eine Vereinheitlichung und Vereinfachung der Schrift. Anstelle der in nachantiker Zeit in den verschiedenen europäischen Kulturräumen entstandenen unterschiedlichen Buchstabenformen, an die Stelle der westgotischen, irischen, angelsächsischen oder merowingischen Schrifttypen, der sog. Nationalschriften, trat seit dem ausgehenden 8. Jahrhundert eine klare und gut lesbare Schrift, die karolingische Minuskel, die in ihrer ausgewogenen Proportionalität eine schlicht-harmonische Schönheit ausstrahlt und, nachdem sie sich bis in das 12. Jahrhundert über ganz Europa verbreitet hatte, danach aber von gotischen Schriftformen verdrängt worden war, schließlich die

Grundlage für die heutige lateinische Schrift bildete, da die Renaissancehumanisten wieder auf sie zurückgriffen.

„Gutes Wissen“ bedurfte zur Vermittlung aber nicht nur der reinen Sprache und der klaren Schrift, sondern vor allem auch des Buches. Die notwendige Aufbesserung der Buchbestände führte daher zu einer vermehrten Produktion von Codices. Eine der ersten Handschriften, die durch das Bemühen um die Entstehung oder Vervielfältigung von Texten entstanden, war das Godescalc-Evangelistar, das Karl der Große selbst zusammen mit seiner Gemahlin Hildegard um 781 in Auftrag gab. Andere Bücher – wie die Ada-Handschrift oder das Aachener Evangeliar – sollten folgen. Bedeutsames wurde dabei insbesondere bei der Buchmalerei geleistet.

Das von einem unverkennbaren pädagogischen Eifer getragene Streben nach *correctio* des Gottesdienstes, der Sprache und der Schrift war mithin Teil einer umfassenden Erneuerungsbewegung, die alle Bereiche des sozialen und politischen Lebens erfaßte und dadurch auch zu einer allerdings nur begrenzten Vereinheitlichung des karolingischen Großreiches und zum Ausgleich, nicht jedoch zur Beseitigung von historisch und regional bedingten Unterschieden beitrug. Das erzieherische, wissenschaftliche und kulturelle Bemühen um Bildung gehörte unverkennbar auf das engste in den größeren Zusammenhang der herrscherlichen Sorge für die kirchliche Reform, für die Wiedereinführung der untergegangenen Metropolitanverfassung als Strukturelement der fränkischen Kirche, für die Reorganisation der königlichen Güterverwaltung, für die Ordnung des Reiches, für die ebenfalls lange nachwirkende Festlegung von Maß, Gewicht und Münzfuß.

Wenn auch der Erfolg mancher der eingeleiteten Maßnahmen zweifelhaft bleibt, so schufen die bildungsbegeisterten Impulse der Jahrzehnte um 800 doch eine solide Basis für die abendländische Geistesgeschichte, ein Fundament, in welches das kulturelle Erbe vergangener Epochen ebenso wie die intellektuellen Leistungen unterschiedlicher Kulturkreise einflossen und von dem aus ein bedeutendes Erbe in anverwandelter Form an die kommenden Jahrhunderte weitergegeben werden konnte. Wie bunt und vielfältig die Einflüsse waren, die hierbei wirksam wurden, zeigt in besonderem Maße der Gelehrtenkreis, den Karl der Große an seinem Hofe zu versammeln wußte und der verdeutlicht, wie sehr dieser Hof selbst und vor allem auch sein alles bewegender Mittelpunkt, der König und spätere Kaiser Karl, entscheidenden Anteil an der Verwirklichung des ehrgeizigen Bildungsprogramms besaßen.

VI. Die „Hofakademie“

Ein wichtiges Bildungselement stellte am Karolingerhof zweifellos die Kapelle dar, die Gesamtheit der am Hofe für die seelsorgerische Betreuung der Königsfamilie und der Hofgesellschaft sowie für die Reliquienhut zuständige Geistlichkeit, die einen auf den König verpflichteten Personenverband bildete und deren Mitglieder zu schriftlicher Verwaltungstätigkeit, vor allem zum Ausstellen von Urkunden, aber wohl auch zur Abfassung historiographischer Werke herangezogen wurden. Dieses Bildungselement verstärkte Karl der Große, indem er eine Hofbibliothek aufbauen und die Hofschule ausgestalten ließ und dafür bedeutende Gelehrte gewann. Besonders hieran zeigt sich, wie sehr der König selbst die treibende Kraft für das Bemühen um Korrektur des Wissens und um Verbesserung der Bildung gewesen ist – und gerade dies machte Karl neben seinen Erfolgen als Organisator, Politiker und Eroberer zu einem großen Herrscher, wobei ihm die Fähigkeit zustatten kam, erstrangige Gelehrte unterschiedlicher Herkunft für sein Werk zu interessieren, an seinen Hof zu binden und die einzelnen Persönlichkeiten dabei zu einem vielgestaltigen Ensemble zusammenzufügen, dessen natürliches Zentrum Karl selbst gewesen ist, dessen Mitglieder Alkuin aber einmal auch *achademici* nennt und für das daher später die gelehrte Bezeichnung 'Hofakademie' gebräuchlich wurde. Im Kreise dieser Intellektuellen konnte Karl in geselliger Runde und lockerer Atmosphäre seinen Bildungshunger und Wissensdurst stillen. Der wissenschaftliche und literarische Austausch, der hierbei stattfand und an dem die gesamte Hofgesellschaft lehrend und lernend teilnehmen konnte, fand unter Freunden statt, denen biblische oder antike Namen beigelegt wurden: Karl war David, der ihn bedrängende Fragen (etwa nach der Bedeutung von Mond- und Sonnenfinsternissen, nach dem Alter der Welt, nach der Substanz des Nichts oder nach den Ursachen des Schalttages im Schaltjahr) zur Erörterung stellte, der aber auch den Vortrag von Versen liebte; der Dichter Angilbert war Homer, der oberste Hofkaplan Hildebald von Köln war Aaron.

Diese 'Akademie', die sich offenkundig in besonderem Maße als Tafelrunde verwirklichte, bildete eine internationale Gemeinschaft, der Angelsachsen, Langobarden, Iren, Westgoten und natürlich Franken angehörten. Seit den frühen achtziger Jahren des 8. Jahrhunderts, etwa seit seinem zweiten Italienzug, begann Karl diesen Kreis zu formen und mit Persönlichkeiten aufzufüllen, die ihm auch noch verbunden blieben, wenn sie nach Jahren des

Aufenthaltes an seinem Hof in ihre Heimat zurückkehrten oder ein hohes Amt im Reich übernahmen. Als Beispiel genannt sei nur der umfassend gebildete und schon mehrfach erwähnte Angelsachse Alkuin aus York († 804), als Leiter der Hofschule und einflußreicher Ratgeber in allen Staats-, Kirchen- und Bildungsfragen lange Zeit die wichtigste Gestalt des Gelehrtenkreises, der neben anderen Abteien auch das berühmte Martinskloster in Tours übertragen erhielt. Sein 840 verstorbener Schüler und Nachfolger an der Spitze der Hofschule war der Franke Einhard, Biograph Karls des Großen und zugleich Repräsentant einer jüngeren Gelehrtengeneration, die seit dem ausgehenden 8. Jahrhundert allmählich in den Vordergrund trat und ihre Prägung schon vorwiegend am Karolingerhof erhalten hat. In seiner Person spiegelt sich mithin der beständige Erneuerungsprozeß der höfischen Gelehrtenrunde, die – Zeugnis für die Wirksamkeit des Bildungsbemühens – schließlich stärker von Franken repräsentiert wurde. Zugleich verweist die Gestalt Einhards auf einen weiteren Bereich, der im Zuge der sog. Karolingischen Renaissance zu neuer Blüte getrieben wurde, auf die Baukunst, war Einhard doch ein Kenner antiker Architekturtheorien und daher der Oberaufseher über die Bauten des Hofes.

Auch die karolingische Baukunst griff – wie die Buchmalerei oder die gereinigte lateinische Sprache – auf spätantike und darüber hinaus auf byzantinische Formen als Vorbild zurück. Die rezeptive Nachahmung ging dabei bis zur direkten Übernahme von Säulen und Kapitellen, die aus Rom und Ravenna herbeigeschafft wurden, leitete aber unter Einbringung eigener Elemente auch zur romanischen Kunst über. Erhaltene Zeugen der karolingischen Architektur sind das Aachener Münster, ein achteckiger, monumentaler Zentralbau mit doppelgeschossigem Umgang, aber auch das beeindruckende Westwerk der Klosterkirche von Corvey an der Weser und die prächtige Torhalle von Lorsch am Rhein.

VII. Der Baumeister Europas

Das von Karl und seinen Helfern initiierte und mit Schwung getragene Bemühen um *correctio*, so unvollendet diese insgesamt auch bleiben mußte, hat in der rezeptiven Erneuerung von wissenschaftlichen und künstlerischen Traditionen ein kulturelles Erbe bewahrt und geschaffen, aus dem alle weitere abendländische Geschichte ihren Nutzen ziehen konnte. Dies verleiht dem Werk Karls eine eigene Größe und bewirkt für den Herrscher selbst einen besonderen Nachruhm, auch wenn die politische Leistung des ersten Frankenkaisers – so sehr auch sie beeindrucken kann, in die Zukunft ausstrahlte und Nachwirkungen zeitigte – nicht von Dauer gewesen ist. Mehr in den kulturell-zivilisatorischen, in den bildungsbegeisterten und die Wissenschaft stimulierenden, und weniger in den militärisch-herrschaftlichen Erfolgen liegt daher auch der Grund dafür, warum der moderne Historiker – geschult an den Methoden kritischer Geschichtswissenschaft sowie geprägt von einer prinzipiellen Skepsis gegenüber der glorifizierenden Darstellung von Herrschergestalten und ihren Leistungen und deshalb meist eher zurückhaltend mit allzu überschwenglichen Urteilen über historische Persönlichkeiten –, warum noch ein Zeitgenosse der sog. Postmoderne in Karl dem Großen eine Europa prägende Gestalt sehen darf und das hochgestimmte Urteil des mittelalterlichen Dichters nicht verwerfen muß, sondern in beschriebenem Sinne geneigt bleibt, in dem Karolinger tatsächlich einen *pater Europae*, einen Vater des lateinisch-abendländischen Europa, oder anders ausgedrückt: einen Baumeister Europas zu sehen.

Literatur:

Franz-Reiner ERKENS, Das Erbe der Kulturen – Die karolingische Renaissance, in: Die Weltgeschichte 3 (Brockhaus. Die Bibliothek), Leipzig/Mannheim 1998, 165–170. – Europa und die osmanische Expansion im ausgehenden Mittelalter, hrsg. v. Franz-Reiner ERKENS (Zeitschrift für historische Forschung, Beiheft 20), Berlin 1997. – Johannes FRIED, Der Weg in die Geschichte. Die Ursprünge Deutschlands bis 1024 (Propyläen Geschichte Deutschlands 1), Berlin 1994. – Karl der Große und sein Nachwirken. 1200 Jahre Kultur und Wissenschaft in Europa, hrsg. v. Paul L. BUTZER, Max KERNER u. Walter OBERSCHELP, Turnhout 1997. – Hubert MORDEK, Karl der Große – barbarischer Eroberer oder Baumeister Europas?, in: Deutschland in Europa. Ein historischer Rückblick, hrsg. v. Bernd MARTIN, München 1992, 23–45. – Rudolf SCHIEFFER, Die Karolinger, Stuttgart/Berlin/Köln [2]1997. – Bernd SCHNEIDMÜLLER, Die mittelalterlichen Konstruktionen Europas. Konvergenz und Differenzierung, in: „Europäische Geschichte“ als Historiographisches Problem, hrsg. v. Heinz DUCHHARDT u. Andreas KUNZ, Mainz 1997, 5–24.

799 – Eine folgenreiche Begegnung

I.1 Vita Karoli – Lebensbeschreibung Karls des Großen von Einhard

Abschrift aus Trier, St. Matthias, 10./11. Jahrhundert (Bernhard Bischoff)
Pergament. – Einband der Wiener Hofbibliothek, Pergament auf Pappe, Datierung „1667“ in Golddruck, Supralibros Kaiser Leopolds I. – Bei dieser Abschrift des Karlslebens fehlen die Einleitung (*Vitam ... praeterire*) und die ursprünglich vorgesehene Initiale *G*(*ens*) zum ersten Kapitel, die im 13. Jahrhundert nachgetragen wurde (fol. 1r). – H. 22,8 cm, B. 16,3 cm; 43 Blätter.
Wien, Österreichische Nationalbibliothek, Cod. 529

Der Mainfranke Einhard beschrieb das Leben Karls des Großen einerseits nach dem Vorbild der antiken Kaiserbiographien Suetons, zum anderen aber auch nach seiner eigenen Anschauung, die er als langjähriger Höfling des Kaisers gewonnen hatte. Als Architekt und Baumeister nahm er am Hof eine einflußreiche Stellung ein und zählte zu den wenigen Vertrauten des Kaisers, die dessen Tod im Jahre 814 politisch ‘überlebten’ und denen es beschieden war, auch noch dem Hofkreis von Karls Sohn Ludwig dem Frommen (814–840) anzugehören. Unter diesen Vorzeichen ist denn auch Einhards Entschluß zu sehen, das Leben des ersten abendländischen Kaisers im Mittelalter zu beschreiben. Ludwigs Regiment zeigte gegenüber dem des Vaters von Anfang an Schwächen, und bald stürzte das Frankenreich unter dem neuen Kaiser in eine tiefe Krise. In den dreißiger Jahren des 9. Jahrhunderts führten schließlich die „Bruderkriege“ von Ludwigs Söhnen untereinander und gegen den Vater sogar zu dessen Absetzung. Das war der düstere politische Hintergrund, vor dem Einhards Karlsleben entstand. Der genaue Zeitpunkt innerhalb dieser Spanne ist allerdings umstritten; der weithin akzeptierten Spätdatierung in die dreißiger Jahre, als sich Einhard bereits vom Hof in sein Kloster Seligenstadt zurückgezogen hatte, steht neuerdings ein früherer Ansatz für eine Datierung in die zwanziger Jahre gegenüber, als Einhard noch am Hofe Ludwigs weilte. Trifft letzteres zu, kann die Vita Karoli geradewegs als Fürstenspiegel betrachtet werden, der dem aktuellen Regenten die Herrschertugenden seines Vorgängers vor Augen führen sollte. Die Ereignisse des Jahres 799 kommen in der Karlsvita nur kurz zur Sprache (c. 28); Einhard nutzt sie, um zu erklären, warum Karl als römischer Kaiser Rom nicht häufiger aufsuchte und auch nicht von der Ewigen Stadt aus regierte.

Aus Trier, 1550/1555 durch Kaspar von Niedbruck nach Wien gelangt.

Einhardi vita Karoli. – Einhard, Leben Karls des Großen. – Einhard, Vita Karoli Magni 1991. – Kat. Essen 1956, Nr. 242 (Victor H. Elbern). – Kat. Aachen 1965, Nr. 344 (Bernhard Bischoff). – Löwe 1983, 85–103. – Josef Fleckenstein, Art. Einhard, in: LexMa 3, 1986, Sp. 1737–1739. – Berschin 1991, 199–220. – Kat. Wien 1993, Nr. 4 (Eva Irblich).

A.Z.

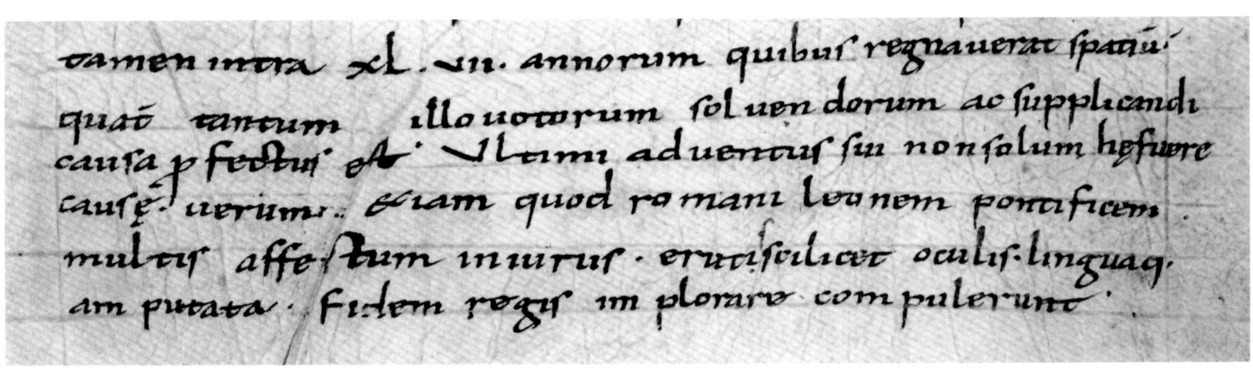

I.1 Ausschnitt aus fol. 10r zum Anschlag auf Papst Leo III.

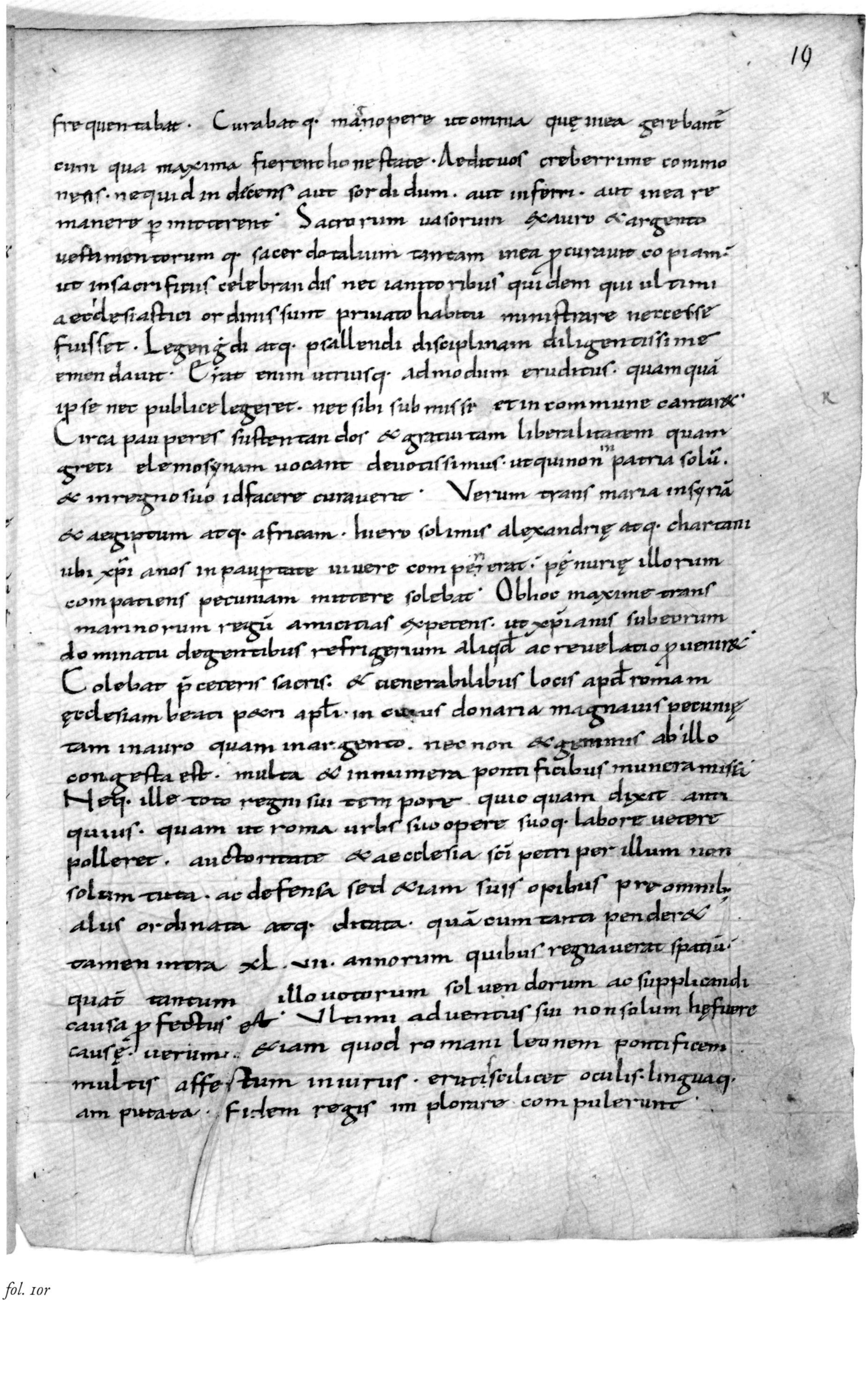
19

frequentabat. Curabatq; magnopere ut omnia que in ea gerebantur
cum quam maxima fierent honestate. Aedituos creberrime commo
nens. ne quid indecens aut sordidum. aut inferri. aut in ea re
manere permitterent. Sacrorum uasorum ex auro et argento
uestimentorumq; sacerdotalium tantam in ea procurauit copiam.
ut in sacrificiis celebrandis nec ianitoribus quidem qui ultimi
aecclesiastici ordinis sunt priuato habitu ministrare necesse
fuisset. Legendi atq; psallendi disciplinam diligentissime
emendauit. Erat enim utriusq; admodum eruditus. quamquam
ipse nec publice legeret. nec nisi submissim et in commune cantaret.
Circa pauperes sustentandos et gratuitam liberalitatem quam
greci elemosynam uocant deuotissimus. ut qui non in patria solum.
et in regno suo id facere curauerit. Verum trans maria in syriam
et aegyptum atq; africam. hierosolimis alexandrie atq; chartagini
ubi xpianos in paupertate uiuere conpererat. penurie illorum
compatiens pecuniam mittere solebat. Ob hoc maxime trans
marinorum regum amicitias expetens. ut xpianis sub eorum
dominatu degentibus refrigerium aliquod ac releuatio perueniret.
Colebat prae ceteris sacris et uenerabilibus locis apud romam
aecclesiam beati petri apostoli. in cuius donaria magna uis pecunie
tam in auro quam in argento. nec non et gemmis ab illo
congesta est. multa et innumera pontificibus munera missa.
Neq; ille toto regni sui tempore quicquam duxit anti
quius. quam ut roma urbs suo opere suoq; labore uetere
polleret. auctoritate et aecclesia sci petri per illum non
solum tuta. ac defensa sed etiam suis opibus prae omnibus
alius ordinata atq; ditata. quam cum tanti penderet.
tamen intra xl.vii. annorum quibus regnauerat spatium
quater tantum illo uotorum soluendorum ac supplicandi
causa profectus est. Vltimi aduentus sui non solum haec fuere
cause. uerum etiam quod romani leonem pontificem
multis affectum iniuriis. erutis scilicet oculis. linguaq;
amputata. fidem regis implorare compulerunt.

I.1 fol. 10r

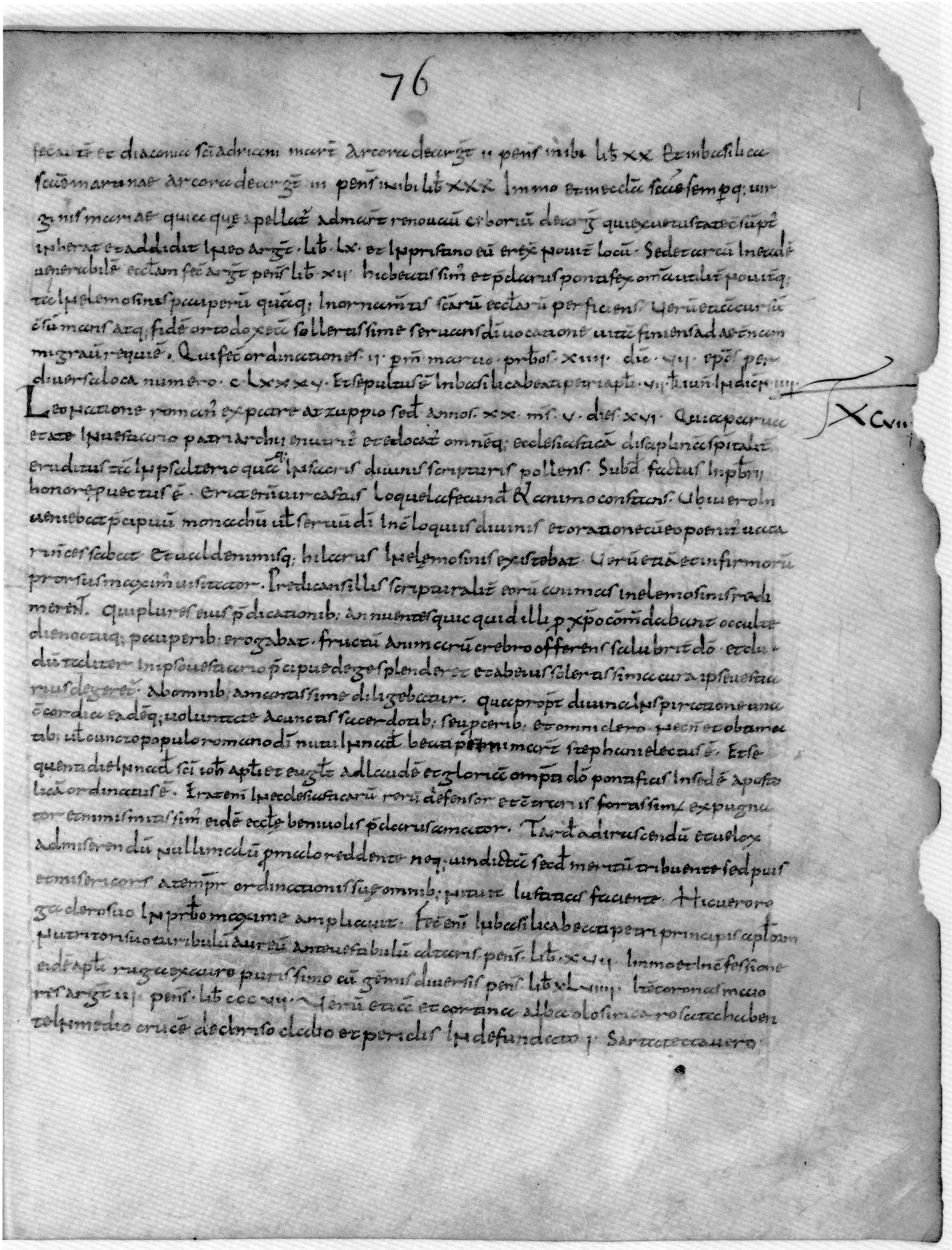
76

fecit et et diaconia sci adriani mart. arcora de arg. II pens. in ibi lib. XX. Et in basilica
scae martinae arcora de arg. III pens. in ibi lib. XXX. Immo et in eccla scae semp. q. uir-
ginis mariae quae appellat ad martyres renouauit ex bonum de arg. quae ex uetustate [illegible]
[illegible] et addidit in eo arg. lib. LX. et in presbiterio cum [illegible] posuit locum. Sed et circa in eade
uenerabile ecclam fec. arg. pens. lib. XII. hic beatissim et praeclarus pontifex omnia uti [illegible]
[illegible] elemosinis pauperum quaq. in ornamentis scarum ecclarum perficiens. Verum etiam cur [illegible]
[illegible] fide ortodoxe sollertissime seruans diuocatione uitae finem ad aeternam
migrauit requiem. Qui fec. ordinationes II. pbri [illegible] XIIII. diac. III. epis per
diuersa loca numero CLXXXXV. Et sepultus e. in basilica beati petri apti. [illegible]
Leo natione romanus ex patre atzuppio sed. annos XX. ms. V. dies XVI. Qui a parua
etate in [illegible] patriarchii enutritus et edocatus omneq. ecclesiastica disciplina spiritalit.
eruditus [illegible] quae [illegible] diuinis scripturis pollens. Subd. factus in pbri
honore prouectus e. erat enim uir castus loquela facundus et animo constans. Ubi uero in
[illegible] praecipuum monachum ut seruum di in eloquiis diuinis et oratione [illegible]
[illegible] et cum uiduis [illegible] hilaris in elemosinis existebat. Verum etiam et infirmorum
[illegible] uisitator. Praedicans illis scripturaliter [illegible] in elemosinis [illegible]
meritis. Qui pluribus eius praedicationibus annuentes quicquid illi pro xpo comdabant occulte
[illegible] pauperibus erogabat. fructum [illegible] crebro offerens salubriter do [illegible]
[illegible] sacerdotio [illegible] splenderet et habens sollertissima cura ipse [illegible]
[illegible] ab omnibus amantissime diligebatur. Qui propter diuina inspiratione una
e corda eadeq. uoluntate a cunctis sacerdotib. seu procerib. et omni clero [illegible]
tib. ut et cuncto populo romano di nutu in [illegible] beati protomartyris stephani electus e. Et se
quenti die in [illegible] sci ioh apti et eugte ad laude et gloria omnipti di pontificis in sede apostolica
ordinatus e. Erat enim in ecclesiasticarum rerum defensor et [illegible] fortissimus expugna
tor [illegible] idem eccle beniuolis praeclarus amator. Tard. ad irascendum et uelox
ad miserendum [illegible] pro malo reddente neq. uindictam sed meritum tribuens sed pius
et misericors a tempore ordinationis suae omnib. [illegible] faciente. Hic uero
[illegible] clero suo in pbrio [illegible] ampliauit. Fec. enim in basilica beati petri principis aptorum
[illegible] turibulum aureum [illegible] pens. lib. XIIII. In modo et in confessione
eid. apti [illegible] purissimo cum gemmis diuersis pens. lib. XLIIII. [illegible]
[illegible] arg. pens. lib. CCCVII. [illegible] [illegible]
[illegible] crucem de chriso [illegible] Sarta tecta uero

XCVIII

I.2 fol. 76r

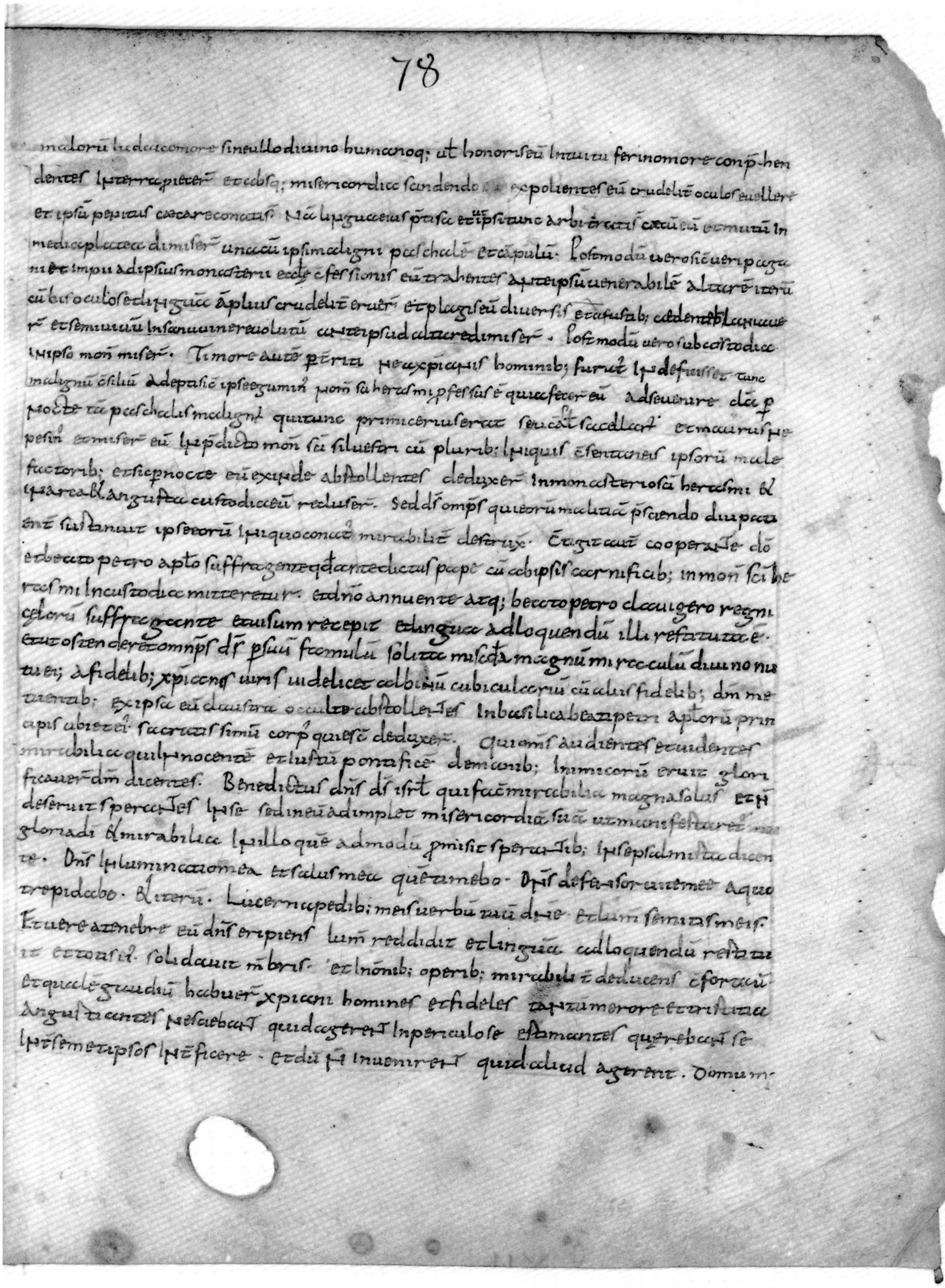

I.2 fol. 78r

I.2 Vita Leos III. im Liber pontificalis

Vor 871
Pergament. – H. 25 cm, B. 20,2 cm.
Paris, Bibliothèque Nationale de France, lat. 5516, fol. 76r–78r

Mit dem Titel Liber pontificalis wird seit dem 18. Jahrhundert die offiziöse Geschichtsschreibung des Papsttums bezeichnet. Am Beginn dieser „Gesta" standen Papstlisten oder -kataloge, die sich dann vor allem seit dem 7./8. Jahrhundert zu ausführlicheren Lebensnotizen der einzelnen Päpste entwickelten. Obwohl Einzelheiten zur Entstehung umstritten sind, herrscht in der Forschung weitgehend Einigkeit darüber, daß seit dem 7. Jahrhundert die Viten eines jeden Papstes meist von Zeitgenossen verfaßt und ziemlich regelmäßig aufgeschrieben wurden. Manche Handschriften lassen sogar offensichtliche Einschnitte erkennen, so bei Papst Konstantinus († 715), bei Stephan II. († 757), bei Stephan III. († 772) sowie bei Hadrian I. († 795).

Die relativ breite Überlieferung reduziert sich für die Papstviten des 9. Jahrhunderts. Ob hier der Zufall der Überlieferung, ein nachlassendes Interesse an dieser Art von Geschichtsschreibung, ein Wandel institutioneller Voraussetzungen in Rom oder andere Gründe anzunehmen sind, kann nicht sicher entschieden werden. Die Handschriften gelangten vielfach sogar in Gebiete außerhalb Roms. Manchmal ging es dabei um die jüngsten und neuesten Zufügungen. So bat Hinkmar von Reims im September 866 den Abgesandten der Synode von Soissons, Egilo von Sens, die Gesta pontificum vom Pontifikat Sergius' II. an mitzubringen, da diese *in istis regionibus* nicht verfügbar seien. Die ausgestellte, heute in Paris verwahrte Handschrift gehört zu den wichtigsten Textzeugen des Liber pontificalis. Sie stammt aus der Kathedrale von Tours und wurde noch vor der Mitte des Jahres 871 niedergeschrieben. Ihr fehlen zum 9. Jahrhundert einige Textpassagen; so bricht sie in der Vita Leos IV. nach 850 ab und verzeichnet die Lebensgeschichte des Papstes Valentinus (827) überhaupt nicht.

Die einzelnen Viten des Liber pontificalis waren ziemlich schematisch aufgebaut: Herkunft, Erziehung, kirchliche Laufbahn sowie Wahl und Weihe werden zu Beginn erwähnt, es folgen danach vor allem meist chronologisch (indiktionsweise) geordnete Auflistungen über Geschenke und andere Wohltaten für die römischen Kirchen. Neuere Untersuchungen zu den Geschenklisten einiger Papstviten, darunter derjenigen Leos III., haben genauer bestimmen können, inwieweit sich die Schenkungsakte nach Chronologie, Topographie oder auch nach der Hierarchie der genannten Kirchen (Patriarchalbasiliken, Titelkirchen, Diakonien, Klöster usw.) richteten. Vielleicht haben bestimmte Listen der Hauptkirchen, Titelkirchen und Diakonien in den Registern der kirchlich römischen Verwaltung vorgelegen.

Die Aufzählung der Gaben beginnt für eine Indiktion oft mit den Gaben für die Peterskirche (vgl. Abb. fol. 76r, fünftletzte Zeile). Bei wertvollen Gegenständen aus Gold und Silber wird zumeist sogar das Gewicht in Pfund angegeben (vgl. fol. 76r, dritt- und viertletzte Zeile). Nur zuweilen werden diese Listen durch weitere Notizen unterbrochen, in der Leovita nur einmal, um über die Unruhen von 799 (vgl. fol. 78r) und die anschließende Hilfe Karls des Großen samt der Kaiserkrönung zu berichten. Die Viten werden mit Notizen zur Dauer des Pontifikates, zum Tod und zu den vollzogenen Diakonats-, Priester- und Bischofsweihen beschlossen.

Huelsen 1923. – Brackmann 1967. – Bertolini 1970. – Geertman 1975. – Vogel 1975. – Noble 1985. – de Blaauw 1987. – Herbers 1996.

K.H.

I.3 Goldmünze (Solidus) der Kaiserin Irene (797–802)

Konstantinopel, nach 797
Gold, geprägt. – Dm. 20,5 mm, 4,48 g.
Beiderseits Brustbild der Kaiserin von vorn mit Haubendiadem, Kaisermantel (Loros), Kreuzglobus und Kreuzzepter. Umschrift in griechischen Buchstaben EIRINE BASILISSA (Kaiserin Irene)
Hannover, Kestner-Museum, Inv.Nr. 1927.50

Grierson 1973, 349, Nr. 1. – Raeder 1987, 107, Nr. 172.

B.K.

I.4 Zwei Dirhams Harun ar-Raschids

Bagdad (Madinat as-salam), 183 H. (799–800)
Silber. – Dm. 25,5 mm, 2,93 g u. Dm. 26 mm, 2,96 g.
Tübingen, Münzsammlung der Universität, Inv.Nr. 270 E1 (aus der Sammlung Ernst Meier † 1865) und LI-2567

Harun ar-Raschid (766–809) war als Kalif der islamischen Welt Herrscher über ein Imperium, das sich vom heutigen Algerien im Westen bis nach Usbekistan im Osten

I.3 Vs. und Rs.

erstreckte. Seine Münzen zeigen so wie die seiner Vorgänger seit den letzten Jahren des 7. Jahrhunderts entsprechend der Bilderfeindlichkeit des Islam nur Aufschriften in arabischer Sprache im kufischen Duktus der arabischen Schrift. Im Gegensatz zu den goldenen Dinaren von 4,25 g, welche außer dem Prägejahr nur religiöse Legenden tragen, konnten die silbernen Dirhams von 2,97 g annähernd reinen Silbers zur Zeit Haruns neben der Münzstättenangabe auch herrschaftliche Angaben tragen, wie die Namen von Provinzgouverneuren, Prinzen, Wesiren und Beamten der Münzstättenverwaltung.

I.4a Vs.

I.4a Rs.

I.4b Vs.

I.4b Rs.

Nur selten erscheint auch der Name des Kalifen. Die Ausprägung anonymer, rein religiöser Dirhams in den Jahren 804–809 zeugt von den Diskussionen um die noch nicht kanonisch gewordene Münzhoheit im islamischen Staat zu dieser Zeit. Die beiden gezeigten Dirhams aus der hauptstädtischen Münzstätte Bagdad, welche auf den Münzen als Madinat as-salam, die Stadt des Friedens, bezeichnet wird, tragen das ausgeschriebene Datum 183 der Hidschra-Ära, entsprechend 12. Februar 799 – 30. Januar 800 A.D. Die Rückseitenaufschriften nennen nach dem Namen des Propheten Muhammad den des Kronprinzen al-Amin (Kalif 809–814) und den des Wesirs Dja far ibn Yahya aus der iranischen Barmakidenfamilie (Wesir 793–803).

Der Dirham war zur Zeit Harun ar-Raschids ebenso wie der Dinar zu einer bedeutenden Welthandelsmünze geworden. Eine wichtige Ursache dürfte die Erschließung von Silberbergbaurevieren im Atlas, in Armenien und Mittelasien gewesen sein. Dirhams nordafrikanischer Münzstätten fanden in den 790er Jahren über Norditalien und die Alpenpässe ihren Weg ins Rheinland, wo sie aber vermutlich im wohlgeordneten Münzwesen des Karolingerreichs bald umgemünzt wurden (Funde von Ilanz, Graubünden, Thurgau und Wiesbaden-Biebrich). Auch byzantinische Silbermünzen dieser Jahre finden sich oft auf Dirhams übergeprägt. Handelsbeziehungen durch das jüdische Khazarenreich brachten große Mengen arabischer Silbermünzen, wie die gezeigten, im letzten Viertel des 8. Jahrhunderts nach Nordrußland, nach 800 in den gesamten Ostseeraum.

Nützel 1898, 178 Nr. 1169–1171.

L.I.

I.5

Exponate der Partner des europäischen Verbundprojekts „CHARLEMAGNE – THE MAKING OF EUROPE“

I.5 Relieffragment mit Kopf eines Hirschkalbs

Corteolona, 1. Hälfte 8. Jahrhundert
Marmor. – H. 18 cm, B. 16 cm, T. 5,5 cm.
Pavia, Musei Civici, Inv.Nr. B 26

Das Relieffragment ist ein Fund aus dem Bereich des einige Kilometer östlich von Pavia außerhalb der Stadt gelegenen Palastes des Langobardenkönigs Liutprand (712–744) in Corteolona. Es könnte entweder aus dem Palast selbst oder aus der Kirche Sant'Anastasio stammen, die Liutprand in den dreißiger Jahren des 8. Jahrhunderts in der Nachbarschaft errichten und mit Mosaiken sowie mit Säulen und kostbaren Marmorsteinen ausstatten ließ, die aus Rom herbeigeschafft wurden. Dargestellt ist der Kopf eines Hirschkalbs, das sein Maul an den Rand einer Vase hebt, um daraus zu trinken. Der Rand der Vase ist mit einer Perlschnur verziert. Unterhalb des Tiermauls befindet sich der Rest eines Rankenornaments. Ursprünglich muß es sich um eine symmetrische Bildkomposition gehandelt haben, bei der sich zwei Hirschkälber einer inmitten von Rankenpflanzen stehenden Vase näherten.

Das Stück stellt möglicherweise den Überrest einer Chorschranke oder eines Einbaus dar, deren vorherrschendes Motiv ein gegenständig angeordnetes Lamm- oder Hirschkalbpaar war.

Es ist ein anschauliches Beispiel für den kultivierten Skulpturenstil, der von den Handwerkern am langobardischen Hof in der ersten Hälfte des 8. Jahrhunderts ausgebildet wurde. Die Komposition wie auch der Reliefstil verraten ihre Herkunft aus spätbyzantinischen Arbeiten, die in reichem Maße in Ravenna zur Verfügung standen.

Panazza 1953, 217 f. – Romanini 1968, 258. – Calderini 1975. – Peroni 1975, Nr. 120. – Peroni 1978, 107 f. – Peroni 1984, Abb. 168. – Segagni Malacart 1987, 385. – Kat. Codroipo 1990, Nr. VII.19 (Daniela Ricci). – Cassanelli 1990. – Romanini 1991, 21.

J.M./S.L.

I.6 Reliquiar aus Santa Maria de Lillet

10. Jahrhundert
Alabaster. – H. 16 cm, Dm. 10 cm.
Manresa, Museo Comarcal de Manresa, Inv.Nr. 358

Das zylindrische Reliquiar aus hochwertigem Alabaster besteht aus zwei Teilen. Der aus einem Stück gefertigte Deckel wird von einem kleinen Knauf bekrönt und trägt eine zweizeilige, für das 10. Jahrhundert typische Inschrift. Die obere Zeile enthält die Widmung an Maria und an den Märtyrer Marcellus – +S[an]C[t]A MARIA ET S[an]CT[us] MARCIALIS CO[n]FES[o]R – die untere den Namen des Priesters Vidal, der die Herstellung des Gefäßes veranlaßt hat – +VIDALUS P[res]B[ite]R Q[ui] ME F[e]CIT IN O[no]RE.

Den oberen Teil des Gefäßes schmückt ein umlaufendes Band mit geometrischem Muster, welches aus Quadraten zusammengesetzt ist, die aus jeweils vier tief in den Stein eingeschnittenen Dreiecken gebildet werden. Daraus resultiert ein reizvoller Hell-Dunkel-Effekt. Das Musterband wiederholt sich am unteren Abschluß des Deckels in halbierter, vergrößerter Form.

Es existiert aus dieser Zeit eine Gruppe weiterer Alabasterreliquiare, aus der das Stück aus Santa Maria de Lillet jedoch durch Form, Schönheit und Präzision der Schrift herausragt.

Das Reliquiar stammt aus der 833 von Bischof Sisebuto von Urgell geweihten Kirche Santa Maria de Lillet in der Grafschaft Cerdanya.

Catalunya Romànica 1985, 367–369. – Bastardes i Parera 1989. – Millenum 1989, Nr. 42 (J. M. Gasol).

M.Pa.

I.6

I.7 Sporenpaar mit Schnallen aus Biskupija bei Knin, Kroatien (Dalmatien)

Franken, 2. Hälfte 9. Jahrhundert
Bronze, feuervergoldet u. gegossen. – L. 18 cm (Dorn 4,5 cm), B. 8,4 cm; Riemenbeschläge 6 x 3 cm; Schnallen 4,5 x 4 cm; Laschen 3,9 x 2 cm.
Split, Muzej Hrvatskih Arheoloskih Spomenika, Inv.Nr. 606–614

Die Sporen haben einen gleichmäßigen, U-förmigen Bügel mit dreieckigem Querschnitt. Die Bügel sind jeweils mit Ornamenten aus Rauten, Dreiecken und stilisierten Pflanzen geschmückt, die Abschlüsse mit einer in Granulation eingefaßten Doppelreihe von Silbernieten besetzt. Der massiv gegossene Dorn besitzt am Ansatz eine ringförmige, von granulierten Perlschnüren eingefaßte Verzierung aus stilisierten Pflanzenmotiven, darüber Dreiecksornamente, auf deren Spitzen kleine Kreuze mit geteilten Balkenenden sitzen.

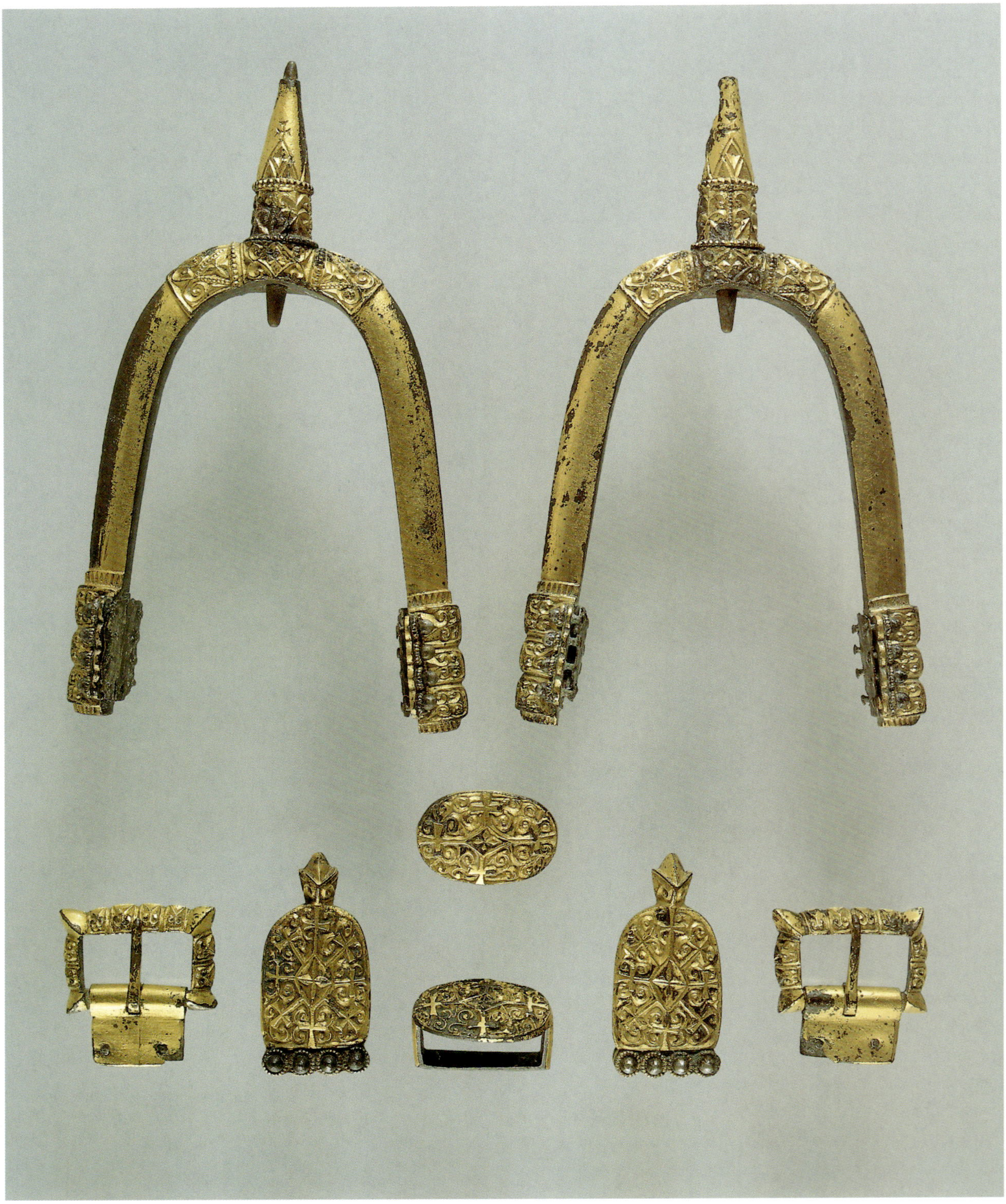

I.7

Die Schnallengarnitur beider Sporen besteht aus je zwei Beschlägen, Laschen und rechteckigen Schnallen mit verstärkten Riemenzungen. Die Teile sind in derselben Technik wie die Sporen hergestellt und weisen einen Kerbschnittdekor mit ähnlichen Motiven auf. Die U-förmigen Beschläge der Riemen sind an einem Ende mit einer stilisierten Blütenknospe, am anderen mit vier in Granulation eingefaßten Silbernieten geschmückt. Das Muster der ovalen Laschen gleicht dem der Beschläge. Auf ihrer Rückseite ist ein rechteckiger Riemendurchzug angebracht.

Die Sporen stammen aus einem Grab, das außer diesem Fund einen heute verlorenen, granulierten und mit Goldfiligran verzierten Jaspis-Anhänger, einen am Rand geschliffenen Solidus des byzantinischen Kaisers Konstantin V. Copronymus (751–775) und eine Münze seines Sohnes Leons IV. enthielt, die in der Zeit zwischen 760 und 775 in Sizilien geprägt wurde.

Alle oben beschriebenen Objekte wurden 1891 in einem spätrömischen Sarkophag gefunden, der in Zweitverwendung als Grabstelle des Verstorbenen gedient hatte. Er befand sich einst im Narthex der Marien-Kirche in Biskupija. Diese Kirche in der Nähe der frühmittelalterlichen Hauptstadt an der Festung von Knin war königlicher Besitz. Die Gräber in und um die Marien-Kirche enthielten die meisten der bis heute in Kroatien entdeckten karolingischen Funde, vor allem Schwerter und Sporen, darunter mehrere kostbare Sporen, die zu den schönsten jener Zeit in Europa gehören. Ihr großer Wert deutet auf den hohen gesellschaftlichen Rang der Verstorbenen. Daraus kann gefolgert werden, daß die Marien-Kirche in Biskupija bei Knin das Mausoleum kroatischer Herrscher und Würdenträger der Zeit gewesen sein muß.

Petricioli 1997 (Lit.).

A.M.

I.8 Fishergate-Ring

Fishergate, York, frühes 9. Jahrhundert
Gold, gegossen und ziseliert. – B. 2,8 cm.
York, Yorkshire Museum, Inv.Nr. YORYM 1951.53

Der Ringkopf hat die Form eines menschlichen Gesichts, das von zwei in Aufsicht dargestellten Zweifüßlern flankiert wird. Der rückwärtige Teil der Tiere geht in ein Pflanzenornament über. Diese Ornamentform läßt sich eindeutig in das frühe 9. Jahrhundert datieren. Sie findet sich etwa in der ornamentalen Ausstattung der Kanontafeln des Evangeliars Royal Ms 1.E VI oder in der Beda-Handschrift Cotton Ms Tiberius C. II der British Library in London (Kat. London 1991, Nr. 170 u. 171), beides südenglische Werke aus der ersten Hälfte des 9. Jahrhunderts. Die Übereinstimmungen mit den Schmuckformen des Fishergate-Rings sind offensichtlich.

I.8

Im späten 8. und frühen 9. Jahrhundert entwickelte sich in der angelsächsischen Kunst erstmals ein ausgeprägtes Interesse für die Darstellung vegetabiler Ornamentformen, denen wohl kontinentale Vorbilder zugrunde lagen. Rankenmotive wie die des Fishergate-Rings wurden sehr schnell durch das karolingische Akanthusornament ersetzt. Während diese karolingische Ornamentform aus Südengland wohlbekannt ist, haben Ausgrabungen der jüngsten Zeit auch in Nordengland, und zwar gerade in York, Werke in diesem Stil zutage gebracht. Aufgrund seiner materiellen Kostbarkeit – Gold wurde im 9. Jahrhundert in England nur sehr selten verwandt – und seines hohen künstlerischen Rangs dürfte der Fishergate-Ring für einen adligen, wenn nicht sogar für einen königlichen Besitzer bestimmt gewesen sein. Angesichts der Übereinstimmungen mit den erhaltenen Handschriften liegt es nahe, den Ring in den Süden Englands zu lokalisieren. Doch ist so wenig über die northumbrische Kunst dieser Zeit bekannt, daß eine gesicherte Zuschreibung kaum möglich erscheint.

Tweddle 1981, Nr. C11.

D.T.

Stiftmosaikfußboden.
Aachen, Dom (Pfalzkapelle), Lapidarium
(Kat.Nr. II.67a) ▷

KAPITEL II

Renovatio Imperii

Matthias Becher

Karl der Große und Papst Leo III.

Die Ereignisse der Jahre 799 und 800 aus der Sicht der Zeitgenossen

Ende April des Jahres 799 erhoben sich die römischen Gegner Papst Leos III. gegen diesen, verübten ein Attentat auf ihn und setzten ihn gefangen. Bei den Aufrührern handelte es sich um ranghohe päpstliche Verwaltungsbeamte, die bereits unter Leos Vorgänger Hadrian I. Karriere gemacht hatten und teilweise sogar verwandtschaftlich mit diesem verbunden waren. Sie gehörten zu den in Rom bis dahin maßgeblichen Adelsfamilien, während Leo anscheinend ein Emporkömmling war. Über die Gründe für den Aufstand geben uns die zeitgenössischen Quellen keine Hinweise, doch diente er wohl dem Ziel, die alten Machtverhältnisse wiederherzustellen. Nach einiger Zeit konnte Leo indes befreit werden und begab sich zu Karl dem Großen nach Paderborn. Der Frankenkönig ließ den Papst noch im Herbst nach Rom zurückführen und wieder in sein Amt einsetzen, die Verschwörer aber im Frankenreich inhaftieren. Ende des Jahres 800 zog Karl selbst nach Rom und berief ein Konzil ein, auf dem die Vorwürfe gegen den Papst und seine Gegner behandelt wurden. Der Papst leistete schließlich einen Reinigungseid. Am nächsten Tag, dem 25. Dezember, krönte er Karl zum Kaiser. Kurz darauf verurteilte Karl die Attentäter zum Tode, begnadigte sie jedoch auf Bitten Leos zu lebenslanger Haft. Diese kurze Schilderung macht bereits das grundsätzliche Problem des Historikers deutlich: Besteht ein kausaler Zusammenhang zwischen dem Aufstand gegen Papst Leo und der Kaiserkrönung?

Einhard, der Biograph Karls des Großen, schrieb um 820 über die gerade skizzierten Geschehnisse: „Seine letzte Reise (nach Rom) hatte nicht darin (der Erfüllung seines Gelübdes) allein ihren Grund, sondern sie wurde auch dadurch veranlaßt, daß Papst Leo durch die vielen Mißhandlungen, die er durch Römer erlitten hatte, indem sie ihm nämlich die Augen ausgerissen und die Zunge abgeschnitten hatten, sich genötigt sah, den König um Schutz anzuflehen. Er kam also nach Rom und brauchte daselbst den ganzen Winter, um die Kirche aus der überaus großen Zerrüttung, in die sie verfallen war, zu reißen. Damals war es, daß er die Benennung Kaiser und Augustus empfing; das war ihm zuerst so zuwider, daß er versicherte, er würde an jenem Tage, obgleich es ein hohes Fest war, die Kirche nicht betreten haben, wenn er des Papstes Absicht hätte vorherwissen können." Diese Vorbehalte Karls gegen die Kaiserkrönung durch den Papst wurden schon oft diskutiert und können für unser Anliegen beiseite bleiben. Denn, ohne es explizit zu sagen, arbeitet Einhard doch den Zusammenhang zwischen der durch das Attentat auf den Papst ausgelösten Zerrüttung der (Römischen) Kirche und der Erhebung Karls zum Kaiser klar heraus.

Diese Sicht der Dinge konnte die päpstliche Seite selbstverständlich nicht teilen. Ihre Position kommt am besten in den berühmten Mosaiken zum Ausdruck, die Leo wahrscheinlich nach seiner Rückkehr aus Paderborn fertigen ließ (Kat.Nr. II.10). Sie befanden sich im Triklinium des Laterans, dem wichtigsten päpstlichen Repräsentationssaal, und sind leider nur in frühneuzeitlichen Nachzeichnungen erhalten. In der Apsis war die Aussendung der Apostel durch Christus dargestellt. Die Wand links neben der Apsis zeigte den thronenden Christus, der dem aus seiner Sicht rechts neben ihm knienden hl. Petrus das Pallium, eine ringförmige Wollstola, verleiht, die als Insignie des Papstes und der Erzbischöfe sowohl Ehren- als auch amtliches Zeichen für rechtmäßige Machtausübung darstellte. Dem ebenfalls knienden Kaiser Konstantin dem Großen zur Linken verleiht er das Labarum, das aus einer Fahnenstange mit dem Christogramm an der Spitze und Medaillons des Kaisers sowie einem an der Querstange befestigten Fahnentuch bestand und die Standarte Konstantins und der folgenden römischen Kaiser bezeichnete. Entsprechend war auf der rechten Seite der Apsis der thronende hl. Petrus abgebildet, der dem Papst Leo das Pallium, dem König Karl ein *vexillum*, eine Fahnenlanze, überreicht. Die Inschrift darunter lautete: „Heiliger Petrus, gib Papst Leo das Leben und König Karl den Sieg." Peter Classen (1983) hat die Mosaiken folgendermaßen gedeutet: „Hier stellte man wie den Papst zum heiligen Petrus, so den Frankenkönig mit Krone und Schwert in Parallele zu Konstantin, dem Begründer des christlichen Kaisertums, man ließ ihn das

Zeichen des weltlichen Schutzes vom heiligen Petrus empfangen. Das war kein Ausdruck staatsrechtlicher Hoheit, wohl aber eine Proklamation, daß der Schutz – d. h. der unmittelbare von Gott und dem heiligen Petrus herrührende Schutz für die Römische Kirche, den Papst und die Stadt Rom selbst nicht den Nachfolgern Konstantins im Osten, sondern dem König der Franken aufgegeben war. ... Rom brachte mit diesem Bild in aller Deutlichkeit zum Ausdruck, daß es sich von Konstantinopel ab- und den Franken zugewandt hatte, daß Karl an die Stelle Konstantins getreten war." Zugleich veranschaulichten die Mosaiken, daß die weltlichen Machthaber, in beiden Fällen nur zur Linken des thronenden Christus bzw. Petrus dargestellt, im Rang den Inhabern der geistlichen Gewalt nachgeordnet waren, daß sie mithin in der Kirche eine dienende und keine herrschende Funktion innehatten.

Damit war auf eindringliche Weise die Sicht der päpstlichen Seite auf die Ereignisse der Jahre 799 und 800 dargestellt. Wie aber interpretierten die Franken die gesamte Angelegenheit? Wie definierte Karl sein Verhältnis zu Papst Leo? Sicherlich nicht in derselben Art und Weise wie die römische Seite, was schon die kurze Passage aus Einhards Vita Karoli magni gezeigt hat. Diese Unterschiede in der Bewertung sollen nun insbesondere anhand der historiographischen Quellen unter folgenden Leitfragen noch stärker herausgearbeitet werden: Welche Details waren der einen oder anderen Seite wichtig? Was wurde verschwiegen oder anders dargestellt? Beiseite bleiben wird dabei das Epos „De Karolo rege et Leone papa", nicht nur weil Dieter Schaller (1976) seine Entstehung um einige Jahre später als die Ereignisse datiert hat, sondern auch weil sein panegyrischer Charakter seinen Quellenwert erheblich beeinträchtigt. Dafür werden die Briefe Alkuins stärker berücksichtigt, die durchaus geeignet sind, die Aussagen der Geschichtsschreiber zu ergänzen.

I. Das Attentat

Die Hauptquelle zum Attentat auf den Papst am 25. April ist die Vita Leonis (Kat.Nr. I.2). Diese ist im Rahmen des Liber pontificalis, des Papstbuches, überliefert. Hierbei handelt es sich um die systematische Beschreibung der Taten der einzelnen Päpste, die zumeist am Ende eines Pontifikats abgefaßt und in dem Liber pontificalis eingetragen wurde. Die festen Bestandteile einer solchen Vita waren Angaben über die Herkunft und den Vater des jeweiligen Papstes, über seine Amtszeit, die von ihm vorgenommenen Weihen, sein Grab und die nach seinem Tode eingetretene Vakanz. Die Vita Leonis enthält ebenfalls diese Informationen, ansonsten besteht sie gleichsam aus einem Register der Dotationen Leos für die Kirchen Roms. Diese Liste ist Herman Geertman (1975) zufolge chronologisch nach Indiktionsjahren (Indiktion = ein fünfzehnjähriger Steuerrhythmus aus spätantiker Zeit) gegliedert. Der einzige politische Bericht der Vita Leonis ist dem Attentat auf den Papst gewidmet. Da es sich hierbei um einen Einschub zu handeln scheint, ist umstritten, ob dieser zeitgleich abgefaßt wurde oder erst am Ende von Leos Pontifikat um 816 wie der Rest der Vita.

Der Anschlag geschah während der sog. *Litania maior*, der Prozession vom Lateran zur Kirche des hl. Laurentius zum Rost, die traditionsgemäß am Markustag, dem 25. April, stattfand. Paschalis und Campulus, zwei hohe päpstliche Verwaltungsbeamte seit den Tagen von Leos Vorgänger Hadrian – Paschalis war sogar dessen Neffe –, schlossen sich der Prozession verspätet an. Zumindest Paschalis hatte seine geistlichen Gewänder nicht angelegt und entschuldigte sich dafür mit einer Krankheit. Die Prozession führte an dem von Papst Paul I. gestifteten Kloster St. Stephan und Silvester (San Silvestro in Capite) vorbei, wo sich die Aufrührer versammelt hatten. Ihre Charakterisierung durch den Papstbiographen läßt an Deutlichkeit nichts zu wünschen übrig: „Schlechte, sündhafte, perverse und falsche Christen, ja Heiden und Söhne des Teufels, die sich satanisch zusammengetan hatten, voll böser Pläne." Sie griffen die Prozession vor dem Kloster aus dem Hinterhalt an. Die unbewaffneten Prozessionsteilnehmer stoben auseinander und ergriffen die Flucht. „Nach jüdischer Art", so die Vita Leonis weiter, „warfen ihn die Feinde und Frevler ohne Rücksicht auf seinen kirchlichen oder menschlichen Rang wie ein Tier zu Boden und versuchten, ihn der Augen unbarmherzig schneidend zu berauben und ihn ganz zu blenden. Nachdem sie ihm die Zunge herausgeschnitten hatten (Abb. 1), ließen sie ihn blind und stumm, wie sie damals glaubten, auf der Straße liegen, zusammen mit ihnen die übelwollenden Paschalis und Campulus. Später haben sie ihn wie wahre Heiden und Gottlose zur Confessio, der Vorkammer des Altargrabes, der Kirche jenes Klosters (St. Stephan und Silvester) geschleift und ihm vor dem verehrungswürdigen Altar erneut, zum zweiten Mal, die Augen und die Zunge grausam noch weiter herausgerissen. Sie zerfleischten ihn mit Stockschlägen und ließen ihn halbtot, sich im Blute wälzend vor dem Altar zurück." Dann aber wurde der Papst seinem Biographen zufolge in diesem Kloster inhaftiert und später nach St. Erasmus (San

Abb. 1 Attentat auf Leo III., Gothaer Weltchronik, um 1270. Gotha, Forschungs- und Landesbibliothek, Ms. Memb. I 90, fol. 76r

Erasmo in Monte Celio) gebracht, aus Angst, daß er von christlichen Menschen befreit werden könnte. Dort sei er auf wunderbare Weise von seinen Wunden genesen und habe sein Augenlicht und die Sprache wiedergewonnen. Des Nachts sei es Leo gelungen, mit Hilfe seines Kämmerers Albinus aus seinem Gefängnis zu entfliehen, indem er sich an einem Seil längs der Mauer herabgelassen habe. Soweit zunächst die Vita Leonis.

Schon eine flüchtige Lektüre zeigt, daß der Bericht grob übertrieben ist und die Verschwörer als verabscheuungswürdige Verbrecher, Leo dagegen als das unschuldig geschundene Opfer dargestellt werden sollten. Die Versuche, den Papst zu blenden und der Zunge zu berauben, lassen eindeutige Rückschlüsse auf die Absichten der Verschwörer zu. Verstümmelungen der geschilderten Art waren gängige Mittel, einen Gegner auf Dauer amtsunfähig zu machen. Darüber hinaus wird in diesem Zusammenhang die Confessio von St. Stephan und Silvester genannt, was nach Karl Heldmann (1928) ein weiteres Indiz für einen förmlichen Absetzungsprozeß ist. Harald Zimmermann (1968) schloß sich dieser Interpretation an: „... jedenfalls sprechen die Quellen ganz in der Art, wie man es vom Vollzug einer Deposition erwartet". Weiter berichten etliche fränkische Annalen von einer Verurteilung Leos oder seiner Vertreibung aus dem Pontifikat. Tatsächlich tauchten später Vorwürfe auf, die ein solches Vorgehen gerechtfertigt hätten: Ehebruch und Meineid. Die Beweggründe der Verschwörer zu nennen, lag freilich nicht im Interesse des Papstbiographen. Ähnlich verhält es sich mit der Chronologie des Geschehens. Vergleicht man dies mit der letzten Absetzung eines Papstes im Jahr 768, so waren damals etliche Tage vergangen, bis man dem Unglücklichen den Prozeß machte. Doch hierüber schweigt die Vita Leonis und erweckt sogar den Eindruck, als ob Leo noch am Tage des Attentates wieder freigekommen wäre. Damit bestreitet der Berichterstatter den Erfolg des Aufstandes. Falls seine Einschätzung richtig wäre, wozu mußte dann der Papst aber die Stadt verlassen und beim Frankenkönig um Hilfe bitten?

Gemäß der Vita Leonis wurde Leo im Anschluß an seine Flucht nach St. Peter gebracht. Dorthin kam ihm Herzog Winigis von Spoleto mit seinem Heer entgegen und brachte ihn nach Spoleto. Hier sammelten sich Getreue aus verschiedenen Städten des römischen Dukats um ihn. Mit einigen Bischöfen, Priestern, römischen Klerikern und führenden Vertretern der genannten Städte brach der Papst dann zu König Karl auf, der ihm Erzbischof Hildebald von Köln und den Grafen Askarich entgegensandte. Seinem Biographen zufolge hatte der Papst von St. Peter, dem Ort, „wo der heilige Körper des Apostels ruht", wieder Besitz ergriffen, noch bevor ein Franke auch nur in die Nähe Roms gelangt war, geschweige denn bevor ein solcher noch vor dem geretteten Papst in St. Peter einzog. Die Befreiung und die Rückkehr zur Peterskirche waren also in den Augen des Papstbiographen ganz eindeutig das Werk Gottes bzw. der Helfer des Papstes, ohne daß die Franken daran irgendeinen Anteil gehabt hätten. Selbst die Entscheidung, ins Frankenreich zu ziehen, fällt der durch die Unterstützung seiner Anhänger gestärkte Papst seiner Vita zufolge vollkommen souverän und ohne vorherige Rücksprache mit den Franken. In diesen Punkten ergeben sich erste Widersprüche zu den fränkischen Quellen, die nicht auf

Abb. 2 Attentat und Vertreibung Leos III. aus Rom, Gothaer Weltchronik, um 1270. Gotha, Forschungs- und Landesbibliothek, Ms. Memb. I 90, fol. 78v

einen unterschiedlichen Informationsstand, sondern eben auf grundsätzlich verschiedene Auffassungen über das Geschehen zurückgehen.

Die Reichsannalen, deren hier interessierender Teil zwischen 795 und 807 jeweils jährlich am fränkischen Hof abgefaßt wurde, sind eine zeitgenössische Quelle für die Geschehnisse des Jahres 799. Freilich sind sie bei weitem nicht so ausführlich wie die Vita Leonis: Die Römer hätten Papst Leo am Tag des großen Bittgangs ergriffen, ihn geblendet und der Zunge beraubt (Abb. 2). Anschließend habe man ihn in ein Gefängnis geworfen, aus dem er jedoch bei Nacht über die Mauer entkommen sei. Er habe sich dann zu den Gesandten Karls begeben, Abt Wirund von Stablo und Herzog Winigis von Spoleto, die sich damals in der Kirche des hl. Petrus aufhielten. Von dort sei Leo nach Spoleto gebracht worden. Der Unterschied zu der päpstlichen Quelle ist also ganz augenscheinlich. Die Abgesandten Karls standen bereits bei St. Peter, als dem gestürzten Papst die Flucht gelang. Nicht er empfing sie in St. Peter, sondern sie ihn. Mehr noch: Aus dem Bericht der Reichsannalen könnte man sogar folgern, daß das Erscheinen der Franken Leos Befreiung überhaupt erst möglich gemacht hatte. Seine Flucht war schließlich nur dann sinnvoll, wenn er Schutz vor den römischen Aufrührern fand. Und den konnten ihm nach Lage der Dinge nur die Franken bieten. Die Kehrseite der Medaille war freilich, daß er sich damit in ihrer Gewalt befand. Das verschleiert der Papstbiograph, indem er Leos freien Entschluß zur Reise ins Frankenreich betont. Die Reichsannalen billigen dagegen den fränkischen Gesandten den aktiven Part zu.

Entscheidende Fragen lassen die Reichsannalen allerdings offen: etwa die Namen der Verschwörer, den Ort des Geschehens, wann die beiden fränkischen Gesandten in Rom eingetroffen waren oder wie lange sich Leo in der Gewalt der Verschwörer befand. Eine glattere Version bieten die sog. Einhardsannalen, die früher Einhard zugeschriebene Überarbeitung der Reichsannalen. Sie wurden nach dem Tod Karls des Großen ungefähr zwischen 814 und 817 abgefaßt. Diesem Geschichtswerk zufolge zog die Prozession vom Lateran zur Kirche des hl. Laurentius, als der Papst hoch zu Roß überfallen und verstümmelt worden sei – „wie etliche gesehen haben wollen“, so der Annalist; anders als in der Vorlage werden für die Verstümmelung nicht allgemein Römer verantwortlich gemacht, sondern einige Rädelsführer, die freilich anonym bleiben. Anschließend sei der Papst im Kloster des hl. Erasmus inhaftiert worden, aus dem ihn der Kämmerer Albinus befreite, indem er ihn über die Mauer herabließ. Herzog Winigis, der von dem Anschlag gehört habe und daraufhin nach Rom geeilt sei, nahm Leo auf und brachte ihn nach Spoleto. Als Karl Nachricht davon erhalten hatte, befahl er, den Papst höchst ehrenvoll zu ihm zu führen.

Vergleicht man die Reichsannalen mit ihrer späteren Überarbeitung, so fällt auf, daß der Bericht der letztgenannten ausführlicher ist und dementsprechend auch mehr Details enthält. Daß auch in den sog. Einhardsannalen die Namen der Verschwörer zunächst verschwiegen werden, ist gerade angesichts ihrer späten Abfassungszeit bemerkenswert, denn dem Reichsannalisten mögen als nahezu zeitgleich Schreibendem gewisse Informationen noch nicht zugänglich gewesen sein, oder er hatte sie nicht richtig zuordnen können. Eine Sinngebung aus der zeitlichen Distanz wird man dagegen sowohl der späteren Überarbeitung dieser Annalen als auch der Vita Leonis unterstellen dürfen. Beide Versionen stimmen ja in etlichen Einzelheiten überein. Ein gravierender Unterschied besteht jedoch in der Darstellung der Befreiung Leos und der Präsenz der fränkischen Gesandten in Rom. Wägt man beide Aussagen gegeneinander ab, so wird man eher den sog. Einhardsannalen zuneigen, denn das Papstbuch bemüht sich in einer kaum glaubhaften Weise, Leo nach seiner Befreiung als handlungsfähig und sogar als Herrn der Lage darzustellen. Auch aufgrund allgemeiner Überlegungen wird man der Version der sog. Einhardsannalen eine größere Wahrscheinlichkeit zubilligen können. Schließlich konnte Winigis als fränkischer Amtsträger seinem König nicht ohne dessen Zustimmung einen solch hochrangigen und zugleich problembehafteten Gast zusenden, wie die Vita Leonis glauben machen will.

Irritierend an der Darstellung der sog. Einhardsannalen ist, daß Abt Wirund hier ebenso wie in der Vita Leonis unerwähnt bleibt. Was veranlaßte den Überarbeiter der Reichsannalen dazu, auf Wirund einfach zu verzichten? Vielleicht war die Anwesenheit dieses Mannes aus späterer Perspektive unwichtig oder gar unangenehm geworden. Ein Abt von Stablo mußte wohl – anders als der Herzog von Spoleto – erst nach Italien reisen, um in Rom als Gesandter des Königs auftreten zu können. In dem Fall waren zwischen dem Attentat und seinem Eintreffen mindestens zwei Monate vergangen, denn die Nachricht über den Aufstand benötigte ca. vier Wochen, um in das rund 1800 Kilometer entfernte Aachen zu gelangen, während eine Gesandtschaft des Frankenkönigs noch einmal bestimmt sechs Wochen unterwegs war, um am Tiber anzulangen. Das aber würde bedeuten, daß die Verschwörer Rom rund zweieinhalb Monate unangefochten beherrschten und sich der gestürzte Papst für diesen Zeitraum in ihrer Gewalt befand. Die Revolte gegen den Papst hätte also ganz erhebliche Dimensionen angenommen. Diesen Umstand zu erwähnen oder auch nur anzudeuten, daran konnten nach der Kaiserkrönung Karls durch Leo weder die päpstliche noch die fränkische Seite ein Interesse haben. Der oder die Verfasser der zeitgenössischen, d. h. zeitgleichen Reichsannalen mußte solche Überlegungen noch nicht berücksichtigen und erwähnte daher Abt Wirund noch vollkommen unbefangen.

Für unsere Deutung spricht, daß Wilhelm Heil (1970) aus einem Brief Alkuins erschlossen hat, daß Erzbischof Arn von Salzburg im Frühsommer des Jahres 799 ebenfalls in Rom gewesen ist. Damit hätte sich ein weiterer hochrangiger Vertreter des fränkischen Hofes zur fraglichen Zeit in Rom aufgehalten, den sogar die Reichsannalen verschweigen. Wenn man nicht an einen Zufall glauben will, so verfestigt sich der Eindruck, daß damals tatsächlich eine größere fränkische Delegation nach Rom gereist war. Dieser Umstand war anscheinend sämtlichen erzählenden Quellen unangenehm, weil sie unter dem Eindruck der erst in Paderborn getroffenen Entscheidung Karls für Leo standen. Daß der Frankenkönig sich möglicherweise Monate zuvor auf die Nachricht vom Attentat hin erst mittels einer Gesandtschaft über die römischen Vorgänge informieren wollte und nicht sogleich zugunsten des Papstes eingriff, paßte einfach nicht mehr ins Bild.

II. Die Reise Leos III. nach Paderborn und die Beratungen am fränkischen Hof

Welche Unterschiede lassen die drei Quellen hinsichtlich der Reise des Papstes erkennen? Die Reichsannalen wenden sich unvermittelt Karl zu, nachdem sie über die Verbringung Leos nach Spoleto berichtet haben. Der König habe den Rhein überschritten und in Paderborn sein Lager aufgeschlagen. Seinen gleichnamigen Sohn sandte Karl mit der Hälfte des Heeres in den Bardengau zwischen Elbe und Ilmenau (Uelzen), um dort mit den Slawen zu verhandeln und die Sachsen zu empfangen, die aus dem nördlichen Elbgebiet kamen. „Er selbst behielt die andere Hälfte bei sich, empfing ebendort [in Paderborn] den Papst Leo mit großer Ehre. Und während er dort auf die Rückkehr seines Sohnes Karl wartete, entließ er den Papst mit gleicher Ehre, wie er empfangen worden war. Dieser brach sogleich nach Rom auf, und der König kehrte in seine Pfalz Aachen zurück." Was in Paderborn geschah und besprochen wurde, erfahren wir nicht. Das war dem Geschichtsschreiber wohl auch nicht wichtig, denn der ehrenvolle Empfang Leos durch den König machte jeden weiteren Kommentar überflüssig: Karl hatte Leo als rechtmäßigen Papst anerkannt.

Im Grunde genommen übernehmen die sog. Einhardsannalen den Inhalt ihrer Vorlage. Doch akzentuieren sie das Ungewöhnliche an Karls Handlungsweise stärker: Nachdem der König den Befehl gegeben habe, den Papst höchst ehrenvoll zu ihm zu führen, habe er dennoch seinen Zug nach Sachsen nicht aufgegeben. Damit wollte der Annalist anscheinend andeuten, daß Karl auch anders hätte reagieren und selbst nach Rom ziehen können. Aus den Briefen Alkuins erfahren wir übrigens, daß der König damals tatsächlich einen Romzug plante. In Paderborn habe Karl dann, so die sog. Einhardsannalen weiter, die Ankunft des Papstes abgewartet. Während Karl die Rückkehr seines gleichnamigen Sohnes erwartete, der die bereits erwähnten Aktivitäten entfaltet hatte, sei der Papst eingetroffen, sehr ehrenvoll vom König empfangen worden und wenige Tage geblieben. Nachdem er ihm erzählt habe, weswegen er gekommen war, sei er von den königlichen Gesandten mit großer Ehre nach Rom zurückgeleitet und als Papst restituiert worden. Wiederum erfahren wir nichts über den Aufenthalt an den Paderquellen selbst. Allein die ehrenvolle Behandlung Leos steht wieder für das Ergebnis seines Besuches: die Anerkennung als Papst durch den König. Deutlicher als die Reichsannalen spricht diese Quelle aber von einer Wiedereinsetzung des Papstes durch die Beauftragten des fränkischen Königs. Die sog. Einhardsannalen lassen also erkennen, daß die Verschwörer Leo nicht einfach nur mißhandelt, sondern ihn regelrecht abgesetzt hatten.

Diesen Aspekt wird man in der Vita Leonis erwartungsgemäß nicht erwähnt finden, obwohl sie mit Abstand den ausführlichsten Bericht über die Reise Leos, seinen Empfang in Paderborn, die Verhandlungen und seine Rückkehr enthält. Dagegen wird die ehrenvolle Durchführung des gesamten Unternehmens noch stärker unterstrichen. Der König sandte Leo nicht nur Erzbischof Hildebald von Köln, zugleich Leiter der Hofkapelle, und den Grafen Askarich entgegen, sondern auch seinen eigenen Sohn, König Pippin, der den Papst zum Treffen mit dem König geleitete. Karl empfing ihn ehrerbietig und huldvoll mit Hymnen und geistlichen Gesängen, wie es dem Stellvertreter des hl. Petrus gebührte. Papst und König umarmten einander. Leo stimmte das *Gloria in excelsis Deo* an, und der versammelte Klerus stimmte ein. Nach einem Gebet dankte der König Gott für die Errettung seines Dieners auf die Fürbitten der Apostelfürsten Petrus und Paulus hin und für das Scheitern der Aufrührer. Als diese vom Aufenthalt Leos am Königshof erfuhren, verbrannten sie die Besitzungen des hl. Petrus und brachten Anschuldigungen gegen den Papst vor. Anschuldigungen, deren Haltlosigkeit der Papstbiograph zwar eifrig betont, von denen er allerdings zugeben muß, daß sie an den Königshof gelangten. Dort waren inzwischen zahlreiche Erzbischöfe, Bischöfe und Priester von überall her zusammengekommen. Auf Anraten des Königs und der fränkischen Großen sandten sie den Papst ehrenvoll auf seinen apostolischen Sitz zurück. Sie geleiteten ihn zudem nach Rom, und Leo wurde in jeder Stadt wie der Apostel selbst empfangen.

Wie nicht anders zu erwarten war, steht der Papst in der Vita Leonis im Mittelpunkt. Auch hier hat der ehrenvolle Empfang im Kontext der Erzählung die Funktion, Leo als den rechtmäßigen Papst erscheinen zu lassen. Interessant ist, daß die Vita Leonis die Paderborner Versammlung zu einem Konzil stilisiert, das sich für die Restituierung des Papstes ausspricht. Die Rolle des Königs wird auf die des Ratgebers beschränkt. Dem Verfasser lag viel daran, daß die Entscheidung zugunsten des Papstes einer Kirchenversammlung vorbehalten gewesen war. Damit befindet er sich im Widerspruch zu den fränkischen Quellen und wohl auch zur Realität, denn der mächtige Frankenkönig ließ sich die Federführung in dieser Angelegenheit sicherlich nicht nehmen. Sogar die Behauptung, verschiedene Bischöfe hätten sich erst nach dem Eintreffen des Papstes an den Hof aufgemacht, ist suspekt, denn die meisten fränkischen Bischöfe waren selbstverständlich bereits mit Karl nach Sachsen gezogen und hatten nicht auf Leos Erscheinen gewartet.

Man wird also viele Abstriche an diesem Bericht machen müssen und größeren Wert auf bestimmte Einzelheiten legen, die nicht ganz in das vorgezeichnete Bild passen. Wenigstens indirekt läßt der Autor erkennen, daß in Paderborn über Leos Schicksal verhandelt wurde. Zunächst sind hier die Vorwürfe der Aufrührer gegen Leo zu nennen, die dem Geschichtsschreiber zufolge völlig haltlos waren, auf die er freilich vorsichtshalber nicht näher eingeht. In diesem Sinne wird man auch den Bericht über die triumphale Rückreise deuten können, denn er läßt den Schluß zu, daß Leo auf der Hinreise längst nicht so enthusiastisch empfangen worden war. Selbst der Verfasser der Vita Leonis läßt also trotz seiner entgegengesetzten Absicht erkennen, daß das Schicksal Leos in Paderborn entschieden wurde. Vielleicht ist es kein Zufall, daß er den Namen dieses Ortes einfach verschweigt. Möglicherweise waren die mit Paderborn verbundenen Erinnerungen Leos bzw. die Assoziationen seines Biographen gar nicht so angenehm, wie uns sein Bericht glauben machen will.

In der Tat existiert eine Quellengruppe, die die Schwierigkeiten des Papstes in Rom und Paderborn mit wünschenswerter Klarheit verdeutlicht: Es sind die Briefe des Angelsachsen Alkuin, des gelehrten Vertrauten Karls des Großen, der gleichwohl nicht selbst in Paderborn zugegen, sondern in Tours verblieben war, wo er das wichtigste Kloster, St. Martin, leitete. Die räumliche Distanz in diesen Tagen dürfte auf ein etwas abgekühltes Verhältnis zum König hindeuten. Dennoch erhielt er von diesem manche Informationen, und auch der einflußreiche Erzbischof Arn von Salzburg war sein Briefpartner. Dessen und Karls Briefe sind zwar verloren, doch die Antworten Alkuins gewähren uns einen Einblick in die Gedankengänge bei Hofe. Freilich muß dabei stets bedacht werden, daß der gelehrte Angelsachse ein entschiedener Parteigänger Leos war. Beginnen wir mit seiner berühmten Bestandsaufnahme der Weltlage von Juni oder Juli 799: „Drei Personen nahmen auf der Welt bisher die höchste Stelle ein“, so schrieb der Angelsachse an den Frankenkönig, „nämlich der Papst in Rom, der den Stuhl des hl. Apostelfürsten Petrus als Stellvertreter innehat, dann die kaiserliche Würde und die weltliche Macht des zweiten Roms, an dritter Stelle die königliche Würde, zu der Euch, als Lenker des christlichen Volkes, mächtiger als die genannten, hehrer an Weisheit, erhabener durch die Würde des Reiches, die Gnade unseres Herrn Jesus Christus erhoben hat. Auf Dir allein beruht das ganze Wohl der Kirchen Christi.“ Was aber dem Papst geschehen sei, habe Karl ihm ja kürzlich mitgeteilt. Da der Kaiser gleichfalls abgesetzt worden sei, bleibe allein der Frankenkönig – also Karl – übrig. Er solle daher den Krieg gegen die Sachsen beenden und nach Rom eilen. Vom Schutzherrn der Römischen Kirche war eine solche Reaktion auf einen gemeinen Anschlag auf Leib und Leben des Papstes ja auch zu erwarten.

Karl erwog tatsächlich eine Zeitlang, noch 799 über die Alpen zu ziehen, und forderte Alkuin auf, ihn zu begleiten. Das erfahren wir aus einem Brief Alkuins von Ende Juli, in dem dieser sich mit seiner schwachen Konstitution zu entschuldigen suchte. Doch inzwischen war der Frankenkönig nicht etwa an den Tiber gezogen, sondern an die Pader. Allerdings scheint Karl noch eine Weile an einem Zug über die Alpen festgehalten zu haben. Jedenfalls war noch in einem Brief Alkuins von Ende

August oder noch später davon die Rede. Für Karl schlossen sich also beide Unternehmungen nicht aus, allein er gab seiner Intervention in Sachsen zunächst den Vorzug. Das geschah vielleicht aus praktischen Erwägungen heraus, denn ein einmal angesetzter Kriegszug konnte nicht so ohne weiteres unterbleiben. Zudem hatte Karl vermutlich inzwischen erfahren, daß Leo auf dem Weg nach Norden war, worüber er Alkuin in dem zuletzt angesprochenen Brief von Ende Juli Mitteilung machte. Auch über das Erscheinen der römischen Abordnung war er damals wohl schon informiert. Eine zweite Möglichkeit ist, daß Karl sich dem Papst gegenüber in Paderborn als der erfolgreiche Bekehrer der Sachsen und Verbreiter des Glaubens darstellen wollte. Dann aber hätte er von Anfang an Leo auch als rechtmäßigen Papst anerkennen müssen, wie sämtliche erzählende Quellen suggerieren.

Doch der Frankenkönig hatte sich noch längst nicht entschieden, denn Anfang August 799 befragte er Alkuin nach seiner Meinung über das weitere Vorgehen. Der gelehrte Abt bedankte sich in überschwenglicher Weise für diesen königlichen Vertrauensbeweis und schloß ein ebenso überschwengliches Lob für den Herrscher an. Dann sprach Alkuin in allgemein gehaltenen Worten von einem Urteilsspruch des Königs und mahnte zugleich zur Vorsicht: „Eurem Urteil allein ist dies alles vorbehalten, damit nach dem klugen Rat der Weisheit, die Euch Gott verliehen, gebessert werde, was zu bessern, und erhalten, was zu erhalten ist, und was die göttliche Huld gnädig gefügt hat, erhoben werde zum Lobe desjenigen, der seinen Knecht geheilt und aus der Verfolgung verabscheuenswerter Treulosigkeit befreit hat.“ Der König solle sowohl bei den Wohltaten als auch bei den Strafen dem Willen Gottes folgen. Karl könne nach Rom ziehen, sobald Gott ihn von den Sachsen befreit habe; dann könne er die Reiche verwalten, Gerechtigkeit walten lassen, die Kirchen erneuern usw. Alkuin macht die Lösung der in Rom entstandenen Probleme also zum Teil der allgemeinen Herrscheraufgaben. Was allerdings das Problem im speziellen anging, da mahnte er den König zu größerer Besonnenheit und möglicherweise sogar zu einer freundlicheren Haltung gegenüber dem Papst. Nur auf diesen können die Bemerkungen zur Beschränkung des königlichen Eingreifens auf das notwendige Maß gemünzt gewesen sein. Warum sonst hätte Alkuin eigens darauf verwiesen, daß Gott selbst bereits für Leo Partei ergriffen hatte? In einem Brief an Arn von Salzburg wurde Alkuin noch deutlicher: Die apostolische Autorität dürfe seiner Meinung nach von niemandem gerichtet werden. Er machte sich damit einen Rechtssatz der berüchtigten „Symmachianischen Fälschungen“ aus dem Anfang des 6. Jahrhunderts zu eigen: *Prima sedes a nemine iudicatur*, „Der erste Sitz [gemeint ist der Papst] wird von niemandem gerichtet.“

Alkuins Auffassung über die Nicht-Judizierbarkeit des Papstes zeigt bereits, daß die Beratungen am Königshof nun in eine entscheidende Phase getreten waren. Doch dort dachte man nicht etwa an eine Verurteilung der Aufrührer, wie dies wohl etwa Alkuin vorgeschwebt hatte, sondern Leo selbst und seine Stellung als Papst standen zur Debatte. Ankläger traten auf, die „mit heimtückischen Anträgen“, so Alkuin, „auf seine Absetzung hinzuarbeiten und ihm Ehebruch und Meineid aufzuladen versuchten, dann aber verlangten, daß er sich mit schwersten Eiden von diesen Verbrechen rein erweise, und insgeheim rieten, daß er ohne Eid die päpstliche Würde niederlege und ein beschauliches Leben in irgendeinem Kloster führe. Und dies darf durchaus nicht geschehen, er darf sich weder zum Eid noch zur Abdankung verstehen.“ Karl bot also den entschiedenen Gegnern Leos, eventuell sogar der Abordnung der Attentäter, ein Forum für ihre Vorwürfe gegen den Papst. Diese waren sich ihrer Sache anscheinend sehr sicher, da sie Leo zu einem Reinigungseid zwingen wollten, den dieser ihrer Einschätzung nach wohl nicht würde leisten können. Insgesamt dürften die Argumente der Gegenpartei nicht ohne Eindruck auf Karl und seine Ratgeber geblieben sein. Leos Position war also sehr gefährdet, und nur Alkuins Auffassung über die Unantastbarkeit des päpstlichen Amtes konnte dessen Inhaber retten.

Aber selbst Alkuin kannte keine inhaltlichen Gründe, die für den Papst sprachen, und erinnerte daher an ein Wort Christi: „Stünde ich“, so schrieb er, „neben ihm, so würde ich für ihn antworten: 'Wer unter euch ohne Sünde ist, der werfe den ersten Stein auf ihn' [Io 8,7].“ Aus diesem Argumentationsmuster des Papstanhängers Alkuin folgt strenggenommen, daß die Vorwürfe gegen Leo zumindest teilweise berechtigt waren. Daher beschränkte sich Alkuin auch auf formaljuristische Gründe, die gegen eine Absetzung des Papstes sprachen: „Ich erinnere mich, wenn mir recht ist, einst in den alten Kanones des hl. Silvester gelesen zu haben, daß ein Pontifex nur von 72 Zeugen angeklagt und vor Gericht gestellt werden kann, und daß ihr Lebenswandel von einer Art sein müsse, daß er eine solche Autorität aufwiegen könne. Außerdem las ich in anderen Kanones, daß der apostolische Stuhl Richter sei, aber nicht gerichtet werden könne. ... Welcher Hirte in der Kirche Christi bleibt unangetastet, wenn derjenige von Übeltätern zu Fall gebracht wird, welcher das Haupt der Kirchen Christi ist? Durch Gott, den Herrn wird er stehen oder fallen; aber er wird stehen, denn mächtig ist der Herr, ihn zu stützen."

Alkuin konnte also angesichts der schwerwiegenden Anklagen gegen Leo nur auf die päpstliche Immunität verweisen und nicht etwa auf Beweise für Leos Unschuld. An Alkuins Stelle brachte Arn von Salzburg dessen Argumente sicherlich in die Diskussion am Hofe ein. Auch taktische Ratschläge erhielt der Erzbischof von Salzburg damals aus Tours, die ihrerseits nur den Ernst der päpstlichen Lage unterstreichen: „Sei vorsichtig, wenn Du jemandem Deine Ratschläge anvertraust; sei klug bei Deinen Antworten, wahrhaft in Deinen Urteilen, und unterscheide aufmerksam, was sich einem jeden gegenüber schickt." In der Tat mußten die Verteidiger des Papstes mit großem Fingerspitzengefühl vorgehen. So ist die Art und Weise sehr bezeichnend, in der Alkuin auf einen Brief Arns reagierte, in dem dieser ihm über die gegen den Papst erhobenen Vorwürfe berichtete. Alkuin teilte sie lediglich seinem vertrautesten Schüler mit und verbrannte den betreffenden Brief aus Gründen der Geheimhaltung, „damit nicht etwa durch eine Nachlässigkeit des Briefbewahrers ein Ärgernis entstehen könne". Der Angelsachse selbst war inzwischen 'kaltgestellt' und erreichte den König wohl nicht einmal mehr brieflich, denn er beklagte sich darüber, daß Karl ihn nicht konsultiere und er als „einsamer Sperling" in Tours sitze. Vielleicht ist es kein Zufall, daß der König in ihm den entschiedensten Fürsprecher des Papstes von den Verhandlungen über Leo fernhielt.

Wo aber befand sich der Papst, als am fränkischen Hof über sein Schicksal verhandelt wurde? Bislang ging die Forschung nahezu einhellig davon aus, Leo habe sich bereits in Paderborn aufgehalten. Das ist nach allem, was wir über das damalige Zeremoniell wissen, sehr unwahrscheinlich. Karl konnte den geflohenen Bischof von Rom nicht zunächst mit allen Ehren empfangen und dann noch in der skizzierten Form über dessen weiteres Schicksal konferieren. Mit dem ehrenvollen Empfang des Papstes durch den König war die Entscheidung gefallen. Allerdings erhebt sich die Frage, ob Karl Leo wirklich sofort nach dessen Eintreffen in Paderborn oder seiner Umgebung offiziell empfing oder ob er nicht so lange damit wartete, bis er und seine Ratgeber ihre Gespräche abgeschlossen hatten. Ein solches Vorgehen würde zu den neuesten Erkenntnissen über den demonstrativen Charakter öffentlicher Akte im Mittelalter passen: Mit einem ehrenvollen Empfang, wie er etwa in der Vita Leonis und im Epos „De Karolo rege et Leone papa" beschrieben wird, wurden die Ergebnisse langwieriger, geheimer Verhandlungen bekanntgemacht. Vermutlich wurden also die von Alkuin erwähnten Vorschläge noch vor Leos Eintreffen am fränkischen Hof diskutiert. Um seinen Standpunkt einzubringen, intervenierte der herannahende Papst wohl über Boten beim König. Sollte Leo in der Paderborner Gegend eingetroffen sein, bevor ein Entschluß gefallen war, so wäre der offizielle Empfang sicherlich unterblieben, bis sich Karl zu einem Votum durchgerungen hätte. Wie dieses ausfiel, zeigt Alkuins nächster Brief an den König.

Alkuin behandelte zunächst die wunderbare Genesung des Papstes. Dann stellte er es der Weisheit Karls anheim, die Attentäter angemessen zu behandeln. Karl hatte sich also für den Papst und im Sinne Alkuins entschieden. Dennoch blieb die Verstimmung zwischen dem König und dem gelehrten Abt bestehen, denn es hat sich kein weiteres Schreiben Alkuins an Karl in dieser Angelegenheit erhalten. Das hing möglicherweise mit Alkuins Haltung gegenüber dem Romzug zusammen, denn er beharrte darauf, in Tours zu bleiben. Wenigstens ein paar seiner jungen Leute wollte er mitschicken, denen Karl Ehrengeschenke für ihren Meister übergeben wollte. Alkuin selbst zog nach eigener Angabe die rauchgeschwärzten Dächer des friedlichen Tours den goldenen Schlössern des friedlosen Rom vor. Karl plante also immer noch einen Zug nach Rom, und Alkuin wollte ihn nach wie vor nicht begleiten. Wahrscheinlich legte Karl auf seine Unterstützung bei einem Eingreifen am Tiber angesichts der schwierigen juristischen Lage großen Wert. Denn wer konnte ihn besser beraten als der gelehrte Angelsachse? Allerdings war Alkuins Weigerung nicht der Grund für Karls Verzicht auf einen Aufbruch nach Süden noch im Jahr 799.

Warum ist der König dann doch nicht nach Rom gezogen? Nach Lage der Dinge können nur die offiziellen Gespräche mit dem nunmehr als solchen anerkannten Papst einen Sinneswandel des Königs bewirkt haben. Vielleicht drängte Leo ihn, auf dieses Unternehmen zu verzichten. Die Delegation fränkischer Bischöfe, die ihn schließlich begleitete, konnte der Papst jedenfalls leichter in seinem Sinne beeinflussen als den Frankenkönig selbst. Diesen hätte er kaum daran hindern können, als Sieger in Rom einzuziehen. So kam aber ihm selbst diese Rolle zu, und nicht zufällig legt die Vita Leonis großen Wert auf seinen triumphalen Einzug in Rom. Am 29. November, dem Vorabend von St. Andreas, so die Vita, hießen alle Römer, der gesamte Klerus, die führenden Männer der Stadt und das gesamte römische Volk, die Nonnen und Diakonissen, die vornehmen und einfacheren Frauen sowie die ausländischen Scholen, ihren Hir-

Abb. 3 Kaiserweihe Karls des Großen, Gothaer Weltchronik, um 1270. Gotha, Forschungs- und Landesbibliothek, Ms. Memb. I 90, fol. 76v

ten mit geistlichen Liedern willkommen. Sie brachten ihn nach St. Peter, wo er feierlich die Messe las und alle das Abendmahl miteinander teilten. Es ist klar, daß ein fränkischer König als eigentlicher Machthaber hier nur stören konnte.

Der Aufstand gegen den Papst war jedenfalls inzwischen gänzlich in sich zusammengebrochen. Oder hatte Herzog Winigis von Spoleto in der Zwischenzeit möglicherweise militärisch interveniert? Auf jeden Fall dürfte die fränkische Unterstützung für Leo die Aufrührer von der Aussichtslosigkeit weiteren Widerstandes überzeugt haben. Bereits am Tag nach seinem Einzug, so die Vita Leonis, nahm der Papst wieder vom Lateran Besitz. Einige Tage später verhörten hier die fränkischen Abgesandten unter der Leitung der Erzbischöfe Hildebald von Köln und Arn von Salzburg die Aufständischen mit Paschalis und Campulus an der Spitze. Angeblich hatten diese nichts gegen Leo vorzubringen, wurden festgenommen und ins Frankenreich verbracht. Verständlicherweise legten die fränkischen Quellen keinen Wert auf diese innerrömischen Details. Von daher entfällt für uns auch eine Gegenüberstellung. Doch war die Angelegenheit wohl nicht so eindeutig, wie es uns die Vita Leonis suggerieren will, denn sie war noch nicht beendet, und die Vorwürfe gegen den Papst spielten weiterhin eine wichtige Rolle.

III. Karl der Große in Rom

Karl erschien nun selbst in Rom und kümmerte sich um diese Angelegenheit. Der Vita Leonis zufolge geschah das *post modicum tempus*, „nach kurzer Zeit". Bei St. Peter, so der Bericht weiter, wurde der König äußerst ehrenvoll empfangen. In dieser Kirche versammelten sich die fränkischen Bischöfe, Äbte und Adligen sowie der römische Senat unter dem Vorsitz des Königs und des Papstes, um die Vorwürfe gegen letzteren zu klären. Doch die versammelte Geistlichkeit weigerte sich, den apostolischen Stuhl zu richten, weil er nach altem Brauch von niemandem gerichtet werden könne. Da erklärte sich Leo zu einem Reinigungseid bereit. Am nächsten Tag, dem

Abb. 4 Begegnung Karls des Großen und Leos III. vor Rom, der Papst begrüßt Karl den Großen in Rom, Gothaer Weltchronik, um 1270. Gotha, Forschungs- und Landesbibliothek, Ms. Memb. I 90, fol. 76r

23. Dezember, bestieg er den Ambo der Peterskirche und erklärte, während er die Evangelien hochhielt: „Ich habe keine Kenntnis von den falschen Anklagen, die jene Römer gegen mich vorgebracht haben, die mich ungerechtfertigterweise verfolgt haben, und ich weiß, daß ich derartiges nicht begangen habe." Groß war die Erleichterung der Kirchenversammlung, die sogleich einen Dankgottesdienst abhielt. Danach, als der Weihnachtstag gekommen war, so die Vita Leonis weiter, versammelten sich alle erneut in St. Peter. Da krönte der ehrwürdige und segenspendende Papst mit seinen eigenen Händen den Frankenkönig mit einer äußerst wertvollen Krone (Abb. 3). Darauf riefen die Römer, die sich an alle Verdienste Karls um die Römische Kirche und den Papst erinnerten: *Carolo, piissimo Augusto, a Deo coronato, magno et pacifico imperatore, vita et victoria*, „Karl, dem allergnädigsten Augustus, dem von Gott gekrönten großen und friedenbringenden Kaiser, Leben und Sieg!" Dreimal wurde dies unter Anrufung der Heiligen vor dem Hauptaltar von St. Peter ausgerufen. Und vor allen wurde er als Kaiser der Römer eingesetzt. Alsbald salbte der heiligste Bischof und Pontifex an demselben Weihnachtstag dessen Sohn Karl mit dem heiligen Öl zum König.

Die Kaiserkrönung schließt sich der Vita Leonis zufolge also direkt an die Widerlegung der Anklagen an, die gegen den Papst während und nach der Revolte von 799 erhoben worden waren. Die Erhebung Karls zum Kaiser durch die Römer geschah aus Dankbarkeit für seine Verdienste um den Papst und die Römische Kirche. So klar diese Aussage ist, so viele Probleme wirft der Bericht auf. Zunächst irrt der Papstbiograph bzw. sagt die Unwahrheit, denn Karl erschien nicht etwa nach kurzer Zeit, sondern am 24. November, also fast genau ein Jahr später in Rom. Die Vorwürfe gegen Leo waren in der Zwischenzeit nicht endgültig abgewiesen worden, wie der vorhergehende Bericht der Vita Leonis behauptet, sondern sie bildeten nach wie vor eine schwere Hypothek seines Pontifikats. Daher berief der König eine Synode ein, deren Zweck es war, die Vorwürfe gegen Leo zu klären, was selbst die Vita Leonis einräumen muß. Zwischen Karls Eintreffen und Leos Reinigungseid vergingen im übrigen rund vier Wochen, und die Verhandlungen der Synode

Abb. 5 Kaisererhebung Karls des Großen durch die Römer, Karl der Große und Leo III. sitzen zu Gericht, Gothaer Weltchronik, um 1270. Gotha, Forschungs- und Landesbibliothek, Ms. Memb. I 90, fol. 78v

begannen bereits am 1. Dezember. Nicht nur dieser lange Zeitraum, sondern auch eine Bemerkung Alkuins läßt auf harte Verhandlungen schließen, denn der Angelsachse bemerkt in einem seiner Briefe, daß die Versammlung lange Zeit uneins war. Am Ende stand eventuell das in der Vita Leonis geschilderte Vorgehen: Der Papst wurde nicht als Angeklagter vor ein Gericht gebracht. Damit wurde der Auffassung über die Nicht-Judizierbarkeit des Papstes Rechnung getragen. Auf der anderen Seite wurde mit dem Reinigungseid aber ein Verfahren gewählt, das Alkuin während der Paderborner Verhandlungen noch kritisiert hatte. In diesem Sinne könnte man die sich anschließende Erhebung Karls zum Kaiser als Teil eines mühsam ausgehandelten Kompromisses verstehen.

Soweit die päpstliche Sicht und ihre Interpretation. Ganz anders sahen die Franken die Geschehnisse. Die Reichsannalen relativieren den Stellenwert der Probleme des Papstes für den Frankenkönig erheblich, indem sie nun zahlreiche andere Geschehnisse und Aktivitäten in den Mittelpunkt rücken. Sie berichten im Anschluß an Leos Abreise von einer Gesandtschaft des byzantinischen Statthalters von Sizilien, von einem Aufstand der Awaren, in dessen Verlauf Herzog Erich von Friaul und der baierische Präfekt Gerold fielen. 799 unterstellten sich die Balearen dem fränkischen Schutz, und Graf Wido unterwarf angeblich die gesamte Bretagne der Herrschaft des Königs. Als Karl nach Aachen zurückgekehrt war, erschienen ein Mönch aus Jerusalem im Auftrag des dortigen Patriarchen mit Reliquien vom Heiligen Grab und ein Gesandter des Präfekten von Huesca, der dem König die Schlüssel dieser spanischen Stadt überreichte. Anfang 800 entließ Karl den Jerusalemer Mönch in Begleitung des Priesters Zacharias, dem er Geschenke für die heiligen Stätten mit auf den Weg gab. Mitte März zog der König von Aachen an die französische Küste und organisierte den Widerstand gegen die Normannen. Im Anschluß an das Osterfest in St. Riquier zog Karl nach Tours weiter, um im Kloster des hl. Martin zu beten. Hier verstarb am 4. Juni seine Gemahlin Luitgard. Über Orléans und Paris kehrte er dann nach Aachen zurück. Anfang August erschien er in Mainz und befahl einen Heereszug nach Italien. In Ravenna legte er eine Pause von sieben Tagen ein und entsandte seinen Sohn Pippin in das unabhängige Fürstentum Benevent, um dort Beute zu machen. Er selbst zog nach Rom.

Auf dem Weg dorthin wurde er, so die Reichsannalen weiter, vom Papst und den Römern am 23. November in Mentana, 12 Meilen vor der Stadt, in größter Demut und höchsten Ehren empfangen (Abb. 4). Nach einem gemeinsamen Essen zog der Papst – dem König voraus – nach Rom zurück und sandte ihm am nächsten Tag die Fahnen der Stadt Rom entgegen und ließ „an den entsprechenden Stellen Scharen von Fremden und Bürgern“ Aufstellung nehmen, die ihn mit Lobgesängen begrüßten, während er selbst zusammen mit der Geistlichkeit und den Bischöfen Karl auf den Stufen von St. Peter empfing, als dieser vom Pferd gestiegen war und die Stufen emporschritt. Der Papst geleitete den König nach einem Gebet und unter dem Gesang aller in die Kirche. Eine Woche später berief der König eine Versammlung ein, der er die Gründe für sein Kommen darlegte. Der Annalist erwähnt nur das wichtigste und schwerste Anliegen, das Karl zuerst in Angriff nahm: die Untersuchung der Vorwürfe gegen den Papst. Da jedoch niemand die Richtigkeit dieser Beschuldigungen beweisen wollte, habe der Papst die Kanzel von St. Peter bestiegen und sich durch einen Eid von allen ihm angelasteten Verbrechen gereinigt. Am selben Tag sei der Priester Zacharias aus dem Heiligen Land zurückgekehrt. Er wurde begleitet von zwei Mönchen, einem vom Ölberg und einem vom Kloster des hl. Sabas, die dem König im Auftrag des Patriarchen von Jerusalem die Schlüssel zum Heiligen Grab, zum Kalvarienberg, zur Stadt und zum Berg Zion zusammen mit einer Fahne überreichten. Als Karl sich am Weihnachtstag vom Gebet vor dem Grab des hl. Petrus zur Messe erhob, setzte ihm Papst Leo eine Krone aufs Haupt, und die versammelten Römer riefen den Reichsannalen zufolge: „Karl, dem Augustus, dem von Gott gekrönten großen und friedenbringenden Kaiser, Leben und Sieg!“ (Abb. 5) Nach den *laudes*, den lobenden Zurufen, wurde er nach der Sitte der alten Principes vom Papst durch Fußfall geehrt und fortan unter Weglassen des Patricius-Titels Kaiser und Augustus genannt.

Die Reichsannalen zeigen uns zwischen Oktober 799 und Weihnachten 800 einen idealen Herrscher 'bei der Arbeit'. Er empfängt und entläßt hochrangige Gesandtschaften, nimmt symbolische Unterwerfungsakte entgegen, ordnet sein Reich und findet auch noch Zeit, sich um die zerrütteten Verhältnisse in der Römischen Kirche zu kümmern. Die Lösung dieses Problems nimmt der König aber nicht vordringlich in Angriff, sondern erst, sobald er dafür Zeit findet. Im Gegensatz zur Vita Leonis legt der Annalist größten Wert auf den Empfang Karls durch den Papst. Dieses Zeremoniell war eines Kaisers würdig, denn einem Kaiser zog der Papst üblicherweise entgegen, in der Regel bis zum sechsten, im Jahr 800 gar bis zum zwölften Meilenstein. Ein Patricius, der Karl ja offiziell noch war, wurde am ersten Meilenstein und nicht vom Papst selbst empfangen. Bereits diese Schilderung nutzt der Annalist, um die Leser seines Werkes auf die folgende Erhebung Karls zum Kaiser vorzubereiten. Da sich der Empfang jedoch auch in Wirklichkeit so zugetragen haben dürfte, war sich Karl bereits während dieses Zeremoniells seiner neuen Rolle ganz und gar bewußt, wenn er sie nicht gar aktiv gefordert hat. Jedenfalls hat der Papst den Empfang vermutlich nicht ohne Einwilligung des Königs so gestaltet.

In diesem Sinne könnte Karls Rundreise durch das Frankenreich der Vorbereitung seiner Erhebung zum Kaiser gedient haben. Immerhin erfahren wir aus den Lorscher Annalen, daß Karl sich in Tours mit seinen drei Söhnen traf. Die anonyme Vita Ludwigs des Frommen ergänzt, das Treffen habe der Planung des Italienzuges gedient. Karl war also gewillt, die Probleme der Römischen Kirche, der Kirche, die in der alten Kaiserstadt des Imperium Romanum ihren Sitz hatte, für sich zu nutzen und selbst die Kaiserwürde zu gewinnen. Darauf deutet auch die Kontaktaufnahme mit dem Patriarchen von Jerusalem hin. Zumindest nach der Darstellung des Annalisten wurde Karl damit der Schutzherr des Heiligen Landes, was ihn zusätzlich für seine neue Würde qualifizierte. Interessant ist in diesem Zusammenhang, daß Zacharias Anfang des Jahres 800 abgereist war und 'pünktlich' zur Kaiserkrönung in Rom erschien. Karl hatte daher möglicherweise schon bei der Verabschiedung seines Gesandten gewußt, daß er Ende des Jahres in Rom sein würde und Zacharias entsprechend instruiert.

Während die sog. Einhardsannalen keine weiteren Informationen zum Jahr 800 bieten, sind die gerade erwähnten Lorscher Annalen erheblich ergiebiger. Ihr Verfasser war vermutlich Bischof Richbod von Trier, der dem Hof ebenfalls nahestand. Seinem Bericht zufolge erinnerte sich Karl während der Mainzer Versammlung wieder an das Unrecht, das die Römer dem Papst angetan hatten, und beschloß daher, nach Rom zu ziehen. Zum Jahr zuvor hatte derselbe Annalist bemerkt, daß nach Leos Rückkehr die Verschwörer zu Karl geschickt worden waren. Von daher hatte der König also ständig eine Gedankenstütze in seiner Umgebung, was von vornherein eine spontane Entscheidung ausschließt. Aus Gründen, die die Quellen uns nicht nennen wollen, waren die Vorwürfe gegen den Papst jedenfalls noch immer nicht ausgeräumt, obwohl doch auch der Lorscher Annalist zunächst den Eindruck erweckt hatte, Leo sei unumstritten wieder in seine Rechte eingesetzt worden. Neben diesem Problem ließ der Lorscher Annalist jedoch bereits im Zusammenhang mit der Mainzer Versammlung die Kaiserfrage anklingen, denn dort habe Karl vor seinem Entschluß zum Romzug festgestellt, daß sein gesamtes Reich befriedet sei. Damit hatte er die wichtigste Aufgabe eines weltlichen Herrschers erfüllt und war damit gleichsam zu Höherem berufen.

Karls erfolgreiche Regierungszeit spielte für den Lorscher Annalisten jedoch nicht nur in Form der Befriedung des Reiches eine große Rolle, sondern auch in Gestalt der gewaltigen räumlichen Ausdehnung der fränkischen Macht. Diese bildete nach Meinung des Geschichtsschreibers eine entscheidende Voraussetzung für die Erhebung Karls zum Kaiser. Im Anschluß an den Reinigungseid des Papstes beschloß das Konzil mit diesem als Wortführer, „daß man Karl, den König der Franken, Kaiser nennen müsse". Aufschlußreich sind die Motive, die der Annalist für diesen Beschluß nennt: Zunächst sei das *nomen imperatoris*, der Kaisername oder -titel, bei den Byzantinern vakant, da dort seit 797 eine Frau herrschte. Dagegen hatte Gott „Rom, wo die Cäsaren immer zu residieren gepflegt hatten, und die übrigen Kaiserresidenzen in Italien, Gallien und Germanien ... in Karls Gewalt gegeben." Den Bitten der Versammlung habe er sich nicht verschließen können und habe am Weihnachtstag den Kaisertitel zusammen mit der Weihe durch den Papst empfangen. Daraufhin habe er Frieden und Eintracht in der Heiligen Römischen Kirche wiederhergestellt.

Als einzige Quelle sprechen die Lorscher Annalen die weltpolitischen Folgen der Kaisererhebung an, denn sie stellte eine Herausforderung an das Byzantinische Reich dar, das sich als bruchlose Fortsetzung des alten Imperium Romanum verstand. Diese Sicht war nicht zuletzt aufgrund der bis auf Augustus ununterbrochen zurückreichenden Kaiserreihe berechtigt. Indem Römer und Franken der Kaiserin Irene wegen ihres Geschlechts die Herrschaftsfähigkeit absprachen, schufen sie die argumentative Voraussetzung für die Erhebung Karls zum Kaiser. Mit dem Hinweis auf das *nomen imperatoris* schloß sich der Autor einem verbreiteten Argumentationsmuster an, das letztlich auf Augustinus und Isidor von Sevilla zurückgeht und von der modernen Forschung als Nomen- bzw. Namentheorie bezeichnet wird. Demnach mußte ein Herrscher die mit seinem Titel verbundenen Pflichten auch erfüllen, wenn er diesen Titel, diesen Namen zu Recht führen wollte. Tat er das nicht, war das der Grund für die Erhebung eines neuen Königs oder Kaisers. In diesem Sinne wiesen die Annalen auch auf die Tatsache hin, daß Karl weite Teile des ehemaligen Römerreiches beherrschte und deshalb der wahre Nachfolger der antiken Cäsaren war.

Ein weiterer Grund, den der Annalist aber nur als Folge anspricht, war die Bereinigung des Zerwürfnisses innerhalb der Römischen Kirche. Selbst wenn Karl bereits zuvor als König und Patricius die Macht gehabt hatte, gegen die Verschwörer gerichtlich vorzugehen, so besaß er als Kaiser unzweifelhaft die Berechtigung dazu. Die ungenauen Bemerkungen der Lorscher Annalen werden von den übrigen Quellen in nahezu einhelliger Art und Weise konkretisiert. Sowohl die Reichs- und sog. Einhardsannalen als auch die Vita Leonis berichten, daß Karl wenige Tage nach seiner Erhebung zum Kaiser die Verschwörer gegen den Papst vor Gericht stellte und sie nach römischem Recht zum Tode verurteilte. Der Papst trat jedoch für sie ein und erreichte, daß sie begnadigt und lediglich in die Verbannung geschickt wurden. Selbst dieses einfache Geschehen akzentuieren die verschiedenen Quellen unterschiedlich. Während die beiden offiziösen fränkischen Annalen das Eintreten Leos für seine Gegner melden, verzichtet die Vita Leonis auf dieses Detail. Möglicherweise war daher die päpstliche Seite gegen die milde Behandlung der Verschwörer gewesen, während die fränkische Seite den Papst, der Karl die Krone aufs Haupt gesetzt hatte, als gerechten und milden Geistlichen zeichnen wollte. Eventuell besaßen die Franken sogar ein Interesse an dieser Begnadigung, denn ihre Geschichtswerke nennen die Verschwörer erst jetzt beim Namen. Vielleicht sollten Paschalis und Campulus aufgrund ihrer verwandtschaftlichen Nähe zu dem von Karl geschätzten Papst Hadrian geschont werden. Immerhin überstanden sie das fränkische Exil recht gut und konnten nach Leos Tod im Jahr 816 nach Rom zurückkehren. Womöglich hatten Paschalis und Campulus aber auch erst im Verlauf der Geschehnisse eine immer wichtigere Rolle gespielt, während die päpstliche Seite in ihnen von Anfang an die Hauptschuldigen sehen wollte.

IV. Resümee

Mit diesen offenen Problemen schließt unser Überblick über die päpstliche und die fränkische Sicht auf die Ereignisse der Jahre 799 und 800. Es wurde deutlich, welche unterschiedlichen Akzente beide Seiten setzten. Während die päpstliche Seite den Papst trotz aller erlittenen Unbill als Herrn der Lage darstellen wollte, bemühen sich die fränkischen Quellen, Karl als überlegenen Schiedsrichter in dem innerrömischen Zerwürfnis zu zeichnen. Obwohl hier ebenfalls einige Fragen unbeantwortet bleiben, verdient doch die fränkische Sicht größeres Vertrauen, nicht zuletzt deswegen, weil die Vita Leonis den Papst zwar als Verfolgten schildern muß, ihn aber inkonsequent gleichzeitig dem Frankenkönig als gleichberechtigten Partner gegenübertreten läßt. Auch mit den Vorwürfen gegen Leo hat sein Biograph erhebliche Schwierigkeiten. Einerseits weist er sie als ungerechtfertigt zurück, muß allerdings sogleich ihre Wirkung zugeben, da er das Konzil, auf dem sich der Papst endgültig von diesen Vorwürfen reinigte, nicht einfach verschweigen konnte. Wenigstens die Zeit, in der Leos Legitimität aufgrund dieser Anschuldigungen zweifelhaft war, verkürzte er, indem er sowohl die Dauer der Revolte als auch den Abstand zu Karls Erscheinen in Rom kürzer scheinen ließ, als sie es tatsächlich waren. Die Briefe Alkuins zeigen zusätzlich, wie gefährdet Leo eine Zeitlang war. Als die Entscheidung dann zu dessen Gunsten gefallen war, konnten die hofnahen fränkischen Quellen nicht anders, als das Zögern Karls des Großen in dieser Frage zu verschleiern. Karl erscheint hier als der ideale Herrscher, der den bedrängten Papst sogleich ehrenvoll empfängt und schließlich sogar nach Rom eilt, um ihm zu helfen. Die Geschichtswerke beider Seiten bemühten sich also, die Geschehnisse der eigenen Weltsicht anzupassen und sie entsprechend zu akzentuieren.

Quellen und Literatur:

Alkuin Epistolae, in: Epistolae Karolini aevi II, hrsg. v. Ernst DÜMMLER (MGH Epist. IV), Berlin 1895, 1–481. – Annales regni Francorum inde ab a. 741 usque ad a. 829, qui dicuntur Annales Laurissenses maiores et Einhardi, hrsg. v. Friedrich KURZE (MGH SS rer. Germ. [6]), Hannover 1895. – Annales Laureshamenses, hrsg. v. Georg Heinrich PERTZ, in: MGH SS I, Hannover 1826, 22–39. – Deutschlands Geschichtsquellen im Mittelalter. Vorzeit und Karolinger, hrsg. v. Wilhelm WATTENBACH u. Wilhelm LEVISON, Heft 2: Die Karolinger. Vom Anfang des 8. Jahrhunderts bis zum Tode Karls des Großen, bearb. v. Wilhelm LEVISON u. Heinz LÖWE, Weimar 1953. – Vita Leonis, in: Le Liber pontificalis 2, hrsg. v. Louis DUCHESNE, Paris 1955, 1–139.

Sigurd ABEL u. Bernhard SIMSON, Jahrbücher des fränkischen Reiches unter Karl dem Großen 1, Berlin 1883. – Charles BAYET, L'élection de Léon III. et la révolte des Romains en 799 (Annuaire de la Faculté des Lettres de Lyon 1), Paris 1883. – Hans BELTING, Die beiden Palastaulen Leos III. im Lateran und die Entstehung einer päpstlichen Programmkunst, in: Frühmittelalterliche Studien 12, 1978, 55–83. – Karl Josef BENZ, „Cum ab oratione surgeret“. Überlegungen zur Kaiserkrönung Karls des Großen, in: Deutsches Archiv 31, 1975, 337–369. – Ottorino BERTOLINI, Il „Liber pontificalis“, in: La storiografia altomedievale 1 (Settimane di studio del centro italiano di studi sull'alto medioevo 17), Spoleto 1970, 387–455. – Helmut BEUMANN, Die Kaiserfrage bei den Paderborner Verhandlungen von 799, in: Das erste Jahrtausend. Kultur und Kunst im werdenden Abendland an Rhein und Ruhr, Textbd. 1, Düsseldorf 1962, 296–317. – Klaus BIEBERSTEIN, Der Gesandtenaustausch zwischen Karl dem Großen und Harun ar-Rasid und seine Bedeutung für die Kirchen Jerusalems, in: Zeitschrift des Deutschen Palästina-Vereins 109, 1993, 152–173. – Michael BORGOLTE, Der Gesandtenaustausch der Karolinger mit den Abbasiden und mit den Patriarchen von Jerusalem (Münchener Beiträge zur Mediävistik und Renaissance-Forschung 25), München 1976. – Hans Jürgen BRANDT u. Karl HENGST, Der Papst in Deutschland – damals und heute. Zur Reise Papst Johannes Paul II. nach Paderborn und Berlin 1996 (Veröffentlichungen zur Geschichte der Mitteldeutschen Kirchenprovinz 8), Paderborn 1996. – Erich CASPAR, Geschichte des Papsttums. Von den Anfängen bis zur Höhe der Weltherrschaft 2: Das Papsttum unter byzantinischer Herrschaft, Tübingen 1933. – DERS., Das Papsttum unter fränkischer Herrschaft, in: Zeitschrift für Kirchengeschichte 54, 1935, 132–264, zit. nach dem ND Darmstadt 1956. – Peter CLASSEN, Karl der Große, das Papsttum und Byzanz. Die Begründung des karolingischen Kaisertums (Beiträge zur Geschichte und Quellenkunde des Mittelalters 9), Sigmaringen 1985. – Pius ENGELBERT, Papstreisen ins Frankenreich, in: Römische Quartalschrift für christliche Altertumskunde und Kirchengeschichte 88, 1993, 77–113. – Heinrich FICHTENAU, Karl der Große und das Kaisertum, in: Mitteilungen des Instituts für Österreichische Geschichtsforschung 61, 1953, 257–334, zit. nach dem ND Darmstadt 1971. – Robert FOLZ, Le Couronnement impérial de Charlemagne, 25 décembre 800 (Trente journées qui ont fait la France 3), Paris 1964. – Johannes FRIED, Der Weg in die Geschichte. Die Ursprünge Deutschlands bis 1024 (Propyläen Geschichte Deutschlands 1), Berlin 1994. – Herman GEERTMAN, More Veterum. Il Liber pontificalis e gli edifici ecclesiastici di Roma nella tarda antichità e nell'alto medioevo (Archaeologica Traiectina 10), Groningen 1975. – Othmar HAGENEDER, Das *crimen maiestatis*, der Prozeß gegen die Attentäter Papst Leos III. und die Kaiserkrönung Karls des Großen, in: Aus Kirche und Reich. Studien zu Theologie, Politik und Recht im Mittelalter. Festschrift für Friedrich Kempf, hrsg. v. Hubert MORDEK, Sigmaringen 1983, 55–79. – Wilfried HARTMANN, Die Synoden der Karolingerzeit im Frankenreich und in Italien (Konziliengeschichte, R. A: Darstellungen), Paderborn/München/Wien/Zürich 1989. – Wilhelm HEIL, Alkuinstudien 1. Zur Chronologie und Bedeutung des Adoptianismusstreites, Düsseldorf 1970. – Karl HELDMANN, Das Kaisertum Karls des Großen. Theorien und Wirklichkeit (Quellen und Studien zur Verfassungsgeschichte des Deutschen Reiches in Mittelalter und Neuzeit 6/2), Weimar 1928. – Die Kaiserkrönung Karls des Großen, eingeleit. und zus.gestellt v. Kurt REINDEL, Göttingen [2]1970. – Zum Kaisertum Karls des Großen. Beiträge und Aufsätze, hrsg. v. Gunther WOLF (Wege der Forschung 38), Darmstadt 1972. – Karolus Magnus et Leo Papa. Ein Paderborner Epos vom Jahre 799, mit Beiträgen von Helmut BEUMANN, Franz BRUNHÖLZL, Wilhelm WINKELMANN (Studien und Quellen zur westfälischen Geschichte 8), Paderborn 1966; vgl. jetzt auch: De Karolo rege et Leone Papa. Der Bericht über die Zusammenkunft Karls des Großen mit Papst Leo III. in Paderborn 799 in einem Epos für Karl den Kaiser, hrsg. v. Wilhelm HENTZE (Studien und Quellen zur westfälischen Geschichte 36), Paderborn 1999. – Max KERNER, Der Reinigungseid Leos III. vom Dezember 800. Die Frage seiner Echtheit und frühen kanonistischen Überlieferung. Eine Studie zum Problem der päpstlichen Immunität im früheren Mittelalter, in: Zeitschrift des Aachener Geschichtsvereins 84/85, 1977/78, 131–160.

– Bernhard KUHLMANN, Papst Leo III. im Paderborner Lande, in: Westfälische Zeitschrift 56, 1898, 98–150. – Peter LLEWELLYN, Le contexte romain du couronnement de Charlemagne. Le temps de l'Avent de l'année 800, in: Le Moyen Age 96, 1990, 209–225. – Henry MAYR-HARTING, Charlemagne, the Saxons, and the Imperial Coronation of 800, in: The English Historical Review 111, 1996, 1113–1133. – Walter MOHR, Karl der Große, Leo III. und der römische Aufstand von 799, in: Archivum Latinitatis medii aevi, Bulletin Du Cange 30, 1960, 39–98. – Engelbert MÜHLBACHER, Deutsche Geschichte unter den Karolingern, Stuttgart 1896. – Thomas F. X. NOBLE, A New Look at the Liber Pontificalis, in: Archivum Historiae Pontificiae 23, 1985, 347–358. – DERS., The Republic of St. Peter. The Birth of the Papal State, 680–825, Philadelphia 1984. – Dieter SCHALLER, Das Epos für Karl den Kaiser, in: Frühmittelalterliche Studien 10, 1976, 134–168. – Rudolf SCHIEFFER, Die Karolinger, Stuttgart/Berlin/Köln 1992. – Percy Ernst SCHRAMM, Kaiser, Könige und Päpste. Gesammelte Aufsätze zur Geschichte des Mittelalters 1: Von der Spätantike bis zum Tode Karls des Großen (814), Stuttgart 1968. – Michael SIERCK, Festtag und Politik. Studien zur Tagewahl karolingischer Herrscher, Köln/Weimar/Wien 1995. – Harald ZIMMERMANN, Papstabsetzungen des Mittelalters, Graz/Wien/Köln 1968.

Renovatio Imperii

Das Treffen in Paderborn – die verschiedenen Sichtweisen

II.1 Annales regni Francorum (Reichsannalen)

9. Jahrhundert
Pergament. – Einband 2. Hälfte 19. Jahrhundert. – H. 20,5 cm, B. 11,5 cm; 68 Blätter.
Vatikanstadt, Biblioteca Apostolica Vaticana, Vat. reg. lat. 617

Die Annales regni Francorum, die die Jahre von 741 bis 829 beschreiben, sind die wichtigste Quelle für die Zeit Karls des Großen. Zwischen 787 und 793 wurde ihr erster Teil rückblickend unter Verwendung anderer Quellen angelegt und dann bis 795 zeitgleich mit den Geschehnissen fortgeschrieben. Verfasserwechsel um 795, 808 und 820 markieren die weiteren Abschnitte, die sich durch ein immer stärker an antiken Vorbildern geschultes Latein auszeichnen. Aufgrund der präzisen Kenntnis der zeitgenössischen Ereignisse können die Reichsannalen nur am karolingischen Hof verfaßt worden sein. Leopold von Ranke hat daher im vorigen Jahrhundert die früher angenommene Entstehung im Kloster Lorsch bestritten und die heute gültige Bezeichnung Annales regni Francorum eingeführt. Das offiziöse Werk, dessen nicht identifizierte Verfasser vermutlich zur Hofkapelle Karls des Großen gehörten, verschweigt Rückschläge wie Niederlagen oder Verschwörungen. Gemäß der Tradition seiner Vorgänger hat vermutlich Karl der Große selbst die Niederschrift angeregt, um der Nachwelt ein Denkmal und den Politikern am Hof eine Aufzeichnung über die jüngsten Ereignisse zu geben. Exemplarisch behandeln die Reichsannalen Karls Vorstellungen über die innere Ordnung des Frankenreiches.
Der gezeigte Codex unbekannter Herkunft wurde offenbar von einer defekten Vorlage abgeschrieben. Er bietet den Text von 777 bis 813.

Annales regni Francorum. – Reichsannalen. – Kurze 1894, 300 f. – Wattenbach/Levison/Löwe 1953, 245–254. – Becher 1993, 74–77. – Ulrich Nonn, Art. Reichsannalen, in: LexMa 7, 1997. – Schieffer 1997.

S.Kä.

II.2 Annales qui dicuntur Einhardi (sog. Einhardsannalen)

Lorsch, Mitte 10. Jahrhundert
Pergament. – Einband rotes Leder über Holz, spätgotisch. – H. 24,3 cm, B. 18 cm; 141 Blätter.
Wien, Österreichische Nationalbibliothek, Cod. 510, fol. 55r – 132v

Die Annales regni Francorum (Reichsannalen) sind auch in einer überarbeiteten Fassung erhalten, die in den Jahren 814 bis 817 entstand. Aufgrund einer irrigen Annahme, die sich auf sprachliche Ähnlichkeiten mit der Vita Karoli Magni und – wie in dieser Handschrift – auf gemeinsame Überlieferung stützte, sah man früher Einhard als den Verfasser der Annales qui dicuntur Einhardi an, wie sie noch heute heißen. Für die Jahre von 741 bis 801 bringen sie zum Teil erhebliche personelle und geographische Ergänzungen zu den Reichsannalen; bis einschließlich 812 sind stilistische Korrekturen feststellbar. Der unbekannte Verfasser, der am karolingischen Hof zu suchen ist, erwähnt im Gegensatz zu den Reichsannalen auch Fehlschläge Karls des Großen, den er gleichwohl stärker in den Mittelpunkt der Darstellung rückt. Die vorliegende Handschrift entstand im zweiten oder dritten Viertel des 10. Jahrhunderts im Skriptorium des Klosters Lorsch und wurde dort auch behutsam redigiert. Dann befand sich der Codex zunächst im (vielleicht bestellenden) Stift Göttweig in der Wachau und kam von dort 1576 in die Wiener Hofbibliothek. Der kleine Band ist von zwei Schreibern, die sich die Arbeit an den Annalen und der Vita teilten, sorgfältig geschrieben worden. Bis auf rot hervorgehobene Kapitel- und Satzanfänge weist er keinen künstlerischen Schmuck auf.

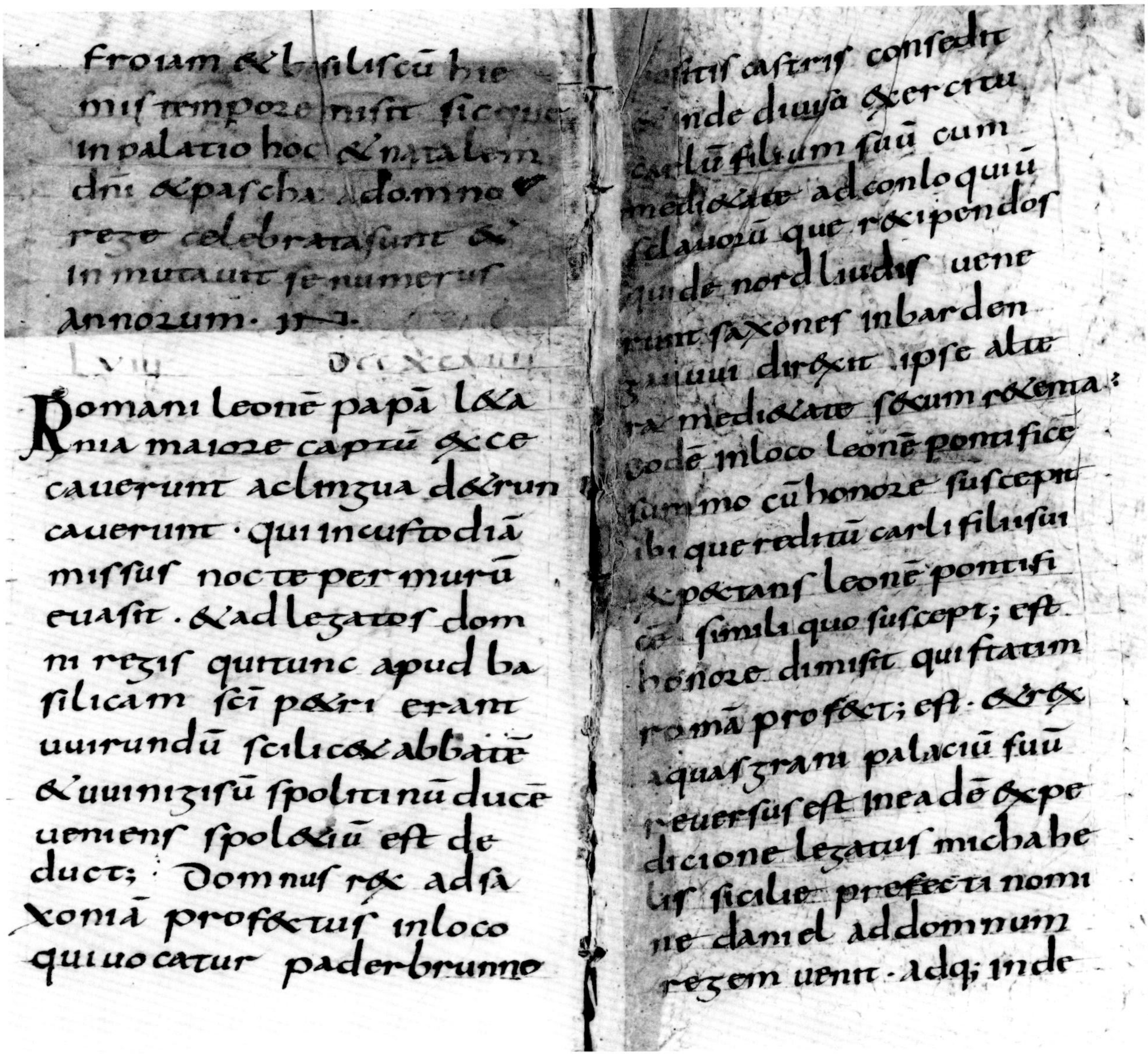

II.1 fol. 31v – 32r

MGH SS I (1826), 131, Nr. 1, 135–218. – Annales regni Francorum. – Tabulae codicum manu scriptorum I (1864), 85 f. – Kurze 1894, 323 f. – Holder-Egger 1912, 395 f. – Wattenbach/Levison/Löwe 1953, 254–256. – Hoffmann 1986, 221. – Bischoff 1989, 77, Anm. 83, 120 f. – McKitterick 1989, 240. – Kat. Wien 1993, Nr. 27 (Eva Irblich).

H.-W.S./S.KÄ.

II.3 Annales Laureshamenses (Lorscher Annalen)

Reichenau, 835
Pergament. – Einband 20. Jahrhundert. – H. 31,3 cm, B. 23,2 cm; 8 Blätter.

St. Paul im Lavanttal, Benediktinerstift St. Paul Lavant, Cod. 8/1

Die Annales Laureshamenses beschreiben die Jahre von 703 bis 803. Sie basieren in ihren früheren, kurzen Nachrichten auf den Annales Mosellani, die sie für den Zeitraum von 785 bis 803 eigenständig und ausführlicher fortsetzen. Jeweils am Jahresende wurden die Eintragungen zum Teil von verschiedenen Schreibern gemacht. Ihren Namen tragen die Annalen wegen einiger auf Lorsch verweisender Zusätze. Ihrerseits bildeten die Annales Laureshamenses die Vorlage für das Chronicon Moissiacense, aus dem auch die Fortführung der Lorscher Annalen in einer heute verlorenen Fassung bis 818 erschließbar ist. Wegen der kenntnisreichen Mitteilungen der Annalen,

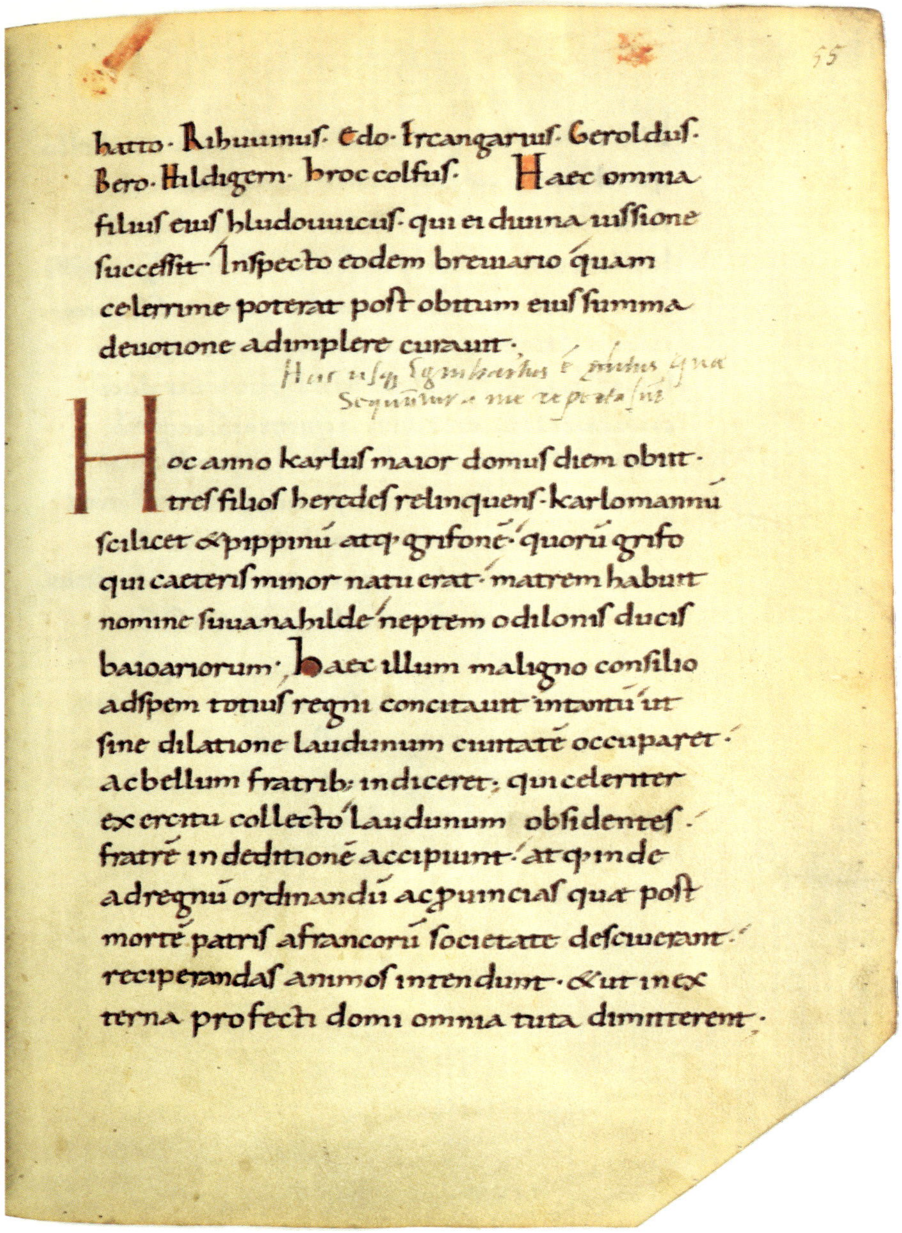
hatto · Ribuuinus · Edo · Ercangarius · Geroldus ·
Bero · Hildigern · broccolfus · Haec omnia
filius eius hludouuicus · qui ei diuina iussione
successit · Inspecto eodem breuiario quam
celerrime poterat post obitum eius summa
deuotione adimplere curauit ·

Hoc anno karlus maior domus diem obiit ·
tres filios heredes relinquens · karlomannum
scilicet & pippinum atque grifonem · quorum grifo
qui caeteris minor natu erat · matrem habuit
nomine suuanahilde neptem odilonis ducis
baioariorum · haec illum maligno consilio
ad spem totius regni concitauit intantum ut
sine dilatione laudunum ciuitatem occuparet ·
ac bellum fratribus indiceret · qui celeriter
exercitu collecto laudunum obsidentes ·
fratrem in deditionem accipiunt · atque inde
ad regnum ordinandum ac prouincias quae post
mortem patris a francorum societate desciuerant ·
reciperandas animos intendunt · & ut in ex
terna profecti domi omnia tuta dimitterent ·

II.2 fol. 55r

die enge Verbindungen zum Hof Karls des Großen voraussetzen, hat man ihren Verfasser mit Bischof Richbod von Trier († 804) identifiziert. Der große Wert der Annales Laureshamenses liegt in ihren von anderen Quellen abweichenden sowie in einigen nur hier mitgeteilten Nachrichten, wie etwa die der Gesandtschaft der Sachsen 794 an Karl den Großen auf der Eresburg, die Einnahme sächsischer Befestigungen an der unteren Elbe 797, die Erklärung des Namens Herstelle und die selbständige Schilderung der Kaiserkrönung Karls des Großen.

Der im Ganzen wenig prachtvolle Codex besitzt nur eine einzige Initiale am Anfang des Textes. Sie ist unkoloriert und erstreckt sich über neun Zeilen. Die Minuskelschrift mit 41–45 Zeilen pro Seite gibt zu erkennen, daß ein einziger Schreiber am Werk war. Das Pergament war zuvor mit einem anderen Text beschrieben, der gründlich abgeschabt worden ist. Der Codex trägt eine Reichenauer Bibliotheksnummer und dürfte aufgrund des Schriftcharakters, der in die erste Hälfte des 9. Jahrhunderts weist, ebendort 835 abgeschrieben worden sein. Er

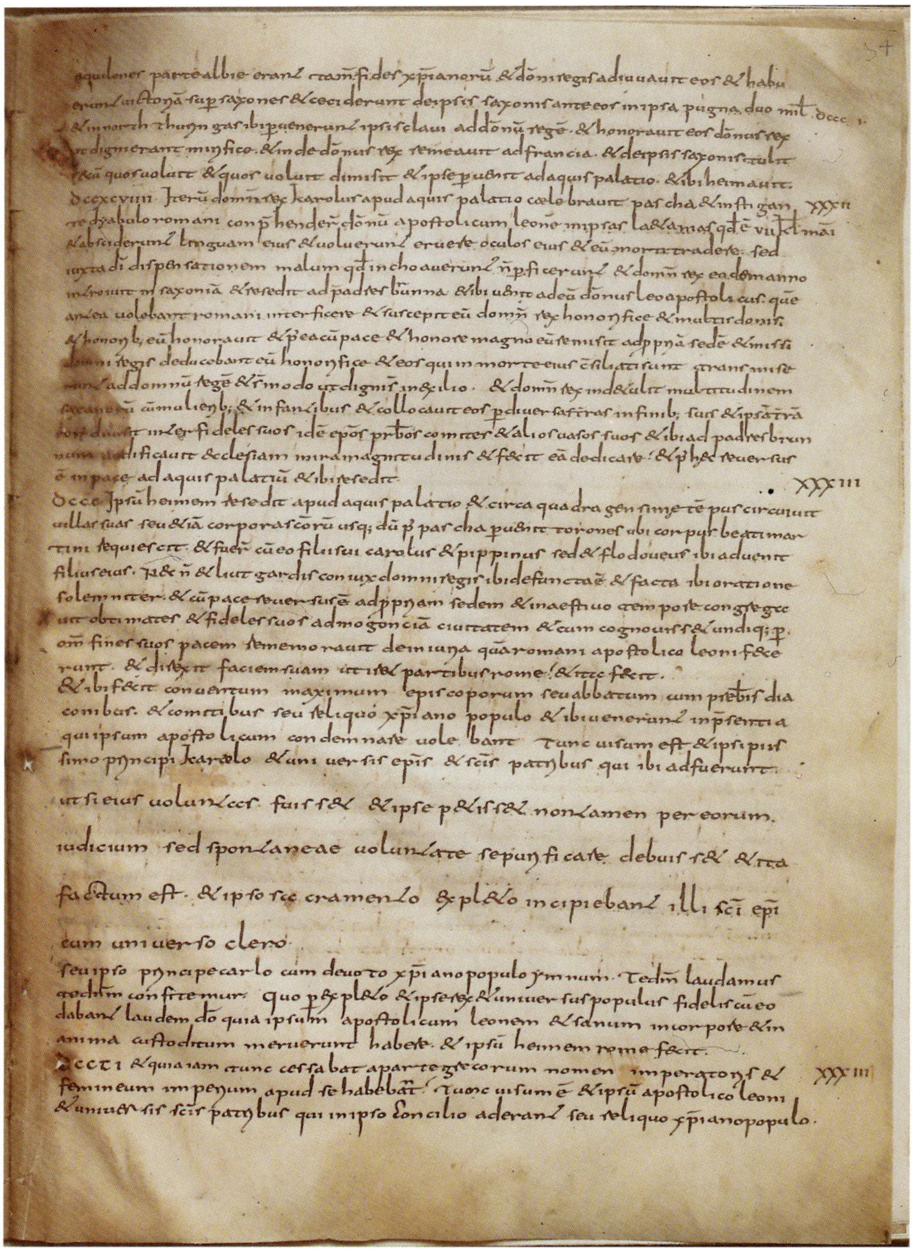

II.3 fol. 4r

enthält eingangs ein kurzes Proömium mit der allgemeinen Zeitrechnung nach Orosius und nach den Annalen ein bis 835 reichendes Kalendarium, das sowohl nach Adam als auch nach der Geburt Christi zählt. Auf fol. 8v folgen einige Paulinische Bibelstellen. Die Handschrift bietet als einzige den ganzen Text der Lorscher Annalen. Die von Abt Gerbert erworbene Handschriftenlage war ursprünglich vielleicht Teil einer größeren Handschrift und ist durch den Text, in dem eine größere Rasur besonders auffällt, bedeutungsvoll (schriftlicher Hinweis von R. Freisitzer, St. Paul).

Annales Laureshamenses. – Annalium Laureshamensium 1889. – Wattenbach/ Levison/Löwe 1953, 187–188. – Codex Vindobonensis 515 (Faks.) 1967, 18–21. – Fichtenau 1971. – Classen 1988.

S.KÄ.

II.4 Sammelband mit den Annales Fuldenses antiquissimi

Fulda, Ende 8. Jahrhundert
Pergament. – Ledereinband über Holz. – H. 18 cm, B. 21,5 cm (Annalen); 128 Blätter.
München, Bayerische Staatsbibliothek, Clm 14641, fol. 32r – 47v

Der Sammelband enthält drei verschiedene Texte, die zwischen dem ausgehenden 8. und der zweiten Hälfte des 9. Jahrhunderts in Fulda bzw. einem fränkischen Skriptorium geschrieben und später zusammengefügt wurden. Zeitweilig gehörte der Codex zur Bibliothek des Klosters St. Emmeram in Regensburg. Im einzelnen sind enthalten fol. 1r – 31v: Hieronymus ad Occeanum (aus Fulda), fol. 32r – 47v: Ostertafeln mit Fuldaer Annalen (aus Fulda), fol. 48r – 128r: Ambrosius, De officiis (aus Frankreich). Der erste Teil der Annalen beschreibt die Jahre von 742 bis 776; er wurde zwischen 776 und 779 aufgezeichnet. Der zweite Teil, den acht verschiedene Schreiber verfaßt haben, bringt Nachrichten zu den Jahren 779 bis 822. Wurden sie bis 790 einzeln und unmittelbar nach den Ereignissen notiert, so wurden die Eintragungen später nur noch en bloc und oft erst nach mehreren Jahren gemacht. Ab 814 tritt der Bericht reichspolitischer Ereignisse zugunsten von Fuldaer Klosternachrichten in den Hintergrund.

Lehmann 1925. – Bischoff 1974, 252. – Freise 1979 (m. Edition, 23–24, 37–40). – Spilling 1996, 257, 268.

H.-W.S./S.KÄ.

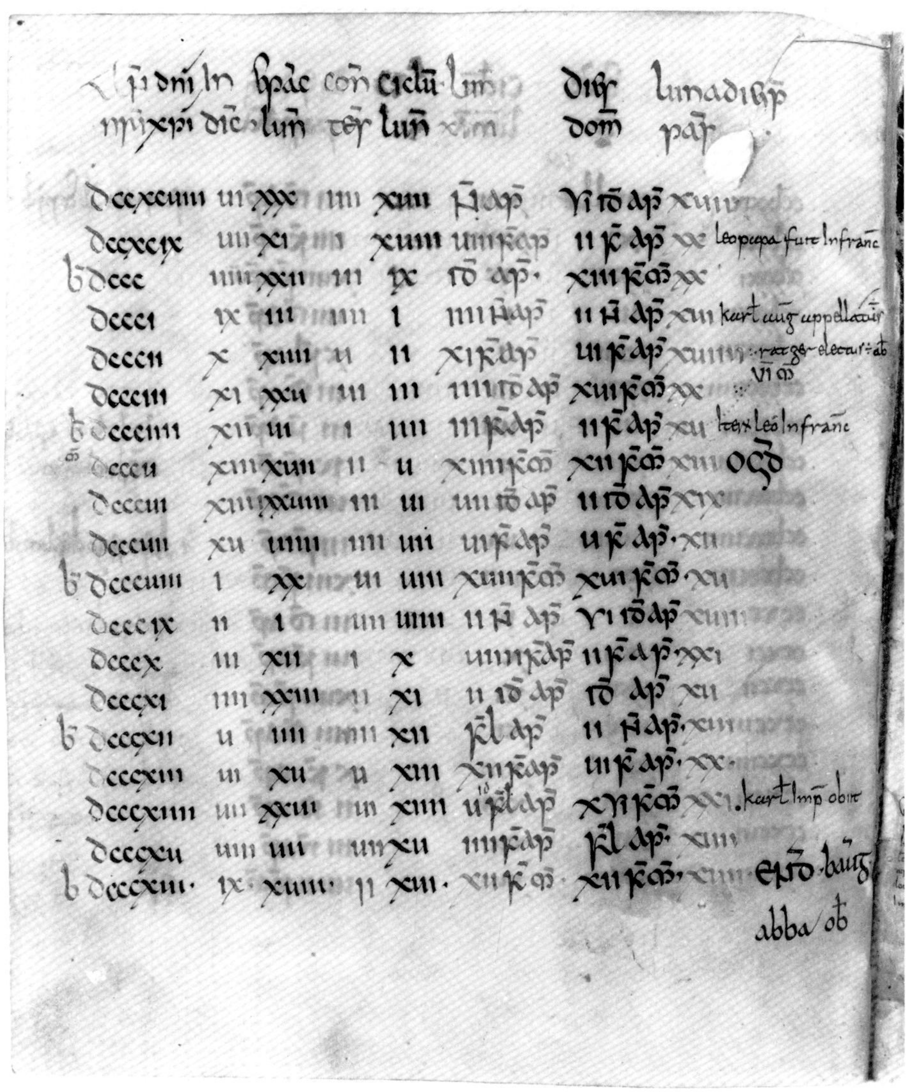

II.4 fol. 39v

II.5 fol. 14v – 15r

II.5 Alkuin-Brief

Arras, Saint-Vaast, 3. Viertel 9. Jahrhundert (?)
Pergament. – MGH Epist. 3, Nr. 174. – 23,7 cm x 15,2 cm; 80 Blätter.
London, British Library, Ms. Royal 8 E. XV, fol. 14v – 15r

Schreibergehilfen Alkuins stellten während der letzten Monate des Jahres 799 im Kloster St. Martin in Tours (Westfrankreich) eine Sammlung der Briefe Alkuins zusammen. Sie verfügten vermutlich über Kopien der Endfassung der meisten von Alkuin verfaßten Briefe, einige der Briefe nahmen sie aber auch in gekürzter Form in die Sammlung auf. Aus dem 9. Jahrhundert sind zwei vollständige Abschriften dieser Briefsammlung erhalten; die Existenz zweier weiterer Kopien ist indirekt nachweisbar. Hier ausgestellt ist die jüngere der aus dem 9. Jahrhundert erhaltenen Abschriften; sie entstand vermutlich im 3. Jahrhundertviertel in Nordostfrankreich, sehr wahrscheinlich in Saint-Vaast (Arras). Als Besonderheit enthält diese Abschrift einen Index zum leichteren Auffinden bestimmter Briefstellen. Eine revidierte Chronologie der in die Jahre 799 und 800 datierten Briefe läßt darauf schließen, daß Alkuin sich während der Monate Mai und Juni 799 vier oder fünf Wochen in der Aachener Pfalz aufgehalten hat. Es ist sehr wahrscheinlich, daß der Glaubensdisput über den Adoptianismus mit Bischof Felix von Urgel – ein „Streitgespräch in Anwesenheit des Königs und im Beisein von Bischöfen und anderen Geistlichen“ (*magna contentio in praesentia domni regis et sanctorum patrum*) – während dieses Aufenthalts in Aachen stattfand. Zwischen Mitte und Ende Juni trat Alkuin die Rückreise nach St. Martin an, während der König mit zahlreichen Gefolgsleuten des Hofes nach Sachsen zog, um dort einem erneuten Aufstand entgegenzutreten. Sehr bald nach seiner Abreise wurde Alkuin – vermutlich während seines Aufenthalts auf den Gütern seines Klosters nahe Saint Amand – von einem Königsboten eingeholt, der die Nachricht, daß Papst Leo III. von seinen römischen Feinden gewaltsam bedrängt worden sei, bestätigte. Über die Absetzung des Kaisers Konstantin VI. durch seine Mutter Eirene im Jahre 797 war Alkuin offenbar seit längerer Zeit unterrichtet. Der vorliegende Brief Nr. 174 an den König entstand unter dem Eindruck des Zusammentreffens dieser Ereignisse. Alkuin schreibt, er zöge es vor, den Inhalt des Briefes dem König in einem persönlichen Gespräch mitzuteilen. Eine Besonderheit dieses Schreibens ist die Sprache, für die es in der übrigen Korrespondenz Alkuins kaum Parallelen gibt. Kernstück des Briefes ist Alkuins knappe Darlegung über die drei Personen, die in der Welt die höchsten Ämter bekleiden: der Papst auf dem Sitz des heiligen Petrus in Rom, der Kaiser in Konstantinopel und die königliche Würde Karls, den Alkuin einige Zeilen zuvor (ebenso wie in anderen Briefen und Gedichten) „David" nennt. Den Rang der drei Personen vergleichend, kommt Alkuin zu dem Schluß, daß göttliches Walten dem König größere Macht verliehen habe als den beiden anderen Würdenträgern; ihm, dem Lenker (*rector*) des christlichen Volkes, komme deshalb auch die Aufgabe zu, die Ordnung der „Kirchen Christi" wiederherzustellen. Spätere Briefe legen nahe, daß dies nicht als Urteil über die Person des Papstes verstanden werden sollte. Wegen der Dringlichkeit der Sache – der Ordnung der „Kirchen Christi" – drängt Alkuin den König, die Sachsen rasch zu befrieden. Diesem Ziel wäre gedient, wenn der König darauf verzichtete, die Sachsen mit dem Zehnten zu belasten und sie zum Christentum zu zwingen.

MGH Epist. 3, hrsg. v. E. Dümmler, Hannover 1895, 288 f. – Sickel 1875. – Warner/Gilson 1921, 256. – Folz 1964, 149–153. – Anton 1968, 119–121. – Deug-Su 1984, 110 ff. – Ratkowitsch 1997. – Bullough (im Druck), bes. Kap. 6.

D.A.B.

II.6 Alkuin-Brief

Westfrankreich (unteres Loiregebiet), 9. Jahrhundert
Pergament. – MGH Epist. 3, Nr. 178. – 24,6–24,9 cm x 16,0 cm; 176 Blätter.
Paris, Bibliothèque Nationale de France, Cod. 5577, fol. 117v – 118r

In den Jahren 801/802 entstand in Tours eine zweite, erweiterte Sammlung der Alkuin-Briefe. In diese wurden nun auch die in der ersten Sammlung gekürzten Briefe in voller Länge aufgenommen. In kontinentalen und englischen Handschriften des 9. und 10. Jahrhunderts sind sowohl vollständige als auch heute unvollständige Abschriften dieser zweiten Briefsammlung überliefert. Ungewöhnlich ist, daß einige Briefe aus einer nicht erhaltenen Abschrift des 9. Jahrhunderts (?) aus der Gegend von Tours kopiert und mit anderen Alkuin-Briefen, darunter Alkuins Angriff auf die spanische adoptianistische Häresie und Taufe, sowie Schriften anderer Verfasser über verschiedene Themen vermischt wurden. Die hier ausgestellte Abschrift ist eine von ingesamt zwei erhaltenen Abschriften, die – wahrscheinlich im 11. Jahrhundert – im Gebiet der unteren Loire angefertigt wurden.

Von der Ankunft des Papstes in Paderborn hatte Alkuin im Juli 799 durch ein königliches Schreiben erfahren, das ihn während eines Besuches im Nonnen- oder „Doppelkloster" in Chelles (bei Paris) erreichte, einem Kloster, dem die Schwester des Königs, Gisela, als Äbtissin vorstand. Einen weiteren königlichen Brief (über den wir nur durch die überlieferte Antwort unterrichtet sind) erhielt Alkuin Ende August in Tours. Der Brief enthielt die Nachricht über den Sieg des königlichen Heeres gegen die aufständischen Elbsachsen und (nicht ohne Skepsis?) die Botschaft von der „wunderbaren Heilung" des Papstes Leo. In seiner Antwort, dem vorliegenden Brief Nr. 178, begrüßt Alkuin den militärischen Erfolg mit ähnlichem Nachdruck wie drei Jahre zuvor (in mehreren Briefen) den Sieg über die Awaren, denn er eröffne die Möglichkeit, den Unterworfenen das Wort Gottes nahezubringen. In Worten, die an Passagen aus Augustinus' „Gottesstaat" (insbesondere aus dem 5. Buch) erinnern, schreibt Alkuin, die Gnade Gottes habe dem König wohltätige irdische Macht (*imperium*) und eine überragende Weisheit des Geistes verliehen. Solch ein Herrscher sollte sich gegenüber den Neubekehrten großzügig und barmherzig zeigen. Mit den Attentätern des Papstes sollte König Karl jedoch streng und ohne Rücksicht verfahren – gerade jetzt, da Gott seine Milde durch die Heilung des

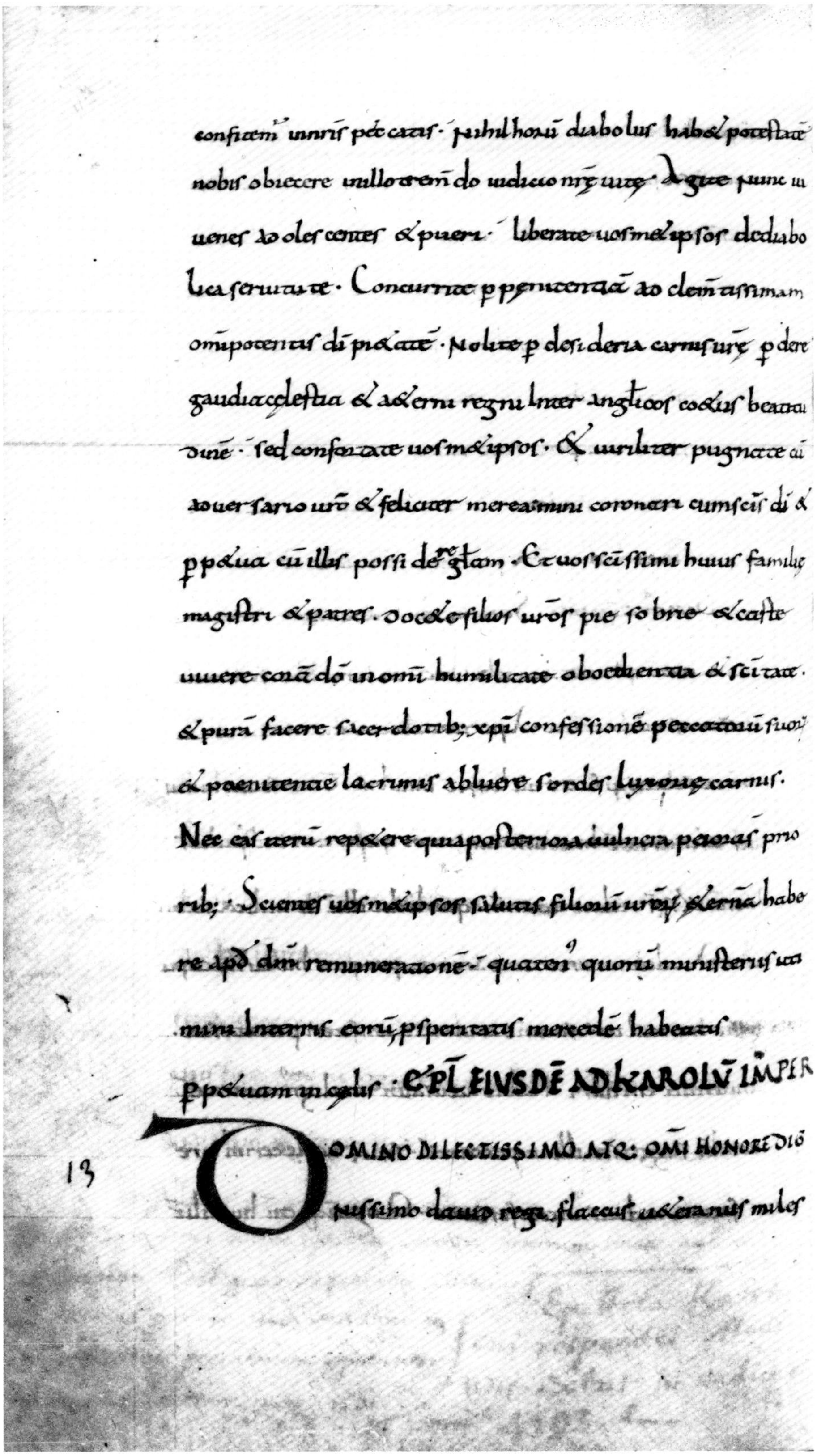
confitem̄ uniuis pec catis · p nihil homī diabolus habet potestat̄
nobis obiecere in illo tremī do iudicio nrę uitę · Agite nunc iu
uenes adolescentes & pueri · liberate uosmetipsos de diabo
lica seruitute · Concurrite p penitentiā ad clemētissimam
omnipotentis dī pietatē · Nolite p desideria carnis urę pdere
gaudia caelestia & aeterni regni inter angelos coetus beatitu
dinē · sed confortate uosmetipsos · & uiriliter pugnate ad
uersario urō & feliciter mereamini coronari cum scīs dī &
ppetua cū illis possidere glam · Et uos scīssimi huius familię
magistri & patres · docete filios uros pie sobrie & caste
uiuere corā dō in omnī humilitate oboedientia & scītate ·
& purā facere sacerdotib; xpī confessionē peccatorū suorū
& poenitentiae lacrimis abluere sordes luxuriae carnis ·
Nec eas iterū repetere quia posteriora uulnera peiora sunt prio
rib; · Scientes uosmetipsos salutis filiorū urorū aeternā habe
re apd dnm remunerationē · quatenus quorū ministerii estis
mini interris eorū psperitatis mercedē habeatis
ppetuam in caelis · EPL EIUSDĒ AD KAROLŪ IMPER
13 DOMINO DILECTISSIMO ATQ; OMI HONORE DIG
NISSIMO dauid regi flaccus uetranus miles

II.6 fol. 117v

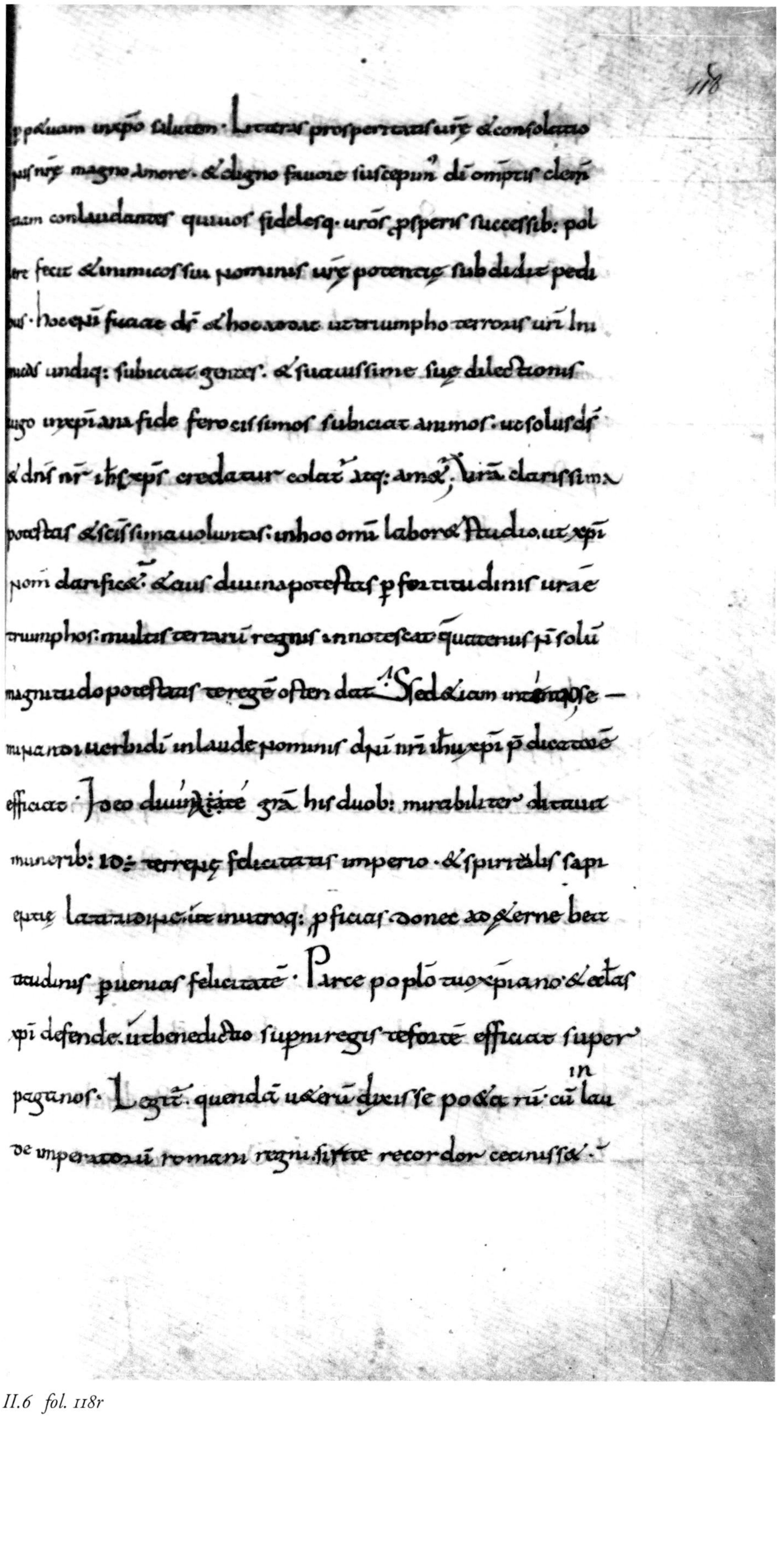

II.6 fol. 118r

Papstes öffentlich bewiesen habe. Alkuin äußert die Annahme, daß der König sich bald nach Rom begeben werde, um die Festnahme und Verurteilung der Attentäter zu veranlassen. Zugleich entschuldigt sich Alkuin dafür – mit weit ausholenden Erklärungen und, wie er hofft, einsichtigen Begründungen –, daß er sich dem Begleitzug des Königs nach Rom nicht anschließen werde; er werde den König jedoch mit seinen Gebeten begleiten.

MGH Epist. 3, hrsg. v. E. Dümmler, Hannover 1895, 294–296. – Folz 1964, 151. – Heil 1970, 42. – Bouhot 1983, 157–159. – Classen 1985, 47 f. – Mordek 1995, 557–559. – Bullough (im Druck), bes. Kap. 6.

D.A.B.

II.7 Alkuin-Brief

Salzburg, Mitte 9. Jahrhundert (854/859?)
Pergament. – MGH Epist. 3, Nr. 179. – 17,3 cm x 11,5 cm; 184 Blätter.
München, Bayerische Staatsbibliothek, Clm 14743, fol. 61v – 62r

In der Zeit zwischen seinen beiden Briefen vom Juli (?) und August 799 an den König empfing Alkuin einen oder mehrere Briefe des Erzbischofs Arn von Salzburg, der sich offenbar auf Informationen aus erster Hand berufen konnte. Darin lieferte Arn, wie wir aus Alkuins Antwort erfahren, eine eigene Version (oder Interpretation) dessen, was dem Papst widerfahren sei. Seinen Antwortbrief verfaßte Alkuin im Laufe des Monats August, während seiner Rückreise oder nach seiner Ankunft in Tours. Die Niederschrift erfolgte vielleicht in zwei Phasen. Beim nachfolgenden Kopieren des Briefes wurden möglicherweise (wenn auch nicht notwendigerweise) ein oder zwei Sätze ausgelassen. Einige Autoren sind der Ansicht, daß es ursprünglich zwei verschiedene Briefe gab, die später zu einem einzigen zusammengesetzt wurden, nämlich zu jenem Brief Nr. 179, der in den erhaltenen Handschriften überliefert ist.

Im zweiten Teil des überlieferten Brieftextes bekennt Alkuin, daß der mögliche Skandal um den Papst ihn so beunruhigt habe, daß er den Inhalt des von Arn erhaltenen Schreibens (des ersten von zweien?) nur seinem vertrauenswürdigen Schüler Candidus anvertraut und den Brief danach verbrannt habe! Im Anschluß an diese Textstelle ist jedoch nicht mehr vom Papst die Rede; statt dessen ermutigt Alkuin den Erzbischof, die Awarenbekehrung zügig fortzusetzen und in seiner erzbischöflichen

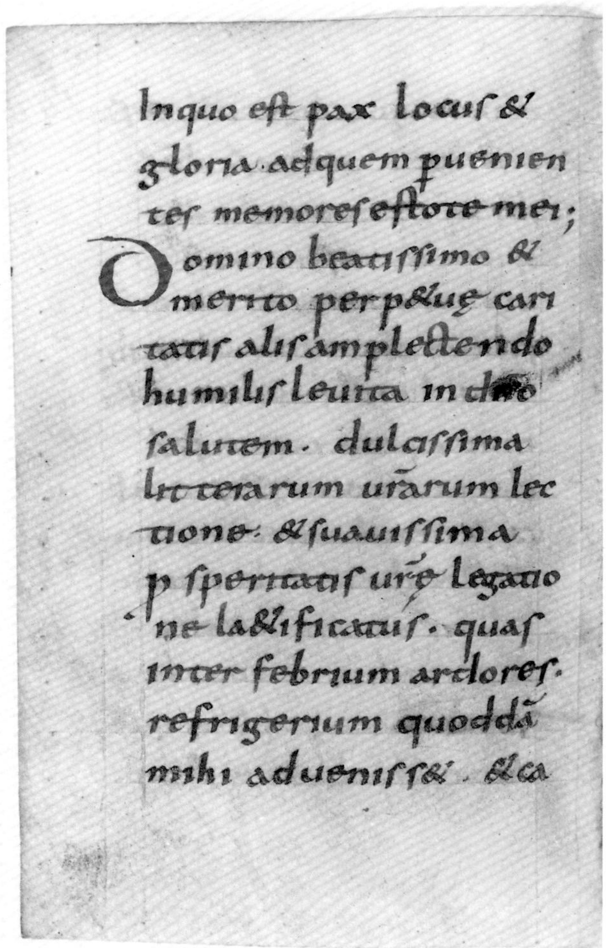

II.7 fol. 61v

Kirche und Diözese die höchsten Anforderungen beizubehalten.

Im ersten Teil des zusammengesetzten Briefes klagt Alkuin: Er habe sehr unter der Hitze gelitten; es hätte ihn herzlich gefreut, Papst Leo zu treffen, sofern nur seine Gesundheit dies zugelassen hätte; das Schlimmste aber sei, daß der König ihn in der Frage, wie mit dem Papst umzugehen sei, nicht um Rat gefragt habe. Alkuin erklärt, man solle der Versuchung widerstehen, Leo zu Schuldgeständnissen zu zwingen; das kanonische Recht (eine vorgeblich im 4., tatsächlich jedoch erst im frühen 6. Jahrhundert zusammengestellte Textsammlung) gebiete es, den Papst vor jedem Urteil von außen zu schützen. Alkuin äußert die Hoffnung, daß auch Arn sich diesen Grundsatz zu eigen machen und für guten Rat stets offenbleiben werde.

Der Brieftext ist in einer umfangreichen Sammlung von Alkuin-Briefen enthalten, die 802/803 in Salzburg entstand (jetzt Wien 808 pt.ii), ebenso in einer kleineren Sammlung, die etwa eine Generation später, vermutlich in der Salzburger Region, angefertigt wurde. Die leicht gekürzte oder „Formel"-Version der vorliegenden Handschrift, die in den 850er Jahren (wahrscheinlich 854/859) in Salzburg entstand, ist vom Brieftext der erstgenannten Salzburger Sammlung abgeleitet.

MGH Epist. 3, hrsg. v. E. Dümmler, Hannover 1895, 296 f. (zu Brief Nr. 179), 309 f. (zu Brief Nr. 184). – Caspar 1935, 223 ff. – Folz 1964, 152. – Heil 1970, 37–44, 71. – Bischoff 1980, 160 f. (zu Brief Nr. 176). – Classen 1985, 48 f. – Bullough (im Druck), bes. Kap. 6.

D.A.B.

II.8 Kopf eines Apostels aus dem Lateranstriklinium Leos III.

Rom, um 799/800
Mosaikfragment eines bärtigen Kopfes im Dreiviertelprofil mit gelbem Nimbus. – Glasflüsse in unregelmäßigem Format. – Linkes Auge mit Ohr und oberer Wange 1625 ergänzt, ebenso ein Streifen am Kinn. – H. 29 cm, B. 28 cm.
Vatikanstadt, Biblioteca Apostolica Vaticana, Museo Sacro

II.8

Das Kopffragment gehörte zusammen mit einem weiteren Fragment (Kat.Nr. II.9) wahrscheinlich zu dem berühmten Trikliniumsmosaik, das Papst Leo III. um 799/800 für die Hauptapsis der Thronaula im Lateran ausführen ließ. Es ist heute nur in einer Kopie überliefert, die Papst Benedikt XIV. 1743 nach der gescheiterten Versetzung des Originalmosaiks an der Seite der Sancta Sanctorum-Kapelle erstellen ließ. Sein komplexes Bildprogramm, das die politische Situation des Papsttums und verschiedene Zeremonien der Palastaula reflektierte, zeigte in der Apsis die Darstellung des Missionsbefehls mit Christus und elf Aposteln (Mt 28,19) sowie im rechten Zwickel der Stirnseite die Investitur von Papst Leo III. und Karl dem Großen durch Petrus. Die schon im 16. Jahrhundert verlorene linke Seite wurde 1625 im Auftrag Francesco Barberinis durch eine entsprechende Investiturszene mit Christus, Petrus (oder Sylvester) und Konstantin symmetrisch ergänzt. Der im Dreiviertelprofil abgebildete Kopf mit dunklem Spitzbart entspricht unter den physiognomisch variierten Apostelgesichtern auf Ciampinis Stich von 1699 und in der heutigen Kopie vermutlich dem zweiten Apostel von links.

Die 1625 von Alemanni noch intakt wiedergegebene linke Apostelgruppe wurde bei der Restaurierung des Mosaiks durch Calandra unter Verwendung älterer Mosaiksteine ausgebessert. Auf diese Restaurierung gehen Teile der linken Gesichtshälfte (Auge, obere Wange und Ohr sowie ein Streifen am Kinn) zurück. Die übrigen Partien sind original erhalten. Sie stellen das früheste Beispiel für den neuen Stil der unter Papst Leo III. arbeitenden Mosaikwerkstätten dar, für den unmittelbare Vorstufen in der stadtrömischen Tradition des 8. Jahrhunderts bisher fehlen und der schließlich in den großen Mosaikprogrammen Papst Paschalis' I. seinen Höhepunkt erreichte. Wie bei den Mosaiken Papst Johannes' VII. (705–707) ist das Gesicht im Umriß, an Lidern, Brauen und Mund durch dunkelblaue Steine konturiert und durch Rottöne an Lippen und Wangen belebt. An die Stelle des hellen, fein modellierten Inkarnates aus kleinen Marmorsteinchen tritt jedoch eine bunte, unruhige Binnenzeichnung aus größeren Glasflüssen in wenigen Grundfarben, die in parallelen roten, weißen und dunkelblauen Reihen ein Liniensystem ausbilden. Der Ausdruck des Gesichtes wirkt düster und angespannt, dürfte aber durch die kontrastreiche Zusammensetzung wie auch die Mosaiken Paschalis' I. eine größere Fernwirkung erreicht haben. Mit der Rückkehr zu Glaswürfeln versucht der karolingische Mosaizist, die Leuchtkraft der spätantiken Vorbilder wiederzugewinnen.

Beide Kopffragmente wurden vermutlich zusammen mit anderen Köpfen vor dem Abbruch der Apsis unter Papst Clemens XII. durch den Leiter der vatikanischen Mosaikwerkstätten Christofari herausgelöst, im Lateranskreuzgang gelagert und gelangten vor 1744 auf unbekannten Wegen in die Hände verschiedener Sammler. Seroux d'Agincourt skizzierte sie im späten 18. Jahrhundert in der Sammlung Agostino Mariottis, der sich seit 1759 eine Kollektion christlicher Altertümer aufgebaut hatte (Cod. Vat. Lat. 9841, fol. 42r). Die Sammlung Mariotti wurde 1819 von Pius VII. für die Vatikanischen Museen erworben.

Davis-Weyer 1966. – Davis-Weyer 1974. – Iacobini 1989. – Herklotz 1995.

M.Lu.

II.9 Kopf eines Apostels aus dem Lateranstriklinium Leos III.

Rom, um 799/800 (1625 erneuert)
Mosaikfragment eines bärtigen Kopfes im Dreiviertelprofil mit gelbem Nimbus. – 1625 bis auf max. 15–18 karolingische Glasflüsse vollständig erneuert. – H. 50 cm, B. 40 cm.
Vatikanstadt, Biblioteca Apostolica Vaticana, Museo Sacro

Auch das zweite Mosaikfragment stammt laut Überlieferung des 18. Jahrhunderts aus dem Trikliniumsmosaik, obwohl es stilistisch von dem ersten abweicht. Nach der Untersuchung von Mosaiksteinen und Stuckfassung durch Davis-Weyer dürfte es auf die Restaurierung Calandras von 1625 zurückgehen und gehört vermutlich zu dem ersten Apostel der rechten Gruppe, der in Alemannis Ansicht von 1625 ohne Kopf wiedergegeben ist. Calandra hat, wie viele Mosaizisten seiner Zeit, für das helle Inkarnat nur Marmorwürfel verwendet, während die Bartpartie unregelmäßige Flecken aus verschiedenen, im Nachbarfragment fehlenden Brauntönen aufweist, die vor dem Versetzen nicht wie bei den karolingischen Mosaiken zur Homogenisierung durchgemischt wurden. Die Konturen von Umriß, Brauen, Nase und Mund sind den mittelalterlichen nachempfunden, bleiben jedoch dünn und brüchig. Der Mosaizist des 17. Jahrhunderts, der mit großer Sensibilität auch das Nilmosaik in Palestrina und Giottos Navicella für die Barberini restaurierte, hat die noch erhaltenen Gesichter der Apsis zum Vorbild genommen, ohne jedoch deren graphische Setztechnik und

II.9

ihre strenge, mimisch sparsame Linienführung zu begreifen. Sein Apostel wirkt nur freundlich erstaunt, der „karolingische Kopf" hört dagegen aufmerksam dem Missionsbefehl Christi zu.

Davis-Weyer 1966. – Davis-Weyer 1974. – Iacobini 1989. – Herklotz 1995.

M.Lu.

II.10 Alfonso Ciacconio, Kopie der rechten Stirnseite des Trikliniumsmosaiks im Lateran

Rom, nach 1595
Kolorierte Federzeichnung auf Papier. – Beischriften von der Hand Ciacconios. – Teil einer Sammelhandschrift mit Aquarellen nach römischen Malereien und Mosaiken, die zusammengebunden und neu paginiert wurden. – H. 29,5 cm, B. 21,3 cm.
Rom, Biblioteca Apostolica Vaticana, Vat. Lat. 5407, pag. 186

Die für den spanischen Kirchenhistoriker Alfonso Ciacconio (1530–1599) angefertigte oder vielleicht auch von ihm selbst ausgeführte Federzeichnung nach der „Karl-

II.10 fol. 186r

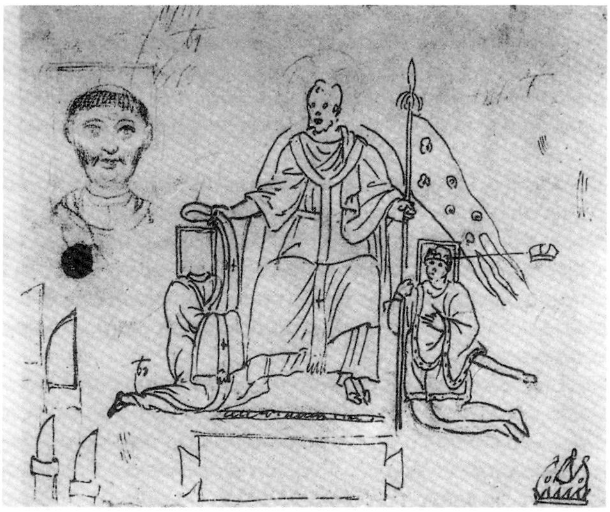
zu II.10 fol. 104r

seite" des fragmentierten Trikliniumsmosaiks Leos III. stellt bereits ein spätes Glied der langen Überlieferungskette von Zeichnungen nach diesem Werk dar. Seit der Mitte des 16. Jahrhunderts beschäftigten sich römische Kirchenhistoriker wie Onofrio Panvinio mit dem historisch bedeutenden Mosaik, das Panvinio für eine vor 1565 ausgeführte Holzschnittserie seiner geplanten Kirchengeschichte zeichnen ließ (Bibl. Vat., Barb. Lat. 2738, fol. 104r). Anders als Panvinios wohl vor dem Original entstandene Zeichnung, die von allen überlieferten Nachzeichnungen der heutigen Mosaikkopie am nächsten kommt (Abb.), kopierte Ciacconio eine ältere, vor 1595 entstandene Vorlage aus eigenem Besitz (Rom, Biblioteca Angelica, Ms. 1564, fol. 47r), die schon zahlreiche Fehler und nachträgliche Korrekturen enthielt: Der Figurenaufbau erscheint gelockert, Papst und König sind zu groß geraten und knien nicht mehr am Fußschemel des Papstes, sondern 'schwimmen' in unterschiedlicher Höhe neben der Inschriftentafel. Das strenge, mittelalterliche Lineament der Zeichnung Panvinios weicht einer freieren Modellierung der Figuren und Gewänder. Die ihm widersprüchlich erscheinende Inschrift dieser Vorlage (CARVLO REX) hat Ciacconio zu (CARVLVS REX) korrigiert.

Auch in seiner ersten Fassung scheint Ciacconio direkt oder über Zwischenstufen auf eine ältere, bereits fehlerhafte Zeichnung zurückgegriffen zu haben, die in den Kreisen der römischen Antiquare des 16. Jahrhunderts herumgereicht wurde und mit denselben Fehlern als Kopie nach Deutschland und Frankreich gelangte. Eine unmittelbar auf Ciacconios Blatt zurückgehende Kopie befindet sich im Nachlaß des römischen Archäologen Cassiano dal Pozzo (Windsor, Coll. Dal Pozzo, Mosaici antichi II, fol. 62r). Die Verbreitung dieser Zeichnung hatte sich schon frühzeitig als eigener Überlieferungsstrang herausgebildet. Nur jene Forscher, die sich mit dem ganzen Mosaik beschäftigten, wie Giacomo Grimaldi, Nicolai Alemanni 1625 oder Ciampini 1699 (Kat.Nr. IX.22), scheinen das Original aufgesucht zu haben. Den meisten Antiquaren, die das Blatt für Stichvorlagen historischer Werke verwendeten, lag weniger an der genauen Dokumentation des Monumentes als an der historisch suggestiven Bildformel und dem authentischen Porträt (*vera effigies*) der geschichtlichen Persönlichkeit. Auch Ciacconios Zeichnung diente diesem Zweck. Unten auf dem Blatt sind aus Panvinios Beschreibung der römischen Hauptkirchen (1570) die fehlenden Partien der Tafelinschrift nachgetragen. Der obere Begleittext mit Ciacconios (falscher) Identifizierung der Bannerrosen als Familienwappen Leos III. kehrt leicht verändert in der postum erschienenen Papstgeschichte von 1601 wieder.

Müntz 1884. – Ladner 1935, 267 ff. – Waetzoldt 1964, 40. – Davis-Weyer 1965. – Iacobini 1989. – Herklotz 1995

M.Lu.

II.11 Theophanes, Chronographie

Konstantinopel (?), Ende 9. Jahrhundert
Pergament. – 30,5 x 22 cm; 315 Blätter.
Oxford, Christ Church College, Sammlung Wake Ms. 5

Nur eine einzige byzantinische Quelle berichtet über die Reise Papst Leos III. nach Paderborn: Sie ist das Annalenwerk des Theophanes (unter dem falschen Jahr 797), ohne freilich Paderborn namentlich zu erwähnen: „Im selben Jahr wiegelten Leute in Rom, nämlich die Verwandten des seligen Papstes Hadrian, das Volk auf und machten einen Aufstand gegen den Papst Leo, ergriffen ihn und blendeten ihn. Sie konnten aber sein Augenlicht nicht völlig zum Erlöschen bringen, da jene, die ihn blenden sollten, sich menschlich verhielten und ihn schonten. Er floh nun zu Karl, dem König der Franken, und dieser übte harte Vergeltung an dessen Feinden und setzte ihn wieder auf seinem Thron ein, so daß Rom von diesem Zeitpunkt an unter der Macht der Franken steht."

Theophanes (ca. 760–817/818) entstammte einer angesehenen Familie Konstantinopels und wurde 815 von Kaiser Leo wegen seiner bilderfreundlichen Einstellung

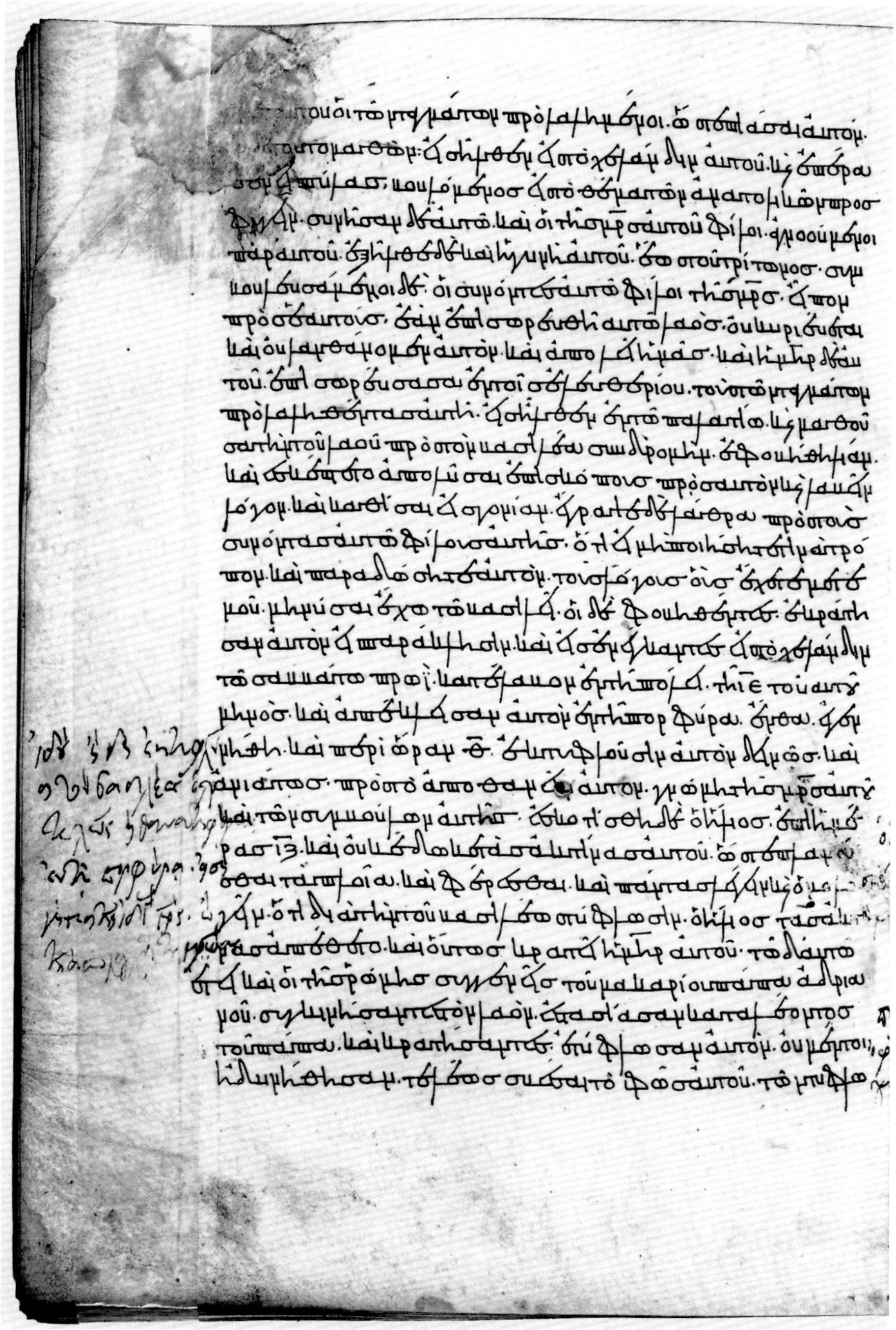

II.11 fol. 298v

auf die Insel Samothrake verbannt, weshalb er den Beinamen „Der Bekenner“ erhielt. Die heutige Forschung nimmt mit guten Gründen an, daß er sein streng annalistisch angelegtes Werk, das den Zeitraum von 215 bis 813 behandelt, nicht eigenständig verfaßt hatte, sondern nur das von seinem Vorgänger Georgios Synkellos zusammengestellte Material redaktionell bearbeitete.

Die Chronik ist in der für Byzanz recht hohen Anzahl von 14 vollständigen Handschriften überliefert. Zwei davon, Vaticanus graecus 155 und die hier gezeigte Handschrift, sind von ihrer Schrift her noch in das Ende des 9. Jahrhunderts zu datieren und stammen somit noch aus dem Jahrhundert, in welchem Theophanes lebte. Beide Handschriften sind ein und demselben Schreiber zuzuweisen (der wohl auch eine frühe Demosthenes-Handschrift, den Par. gr. 2934, kopierte). Die Oxforder Handschrift, die einst William Wake (1657–1737), dem Canonicus von Christ Church und späteren Erzbischof von

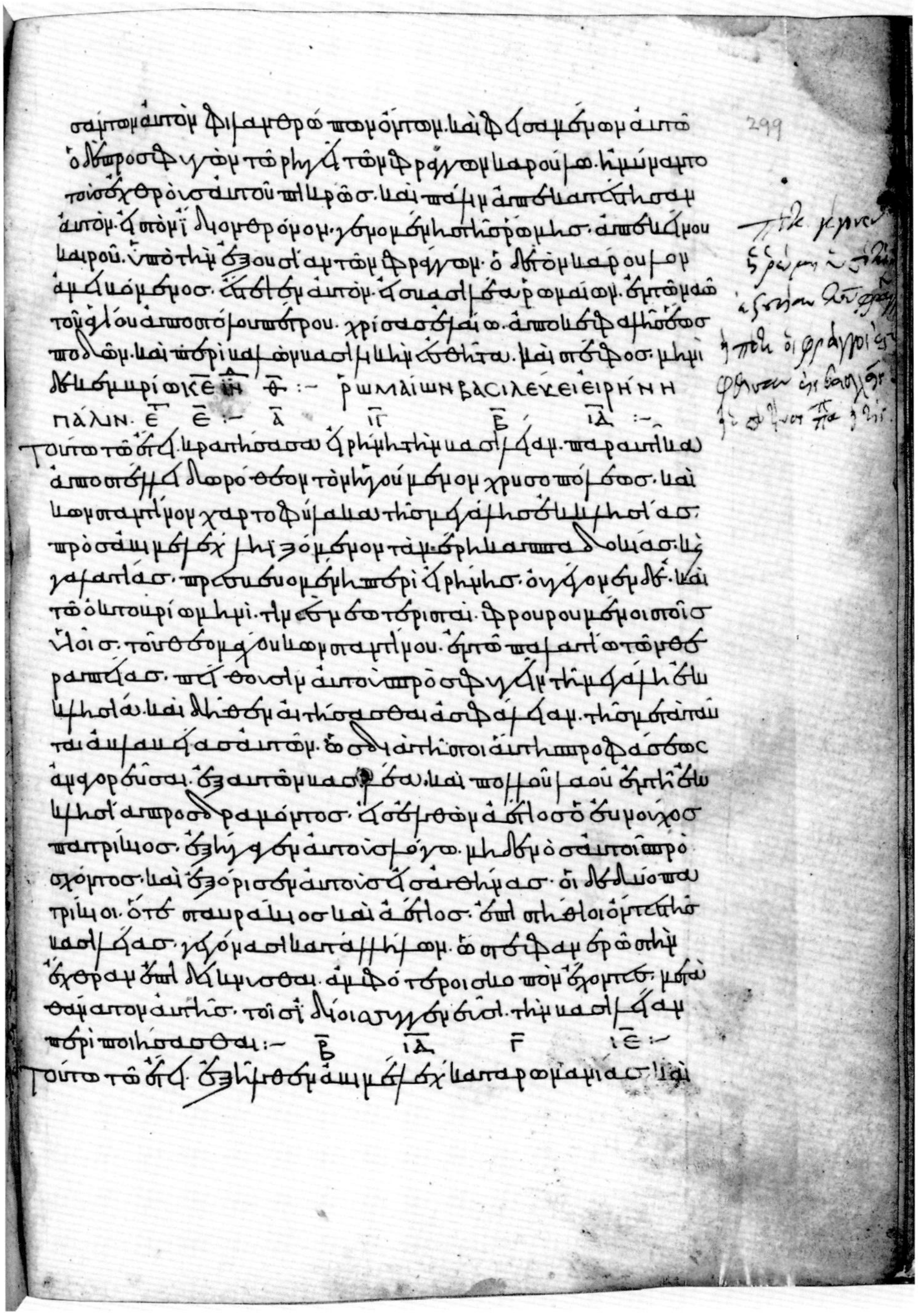

II.11 fol. 299r

Canterbury, gehörte, ist in der maßgeblichen Ausgabe des griechischen Textes von Carl de Boor (Leipzig 1883) noch nicht berücksichtigt.

Die aufgeschlagene Seite zeigt den anfangs übersetzten Text (fol. 298v: 5. Zeile von unten bis fol. 299r, 9. Zeile von oben). Die Randnotiz auf dieser Seite – deren sich viele in der Handschrift finden – stammt von einem gewissen Kallinikos, der sich auf fol. 316v selbst nennt und dem 16./17. Jahrhundert zuzuweisen ist. Die Notiz paraphrasiert, grammatikalisch nicht immer exakt, den Inhalt der übersetzten Zeilen („Wann Rom in die Macht der Franken kam und wie die Franken in den Besitz der Kaiserherrschaft kamen. Und von welchem Papst und wer es gewesen ist").

Theophanes 1883. – Breyer 1964. – Wilson 1972, 357–360. – Wilson 1973, 15 u. Taf. 17. – Mosshamer 1984. – Rochow 1990. – Rochow 1991. – Mango/Scott 1997.

P.S.

II.12

Die Kaiserkrönung im Jahre 800

II.12 Faltstuhl (*sella plicatilis*)

9.–10. Jahrhundert
Eisen, Silber, Kupfer, tauschiert u. teilvergoldet. – H. 58 cm, B. 55 cm, T. 48,5 cm.
Pavia, Musei Civici, Inv.Nr. Or 41 (Deposito dello Stato)

Der Faltstuhl wurde im Jahre 1949 während der Bauarbeiten der neuen überdachten Brücke (Ponte Coperto) im Flußbett des Ticino entdeckt und 1950 in das Museum verbracht. Zusammen mit dem Faltstuhl wurde eine große Menge weiterer Metallfragmente aufgefunden, die zu Objekten unterschiedlicher Funktion und Zeitstellung gehören.

Bei der Auffindung war der Faltstuhl geschlossen, wobei die einzelnen konstruktiven Elemente durch den Oxydierungsprozeß zusammengeschmolzen waren. Ein erster Restaurierungseingriff wurde durch das Archäologische Landesdenkmalamt der Lombardei durchgeführt, bei dem die Beweglichkeit der einzelnen Elemente wiedergewonnen und die Verzierungen in Tauschiertechnik, mit denen ein großer Teil des Objektes überzogen ist, erneut freigelegt wurden.

Im Jahre 1999 ist der Stuhl einer neuen Restaurierung unterzogen worden. Sie wurde von Mauro Bolognesi aus Capiago (Como) unter der Aufsicht des Opificio delle Pietre Dure in Florenz und der Soprintendenza für Künstlerische und Historische Güter der Lombardei durchgeführt.

Der Eingriff hat es ermöglicht, die Metallstruktur und die Tauschierarbeiten zu festigen und die Gesamtheit der Verzierungen wieder sichtbar zu machen.

Der Stuhl besteht aus zwei tragenden Elementen, die mit Hilfe eines kugelförmigen Verbindungsstückes, welches aus einem an beiden Enden zurückgeschlagenen Eisenzapfen besteht, X-förmig zusammengefügt sind. Der nietenförmige Eisenzapfen dient somit als Drehgelenk. Die Füße sind in der Gestalt von Löwentatzen geformt, während die die Stuhlgabel bildenden Stangen einen fünfeckigen Querschnitt zeigen. Die spitze Seite dieses Fünfecks war hierbei nach außen gerichtet, um eine Stütze zu bilden, die der Biegung, die die zwei Trageelemente tragen, Stand biete. Im oberen Teil fügen sich zwei Zapfenlöcher ein, die die Anbringung zwei profilierter Platten zur Halterung der Sitzfläche ermöglichen. Für eine Aussage über die Beschaffenheit und das Material der Sitzfläche gibt es keine eindeutigen Nachweise, aller Wahrscheinlichkeit nach aber bestand diese aus Leder.

Im unteren Teil fügen sich mit dem gleichen System die profilierten Platten ein, auf denen die als Stützelemente dienenden Tierfüße angebracht sind.

Alle Bestandteile des Stuhls sind ursprünglich für häufigen Auf- und Abbau angefertigt worden, wie die besondere Sorgfalt des Handwerkers für die mechanischen Elemente, die noch original erhalten sind, und für die Verbindungen zeigt.

Die Bestandteile des Stuhles tragen alle eine umfangreiche Verzierung, die in Tauschierarbeiten aus Silber und vergoldetem Kupfer und in Niellokunst ausgeführt wurde.

Symbolische Darstellungen erscheinen nur auf der Platte, die die Sitzfläche seitlich begrenzt, und auf jenen, die die Tierfüße tragen. Diese sind insbesondere durch heraldische Figuren mit sich gegenüberstehenden Tieren charakterisiert, die in dem dreieckigen Mittelbereich der Platten erscheinen. Die Einrahmungen werden durch Mäander, unterschiedlich geartete Verflechtungen, oder durch Ranken mit floralem Beiwerk oder mit doppelten Perlenbändern gestaltet. Ähnliche figürliche Darstellungen verteilen sich auf den Beinen und belegen deren gesamte Länge. Besonders umfangreich ist die Verzierung an der Stelle der Gelenke. Hier werden die etwas größeren quadratischen Scheiben durch vegetabile Motive belebt, darunter ein Lebensbaum, während in den länglichen Bereichen alle Verzierungsarten zusammengefaßt werden, die an den anderen Stellen des Stuhls vorkommen.

Insgesamt zeigen die umfangreichen Verzierungen und die preziose Verteilung eine Vielfalt, die im Sinne einer mittelalterlichen Ästhetik das größte Qualitätsmerkmal für den Faltstuhl bildet.

Die ursprüngliche Funktion dieses Stuhls ist unbekannt, wahrscheinlich gehörte er zu den Grabbeigaben eines hohen Militärs oder einer Amtsperson. Es scheint auf jeden Fall möglich, daß das Stück nicht aus dem religiösen oder liturgischen Bereich stammt. Seine 'Mobilität' könnte als Merkmal für die Benutzung im profanen Bereich zu deuten sein. Die Typologie des Stückes erscheint den *sellae castrenses* der römischen und hochmittelalterlichen Tradition sehr nah.

Die Seltenheit des Stückes hat die Aufmerksamkeit zahlreicher Wissenschafter geweckt, und gleichzeitig haben die mangelnden Vergleichsbeispiele (unter anderem die langobardischen Stühle aus der Nekropole von Nocera Umbra in Rom, Muso dell'Alto Medioevo, oder der Metallstuhl in Tauschierarbeit aus dem Britischen Museum in London) eine Diskussion über die Datierung des Stuhls aus Pavia ausgelöst, die in der Forschung zwischen dem 8. und dem 11. Jahrhundert geschwankt hat. Die Chronologie des Stückes nur auf typologischen und technologischen Elementen basieren zu lassen erweist sich als besonders schwierig. Die Typologie der Verzierungen gewinnt hingegen mehr Beachtung, da diese, nach den Forschungen von A. Peroni, sich mit Beispielen des 9. und 10. Jahrhundert und noch mehr mit Stücken der ottonischen Zeit verbinden läßt.

Collobi Ragghianti 1951, 18–19. – Rosa 1954, 683 Nr. 1. – Schramm 1954, 316ff., 331ff. – Victor H. Elbern, Art. Carolingio, in: Enciclopedia Universale dell'Arte 3, Rom 1958, Sp. 175. – Quintavalle 1963, 23. – Rava 1964, VII. – Wilson 1964, 32. – Belli Barsali 1966, 66–67.

S.L.

II.13 Lupus von Ferrières, Liber legum

Oberitalien, Ende 10. Jahrhundert (vor 991)
Pergament. – H. 26,5 cm, B. 17 cm; 218 Blätter.
Modena, Biblioteca Capitolare, Ord. I. 2

Aus zwei Widmungsgedichten (fol. 10r/v) geht hervor, daß der Text der Handschrift von Lupus von Ferrières (* um 805, † 862) für Markgraf Eberhard von Friaul (seit ca. 828, † zw. 864 u. 866) zusammengestellt wurde. Die Sammlung enthält im ersten Teil germanische Volksrechte (Salica, Ribuaria, Langobardorum, Alamannorum, Baiuvariorum) und im zweiten Teil Kapitularien Karls des Großen, Pippins von Italien und Lothars I. Sie entstand zwischen 829 und 836 während eines Aufenthaltes von Lupus in Fulda, das zu dieser Zeit, unter Abt Hrabanus Maurus, ein Zentrum geistigen Lebens war. Das karolingische Fuldaer Original, das Markgraf Eberhard laut Testament seinem ältesten Sohn Unroch vermachte, ist

II.13
fol. 154v

verloren, erhalten sind spätere Abschriften, unter denen der Codex in Modena vor allem wegen seiner annähernd vollständigen Textüberlieferung und seiner – vermutlich lückenhaften – Folge von Titelseiten von Bedeutung ist. Auf den den einzelnen Abschnitten vorangestellten Bildern sind die Gesetzgeber dargestellt, zunächst (fol. 11v) die salischen; sie sind bezeichnet: Wisegast, Aregast, Salegast und Bedegast, jeweils mit Stab und Schwert, paarweise zugeordnet und nebeneinander sitzend; auf dem unteren Bildteil ein Schreiber mit Rolle und ein hohes Pult. Vor Beginn der Lex Ribuaria eine Darstellung (fol. 30r) des sitzenden „Eddanan", flankiert von zwei weiteren stehenden und nicht bezeichneten Figuren, alle mit Stab und Schwert; die untere Bildhälfte wieder mit Schreiber und Pult. Bei „Eddanan" handelt es sich nach Mordek um den mainfränkischen Herzog Heden d. Ä. (Mitte 7. Jahrhundert). Die Lex Langobardorum beginnt mit den vor Giebeln sitzenden Langobardenkönigen Ratchis und Aistulf, beide mit Stab und Schwert ausgestattet, die untere Bildhälfte ist leer (fol. 42r).

Zu der Lex Alamannorum gehören drei Miniaturen, die ein anderes Bildschema wiedergeben (fol. 110r–111r). Hier sind, auf zweieinhalb Seiten verteilt, 160 Personen als kleine Büsten, „nach Art aneinandergereihter Paßbilder" (Mordek) dargestellt. Aus dem Incipit geht hervor, daß es sich dabei um Bischöfe, Herzöge, Grafen und das übrige Volk handelt.

Zu den Kapitularien gehört das Bild (fol. 154v, Abb.) Karls des Großen und seines Sohnes Pippin, seit 781 König von Italien († 810), das im Aufbau den Darstellungen der Lex Salica usw. folgt. Auf der oberen Bildhälfte sitzt Karl mit einer Tiara-ähnlichen Krone auf einem Thron, neben ihm Pippin auf einem Faldistorium, beide mit Stab und Schwert, in der unteren Hälfte wieder ein Schreiber und ein Pult. Auf einem folgenden, nicht mehr erhaltenen Blatt dürften Ludwig der Fromme und Lothar I. dargestellt gewesen sein.

Trotz ihrer künstlerischen Bescheidenheit geben die in Rot, Grün und Braun kolorierten Zeichnungen der Handschrift in Modena eine Vorstellung von dem karolingischen Original. Eine weitere spätere Abschrift mit Bildern überliefert eine Mainzer Handschrift des frühen 11. Jahrhunderts (Gotha, Forschungsbibliothek, Membr. I. 84).

Wohl seit der Entstehung im Besitz der Kathedrale von Modena.

Kat. Aachen 1965, Nr. 686. – Schramm/Mütherich 1981, 93–94 (Testament des Markgrafen Eberhard). – Schramm 1983, 57 f., 151 f. – Mütherich 1994. – Mordek 1995a, 256–268 (Lit.). – Mordek 1995b, bes. 1035–1049.

K.B.

II.14 Hrabanus Maurus, Laus sanctae crucis

Fulda, um 826
Pergament. – H. 36,5 cm, B. 29,5 cm; 61 Blätter.
Vatikanstadt, Biblioteca Apostolica Vaticana, Reg. lat. 124

Das dem Lob des heiligen Kreuzes gewidmete Werk des Hrabanus Maurus (um 783–856) entstand um 814 als sein Erstlingswerk. Seine Bedeutung beruht – neben der inhaltlichen Aussage – vor allem auf den Figurengedichten des ersten Teiles (Buch I), bei denen Hrabanus eine auf Porphyrius (4. Jahrhundert) zurückgehende, von insularen Autoren wieder aufgenommene Kunstform aufgreift. Dabei werden – wie im vorliegenden Beispiel – innerhalb eines Verstextes bestimmte Buchstaben so ausgewählt und farblich hervorgehoben, daß ein eigener Text sichtbar wird (*versus intexti*), der eine zusammenhängende äußere Form aufweist und gleichfalls in Versform steht (fol. 10v, Abb.). Diese komplizierte Anlage der Gedichte erschwerte ihr Verständnis, weswegen Hrabanus zusätzlich zu seiner Prosaversion einen zweiten Teil (Buch II) hinzufügte, in dem er die Gedichte erläuterte.

Die in der Konstruktion der Gedichte erkennbaren Figuren-Verse bilden unterschiedliche, farblich hervorgehobene Formen. Die einfacheren sind geometrischer Art oder ergeben Buchstaben, die komplizierteren bieten figürliche Darstellungen: Christus in der Position des Gekreuzigten (fol. 8v), Cherubim und Seraphim (fol. 11v), die Evangelistensymbole (fol. 22v) und zuletzt der unter dem Kreuz kniende Autor (fol. 35v).

Eine Reihe von Abschriften seiner Laus sanctae crucis hat Hrabanus als Dedikationsexemplare mit Widmungsbildern und/oder -versen ausgestattet, die zu Bestandteilen des Werkes wurden; sie sind, zum Teil unvollständig, auch in den zahlreichen späteren Kopien überliefert.

Die Vatikanische Handschrift enthält als jüngere, auf Hrabanus' Wunsch erfolgte Ergänzung die Widmungsbilder und -verse an den hl. Martin von Tours (fol. 2v – 3r) und an den Papst (fol. 3v – 4r) sowie die Dedikation für Ludwig den Frommen (fol. 4v – 5r), die von den anderen beiden abweicht, indem sie ein weiteres Figurenge-

II.14 fol. 4v

II.14 fol. 10v

dicht bildet, dessen *versus intexti* das Bild des Kaisers als *miles christianus* darstellt (fol. 4v, Abb.).

Die Handschrift ist die älteste der erhaltenen Geschenkexemplare und besonders kostbar ausgestattet. Neben Gold und Silber wurden verschiedene Farben für die Figurengedichte verwendet, ein Teil der Seiten ist mit Dunkelblau eingefärbt worden. Das Exemplar wurde auf Bitte des Mainzer Erzbischofs Haistolf (813–826) in Fulda angefertigt, konnte aber erst seinem Nachfolger Otgar (826–847) übersandt werden. Als Hrabanus Maurus 847 den Mainzer Bischofssitz übernahm, übertrug er in die Handschrift Korrekturen und Nachträge. Nach seinem Tod kam sie nach Fulda zurück; von dort wurde sie 1598 von Rudolf II. nach Prag ausgeliehen und vermutlich nicht zurückgegeben. Aufgrund der Wirren des Dreißigjährigen Krieges ist ihre weitere Geschichte nicht zu verfolgen, sie gelangte wohl 1689 mit der Bibliothek der Königin Christina von Schweden in die Vaticana.

K.B.

Zwei Hände haben sich die Arbeit der Erklärungen (Buch II), die Hrabanus seinen Figurengedichten beigefügt hat, geteilt. Beide schreiben „jene breite, satt gerundete karolingische Minuskel der ersten Fuldaer Entwicklungsphase, die mit dem ersten Viertel des 9. Jahrhundert zu Ende geht" (Herrad Spilling 1992, 73). Der Handwechsel vollzieht sich von fol. 43v auf fol. 44r, also nach dem Prolog des zweiten Buches. Als Auszeichnungsschriften sowie für die Wiederholung der Binnenverse innerhalb der Erläuterungen verwenden beide Schreiber Capitalis und Unziale, wobei diese Schriftarten auch gemischt auftreten können. Das älteste erhaltene Exemplar seines Werkes zum Lob des Kreuzes hat Hrabanus Maurus teilweise eigenhändig mit Korrekturen und Nachträgen versehen.

In den Versseiten in Majuskelschrift (Buch I), in denen Hrabanus Gedicht und Bild kombiniert, läßt er nicht nur abstrakte Konfigurationen, sondern auch Gestalten aus dem Textfeld heraustreten. Sowohl die auf diese Bildflächen entfallenden Buchstaben als auch die Buchstaben des sie umgebenden Textes sind in Unziale ausgeführt, die Doppelformen aus dem Capitalis-Alphabet für *A, D, G, H, M, Q* und *V* aufnimmt.

A.S.

Müller 1973. – Hrabanus Maurus (Faks.) 1972/1973. – Mütherich 1980. – Spilling 1992, 15, 29–30, 51–53, 57, 70–78, 81. – Spilling 1996. – Perrin 1997.

K.B./A.S.

II.15 Kanonistische Sammelhandschrift

Norditalien, 1. Hälfte 9. Jahrhundert
Pergament. – H. 27 cm, B. 19,5 cm; 225 Blätter.
Vercelli, Biblioteca Capitolare, Cod. CLXV

Die Handschrift enthält verschiedene Rechtssammlungen: die Collectio Dionysio-Hadriana, die Concordia canonum Cresconii und die Breviatio canonum des Ferrandus von Karthago. Dem Text vorgebunden sind zwei Doppelblätter mit unkolorierten, ganzseitigen Federzeichnungen (fol. 2r–5r); sie sind beschriftet in einer mit Minuskel durchsetzten Unziale. Auf den Zeichnungen sind die ersten drei ökumenischen Konzilien wiedergegeben, die in den Jahren 325, 381 und 431 stattfanden: das erste Konzil von Nicaea (fol. 2v, Abb.), das erste Konzil von Konstantinopel (fol. 3v–4r), das Konzil von Ephesus (fol. 4v). Hinzu kommen weitere Darstellungen: Die erste gibt eine Szene aus der Kreuzauffindungslegende wieder (fol. 2r), die zweite stellt Petrus und Paulus dar (fol. 3r), und zuletzt erscheint der thronende Christus zwischen Engeln, darunter Helena und vermutlich Konstantin (fol. 5r).

Alle drei Konzilsdarstellungen sind etwa nach dem gleichen Schema aufgebaut: in der Mitte der thronende Kaiser mit Nimbus und Krone, hinter ihm seine Leibwache, seitlich sitzend oder stehend die Konzilsväter, die vorderen mit Buch und Feder. Auch in Bezug auf die Kleidung, die Waffen und die Krone des Kaisers bestehen kaum Unterschiede zwischen den Illustrationen. Bei den Konzilien von Nicaea (fol. 2v) und Konstantinopel (fol. 3v – 4r) sind im unteren Bildfeld Bücherverbrennungen dargestellt, nach der Beschriftung handelt es sich um *„Heretici arriani damnati"* (fol. 2v) und *„Hereticos Macedonianos"* (fol. 3v).

Möglicherweise gehörten die Zeichnungen zu einem größeren Zyklus, der die ersten vier oder sechs ökumenischen Konzilien wiedergab. Ein unmittelbarer Bezug zu den nachfolgenden Konzilstexten ergibt sich nicht, da das bildlich dargestellte Konzil von Ephesus dort nicht enthalten ist. Die Verbindung der Konzilsdarstellungen mit Szenen der Kreuzauffindungslegende (fol. 2r) und der Darstellung von Konstantin und Helena (fol. 5r) verweist auf byzantinische Vorbilder; ungewöhnlich ist die Einbeziehung von Petrus und Paulus (fol. 3r). Wahrscheinlich sind alle diese Illustrationen als bildhafter Ausdruck der Autorität und Authentizität der nachfolgenden Texte zu verstehen.

Mit Sicherheit gehen die Zeichnungen auf eine ältere

II.15 fol. 1v

Vorlage zurück, wobei dem Zeichner bei der Abschrift der Beischriften Fehler unterlaufen sind. Da diese lateinisch abgefaßt sind, darf man auf eine westliche, wohl italische Vorlage schließen, die ihrerseits östliche, byzantinische Vorbilder aufgreift.

Die Handschrift lag schon im Spätmittelalter in Vercelli; über die ältere Geschichte ist nichts bekannt.

Gabrielli 1950, bes. 303 f. und 307. – Walter 1968. – Hubert/Porcher/Volbach 1968, Abb. 156–161. – Walter 1970, 50–52. – Reynolds 1987. – Bierbrauer 1997, 751–765 (bes.), 1093–1103.

K.B.

II.16 Psalter

Westfrankreich, 2. Drittel 9. Jahrhundert
Pergament. – H. 26,9 cm, B. 19,5 cm; 196 Blätter.
Angers, Bibliothèque Municipale, Ms. 18 (14)

Bei der Handschrift handelt es sich um ein Psalterium Gallicanum, dem sich Glaubensbekenntnisse, Litaneien und Gebete anschließen. Der 1. Psalm beginnt mit einer fast ganzseitigen B-Initiale, die mit Flechtornament gefüllt ist, an den Enden des Stammes Flechtknoten und

Tierköpfe mit lang heraushängenden Zungen in Form von Profilblättern. Es folgen weitere, kleinere Initialen ohne künstlerischen Aufwand mit ähnlichen Motiven.

Von Bedeutung für die Geschichte der Psalterillustration und für die Darstellung von Musikinstrumenten im Mittelalter sind die vier ganzseitigen kolorierten Federzeichnungen zu Beginn der Handschrift (fol. 12v – 14r), auf denen David, der Autor der Psalmen, zweimal wiedergegeben ist. Zunächst eine doppelseitige Darstellung (fol. 12v – 13r) verschiedener Musikinstrumente mit erklärenden Beischriften, wobei auf der unteren Hälfte des rechten Bildes David mit Krone auf einem Faltstuhl sitzend ein Saiteninstrument mit den Merkmalen einer Rahmenleier (Steger) spielt, in der Beischrift wird es als „Psal-

II.16 fol. 13v

II.17a

terium“ bezeichnet. Auf den beiden folgenden, ebenfalls zusammengehörenden Bildern (fol. 13v[Abb.]–14r) ist im linken Teil David mit Krone auf einem Thron sitzend dargestellt, die linke Hand greift in die Saiten einer Leier; rechts neben ihm ein Musiker, eine Panflöte an den Lippen. Auf der oberen Hälfte des rechts stehenden Bildes sind drei weitere Musiker wiedergegeben, von deren Instrumenten nur das rechte eindeutig als Horn zu identifizieren ist. Auf der unteren Bildhälfte (teilweise zerstört) sind zwei Schreiber mit langen Schriftbändern dargestellt.

Die Handschrift ist nach Bischoff von mehreren Händen in westfranzösischem Stil im zweiten Drittel des 9. Jahrhunderts geschrieben worden. Im Mittelalter befand sie sich in Saint-Aubin in Angers.

Leroquais 1940/41, 19–24, Taf. 7–10. – Kat. Paris 1954, 39 Nr. 90. – Steger 1961. – Kahsnitz 1979, 168 f., 176, 179. – Bischoff 1998, 16 Nr. 48.

K.B.

II.17b

II.17 Quadrigastoff

Byzanz, um 800
Gemustertes Seidengewebe. – Samit in Köper 1/2 S-Grat mit 2 Schußsystemen. Kette: Seide, Z-Drehung, hellrot, 1 Haupt- zu 1 Bindekettfaden. Stufung 2 Hauptkettfäden. 15 Haupt- und 15 Bindekettfäden/cm. Schuß: Seide, ohne erkennbare Drehung, blau, gelbbraun. Stufung 2 Passées. 30 Passées/cm. – a) H. 76 cm, B. 75 cm; b) H. 75 cm, B. 72,5 cm.
a) Aachen, Domschatz, Inv.Nr. T01601
b) Paris, Musée National du Moyen Age et des Thermes de Cluny, Inv.Nr. 13289

Im 8./9. Jahrhundert läßt sich – dank einigen in datierbarem Zusammenhang erhaltenen Beispielen – neben der rotgrundigen (vgl. Kat.Nrn. IX.38 u. IX.37) auch eine Gruppe von blaugrundigen Seiden verfolgen (King 1966, 48). Etwas weniger geschlossen als jene zeichnet sich diese zweite Gruppe vor allem durch Medaillonmuster in deutlich größeren Ausmaßen aus. Die Kreise des Aachener Quadrigastoffes, der als einer der wichtigsten Vertreter der Gruppe gelten darf, messen 63–67 cm im Durchmesser; ihre Rahmen sind, ebenso wie die Verbindungskreise, durch aneinandergereihte Blüten geschmückt, von etwas einfacherer Formgebung als auf der Verkündigungs- und Geburtsseide im Vatikan (Kat.Nr. IX.38). Dem triumphierenden Wagenlenker, der mit seiner frontal wiedergegebenen Quadriga das Bild beherrscht, überreichen zwei Knaben Siegeskranz und Peitsche, im Vordergrund schütten zwei weitere Knaben als Zeichen der Freigebigkeit Münzen aus Säcken in einen Korb. Die Darstellung des Siegers im Hippodrom ist eng mit dem spätantiken herrscherlichen Triumph verknüpft, das Ausrichten von Spielen und das Verteilen von Geld gehörten außerdem sozusagen zum „Pflichtprogramm" jedes neugewählten Konsuln. Während für das Hauptmotiv des Stoffes also auf althergebrachte Bilder spätantik-byzantinischer Tradition zurückgegriffen wird, basieren die gegenständigen, Zweige im Maul haltenden Steinböcke oder Widder der Zwickelmotive auf ebenso lange überlieferten sassanidisch-persischen Vorbildern.

Vielleicht hat die herrscherliche Konnotation der Darstellung – oder die motivische Parallele zur Quadriga des Proserpina-Sarkophages, in dem Karl der Große 814 aller Wahrscheinlichkeit nach bestattet worden ist (Kat.Nr. X.41) – die Vermutung entstehen lassen, der Wagenlenkerstoff sei das Grabtuch des Kaisers gewesen. Als der Schrein, in dem die Gebeine Karls seit 1215 ruhen, im Jahre 1843 zum ersten Mal wissenschaftlich untersucht worden ist, sind darin aber nur zwei – heute allerdings ebenfalls hochberühmte – Stoffe gefunden worden: der Elefantenstoff und der Hasenstoff (vgl. den Augenzeugenbericht bei Cahier/Martin, 2, 234–241). Sie wurden vielleicht von Otto III. bzw. Friedrich II. in den Jahren 1000 bzw. 1215 über die Gebeine gelegt. Außerdem zeigt der Quadrigastoff, trotz mancherlei Bruchstellen, nicht das charakteristische Zerstörungsbild von Grabfunden. Der kunsthistorische Befund schließt allerdings auch nicht aus, daß die Seide, von der eine Hälfte bereits im Jahre 1850 nach Paris in eine Privatsammlung, schließlich 1895 in das Musée de Cluny gelangt ist (Kat. Paris 1992, 194 [Marielle Martiniani-Reber]), bereits zur Zeit Karls des Großen in Aachen gewesen ist.

Cahier/Martin, 4, 257–260, Abb. 20 f. – v. Falke 1913, 1, 68–70. – King 1966, 48. – Grimme 1973, Nr. 9 (Lit.). – Beckwith 1974, 347 f., Abb. 12 f. – Minkenberg 1989, 252 f. – v. Wilckens 1991, 41. – Kat. Paris 1992, Nr. 129 (Marielle Martiniani-Reber).

R.S.

II.18 Münze Papst Leos III. mit Monogramm Karls des Großen

Rom, nach 800
Silber, geprägt. – 1,85 g, 23,3 mm.
Monogramm aus LEO PA(pa). + S[an]C[tv]S PETRVS. – Monogramm aus IMP(erator). + CARLVS.
Berlin, Münzkabinett der Staatlichen Museen, Acc. 76/1905, aus Slg. Gnecchi

Mit der Kaiserkrönung Karls durch Papst Leo III. ist das päpstliche Münzwesen auf einen neuen Typ umgestellt worden, der ganz dem Stil der Reichsdenare Karls des Großen entspricht (vgl. Kat.Nr. II.19–20). Dadurch, daß die eine Seite dem Papst, die andere dem Kaiser vorbehalten war, illustriert er geradezu klassisch das Zusammenwirken beider Gewalten. Nach diesem Muster ist die päpstliche Münzprägung bis zum Ende der Kaiser aus karolingischem Hause verfahren.

Amtliche Berichte 1910/11, 270, Abb. 155 (Julius Menadier). – Corpus nummorum Italicorum 1910–1943, 65, Nr. 1–4. – Gaettens 1950/51, Abb. 14.

B.K.

II.18 Karlseite

II.18 Leoseite

II.19

II.20

Münzen Karls des Grossen

Alle Münzen Karls des Großen sind silberne Pfennige (Denare). Das 1996 in der Pfalz Ingelheim gefundene Goldstück ist eine posthume Prägung aus der Zeit Ludwigs des Frommen. Die seit der Reform von 793/794 einheitlich geprägten Reichsdenare zeigen bis auf wenige Ausnahmen auf der einen Seite das Karlsmonogramm und auf der anderen Seite ein Kreuz. In den Umschriften werden Name und Königstitel CARLVS REX FR(ancorum) (Karl, König der Franken) und die Münzstätte genannt. Die zur bzw. nach der Kaiserkrönung aufgelegte besondere Emission von Bildnismünzen zeigt auf der Vorderseite das mit dem Kaiserlorbeer bekrönte Brustbild. Karl trägt das Paludamentum, den mit einer Brosche über der Schulter zusammengehaltenen römischen Reitermantel. Auf der Rückseite erscheint ein durch Kreuz in der Mitte und auf dem Giebel als christliche Kirche gekennzeichnetes viersäuliges Gebäude. Das Kirchengebäude ist umgeben von der programmatischen, aus griechischen und lateinischen Buchstaben gemischten Umschrift XPICTIANA RELIGIO (christliche Religion).

Neben diesen Christiana-Religio-Bildnismünzen existiert eine zweite Gruppe mit profanen Rückseitenbildern, wobei die Umschrift aus dem Namen der Münzstätte besteht. Die Gruppe der Bildnisdenare mit Münzstättennamen umfaßt Prägungen aus Arles, Lyon (vermutlich posthum), Rouen?, Trier, Dorestad, und Quentowic.

Alle Bildnismünzen Karls des Großen sind kostbare Raritäten, von Gruppe I haben sich 19, von Gruppe II nur 10 bzw. 11 Exemplare erhalten.

Auf den besten Exemplaren ist ein lebensnahes Bildnis Karls des Großen überliefert, das der von Einhard, dem Biographen des Kaisers, gegebenen Beschreibung entspricht und große Ähnlichkeit mit dem Kopf der um 860 entstandenen Metzer Reiterstatuette aufweist.

II.19 Reichsdenar Karls des Großen

Bourges, nach 793/794
Silber, geprägt. – 1,67 g, 21,4 mm.
Kreuz mit Halbmonden in den Winkeln. + CARLVS REX FR. – Monogramm aus Karolus. + BITVRICAS (Bourges)
Berlin, Münzkabinett der Staatlichen Museen, aus Slg. Gariel-Ferrari 1911

Gariel 1884, 200, Nr. 43. – Morrison/Grunthal 1967, Nr. 173. – Depeyrot 1993, Nr. 174/168.

B.K.

II.21

II.22

II.23

II.20 Reichsdenar Karls des Großen

Köln, nach 793/794
Silber, geprägt. – 1,64 g, 21,2 mm.
Kreuz mit Halbmonden in den Winkeln. + CARLVS REX FR. – Monogramm aus Karolus. + CO+LONIA
Berlin, Münzkabinett der Staatlichen Museen, Acc. 182/1905, aus Slg. Chr. Meyer

Hävernick 1935, Nr. 11. – Morrison/Grunthal 1967, Nr. 106. – Depeyrot 1993, Nr. 340/327.

B.K.

II.21 Bildnismünze Karls des Großen

Mainz (?), nach 800
Silber, geprägt. – 1,60 g, rechts leicht ausgebrochen.
KAROLVS IMP(erator) AVG(ustus). Unter der Büste ein M
Paris, Bibliothèque Nationale de France, Cabinet des Médailles, Inv.Nr. 981

Diese Münze gilt nach dem folgenden Berliner Stück (Kat.Nr. II.22) als zweitschönste Porträtmünze und ist ebenfalls häufig abgebildet worden. Die Stempel beider Münzen sind offenbar von gleicher Hand geschnitten. Zu dieser Serie gehören noch drei Stücke mit den Buchstaben C (nach Grierson 1965: Koblenz/Confluentia?, nach Lafaurie 1978 [plausibler]: Köln/Colonia?) bzw. V (Worms/Vormacia?) unter der Büste (Münzkabinett Berlin).

Der Buchstabe M wird seit Grierson 1965 auf Mainz (Mogontia) als Münzstätte bezogen; damit wurde die ältere, auf Mailand lautende Deutung aufgegeben. Anders als aus Frankfurt ist aus Mainz eine relativ kontinuierliche Münztätigkeit in karolingischer Zeit nachgewiesen.

Gariel 1884, 278, Nr. 56. – Prou 1896, Nr. 981. – Grierson 1965, 501–536, Taf. I, 19, II/III, 29. – Kat. Aachen 1965, 39, Nr. 16 (Peter Berghaus). – Morrison/Grunthal 1967, Nr. 318. – Lafaurie 1978, Nr. 20, Taf. III, 30. – Schramm 1983, 150, Nr. 6.2c (Peter Berghaus). – Depeyrot 1993, Nr. 1169/1104.

B.K.

II.22 Bildnisdenar Karls des Großen

Frankfurt (?), nach 800
Silber, geprägt. – 1,71 g, 19,9 mm.
KAROLVS IMP(erator) AVG(ustus). Unter der Büste ein F
Berlin, Münzkabinett der Staatlichen Museen, aus Slg. Gariel-Ferrari 1911

Diese schönste aller Porträtmünzen Karls des Großen ist vielfach abgebildet worden und schmückt die meisten einschlägigen Geschichtsbücher. Der Buchstabe F unter dem Brustbild wird als Abkürzung der Münzstätte aufgefaßt und seit Grierson 1965 auf Frankfurt (*Franconoforte*) bezogen. Eine ältere und heute allgemein aufgegebene Deutung lautete auf Florenz. Griersons eher nebenbei geäußerte These hat sich überraschend glatt in der Numismatik durchgesetzt, obwohl es aus Frankfurt sonst keine Münzen Karls des Großen gibt und auch diese Münze ein Unikum geblieben ist. Zudem ist weder für Karls Vorgänger Pippin noch seinen Nachfolger Ludwig eine Münztätigkeit in Frankfurt bezeugt.

Gariel 1884, 277, Nr. 55. – Grierson 1965, 501–536, Taf. II/III, 28. – Kat. Aachen 1965, 39, Nr. 15 (Peter Berghaus). – Morrison/Grunthal 1967, Nr. 319. – Lafaurie 1978, Nr. 19. – Schramm 1983, 150, Nr. 6.2b (Peter Berghaus). – Depeyrot 1993, Nr. 1168/1103.

B.K.

II.23 Bildnisdenar Karls des Großen

Quentowic, nach 800
Silber, geprägt. – 1,65 g.
Vs. KAROLVS IMP(erator) AVG(ustus). – Rs. Schiff. QVENTVVIC
Cambridge, Fitzwilliam Museum, aus Slg. Grierson, Inv.Nr. PG 11892

Die heute nicht mehr existierenden Orte Quentowic und Dorestad in Friesland waren in karolingischer Zeit bedeutende Handelsemporien. Von beiden ist je ein Bildnisdenar Karls des Großen überliefert mit der auf die Handelsfunktion hinweisenden Rückseitendarstellung eines Segelschiffes.

Grierson 1965, 501–536, Taf. I, 23, II/III, 32. – Kat. Aachen 1965, Nr. 19 (Peter Berghaus). – Morrison/Grunthal 1967, Nr. 121 a. – Lafaurie 1978, Nr. 16, Taf. III, 29. – Schramm 1983, 150, Nr. 6.3b (Peter Berghaus). – Grierson/Blackburn 1986, Nr. 749. – Depeyrot 1993, Nr. 800/760.

B.K.

II.24 Bildnisdenare Karls des Großen

Unbestimmte Münzstätte (Mailand, Pavia o. Rom?), nach 800
D(ominus) N(oster) KARLVS IMP(erator) AVG(ustus) REX F(rancorum) ET L(angobardorum) (Unser Herr Karl, erhabener Kaiser, König der Franken und Langobarden)
a) Silber, geprägt. – Kleiner Ausbruch am oberen Rand. – 1,68 g, 18,6 mm.

II.24a *II.24b*

Berlin, Münzkabinett der Staatlichen Museen, aus Slg. Dannenberg 1892

b) Silber, geprägt. – Unten ausgebrochen. – 1,52 g.
Paris, Bibliothèque Nationale de France, Cabinet des Médailles, Inv.Nr. 982

Dieser Typ, von dem neun Exemplare bekannt sind, ist wegen der ausführlichen Legende mit dem langobardischen Königstitel in eine italienische Münzstätte, Pavia oder Mailand, verwiesen worden (Grierson 1965, 523 mit Vorzug für Mailand). Denkbar wäre auch eine Entstehung dieser Emission in direkter Beziehung zur Kaiserkrönung in Rom. Karl der Große hielt sich nach der Krönung am Weihnachtstag 800 noch bis Ostern 801 in der Heiligen Stadt auf. Einhard spricht von zahlreichen Regierungsgeschäften, die den Kaiser so lange festhielten. Man wird dazu auch Geld gebraucht haben. Die Büste ist von völlig anderem Stil als bei den beiden vorigen Stücken.

Gariel 1884,147 f., Nr. 169–170. – Prou 1896, Nr. 982. – Grierson 1965, 501–536, Taf. I, 21, II/III, 38–39. – Kat. Aachen 1965, 41, Nr. 25–26 (Peter Berghaus). – Morrison/Grunthal 1967, Nr. 314. – Lafaurie 1978, S. 154–172, Nr. 1–8, Taf. II, 21–24. – Schramm 1983, 150, Nr. 6.5a, 5b (Peter Berghaus). – Depeyrot 1993, Nr. 1171/1106.

B.K.

II.25 Bildnisdenar Karls des Großen

Lyon, posthume Prägung unter Ludwig dem Frommen (814–840)
Silber, geprägt. – 1,91 g, 19,6 mm.
Vs. KAROLVS IMP(erator) AVG(ustus). – Stadtor. LVGDVNVM (Lyon)
Berlin, Münzkabinett der Staatlichen Museen, aus Slg. Gariel-Ferrari 1911

Dieses einzige bekannte Exemplar ist von allerfeinster Erhaltung und wundervoller alter Patina. Es stammt aus dem 1852 gehobenen Schatzfund von Achlum (La Haye) in Friesland. Dieser Schatz bestand aus etwa 500 Münzen Ludwigs des Frommen und Karls des Kahlen. Das hat Gariel 1884 bewogen, das Stück unter Karl dem Kahlen (Kaiser 875–877) einzuordnen, die neuere numismatische Forschung teilt es Karl dem Großen zu. Daß beides nicht richtig sein kann und wir statt dessen eine posthume Prägung aus der Zeit Ludwigs des Frommen vor uns haben, zeigt neben dem Vorkommen im Schatzfund Achlum, der frühestens im Jahre 843 in die Erde gekommen ist (vgl. Haertle 1997, 69–71), auch die Büstenform, die den Münzen Ludwigs des Frommen entspricht (vgl. Kat.Nr. II.29).

Gariel 1883/84, 1, 75, Nr. 15; 2, 207, Nr. 90. – Grierson 1965, 501–536, Taf. I, 22, II/III, 35. – Kat. Aachen 1965, Nr. 21 (Peter Berghaus). – Morrison/Grunthal 1967, Nr. 167. – Lafaurie 1978, Nr. 12. – Schramm 1983, 150, Nr. 6.3d (Peter Berghaus). – Depeyrot 1993, Nr. 522/496. – Haertle 1997, 69–71, 328, Nr. 33/002.

B.K.

II.26 Solidus Karls des Großen

Arles, Mitte 812 – Anfang 814
Gold, geprägt. – 4,18 g, 19,5 mm.
Mainz, Landesamt für Denkmalpflege, Abt. Archäologische Denkmalpflege, Inv.Nr. IH-02-G176

Die Vorderseite des Solidus zeigt eine Herrscherbüste in der Art der Münzbildnisse der römischen Kaiser des 1. bis 3. Jahrhunderts mit Paludament und Lorbeerkranz nach rechts. Umlaufend eine verwilderte Legende, die im Vergleich mit exakter geschnittenen Silberstükken als + D(ominus) N(oster) KARLVS IMP(erator) AVG(ustus) REX F(rancorum) ET L(angobardum) zu lesen und zu ergänzen ist.

Auf der Rückseite ist die stilisierte Darstellung eines Stadttores nach antikem Vorbild des 4. Jahrhunderts wiedergegeben, am Rand verläuft in klaren Buchstaben die Angabe des Prägeortes + .A.R.E.L.A.T.O.

Die Goldmünze, die nach ihren spätantiken und byzantinischen Vorbildern als Solidus zu bezeichnen ist, ist die erste bekanntgewordene Prägung in diesem Material außerhalb Italiens, die zu Lebzeiten Karls des Großen entstanden ist. Der bisweilen geäußerte Gedanke, es könnte sich um eine posthume Prägung handeln, hat angesichts der engen stilistischen Verwandtschaft der Rückseite zu einem Denar in Lyon wenig Wahrscheinlichkeit.

Es ist noch unklar, warum Karl mit dieser Münze von dem von ihm selbst festgeschriebenen monometalischen Geldsystem in Silber abwich. Auch die auffallende stilistische Diskrepanz zwischen Vorder- und Rückseite ist noch nicht geklärt.

Die Münze ist 1996 in der Kaiserpfalz Ingelheim gefunden worden.

Martin 1997 (Lit.).

P.-H.M.

II.27 Goldmedaillon mit Bildnis Karls des Großen

Dorestad, um 830/850(?)
Gold, geprägt. – 4,11 g, 20,5 mm.
Brustbild mit Lorbeerkranz und Paludament nach links. Entstellte Umschrift. – Kreuz mit Kugeln in den Winkeln und an den Enden. + VICO DVRSTAT
Berlin, Münzkabinett der Staatlichen Museen, aus Slg. Rühle von Lilienstern 1842

Aus diesem sowie einem ähnlichen Exemplar im Britischen Museum (Kat. Aachen 1965, Nr. 28) ist zu Unrecht eine Goldmünzenprägung Karls des Großen gefolgert worden (Hävernick 1953), ebenso zu Unrecht ist seine Echtheit bezweifelt worden (Grierson 1954). Richtig ist hingegen, daß eine reguläre Münze ausgeschlossen und die Entstehung aus stilistischen Gründen in die Zeit Ludwigs des Frommen und den Kreis der friesischen Nachahmungen der Munus-Divinum-Goldmünzen datiert werden kann.

Amtliche Berichte 1910/11, 270 (Julius Menadier). – Hävernick 1953, 58, Nr. 1. – Grierson 1954, 202–203. – Kat. Aachen 1965, 42, Nr. 28 (Peter Berghaus). – Morrison/Grunthal 1967, Nr. 643 (unter Karl dem Kahlen, 843–877).

B.K.

II.25 *II.26* *II.27*

Münzen Ludwigs des Frommen

Ludwig der Fromme hat die Tradition seines Vaters fortgesetzt und einerseits das Kirchengebäude mit der Christiana-Religio-Legende zum Haupttypus seiner Münzen gemacht, zum anderen ebenfalls Denare mit seinem Bildnis ausgegeben, die auch typologisch dem väterlichen Vorbild entsprechen. Sie sind etwas kleiner im Durchmesser und nicht ganz so selten. Auf der Vorderseite erscheint das nach rechts gewendete Brustbild mit Lorbeerkranz und Paludamentum in sehr unterschiedlicher künstlerischer Qualität. Auf den besseren Stempeln ist der Schnurrbart erkennbar und das Porträt dem Karls des Großen sehr ähnlich. Die Umschrift lautet einheitlich HLVDOVVICVS IMP(erator) AVG(ustus) und ist gelegentlich entstellt. Nach den Rückseitenlegenden lassen sich wie bei Karl dem Großen die beiden Gruppen der Christiana-Religio-Pfennige und der Pfennige mit Münzstättennamen unterscheiden. Letztere sind aus zehn Münzstätten bekannt (Arles, Dorestad, Mailand, Melle, Orléans, Pavia, Quentowic, Sens, Straßburg, Toulouse, Tours, Treviso). Neben den ganzen Pfennigen kommen auch Halbpfennige (Obole) vor.

Die Numismatik wertet die Bildnisdenare als erste reguläre Emission Ludwigs des Frommen nach seiner Regierungsübernahme und datiert sie in den Zeitraum 814–819.

Die eigentlichen, in großer Zahl auf uns gekommenen Reichsdenare Ludwigs sind von einheitlichem Typ und werden wegen ihrer Umschrift auch als Christiana-Religio-Pfennige bezeichnet.

Eine ganz neue Erscheinung sind Goldmünzen, mit denen Ludwig der Fromme ein besonderes Privileg der römischen Kaiser aufgreift und seine Gleichrangigkeit mit dem byzantinischen Kaisertum demonstriert. Sie zeigen genau wie die Denare auf der Vorderseite sein Brustbild in antiker Manier mit Lorbeerkranz und Paludament. Die Umschrift lautet D(ominus) N(oster) HLVDOVVICVS IMP(erator) AVG(ustus) (Unser Herr Ludwig, erhabener Kaiser). Die Rückseite mit dem Kreuz im Lorbeerkranz und der Umschrift MVNVS DIVINVM (göttliches Geschenk) spielt deutlich auf das Kaisertum Ludwigs an. Die außerordentlich seltenen Münzen (knapp ein Dutzend Exemplare bekannt) sind als Zeremonialmünzen nicht für den Geldverkehr gedacht gewesen, haben dort aber überraschend zahlreiche Nachahmungen ausgelöst. Die Originale sind vermutlich in Aachen, die Nachahmungen wohl hauptsächlich in Friesland (Dorestad) entstanden.

II.28 *II.29* *II.30*

II.28 Reichsdenare Ludwigs des Frommen

Unbestimmte Münzstätte, nach 814/822
a) Silber, geprägt. – 1,71 g, 21 mm (Abb).
b) Silber, geprägt. – 1,75 g, 20,6 mm.
Kreuz mit Kugeln in den Winkeln. + HLVDOVVICVS IMP. – Viersäuliges Kirchengebäude. XPISTIANA RELIGIO
Berlin, Münzkabinett der Staatlichen Museen, aus Slg. Gariel-Ferrari 1911

Gariel 1884, 273, Nr. 4 ff. – Morrison/Grunthal 1967, Nr. 472. – Depeyrot 1993, Nr. 1179/1114.

B.K.

II.29 Bildnisdenar Ludwigs des Frommen

Dorestad, nach 814
Silber, geprägt. – 1,76 g, 19 mm.
Rs. Schiff mit Mast und Steuerruder, über der Mastspitze ein Kreuz. DORESTATVS
Berlin, Münzkabinett der Staatlichen Museen, aus Slg. Rühle von Lilienstern 1842

Gariel 1884, 177, Nr. 59–61. – Morrison/Grunthal 1967, Nr. 330. – Schramm 1983, 157, Nr. 15.4a (Peter Berghaus). – Grierson/Blackburn 1986, Nr. 757. – Depeyrot 1993, Nr. 413/394.

B.K.

II.30 Bildnisdenar Ludwigs des Frommen

Melle (Aquitanien), nach 814
Silber, geprägt. – 1,69 g, 19,6 mm.
Rs. Zwei Münzprägestempel und zwei Münzhammer. + METALLVM
Berlin, Münzkabinett der Staatlichen Museen, aus Slg. Gariel-Ferrari 1911

Gariel 1884, 178, Nr. 73–75. – Morrison/Grunthal 1967, Nr. 396. – Grierson/Blackburn 1986, Nr. 758. – Depeyrot 1993, Nr. 607/574.

B.K.

II.31

II.32

II.33

II.31 Bildnisdenar Ludwigs des Frommen

Toulouse, nach 814
Silber, geprägt. – 1,66 g, 19,6 mm.
Rs. Stilisiertes Stadttor. TOLVSA
Berlin, Münzkabinett der Staatlichen Museen, aus Slg. Gariel-Ferrari 1911

Der Büstenstil der Vorderseite steht dem der posthumen Goldmünze Karls des Großen (Kat.Nr. II.27) nahe.

Gariel 1884, 186, Nr. 128. – Morrison/Grunthal 1967, Nr. 417. – Depeyrot 1993, Nr. 994/946.

B.K.

II.32 Goldmünze mit Bildnis Ludwigs des Frommen (Solidus)

Aachen(?), nach 814
Gold, geprägt(?). – 4,41 g, 20,3 mm.
Rs. Kreuz im Kranz. MVNVS DIVINVM
Berlin, Münzkabinett der Staatlichen Museen, Acc. 347/1885, aus Slg. Gariel-Ferrari 1911

Gariel 1884, 168, Nr. 11. – Prou 1896, Nr. 1071. – Grierson 1951, 23–25, Nr. 1–13. – Kat. Aachen 1965, 164, Nr. 292 (Peter Berghaus). – Morrison/Grunthal 1967, Nr. 515. – Schramm 1983, 157, Nr. 15.2c (Peter Berghaus). – Grierson/Blackburn 1986, Nr. 750. – Depeyrot 1993, Nr. 8/6.

B.K.

II.33 Goldmünze mit Bildnis Ludwigs des Frommen

Aachen(?), nach 814
Rs. Kreuz im Kranz. MVNVS DIVINVM
Gold, geprägt (?). – 7,04 g.
Paris, Bibliothèque Nationale de France, Cabinet des Médailles, Inv.Nr. 1070

Das nur in diesem Exemplar bekannte Goldstück wird aufgrund seines ungewöhnlichen Gewichts in der Numismatik seit Grierson 1951 als Medaillon gewertet.

Gariel 1884, 168, Nr. 10. – Prou 1896, Nr. 1070. – Grierson 1951, 13–15, Taf. III, Nr. (I). – Kat. Aachen 1965, 164, Nr. 291 (Peter Berghaus). – Morrison/Grunthal 1967, Nr. 514. – Schramm 1983, 157, Nr. 15.1 (Peter Berghaus). – Depeyrot 1993, Nr. 8/6.

B.K.

II.34 Vs

II.34 Rs

II.34 Goldene Schmuckmünze (Fibel)

Friesisch (?), Zeit Ludwigs des Frommen (814–840)
Gold. – 12,73 g, 35 mm (mit Fassung).
Berlin, Münzkabinett der Staatlichen Museen, aus Slg. Rühle von Lilienstern

Es handelt sich um eine der (Dorestader?) Nachahmungen der Goldmünzen Ludwigs des Frommen (vgl. Kat.Nr. II.29), die mit einer Goldfassung aus vierfachem Perlenrand umgeben und zu einer Fibel umgearbeitet worden ist. Nadel und Öse sind verloren, ihre Befestigungsstellen auf der Rückseite gut zu erkennen.

Berghaus 1959, Abb. 6. – Schramm 1983, 157, Nr. 15.2 e (Peter Berghaus).

B.K.

II.35 Vs

II.35 Rs

II.36 Vs

II.36 Rs

II.35 Goldene Schmuckmünze

Ludwig der Fromme (814–840)
Gold, gegossen. – 30 mm mit, 19 mm ohne Fassung.
Brustbild mit Lorbeerkranz und Paludament nach links. CAPVT IMPERATOR. – Adler auf Basis. IOHANNIS. Fassung aus dreifachem Perlreif und Hänger. In einem Arbeitsgang gegossen (Berghaus)
Leiden, Het Koninklijk Penningkabinet

Dieses höchst repräsentative und sicherlich in offiziellem Auftrag hergestellte Stück dürfte von Ludwig dem Frommen ausgegangen sein. Das Bildnis steht dem seiner Dorestader Münzen (Kat.Nr. II.29) sehr nahe, die Rückseite nimmt Bezug auf den Evangelisten Johannes, dessen Symbol der Adler ist.

Berghaus 1959, Abb. 8. – Schramm 1983, 158, Nr. 15.16 (Peter Berghaus).

B.K.

II.36 Goldene Schmuckmünze

Ludwig der Fromme (814–840)
Nordfrankreich
Gold, gegossen. – 6,29 g, 27, 3 mm mit, 22,2 mm ohne Fassung.
Brustbild mit Lorbeerkranz und Paludament nach links. Entstellte Umschrift. – Nach links schreitender Krieger mit Lanze und Schild. VITAI-TVICTOAI. In einem groben Perlreif gefaßt und zur Fibel umgearbeitet, aufgelötete Befestigungsstellen für Nadel und Öse auf der Rückseite erhalten
Berlin, Münzkabinett der Staatlichen Museen, aus Slg. Gariel-Ferrari 1911

Das ausdrucksvolle Bildnis der Vorderseite kontrastiert merkwürdig mit der sinnlosen Umschrift, aus der man den Namen Kaiser Lothars (840–855) herausgelesen hat. Sie läßt sich aber ebenso zwanglos auf Ludwig den Frommen beziehen. Der Porträtstil ist derselbe wie auf dessen Goldmünzen (Kat.Nr. II.29, II.32, II.33) und dem vorhergehenden Schmuckstück (Kat.Nr. II.35). Die Rückseite ist spätantiken Goldmünzen (Solidi) mit der schreitenden Viktoria nachgestaltet. Die Rückseiteninschrift ist auf *Vita et Victoria* (Leben und Sieg) gedeutet worden.

Amtliche Berichte 1910/11, 270, Abb. 155 (Julius Menadier, als Ludwig d. Fr.). – Grierson 1951, 20, F (Ludwig d. Fr.). – Berghaus 1959, Abb. 9 (Zuweisung offen). – Morrison/Grunthal 1967, Nr. 593 (als Lothar, Vs.-Umschrift ergänzt zu DN LOTARIVS IMPER AVG). – Schramm 1983, 161, 20.2 (Peter Berghaus, als Lothar).

B.K.

II.37

II.37 Siegelstempel

Frankreich, nach 850 (Typar), 10. Jahrhundert (Fassung)
Gagat, Gold, Glaspaste. – 12,81 g, L. 4,45 cm, B. 3,13 cm, H. 0,62–0,65 cm (Typar: L. 3,4 cm, B. 2,4 cm, H. 0,65 cm).
Sens, Musées de Sens, Inv.Nr. D 82-1-1

Der 1982 in Sens entdeckte Siegelstempel besteht aus zwei unterschiedlich alten Teilen, dem Intaglio und der Fassung. Der Intaglio – eine Gemme mit Gravur – zeigt auf der Vorderseite ein typisch antikes Münzporträt und zwei lateinische Inschriften in Spiegelschrift: rechts CARVS (eine andere Form von CARLVS?), links PAXTE. Die Durchbohrung unterhalb der Büste diente zur Aufhängung. Auf der Rückseite ist ein stilisiertes, vierfüßiges Tier zu sehen, das von einer Ranke umgeben ist. Die Fassung ist eine Goldschmiedearbeit in Cloisonné-Technik. Sie besteht aus einem Metallband mit Öse als Einfassung, abwechselnd mit hochstehenden Ringen und Rauten besetzt, sowie zwei umlaufenden Perlstäben.

Der Siegelstempel von Sens zeigt einige interessante Parallelen zu anderen karolingischen Objekten wie Münzen, Siegelabdrücken, Kirchensiegeln. Das verwendete Material und der Gravurstil lassen eine lothringische Herkunft annehmen. Man kennt bis heute nur einen vergleichbaren Gegenstand: den Stempel aus Grüningen in der Schweiz, Kanton Zürich, der aus der Abtei St. Gallen stammt. Zweifellos wurde der Siegelstempel aus Sens in der zweiten Hälfte des 9. Jahrhunderts für eine hochgestellte weltliche oder geistliche Person – vielleicht sogar für ein Mitglied der königlichen Familie (Karl der Kahle oder Karl der Dicke ?) – hergestellt, bevor er im 10. Jahrhundert von einem Goldschmied umgearbeitet und als Schmuckstück getragen wurde.

Perrugot 1993.

D.P.

Die Antike als Vorbild

II.38 Vitruv, De architectura

Ost-/Westfränkisches Grenzgebiet (Köln?), um 800
Pergament, rote oder schwarze Initialen. – Moderner Einband (1977). – H. 29,8 cm, B. 24,3 cm; 162 Blätter.
London, British Library, Cod. Harley MS 2767

Vitruvs Schrift „De architectura“ ist das einzige aus der Antike überlieferte Werk über Architektur. Die handschriftliche Überlieferung des Werkes setzt in karolingischer Zeit ein, zurückgehend auf eine verlorene angelsächsische Abschrift des spätantiken Originals. Am karolingischen Hof ist Alkuin der erste Autor, bei dem sich die Benutzung des Vitruv nachweisen läßt. Auch Einhard, der Oberaufseher der Palastbauten in Aachen und Erbauer der Seligenstädter Kirche, kannte die Schriften Vitruvs: Er studierte sie ausführlich und bat seinen Schüler Vussin, die Bedeutung einiger Worte und Namen aus Vitruvs Büchern zu erhellen.

Der Londoner Band aus dem Besitz Earl Harleys ist die früheste erhaltene Vitruvhandschrift. In schöner, gleichmäßiger karolingischer Minuskel hat ein Meisterschreiber den gesamten Codex geschrieben. Die Hand ist zwar ansonsten nicht nachzuweisen, kann aber dem Umkreis der Buchproduktion des ost-/westfränkischen Bereichs um 800 zugewiesen werden. Auf einigen frei gebliebenen Blättern (von fol. 162v an) haben spätere Schreiber Rezepte eingetragen, die in weitere Vitruvaus-

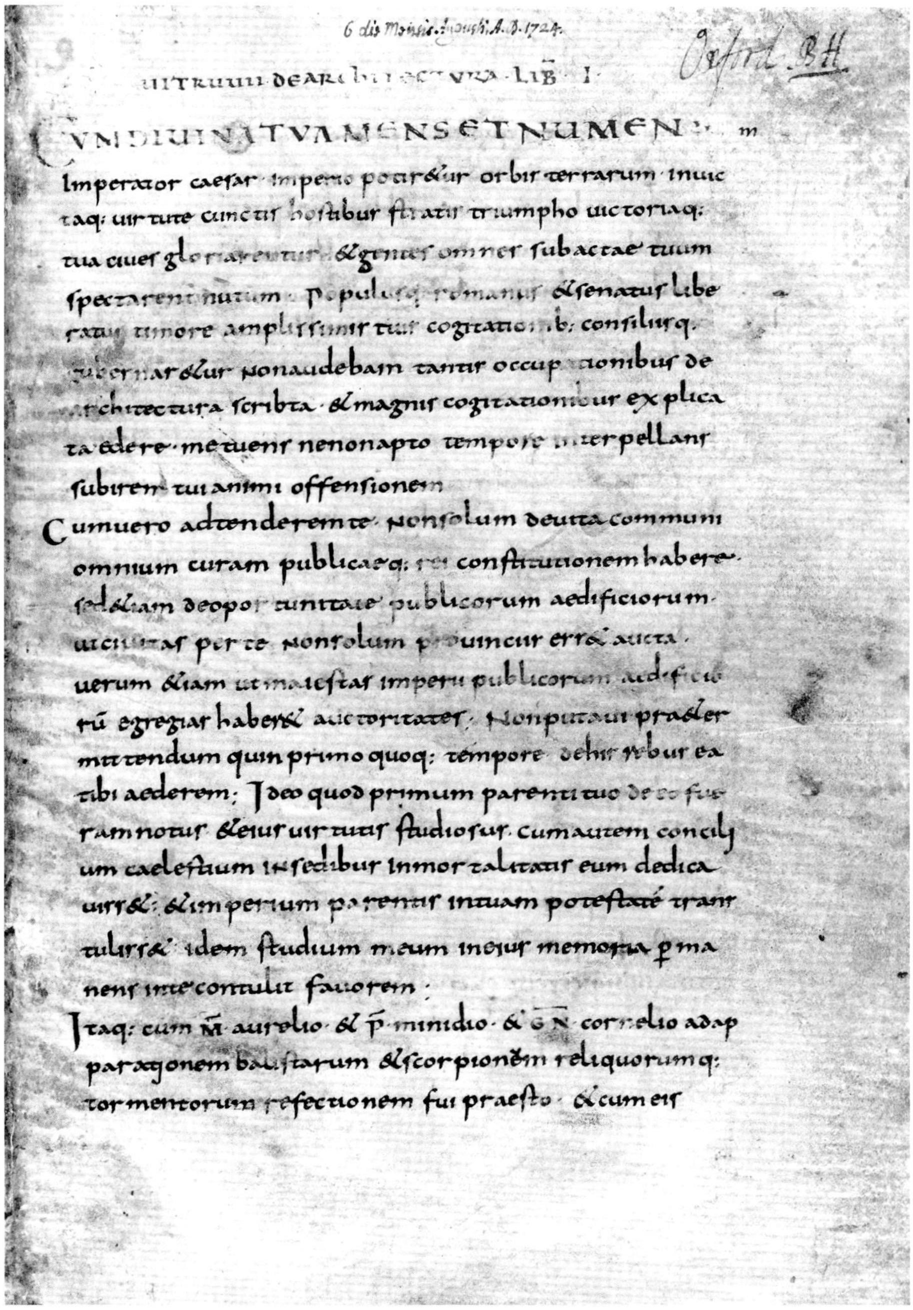

II.38 fol. 1r

gaben übernommen wurden. Hs. E, der Codex Gudianus Latinus 132 der Herzog August Bibliothek in Wolfenbüttel, stammt aus Corvey und stellt die älteste Exzerptensammlung aus Vitruv dar. Einige aus dem Harleianus herausgeschnittene Schlußseiten befinden sich heute in der Bodleian Library in Oxford (Ms Rawlinson D 893, fol. 135r – 136v).

Anfang des 11. Jahrhunderts befand sich der Vitruv-Codex, wie ein Eigentumsvermerk auf fol. 145v zeigt, im Besitz des Kölner Propstes Goderamnus von St. Pantaleon, der noch zu Lebzeiten Bernwards von Hildesheim in das Kloster St. Michael in Hildesheim kam und nach Bernwards Tod († 1022) dort erster Abt wurde († 1030). Menso Folkerts hat vermutet, daß vor allem die Rezepte

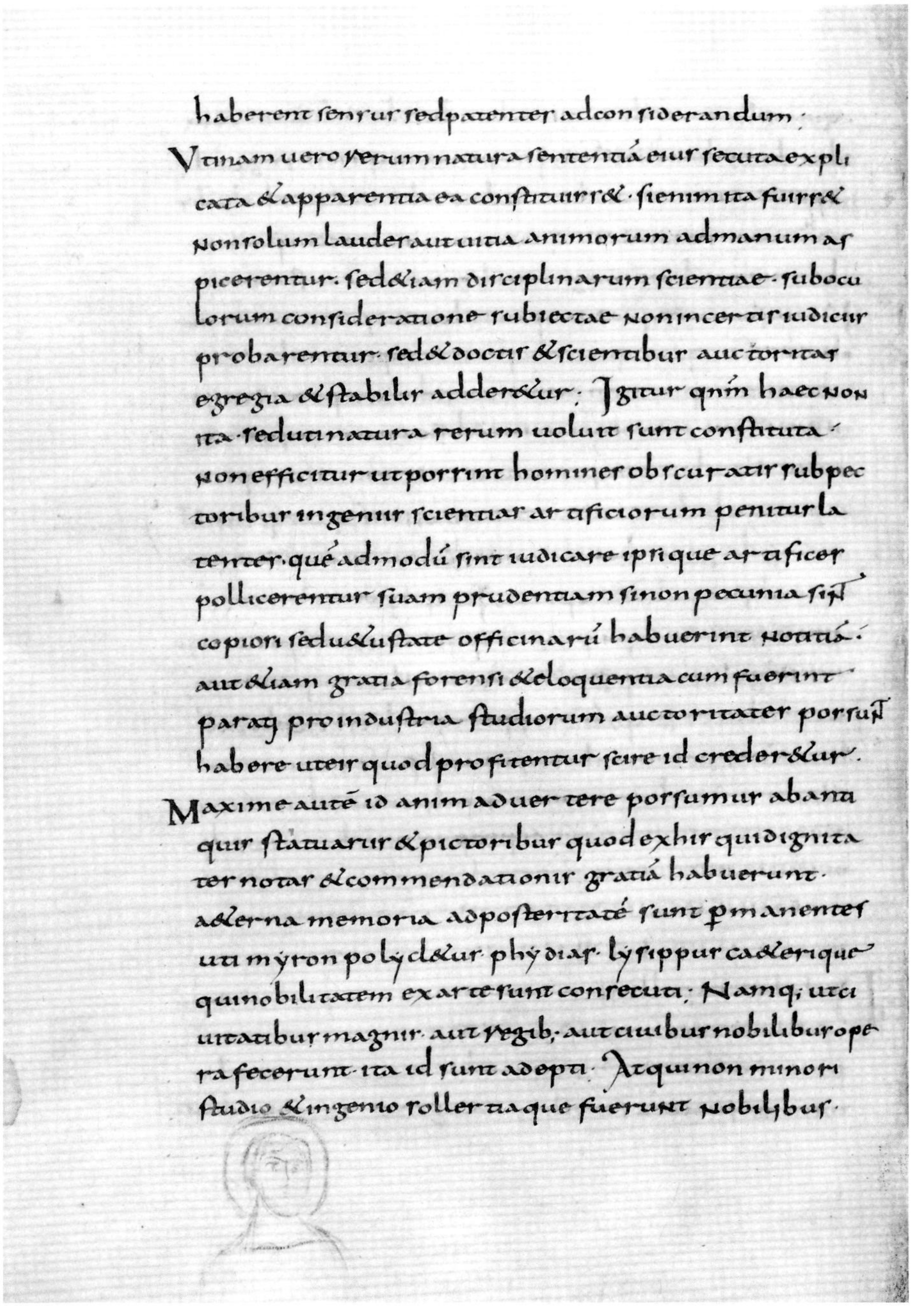

II.38 fol. 36v

für den Metallguß im 'Anhang' der Handschrift für Bernward und seinen Kreis gelehrter Kleriker von Interesse waren.

Die weitere Geschichte des Codex bleibt bis zum 17. Jahrhundert im dunkeln. Nach Johann Georg Graevius (1632–1703) besaß Kurfürst Johann Wilhelm von Pfalz-Neuburg (1658–1716) den kostbaren Band, schließlich Giovanni Giacomo Zamboni, der Bücherkommissar des Landgrafen von Hessen-Darmstadt, von dem ihn Sir Edward Harley 1724 erwarb.

Rose 1899. – Vitruv (hrsg. von Fensterbusch). – Webber Jones 1932b, 65 f. mit Taf. 89. – Webber Jones 1932a (Lit.). – Bischoff 1942, Sp. 504. – Wirth 1967, Abb. 1–4. – Bischoff 1981b, 280 f. – Kat. Hildesheim 1993, Nr. VIII-8 (Menso Folkerts).

H.-W.S.

II.39 fol. 69r

II.39 Alpha, dargestellt als Dreieck in Form eines Dachgebälks

Hs. Teil 2: westfränkisch (Reims?), 3. Drittel 9. Jahrhundert (Bernhard Bischoff), Zeichnung: 9./10. Jahrhundert

Sammelhandschrift, Pergament. – Einband: kastanienbraunes Leder auf Holz, verziert mit Ranken, Blüten- und Gittermustern, vorne mehrfach gestempelt: *jhesus*, *maria*, Schließenrest (Kloster Weißenburg/Elsaß; 15. Jahrhundert). – Inhalt Teil 1: fol. 1–68, Schriften von Beda, Primasius und Alkuin; Teil 2: fol. 69–93 und 99–147 u. Teil 3: fol. 94–98: Ansegis, Kapitulariensammlung, mit

II.40 fol. 35r

den Ergänzungen der Reimser Gruppe, vermehrt um ältere Kapitularien Karls des Großen und Ludwigs des Frommen aus den Jahren 802/803 bis 818/819. – H. 21,5 cm; B. 18 cm; 148 Blätter.
Schlettstadt (Sélestat), Bibliothèque Humaniste, Ms. 14 (ehem. 104), fol. 69r

Die Zeichnung befindet sich auf dem Deckblatt von Teil 2, also des Faszikels mit der Kapitulariensammlung des Abtes Ansegis von Fontanella/Saint-Wandrille († 830). Dargestellt ist der Buchstabe A bzw. dessen griechische Entsprechung Alpha als Dreieck und in Form eines Dachgebälks im Aufriß. Offenbar hatte die Zeichnung den Sinn, den Anfang des Heftes mit der umfangreichen Sammlung kaiserlicher Erlasse besonders auszuzeichnen. Links neben dem kunstvollen Alpha steht „a D a M", überschrieben mit den Zahlen „I. IIII. I. XL.", wobei die Zahlenfolge mit ihren ersten drei Gliedern den jeweiligen Rang der Buchstaben von ADAM im Alphabet anzugeben scheint. Darunter eine spätere Federprobe. Da A und D (letzteres kann auch als Alpha gelesen werden) und der daraus gebildete Name Adam gängige Zeichen für Ursprung und Anfang sind, ergänzt dieser Schriftzug wohl die Zeichnung und gehört zu ihr, wenn nicht gar das Alpha-Dreieck als Adam-Monogramm („alle Buchstaben in einem") zu gelten hat. Dann wäre die „Dachgebälkzeichnung" mit „Eisenbändern" (so Bischoff) ein in seiner Sinnverdichtung kaum mehr zu überbietendes Symbol für Gott als Quelle und Beginn alles Irdischen und alles menschlichen Tuns, hier bezogen auf die kaiserliche Gesetzgebung.

Aus Reims, seit unbekanntem Zeitpunkt, vielleicht bereits seit dem 9. Jahrhundert in Kloster Weißenburg/Elsaß (Bibliothekssignaturen 14. Jahrhundert), Bestandteil der Bibliothek des Elsässer Humanisten Beatus Rhenanus (Signatur: 437), von dort in die Bibliothèque Humaniste zu Schlettstadt (Sélestat).

Catalogue général 1861, 592. – Butzmann 1964, 20–36. – Adam 1967, 117 Nr. 14. – Bischoff 1981b, 290 u. Taf. XXIII. – Mordek 1988. – Schneider 1994. – Mordek 1995, 708–714.

A.Z.

II.40 Zeichnungen antiker Säulenordnungen im Schlettstädter Vitruv-Codex

Alemannisch (St. Gallen?), frühes 10. Jahrhundert (Bernhard Bischoff)
Sammelhandschrift, Pergament. – Einband: dunkelbraunes Leder auf Holz, zwei Schließenreste. – Inhalt Teil 1: fol. 2–51, Mappae clavicula (Sammlung technischer Rezepte), darin eingefügt auf fol. 34/35 die Zeichnungen; Teil 2: fol. 52–62, Cetus Faventinus, Artis architectonicae Liber (Das Buch von der Baukunst); Teil 3: Vitruv, Zehn Bücher über Architektur. – H. 19,1 cm, B. 14,8 cm; 215 Blätter.
Schlettstadt (Sélestat), Bibliothèque Humaniste, Ms. 17 (ehem. 360 bzw. 1153 bis), fol. 34–35

Der Schlettstädter Vitruv-Codex gehört zu den wichtigsten Handschriften der berühmten „Architectura" des zur Zeit des Augustus schreibenden Baumeisters Vitruv. Dessen klassisches Werk „Zehn Bücher über Architektur", das in karolingischer Zeit wiederentdeckt und vielfach abgeschrieben wurde (Kat.Nr. II.38), ist ohne Illustrationen überliefert. Nur in dem Schlettstädter Codex sind Illustrationen beigegeben, allerdings nicht zwischen den Blättern des eigentlichen Vitruv-Textes, sondern im Zusammenhang von Exzerpten aus Vitruvs Proportionslehre und einem weiteren, anonymen Text mit dem Titel „Eumetria columnarum" (Säulenordnung) unter den Rezep-

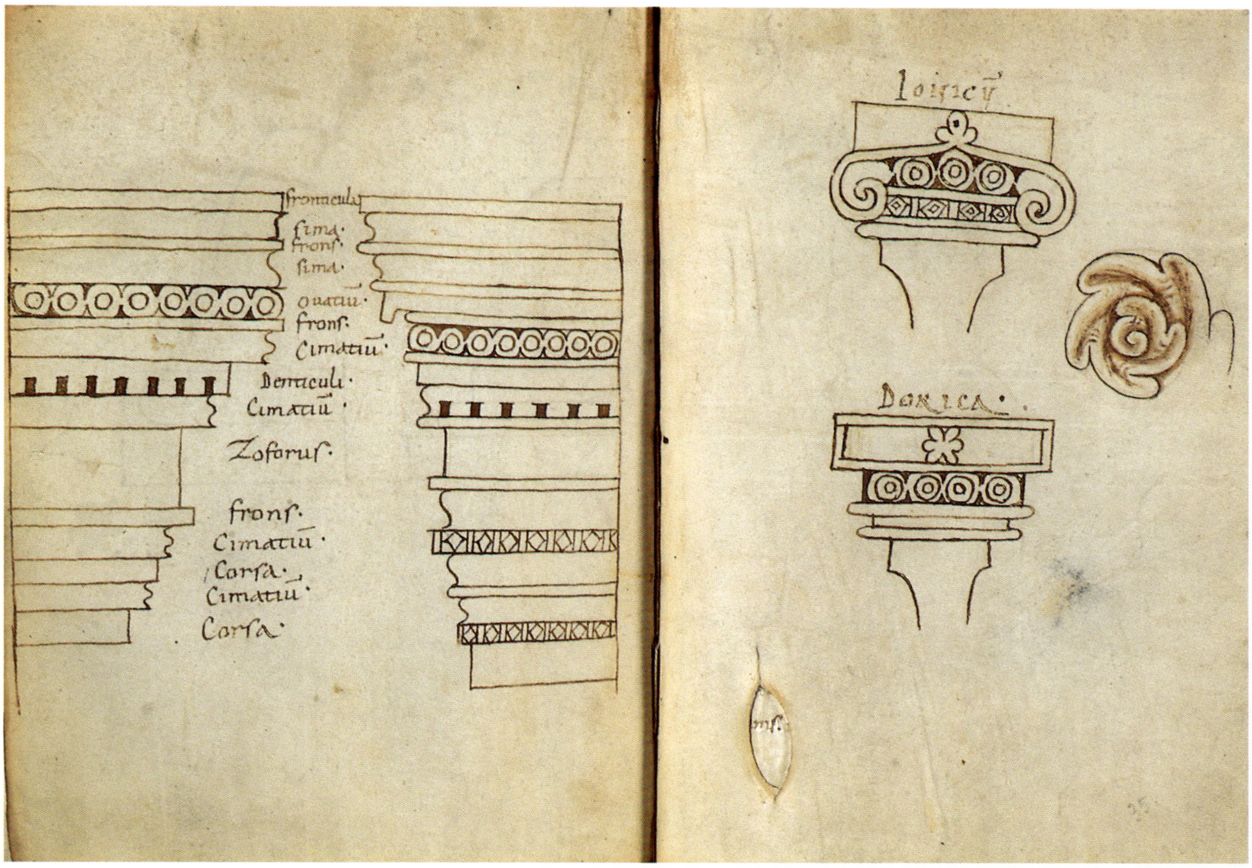

II.40 fol. 35v – 36r

ten der „Mappae clavicula", was so viel heißt wie „kleiner Schlüssel zur Malerei". Die einzigartigen Federzeichnungen sind auf drei Seiten eines Doppelblattes angeordnet, dessen Kalbspergament sich von dem der umgebenden Folien aus Schafshaut unterscheidet. Ob die Zeichnungen gleichzeitig mit der Abschrift des Rezeptbuches entstanden sind oder das Doppelblatt erst nachträglich eingeheftet wurde, bleibt offen. Der Codex ist wahrscheinlich im Bodenseekloster St. Gallen während des 10. Jahrhunderts angefertigt worden; als Vorlage vermutet man ein Buch aus der Hofbibliothek Karls des Großen, zu dessen Zeit erste Hinweise auf eine Rezeption des Werks von Vitruv greifbar sind. Die Zeichnungen stellen Elemente klassischer Säulenordnungen dar, scheinen aber unvollständig oder lückenhaft überliefert zu sein. Den beiden Säulenbasen, bezeichnet als ionisch und korinthisch, folgen Schnitte durch das (jeweils zugehörige?) Gebälk, den Architraven wiederum zwei Kapitelle, gekennzeichnet als ionisch und dorisch.

Aus der Bibliothek des Wormser Bischofs Johann von Dalberg (1482–1502), von dessen Signatur sich ein Rest auf fol. 1r findet, dann im Besitz des Elsässer Humanisten Beatus Rhenanus, von dort in die Bibliothèque Humaniste zu Schlettstadt (Sélestat).

Adam 1967, 125 Nr. 17. – Wirth 1967. – Heitz 1974. – Bischoff 1981b. – Bischoff 1984, 219–220 u. 235.

A.Z.

Das Erbe der Langobarden

II.41 Relieffragment mit Vertiefungen für Einlegearbeiten

Pavia, 1. Hälfte 8. Jahrhundert
Marmor. – H. 37, 5 cm, B. 23, 5 cm, T. 3 cm.
Pavia, Musei Civici, Inv.Nr. B 78

Das Fragment mit einer kunstvollen Anordnung geometrischer Felder ist auf der Vorderseite vertieft, um mit Intarsien aus farbiger Glasmasse, farbiger Gipspaste oder polierten Steinen geschmückt zu werden. Eine Inschrift in Großbuchstaben ist entlang der oberen Kante eingemeißelt. Das Fragment vermittelt eine plastische Vorstellung des verfeinerten höfischen Geschmacks der Langobarden zur Zeit Liutprands (712–744). Die Inschrift ist ein Ausdruck der antiken Kultur, die in Italien bis ins Frühmittelalter überdauerte: Die farbige Einlegearbeit ist typisch für die Vorliebe der Langobarden an der Verzierung von Werken der Architektur, Skulptur und Metallarbeiten mit vielfarbigem Glas, Glasmasse und Email. Vergleiche mit anderen Reliefs dieser Zeit verdeutlichen, wie sehr auch diese polychromen Einlegearbeiten von spätantiken Arbeiten beeinflußt waren. Die mit geometrischen Mustern aus grünen und goldenen Glaseinlagen und Amethysten bedeckten Säulen aus St. Polyeuctos, der großen Kirche der Juliana Anicia in Konstantinopel (um 520/530) stellen beispielsweise ein anschauliches Beispiel für die Anwendung dieser Technik dar. Vermutlich befand sich der Einbau, dem dieses Fragment entstammt, in einer der verschwenderisch ausgestatteten Kirchen der langobardischen Hauptstadt.
Bei Ausgrabungen im Gebiet des Klosters von S. Tommaso in Pavia gefunden.

Schaffran 1941, 77. – Panazza 1953, 244, Nr. 43. – Romanini 1968, 246. – Harrison 1986, 129–130, Abb. 138–140. – Segagni Malacart 1987, 378 f. – Harrison 1989, 78, Abb. 82, 83, 94. – Kat. Codroipo 1990, Nr. VII.20 (Daniela Ricci). – Mitchell 1993, 933–935.

J.M.

II.41

II.42 Schrankenplatte mit Meeresungeheuern

Pavia (?), 1. Hälfte 8. Jahrhundert
Marmor. – H. 66,5 cm, B. 176,5 cm, T. 6,2 cm.
Pavia, Musei Civici, Inv.Nr. B 55

Die beiden fast gleich großen Platten Kat.Nrn. II.42 u. II.43 stammen aus dem Kloster S. Maria Teodote della Pusterla, in dem sich heute das Bischöfliche Seminar von Pavia befindet. Das von Aribert gegründete Kloster trägt den Namen der ersten Äbtissin Teodota, wie Paulus Diaconus in seiner Geschichte der Langobarden (Hist. Lang., V,37) erwähnt.

Aufgrund der Größe und der Ikonographie der hier beschriebenen Platten kam Peroni zu dem Schluß, daß sie zu einer Schrankenanlage des Presbyteriums der Klosterkirche gehörten. Diese Ansicht wurde durch Ausgrabungen im Jahr 1970, bei denen die Kirche wiederentdeckt wurde, bestätigt. Im Grundriß der Kirche, der an die Bauart eines Dreiapsidensaals erinnert, waren zwei in die Verkleidung der Apsiden eingepaßte Säulen und in der nördlichen Umfassungsmauer eine vertikale Führung zu erkennen, die in ihrer Breite mit der Stärke der Plat-

II.42

ten übereinstimmte. Dies konnte auch durch neuere Beobachtungen bestätigt werden (Nepoti/Corsano 1995).

Die beiden Reliefs sind nicht mehr in ihrer ursprünglichen Größe erhalten, da sie vor allem an den Schmalseiten auf unterschiedliche Art abgemeißelt wurden. Eine Rekonstruktion der Ausmaße des Rahmens läßt auf eine ursprüngliche Länge der Platten von ca. 186 cm schließen. In Anbetracht ihrer geringen Höhe ist es wahrscheinlich, daß die Platten ursprünglich nicht unmittelbar auf dem Boden aufgestellt waren, sondern auf einem Stein- oder Mauersockel. Die Rückseiten der beiden Stücke sind nicht glatt; sie weisen geradlinige, mit einem Meißel gehauene Gravierungen auf. Daher könnte man annehmen, daß sie ursprünglich an einer Stützwand gelehnt hätten. Die Verputzspuren auf der Rückseite können dagegen auf ihre spätere Wiederverwendung als Türpfosten hinweisen.

Das Relief mit Meeresungeheuern, das an den Schmalseiten abgemeißelt ist, weist am oberen und unteren Rand zwei dünne Zierleisten auf. Das durch ein Eierstabmotiv abgegrenzte zentrale Feld wird von einem Randstreifen mit Rankenmedaillons gerahmt. Im Innern der Ranken sind Weintrauben und Blumen zu sehen.

Nur das mittlere Medaillon des oberen Randes birgt eine große Rosette mit zwölf Blütenblättern.

Das zentrale Feld beherbergt eine an der Mittelachse der Platte ausgerichtete heraldische Komposition mit der Darstellung zweier Meeresungeheuer mit Löwenkopf, Flügeln und schlangenförmigem Schwanz, die einem *arbor vitae* (Lebensbaum) zugewandt sind. In den unteren Ecken befinden sich zwei kleine Delphinfiguren.

Der Hintergrund ist glatt; es sind noch Spuren des Spitzmeißels sichtbar, mit Hilfe dessen der Hintergrund vertieft wurde. Im übrigen Relief kann man Spuren von Flach- und Spitzmeißel erkennen, außerdem zahlreiche Bohrlöcher.

Auch die Platte mit den Pfauen, die nur an der rechten Seite abgemeißelt scheint, zeigt zwei schmale Zierleisten am oberen und unteren Rand, außerdem Reste einer ähnlichen Zierleiste am linken Rand. Auch hier trennt ein Perlstabmotiv das zentrale Feld von einem ca. 17 cm breiten Randstreifen. Dieser besteht aus Rankenmedaillons mit sehr regelmäßigen Pflanzenmotiven.

Im zentralen Feld sind zwei einander zugewandte Pfauen nach Art eines Wappenmotivs zu sehen, die aus einem mit Henkeln versehenen *cantharos* trinken, aus dem ein kleines Kreuz herausragt. Auf der einen Seite des *cantharos* ist eine Blume zu erkennen, auf der anderen eine Scheibe mit konzentrischen Kreisen. Am rechten Rand befindet sich ein aus Ranken gebildetes Kreuzmotiv. Es wurde sicher nur zum Ausfüllen des leeren Raumes eingesetzt. Die Untersuchung des Reliefs hat ergeben, daß das Arrangement jedes dekorativen und figurativen Elementes genau vorgezeichnet wurde. Es ist daher wahrscheinlich, daß die Verschiebung der Darstellung nach links, mit der damit einhergehenden notwendigen Hinzufügung des Lilienkreuzes als Füllelement, eher in Zusammenhang steht mit dem ursprünglichen Standort der Platte, beispielsweise in der Nähe von weiteren Einbauten oder Kirchengerät, die eventuell die Sicht auf die Platte teilweise versperrt hätten.

Beide Platten weisen zahlreiche Gemeinsamkeiten auf, angefangen beim Material und den Proportionen über die Raumaufteilung bis hin zum kompositorischen Gehalt, so daß sie als Ergebnis eines vollkommen einheitlichen Entwurfs betrachtet werden können. Trotzdem beweisen zahlreiche stilistische und technische Elemente, daß die Werke von zwei verschiedenen Bildhauern geschaffen wurden. Auf der Platte mit Meeresungeheuern überwiegt die Zweidimensionalität der dekorativen und insbesondere der figürlichen Elemente: Die Tiere und der *arbor vitae* sind durch ein klares Profil gekennzeichnet, fast so, als handele es sich um ausgeschnittene und in den Hintergrund eingelegte Figuren, wobei die Körper durch schmale Rillen oder sogar bloß durch eingravierte Profile bestimmt sind. Die Aufmerksamkeit des Betrachters wird auf die Vielfältigkeit der Oberfläche gelenkt, der durch den Einfall des Lichtes Lebendigkeit verliehen wird, während die überaus betonte formale Eleganz der regelmäßigen Wiederholung der Rillen zuzuschreiben ist, die u. a. die Körper der Tiere kennzeichnen.

Ähnliches läßt sich an der Platte mit dem Pfauenmotiv beobachten, an der jedoch die Figuren viel plastischer angelegt sind, wie schon die weiche Abrundung der Ränder erkennen läßt; ebensowenig verzichtete man auf eine im Vergleich zur anderen Platte tiefere Aushöhlung. Die plastischere Darstellungsweise wurde auch auf den Medaillonrahmen angewandt und ist besonders augenfällig in den Laubmotiven und in den Figuren der Vögel, die Weintrauben picken.

Was vereinfachend als Ausdruck eines naiven *horror vacui* bezeichnet werden kann, in Wahrheit aber die Bestrebung ist, den Raum harmonisch zu füllen, wird an beiden Platten auf unterschiedliche Weisen gelöst. An der Platte mit Meeresungeheuern durch eine geschickte Anordnung der einzelnen Figuren; an der Platte mit dem Pfauenmotiv hingegen durch den Rückgriff auf einzelne dekorative Segmente.

Was die Typologie der Arbeit betrifft, stellen die Platten des Museo Lapidario del Duomo di Modena – auch wenn diese von qualitativ geringerem Niveau sind – nach wie vor eines der unmittelbarsten Vergleichsstücke dar, und zwar bezüglich der Maße, der Bildkomposition und des ornamentalen Repertoires (Trovabene 1984).

Der durch den stilistischen und technischen Vergleich gegebene Hinweis auf einige der bedeutendsten Beispiele der langobardischen Plastik in Norditalien, wie zum Beispiel die Werke aus Cividale (auch wegen des ikonographischen Elementes des *arbor vitae*) und Brescia oder auch der Epitaph des Cumianus in Bobbio, bestätigt darüber hinaus ganz eindeutig, daß die beiden Platten einer Werkstatt von hohem künstlerischem Niveau zuzuschreiben sind, die für die wichtigsten Auftraggeber der Hauptstadt des Reiches tätig gewesen ist.

Im 19. Jahrhundert waren die Platten in die Türpfosten eines Seminars eingebaut worden, wo sie 1828 von Defendente und Guiseppe Sacchi untersucht wurden. Später gelangten sie in die Sammlung des Marchese Luigi Malaspina, der sie 1837 der Stadt Pavia hinterließ.

Kautzsch 1941, bes. 4. – Schaffran 1941, 79, 84, 93. – Panazza 1953, 217, Nr. 66, 256–259. – Sheppard 1964. – Peroni 1972, bes. 78–93. – Romanini 1975, 779. – Peroni 1978, 107 f. – Peroni 1984, 280. – Trovabene 1984, 77–79. – Segagni Malacart 1987, 374–381. – Kat. Codroipo 1990, Nr. VII.16–17 (Daniela Ricci). – Nepoti/Corsano 1995.

S.L.

II.43 Schrankenplatte mit Pfauen

Langobardisch, 1. Hälfte 8. Jahrhundert
Marmor. – H. 65,5 cm, B. 176,5 cm, T. 6,2 cm.
Pavia, Musei Civici, Inv.Nr. B 57

Kautzsch 1941, bes. 4. – Schaffran 1941, 79, 84, 93. – Panazza 1953, 217, Nr. 66, 256–259. – Sheppard 1964. – Peroni 1972, bes. 78–93. – Romanini 1975, 779. – Peroni 1978, 107 f. – Peroni 1984, 280. – Trovabene 1984, 77–79. – Segagni Malacart 1987, 374–381. – Kat. Codroipo 1990, Nr. VII0.16–17 (Daniela Ricci). – Nepoti/Corsano 1995.

S.L.

II.44 Trapezförmige Platte mit Pfau

Brescia, Mitte 8. Jahrhundert
Proconneso-Marmor (?). – Sehr gut erhalten, leichte Bestoßungen (1998 restauriert). – H. 73 cm, B. 125 cm, T. 6–7,5 cm.
Brescia, Musei Civici d'Arte e Storia, MR 5829

In der Mitte der trapezförmigen Platte befindet sich ein nach links schreitender Pfau, der von einer mit Weinblättern und Trauben bewachsenen Medaillonranke umgeben ist. Der horizontale, von einem Profil eingefaßte Streifen verläuft entlang des unteren Randes und ist am linken Ende mit verflochtenen Bändern geschmückt, die Kreise und vierblättrige Kleeblätter ausbilden.

Dieser Platte dürfte spiegelbildlich ein weiteres Relief entsprochen haben, von dem zwei identisch verzierte Fragmente erhalten sind. Darüber hinaus sind in jüngster Zeit im Rahmen der Wiederherstellung des Originalbodens in den Seitenschiffen von S. Salvatore weitere undekorierte Platten gefunden worden, die ähnliche Formen und Maße aufweisen und daher auf eine Nutzung der Reliefplatte als Brüstung für die Treppe eines Ambos mit zwei seitlichen Zugängen schließen lassen.

II.43

Der Standort dieses liturgischen Aufbaus innerhalb der Kirche von S. Salvatore bleibt dennoch unbekannt, da während der in den 1950er Jahren in der Basilika durchgeführten Ausgrabungen keine Aufstellungsspuren gefunden wurden.

Die Platte zeigt die programmatische Wiederaufnahme eines antiken Motivs, das an Modellen der byzantinisch-ravennatischen Tradition orientiert ist, was hauptsächlich an der Gestaltung des Pfaus erkennbar ist. Ähnliche Medaillons mit Trauben und Weinblättern sind außerdem in zwei auf das fortgeschrittene 8. Jahrhundert datierbaren Kämpferkapitellen vorhanden, die aus der Kirche von S. Maria d'Aurora in Mailand stammen.

In der Skulptur wurden deutlich klassizistische Motive aufgenommen und in eine für die spätlangobardische Zeit typische Bildsprache integriert.

Panazza/Tagliaferri 1966. – L'Orange/Torp 1977. – Vettori 1978. – Peroni 1984. – Kat. Codroipo 1990. – Panazza 1992. – Gli scavi di Santa Giulia (im Druck).

S.T.

II.44

II.45

II.45 Platte mit Bogen

Brescia, Mitte 8. Jahrhundert
Kalk-Oolith. – Mäßig gute Erhaltung, Ausbrüche an den Rändern, leichtere Bestoßungen (1998 restauriert). – H. 49 cm, B. 76 cm, T. 5,5–5,8 cm.
Brescia, Musei Civici d'Arte e Storia, MR 5808 A

Die Platte ist durch eine Bortendekoration in zwei vertikale und einen rechtwinklig dazu angeordneten horizontalen Streifen gegliedert. Die Bogenkehle ist mit fleischigen umlappenden Blättern gefüllt, während das Ornament am oberen Rand des Bogens aus zwei Reihen gegeneinandergestellter Stengel mit kleinen volutenartigen Einrollungen besteht, die in der Mitte von einem lanzettförmigen Blatt geteilt werden. In den Bogenzwickeln befinden sich je drei Blattstengel.

Die Platte hat ein Gegenstück in einer anderen Platte mit einem doppelten Bogen; dies gilt sowohl für die Verwendung ornamentaler Motive als auch für das rückseitige Gesims, das offenbar eine Abdeckung stützen konnte.

Diese Ähnlichkeit und die Tatsache, daß die Bortendekoration auf den Seitenflächen wiederholt wird, was auf eine weitere Fortsetzung des Ornaments hinweist, legen nahe, daß beide Platten nebeneinander gestanden haben und vielleicht Teil eines kleinen Aufsatzes mit rechteckigem Grundriß bildeten.

Wegen der Kehlungen zum Stützen einer Abdeckung wie auch aufgrund der Proportionen scheint die Form der beiden Stücke aus der frühmittelalterlicher Ziborien hervorgegangen zu sein. Eine genaue Bestimmung der Funktion und des Standorts dieses liturgischen Aufbaus ist dennoch nicht möglich.

Die aufwendige Dekoration und die handwerklich hochrangige Ausführung lassen vermuten, daß der Aufbau möglicherweise der Bewahrung eines liturgischen Gegenstands bzw. auch eines besonders verehrten Werks, etwa der Heiligen Schrift oder einen Reliquiars, in S. Salvatore gedient hat. Einer neueren Hypothese zufolge könnten diese Platten, wenn sie auf Säulen aufgestellt waren, auch den Zugang zu einem wichtigen Raum der Kirche, möglicherweise zur Krypta, markiert haben.

Panazza/Tagliaferri 1966. – Vettori 1978. – Peroni 1984. – Kat. Codroipo 1990. – Panazza 1992. – Gli scavi di Santa Giulia (im Druck).

S.T.

II.46 Würfelkapitell mit Fragment einer verzierten Säule

Brescia, 8. Jahrhundert
Kalk-Oolith. – Stark abgenutzt, Säule in der Mitte gebrochen (1998 restauriert). – Kapitell: Abakus 16,5 x 17 cm, H. 18 cm; Säule: Umfang 45,5–50 cm, H. 50,5 cm.
Brescia, Musei Civici d'Arte e Storia, MR 5791

Die Säule und das Kapitell sind aus einem einzigen Steinblock gehauen und durch einen doppelten Halsring getrennt.

Auf die Säule ist ein Ornament in Form eines geflochtenen Seils, das den Schaft in vier Streifen trennt, aufgelegt. Dazwischen befindet sich eine Ranke, die abwechselnd Trauben und Weinblätter einschließt. Der vordere Streifen wird vor allem dadurch hervorgehoben, daß er von einem doppelt geflochtenen Seil eingerahmt und im oberen Rankenmedaillon ein Sternornament dargestellt ist.

Das mit einem Halsring nach unten abgeschlossene Kapitell weist auf allen Seiten die gleichen Ornamente auf, wobei die Ecken durch gekehlte Blätter getrennt werden und die Seitenflächen eine flache Blattornamentik mit einer plastischen Mittenbetonung aufweisen.

Das ornamentale Motiv der Säule ist in der frühmittelalterlichen Kunst recht häufig anzutreffen. Die Form der Säule erinnert stark an einen kleinen Pfeiler aus der Kirche von S. Maria d'Aurora in Mailand, während ähnliche Kapitelle in S. Giorgio in Valpolicella zu finden sind.

Die ursprüngliche Aufstellung und Funktion der Säule ist nur noch zu vermuten. In jüngster Zeit sind während der Ausgrabungen im Kloster S. Salvatore-S. Giulia weitere Säulen gefunden worden, die ähnliche Proportionen und dieselbe vierstreifige Einteilung durch ein geflochtenes Seil aufweisen. Darüber hinaus kann aufgrund einer Bohrung über die ganze Höhe, die wahrscheinlich eine Armierung aus Metall aufnahm, angenommen werden, daß solche Säulen vielleicht einen Aufbau, etwa ein Ziborium, getragen haben.

II.46

Panazza/Tagliaferri 1966. – L'Orange/Torp 1977. – Vettori 1978. – Panazza 1992. – Gli scavi di Santa Giulia (im Druck).

S.T.

II.47

II.47 Kämpferplatte/Kämpferkapitell mit Kreuzen und Pflanzenmotiven

Brescia, 8. Jahrhundert
Kalksteinrelief. – Relief stark abgenutzt, Absplitterungen an verschiedenen Stellen (1998 restauriert). – Deckplatte 55,5 x 47 cm, Basisfläche 34 x 34 cm, H. 20 cm.
Brescia, Musei Civici d'Arte e Storia, MR 5843

Die Schmalseiten des Kämpfers weisen in der Mitte ein Kreuz auf. Aus dem unteren Rand des Kapitells wachsen zwei symmetrische Pflanzenmotive hervor, die die ganze Oberfläche mit Blättern und Voluten bedecken.

Auf Vorder- und Rückseite ist eine ähnliche Blattdekoration mit etwas größeren Pflanzen zu sehen, die sich vom unteren Rand des Kapitells nach oben entwickelt und die gesamte Fläche bedeckt.

Für diese Ornamente finden sich weder unter den Skulpturen von S. Salvatore noch unter denen anderer Orte Parallelen. Der Steinmetz dieser Kämpferplatte wollte dabei ganz offensichtlich gängige Motive auf originelle Weise der zu füllenden Fläche anpassen.

Einzigartig sind auch die Proportionen und die beträchtliche Größe des Stücks. Dafür gibt es kaum Parallelen in der frühmittelalterlichen Plastik und auch nicht unter den zahlreichen Beispielen von Kämpfern, die aus dem Kloster S. Salvatore stammen. Möglicherweise ist dies auf die spezifische Funktion dieses Kapitells zurückzuführen, das nicht die Verbindung zweier angrenzender Bögen darstellte, sondern vielleicht als Stütze für ein Kreuzgewölbe diente.

Panazza/Tagliaferri 1966. – L'Orange/Torp 1977. – Vettori 1978. – Panazza 1992. – Gli scavi di Santa Giulia (im Druck).

S.T.

II.48 Platte mit Kreuz

Brescia, 8.–9. Jahrhundert
Medolo bresciano. – Leichte Bestoßungen (1998 restauriert). – H. 101 cm, B. 60 cm, T. 24 cm.
Brescia, Musei Civici d'Arte e Storia, MR 5846

Die hochrechteckige Platte ist durch ein Kreuz mit perlenbesetzten Armen und leicht verbreiterten Kreuzarmen verziert. Die Arme sind dreifach abgestuft, die Vierung des Kreuzes wird von einer Scheibe aus fünf konzentrischen Kreisen eingenommen. Im linken unteren Zwickel ist eine stilisierte Palme dargestellt, unten rechts befindet sich ein Motiv in Form einer hochgestellten Acht, das von einer Rosette bekrönt wird. In den oberen Zwickeln ist je eine Rosette und eine S-förmige Volute wiedergegeben. Die Platte zeichnet sich durch ihre erhebliche Stärke, aber auch durch eine Rille zum Einfügen weiterer Platten oder

II.48

Aufbauten aus; deshalb ist es unwahrscheinlich, daß sie als Chorschranke dienen konnte. Wegen der fehlenden Vergleichsmöglichkeiten zu Reliefs ähnlicher Form ist es nicht möglich, die ursprüngliche Funktion der Platte mit Sicherheit zu bestimmen.

Die Einfachheit und Unregelmäßigkeit der Zeichnung, die Verwendung ornamentaler Motive, die keine Entsprechung in anderen Steinwerken haben, sowie die Benutzung eines heimischen Steines unterscheiden diese Platte mit Kreuz von den anderen Reliefs von S. Salvatore. Andererseits besteht eine starke Ähnlichkeit zu einem Relief aus der Kirche von Santa Maria Maggiore in Brescia, das eine gleichartig stilisierte Palme aufweist.

Aufgrund dieser Erwägungen erscheint die Herkunft der Platte aus S. Salvatore zweifelhaft. Wie zahlreiche andere Steinwerke dürfte wohl auch dieses Stück nur deshalb zu den Überresten der Ausstattung von S. Salvatore gezählt worden sein, weil man üblicherweise diesem Kultbau alle frühmittelalterlichen Skulpturen und Arbeiten in Stein zuordnete, deren genauer Ursprung sich nicht eindeutig feststellen ließ.

Panazza/Tagliaferri 1966. – Vettori 1978. – Kat. Codroipo 1990. – Panazza 1992.

S.T.

II.49 Kapitell mit Fisch

San Vincenzo al Volturno, 1. Hälfte 9. Jahrhundert
Weißer Kalkstein. – H. 19 cm, B. oben 40, 5 cm u. unten 21 cm, T. 23, 5 cm.
Campobasso, Soprintendenza Archeologica del Molise, Inv.Nr. 53739

Von dem kleinen Trapezkapitell ist nur die Vorderseite erhalten, auf der in Flachrelief ein Fisch dargestellt ist. Zwei Scheiben mit je vier über einem zentralen Punkt angeordneten kreisförmigen Mustern befinden sich über dem Kopf des Fisches und scheinen an Luftblasen zu erinnern. Die Rückseite des Kapitells fehlt, die beiden Schmalseiten sind nur teilweise erhalten. Der Abakus besteht aus einer tiefen Kehle.

Dieser Kapitelltyp war im 9. Jahrhundert im Kloster S. Vincenzo al Volturno sehr beliebt; Fragmente von etwa zehn Kapitellen wurden im Laufe der Ausgrabungen entdeckt. Die tiefe Wölbung des Abakus ist charakteristisch und unterscheidet diese Gruppe von Trapezkapitellen des 12. Jahrhunderts aus Mittel- und Süditalien, die manch-

II.49

mal gewisse Ähnlichkeiten in Form und Ornamentierung aufweisen. Kapitelle vergleichbaren Typs mit derselben Abakusform wurden in der karolingischen Pfalz Ingelheim verwendet; es ist möglich, daß der Typ aus Italien an den Mittelrhein importiert wurde. Mit großer Sicherheit wurde das Kapitell für eine Arkade von geringem Ausmaß entworfen.

Ein nicht-stratifizierter Oberflächenfund (1991) aus dem Gebiet unmittelbar südlich des Umkreises der Werkstatt in San Vincenzo al Volturno.

Kat. Frankfurt 1994, Nr. 1/5 (Peter Feldmann/Andreas Thiel). – Meyer 1997, Kat. Ing. 1. – Mitchell/Hansen (im Druck), Kap. 5.

J.M.

II.50 Grabstein

San Vincenzo al Volturno, frühes 9. Jahrhundert
Marmor, feinkörnig kristallin. – H. 18 cm, B. 12, 5 cm, Dm. 5,2 cm.
Campobasso, Soprintendenza Archeologica del Molise, Inv.Nr. 53738

Das Fragment eines Grabsteins war mit einem großen Kreuz mit gespreizten Balkenenden bedeckt. Im Mittelpunkt des Kreuzes befindet sich die rechte Hand Gottes, erhoben und mit nach oben ausgestreckten Fingern und Daumen, eine für Kunstwerke des langobardischen Italien im 8. und 9. Jahrhundert typische Darstellungsform. Jeder der Arme trägt ein dreiteiliges, geflochtenes Band. Im rechten oberen Zwickel befindet sich ein Lamm, darüber eine sechsblättrige Rosette; eine identische, spiegelbildlich angeordnete Darstellung füllte sicher auch das gegenüberliegende Feld. Die beiden Felder unter dem Querbalken des Kreuzes enthielten die Gedenkinschrift, in sorgfältig gemeißelten kleinen Großbuchstaben, mit den auffallenden Keilbalken und der häufigen Verwendung von kleinen *litterae inscriptae* (vgl. Kat.Nr. II.51) die typisch für S. Vincenzo im 9. Jahrhundert waren. Eine stilisierte blattförmige Volute verläuft unmittelbar über jeder der Inschriftenkolumnen. Teile der ersten zwei Zeilen der Inschrift sind erhalten:

I...IRE//QUIESI...I/
I...IDE//Mari.I...I
(hic) requieslcit Hilldemari eoI...I
(„Hier ruht Hildmar...")

Das Muster dieser Platte, mit seiner Inschrift unterhalb der Arme eines großen Kreuzes, wurde in der ersten Hälfte des 9. Jahrhunderts häufig für die Gräber der Mönche von S. Vincenzo verwendet. Der Typus entstand im nördlichen Langobardenreich. Diese Herkunft aus dem Norden wird auch an der erhobenen rechten Hand Gottes im Zentrum des Kreuzes deutlich, ebenso an dem Lamm an den Seiten, das sich ursprünglich von einem spätantiken byzantinischen Muster herleitete und sich z. B. in Ravenna vielfach erhalten hat. Ravenna als Brücke zwischen Byzanz und dem Westen bildete den Hintergrund für die Errungenschaften der nordlangobardischen Bildhauer im 8. Jahrhundert.

Gefunden während einer Grabung in einer Abbruchstätte des 11. Jahrhunderts über dem westlichen Ende des Südflügels der Abteikirche von S. Vincenzo Maggiore.

Mitchell/Hansen (im Druck), Kap. 2 u. 23. – Mitchell (im Druck).

J.M.

II.51 Wandmalereifragmente mit Schriftrolle

San Vincenzo al Volturno, um 800
Wandmalerei. – Bemalter Verputz, Fresko mit Sekkotechnik nachbearbeitet. – H. 85 cm, B 57 cm.
Campobasso, Soprintendenza Archeologica del Molise, Inv.Nr. 47903

Das aus Teilen zusammengesetzte Wandmalereifragment mit der Darstellung einer Schriftrolle gehörte zu einer gemalten Komposition, die den Versammlungssaal, einen der Haupträume des frühmittelalterlichen Klosters, schmückte. In diesem Raum kamen die Mönche zusammen, bevor sie in das angrenzende Refektorium zogen, um dort zu essen. Die Darstellungen an den Wänden bestanden vornehmlich aus Figuren, die jeweils unter den Bögen einer Arkadenreihe standen: an der Westwand Apostel, die den Eingang des Refektoriums flankierten, an den drei übrigen Wänden Propheten. Die Figuren waren beinahe lebensgroß; jede hielt in ihren Händen eine Schriftrolle, welche einen Text aus ihren Schriften enthielt. Wohl kurz nach der Einnahme des Klosters durch arabische Plünderer im Jahre 881 wurden die Räume zerstört. Teile der Komposition, unter ihnen die vorliegende Schriftrolle, entdeckte man während der Ausgrabung und fügte sie aus zahlreichen Fragmenten des bemalten Putzes wieder zusammen.

Die Schriftrolle wurde von einem Propheten in der nordwestlichen Ecke des Saals gehalten und stellt eine von zwei Inschriften dar, die in ausreichendem Maße erhalten sind, um identifiziert werden zu können. Der Text bildet eine Variante zur üblichen Lesart eines Abschnitts aus den Schriften des Propheten Micha: IN D(i)E ILLA/DICIT D(omi)N(u)S/CONGREGA/BO C(la)V-DI/CANTEM ET/(e)AM QVAM EIECERAM/CONGREGAB(o) (Mich 4,6). Die Lesart der Vulgata lautet: *In die illa, dicit Dominus, congregabo claudicantem, et eam quam eieceram, colligam, et quam afflixeram* („An jenem Tag, spricht der Herr, will ich die versammeln, die hinken, und die will ich zusammenrufen, die ausgestoßen sind und die, denen ich Böses angetan habe."). Die einzige andere Schriftrolle dieses Raumes, die lesbar ist, trägt einen Text desselben Propheten: „Weide dein Volk mit deinem Stab, die Herde deiner Erbschaft, die einsam lagert im Wald inmitten des Karmel: laß sie in Bashan und Gilead weiden, wie in den Tagen der Vorzeit" (Mich 7,14). Thema des ersten Textes ist die Versammlung und Zusammenkunft der Schwachen und Verfolgten, während der zweite identifizierbare Text von Gottes Speisung seines erwählten Volkes handelt. Es scheint, daß die Texte aufgrund ihres Inhalts für den Vorraum des klösterlichen Refektoriums ausgewählt wurden, denn die Gründungslegende des Klosters berichtet, daß bei der ersten Ankunft der Mönche am Ort das obere Volturno-Tal eine öde und gefährliche Gegend mit dichten Wäldern war, in denen wilde Tiere und Räuber hausten.

Die Texte wurden entsprechend zur Erläuterung der Funktion des Raumes ausgewählt. Es war im Mittelalter nicht unüblich, einen Propheten mehrfach darzustellen, wenn mehr als ein Text aus seinen Schriften für eine Bildkomposition benötigt wurde: Ein anderes Beispiel dafür ist das große Elfenbeinkreuz aus dem 12. Jahrhundert in

II.50

der Cloisters Collection des Metropolitan Museum in New York.

Der Text ist in einer deutlich lesbaren, ein wenig unregelmäßigen Kapitalschrift abgefaßt. Für sie kennzeichnend sind unterschiedliche Buchstabenformen und kleine *litterae inscriptae*, Buchstaben, die zwischen die in voller Größe ausgeführten Lettern gesetzt oder ihnen einbeschrieben wurden. Diese Merkmale sind typisch für eine Schriftform, die bei den eingemeißelten Epitaphien in S. Vincenzo während der ersten Hälfte des 9. Jahrhunderts verwendet wurde. Die Gewohnheit, die Zeilen abwechselnd in roter und schwarzer Schrift zu schreiben, scheint eine bewußte Nachahmung der Abfassung von Prachthandschriften des 6. Jahrhunderts zu sein. Sie muß aus der Praxis des klösterlichen Skriptoriums übernommen sein.

Figuren, die offene Schriftrollen mit Inschriften tragen, sind im mittelalterlichen Westen vor dem späteren

II.51

11. Jahrhundert überaus selten. Das Motiv ist allerdings im Verlauf des gesamten Mittelalters im byzantinischen Osten anzutreffen; es ist daher möglich, daß die Idee für die Verwendung des Motivs einer beschriebenen Schriftrolle in S. Vincenzo auf die Kenntnis byzantinischer Gepflogenheiten zurückgeht.

Gefunden 1982 während Ausgrabungen im Versammlungssaal in S. Vincenzo al Volturno.

Hodges 1955, Kap. 3.

J.M.

II.52 Wandmalerei mit jungem Heiligen

San Vincenzo al Volturno, um 800
Wandmalerei. – Bemalter Verputz, Fresko mit Sekkotechnik nachbearbeitet. – H. 166 cm, B. 123 cm.
Campobasso, Soprintendenza Archeologica del Molise, Inv.Nr. 47902

Die stehende Figur eines jungen Heiligen ist aus Fragmenten von bemaltem Wandverputz zusammengesetzt worden, welche in der nordwestlichen Ecke des Vestibüls

II.52

gefunden wurden. Dieser Raum befand sich am nördlichen Ende des Klosters an der Stelle, wo die Klausur der Mönche an den Bereich grenzt, der für die Aufnahme herausragender Gäste bestimmt war. Das Vestibül ist ein unregelmäßig geformter Platz, der als eine Art Verbindungsraum am Fuß der monumentalen Steintreppe diente, die in den ein Stockwerk höher gelegenen Saal im *palatium* der Gäste führte. Die Ausschmückung dieses Raumes bestand aus beinahe lebensgroßen stehenden Heiligenfiguren über einem gemalten Sockel, der eine Verkleidung mit Marmorplatten nachahmte. Der junge Heilige war Teil eines Figurenpaares, das einander über die Ecke des Raumes hin zugewandt war.

Der Heilige dreht sich halb nach rechts. In seiner linken Hand hält er ein großes Buch mit einem edelsteinbesetzten Einband; seine rechte Hand hat er in einer Redegeste erhoben, wobei er Zeige- und Mittelfinger ausstreckt. Er trägt Tunika und Pallium (Untergewand und Mantel), die durch schmale, parallele Falten, wie sie für die italienische Malerei des späteren 8. und 9. Jahrhunderts typisch sind, gegliedert werden: Eng zusammenliegend bilden sie jeweils Zweier- und Dreiergruppen. Kopf und Frisur des Heiligen entsprechen der höfischen Maltradition im Langobardenreich. Bemerkenswert ist dabei die dick aufgetragene Farbe, durch die das Gesicht „modelliert" wird. Der Name des Heiligen war in großen und zierlichen roten Kapitalbuchstaben rechts und links des Heiligenscheins geschrieben; die Überreste reichen freilich nicht aus, um ihn zu identifizieren. – Aus Ausgrabungen im Vestibül in S. Vincenzo al Volturno.

Hodges 1955, Kap. 1.

J.M.

II.53 Fußboden- und Wandfliesenfragmente in *opus sectile*

Salerno, 8. Jahrhundert unter Verwendung antiker Steine
Marmor, Porphyr, Kalkstein, Gold. – a) 128 x 63 cm. – b) 128 x 88 cm. – c) 79 x 39 cm. – d) 60 x 60 cm.
Salerno, Soprintendenza per i Beni ambientali, architettonici, artistici e storici di Salerno e Avellino

Der reiche Schmuck des Fußbodens in der Palast-Kapelle Arichis' II. bestand aus *opus sectile*, für den vor allem antike Spolien verarbeitet wurden. Der untere Teil der Wände, hier insbesondere im Bereich der Apsis, war eben-

II.53a

II.53b

II.53c

II.53d

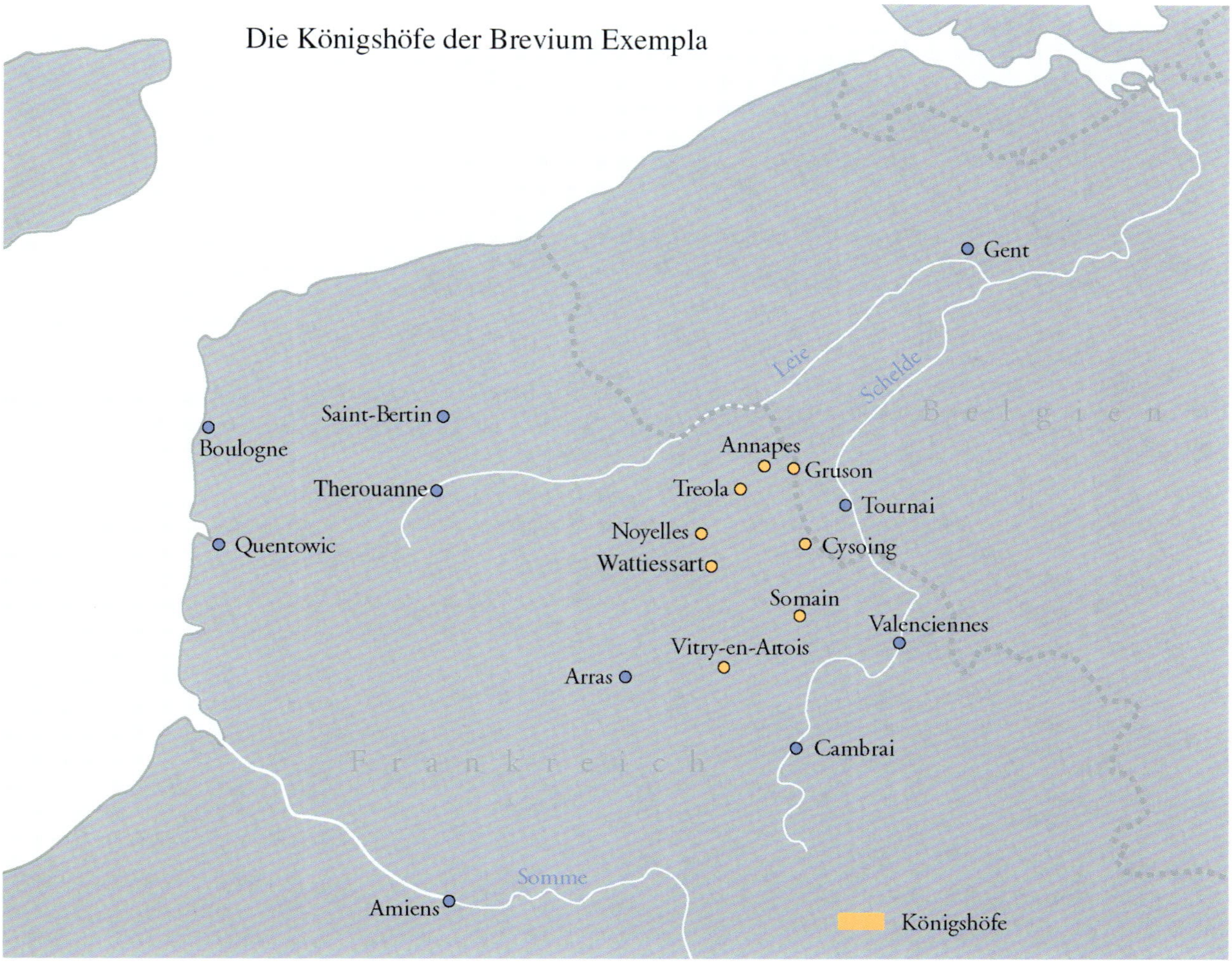

zu II.54

falls mit *opus sectile* eingelegt bzw. mit Glasfliesen bedeckt (vgl. Kat.Nr. VIII.48).

Delogu 1977. – Di Muro 1996. – Peduto u. a. 1988. – Peduto 1998.

P.P.

Die Pfalzen und Königshöfe in Frankreich

II.54 Brevium exempla und Capitulare de villis

Vermutlich Fulda oder Rheinlande (Köln?), zwischen 825 und 850
Pergament. – Ledereinband aus dem Jahr 1966. – H. 30,8 cm, B. 12,5 cm; 16 Blätter.
Wolfenbüttel, Herzog August Bibliothek, Cod. Guelf. 254 Helmst.

Das Reich Karls des Großen war zunächst noch ohne Hauptstadt, der Herrscher zog von Königshof zu Königshof, von Pfalz zu Pfalz, wo er urkundete und das große Reich gleichsam immer wieder aus dem Sattel regierte. Versorgt wurde er aus dem Krongut, dessen Verwaltung sich in den Brevium exempla und im Capitulare de villis spiegelt, denn beide Texte sind Zeugnisse der zentralen Reichsgutverwaltung der Karolinger. Sie sind nur noch in der ausgestellten Handschrift der Herzog August Bibliothek in Wolfenbüttel überliefert.

Die sog. „Brevium Exempla ad res ecclesiasticas et fiscales describendas“ (fol. 9r – 12r) stellen ein Muster für die Abfassung grundherrlicher Besitznachweise jeder Art dar. Sie gliedern sich in drei Teile:

Teil A, der Auszug aus einem Urbar (= Güter- und Einkünfteverzeichnis) des Bistums Augsburg, enthält ein Inventar der Klosterkirche auf der Insel Wörth im Staffelsee (Innenausstattung, gottesdienstliche Gerätschaften, Paramente und Bücher) nebst einem Urbar des zum Klo-

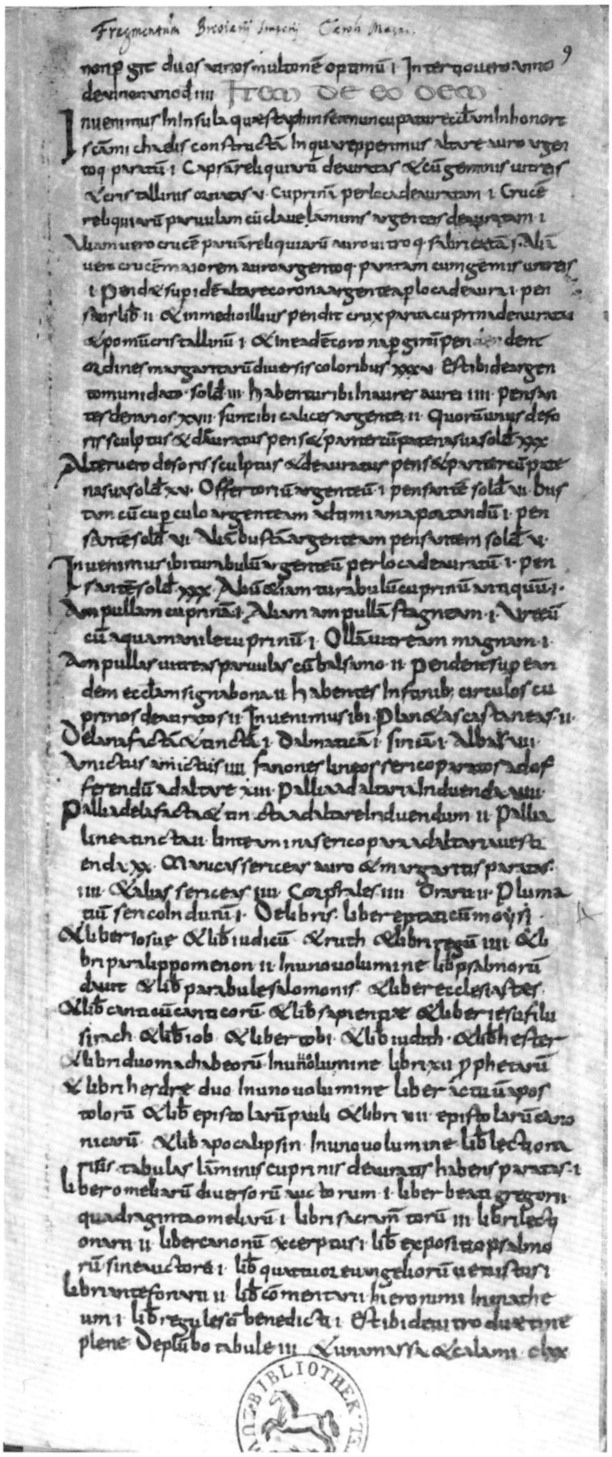

II.54 fol. 9v

ster gehörigen Fronhofes, dazu eine Endaufrechnung aller einst im Besitze des Bistums befindlichen Hufen.

Teil B teilt sich in Auszüge aus einem Weißenburger Traditions- und Prekarienverzeichnis (betreffend Besitzübertragungen und zeitweiser Überlassungen von Kirchenland) und in ein ebendorthin gehöriges Lehensverzeichnis.

Teil C beschreibt fünf Königshöfe im heutigen Nordfrankreich (vgl. Karte), von denen vier gewöhnliche Güter, der fünfte ein ausgesprochenes Weingut darstellt. Sie geben uns Hinweise, wie die karolingische Verwaltung bestrebt war, konkrete Unterlagen über Größe und Ausstattung des Krongutes und des Kirchenbesitzes in die Hand zu bekommen. Die Beschreibung der Königshöfe bezieht etwa die Geräte- und Ausstattungsgegenstände, einmal auch die Handwerker und die gebräuchlichen Maße ein. Von besonderem Wert sind die Angaben zu den Baulichkeiten. Es finden sich in der Regel die ummauerte oder umzäunte *curtis* (Hof) mit Toren aus Holz oder Stein, darin das steinerne oder hölzerne Königshaus mit einer oder mehreren Kammern und einem Vorratsraum im Untergeschoß. In der *curtis* liegen noch weitere Gebäude: Küche, Backhaus, Stallungen und Scheuern.

Der Teil C der Brevium exempla berührt sich textlich und inhaltlich mit dem folgenden Capitulare de villis (fol. 12v – 16r). Es ist in 70 Kapitel gegliedert und befaßt sich ausschließlich mit der Verwaltung des königlichen Kronguts. Dieses umfaßte alle Ländereien und Fronhöfe, die dem König direkt abgabepflichtig waren und jederzeit zu seiner Verfügung stehen mußten. Das Capitulare de villis zeugt von dem Bestreben des Königs, ordnungsgemäß geführte und ertragreiche Güter vorzufinden. Sie sollten den reisenden Königshof versorgen, weswegen auch die Notwendigkeit des Wirtschaftens auf Vorrat auf jedem Gut betont wird.

Besonders beschäftigt sich das Capitulare de villis mit der Viehhaltung, und zwar der Zucht von Pferden, Rindern, Schweinen, Schafen und Ziegen, der Aufzucht von Fischen sowie der Haltung von Bienen, Geflügel und Ziergeflügel. Auf die Fragen der Landwirtschaft geht es weniger ein, dafür gibt es Anweisungen für die Waldwirtschaft, Mühlen und Weinerzeugung. Ebenso ist es um eine ausreichende Ausstattung der Domänen mit landwirtschaftlichen Geräten sowie um die Verfügbarkeit einer großen Anzahl von Handwerkern besorgt. Unter anderem befaßt es sich auch mit den Web- und Spinnhäusern der Frauen: Diese sollten zu deren Schutz eingezäunt sein und ständig neu mit Material beliefert werden.

Am Ende des Kapitulare schließt sich ein Glossar von 72 Pflanzennamen an, die auf den Gütern angebaut werden sollten. Darunter verzeichnet sind viele bekannte Heilpflanzen, aber auch Obstbäume und Gemüsesorten. Einige davon sind allerdings nicht im gesamten Reich Karls des Großen anbaubar gewesen. Das führte zu der

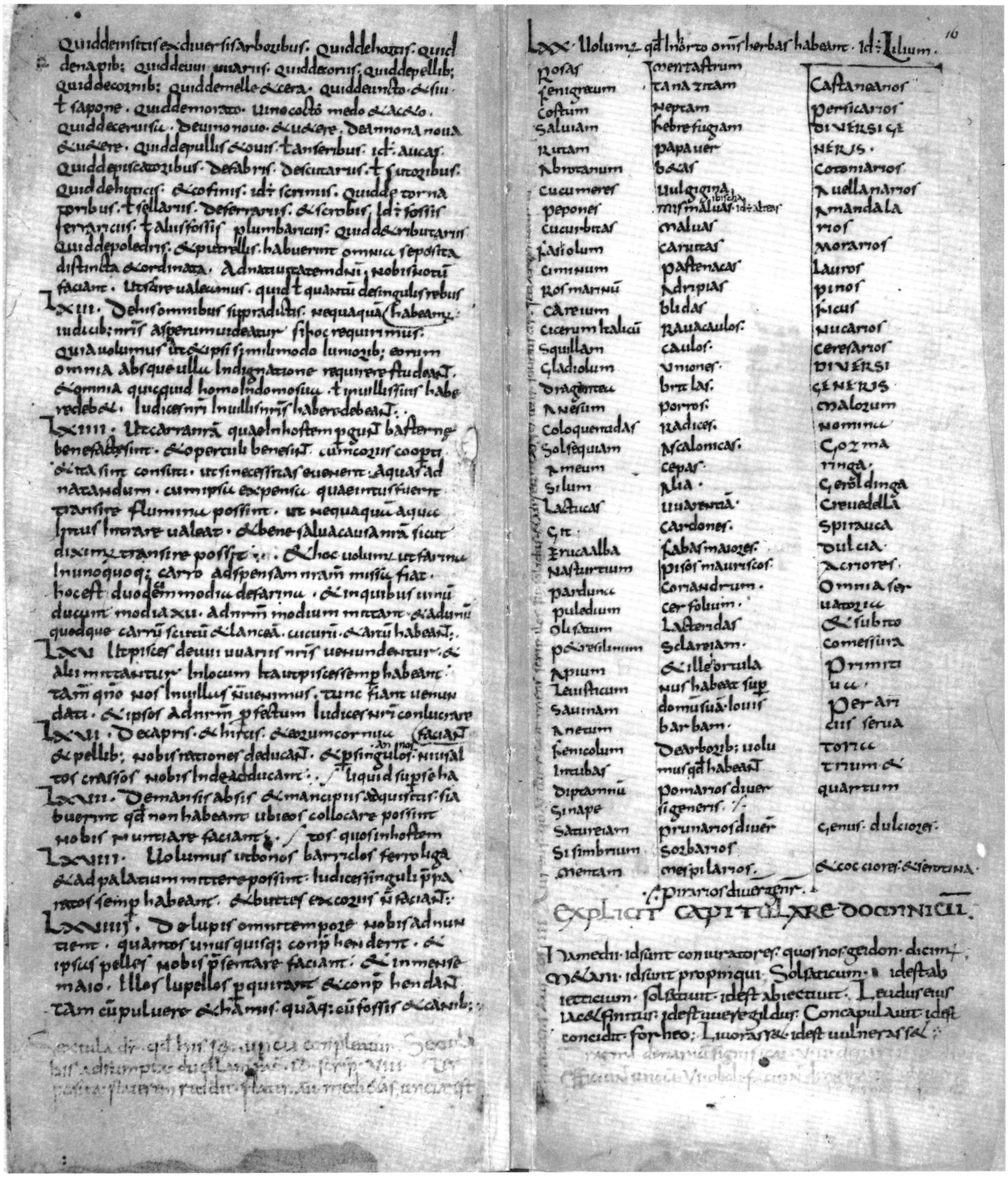

II.54 fol. 15v – 16r

heute widerlegten These, das Capitulare de villis beziehe sich nur auf diese Region und nicht auf das gesamte Herrschaftsgebiet.

Wie weiter aus dem Kapitulare hervorgeht, war über alle Kosten und Abgaben auf den Höfen genauestens Buch zu führen. Einmal jährlich war es Pflicht des Verwalters, dem König eine Bilanz vorzulegen.

Die Verwaltungstexte sind zusammen mit zehn Briefen (fol. 1r – 8v) Papst Leos III. an Karl den Großen aus den Jahren 808–813 überliefert. Diese weckten das In-

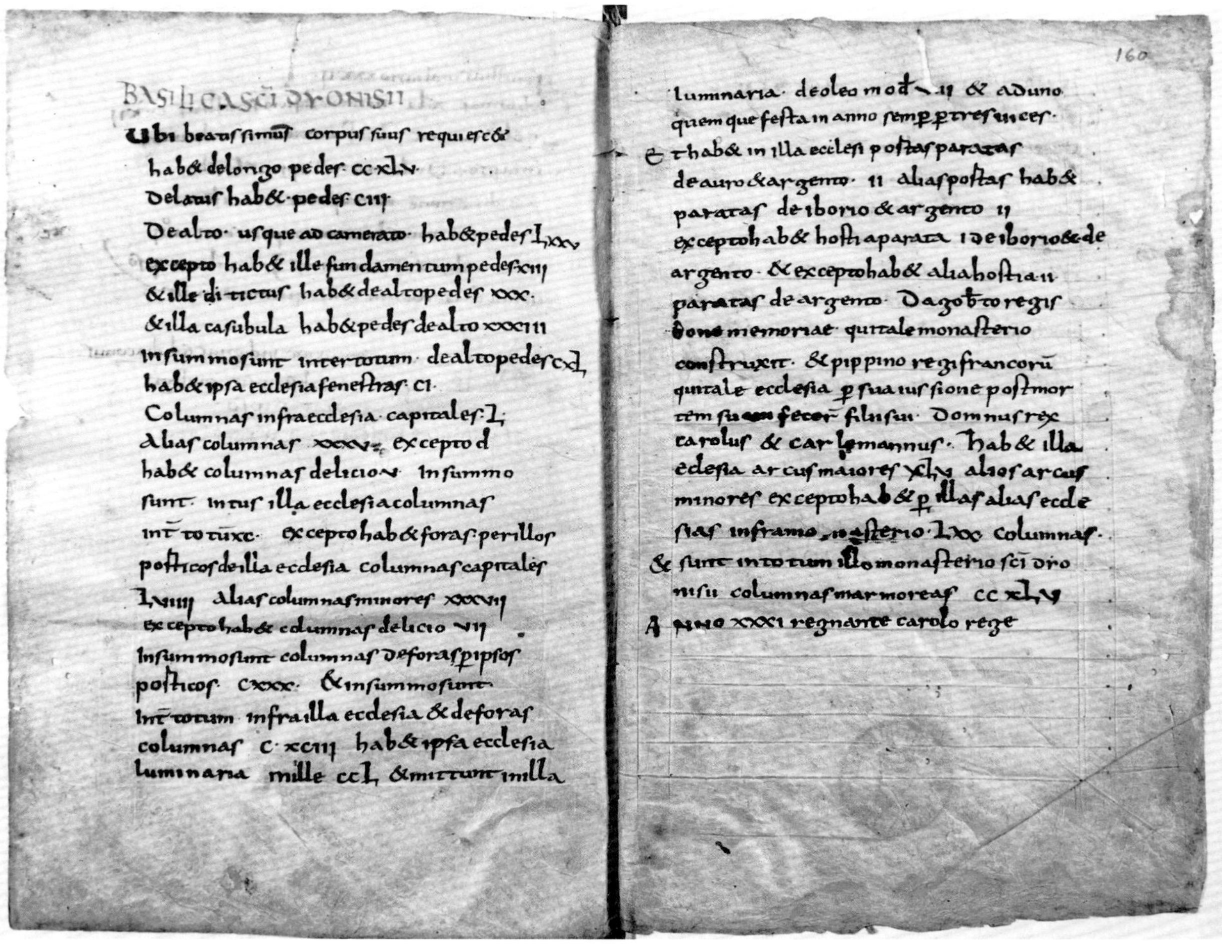

BASILICA SCI DYONISII
Ubi beatissimus corpus suus requiescet
habet de longo pedes CCXLV
De latus habet pedes CIII
De alto usque ad camerato habet pedes LXXV
excepto habet ille fundamentum pedes XIII
et ille di ticius habet de alto pedes XXX.
et illa casubula habet pedes de alto XXXIII
In summo sunt inter totum de alto pedes CXL
habet ipsa ecclesia fenestras CI
Columnas infra ecclesia capitales L
alias columnas XXXV excepto d
habet columnas de licio. In summo
sunt intus illa ecclesia columnas
int totum XC. excepto habet foras per illos
posticos de illa ecclesia columnas capitales
LVIIII alias columnas minores XXXVII
excepto habet columnas de licio VII
In summo sunt columnas deforas per ipsos
posticos CXXX. et in summo sunt
int totum infra illa ecclesia et deforas
columnas C XCIII habet ipsa ecclesia
luminaria mille CCL et mittunt in illa

160
luminaria de oleo mod. II et ad uno
quem que festa in anno semper per tres vices.
Et habet in illa ecclesia postas paratas
de auro et argento II alias postas habet
paratas de iborio et argento II
excepto habet hostia parata I de iborio et de
argento. et excepto habet alia hostia II
paratas de argento. Dagoberto regis
bone memoriae qui tale monasterio
construxit. et pippino regi francorum
qui tale ecclesia per sua iussione post mor
tem suam fecerunt filii sui. Domnus rex
carolus et carlemannus. Habet illa
ecclesia arcus maiores XLV alios arcus
minores excepto habet per illas alias eccle
sias infra monasterio LXX columnas.
Et sunt in totum illo monasterio sci dyo
nisii columnas marmoreas CCXLV
Anno XXXI regnante carolo rege

II.55 fol. 159v – 160r

teresse des ersten protestantischen Kirchenhistorikers Matthias Flacius Illyricus (1520–1575), aus dessen Besitz der Codex in die Wolfenbütteler Bibliothek gelangte. Nur so ist diese einzigartige Quelle aus karolingischer Zeit erhalten geblieben.

Annähernd 30 Editionen. Brevium exempla: MGH LL 1, 176 ff. (Pertz). – MGH Leges. Capitularia regum Francorum 1, 250–256. – Capitulare de villis: MGH LL 1, 181–187. – MGH Leges. Capitularia regum Francorum 1, 83–91. – Mittelalterliche Bibliothekskataloge 1932, 164–165. – Bischoff 1967a, 90–91. – Capitulare de villis (Faks.) 1971. – Fois-Ennas 1981. – Bühler 1986, 339, 341, 390–391, 412–414, Anhang II.

H.H.

II.55 Beschreibung des fränkischen Königsklosters Saint-Denis bei Paris vom Jahre 799

Saint-Denis, 799, Abschrift in Saint-Denis für Reichenau zwischen 822 und 831
Sammelhandschrift, Pergament, foll. 1–78: das antiarianische Werk des Vigilius von Thapsus; foll. 79–159 Sulpicius Severus, Vita sancti Martini mit den üblichen Anhängen (sog. Martinellus oder Martins Corpus); darauf folgen die Beschreibung von Saint-Denis (foll. 159v – 160r) und zwei auch in anderen Büchern jener Zeit mit dem Martins-Corpus verbundene Tourser Inschriften. – H. 22,1 cm, B. 14,5 cm; 160 Blätter.
Karlsruhe, Badische Landesbibliothek, Cod. Aug. CCXXXVIII, fol. 159v – 160r

Dieses einzigartige Dokument, das erst vor wenigen Jahren veröffentlicht worden ist, verdankt seine Erhaltung dem regen geistigen Austausch und Bücherverkehr zwischen dem Bodenseekloster Reichenau und der großen westfränkischen Abtei Saint-Denis. Es entstand im Skriptorium von Saint-Denis selbst, wo Karl der Große erzogen wurde und sein Vater Pippin, der erste Frankenkönig aus dem Haus der Karolinger, die letzte Ruhe fand. Offenbar auf Wunsch der Reichenauer Mönche fügten die Kopisten die Beschreibung ihres Klosters – Stätte der Verehrung des hl. Dionysius, des ersten Bischofs von Paris, und neben Saint-Martin in Tours bedeutendstes Heiligtum der Franken, dessen Abt als höchster Geistlicher des Frankenreiches galt – an die Vita und Akten des fränkischen Reichsheiligen Martin von Tours an. Es handelt sich dabei um die Abschrift eines bereits älteren, im 31. Jahr der Regierung Karls des Großen, d. h. zwischen dem 9. Oktober 798 und dem 8. Oktober 799 niedergeschriebenen Textes, mit dem die Abtei Saint-Denis anläßlich der Reise Papst Leos III. nach Paderborn ihren Rang als vornehmste geistliche Institution im karolingischen Frankenreich und ihre Ebenbürtigkeit mit dem Martinsheiligtum in Tours zum Ausdruck brachte.

Kloster Reichenau, von dort bei der Säkularisation nach Karlsruhe.

„Die Basilika des hl. Dyonisius, wo der Leib dieses seligen Märtyrers ruht, mißt in der Länge 245 Fuß, in der Breite 103 Fuß. Ihre Höhe bis zur Decke beträgt 75 Fuß, das Fundament mißt 13 Fuß, der Dachstuhl erhebt sich auf 30 Fuß Höhe, der Dachreiter auf 33 Fuß. Der Dachfirst erstreckt sich insgesamt über eine Länge von 140 Fuß. Die Kirche hat 101 Fenster. Die Zahl der großen Säulen in der Kirche beträgt 50, die der übrigen 35, außerdem sind noch fünf aus besonderem Gestein zu verzeichnen. Das macht im ganzen 90 Säulen in der Kirche. Ferner befinden sich draußen in den Säulengängen um die Kirche 59 große und weitere 37 kleine Säulen sowie sieben aus besonderem Gestein. Im ganzen beläuft sich die Zahl der Säulen draußen in den Säulengängen auf 130 [rechnerisch richtig wäre: 103], und die Summe sämtlicher Säulen innerhalb und außerhalb der Kirche beträgt 193. In der Kirche sind 1250 Lampen angebracht; man gießt in diese Lampen acht Maß Öl, und zwar dreimal an jedem Festtag des Jahres. Die Kirche hat auch zwei große Türen, gefertigt aus Gold und Silber. Zwei weitere große Portale sind aus Elfenbein und Silber gearbeitet; dazu kommt eine große Tür aus Elfenbein und Silber. Zwei Türen schließlich wurden aus dem Silber des Königs Dagobert seligen Angedenkens, der dieses Kloster erbauen ließ, und des Königs Pippin getrieben, dessen Söhne, unser Herr König Karl und Karlmann, nach Pippins Tod diese Kirche gemäß dessen Anordnung errichteten. Die Dyonisius-Kirche hat 45 große Bögen und weitere kleine Bögen. Außerdem verfügen die anderen Kirchen im Kloster über 70 [rechnerisch richtig wäre: 52] Säulen, so daß sich im Kloster des hl. Dyonisius summa summarum 245 Marmorsäulen befinden. Im 31. Jahr der Regierung König Karls [des Großen]."

Holder 1906, 539–543 (ND 1970, 672–673). – Stoclet 1980. – Bischoff 1981c. – Jacobsen 1983. – Bischoff 1984, 212–218. – Kat. Rouen 1985, Nr. 39 bzw. Nr. 40 (Carol Heitz/Jean Vezin). – Kat. Paris 1988, Nr. 50–55 (Carol Heitz). – Zettler 1996, 435–437.

A.Z.

II.56 Kleines Kapitell mit Pferdekopf

Karolingisch
Saint-Denis, Stadtkerngrabung 1988 (aire 17)
Kalkstein. – Eine Ecke abgebrochen, Säulenschaft ergänzt. – H. 10 cm, Oberseite 15 x 15,5 cm, Dm. Unterseite 15 cm.
Saint-Denis, Unité d'Archéologie, Inv.Nr. 17 641.2 (lap. 900)

Das Kapitellfragment hat die Form eines Würfels. Auf der Unterseite mit den stark abgeschrägten Ecken zeichnet sich der runde Umriß des ehemaligen Unterteils oder Säulenschafts ab. Die Oberseite besitzt ein mittleres Zapfenloch und auf beiden Nebenseiten hat der Block 2 cm breite Nuten zur Aufnahme zweier Balkenenden. Das quer durch den Würfel gebohrte Dübelloch dürfte zu deren Fixierung gedient haben.

Die am besten erhaltene Schauseite zeigt in der oberen Mitte eine Tiermaske in Form eines Pferdekopfs mit gescheitelter Mähne und Nüstern. Darunter entwickelt sich ein symmetrisch verkehrt gespiegeltes Flechtwerk, bestehend aus Dreiblattpalmetten, Rundbögen mit eingeritzter Zeichnung und Wellenlinien. Auf die beiden Nebenseiten sind je zwei sehr einfach durchgearbeitete, zungenförmige Blätter aufgelegt.

Das Kapitell fand sich zusammen mit Stuckfragmenten in Wiederverwendung als Baumaterial in einem Brunnenschacht. Die Datierung des Brunnens ins 9. Jahrhundert beruht auf dem reichhaltigen Fundmaterial. Eine genauere Datierung des Kapitells ist aber aus Mangel an Vergleichsbeispielen schwierig. Auch Fragen nach Herkunft und der Zweckbestimmung bleiben offen. Der Fundort grenzt an die Grabkirchen des frühmittelalterlichen

II.56 Vorderseite

II.56 Rückseite

Basilikakomplexes. In funktioneller Hinsicht könnte man an den Säulenaufbau einer Altar- oder Chorschranke denken.

Héron/Meyer 1991, 81. – Wyss 1996, 54–55.

M. Wy.

II.57 Marmorfragmente aus der Pfalz Compiègne

9. – Anfang 10. Jahrhundert
Compiègne (Oise), La Cour-le-Roi
Fragmente von weißem und farbigem Marmor, Porphyr und schwarzem Kalkstein. – L. der quadratischen Steine 3–6 cm, der rechteckigen 2,5–8 cm; Grundlänge der dreieckigen Steine 2–9,5 cm; H. 1–3 cm.
Compiègne, Musée Antoine Vivenel

Die Grabungen in Compiègne fanden im nordwestlichen Teil der karolingischen Pfalzanlage statt, die auf einer Landspitze über dem Fluß Oise lag. Das Grabungsareal lag zwischen dem stets erneuerten und häufig verlegten Befestigungsgraben und den Überresten der Abtei Saint-Corneille, dem Nachfolgebau der 877 von Karl dem Kahlen der Muttergottes geweihten Palastkapelle.

Im frühen Mittelalter war der Ort kontinuierlich und dicht besiedelt. Funde wie z. B. glatt polierte und farbig bemalte Keramik, Fragmente von Glasplatten, Münzen, eine Waage, Tiegel, Reste von Pfauen-, Schwanen- und Störknochen sowie etwa 442 vor dem 10. Jahrhundert zu datierende Marmorstücke ermöglichen einen wichtigen Einblick in die Lebensumstände dieser Zeit.

Bei den hier gezeigten Fliesen handelt es sich um 77 quadratische, rechteckige, dreieckige, rauten- und trapezförmige Fliesen unterschiedlicher Größe. Die Marmorfragmente sind entweder beidseitig glatt oder besitzen eine pyramidenstumpf zugespitzte Fläche. Alle Seitenkanten sind entweder glatt oder leicht schräg geschliffen. Bei Porphyrsteinen sind auch bearbeitete Ränder zu finden. Die Oberfläche ist glatt, aber nie glänzend poliert.

Die Fußbodenplatten bestehen aus kompaktem, mehrfarbigem Gesteinsmaterial mit feiner Kristallstruktur. Eine Ausnahme bilden die Steine aus „Cipolinmarmor" von der Insel Euboia (Griechenland). Der weißer Marmor stammt vom Apennin (Italien) und von den Kykladen (Griechenland). Der bunte Marmor wurde in Chemtou (Tunesien), der rote Porphyr in Ägypten, der grüne Porphyr in Lakonien (Griechenland), in den Pyrenäen (Frankreich), im oberen Tal der Garonne (Frankreich) und in Philippeville (Belgien) gewonnen. Die schwarzen Kalksteine stammen vermutlich aus den Steinbrüchen von Bavai (Frankreich), aus dem Escaut und eventuell dem Maastal.

Die Herkunftsorte solchen Steinmaterials aus dem frühen Mittelalter sind weitgehend unbekannt. Auch die Frage, ob diese Marmorsteine aus mittelalterlichen Steinbrüchen gewonnen wurden oder ob sie ursprünglich aus gallo-römischen Gebäuden in der Umgebung von Compiègne stammen, läßt sich nicht mehr beantworten.

In Compiègne wurden die meisten kleinen Fußbodenfragmente aus den Aufschüttungen ausgegraben, was deren genauere Bestimmung als Boden- oder Wand-

II.57

schmuck unmöglich macht. Jedoch lassen Steine mit Resten von rosafarbigem oder weißem Mörtel auf einer Seite vermuten, daß unweit des Ausgrabungsfeldes Gebäude gestanden haben, die dann zerstört wurden. Andere wiederum lassen möglicherweise an eine Erneuerung der Ausstattung denken. Es sind tatsächlich auf mehreren Stücken – sowohl ein- wie auch beidseitig – mehr oder weniger tief eingeschnittene Linien zu sehen. Sie entsprechen den Maßen eines Steins, der aus einem wiederverwendeten Marmorstück oder einem größeren Gesteinsbruchstück zu schneiden war. Möglicherweise erwies sich das Ausarbeiten des Steins als zu schwierig, und das Stück wurde in unvollendetem Zustand aufgegeben und weggeworfen. Somit weisen die Marmorfragmente mit ihrer unterschiedlichen Größe, Färbung und Herkunft auf eine reiche Ausstattung in vermutlich einem oder mehreren Pfalzgebäuden hin.

Schon durch ihre Größe unterscheiden sich die mittelalterlichen Fußbodenplatten von solchen, die in gallo-römischer Zeit allgemein gebraucht wurden, und bezeugen so die Verarbeitung und Verwendung im Frühmittelalter.

Petitjean 1991/1993. – L'évolution urbaine 1997, 319.

M.Pe.

II.58 Glasfliesen

(Abb. s. Kat.Nr. VIII.47)

Glas, gegossen. – Quadratisch, Oberfläche abgetreten. – L. ca. 10 cm, D. 1,5 cm.
Dijon, Musée Archéologique

Die in verschiedenen Sammlungen aufbewahrten Fliesen sind Altfunde. Sie gehören wahrscheinlich zu den in einem Bericht von 1636 genannten Fußbodenfliesen der Kirche Saint-Sauveur, bei denen deren unterschiedliche Form, Farbe und hohes Alter verzeichnet werden. Der Zeitpunkt der Gründung der Abtei ist nicht bekannt. In einer Urkunde von 883 werden reiche Stiftungen durch Ludwig den Frommen (814–840) und Karl den Kahlen (843–877) genannt.

Die Fliesen sind wie üblich an den Kanten abgeschrägt. In einer (zumindest jetzt) dunklen Grundmasse bilden vor allem rote und grüne Schlieren einen farbigen Dekor. Möglich ist, daß die Fliesen wie diejenigen in Corvey in erster Verwendung zu einer Wandinkrustation gehört haben.

Kat. Auxerre 1990, Nr. 144 (Christian Sapin).

U.L.

Die Pfalz Ingelheim

II.59 Monolithische Säule

Römisch (2. Jahrhundert?)
Kalkstein. – In zwei Teile zerbrochen (zusammengesetzt), Absplitterungen. – H. 159,5 cm u. 176 cm, Dm. unten 45,0 cm, oben 43,5 cm.
Ingelheim, Museum bei der Kaiserpfalz, Inv.Nr. S 49

Die Fundlage der Säule ist unbekannt; möglicherweise wurde sie in der Saalkirche (ehem. Pfalzkirche) sekundär verwendet. Ein Säulenschaftrest vergleichbarer Abmessung wurde bei den Grabungen im Halbkreisbau 1914 freigelegt. Aus diesem und aus anderen Architekturteilen rekonstruierten Ch. Rauch und sein Zeichner F. Krause den Aufriß eines Peristyls (Säulenhalle) vor der Innenfassade der Exedraarchitektur. Die Grundlage der Rekonstruktion des Halbkreisbaus (Exedra) bildete eine Spannmauer, auf deren oberem, aus rechteckigen Steinplatten gebildeten Abschluß eine Säulenbasis in situ gefunden worden war (Kat.Nr. II.60). Die Säulenhöhe wurde aus den Katalogen der Steindenkmäler von August v. Cohausen (1852) und Paul Clemen (1890) abgeleitet. Bei dem zur Rekonstruktion herangezogenen Kapitell handelt es sich allerdings um ein Pfeilerkapitell (!) aus dem Nordflügel. Architravbauteile haben sich nicht erhalten. Zahnschnittfries, Konsolsteine mit Voluten und Kranzgesims sind jeweils in mehreren gleichartigen Fundstücken überliefert.

Der Säulengang ist nach dem Vorbild der korinthischen Ordnung rekonstruiert. Es darf angenommen werden, daß es sich bei den Bauteilen überwiegend um römische Spolien handelt. Schon hierin spiegelt sich besonders deutlich das antikisierende Wesen der Ingelheimer Pfalzarchitektur.

Architekturteile und insbesondere die Bauplastik wurden nach Auflassung der Pfalz 1356 fast vollständig ausgebaut und abgefahren. Sebastian Münster berichtet in der Cosmographey 1544 über Herkunft und Verbleib der Säulen: „Es seind bey meyner gedechtnuß noch fünff oder sechs steinen gegossen seülen darin gewesen/die vor langen zeyten der gros keyser Karlen von Rauen auß Italia hett lassen bringen mit andern seülen die er ghen Ach verschuff/aber Pfaltzgraue Philips hat sie daraus lassen füre ghen Heidelberg vff daß schlos/vnd do seind sie noch“. Andere Säulenschaftreste, die aus der Pfalz Ingelheim stammen sollen, befinden sich im Kurpark Wiesbaden, am Kriegerdenkmal Oppenheim (Kr. Mainz-Bingen), im Museum Ingelheim und im Kapitelsaal des Mainzer Doms.

Die Bezeichnung Ravennas als Herkunftsort der Säulen dürfte ein Topos sein, der auf einer Schilderung des Poeta Saxo aufbaut (Poeta Saxo V, 439. MGH SS II, 619). Die geologische Herkunft des Steinmaterials – es sind Säulen aus Syenit, Kalkstein und Marmor bekannt – ist nördlich der Alpen anzunehmen. Die des Syenit etwa liegt im Odenwald, wo sich am Felsberg römische Steinbrüche mit Überresten monolithischer Säulen erhalten haben. Für den Bau der Pfalz konnte solches Steinmaterial in den

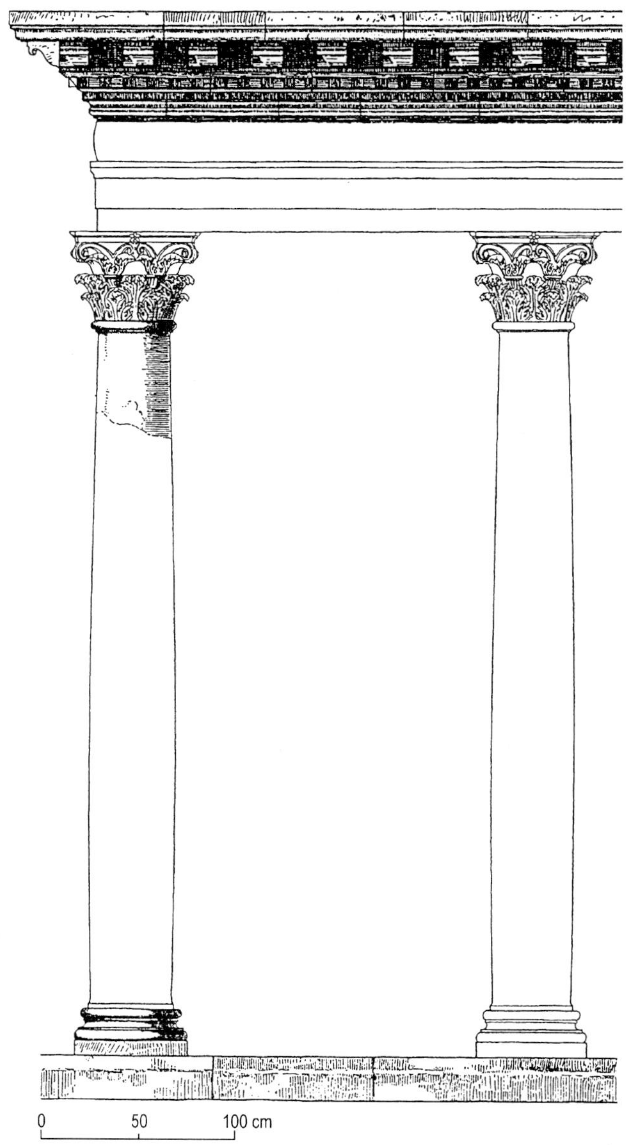

II.59

ehemaligen römischen Städten oder großen Landvillen gefunden werden.

v. Cohausen 1852. – Clemen 1890. – Jacobi/Rauch 1976, Taf. 30.

H.G.

II.60 Säulenbasis

Römisch oder Ende 8. Jahrhundert
Kalkstein. – Leicht bestoßen, Plinthenecke abgebrochen. – H. 24 cm, B. 58 cm, Dm. 49 cm.
Ingelheim, Museum bei der Kaiserpfalz, Inv.Nr. S 1a

Die Basis besteht aus einer quadratischen Plinthe mit attischem Profil. Die Säulenbasis wurde an der Spannmauer auf der Innenseite des Halbkreisbaus während der Grabungskampagne von Christian Rauch am 8. April 1914 in situ freigelegt. Der Befund darf als Nachweis der Existenz eines Peristyls vor der inneren Fassade der Exedraarchitektur gelten. Funde von Säulenbruchstücken und Gesimsfragmenten wurden für eine Rekonstruktion des Aufgehenden durch den Ausgräber herangezogen (Kat.Nr.

II.60

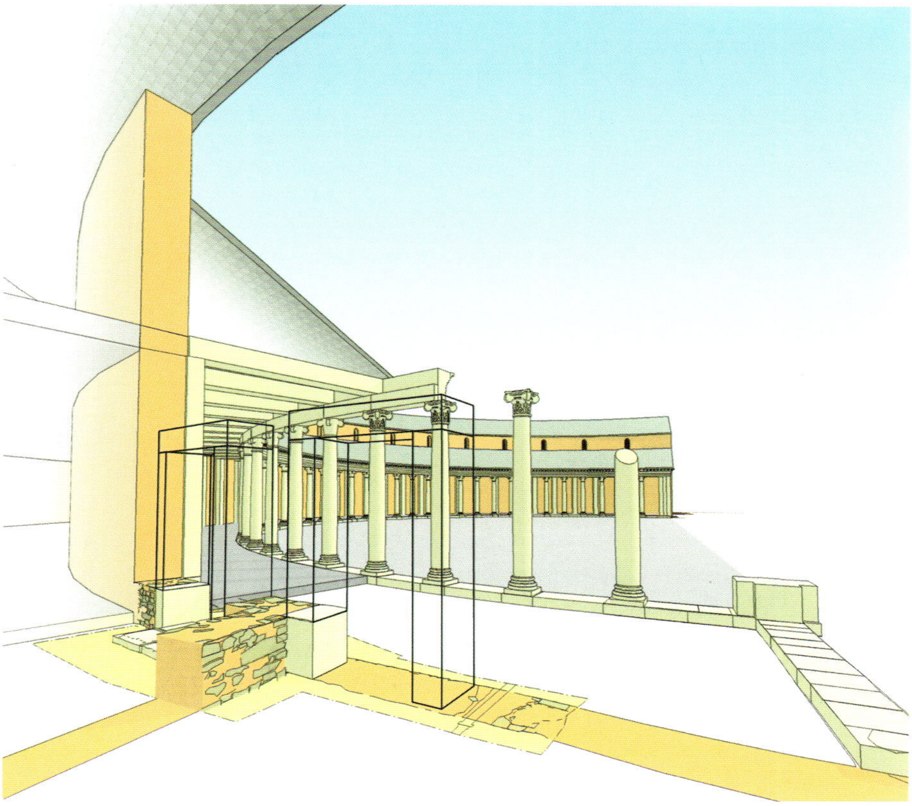

zu II.59 u. II.60

II.61

II.62

II.59). Die Breite des Säulengangs betrug 4,5 m. Die Grabung von W. Sage erbrachte Kenntnisse über die Fassade des Halbkreisbaus: Dieser waren Pilaster vorgeblendet gewesen. Zwei aus Sandsteinblöcken gefertigte Türschwellen und -gewände zeigen, daß die einzelnen Räume von der Portikus her betreten wurden.

Wengenroth-Weimann 1973, Plan 6. – Jacobi/Rauch 1976, Abb. 112 f., Taf. 30.

H.G.

II.61 Kompositkapitell

Römisch (2./3. Jahrhundert) oder Ende 8. Jahrhundert
Kalkstein. – 3 Eckvoluten abgeschlagen; Abakus bestoßen. – H. 49 cm, Dm. unten 36 cm, oben 51 cm.
Mainz, Landesmuseum, Inv.Nr. S 295

Das Kapitell zeigt einen zweifachen Blätterkranz, Perlschnur, Eierstab und ausladende Eckvoluten. Die Außenfläche der einzigen erhaltenen Volute ist unprofiliert. Jede der vier Seitenansichten wurde unterschiedlich ausgearbeitet; z. B. ist der Eierstab nur auf einer Seite ausgeführt, zum Teil unfertig stehengelassen, vorgezeichnet oder nicht begonnen. Das unfertige Werkstück wurde bei der frühesten überlieferten Denkmalinventarisation von Daniel Schöpflin in der *domus nova quaestoria* (wohl ehem. Aula regia) angetroffen und 1766 mit einer Abbildung publiziert.

Es handelt sich um einen von mehreren Kapitellresten, deren Seiten ungleich ausgearbeitet sind oder die zur Gänze in Bosse stehengelassen wurden. Einige weitere Stücke zeigen deutliche Überarbeitungsspuren, die auf die 'Restaurierung' älterer Spolien in karolingischer Zeit hindeuten. Korinthische Kapitelle und Kompositkapitelle bezeugen den Einfluß klassisch-antiker Vorbilder auf die Steinplastik, wobei im Einzelfall chronologische Zuweisungen – römisch oder karolingisch – kaum sicher herbeizuführen sind.

Das Kapitell wurde in der Königspfalz Ingelheim in der Nähe der Aula regia gefunden.

Schöpflin 1766, 304–306, Taf. 1, Nr. IV. – Zeller 1937, 67, Taf. 24, Nr. 4. – Böhme 1974, 425, Nr. 75.

H.G.

II.62 Korinthisches Kapitell

Römisch (2. Jahrhundert?) oder Ende 8. Jahrhundert
Kalkstein. – Auf allen Seiten stark bestoßen. – H. 56 cm, Dm. unten 40 cm, oben 45 cm.
Mainz, Landesmuseum, Inv.Nr. S 469

II.63

An dem stark beschädigten Kapitell sind die Eckblätter abgeschlagen. Es ist von einem zweifachen Kranz gerippter Zungenblätter umgeben. Hinzu kommen paarweise angeordnete Binnenvoluten, die auf zwei Seiten in Rosetten einmünden.

Der Kapitellrest wurde bei Abbrucharbeiten über dem Nordabschnitt der Aula regia entfernt und 1875 in das Mainzer Museum überstellt. Möglicherweise wurden in der zum Abbruch gelangten Schaffnerei Steinfragmente aufbewahrt, deren Fundorte aber über das gesamte Pfalzgebiet verteilt sind. Ähnlich unsicher ist die ursprüngliche Fundlage des zuvor beschriebenen Kompositkapitells (vgl. Kat.Nr. II.62).

Das Kapitell wurde in der Königspfalz Ingelheim in der Nähe der Aula regia gefunden.

Clemen 1890, 83, Taf. 4, Nr. 3. – Zeller 1937, 67, Taf. 24, Nr. 1. – Kähler 1939, Taf. 15, Nr. 10. – Böhme 1974, 425, Nr. 76.

H.G.

II.63 Gebälkfragmente

Römisch oder Ende 8. Jahrhundert
Zahnschnittfries. – 3 Fragmente. – H. 12,5 cm, B. max. 71,5 cm.
Konsolen mit Voluten. – 3 Fragmente. – H. 14 cm, B. 16 cm, T. max. 47 cm.
Ingelheim, Museum bei der Kaiserpfalz, Inv.Nr. S 12a+b; S 3a–c

Die Gebälkfragmente wurden während der Grabungskampagne von Ch. Rauch 1914 im Halbkreisbau der Ingelheimer Pfalz gefunden. Sie wurden vom Ausgräber für eine Rekonstruktion des Säulengangs von antikisierendem Charakter verwand (Kat.Nr. II.59). Architrav und Geison (Kranzgesims) dieser Rekonstruktion sind jedoch frei ergänzt.

Die Rekonstruktion des Peristyls verdeutlicht die Problematik jeder Rekonstruktion aufgehender Bauteile der Pfalz Ingelheim, denn es gibt nur wenige, zufällig erhaltene Architekturfragmente. In den Abbruchschichten und Planierungen finden sich nur äußerst selten Überreste von Bauplastik, die einem konsequent geübten und offenbar schon früh einsetzendem Abbau zum Opfer fielen. Als Beispiel darf die Wiederverwendung von Ingelheimer Säulen auf dem Heidelberger Schloß angeführt werden; eine lokale Baustelle findet sich in der zum Zeitpunkt der Verpfändung im Bau befindlichen St. Wigbert-Kirche mit Wehrfriedhof in Ober-Ingelheim, aus deren Chortreppe 1876 etwa das langobardische „Flügelpferdrelief“ geborgen wurde.

Münster 1544. – Jacobi/Rauch 1976, Taf. 30.

H.G.

II.64 Stuckfragmente

Königspfalz Ingelheim, 3. Drittel 8. Jahrhundert
Gipsmasse. – 10 Fragmente. – Größe max. 8 cm x 10,5 cm.
Mainz, Landesamt für Denkmalpflege Rheinland-Pfalz, Abt. Archäologische Denkmalpflege, Inv.Nr. IH-K2-G773, IH-K3-R60/2, IH-K8-R51, IH-K-R(L)27a, IH-K-R(L)142

Die wenigen Stuckfragmente der Ingelheimer Pfalz lassen sich ihrer Form nach in zwei Gruppen unterscheiden: Zum einen gibt es leistenförmige Stukkaturen mit Perlstabmuster zum anderen Stukkaturen mit erhabenem Halbrundstab und abgeschrägtem Seitenprofil. Die Fragmente der ersten Gruppe sind durch einen reinweißen,

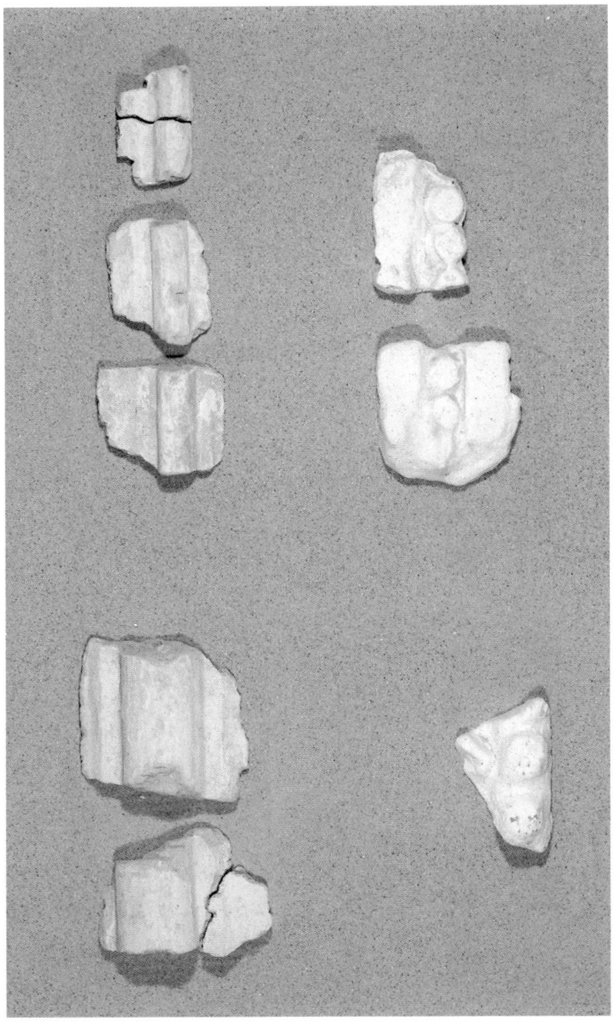

II.64

kreidigen Gips gekennzeichnet. Zwei der insgesamt drei Fragmente sind bedauerlicherweise Lesefunde der Altgrabungen, das dritte stammt aus einer nachpfalzzeitlichen Auffüllung südlich der Aula regia.

Aus einem definierten Fundkontext stammen hingegen die sechs Fragmente mit Halbrundstab, welche zwei Fragmentgruppen bilden, die sich nach ihrer Größe und Herkunft unterscheiden. Sie stammen aus dem Innenraum der Aula regia und aus dem Architekturkomplex am Rande des inneren Hofes, der von dem Halbkreisbau gebildet wird. In beiden Fundzusammenhängen sind zusammen mit den Stukkaturen marmorne Fußbodenplatten (Kat.Nr. II.65), im Falle der Aula ist zudem mehrfarbig bemalter Wandputz (Kat.Nr. II.66) gefunden worden. Ihre Funktion dürfte in der Wandgliederung oder mehr noch in der plastischen Rahmung von Tür- oder Fensteröffnungen bestanden haben. Die Rückseiten zeigen Negativabdrücke von Holzstäbchen oder Reisig, das als Trägermaterial offenbar in dichtem Geflecht auf die Wand aufgebracht war. Keines der Fragmente trägt Reste einer Farbfassung.

Grewe (in Vorbereitung).

H.G.

II.65 Wand- und Bodenplatten

Römisch und Ende 8. Jahrhundert
Kalkstein, Marmor, Porphyr, Rotliegendes mit Mörtelanhaftungen. – Geometrische Formen, zum Teil fragmentiert. – max. 9,5 cm x 11,5 cm.
Mainz, Landesamt für Denkmalpflege Rheinland-Pfalz, Abt. Archäologische Denkmalpflege, Inv.Nr. IH-K3-G643, IH-K8-W382, IH-K9-R77 u. a.

Fundkonzentrationen von Wand- und Bodenplatten wurden im Pfalzbereich vor allem in der Aula regia und im Umfeld der nördlichen Innenhofbebauung angetroffen, vereinzelte Funde liegen weiterhin aus dem Halbkreisbau vor.

Die Steinplatten weisen auf den Schmal- und Unterseiten Anhaftungen von Kalkmörtel auf. Es handelt sich um Platten verschiedener geometrischer Formen kleinen und mittleren Formats mit Kantenlängen bis zu 11,5 cm. Die mineralogische Bestimmung unterscheidet Kalksteine und Marmor in verschiedenen Variationen, rotliegendes und porphyrisches Gestein; möglicherweise gehören auch kleinformatige, streifenförmige Schieferplättchen in diesen Zusammenhang. Die geologische Provenienz des Marmors und Porphyrs weist weit über den Fundort hinaus. Eine alpenländische Herkunft des Marmors, die Herkunft des Porfido verde antico vom Peleponnes und die des Porfido rosso antico vom Djebel Abu Dokhan aus der ägyptischen Wüstensteppe darf mit sehr hoher Wahrscheinlichkeit angenommen werden. Das Material für den karolingischen Pfalzbau ist aber zweifelsohne aus dem fränkischen Reichsgebiet herangeschafft worden, wo es in Villen und Palästen der Spätantike anzutreffen war. Die Diskussion des Hadrian-Briefes (Cod. Carolin. 89: Jaffé IV, 268) und somit der italienischen Herkunft von Architekturteilen in Bauwerken Karls des Großen, die zumindest für die Aachener Marienkapelle in den Schriftquellen genannt wird, dürfte mit den In-

II.65

gelheimer Funden allerdings nichts zu tun haben. Die geometrischen Formen, die kleinen Formate und die breite Variation der Mineralsorten deuten auf einen kleinteiligen Fußboden in der Art eines *opus sectile* hin. Die wenigen Funde lassen auf einen systematischen Abbau zur Sekundärverwendung schließen.

Grewe (in Vorbereitung).

H.G.

II.66

II.66 Wandputz

Königspfalz Ingelheim, 3. Drittel 8. Jahrhundert
Kalkmörtel. – Ca. 210 farbige Fragmente, polychrome Bemalung auf ein- oder mehrschichtigem Putzaufbau. – max. 8,0 cm x 10,5 cm.
Mainz, Landesamt für Denkmalpflege Rheinland-Pfalz, Abt. Archäologische Denkmalpflege, Inv.Nr. IH-K3-G523, IH-K3-G644, IH-K1-R8, IH-K1-W636 u. a.

Der bemalte Wandputz der Pfalz Ingelheim verteilt sich nach dem Fundvorkommen auf zwei Gebäude, auf den Nordflügel und die Aula regia. Hier konnte der Putz eindeutig der karolingischen Bauperiode zugerechnet werden, oder er wurde, wie im Falle der Altgrabungen, über vergleichende Materialanalysen dieser Zeitstufe zugeordnet. Bei den Fragmenten lassen sich zwei Materialgruppen unterscheiden, deren Merkmale an keinen anderen

Funden im Pfalzareal wieder beobachtet werden konnten, über das Vorhandensein oder die Beschaffenheit der Ausmalung anderer Gebäude liegen bisher keine Aufschlüsse vor.

Der Putzmörtel der Gruppe A hat einen zweischichtigen Aufbau. Über der Grundschicht liegt ein weißer Kalkmörtel mit Sandzuschlag überwiegend feiner Körnung und hohem Bindemittelanteil. Die Oberfläche dieser etwa 5 mm starken Deckschicht ist fast überall geglättet. Auf ihr liegt die Malschicht, deren Farbtöne rot, gelblich-rot, gelb, grau, schwarz, rosa und weiß mehrschichtig aufgetragen worden ist. Der Kalkmörtel der Gruppe B ist demgegenüber durch eine rauhere Oberfläche gekennzeichnet. Die bei der Verschlichtung und Glättung entstandenen Grate und Kanten sind deutlich sichtbar, auffallend oft verblieb die Oberfläche aber auch sandkornrauh und wurde nur teilgeglättet. Man kann darüber hinaus eine einschichtige Variante von einer zweischichtigen mit gespachtelter Glättschicht unterscheiden. Die mehrfarbige Malerei – das Farbspektrum ist vergleichbar mit dem der Gruppe A – wurde auf die weiße Mörtelgrundfläche aufgebracht.

Als besonders schwierig erweist sich die Identifikation von Dekoren auf den überwiegend sehr kleinformatigen Fragmenten. Eindeutig zu bestimmen ist ein Stück mit rotem Rankendekor auf weißem Malgrund, das im Nordflügel geborgen wurde. Aus der Aula regia stammen vielfache Belege für Linearmuster mit aus verschiedenfarbigen Linien zusammengesetzten Streifen. Hier wurde auch ein Fragment mit der Imitation von blau-roter Marmorinkrustation gefunden.

Zwingende Hinweise auf eine figürliche Ausmalung liegen indessen nicht vor. Diese Beobachtung ist von besonderem Interesse, da die Beschreibung der Pfalz Ingelheim durch Ermoldus Nigellus für das Jahr 826 zwei Freskenzyklen beschreibt, deren einer die *Regia domus* geschmückt haben soll. Der Quelle ist trotz ihres panegyrischen Charakters, wohl aufgrund der zeitlichen Nähe und ihrer Detailliertheit, in der kunsthistorischen Bewertung große Aufmerksamkeit geschenkt worden. Der chronologisch geordnete Zyklus mit szenischen Darstellungen großer Herrschergestalten von König Ninus von Assyrien bis zu den Karolingern habe mit Karl dem Großen als siegreichem Feldherrn über die Sachsen geendet. Auf dieser Schilderung und insbesondere auf der Tatsache, daß (noch) nicht die Kaiserkrönung des Jahres 800 erwähnt wurde, baut mancher Datierungsversuch zur Ingelheimer Aula und zur Pfalz insgesamt auf. Der archäologische Befund, auch wenn mit ihm die vormalige Existenz solcher Fresken nicht im letzten widerlegt ist, wird eine kritische Neubewertung erforderlich machen. Man muß wohl eine Ausmalung mit großen gefelderten Farbflächen als diejenige Rekonstruktion bevorzugen, die den tatsächlichen Befunden am nächsten kommt.

Lammers 1972. – Jacobsen 1994.

H.G.

Die Pfalz Aachen

II.67 Stiftmosaikfußboden

Um 800 verlegt (zum Teil Spolien)
Schwarzer u. weißer Marmor, rote Ziegel. – a) H. 43 cm, B. 76 cm. – b) H. 30 cm, B. 49 cm.
Aachen, Domkapitel, Lapidarium

Der aus rotem und weißem Marmor und Ziegeln zusammengesetzte Stiftmosaikboden ahmt ein antikes Plattenmosaik-Muster nach. Das Stiftmosaik gehörte, wie das folgende Plattenmosaik, zum Fußboden der Aachener Pfalzkapelle und wurde Anfang des 20. Jahrhunderts bei Restaurierungsarbeiten entfernt (vgl. auch Kat.Nr. II.68).

Kier 1970.

H.K.

II.68 Plattenmosaikfußboden

Um 800 verlegt (zum Teil Spolien)
Verschiedenfarbiger Marmor. – H. 42 cm, B. 85 cm.
Aachen, Domkapitel, Lapidarium

Die zwei Stücke sind Fragmente des Fußbodens der Pfalzkapelle, die z. T. bei Grabungen 1878 im Schutt an der

II.67a

II.67b

II.68

Nordseite der Pfalzkapelle gefunden wurden. Im Obergeschoß der Aachener Pfalzkapelle haben sich an insgesamt fünf Stellen kleinere Reste des ursprünglichen Belages in situ erhalten. Es handelt sich insgesamt um verschiedene Quadratmuster, von denen der ausgestellte Teil des Plattenmosaiks ein geometrisch ganz besonders kompliziertes Muster ist, das im Entwurf großer technischer Erfahrung bedarf. Da sich ein vergleichbares Plattenmosaik tatsächlich im sog. Theoderichs-Palast in Ravenna nachweisen läßt, werden für diese Plattenmosaiken in Aachen gerne die Hinweise in Einhards Vita Caroli Magni und in einem Brief des Papstes Hadrian an Karl den Großen in Anspruch genommen, in denen davon die Rede ist, daß Karl u. a. aus dem Palast in Ravenna Marmor und Fußböden zur Ausschmückung seiner Pfalzkapelle nach Aachen kommen ließ. Eine Neuverlegung der Plattenmosaiken kann daher um 800 angenommen werden. Einen Beweis für die Tatsache, daß es sich bei den Plattenmosaiken um Spolien handelt, stellen letztlich auch die Stiftmosaiken dar (Kat.Nr. II.67). Diese versuchen, die antiken Plattenmosaik-Muster nachzuzeichnen, was ihnen nur in sehr vergröberter Form gelingt. In situ sind vor allem die Anschlußstellen an die Plattenmosaiken in den Ecken und Rundungen als Stiftmosaik gearbeitet.

Der ursprüngliche Fußboden wurde, möglicherweise schon um die Mitte des 16. Jahrhunderts, auf jeden Fall aber vor 1620, durch einen Blaustein-Plattenbelag ersetzt, wobei an einigen Stellen Reste erhalten blieben, die durch Altäre oder andere feste Einbauten zugestellt waren. 1911 wurde dieser Belag entfernt und die Reste des ursprünglichen Fußbodens entsprechend gesichert. Allerdings war man sich der Bedeutung dieses Paviments schon vorher bewußt gewesen. Es wird angenommen, daß Albrecht Dürer bei seinem Besuch in Aachen im Oktober 1520 auf seiner Reise in die Niederlande verschiedene Fußbodenmuster dieses Belages auf einer Zeichnung festhielt. Als Indizienschluß dafür gilt auch mir ein von Dürer gezeichnetes Achteckmuster, das zwar nicht mehr in Aachen nachzuweisen ist, wohl aber jeweils aus dem 11. Jahrhundert in den Domen von Worms und Magdeburg, wo ebenfalls die Übertragung von Spolien aus antiken Bauten überliefert ist. Der ursprüngliche Fußboden der Pfalzkapelle wird auch noch im 17. und 18. Jahrhundert erwähnt. 1620 schreibt P. a Beeck, daß der ursprüngliche Fußboden des oberen sowie des unteren Münsters mit Marmorstücken in Mosaik belegt war, damit das Obere dem Unteren entspräche und 1632 berichtet J. Noppius, daß früher zu dem Mosaik der Kuppel „wol correspondiret das Paviment als nemblich an statt jetziger blawen Stein ist die Kirch unden mit schönen Figuren und Blu-

II.69/1

II.69/2

men durch allerhand darzu accomodierte kleine Marmorstein gleich als geschildert gewesen. Dahero dann auch geschehen, daß man keinem als dem H. Carolo Magno, Otthoni III. und Desiderio ... die Begräbnuß in dieser Kirchen gestattet." Schließlich werden sogar in einer Schrift von 1736 über die „Amusements des eaux d'Aix-la-Chapelle" die alten Fußbodenreste erwähnt – allerdings mit dem Hinweis, daß sie völlig von Staub bedeckt seien.

Kier 1970.

H.K.

II.69 Aachener Säule

Mittelmeerisch, spätantik
Basis Bronze. – Schaft H. 233 cm, Dm. 30–33 cm; Kapitell H. 47 cm, B. 56 cm, L. 56 cm; Basis H. 20 cm, Dm. 40 cm.
Aachen, Domkapitel

Die Säule gehörte ursprünglich zur Säulenstellung auf der Empore der Pfalzkapelle Karls des Großen in Aachen. 1794–1795 nach Paris verschleppt, wurden die meisten Säulen 1815 zurückverbracht und seit 1843 mit einigen Ausnahmen wieder eingebaut.

Papst Hadrian I. (781–795) hatte Karl dem Großen erlaubt, sich aus dem einst oströmischen Exarchenpalast in Ravenna Marmor zu beschaffen. Karls Zeitgenosse Einhard überliefert, für die Pfalzkapelle seien Säulen und Marmor aus Ravenna und Rom bezogen worden. In der Tat handelt es sich bei Basis, Schaft und Kapitell dieser Säule um spätantike Bauteile (Spolien). Unbekannt ist, aus welchem Bau des ravennatischen Palastes oder welchen Gebäuden Roms die Aachener Säulen stammen. Unter Karl ist die Verwendung antiker Spolien auch für andere Bauten, zum Beispiel die Pfalz Ingelheim, überliefert.

Immer wieder wird angenommen, Karl der Große habe sich mit den antiken Spolien programmatisch in politische Traditionen stellen wollen, so in die des Goten Theoderichs des Großen, vor allem aber in die der römischen Kaiser, allen voran Konstantins des Großen. Die Aachener Kapelle war jedoch schon vor 799, also noch vor der Benennung Karls durch Leo III. als Kaiser der Römer, fertiggestellt. Zudem sind historische Baubezüge in den Quellen nicht bezeugt. Sie stellen eher die Schönheit und besondere Größe der Pfalzkapelle heraus. Bauliche Bezüge der Aachener Pfalz sind daher eher im zeitgenössischen, vor allem langobardischen Umfeld Karls zu suchen (Brescia, S. Salvatore; Benevent, S. Sofia; jeweils unter Spolienverwendung). Ebenso befand sich der Papstpalast am Lateran in Rom seit 741 in umfassender Erneuerung. Mit diesen Bauten konkurrieren, sie gar noch übertreffen zu können, dürfte Hauptgrund für die Spolienverwendung unter Karl gewesen sein.

Faymonville 1916. – Grimme 1994. – Jacobsen 1996. – Meyer 1997. – Binding 1998.

C.M.

II.69

II.70

II.70 Die Aachener „Lupa“

Römisch (?), 2. Jahrhundert (?)
Bronze, gegossen und ziseliert. – Das linke Vorderbein ergänzt (19. Jahrhundert); auch das rechte Vorderbein als Nachguß sekundär (?) angesetzt, dessen Pranke ergänzt; große runde Öffnung auf der Brust, Einschnitt an der rechten Halsseite, Loch im Nabel-Bereich und am rechten Vorderbein, Riß an der rechten Schulter; die Zähne links teilweise weggebrochen. – H. 80 cm.
Aachen, Domkapitel

Natürlich erscheinende Tierplastik, hockend mit gespreizten Vorderbeinen, das rechte Hinterbein leicht seitwärts gestellt. In die andere Richtung – und wie in spontaner Bewegung – wendet sich der Kopf, leicht angehoben, aufwärts blickend, mit geöffnetem Maul und aufgestellten Ohren. In Haltung, Kopfwendung und Blick äußert sich Aufmerksamkeit, aber nicht Drohung und Angriffsbereitschaft. Differenziert ist die Wiedergabe des Fells, dessen Zotteln das Tiergesicht wie ein Kragen rahmen, die kräftiger ausgebildet auch an Nacken, Rücken und Hinterschenkeln sind, während fein ziselierte Haarzeichnung die Gesichtsflächen belebt. Die Zitzen sind deutliche Kennzeichnung eines weiblichen Tieres. Im Mittelalter galt die Bronze als Wölfin (*lupa*), seit dem 16. Jahrhundert zumeist als Bärin, in jüngerer Zeit auch – und insbesondere nach Archäologenmeinung – als Hund, und zwar als eine Darstellung des antiken Molosserhundes. Aus zoologischer Sicht gibt es Kennzeichen sowohl für einen Bär als auch für einen Caniden (Wolf); für letzteren sprechen z. B. die Ohren und die Milchleiste, dagegen jedoch der fehlende Schwanz. Bisher nicht überzeugend geklärt sind auch Raum und Zeit der Entstehung dieser bedeutenden Tierplastik (ob römisch und etwa zeitgleich mit dem Reiterstandbild Marc Aurels, wie allgemein angenommen, oder hellenistisch?).

Obwohl in karolingischen Schriftquellen nicht genannt, wird mit guten Gründen angenommen, daß diese Bronze zu den antiken Spolien gehört, die Karl der Große zur Ausstattung seiner Pfalz Aachen aus Italien mitgebracht hat, dabei habe er sich direkt auf die römische Lupa bezogen. Dieses Wahrzeichen des antiken Rom, die etruskische oder italische Bronze-Wölfin, hat Karl vermutlich im Palastbereich der Päpste auf dem Lateran aufgestellt sehen können, als Zeichen von Macht und Gerichtshoheit. In vergleichbarer Funktion und zugleich als Zeugnis für Aachen als „neues Rom“ könnte die Aachener „Lupa“ in die neu gegründete Pfalz versetzt worden sein. Seit dem 14. Jahrhundert ist sie dort nahe des Haupteingangs der Pfalzkapelle bezeugt, durch dessen Benennung *porta lupi* (Wolfstür, wie noch heute), mit dem darüberliegenden Archiv „Wolf“. Die Löwenkopf-Türzieher der in der Bronzewerkstatt Karls des Großen gegossenen Wolfstür hingegen lassen die Präsenz der Lupa bereits in karolingischer Zeit vermuten, da Form und Details der Tierköpfe Verwandtschaft zeigen.

Sekundär – vielleicht schon in karolingischer Zeit, angeblich auch im 18. Jahrhundert – hat die Bronze als Brunnenfigur gedient, womit sich wohl die – schon im 16. Jahrhundert genannte – Brustöffnung erklärt. Vom 14. bis 17. Jahrhundert und wieder vor 1788 stand sie am Eingang der Pfalzkapelle, wechselnd in oder vor der Vorhalle, auf hohem Pfeiler. Gegenwärtiger Standort (seit 1945) ist die Südwand der Vorhalle, auf halbhohem Sockel.

Kisa 1906, 40–43. – Faymonville 1916, 111–114, Abb. 62–64. – Schnitzler 1950, XII-XIII, Taf. 38, 40. – Buchkremer 1955, 73–74. – Braunfels 1965, 169, 196, Abb. 28. – Falkenstein 1966, 51–53. – Grimme 1973, 7 Nr. 1, Taf. 1. – v. Vacano 1973, 569 (Text-Bd.), 36 Abb. 48 (Taf.-Bd.) – Schramm 1981, 115 Nr. 5, Taf. 5. – Beutler 1982, 76–83, Abb. 39. – Herklotz 1985, 34. – Horn 1987, 326–327. – Andreae 1988, 92. – Kat. Braunschweig 1995, Nr. D 21 (Franz Niehoff). – Gramaccini 1995, 131, 136, Abb. 1. – Gramaccini 1996, 52, 201, Abb. 27.

U.M.

Wandputzfragment mit Schachbrettmuster. Paderborn, Westfälisches Museum für Archäologie, Museum in der Kaiserpfalz (Kat.Nr. III.27) ▷

KAPITEL III

Die Pfalz Paderborn

Manfred Balzer

Paderborn

Zentralort der Karolinger im Sachsen des späten 8. und frühen 9. Jahrhunderts

Das Itinerar der mittelalterlichen Könige und Kaiser, d. h. die Stationen und Aufenthaltsorte auf ihrem Weg durch die Gebiete ihrer Herrschaft bzw. – auf Eroberungszügen – in benachbarte Räume, gibt trotz der nur bruchstückhaften Überlieferung einen so präzisen Eindruck von der räumlichen Verteilung der herrscherlichen Aktivitäten, daß es seit Jahrzehnten als wichtiges Zeugnis für die Regierungstätigkeit mit ihren örtlichen Schwerpunkten interpretiert wird. Das gilt auch für das Itinerar Karls des Großen in Sachsen, d. h. im Gebiet der Westfalen, der Engern und der Ostfalen, im Zeitraum von 772 bis 804; denn die Statistik der Aufenthalte und die Kartierung der Aufenthaltsorte ergibt ein sehr charakteristisches Bild. Von den insgesamt 23 Örtlichkeiten, die überhaupt genannt sind, hat der Frankenkönig im Rahmen der Eroberung Sachsens nur fünf Orte häufiger als einmal aufgesucht: sechsmal die Eresburg, heute Obermarsberg, viermal Paderborn, viermal den Bereich der Lippequelle/Lippspringe und je zweimal Verden an der Aller und Bardowieck nahe der Elbe.

Die räumliche Schwerpunktsetzung im Süden des engrischen Gebietes, nicht weit von der Grenze zum fränkischen Hessen, tritt klar hervor; sie wird noch deutlicher, wenn man daran erinnert, daß der Frankenkönig bei den Überwinterungen 784/785 in Lügde Weihnachten feierte und dann auf der Eresburg residierte und daß für den Winteraufenthalt 797/798 der Ort Herstelle an der Weser nahe der Diemelmündung, der seinen Namen von der älteren „Lieblingspfalz" (Gauert) Karls, Herstal bei Lüttich, erhalten hatte, mit besonderen Bauten ausgestattet wurde – deren Ausführung und Lage allerdings bis heute unbekannt sind.

Vergleicht man die für die Eresburg und Paderborn bzw. Lippspringe bezeugten Ereignisse und Regierungshandlungen des Frankenkönigs, dann ist unübersehbar, daß die Franken nach Sachsen jenes Ordnungsprinzip übertragen hatten, das auch für die fränkischen Kernräume galt: Man unterschied Königshöfe und Pfalzen, die nahezu ausschließlich für Versammlungen genutzt wurden, von solchen, die bevorzugt zu längeren Wohnaufenthalten, der Feier von Hochfesten oder als Ausgangspunkt für die Jagd dienten. In diesem Sinne war Paderborn *die* Versammlungspfalz der Franken in Sachsen. An der Lippequelle aber, das ist herrschende Forschungsmeinung, gab es wie in der Nachbarschaft anderer wichtiger Versammlungspfalzen des Frankenreiches ein eigenes Areal für große Versammlungen – vielleicht sogar mit eigener Infrastruktur, worauf die urkundliche Nennung eines *haribergum* (= „Heerlager", „Anlage zur Unterbringung des Heeres") im Jahre 782 hinweisen könnte. In jedem Fall gehören die Pfalz in Paderborn und der Versammlungsplatz in Lippspringe eng zusammen. Deshalb müssen die Ereignisse in Paderborn und an der Lippequelle zusammen gesehen werden, und es läßt sich sagen, daß an diesen beiden Plätzen alle wichtigen Entscheidungen gefällt wurden, die der Frankenkönig in und für Sachsen im Rahmen von Versammlungen traf. Insofern war Paderborn der zentrale Ort der Franken im sächsischen Eroberungsgebiet, und zwar spätestens seit 776 – also seit dem 4. Kriegsjahr – und nicht nur für Karl den Großen, sondern, wie zu zeigen sein wird, auch für seinen Sohn, Ludwig den Frommen, und sogar auch noch für seinen Enkel, Ludwig den Deutschen (Abb. 1).

Die Unterwerfungseide, die die drei sächsischen Heerschaften 775 dem Frankenkönig schworen, unterstreichen, daß Karl der Große spätestens nach der erschreckenden Alternative des Winters in der Pfalz Quierzy, die Sachsen entweder besiegt zu Christen zu machen oder zu vernichten, ganz Sachsen seinem Reiche eingliedern wollte (vgl. Beitrag Lampen). Wenn er trotzdem für seine Aufenthalte dort überwiegend den Süden des Stammesgebietes wählte, so dürften Sicherheitsaspekte – der mögliche schnelle Rückzug auf fränkisches Gebiet im Falle der Gefahr – eine nicht geringe Rolle gespielt haben. Der Paderborner Raum aber bot sich in besonderer Weise für den Ausbau eines Zentralortes an, traf dort doch die wichtige Süd-Nord-Straße aus dem Raum Worms–Mainz über Frankfurt, Korbach, Eresburg auf den von Westen kommenden Hellweg, die alte Fernstraße am Rande der westfälischen Tieflandsbucht. Für den Platz Paderborn, in

Abb. 1 Pfalz Paderborn: Blick auf die Fundamente der karolingischen Aula von Westen

einer alten Siedlungskammer gelegen, kam die Schönheit der zahlreichen Quellen, die am Rand der aufsteigenden Hochfläche entspringen, als zusätzlicher Faktor für die Wahl dieses Ortes hinzu. Sie war den Menschen der damaligen Zeit durchaus bewußt, wie die Äußerungen des sog. Poeta Saxo oder des Paderborner Autors der Translatio S. Liborii in der zweiten Hälfte des 9. Jahrhunderts belegen. Der Wasserreichtum Paderborns und Lippspringes und ihrer Umgebung war darüber hinaus wichtig für die Versorgung von Mensch und Tier bei großen Versammlungen; bei beiden Orten gab es außerdem weite ebene Areale mit Wald-, Bruch- und Weidegebieten, die gute Voraussetzungen für das Errichten von Zeltlagern und für die Versorgung der Reit- und Zugtiere boten. Sowohl das Epos zum Jahre 799 als auch der Verfasser der Translatio erwähnen diese beiden landschaftlichen Vorzüge.

In den Sachsenkriegen Karls des Großen erscheint der Paderborner Raum explizit erstmals zum Jahre 776 in der fränkischen Überlieferung. Der König hatte von erneuten Aufständen erfahren und drang rasch von Worms her bis an die Quelle der Lippe vor, wo sich die Sachsen erneut unterwarfen, Geiseln stellten und versprachen, sich taufen zu lassen. Diese Taufen wurden nicht in Lippspringe vollzogen, sondern fanden in oder bei der Karlsburg statt, die der König in Paderborn, wie wir heute wissen, errichtete. Bei der ersten 'indirekten' Nennung steht der Ort an der Pader somit neben den politischen auch in religiös-liturgischen, missionarischen Bezügen.

Der Name „Karlsburg", d. h. die Bezeichnung der Paderborner Anlage mit dem Namen des Königs, belegt eine Planung, die Paderborn von Anfang an als königlichen Zentralort vorgesehen hatte; die Wahl des Namens war Programm, da Karl sich mit ihr neben Gründerheroen wie Kaiser Konstantin, König Theoderich und andere stellte. Das gilt ganz speziell für das Jahr 776 und trotz der Tatsache, daß der Name später nicht mehr in der fränkischen Überlieferung erscheint, sondern hinter dem älteren – sächsischen – Ortsnamen Paderborn zurücktritt.

Auf die Baumaßnahmen und Bauten in Paderborn ist

hier nicht im einzelnen einzugehen. Festzuhalten bleibt aber, daß wir zwar nicht wissen, ob mit Bau und Ausbau der Anlage bereits 775 oder erst 776 begonnen wurde, daß sie aber 777 weitgehend fertiggestellt war; denn damals konnte die erste Kirche als Pfalz- und Missionskirche dem Erlöser geweiht werden. Die Bezeichnung Paderborns als *fiscus*, als Krongutsbezirk, belegt, daß die Franken gleichzeitig, nachdem sie „nach Kriegsrecht" sächsischen Grundbesitz konfisziert, auch schon eine königliche Grundherrschaft eingerichtet hatten, die die Versorgung des Hofes in Paderborn mit übernehmen konnte.

In die gerade fertiggestellte Pfalz berief der Frankenkönig 777 die erste fränkische Reichsversammlung auf sächsischem Boden ein. An ihr nahmen auch führende Sachsen teil – nicht jedoch Widukind. Über ihn vermerken die Annalen, daß er, „einer der vornehmsten der Westfalen", nach Dänemark außer Landes gegangen war.

Die Reichsversammlung tagte zeitgleich mit einer Synode, die unter der Leitung des Erzbischofs Wilchar von Sens stand. Wichtigster Verhandlungsgegenstand der Synode war die Organisation der Mission in Sachsen, die Einteilung von Missionssprengeln. Von den Verhandlungsgegenständen der weltlichen Versammlung ist überliefert, daß König Karl eine arabische Gesandtschaft aus Spanien empfing, mit der er den Feldzug des nächsten Jahres aushandelte. Zu den Paderborner Ereignissen des Sommers 777 gehörten aber auch wieder Unterwerfungs- und Huldigungsakte von Sachsen mit anschließender Taufe, die demnach den Täuflingen als Teil der Unterwerfung erscheinen mußte.

Im fünften Jahr seit Beginn des Eroberungskrieges gegen die Sachsen, 777, wähnten die Franken und ihr König sich am Ziel; sie hatten erste wichtige Maßnahmen zur Christianisierung und Eingliederung der Nachbarn in das Frankenreich ergriffen und fränkische Organisationsformen in Sachsen geschaffen. Mit welchen Hochgefühlen die Tage in Paderborn begangen wurden – die Fertigstellung der Pfalzburg mit der Kirche in bis dahin heidnischem Gebiet, die Synode mit ihrer Missionsperspektive und die politische Versammlung mit der Bestätigung des Erreichten – spiegelt sich in den Texten wider. Dabei stehen die Taufen im Vordergrund des Interesses. König Karl wird als großer Missionar und Täufer gefeiert, wobei der Aspekt der „Schwertmission" keineswegs verschleiert wird.

Man muß es vor dem Hintergrund der sonst kargen Nachrichten der Annalen sehen, wenn Karl der Große mit Johannes dem Täufer oder dem für die Angelsachsen-Mission wichtigen Papst Gregor dem Großen verglichen wird, um den Stellenwert dieser Rühmungen zu erfassen. Außergewöhnlich aber ist eine Dichtung auf das Jahr 777, die vielleicht schon in die Feier des Sommers in Paderborn gehört. Es ist das ohne Titel überlieferte sog. Carmen de conversione Saxonum, das Lied von der Bekehrung der Sachsen. Der Dichter stellt die Leistungen Karls in welt- und heilsgeschichtliche Bezüge. Der König ist Heidensieger und großer Täufer, der paradiesische Zustände schafft und dem der himmlische Lohn dafür gewiß ist.

Erst vor dem Hintergrund dieser Siegesgewißheit wird das Ausmaß der Katastrophe meßbar, die die Franken mit dem sächsischen Aufstand unter Widukinds Führung im Jahre 778 traf, als Karl mit seinem Heer in Nordspanien kämpfte. Die Karlsburg in Paderborn wurde von den Aufständischen zerstört; die Annalen berichten davon ohne die Nennung des Namens. Zwar wurde dieser künftig, wie gesagt, nicht mehr verwandt, die Anlage in Paderborn selbst wurde aber nicht aufgegeben, sondern wiederhergestellt, wie die Auswertung der Grabungen zeigt. Vermutlich kam es mit dem Wiederaufbau zu einer Verstärkung des kirchlichen Elements in der Pfalzburg durch die Ansiedlung eines Klerikerkonvents bei der Pfalzkirche, der wohl schon damals (ca. 780) dem Bischof von Würzburg unterstellt war.

Die beiden nächsten Aufenthalte Karls des Großen im Paderborner Raum sind nicht für Paderborn, sondern für das Areal an der Lippequelle/Lippspringe bezeugt. Dorthin hat er die fränkischen Reichsversammlungen der Jahre 780 und 782 einberufen. 780 war die Versammlung eine Station auf dem weiteren Zuge in das nordöstliche Sachsen. Vermutlich wurden aber die Maßnahmen zur Reorganisation der Mission, zu denen auch die genannte Entscheidung für Paderborn gehört haben dürfte, an der Lippequelle getroffen. Im Jahre 782 kam der König dann, wie schon 777, nur für die Reichsversammlung nach Sachsen. Die Situation war vergleichbar mit der des Jahres 777, denn erneut glaubten sich die Franken am Ziel.

Der Abt Anselm von Nonantola war nach Lippspringe gekommen, um den Italienzug Karls für das folgende Jahr vorbereiten zu helfen. – In der Königsurkunde, die er damals erhielt, ist der Ortsname Lippspringe erstmals genannt! – Für Sachsen aber wurden Grafen eingesetzt, und zwar auch solche sächsischer Herkunft. Das aber bedeutete mit der Einführung der Grafschaftsorganisation den abschließenden Vollzug der Eingliederung Sachsens in das Frankenreich bzw. den weitgehenden Verlust politischer Selbständigkeit für Sachsen. Unterstrichen wurde dies durch den Erlaß der Capitulatio de partibus Saxoniae (Kat.Nr. VI.2), jener Sondergesetze für Sachsen, deren Verabschiedung man zu der Versammlung in Lippspringe stellen darf, da sie die Grundlage für das Wirken von Priestern, Grafen und anderen königlichen Beauftragten darstellten.

In der Konsequenz dieses Erlasses mit der Androhung der Todesstrafe z. B. für das bewußte Nichteinhalten der Fastengebote kam es noch 782 zu einem erneuten sächsischen Aufstand, der zu einer weiteren, der dritten Kampfphase der sächsisch-fränkischen Auseinandersetzungen führte. Paderborn spielte darin insofern eine Rolle, als der Frankenkönig sich 783 nach der Schlacht bei Detmold in die Paderborner Burg zurückzog, um hier Verstärkung aus dem Frankenreich abzuwarten, bevor er zu einer weiteren Schlacht an die Hase bei Osnabrück zog. Sowohl die Schutzanlage der Burg als auch die günstige Nähe Paderborns zum fränkischen Gebiet werden dadurch schlaglichtartig beleuchtet.

Paderborn wurde dann aber auch wieder der Ort der vierten fränkischen Reichsversammlung auf sächsischem Boden im Jahre 785, d. h. nach dem erwähnten Winteraufenthalt des Königs in Sachsen 784/85, in dessen Verlauf die fränkischen Truppen immer wieder tötend und brandschatzend gegen Sachsen vorgingen, so daß – wie es zynisch in den Annalen heißt – im Frühjahr „die Wege offen" waren, also jeder Widerstand gebrochen war.

Das Osterfest des Jahres 785 (3. April) feierte der König noch auf der Eresburg im Kreis der Familie, wohin damals auch sein Sohn Ludwig aus Aquitanien gekommen war. Der König wartete Nachschub ab und war dann, wohl Anfang Juni, in Paderborn. Dort dürfte neben Fragen der Reorganisation der wichtigste Besprechungspunkt das weitere Vorgehen gegenüber den Sachsen, speziell gegenüber Widukind gewesen sein. Es wurden Verhandlungen verabredet und geführt, die schließlich zum Ende des Widerstandes Widukinds führten, der mit seinen Gefährten im Winter 785/786 in der Pfalz Attigny getauft wurde.

Für 14 Jahre schweigt in der Folge die Schriftüberlieferung über Maßnahmen des Frankenkönigs in oder für Paderborn. Nur die Ausgrabungsergebnisse signalisieren, daß bei der erneuten und letzten Aufstandswelle, die 793/794 nachweislich auch noch einmal den Süden Sachsens mit der Aufstellung von Truppen auf dem Sintfeld bei Paderborn erreichte, auch die Paderborner Anlage in Mitleidenschaft gezogen wurde. Die Wiederherstellungsmaßnahmen gipfelten in einer Änderung der Konzeption für den Pfalzort bzw. in einer Gewichtsverlagerung der kirchlichen Funktionen, indem man neben der ersten Kirche mit einem Neubau begann, der in seinen Dimensionen größer als eine einfache Pfalz- oder Missionskirche war und bereits als künftige Kirche für einen Bischof und seinen Kathedralklerus konzipiert wurde.

Nachdem 798 zahlreiche besondere Strafbestimmungen der Capitulatio von 782 bei einer Versammlung in Aachen unter sächsischer Beteiligung zurückgenommen und ein neues Capitulare Saxonicum erlassen war (Kat.Nr. VI.3), hatte der Frankenkönig für den Sommer 799 erneut einen Zug nach Sachsen geplant, auf dem Paderborn eine wichtige Station darstellen sollte, denn die „Kirche von staunenswerter Größe" war fertiggestellt und sollte in Anwesenheit des Herrschers geweiht werden. Die Könige und Kaiser des Mittelalters suchten die Gelegenheit der Herrschaftsrepräsentation und Teilnahme an einer solchen Liturgie; sie war für Karl in Paderborn besonders wichtig, da er der Bauherr war und seine Pfalzburg für den künftigen Bischofssitz zur Verfügung gestellt hatte.

Wenn daher zum Staunen des Annalisten Karl 799 nach Paderborn ging, obwohl er inzwischen die Nachricht vom Attentatsversuch auf Papst Leo III. erhalten hatte und obwohl am Hof der sofortige Aufbruch des Königs nach Italien diskutiert worden war, dann unterstreicht das die Bedeutung der Kirchweihe dort und generell den besonderen Rang, den der Frankenkönig der Paderborner Pfalz für den Aufenthalt des Papstes und die Verhandlungen mit ihm und seinen Gegnern gerade dort beimaß. Das gilt unabhängig von dem Kalkül des Königs, daß es seine taktische Position nur verbessern konnte, wenn der Papst als Bittsteller in das Frankenreich kam (vgl. Beitrag Becher).

Nach dem 13. Juni 799 brach der Hof von Aachen aus auf. Die Reichsversammlung des Jahres fand, was sicher seit langem so geplant war, in Lippeham, d. h. am Rhein an der Lippemündung, statt. Anschließend zogen der König sowie seine Söhne Karl und Pippin mit einem Gefolge aus Bischöfen und Grafen und dem Heer über den Hellweg nach Paderborn. Dort wurden die Truppen aufgeteilt; ein Teil zog mit dem Sohn Karl in den Norden Sachsens, von wo aus Teile der sächsischen Bevölkerung deportiert wurden, die anderen blieben mit dem Hof in Paderborn. Ob der jüngere Karl die Kirchweihe in Paderborn noch abwartete oder sofort weiterzog, ist nicht bekannt. Wichtig aber ist für die Interpretation der Ereignisse, daß diese Weihe offenbar *vor* der Ankunft des Papstes vollzogen wurde; zwar ist der Leiter der Weiheliturgie nicht bekannt, aus der überlieferten Weihe nur eines Nebenaltars zu Ehren des Erzmärtyrers Stephanus durch Leo III. kann aber geschlossen werden, daß er bei der eigentlichen Weihe nicht zugegen war. Es wäre sonst wohl eine unzumutbare Zurücksetzung gewesen, ihm nicht die Leitung der Liturgie zu überlassen.

Die „Kirche von staunenswerter Größe", der künftige Dom, wurde zu Ehren der Muttergottes und des heiligen Kilian geweiht. Da in einem jüngeren Reliquienverzeichnis des Domes Marienhaare aufgeführt sind und Kiliansreliquien, die in kostbaren byzantinischen Seidenstoff eingewickelt waren, erhalten blieben, hat Klemens Honselmann mit Recht gefolgert, daß die Marienreliquien vom Frankenkönig für die Weihe der Kirche gestiftet wurden, während der Bischof von Würzburg, Berowelf, dem Paderborn unterstand und unterstellt blieb, die Reliquien des Würzburger Märtyrers nach Paderborn übertrug. Fragt man nun, an welchem Tag die Weihe vollzogen worden sein könnte, dann bietet sich der 2. Juli, ein Dienstag im Jahre 799, an, da an ihm das Fest Mariä Heimsuchung gefeiert wurde. Noch in der Oktav dieses Marienfestes aber lag am darauffolgenden Montag, dem 8. Juli, das Fest des zweiten Patrons, des hl. Kilian.

Nach den Überlegungen zu Kirchweihe und Kirchweihterminen ist mit der Ankunft des Papstes wohl erst ab der zweiten Hälfte des Juli zu rechnen. Die Überlieferung ist einhellig in der Aussage, daß er mit allen Ehren vom Frankenkönig empfangen wurde. In dem Epos-Fragment zu den Ereignissen des Sommers 799 besitzen wir ein kostbares Zeugnis dafür, daß die Einholung Leos III. nach den Regeln des aus der Antike überkommenen Zeremoniells vollzogen wurde. Der Karlssohn Pippin, König von Italien, zog dem Papst auf eine – nicht überlieferte – Distanz von Paderborn aus entgegen; sein Vater, König Karl, aber erwartete ihn nicht weit von der Pfalzburg und geleitete ihn zum Gottesdienst in die vor kurzem fertiggestellte und geweihte Kirche. Das Empfangsgastmahl mit dem zeremoniellen Geschenktausch fand in der Aula der Pfalz statt. Dann zog sich der König in den Wohnbereich zurück, wohingegen der Papst das eigene Zeltlager aufsuchte – eine durchaus übliche Unterbringung auch für reisende Päpste.

Leider sind wir über den Ablauf des Geschehens im Sommer weniger gut unterrichtet. Es hat sicher intensive Verhandlungen über das Schicksal des Papstes gegeben; vermutlich verliefen sie nicht förmlich nach den Verfahrensregeln einer Synode, sondern eher in der für den Hof typischen Form der Beratung in unterschiedlichen Gruppen mit der Rückbindung an den König. Nicht unerhebliches Gewicht hatte dabei die Anwesenheit von Gegnern des Papstes. Die gefundenen Entscheidungen und Lösungswege – u. a. die Rückführung und Wiedereinsetzung des Papstes und die Exilierung seiner Gegner im Herbst 799 sowie die Einholung Karls als „künftiger Kaiser" im November 800 in Rom – können so interpretiert werden, daß in Paderborn auch die „Kaiserfrage" diskutiert wurde.

Die Verhandlungen dürften sich über einen längeren Zeitraum während des Besuches Leos III. hingezogen haben. Dagegen ist anzunehmen, daß die Weihe eines Altars in der neuen Kirche durch Leo III. am Anfang seines Aufenthaltes stand. Denn sie war wie seine Einholung ein ritueller Akt, der die Stellung des Papstes positiv unterstrich, hat Leo III. doch bei der Weihe Stephanus-Reliquien im Altar beigesetzt, d. h. Reliquien jenes ersten Märtyrers der Kirche, an dessen Festtag, dem 26. Dezember 795, er zum Papst erhoben worden war. Als Weihetag läßt sich daher der 3. August, das Fest der Inventio S. Stephani erschließen.

Als am Ende des 9. Jahrhunderts ein Paderborner Kleriker den neuen Bericht von der Übertragung der Liborius-Reliquien verfaßte, deutete er diese Altarweihe zusammen mit den Maßnahmen des Frankenkönigs so, daß damals der Bischofssitz Paderborn „sowohl durch die kaiserliche Vorschrift als auch durch die Vollmacht der päpstlichen Weihe erstmals (primitus) errichtet" worden sei. Diese Deutung ist von Honselmann als Nachricht über die förmliche Gründung des Bistums Paderborn durch den Papst im Jahre 799 interpretiert worden. Das wird – wie ich meine zu Recht – von anderen Historikern bestritten, die darauf verweisen, daß in jener Zeit eine solche Beteiligung des Papsttums an Bistumsgründungen im Frankenreich nicht bezeugt ist, und hervorheben, daß die Errichtung von Bistümern in Sachsen nicht punktuell geschah, sondern sich in einem längeren Prozeß vollzog. Unstrittig ist allerdings, daß der Bau und die 799 vollzogene Weihe der „Kirche von staunenswerter Größe", die der Initiative des Frankenkönigs verdankt wird, ein vorletzter wichtiger Schritt auf dem Wege war, der dann 805/806 mit der Einsetzung des ersten eigenen Paderborner Bischofs, Hathumar, der als sächsische Geisel in Würzburg ausgebildet worden war, abgeschlossen wurde. Insofern ist auch die Mitwirkung des Papstes bei der Übertragung des Klosters in Saint-Mars-la-Brière bei Le Mans an die Paderborner Kirche kein Vollzug im Rahmen eines Gründungsaktes; sie ist allerdings eine der wichtigen Schenkungen des Frankenkönigs Karl zur Dotierung der Paderborner Kirche, die in diesem Fall der Papst bestätigte.

Aus jüngerer Überlieferung kennen wir weitere Weihehandlungen Leos III. im Sommer 799 in Sachsen, die voraussetzen, daß der Papst sich nicht nur in Paderborn aufhielt. Am wahrscheinlichsten sind unter ihnen die Konsekration des Petrus-Altares auf der Eresburg, von der Widukind von Corvey im 10. Jahrhundert weiß, und die Nachricht der Vita Meinwerci aus dem 12. Jahrhundert, daß der Altarstein der Stephanus-Krypta des Paderborner Abdinghofklosters aus Detmold geholt worden sei, wo ihn Leo III. geweiht hatte (vgl. Beitrag Johanek, Abb. 2).

Feierlich, wie er eingeholt worden war, wurde Papst Leo III. von Paderborn aus nach Rom zurückgeleitet, wo ihm am 29. November 799 ein feierlicher Empfang bereitet wurde. Vermutlich nach seiner Abreise empfing Karl der Große noch einen Gesandten des byzantinischen Statthalters Michael von Sizilien, der im Auftrag der Kaiserin Irene mit dem Frankenkönig verhandelte. Am 11. November kehrte auch er dann in die Francia zurück, um den Winter in Aachen zu verbringen.

Paderborn hatte sich 799 als zentraler Ort in Sachsen bewährt und war in dieser Funktion glänzend bestätigt worden. An keinem anderen Ort seines Reiches konnte der König so gut demonstrieren, daß und in welcher Weise er sein Reich erweitert und in diesem Reichsteil eine neue *sedes*, einen Herrschersitz, errichtet hatte. Nirgendwo sonst war so augenfällig, wie sehr der Frankenkönig die Aufgabe, die er sich 796 im Gratulationsschreiben an den damals neuen Papst zuschrieb, wahrgenommen hatte, nämlich „die Kirche Christi allenthalben vor dem Einbruch der Heiden und der Verwüstung der Ungläubigen außen mit den Waffen zu verteidigen und innen mit Erkenntnis des katholischen Glaubens zu festigen". Die Rolle des Papstes war damals aus fränkischer Sicht darauf beschränkt worden, „mit zu Gott erhobenen Händen wie Moses unser Waffenwerk zu unterstützen".

Der letzte Aufenthalt Karls des Großen im Paderborner Raum ist für 804 bezeugt. Die Metzer Annalen berichten als einzige, daß die Reichsversammlung des Jahres erneut „bei der Lippequelle" stattfand; Gegenstände der Verhandlungen sind nicht überliefert. Im Vordergrund der übrigen zeitgenössischen Geschichtsschreibung stehen vielmehr die umfangreichen Deportationen von Sachsen aus den Gebieten jenseits der Elbe und Verhandlungen mit dem Dänenkönig.

Das Zurücktreten des Paderborner Raumes im Itinerar der letzten zehn Regierungsjahre Karls des Großen macht keine Aussage über den Rang der Paderborner Pfalz und ihre Bedeutung für Sachsen, es signalisiert aber, daß sich mit dem Ende der mehr als dreißigjährigen Auseinandersetzungen die Themen und räumlichen Schwerpunkte der königlichen Politik verlagert hatten. Denn als Ludwig der Fromme nach dem Tod seines Vaters (28. Januar 814) die Herrschaft übernommen und das Jahr 814 überwiegend in Aachen verbracht hatte, wo auch seine erste Reichsversammlung stattfand, berief er die des Jahres 815 nach Paderborn ein. Seine Anwesenheit ist dort vom 1. bis 22. Juli bezeugt, er hat demnach mindestens drei Wochen in der sächsischen Pfalz seines Vaters residiert.

In Paderborn fand erneut eine großartige Versammlung statt, die in ihren Teilnehmern das Reich repräsentierte: Ludwigs Söhne Lothar, damals Unterkönig für Baiern, und Pippin, Unterkönig für Aquitanien, waren ebenso aufgeboten wie sein Neffe Bernhard, seit 812 Unterkönig von Italien. In der Begleitung des Kaisers werden Franken, Burgunder und Alemannen ausdrücklich genannt. Neben kirchenpolitischen Entscheidungen wie der Errichtung des Bischofssitzes in Hildesheim und der Gründung der Corbier Zelle Hethis, des Vorgängers von Kloster Corvey, zeigen die überlieferten politischen Maßnahmen, daß das Hauptgewicht der Versammlung auf der Regelung von Angelegenheiten für den Nordosten des Reiches lag. Ludwig empfing in Paderborn Gesandte der Slawen und des dänischen Königs, der dem Franken ein Friedensangebot machte. Nach Paderborn kehrte auch das gegen die Dänen entsandte Heer zurück. Daß Ludwig, der am 1. August schon wieder in Frankfurt urkundete, trotz der Probleme mit den nördlichen und östlichen Nachbarn des sächsischen Reichsteils in Paderborn geblieben war, unterstreicht, wie bewußt er die Pfalz seines Vaters, die er durch seine Aufenthalte in den Jahren 785 und 799 kannte, als Ort für die Versammlung gewählt hatte: Mit der Versammlung in Paderborn nahm er den Reichsteil Sachsen symbolisch in Besitz.

Wenn daher Ludwig der Fromme nur dieses eine Mal in Paderborn nachweisbar ist, so sagt das nichts aus über die Bedeutung Paderborns für das Königtum. Vielmehr ist festzuhalten, daß Ludwig während der Zeit seiner Herrschaft, d. h. bis 840, nicht wieder im sächsischen Reichsteil bezeugt ist; vor allem aber ist hervorzuheben, daß der zweite Paderborner Bischof, Badurad, der sicher nicht ohne Mitwirkung des Kaisers 815 Nachfolger Hathumars wurde, sich durch besondere Königsnähe auszeichnete. Als Ludwig im Oktober 830 nach einem Umsturzversuch zugunsten seines Sohnes Lothar wieder die Oberhand gewann, schickte er einen der Anführer der Rebellion, den Erzkaplan und Abt von Saint-Denis, Hilduin, nach Sachsen in die Verbannung: Mit wenigen Leuten mußte er bei Paderborn im Kriegszelt überwintern, d. h., er war der Aufsicht Badurads unterstellt, bis er im Februar 831 mit der Klosterhaft in Corvey erleichterte Bedingungen erhielt. Wohl 833 bekam Badurad den Auftrag, als Königsbote Streitigkeiten zwischen Kloster Corvey und im Weserraum zuständigen Grafen zu schlichten. Generell läßt sich sagen, daß Bischof Badurad häufig in wichtigen Angelegenheiten bei Hofe war; 836 konnte er deshalb nicht persönlich an der Einholung der Liboriusreliquien in Paderborn mitwirken.

Riß daher wegen der Königsnähe des Bischofs der Kontakt zwischen Paderborn und dem Königshof nicht ab, so ist doch gleichzeitig nicht zu übersehen, daß die Impulse am Ort jetzt nicht mehr vom Königtum, sondern vom Ortsbischof ausgingen. Neben seinem Hofdienst widmete Badurad sich entschieden dem Ausbau von Bischofssitz und Bistum – durch die Gründung von Pfarreien, die Neuorganisation des Lebens im Domkloster und die Einrichtung der Domschule. Aus der karolingischen Versammlungspfalz war der Bischofssitz mit Pfalzfunktion geworden.

Herausragend unter den Baumaßnahmen Badurads war die Erweiterung der Kirche von 799 um ein Westquerhaus mit einer Ringkrypta, die für die Aufnahme der Liboriusreliquien bestimmt und bei der Ankunft 836 fertiggestellt war, während man am Aufgehenden des Querhauses wohl noch arbeitete. An die Bauarbeiten am neuen Querhaus des Domes schlossen sich – nach der aktuellen Auswertung – Veränderungen im Bau der Pfalz an, mit denen u. a. eine Verbindung zwischen der Aula und dem neuen Westquerhaus angestrebt wurde. Man wird annehmen dürfen, daß Bischof Badurad dabei die treibende Kraft war, daß er also auch die Verantwortung für die Baumaßnahmen im Pfalzbereich übernommen hatte. Wenn mit dieser Maßnahme vor 840 begonnen wurde, galt sie noch Ludwig dem Frommen oder generell dem reisenden König, mit dessen möglichem Aufenthalt in Sachsen man weiterhin rechnete. Wenn sie erst später, mit dem Regierungsantritt Ludwigs des Deutschen einsetzte, bekam sie einen weiteren Akzent; dann gehörte das Bauen Badurads auch zu seinen – wohl lange vergeblichen – Bemühungen um ein gutes Verhältnis auch zu diesem Herrscher.

Noch im August 840 hatte Badurad nämlich mit anderen geistlichen Würdenträgern den ältesten Sohn Ludwigs des Frommen, Lothar I., und seinen Anspruch auf die Vorherrschaft im Frankenreich anerkannt, die Ludwig den Deutschen, der den ganzen Ostteil des Reiches für sich beanspruchte, auf Baiern beschränkt hätte. Es fällt daher besonders auf, daß Badurad offensichtlich nicht in Paderborn war, als Ludwig der Deutsche Anfang Dezember 840 in der Tradition von Großvater und Vater eine erste Versammlung nach dort einberief, um Anhänger unter den sächsischen Großen zu gewinnen. Während damals für Kloster Corvey drei Urkunden ausgestellt worden sind, ist ähnliches für Paderborn nicht überliefert. Ludwig erneuerte vielmehr das Immunitätsprivileg für die Bischofskirche erst 859.

Wenn nicht schon 840, dann stand die neue Pfalz vermutlich im Herbst 845 zur Verfügung, als Ludwig der Deutsche seine zweite große Versammlung in Paderborn abhielt. Sie erinnert an die von 815 und – entfernter – an jene von 777 und 785. Es waren Truppenkontingente aufgeboten worden, mit denen der König einen Kriegszug gegen die Wenden unternehmen wollte. Dazu kam es allerdings nicht, denn diese schickten eine Gesandtschaft mit Geiseln und Geschenken nach Paderborn und schlossen dort kampflos Frieden. In Paderborn empfing Ludwig bulgarische Gesandte und auch Abordnungen seiner Brüder, Lothars I. und Karls des Kahlen, die seine Vermittlung in Streitigkeiten suchten.

Mit dem Aufenthalt Ludwigs, der überhaupt nur noch einmal – 852 in Minden – in Sachsen nachweisbar ist, verschwindet Paderborn bis zum Jahre 958, bis zum Besuch Ottos I., als bezeugter Aufenthaltsort aus dem Itinerar der Könige und Kaiser. Dafür sind gewiß mehrere Faktoren verantwortlich: Die Verlagerung der Regierungsschwerpunkte im 9. Jahrhundert, die Stabilisierung der sächsischen Verhältnisse und schließlich die Änderung der Gastungsgewohnheiten. Festzuhalten aber bleibt, daß die karolingische Versammlungspfalz ihre spezifische Funktion in und für Sachsen verlor, daß aus dem fränkischen Zentralort Paderborn der Pfalzort und Bischofssitz geworden war, der neben anderen zentralen Orten wie Corvey, Minden, Osnabrück und Münster stand, um nur das Kloster und die Bischofssitze des südlichen Sachsen westlich der Weser zu nennen.

Literatur:

Gerd ALTHOFF, Colloquium familiare – Colloquium secretum – colloquium publicum. Beratung im politischen Leben des früheren Mittelalters, in: Frühmittelalterliche Studien 24, 1990, 145–167 (jetzt in: DERS., Spielregeln der Politik im Mittelalter, Darmstadt 1997, 157–184). – Manfred BALZER, Paderborn als karolingischer Pfalzort, in: Deutsche Königspfalzen. Beiträge zu ihrer historischen und archäologischen Erforschung 3 (Veröffentlichungen des Max-Planck-Instituts für Geschichte 11/3), Göttingen 1979, 9–85. – DERS., Zeugnisse für das Selbstverständnis Bischof Meinwerks von Paderborn, in: Tradition als historische Kraft. Interdisziplinäre Forschungen zur Geschichte des früheren Mittelalters, hrsg. v. Norbert KAMP u. Joachim WOLLASCH, Berlin/New York 1982, 267–296. – DERS., ... et apostolicus repetit quoque castra suorum. Vom Wohnen im Zelt im Mittelalter, in: Frühmittelalterliche Studien 26, 1992, 208–229. – DERS., „Lippiagyspringiae in Saxonia". Der Quellbereich der Lippe in den Sachsenkriegen Karls des Großen, in: Lippspringe – Beiträge zur Geschichte, bearb. v. Michael PAVLICIC, Paderborn 1995, 63–71. – DERS., Paderborn im frühen Mittelalter (776–1050): Sächsische Siedlung – Karolingischer Pfalzort – Ottonisch – salische Bischofsstadt, in: Paderborn. Geschichte der Stadt in ihrer Region 1, hrsg. v. Jörg JARNUT, Paderborn 1999, im Druck. – Johann Friedrich BÖHMER, Regesta Imperii 1: Die Regesten des Kaiserreiches unter den Karolingern. 751–918, bearb. v. Engelbert MÜHLBACHER u. Johann LECHNER, Innsbruck ²1908 (ND mit Ergänzungen v. Carlrichard BRÜHL u. Hans Heinrich KAMINSKY, Hildesheim 1966). – Peter CLASSEN, Karl der Große, das Papsttum und Byzanz. Die Begründung des karolingischen Kaisertums, neu hrsg. v. Horst FUHRMANN u. Claudia MÄRTL (Beiträge zur Geschichte und Quellenkunde des Mittelalters 9), Sigmaringen ²1988. – Philippe DEPREUX, Prosopographie de l'entourage de Louis le Pieux (781–840) (Instrumenta 1), Sigmaringen 1997. – Eckhard FREISE, Das Frühmittelalter bis zum Vertrag von Verdun (843), in: Westfälische Geschichte 1: Von den Anfängen bis zum Ende des Alten Reiches, hrsg. v. Wilhelm KOHL (Veröffentlichungen der Historischen Kommission für Westfalen 43), Düsseldorf 1983, 275–335. – Adolf GAUERT, Zum Itinerar Karls des Großen, in: Karl der Große. Lebenswerk und Nachleben 1: Persönlichkeit und Geschichte, hrsg. v. Helmut BEUMANN, Düsseldorf ³1967, 307–321. – Karl HAUCK, Paderborn, das Zentrum von Karls Sachsen-Mission 777, in: Adel und Kirche. Gerd Tellenbach zum 65. Geburtstag, hrsg. v. Josef FLECKENSTEIN u. Karl SCHMID, Freiburg/Basel/Wien 1968, 92–140. – DERS., Karolingische Taufpfalzen im Spiegel hofnaher Dichtung. Überlegungen zur Ausmalung von Pfalzkirchen, Pfalzen und Reichsklöstern, in: Nachrichten der Akademie der Wissenschaften in Göttingen. Phil.-hist. Klasse 1, Göttingen 1985, 1–95. – DERS., Karl als neuer Konstantin 777. Die archäologischen Entdeckungen in Paderborn in historischer Sicht. Mit einem Exkurs v. Gunter MÜLLER, Der Name Widukind, in: Frühmittelalterliche Studien 20, 1986, 513–540. – Klemens HONSELMANN, Reliquientranslationen nach Sachsen, in: Das erste Jahrtausend. Kultur und Kunst im werdenden Abendland an Rhein und Ruhr, Düsseldorf 1962, 159–193. – DERS., Die Bistumsgründungen in Sachsen unter Karl dem Großen, mit einem Ausblick auf spätere Bistumsgründungen und einem Exkurs zur Übernahme der christlichen Zeitrechnung im frühmittelalterlichen Sachsen, in: Archiv für Diplomatik 30, 1984, 1–50. – Rudolf SCHIEFFER, Die Anfänge der westfälischen Domstifte, in: Westfälische Zeitschrift 138, 1988, 175–191. – DERS., Papsttum und Bistumsgründung im Frankenreich, in: Studia in honorem eminentissimi cardinalis Alphonsi M. Stickler, hrsg. v. Rosalius Iosephus CASTILLO LARA (Studia et Textus Historiae Iuris Canonici 7), Rom 1992, 517–528. – Franz TENCKHOFF, Die Beziehungen des Bischofs Badurad von Paderborn zu Kaiser Ludwig dem Frommen und seinen Söhnen, in: Westfälische Zeitschrift 56, 1898, 89–97.

Die Pfalz Paderborn

III.1 Modell der Pfalz Paderborn (776/777)

Modellbau: ROESE DESIGN, Darmstadt, 1999
Kunststoff. – 1200 x 1200 mm; M. 1 : 100.
Paderborn, Westfälisches Museum für Archäologie, Museum in der Kaiserpfalz

Die Steinbauten der ersten Paderborner Pfalzanlage sind nicht zuletzt aufgrund späterer Verbauung durch Bischof Meinwerk nur noch im Fundamentbereich erhalten. Daher ist der Grad der Rekonstruktion der im Modell dargestellten Gebäude sehr hoch. Hier soll vorrangig auf die Maßherleitung, die der Rekonstruktion der Einzelbauten zugrunde liegt, eingegangen werden.

Ausgangspunkt aller Rekonstruktionen des aufgehenden Mauerwerks ist die maßliche Analyse der erhaltenen Grundrisse. An erster Stelle steht die Überlegung, daß alle Maße Fußmaße sind, deren kleinste Einheit ein Zoll ist, von denen 12 auf einen Fuß kommen. Fußmaße gibt es viele, sie liegen etwa zwischen 25 und 50 cm. (Für die Beschreibung eines bestehenden Bauwerks ist es unerheblich, in welcher Einheit man die Maße angibt). Will man aber einen Bau auf der Grundlage seiner Reste rekonstruieren, so muß dasjenige Fußmaß ermittelt werden, das den erhaltenen Maßen zugrunde liegt.

Schwierigkeiten beim Bestimmen des verwendeten Fußmaßes macht insbesondere, daß die Wände kaum exakt im rechten Winkel zueinander stehen und von leicht ungleichmäßiger Stärke sind. Deshalb müssen Schiefstände der Mauern und Schwankungen ihrer Stärke ausgemittelt werden, um die Grundrisse überhaupt analysieren zu können.

Das Fußmaß läßt sich folgendermaßen errechnen: Die lichte Länge des Grundrisses von „Aula 1" beträgt 29,3 m und setzt sich aus einer Reihe von 13 Quadraten mit je 2,254 m Kantenlänge zusammen. Vier solcher Reihen übereinander ergeben die lichte Breite von 9 m. Wenn man bedenkt, daß Grundrisse mit Hilfe von Knotenschnüren in Form von drei- oder viereckigen Modulen auf den Baugrund übertragen wurden, kann man sich vorstellen, daß die gefundenen Quadrate diese Geometrie darstellen könnten. Am naheliegendsten ist es anzunehmen, daß die für die erste Aula ermittelte Rasterweite von 2,254 m ein glattes Fußmaß ist. Angenommen, es bedeute 7 Fuß, so hieße das 1 Fuß = 0,322 m. Auch eine Teilung in 6 (0,376 m) oder 8 (0,281 m) Fuß ergäbe noch annehmbare Werte, doch soll wegen der herausragenden Bedeutung der Zahl 7 dieser der Vorzug gegeben werden. Für den Bau der „Aula 2", der einen Umbau von „Aula 1" darstellte, vergrößerte man die Rasterweite des Urbaus um $1^1/_4$ Fuß, d. h. von 7 auf $8^1/_4$ Fuß. Entsprechend dem angenommenen Fußmaß sind die Reste der erhaltenen Außenwände der Aula 2 Fuß stark.

Wenn man dieses Quadratraster für die Betrachtung des Gesamtbauwerks zugrunde legt, so bedeutet das, daß der Bau vom Innenraum her proportioniert war, wie wir es etwa von der Einhards-Basilika in Steinbach im Odenwald kennen. Gleichzeitig ergibt sich bei 2 Fuß starken Mauern für „Aula 1" und „Aula 2" ein Längen/Breitenverhältnis von 1 : 3 mit einer Abweichung von nur 1 Fuß („Aula 1") bzw. $^1/_4$ F („Aula 2"). Es handelt sich also offenbar um einfache, aber sehr raffiniert proportionierte Bauten, wobei „Aula 2" den Grundriß des Vorgängerbaus in dieser Hinsicht noch optimiert.

Der Querschnitt des Innenraumes beider Aulen ist als Quadrat (aus 4 x 4 Quadraten) rekonstruiert. Die Dachhöhe darüber ist mit der halben Höhe des Innenraumes (2 x 4 Quadrate) angenommen, die daraus resultierende charakteristische Dachneigung beträgt 39 Grad.

Die Höhe des Untergeschosses ist mit der Rasterweite von „Aula 1" rekonstruiert, sie wurde auch bei „Aula 2" beibehalten.

Schon der Kellerbereich der Aulen offenbart, daß man sich bei der Anordnung von Maueröffnungen an den Achsen orientiert hat, die von dem Quadratraster vorgegeben werden. Wenn möglich, wurde diesem Prinzip bei der Befensterung der Modelle gefolgt.

Der trotz der späteren Erweiterung um das Westquerhaus immer noch auffallend harmonische Grundriß des

III.1

Domes läßt auch bei diesem Gebäude auf eine entsprechende geometrische Proportionierung des Aufgehenden schließen.

G.R.

Das Modell der karolingischen Pfalzanlage in ihrem vermutlichen Gründungsjahr 776 und kurze Zeit danach beschränkt sich im wesentlichen auf die Präsentation zweier markanter Steingebäude, die den Gesamteindruck des Geländes bestimmt haben. Neben der ersten Aula regia von 31 m Länge und 10 m Breite dominiert die Salvatorkirche mit einem westlich vorgelagerten Bauwerk und dem südlich angrenzenden, vermutlich mehrere hundert Bestattungen umfassenden Friedhof. Die Befestigungsmauer, die am nördlichen Rand der Grabungsfläche aufgedeckt wurde, war höchstwahrscheinlich ebenfalls während der ersten Bauphase schon vorhanden.

In dieser ersten Phase der Pfalzgründung und -nutzung ist auch ein reger und umfassender Handwerksbetrieb im Gelände zu erwarten. Neben Schmiedestellen, belegt durch zahlreiche Schlackefunde, ist beispielsweise ein Glasofen zu nennen, der sich nordöstlich des Aulagebäudes befunden hat und kurzzeitig zur Herstellung von Hohlgläsern für die königliche Tafel diente. Eine Bebauung des gesamten Pfalzenareals mit Neben- und Wirtschaftsgebäuden in Holzbauweise, die sich in zahlreichen Pfostenspuren dokumentiert, ist flächendeckend anzunehmen, aber insgesamt nicht darstellbar. Stellvertretend wurden für das Modell drei handwerklich genutzte Nebengebäude im nordöstlichen Bereich der dargestellten Fläche errichtet. Der unbebaute Bereich im Osten der Modellplatte ist weitgehend als Grünland, vielleicht auch in Form eines Klostergartens denkbar.

B.M.

III.2 Modell der Pfalz Paderborn (9. Jahrhundert)

Modellbau: ROESE DESIGN, Darmstadt, 1999
Kunststoff. – 1200 x 1200 mm; M. 1 : 100.
Paderborn, Westfälisches Museum für Archäologie, Museum in der Kaiserpfalz

Das Modell der Paderborner Pfalzanlage in der ersten Hälfte des 9. Jahrhunderts zeigt die wichtigsten ergrabenen Bauelemente aus der Zeit Bischof Badurads (815–862). Neben der nach Westen und Süden erweiterten Aula und einem großen Nord-Süd-Gebäude, das bis an die Befestigungsmauer im Norden heranreicht und vermutlich die Wohnräume der Herrscherfamilie sowie Wirtschafts-

III.2

III.2

räume wie die Küche beherbergte, beherrscht vor allem die *ecclesia mirae magnitudinis* von 799 mit dem um 836 ergänzten Westquerhaus das Gelände. Wesentlich und von besonderer Bedeutung ist die durch Verlängerung des Ostquertraktes nach Süden und seine mögliche Einbindung in einen Gelenkbau erst jetzt erfolgte bauliche Verbindung von profanen und sakralen Gebäudeteilen. Im nordöstlichen Bereich des Areals sind Mauerzüge und Baustrukturen ergraben worden, die als Bestandteile eines Klausurbereichs gedeutet werden können. Eine kleine Kapelle östlich des Domes wird durch die Grabungen Uwe Lobbedeys in die erste Hälfte des 9. Jahrhunderts datiert. An die Befestigungsmauer im Norden angelehnt fand sich – mindestens – ein (Wirtschafts-?)Gebäude, das in Schwellbalkentechnik auf einem Steinsockel ausgeführt gewesen sein könnte. Ein benachbartes Grubenhaus läßt sich vermutlich diesem Gebäude zuordnen. An die Nordost-Ecke der Aula regia angebaut sind Reste einer Treppe und vielleicht eines anschließenden Gebäudes unbekannter Größe und Funktion, das durch die Bauten des 11. Jahrhunderts weitgehend überlagert wurde. Denkbar und für das Modell gewählt wurde die Darstellung einer Geländeterrassierung, zu der man über die Treppe Zugang hatte. Die ergrabenen Mauerreste wurden zu einer Terrassenmauer rekonstruiert.

B.M.

III.3 Exemtionsprivileg König Karls des Großen für die Saint-Denis gehörende Zelle Salonne

Aachen, 6. Dezember 777
Pergament. – Aufgedrücktes Siegel fehlt, Monogramm. – H. 46,5 cm, B. 55/50 cm.
Nancy, Archives Générales du Département de Meurthe-et-Moselle, Inv.Nr. G. 468

Fulrad († 784), Abt von Saint-Denis und Hofkaplan Karls des Großen, erlangte von einer Synode, die im neunten Regierungsjahr Karls *ad Patrisbrunna*, in Paderborn, tagte, die Exemtion der Saint-Denis unterstellten, südlich von Metz gelegenen Zelle Salonne aus der Gewalt des Diözesanbischofs Angalramnus von Metz, der zusammen mit Erzbischof Wilchar von Sens dazu seine Zustimmung gab. Diese Maßnahme, samt der Unterstellung Salonnes unter die Immunität von Saint-Denis, ließ sich Fulrad gegen Ende des Jahres vom König in einem Diplom bestätigen, der Salonne darüber hinaus in seinen königlichen Schutz nahm.

Das Diplom vereint zum ersten Mal die drei Rechtsfiguren Exemtion, Immunität und Schutz und schafft damit ein neuartiges Instrument königlicher Kontrolle. Vor allem jedoch belegt die Urkunde als einzige Quelle, daß im Rahmen der großen Reichsversammlung (*conventus Francorum, magnum placitum*) am herausgehobenen Pfalzort

III.3

Paderborn auch eine Bischofssynode stattgefunden hat, auf der mit Sicherheit auch die Grundlinien der Missionspolitik in Sachsen beraten wurden. Zudem handelt es sich um die älteste erhaltene Erwähnung Paderborns.

Wie in den tironischen Noten, einer Kurzschrift, im Anschluß an die Datierung vermerkt, ist die Urkunde von Adarulfus, einem Schreiber Abt Fulrads, geschrieben, der auch dessen Testament aufzeichnete und hier seine Schrift dem Duktus der königlichen Notare anglich, während Signum- und Rekognitionszeile von Rado, dem damaligen Leiter der königlichen Kanzlei, stammten. Ein Schreiber des späten 11. Jahrhunderts hat zwischen den Zeilen eine Transkription des damals für die Zeitgenossen bereits schwer lesbaren Textes eingetragen, die zum Teil das Latein sprachlich bessert, zum Teil die inkorrekten Formen aus der Zeit vor der karolingischen Renaissance beibehält.

Böhmer/Mühlbacher 1908, 89, Nr. 213. – Hauck 1968, hier 102–119. – Rosenwein 1999.

P.J.

III.4

III.4 Karl der Große, Pfennig von Melle

Melle, 792/793–812
Paderborn, Pfalzgrabung 1969
Fragment, Silber. – 15 mm.
Paderborn, Westfälisches Museum für Archäologie, Museum in der Kaiserpfalz

Erhalten ist etwa ein Viertel. Es ist sehr fraglich, ob die Münze zeitgenössisch fragmentiert oder durch ungünstige Lagerbedingungen im Boden weitgehend zerstört wurde. Archäologisch ist sie von großer Bedeutung zur Datierung der entsprechenden Bodenschicht.

Morrisson/Grunthal 1967, 172.

P.I.

III.5

III.5 Schmuckstein

9./10. Jahrhundert (?)
Paderborn, Pfalz
Porphyr. – Erh. L. 4 cm, B. 3,5 cm.
Paderborn, Westfälisches Museum für Archäologie, Museum in der Kaiserpfalz, Inv.Nr. 76/14d

Dieser fragmentarisch erhaltene rot-weiß gesprenkelte Halbedelstein stammt dem Fundverzeichnis des Ausgräbers zufolge aus einer „Grauerdeschicht des 11./12. Jahrhunderts" östlich der Ikenberg-Kapelle. Möglicherweise ist der Stein durch Vermischung von Schuttschichten in einen älteren Horizont zu datieren. Ob dieser Stein Teil eines Tragaltars war oder anderes liturgisches Gerät schmückte, wie es beispielsweise für das Stück aus Vreden (Kat.Nr. VI.26) gilt und auch allgemein im Mittelalter gebräuchlich war, bleibt ungewiß.

Elbern 1965.

B.M.

III.6 Kämpferplatte

8. Jahrhundert
Paderborn, Domgrabung
Sandstein, hellgelb; quadratischer Kämpferblock (Spolie). – H. 24–25 cm, SeitenL. 84 cm (oben), 70 cm (unten).
Paderborn, Westfälisches Museum für Archäologie, Museum in der Kaiserpfalz/Metropolitankapitel Paderborn, Inv.Nr. 345

Das Stück ist mit zwei Reihen eingetiefter, auf der abgeplatteten Spitze stehender Dreiecke verziert; zwischen den

III.6

Reihen finden sich ungleichmäßig angebrachte Bohrlöcher. Aufgrund seiner Fundlage deutet Uwe Lobbedey dieses Architekturfragment als Kämpfer einer Mittelschiffsstütze in der *ecclesia mirae magnitudinis* von 799 (Bauphase IIa).

Lobbedey 1986, 235–237 (Befund-Kat.Nr. 345).

B.M.

III.7 Nägel

8./9. Jahrhundert
Paderborn, Pfalz
Eisen, vierkantiger Schaft, kaum ausgeprägte Kopfpartie. – L. zw. 6 u. 10 cm, Schaftstärke 0,3–0,8 cm.
Paderborn, Westfälisches Museum für Archäologie, Museum in der Kaiserpfalz, Inv.Nrn. 64/11a; 66/61d; 68/136a; 68/176c; 68/210a; 68/230b; 78/1d

Stellvertretend für eine größere Anzahl im Querschnitt hochrechteckiger Nägel mit kaum ausgeprägter Kopfpartie sind acht Stücke in der Ausstellung zu sehen, die Belege für den Baubetrieb im Gelände der karolingischen Pfalz Paderborn darstellen. Besonders eindrucksvoll dokumentiert der in den noch nassen Mörtel gefallene Nagel die rege Bautätigkeit. Einige der Nägel weisen im unteren Teil eine deutliche Krümmung auf. Möglicherweise wurden sie neben anderen Eisenerzeugnissen innerhalb der Pfalzanlage geschmiedet. Zahlreiche Schlackenfunde im Gelände belegen, daß Eisengewinnung und -verarbeitung in größerem Umfang rund um die Pfalzgebäude betrieben wurde. Eine Analyse der Schlacken wird zur Klärung der Frage beitragen, ob es sich um Reste von Verhüttungs- oder Schmiederückständen handelt.

Unveröffentlicht.

B.M.

III.8 Hämmer

9./10. Jahrhundert
Paderborn, Pfalz
a) Eisen. – L. 7,5 cm, B. 2 – 2,5 cm, Maße der Stiellochung 2 x 1 cm. – Inv.Nr. 77/41b. – b) Eisen. – L. 8 cm, B. 2 cm, Schaftloch (Auge) 2 x 0,8 cm. – Inv.Nr. 71/34b.
Paderborn, Westfälisches Museum für Archäologie, Museum in der Kaiserpfalz

III.7 u. 8

Bei dem keilförmigen eisernen Hammerkopf (a) handelt es sich um ein Werkzeug, das für Punzarbeiten verwendet wurde. Es wurde nicht als Gerät, mit dem man schlägt, sondern auf das man schlägt, benutzt. Mit der zweischneidigen gehärteten Finne war es möglich, in eine Metalloberfläche Verzierungen in Form von zwei parallel verlaufenden kräftigen Riefen einzubringen (ziselieren).

Dieses Werkzeug wurde u. a. zusammen mit zwei Hohlschlüsseln in einer Brandschicht des 10. Jahrhunderts vor der Befestigungsmauer nördlich der Ikenberg-Kapelle gefunden.

Der kleine Hammer (b) mit leicht asymmetrischem Schaftloch (Auge) weist Verformungen der nicht gehärteten Finne auf, die von der Bearbeitung von Buntmetallobjekten herrühren (Treibhammer). Das Werkzeug wurde außerhalb der Pfalz-Befestigung in einer tief gelegenen karolingischen Schicht, wahrscheinlich des frühen 9. Jahrhunderts, geborgen.

Unveröffentlicht.

B.M./H.W.

III.9 Dekorziegel

9./10. Jahrhundert
Paderborn, Pfalz
a) erh. L. 5 cm, größte B. 5 cm, D. 1,7 cm; abgeplattete Spitze. – Inv.Nr. 1964/90c. – b) erh. L. 9 cm, größte B. 7 cm, D. 1,6 cm. – Inv.Nr. 1964/40c. – c) erh. L. 3,5 cm, größte B. 4,5 cm, D. 1,5 cm. – Inv.Nr. 1964/91a. – d) erh. L. 3,8 cm, größte B. 5 cm, D. 1,8 cm. – Inv.Nr. 1968/5b. – e) erh. L. 10,5 cm, größte B. 7,5 cm, D. 1,6 cm; abgeplattete Spitze. – Inv.Nr. 1964/65a. – f) erh. L. 10,5 cm, größte B. 7 cm, D. 1,7 cm. – Inv.Nr. 1968/4a. – g) erh. L. 10,5 cm, größte B. 7 cm, D. 1,7 cm. – Inv.Nr. 1964/132c. – h) erh. L. 6 cm, größte B. 2,5 cm, D. 1,5 cm. – Inv.Nr. 1968/4a.
Paderborn, Westfälisches Museum für Archäologie, Museum in der Kaiserpfalz

Vier der acht rötlichen bis rötlich-grauen Ziegelplatten bzw. -fragmente sind von langdreieckiger Form und annähernd komplett erhalten. Die übrigen vier Stücke gehören aufgrund der charakteristischen Verzierung vermutlich dem gleichen Typ an. Allen gemeinsam ist ein beidseitig ausgeführter Dekor aus eingerissenen Linien, teils nach unten, teils nach oben weisend, die sich an einer senkrechten Mittellinie orientieren und eine Art Tannenzweigmuster bilden. Die Ritzungen sind in der Regel nicht sehr sorgfältig eingebracht, stellenweise sind geringe Mörtelreste in den Furchen erhalten. Die Ausführung des Dekors auf Vorder- und Rückseite der Platten legt den Schluß nahe, daß die Objekte von beiden Seiten sichtbar gewesen sind. Es ist allerdings auffällig, daß eine der beiden Seiten meist weniger sorgfältig und rauher als die andere ist. Über ihre Funktion, die Art oder den Ort ihrer ursprünglichen Anbringung ist jedoch nichts bekannt. Lediglich der Bereich, in dem diese Ziegelplatten aufgefunden wurden, ist relativ begrenzt: Alle Stücke wurden nördlich oder leicht nordöstlich der karolingischen Aula aus karolingischen Schuttschichten unterhalb der Brandschicht des Jahres 1000 gefunden. Möglicherweise wurden sie als Zierat, befestigt auf der – in keinem Fall erhaltenen – breiten Unterseite, im Umfeld der karolingischen Aula verwendet.

III.9

Unveröffentlicht.

B.M.

III.10 Leisten- und Flachziegelfragmente

(ohne Abb.)
9./10. Jahrhundert (?)
Paderborn, Pfalz
a) Ziegel, rot. – Erh. B. 29 cm, erh. Tiefe 15,5 cm, D. der Platte 2,5 cm, H. der Leiste 3 cm. – Inv.Nr. 64/122.
b) Fragmente von 3 Ziegelplatten: Roter Ziegel mit grauem Kern. – Erh. L. 14,5 cm, B. 11,5 cm, D. 2,0 cm; erh. L. 17 cm, B. mind. 13 cm, D. 2,5 cm; erh. L. 9,5 cm, erh. B. 7,5 cm, D. 2 cm. – Inv.Nr. 64/90a-c, 65/3d.
Paderborn, Westfälisches Museum für Archäologie, Museum in der Kaiserpfalz

Das Bruchstück eines Leistenziegels (a) wurde südlich des Westeingangs in die karolingische Aula, im sog. Westquertrakt gefunden. Dieses im Gesamtfundmaterial isoliert stehende Stück läßt sich keinem Gebäudeteil direkt zuordnen. Möglicherweise handelt es sich um ein der römischen Antike entstammendes, nach Paderborn gebrachtes Stück, das im Umfeld der karolingischen Aula als Spolie verbaut worden ist. Eine Dachdeckung der karolingischen Pfalzgebäude mit Ziegeln ist aufgrund der sehr geringen Fundmenge auszuschließen, obwohl es andernorts vereinzelte Belege für Dachziegel karolingischer Bauten gibt.

Die Fragmente von flachen, ehemals länglich-rechteckigen Ziegelplatten leicht variierender Größe (b) stammen aus dem Bereich nördlich der karolingischen Aula. Sie wurden in karolingischen Schuttschichten unterhalb des Brandhorizontes des Jahres 1000 gefunden. Demselben Horizont entstammen auch einzelne Zierziegel (Kat.Nr. III.9).

Stellenweise haftet Mörtel an den Platten. Laufspuren sind auf der Oberfläche nicht festzustellen, dennoch könnte es sich um Bodenplatten aus einem besonderen Bereich handeln.

Felgenhauer-Schmiedt 1995, 121.

B.M.

III.11 Schloßriegel

9./10. Jahrhundert
Paderborn, Pfalz
Eiserner Schloßriegel mit zwei fragmentarisch erhaltenen Stollen. – L. 16 cm.
Paderborn, Westfälisches Museum für Archäologie, Museum in der Kaiserpfalz, Inv.Nr. 68/192b

Im Spätherbst des Jahres 1000 vernichtete eine verheerende Feuersbrunst den Dom und einen großen Teil der Stadt. Der Riegel stammt aus dem Brandschutt im Bereich des Vorraums zur Ikenberg-Kapelle. Überlagert wurde dieser Schutt von einem Estrich des 11. Jahrhunderts. Ursprünglich gehörte der Riegel wahrscheinlich zu einem ähnlichen Schloßblech wie dem aus Urach (Kat.Nr. III.13).

Unveröffentlicht.

B.M./H.W.

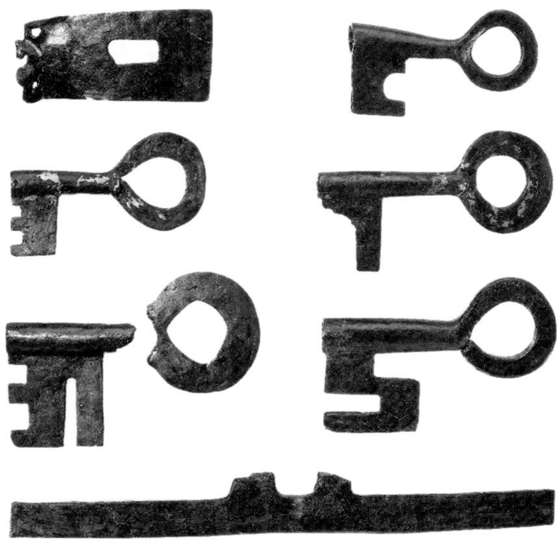

III.11, 12, 14

III.12 Schlüsselschild

8./9. Jahrhundert
Paderborn, Pfalz
Eisen, fragmentarisch erh. – L. 6 cm, B. 2,5 cm.
Paderborn, Westfälisches Museum für Archäologie, Museum in der Kaiserpfalz, Inv.Nr. 76/58b

Dieses rechteckige Schlüsselschild oder Schloßband wurde im Bereich östlich der Ikenberg-Kapelle in einer gestörten karolingischen Schicht, u. a. zusammen mit Putzresten gefunden. Es gehörte ursprünglich zu einem Truhenschloß ähnlich dem aus Urach (Kat.Nr. III.13).

Unveröffentlicht.

B.M./H.W.

III.13 Schloßblech mit Riegel

9./10. Jahrhundert
Runder Berg Urach (Kr. Reutlingen)
Eisen. – B. des Schloßbleches 12,5 cm, B. des Riegels 8,3 cm.
Stuttgart, Württembergisches Landesmuseum – Altes Schloß, Inv.Nr. L 2955 Pf

Das nahezu komplett erhaltene viereckige Schloßblech war ursprünglich mit vier Nägeln auf einer Truhe befestigt gewesen. Ein Riß am Rande des Bleches weist eine

III.13

Flickung auf. Durch die Öffnung in der Mitte führte ein mit einer gekerbten Platte vernieteter vierkantiger Stift, so daß nur ein Schlüssel mit tiefem Einschnitt zwischen Schaft und Bart verwendet werden konnte. Schlüssel dieser Art sind beispielsweise die hier ausgestellten Hohlschlüssel (Kat.Nr. III.14). Der Riegel mit zwei Stollen war innen mittels zweier vernieteter Ösen befestigt. Ein Ende des Riegels liegt über einem Schlitz im Blech, durch das die Vierecköse einer Schloßfalle geführt wurde.

Koch 1984. – Ottaway 1992.

B.M./H.W.

III.14 Fünf Hohlschlüssel *(s. Abb. 131)*

8./9. Jahrhundert
Paderborn, Pfalz
Eisen. – a) L. 5,8 cm. – Inv.Nr. 68/108c. – b) L. ca. 9 cm. – Inv.Nr. 68/282a. – c) L. 6 cm. – Inv.Nr. 74/3c. – d) L. 7 cm. – Inv.Nr. 76/31d. – e) L. 7 cm. – Inv.Nr. 77/41b.
Paderborn, Westfälisches Museum für Archäologie, Museum in der Kaiserpfalz

Die Schlüssel stammen aus dem Bereich zwischen der Bartholomäuskapelle im Süden und der Ikenberg-Kapelle im Norden. Sie wurden während der Pfalzgrabung Wilhelm Winkelmanns vor allem in karolingischen Schuttschichten, aber auch als Einzelfunde geborgen. Insgesamt wurden acht Schlüssel bzw. -fragmente gefunden, die jedoch nicht alle mittels stratigraphischer Beobachtungen datiert werden können. Ihnen gemeinsam ist die charakteristische Konstruktion: Sie bestehen jeweils nur aus einem Stück Eisen, das zu einem dünnen Blech ausgeschmiedet wurde. Nach dem Ausschneiden der Konturen wurde der Schlüssel zu seiner endgültigen Form zusammengebogen. Aufgrund ihrer geringen Größe und Instabilität kann man annehmen, daß derartige Schlüssel zu Kästchen- oder Truhenschlössern, nicht aber zu Türschlössern gehörten. Das relativ konzentrierte Vorkommen der Hohlschlüssel im nordöstlichen Bereich des Grabungsfeldes läßt vermuten, daß es hier im Klausurbereich wertvolle Dinge gab, die in abschließbaren Behältnissen verwahrt werden mußten. Kleine Schlüssel dieser Art aus Eisen oder auch aus Buntmetall finden sich bevorzugt im Umfeld von Adelssitzen und Burgen. Einen Eindruck von einem passenden Schloß vermittelt das ebenfalls hier ausgestellte Exemplar aus Urach (Kat.Nr. III.13).

Felgenhauer-Schmiedt 1995. – Westphal (in Vorbereitung) (a).

B.M./H.W.

III.15 Beschlag- und Schmuckblechfragmente

8.–10. Jahrhundert
Paderborn, Pfalz
Buntmetall, z. T. feuervergoldet. – a) Fragment eines (Buch-?)Beschlags, Buntmetall mit Spuren von Vergoldung auf der Oberseite, auf der Rückseite ist der Rest eines Niets ankorrodiert. Am oberen Ende sind drei rundliche Eintiefungen mit Vergoldung erhalten, die vielleicht Niet- oder Nagelköpfe imitieren. – 1,4 x 2 cm. – Inv.Nr. 64/58a. – b) Buntmetallblech mit Vergoldungsresten auf der Schauseite, mit noch zwei Dreiecken und Teilen eines dritten. Im oberen Drittel der Dreiecke befinden sich runde Nietlöcher von 2 mm Durchmesser. – 1,7 x 2 cm. – Inv.Nr. 65/15b. – c) Buntmetallblech, vollständig vergoldet, mit vier von hinten herausgetriebenen annähernd rundlichen Buckeln. – 2,3 x 2,5 cm. – Inv.Nr. 68/270b. – d) Buntmetallband, sekundär verbogen, mit Vergoldungsresten. – erh. L. ca 4,5 cm, B. 0,5 cm. – Inv.Nr. 69/325d. – e) Sehr dünnes Buntmetallblech, vergoldet, erhaltene Fläche, auf Trägermaterial. Auf der dünnen Blechoberfläche sind eingeritzte bogenförmige Verzierungen erkennbar. – 4,5 x 6,5 cm. – Inv.Nr. 74/2a (ohne Abb.).
Paderborn, Westfälisches Museum für Archäologie, Museum in der Kaiserpfalz

Die nur sehr fragmentiert erhaltenen Beschlag- und Schmuckblechfragmente stammen aus karolingischen Schuttschichten in unterschiedlichen Bereichen des Pfalzareals. Vermutlich gehörten sie ehedem als Zierat zu liturgischem Gerät oder wurden als Buchbeschläge genutzt.

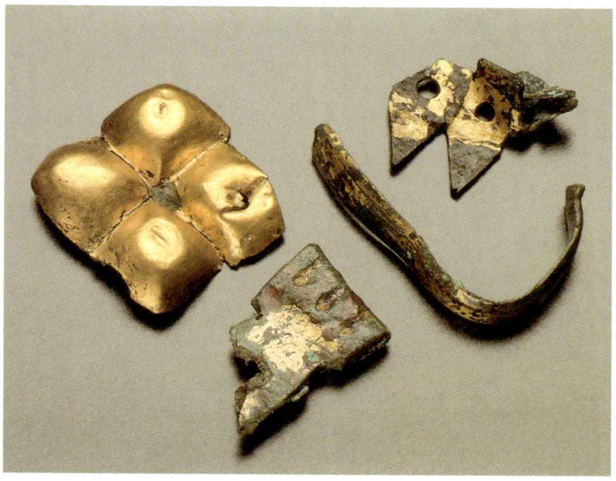

III.15a–d

Eine Verwendung in profanem Bereich ist aufgrund des wertvollen Materials kaum anzunehmen.

Unveröffentlicht.

B.M.

III.16 Anhänger

Slawisch, 2. Hälfte 8. Jahrhundert/1. Hälfte 9. Jahrhundert
Paderborn, Pfalz, nordöstlicher Bereich des Grabungsgeländes, nördlich der Befestigungsmauer
Gold; Filigranarbeit aus geperltem Draht; Aufhänger aus tordiertem Blechstreifen. – Vollständig erhalten; der Draht stellenweise unregelmäßig bearbeitet und verbogen. – L. gesamt 3,64 cm (2,90 cm ohne Aufhänger), Dm. 0,45 – 0,55 cm.
Paderborn, Westfälisches Museum für Archäologie, Museum in der Kaiserpfalz, Inv.Nr. 71/068 c

Zylinderförmiger Anhänger mit halbkugeligem unteren Abschluß. Der Körper besteht aus vier Reihen à zehn Perldrahtringen, die starr miteinander verlötet sind. Ein tordierter Blechstreifen rechteckigen Querschnitts bildet den schlaufenförmigen Aufhänger. Dessen Enden sind miteinander verzwirnt und im Inneren des Anhängers an den

III.16

Ringen befestigt. Der goldene Anhänger ist ein 'Exot' innerhalb des Fundmaterials der karolingischen Pfalz. Die frei stehend, also ohne einen metallenen Träger, verwendeten Filigranringe verweisen auf seine fremde Herkunft vermutlich aus dem slawischen Kunstkreis. Typisch slawischer Schmuck des 9. Jahrhunderts wie körbchenförmige Ohrringe bestehen ebenfalls aus kleinen, frei miteinander verlöteten Ringen aus geperltem Draht. Vorbilder für diese Technik stammen aus dem awarischen Kunstkreis. Ob das Paderborner Schmuckstück als Ohranhänger diente, ist nicht zu entscheiden; der tordierte Aufhänger spricht eher dagegen. Vielleicht war der Anhänger an einem Schleier oder einem Kopftuch befestigt. Sein Weg in die karolingische Pfalz liegt im dunkeln. Möglicherweise wurde er von einer Slawin verloren, die Mitglied einer der Gesandtschaften war, die von den karolingischen Herrschern in Paderborn empfangen wurden.

Benda 1966. – Neujahrsgruß 1972. – Dekan 1976. – Kat. Frankfurt 1985.

H.E.

Die Wandmalerei

III.17 Wandputzfragmente mit Inschrift und Kreuz

um 800
Paderborn, Pfalz, aus einer Gebäudestruktur nördlich der Bartholomäus-Kapelle
Wandmalerei; Kalkmalerei auf einlagigem Putz und Kalktünche. – Rekonstruktionsversuch. – H. ca. 100 cm, B. ca. 200 cm.
Paderborn, Westfälisches Museum für Archäologie, Museum in der Kaiserpfalz

Alternierende rot-weiße Streifen in Kreuzform mit schwarzen bzw. roten Konturstrichen gliedern die Fläche in vier Felder. Im unteren linken Abschnitt lassen sich aus sechs erhaltenen Stücken die Reste von zwei Zeilen einer roten Inschrift erkennen. Lesbar sind jeweils die letzten zwei Buchstaben am Zeilenende: ...IT und ...VS. Ritzungen geben die Höhe der Buchstaben vor. Die eigentlichen Textzeilen sind ca. 50 mm hoch, der Zeilenabstand beträgt ca. 23 mm. Die Buchstabenform entspricht – wie bei allen anderen Inschriftenfragmenten aus den Grabungen im Pfalzbereich – der sog. Capitalis quadrata, einer an römischen Vorbildern orientierten Schriftform.

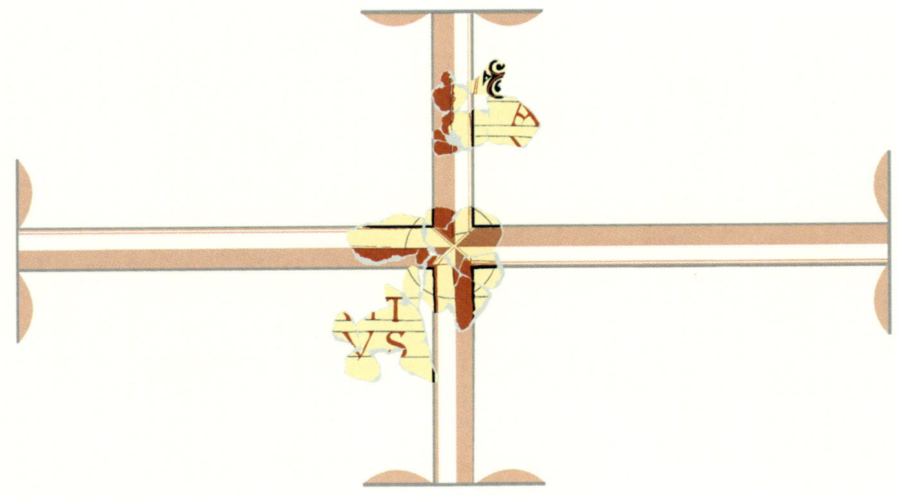

III.17

Ein weiteres zugehöriges Fragment zeigt den Beginn zweier Textzeilen: Lesbar sind oben ein A... und unten ein V... . Die Anordnung des rot-weißen Streifens links der Inschrift belegt, daß hier ein Stück aus dem rechten oberen Inschriftenfeld vorliegt. Das Bruchstück paßt sich allerdings nicht direkt an die Mittelgruppe an. Die über den Buchstaben zu erkennende schwarz-rote Ranke kann vielleicht sogar als oberer Abschluß des Feldes interpretiert werden. Weitere Fragmente lassen sich nach Putzart, Malweise, Buchstabenform oder Abmessungen dieser zentralen Gruppe zuordnen.

Anhand von Vergleichen kann die Paderborner Inschrift einem Typus zugeordnet werden, der durch eine größere Zahl von Monumenten in Oberitalien belegt ist. Gräber von besonderer Bedeutung sind dort in der Zeit um 800 häufiger im Inneren mit von Inschriften flankierten Kreuzen geschmückt. Man könnte daher auch die Paderborner Malerei im Zusammenhang mit dem Grab einer wichtigen Persönlichkeit sehen.

Unveröffentlicht. – Vgl. Winkelmann 1970. – Claussen 1986.

M.PR.

III.18

III.19

III.18 Wandputzfragmente mit sog. Draco-Inschrift

um 800
Paderborn, Pfalz, aus einer Gebäudestruktur südlich der Ikenberg-Kapelle
Wandmalerei; Kalkmalerei auf einlagigem Putz und Kalktünche. – H. ca. 15 cm, B. ca. 34 cm.
Paderborn, Westfälisches Museum für Archäologie, Museum in der Kaiserpfalz

Das Fragment zeigt die größte zusammenhängende Buchstabenfolge aus den Grabungen im Bereich der Kaiserpfalz und muß eng an die unter Kat.Nr. III.17 beschriebenen Stücke angeschlossen werden. Die in Ausführung, Stil und Größe sehr ähnlichen Buchstaben gehörten wohl ebenfalls zu einer zweizeiligen Inschrift. Die Buchstabenkombination ...DRACO... ist bisher einziger Anhaltspunkt für den Versuch einer inhaltlichen Deutung der Inschriftentexte. Interpretiert man sie als Wortanfang, kann die Stelle als Flexion des lateinischen Wortes *draco, draconis* = Schlange oder Drache gelesen werden. Wilhelm Winkelmann hat die Textstelle in allegorischer Deutung mit dem Sieg Karls des Großen über das Heidentum in Verbindung gebracht. Eine andere Möglichkeit besteht darin, die Zeichenfolge als Teil eines Eigennamens zu lesen.

Winkelmann 1970.

M.Pr.

III.19 Wandputzfragmente mit zweifarbiger Inschrift

um 800
Paderborn, Pfalz, aus einer Gebäudestruktur südlich der Ikenberg-Kapelle
Wandmalerei; Kalkmalerei auf einlagigem Putz und Kalktünche. – H. 50 cm, B. 80 cm.
Paderborn, Westfälisches Museum für Archäologie, Museum in der Kaiserpfalz

Über dem Beginn einer roten Inschriftenzeile, mit ähnlichen Merkmalen wie bei den oben beschriebenen Fragmenten (vgl. Kat.Nr. III.17), lassen sich die Reste einer ca. 7 cm hohen schwarzen Schrift anfügen.

Unveröffentlicht. – Vgl. Winkelmann 1970.

M.Pr.

III.20

III.20 Wandputzfragmente mit Inschrift ohne Ritzung

um 800
Paderborn, Pfalz, aus einer Gebäudestruktur südlich der Ikenberg-Kapelle
Wandmalerei; Kalkmalerei auf einlagigem Putz und Kalktünche. – 2 Fragmente, H. 5 cm, B. 8 cm.
Paderborn, Westfälisches Museum für Archäologie, Museum in der Kaiserpfalz

Nur durch wenige kleinere Fragmente ist eine weitere Inschrift belegt. Neben der im Detail etwas abweichenden Buchstabenform und Größe fällt vor allem die fehlende Vorritzung der Zeilenhöhen auf.

Unveröffentlicht.

M.Pr.

III.21 Wandputzfragmente mit Ranken

um 800
Paderborn, Pfalz, unterschiedliche Fundorte im Bereich der Paderborner Pfalz
Wandmalerei; Kalkmalerei, teils mehrphasige Malerei.
Paderborn, Westfälisches Museum für Archäologie, Museum in der Kaiserpfalz

Unter den Funden aus der Pfalzanlage gibt es eine größere Anzahl von Fragmenten, die sich verschiedenen Rankenbändern zuordnen lassen. Einige dieser Stücke können dabei den Inschriften zugeordnet werden (vgl. Kat.Nr. III.17). Andere gehörten offensichtlich zu den unter Kat.Nr. III.22 beschriebenen Dekorationen. Weitere Bruchstücke, sind ihrer Form nach einer Mauerecke, wie z. B. der Rahmung einer Fensterlaibung zuzuordnen. Die letzte Gruppe zeigt teilweise eine Übermalung, die eventuell einer Renovierung zwischen zwei Zerstörungsphasen der Pfalz zugeschrieben werden kann.

Unveröffentlicht.

M.Pr.

III.22 Wandputzfragmente mit Stern

um 800
Paderborn, Pfalz, aus einer Gebäudestruktur südlich der Ikenberg-Kapelle
Wandmalerei; Kalkmalerei auf einlagigem Putz und Kalktünche, Nacharbeiten vermutlich in Seccotechnik. – Dm. ca. 30 cm.
Paderborn, Westfälisches Museum für Archäologie, Museum in der Kaiserpfalz

Aus drei Fragmenten kann ein achtstrahliger, mit mehrfarbigen konzentrischen Ringen und einem Perlreif gefaßter Stern ergänzt werden. Die einzelnen Segmente des Sterns sind abwechselnd rot-grau geteilt, so daß der Eindruck einer plastisch gestalteten Oberfläche entsteht. Die Reste zweier schwarzer Linien sowie der Ansatz einer rotschwarzen Ranke deuten darauf hin, daß dieses Ornament zu einer Rahmenkomposition aus breiten Streifen gehörte. Vergleiche finden sich z. B. in der Klosterkirche St. Johann in Müstair/Graubünden.

Unveröffentlicht.

M.Pr.

III.23 Wandputzfragment mit Stern

um 800
Paderborn, Pfalz, aus einer Gebäudestruktur südlich der Ikenberg-Kapelle
Wandmalerei; Kalkmalerei auf einlagigem Putz und Kalktünche, Nacharbeiten vermutlich in Seccotechnik. – Dm. ca. 30 cm.
Paderborn, Westfälisches Museum für Archäologie, Museum in der Kaiserpfalz

Ein kleineres Wandmalereifragment trägt eine ähnliche

III.21

zu III.22

Bemalung wie Kat.Nr. III.22 – hier allerdings mit umgekehrter Farbfolge.

Unveröffentlicht.

M.Pr.

III.23

III.22

III.24 Wandputzfragment mit Gewanddarstellung

um 800
Paderborn, Pfalz, aus dem Bereich zwischen Dom und Bartholomäus-Kapelle
Wandmalerei; Kalkmalerei auf einlagigem Putz und Kalktünche. – H. ca. 13 cm, B. ca. 24 cm.
Paderborn, Westfälisches Museum für Archäologie, Museum in der Kaiserpfalz

III.24

Rote, rosa und weiße Streifen kennzeichnen eine größere Gruppe von Fundstücken, die als Reste großformatiger figürlicher Malerei gelten können.

Unveröffentlicht.

M.PR.

III.25 Wandputzfragment mit Gewanddarstellung (?)

1. Hälfte 9. Jahrhundert (?)
Paderborn, Pfalz, aus einer Schuttschicht zwischen Bartholomäus-Kapelle und Dom
Wandmalerei; Frescotechnik. – H. ca. 8 cm, B. ca. 10 cm.
Paderborn, Westfälisches Museum für Archäologie, Museum in der Kaiserpfalz

III.25

Das Stück ist seiner Fundlage nach nicht sicher zu datieren, kann aber nach Putzart und Malerei wohl den Fragmenten im Bereich des sog. Ostquertrakts zugeordnet werden. Selbst die kleine Fläche läßt die ursprünglich kräftige Farbigkeit der Malereien erahnen.

Unveröffentlicht.

M.PR.

III.26 Wandputzfragmente mit Resten figürlicher Malerei

um 800
Paderborn, Pfalz, aus einer Schuttschicht zwischen Aula regia und Dom
Wandmalerei; Mischtechnik: Kalkmalerei auf einlagigem Putz und Kalktünche, Nacharbeiten in Seccotechnik mit leimgebundener Farbe. – Größe zw. 2 u. 20 cm.
Paderborn, Westfälisches Museum für Archäologie, Museum in der Kaiserpfalz

Der bunt bemalte Wandputz ist in kleine bis kleinste Stücke zerschlagen, die sich kaum zu größeren Flächen zusammensetzen lassen. Die erhaltene Oberfläche zeigt allerdings immer noch deutliche Spuren einer prächtigen Bemalung. Die lockere Strichführung und die teils anspruchsvolle Maltechnik sowie die Verwendung von Lapislazuli als blaues Pigment kennzeichnen diese qualitätvollen Arbeiten. An einigen Stücken kann man Reste von Gewanddarstellungen erkennen. Die Fragmente gehör-

III.26

III.27

III.28

ten offenbar zu umfangreichen figürlichen Darstellungen.

Unveröffentlicht.

M.Pr.

III.27 Wandputzfragment mit Schachbrettmuster

1. Hälfte 9. Jahrhundert (?)
Paderborn, Pfalz, aus einer Schuttschicht im Westen der Aula
Wandmalerei; Kalkmalerei, mehrlagig aufgetragener, sehr kompakter und kalkreicher Putz; Oberfläche stark abgerieben. – H. ca. 13 cm, B. ca. 16 cm.
Paderborn, Westfälisches Museum für Archäologie, Museum in der Kaiserpfalz

Ein Raster von Ritzlinien teilt die Oberfläche des Putzstücks in quadratische Felder von ca. 2 cm Kantenlänge. Auf dem weißen Tünchegrund sind treppenförmig einzelne Quadrate rot ausgemalt. Gelbe Farbreste nahe der Bruchkante deuten an, daß noch weitere Farben verwendet wurden. Das Bruchstück kann direkt fünf weiteren Fragmenten mit gleicher Bemalung aus den Grabungen im Dom zugeordnet werden. Putz, Oberfläche und Rastermaß stimmen bei allen Stücken überein. Ähnliche Muster treten im frühen Mittelalter auch bei Mosaiken und in der Buchmalerei auf.

Winkelmann 1966. – Claussen 1986.

M.Pr.

III.28 Wandputzfragmente mit Mäander

um 800
Paderborn, Pfalz, zwischen der Aula regia und dem Dom
Wandmalerei; Frescotechnik (?); verschiedene Techniken, zweischichtiger Putzaufbau: feiner, kalkreicher Deckputz auf gröberem Unterputz oder verstrichenem Setzmörtel. – H. ca. 15 cm, B. ca. 20 cm.
Paderborn, Westfälisches Museum für Archäologie, Museum in der Kaiserpfalz

Das rote Linienraster der Vorzeichnung sowie bunte Dreiecke, Rauten und Streifen sind die wesentlichen Elemente der perspektivischen Mäanderbänder. Die komplizierten geometrischen Muster sind seit karolingischer Zeit in der Kirchenausstattung und Buchmalerei weit verbreitet.

Unveröffentlicht. – Vgl. Claussen 1986.

M.Pr.

III.29 Wandputzfragment mit geometrischem Muster

um 800
Paderborn, Pfalz, zwischen der Aula regia und dem Dom
Wandmalerei; Frescotechnik (?); verschiedene Techniken, zweischichtiger Putzaufbau: feiner, kalkreicher Deckputz auf gröberem Unterputz oder verstrichenem Fugenmörtel. – H. ca. 15 cm, B. ca. 20 cm.
Paderborn, Westfälisches Museum für Archäologie, Museum in der Kaiserpfalz

III.29

Den Mäander-Fragmenten (Kat.Nr. III.28) in Technik und Farbigkeit sehr ähnlich, lassen sich die Stücke dieser Gruppe dennoch nicht in gleicher Weise rekonstruieren. Sie gehören vermutlich zu anderen geometrischen Ornamenten. Ähnliche, aus bunten Dreiecken und Linien aufgebaute Dekorationen finden sich in römischen Wandmalereien und Mosaiken, z. B. in Pompeji. Vergleichbare Muster aus karolingischer Zeit wurden auch in San Vincenzo al Volturno entdeckt.

Unveröffentlicht.

M.PR.

III.30

III.30 Wandputzfragmente mit Perlstreifen

11. Jahrhundert (?)
Paderborn, Pfalz, westlich des Doms (Bischofspalast Meinwerks)
Wandmalerei; Frescotechnik (?) auf einschichtigem gut geglättetem Putz. – H. ca. 7 cm, B. ca. 30 cm.
Paderborn, Westfälisches Museum für Archäologie, Museum in der Kaiserpfalz

Mehrere Fragmente mit Perlmustern aus dem Bereich des Bischofspalastes sind nach der Fundlage vielleicht erst in nachkarolingische Zeit zu datieren. Allerdings zeigen sehr ähnliche Fundstücke aus den Grabungen unter dem Dom, daß solche Motive sicher auch zu den Dekorationen der Kirche von 799 gehört haben. Wie viele ornamentale Verzierungen lassen sich auch die Perlmuster letztlich auf antike Vorbilder zurückführen und sind vom frühen Mittelalter bis in die Romanik gebräuchlich. Beispiele aus karolingischer Zeit finden sich in Brescia oder auch in Müstair/Graubünden.

Unveröffentlicht. – Vgl. Claussen 1986.

M.PR.

III.31

III.31 Wandputzfragment mit Pflanzenornament

um 800
Paderborn, Pfalz, südlich der Ikenberg-Kapelle
Wandmalerei; Kalkmalerei auf dicker Tünche, einschichtiger Putz. – H. ca. 12 cm, B. ca. 18 cm.
Paderborn, Westfälisches Museum für Archäologie, Museum in der Kaiserpfalz

Das Fragment kann zusammen mit einigen anderen Stücken gleicher Machart wohl als Rest einer Palmette oder Teil einer großen Ranke interpretiert werden.

Unveröffentlicht. – Vgl. Claussen 1986.

M.PR.

III.32 Wandputzfragmente mit Knotenritzung

um 800
Paderborn, Pfalz, zwischen der Aula regia und dem Dom
Wandputz; einschichtiger Putz mit dicker Tünche. – H. ca. 7 cm, B. ca. 11 cm.
Paderborn, Westfälisches Museum für Archäologie, Museum in der Kaiserpfalz

Wie das folgende Stück (Kat.Nr. III.33) gehört dieses Fragment zu den Kuriosa unter den Resten von karolingischem Wandverputz aus Paderborn. Die flüchtigen Ritzlinien lassen sich als Teil eines Knotens oder Flechtbandes identifizieren. Es handelt sich um ein Ornament, das

III.32

in der Buchmalerei der Zeit häufig vorkommt, aber auch aus der Wandmalerei bekannt ist.

Unveröffentlicht.

M.PR.

III.33 Wandputzfragment mit Geweberest

um 800
Paderborn, Pfalz, zwischen der Aula regia und dem Dom
Wandputz; unbemalt mit Tünche. – H. ca. 16 cm, B. ca. 20 cm.
Paderborn, Westfälisches Museum für Archäologie, Museum in der Kaiserpfalz

Auf der Rückseite dieses Fragments hat sich der Abdruck eines feinen Gewebes erhalten: Der frische Putzmörtel hat ein Stoffstück abgeformt, das offenbar zuvor in einer Mauerfuge deponiert war.

Unveröffentlicht.

M.PR.

III.33

Geschirr für Tafel und Küche

III.34 Tatinger Kannen-Fragmente

8./9. Jahrhundert
Paderborn, Pfalz
Keramikfragmente, Irdenware, z. T. mit Zinnfolienauflage, Wandungs-, Henkel-, Ausguß-, Rand- und Bodenfragmente; soweit nicht anders angegeben sehr fein gemagerte, gut geglättete, dunkelgraue bis schwarze Oberfläche mit hellgrauem Bruch.
a) Randfragment, Zinnoxydreste auf der Randlippe in Form eines umlaufenden Streifens. – H. 3,1 cm, RandL 1,2 cm, D. 0,5 cm. – Inv.Nr. Pb 69/067c. – b) Randfragment, Zinnoxydreste auf der Randlippe in Form eines umlaufenden Streifens. – H. 3,2 cm, rekonstr. RDm. 9 cm, D. 0,6 cm. – Inv.Nr. Pb 75/002b. – c) Randfragment, Glättspuren auf der Oberfläche. – H. 3,5 cm, rekonstr. RDm. 9 cm, D. 0,5 cm. – Inv.Nr. Pb 70/125. – d) Randfragment, Glättspuren unterhalb des Randabschlusses. – H. 4,1 cm, rekonstr. RDm. 10 cm, D. 0,5 cm. – Inv.Nr. Pb 77/185a. – e) Randfragment, Glättspuren unterhalb des Randabschlusses. – H. 3,7 cm, rekonstr. RDm. 9,5 cm, D. 0,5 cm. – Inv.Nr. Pb 77/155b. – f) Fragment eines Ausgusses, dunkelgraue Oberfläche mit Glättspuren, Randabschluß geschnitten. – H. 4,5 cm, Dm. 1,3 cm, D. 0,3 cm. – Inv.Nr. Pb 77/105c. – g) Ausguß mit Anschluß an die Wandung, hell- bis mittelgraue Oberfläche mit Glättspuren, Randabschluß geschnitten. – H. 5,2 cm, Dm. 2,2 – 2,7 cm, D. 0,5 cm. – Inv.Nr. Pb 71/060d. – h) Fragment eines gegliederten Bandhenkels, hellgraue Oberfläche mit Glättspuren. – H. 2,9 cm, B. 3,2 cm, D. 0,8 – 0,9 cm. – Inv.Nr. Pb 70/061c. – i) Wandfragment mit ansetzendem gegliedertem Bandhenkel, Zinnoxydreste auf den Außenseiten des Henkels. – H. 4,8 cm, B. 4,3 cm, HenkelB. 3,2 cm, D. 0,6 – 1,0 cm. – Inv.Nr. Pb 68/259d. – j) Fragment eines gegliederten Bandhenkels, dunkelgraue Oberfläche mit Glättspuren, Zinnoxydreste auf den Außenseiten des Henkels. – H. 3,1 cm, B. 2,6 cm, D. 0,9 – 1,1 cm. – Inv.Nr. Pb 71/056a. – k) Wandfragment, mit Zinnoxyd als Reste eines Gittermusters. – H. 2,0 cm, B. 2.6 cm, D. 0,5 cm. – ohne Inv.Nr. – l) Wandfragment, mit mittelgrauer Oberfläche. – H. 3,8 cm, B. 3,2 cm, D. 0,6 cm. – Inv.Nr. Pb 65/150c. – m) Wandfragment, Zinnoxydreste als horizontal verlaufendes Band von 0,5 cm Länge. – H. 3,2 cm, B. 2,8 cm, D. 0,4 cm. – Inv.Nr. Pb 77/193b. – n) Wandfragment, Zinnoxyd ohne erkennbares Muster. – H. 3,0 cm, B. 2,8 cm, D.

III.34

0,5 cm. – Inv.Nr. Pb 71/067d. – o) Wandfragment mit Abriß des unteren Henkelansatzes, Zinnoxyd als Ansatz eines 1 cm breiten Streifens unterhalb des Abrisses sowie eines horizontal verlaufendem Streifens mit schräg ansetzendem zweiten Verlauf. – H. 2,7 cm, B. 3,4 cm, D. 0,4 cm. – Inv.Nr. 69/153c. – p) Wandfragment mit Zinnoxyd in Form von einzelnen Flecken, wohl Reste von Rautenverzierung. – H. 3 cm, B. 2,3 cm. – Inv.Nr. Pb 71/063d. – q) Bodenfragment, geringe Zinnoxydreste, möglicherweise Ecke eines sich verbreiternden Kreuzarmes. – H. 2,3 cm, rekonstr. BDm. 8 cm, D. 0,5–0,6 cm. – Inv.Nr. Pb 77/008c. – r) Bodenfragment, H. 2,3 cm, rekonstr. BDm. 8 cm, D. 0,5–0,6 cm. – Inv.Nr. Pb 77/036e. – s) Drei zusammenpassende Boden- und Wandungsfragmente mit Glättspuren. – H. 3,9 cm, B. 6,4 cm, D. 0,5 cm. – Inv.Nrn. Pb 69/075b, Pb 69/076a, Pb 69/210b.
Paderborn, Westfälisches Museum für Archäologie, Museum in der Kaiserpfalz

Die in Paderborn nur in kleinen Fragmenten erhaltenen Gefäße der grauen bis schwarzen Drehscheibenware mit den geringen Resten der einstmals prächtigen Verzierung aus Zinnfolie erlauben eine Zuweisung zu den Gefäßen der klassischen Tatinger Kannen, wie sie beispielsweise aus Birka bekannt sind (vgl. Kat.Nrn. II.35–36). Einige der Paderborner Stücke wurden mit Hilfe der Neutronenaktivierungsanalyse, einer naturwissenschaftlichen Methode, mit Funden von anderen Plätzen verglichen. Hierbei konnte die Herstellung der Funde aus Paderborn in der allerdings immer noch unbekannten Produktionsstätte der klassischen Tatinger Keramik bestätigt werden. Wo diese lag, dazu geben auch diese neuesten Analysen keine Antwort.

Unveröffentlicht. – Vgl. Winkelmann 1972. – Stilke/Hein/Mommsen 1996.

A.G.

III.35 Tatinger Kanne

9. Jahrhundert
Birka (Uppland/Schweden), Grab 854
Drehscheibengefertigte, feingemagerte Irdenware, komplettes Gefäß mit kleinen Ergänzungen; hellgrauer Scherben mit schwarzem, gut geglättetem Überzug. Aufwendiger Zinnfoliendekor, bestehend aus sieben Reihen von Rhomben, getrennt durch horizontale Zinnstreifen, im unteren Wandungsbereich Kreuze mit sich verbreiternden Kreuzarmen. – H. 24,7 cm, max. Dm. 15,8 cm, RDm. ca. 11 cm.
Stockholm, Statens Historiska Museum, Inv.Nr. SHM Bj 854

Unveröffentlicht.

A.G.

III.35

III.36 Tatinger Kanne

9. Jahrhundert
Birka (Uppland/Schweden), Grab 551
Drehscheibengefertigte Irdenware, komplettes Gefäß mit kleinen Fehlstellen; hellgrauer Scherben mit schwarzem, gut geglättetem Überzug; Zinnfoliendekor in sechs Zonen, bestehend aus schmalen, vertikal verlaufenden Zinnstreifen im Randbereich sowie aus Reihen von Gittermustern und Rhomben, jeweils getrennt durch horizontale Zinnstreifen, im unteren Wandungsbereich Zinnauflagen in Form von Kreuzen mit sich verbreiternden Kreuzarmen. – H. 24,3 cm, max. Dm. 14,8 cm, RDm. 9 cm.
Stockholm, Statens Historiska Museum, Inv.Nr. SHM Bj 551

Die beiden Tatinger Kannen aus den Gräbern von Birka gehören zu den besterhaltenen Beispielen ihrer Art. In Grab 854, zwischen Burg und Siedlung gelegen, enthielt eine aufwendige Holzkammer (9. Jahrhundert) die Bestattung einer Frau mit reicher Schmuckausstattung. Ihr waren neben einem kleinen Wetzstein und einem Messer

III.36

III.37

auch ein mit Metallbeschlägen verziertes Holzkästchen, in welchem ein Kamm lag, mit zugehörigem Schlüssel beigegeben. Außerdem fand sich ein gläserner Glättstein, ein Brett aus Walbein mit Tierkopfgriffen, ein gläserner Trichterbecher sowie die abgebildete Tatinger Kanne. Zudem waren wohl noch ein mit Eisenbändern beschlagener Eimer sowie mehrere Gegenstände aus Holz enthalten, von denen sich nur noch geringe Fragmente von Silberblechen als Reste der ehemaligen Verzierung erhalten haben. Grab 551 lag in dem kleinen Grabbezirk Grinsbakka, südöstlich der von einem Wall umgebenen Siedlung. In einem Holzsarg wurde im 10. Jahrhundert eine Frau bestattet, der neben ihrem Schmuck wiederum die Kombination aus gläsernem Trichterbecher und Tatinger Kanne beigegeben war.

Arbman 1937, hier 8–90, Taf. 16.1 u. 16.2. – Arbman 1940/1943, 326–330, 328 Abb. 274, 329 Abb. 275, Taf. 219, 174 Abb. 127, Taf. 220.1a. – Selling 1955, 44–59, bes. 46.

A.G.

III.37 Tatinger Kanne

8./9. Jahrhundert
Dorestad (Wijk bij Duurstede, Provinz Utrecht, Niederlande)
Irdenware, drehscheibengefertigt, komplettes Gefäß; hellgrauer Scherben mit dunkelgrauem, gut geglättetem Überzug, ohne Zinnfoliendekor, mit einem schwachen Wulst oberhalb des oberen Henkelansatzes. – H. 24 cm, max. Dm. 14,5 cm.
Amersfoort, Rijksdienst voor het Oudheidkundig Bodemonderzoek, Inv.Nr. WbD 843.1.81

Kat. Utrecht 1995, Nr. 79.

A.G.

III.38 Tatinger Keramikfragmente

8./9. Jahrhundert
Dorestad (Wijk bij Duurstede, Provinz Utrecht, Niederlande)
a) Irdenware, drehscheibengefertigt, Wandungsfragment; hellgrauer Scherben mit dunkelgrauem, gut geglättetem Überzug, Zinnfoliendekor als doppelte Reihe von Rauten von max. 2,4 cm Höhe, oben und unten jeweils durch einen 0,4 cm schmalen Zinnstreifen getrennt. – H. 6,6 cm, B. 7,8 cm, D. 0,5 cm. – Inv.Nr. WbD 627.
b) Irdenware, drehscheibengefertigt, zwei Wandungsfragmente, hellgrauer Scherben mit schwarzem, gut geglättetem Überzug, Zinnfoliendekor in Form einer Doppelreihe von stehenden Rauten von max. 1,4 cm Höhe, durch einen 0,6 – 0,7 cm breiten Zinn-

III.38a

III.38b

streifen getrennt, unterhalb dieser Zone befindet sich ein Kreuz mit sich verbreiternden Kreuzarmen. – H. 7,4 cm, B. 10,6 cm, D. 0,5 cm. – Inv.Nr. WbD 16321/16322.
Amersfoort, Rijksdienst voor het Oudheidkundig Bodemonderzoek

Die Tatinger Kannen aus Dorestad zeigen sehr anschaulich, daß die Verzierung mit Zinnfolie nicht durchgängig vorkam. Die kleineren Fragmente lassen sich dagegen über die Art der Zinnauflage, die hier sehr gut erhalten ist, den Stücken aus Birka durchaus an die Seite stellen. Der Fundkomplex aus Dorestad, wenn auch bislang nur ausschnitthaft publiziert, dürfte einer der umfangreichsten sein, der überhaupt bekanntgeworden ist – ein Indiz dafür, daß der friesischHandelsort als Umschlagplatz für diese begehrten Stücke zu gelten hat.

Unveröffentlicht. – Vgl. van Es/Verwers 1980.

A.G.

III.39 Nachbau einer Tatinger Kanne

Nachbau von Birka, Grab 597. – Anfertigung des Archäologischen Landesmuseums der Christian-Albrechts-Universität Kiel in Schloß Gottorf 1998/99
Hartgips mit schwarzem Überzug; Zinnfoliendekor aufgeklebt, bestehend aus einem schmalen, vertikal verlaufenden Zinnstreifen am Randabschluß sowie aus 6 Zonen abwechselnd hängender und stehender Dreiecke sowie Rhomben, jeweils durch einen Zinnstreifen horizontal getrennt, im unteren Wandungsbereich Zinnauflagen in Form von Kreuzen mit sich verbreiternden Kreuzarmen, Bandhenkel. – H. 24 cm, RDm. 11 cm, max. Dm. 17 cm.
Paderborn, Westfälisches Museum für Archäologie, Museum in der Kaiserpfalz

Unveröffentlicht.

A.G.

III.39

III.40

III.41

III.40 Tatinger Keramikfragmente

karolingisch
Saint-Denis, Stadtkerngrabung, 1973–1992
Hellgrauer bis rosa-grauer Ton, schwarz überzogen und geglättet; Zinnauflage. – D. 0,6 – 0,7 cm.
Saint-Denis, Unité d'Archéologie, Inv.Nr. 18 549.2; Inv.Nr. 22 509; Inv.Nr. 22 294.1; Inv.Nr. 14 286.1; Inv.Nr. 22 278.1

Im Bereich des frühmittelalterlichen Siedlungsgebietes von Saint-Denis wurden 47 Scherben von Tatinger Keramik gefunden. Die Fragmente sind so klein, daß sie keine genaue Vorstellung von der ursprünglichen Gefäßform erlauben. Aus den morphologischen Details ist aber ersichtlich, daß es sich ursprünglich um unterschiedliche Formen gehandelt hat. Auch die mineralogische Untersuchung zeigt mindestens zwei bis drei Produktionsvarianten.

In der Aufschüttung der karolingischen Wasserleitung wurden 14 Fragmente gefunden, deren Datierung in die zweite Hälfte des 8. Jahrhunderts sich aus Beifunden wie dem Bleiabdruck eines Prägeeisens aus der Zeit Pippins († 768) erschließen läßt.

Meyer-Rodrigues 1993.

N.M.-R.

III.41 Tatinger Keramikfragmente

9. Jahrhundert
Hamwic (Southampton, Hampshire, Großbritannien)
a) Keramikfragmente, Irdenware mit Zinnfolienauflage, bestehend aus drei übereinanderstehenden Rhomben; gut geglättete, blaugraue Oberfläche mit hellerem Scherben. – H. 6 cm, B. 3,5 cm. – Inv.Nr. SOU 26 c. 506.
b) Keramikfragmente, Irdenware; Randbereich und Teile der unteren Wandung, gut geglättete Oberfläche mit schwarzem Überzug, rötlicher Scherben, feine Magerung; Zinnfolienverzierung im unteren Bereich der Wandung, bestehend aus einer Reihe Rhomben und einem Kreuz mit sich verbreiternden Kreuzarmen, getrennt durch einen Zinnstreifen; im oberen Teil Einglättverzierung. – H. 22 cm, RDm 11,2 cm, max. Dm. 18,8 cm. – Inv.Nr. SOU 5 F 16 nr. 96.
Southampton, Cultural services, Southampton City Council

Die Stücke aus Hamwic unterscheiden sich bereits von den 'klassischen' Tatinger Kannen, gleichwohl lassen sich große Übereinstimmungen in der Art der Oberflächenbehandlung wie Politur und Zinnfolienverzierung feststellen. Die Motive, soweit zu erkennen, weichen allerdings von dem 'Birka-Kanon' ab. Für die Funde aus Hamwic wird eine nordfranzösische Provenienz angenommen.

Hodges 1981. – Timby 1988.

A.G.

III.42 Tatinger Kannen-Fragmente

karolingisch
Karlburg, Stadt Karlstadt (Main-Spessart-Kr.)
Oberfläche auf der Innenseite glatt, auf der Außenseite geglättet; Farbe innen dunkelbraun bis schwärzlich, außen mattschwarz bis glänzend, im Bruch grau; fein gemagert; glatter Bruch; hart gebrannt; mit Wellenlinien und Einstichreihen verziert. – H. ca. 32 cm.
Karlstadt, Stadtgeschichtliches Museum, Inv.Nr. 010

Karlburg am Main gehörte zur Erstausstattung des von Bonifatius 741/742 neugegründeten Bistums Würzburg. Zunächst übergab der Hausmeier Karlmann dem Bistum ein Marienkloster in einer *Villa Karloburgo*, 751/753 dann König Pippin Burg und Königshof. In Burg und zu-

III.42

gehöriger Talsiedlung fanden langjährige Grabungen statt. Die Talsiedlung mit Königshof und Marienkloster zeigt schon durch ihre Ausdehnung von etwa 20 ha die Bedeutung dieser frühmittelalterlichen, vom 7. Jahrhundert an bestehenden Großsiedlung und erlaubt Vergleiche mit frühstädtischen Anlagen bzw. Entwicklungen, sei es im Bereich von westfränkischen Klosteranlagen oder im Vorfeld von Königshöfen bzw. Pfalzen. Der Ort Karlburg zeichnet sich durch fränkisch geprägtes Fundgut aus, wie z. B. Tatinger Kannen, die bis an die Ostsee und weiter verhandelt wurden. Die Struktur der Talsiedlung mit handwerklichem Areal, Kernbereich mit Marienkloster und Schiffslände sowie die Burg auf der Anhöhe als militärischer, machtpolitischer Stützpunkt lassen an eine planmäßige Gründung fränkischer Kolonisten denken. Qualitätvolle, im Tassilokelch-Stil verzierte Einzelstücke belegen in Karlburg die Anwesenheit einer adeligen Personenschicht, die historisch durch die in Karlburg 750 bestattete Immina, Tochter des letzten Würzburger *dux* Heden d. J., bezeugt ist. Des weiteren sind Fibelfunde aus Karlburg mit der Missionierung im sächsischen Raum an Werra und Weser um Paderborn in Zusammenhang zu bringen, an der aus Mainfranken neben den Klöstern Amorbach und Neustadt am Main das Würzburger Bistum maßgeblich beteiligt war. Der Zentralort Karlburg mit seinen nachgewiesenen Werkstätten wird hierbei eine aktive Rolle gespielt haben.

Ettel/Rödel, in: Kat. Würzburg 1992, 297–318. – Wamser, in: Kat. Würzburg 1992, 319–330. – Wamser 1993. – Ettel (im Druck).

P.E.

III.43 Reliefbandamphoren-Fragmente

Rheinisches Vorgebirge, spätes 8. Jahrhundert

a) Paderborn, Pfalz, aus einer Feuerstelle südlich der Aula. – Randfragment einer Reliefbandamphore, gelbe Irdenware mit feiner Magerung, auf die Gefäßschulter umgelegter Rand, auf dem Randabschluß eine kreuzartig mit 6 Balken eingeritzte, noch vor dem Brand angebrachte Markierung; auf der Schulter Spuren der ehemals vorhandenen Reliefbandauflage in Form von Abrißspuren und oberflächlichen Farbabweichungen. – H. 3,0 cm, rekonstr. Dm. 16,0 cm, D. 0,9 cm. – Inv.Nr. Pb 65/188b.

b)Paderborn, Pfalz, im Bereich der Ikenberg-Kapelle. – Wandungsfragment einer Reliefbandamphore, zugehörig zu oben beschriebenem Randfragment, gelbe Irdenware mit feiner Magerung, auf die Wandung aufgelegte keramische Leiste mit zweizeiligem Rollrädchendekor in Form viereckiger Stempel. – H. 3,9 cm, B. 6,1 cm, D. 0,8 cm. – Inv.Nr. Pb 68/156c.

Paderborn, Westfälisches Museum für Archäologie, Museum in der Kaiserpfalz

III.43

Die beiden Fragmente gehören offensichtlich zu demselben Gefäß, obwohl sie weit entfernt voneinander auf dem Gelände der Pfalz angetroffen wurden. Reliefbandamphoren zählten im weiteren Sinne zum Tafelgeschirr. Sie dienten wohl dazu, größere Mengen von Getränken, meistens Wein, in der Nähe der Tafel vorzuhalten. Zum Servieren konnte man die gewünschte Menge entnehmen und in eine Kanne umfüllen. Zum Transport von Flüssigkeiten über größere Distanzen dürften allerdings Holzfässer geeigneter gewesen sein.

Unveröffentlicht.

A.G.

III.44 Reliefbandamphore

9. Jahrhundert

Birka (Björkö), „Schwarze Erde" (Uppland/Schweden)

Aus Teilen zusammengesetzte und stark ergänzte Amphore mit gerundetem Boden, gelbe, hartgebrannte Irdenware, mit keramischen Auflagen, die ihrerseits mit einem zweizeiligen Rollrädchenstempel verziert sind. – H. 45 cm, max. Dm. 54 cm, RDm. 16 cm.

Stockholm, Statens Historiska Museum, Inv.Nr. 5208:2236–2237

Die Amphore aus Birka zeigt die Größe solcher Gefäße im Vergleich zu den kleinteiligen Überresten aus Paderborn. Das Exponat wurde in den dreißiger Jahren bei Grabungen im Bereich der Siedlung geborgen.

Arbman 1937.

A.G.

III.44

III.45 Badorfer Keramikfragmente

Rheinisches Vorgebirge, 8./9. Jahrhundert
a) rheinischer Import, karolingisch. – Paderborn, Pfalz, aus dem Bereich der Ikenberg-Kapelle. – Wandungsfragment; drehscheibengefertigte Irdenware mit gelblicher Oberfläche, verziert mit einer doppelten Reihe rechteckiger Rollstempeleindrücke. – H. 1,6 cm, B. 3,3 cm, D. 0,4 cm. – Inv.Nr. Pb 76/031b. – b) rheinischer Import, 8./9. Jahrhundert. – Paderborn, Pfalz, in der Nähe der Befestigung. – Randfragment, sehr fein gemagert, sehr hart gebrannt. – drehscheibengefertigte Irdenware mit gelblich-olivfarbener Oberfläche, zweizeilige Rollrädchenzier auf dem Randabschluß. – H. 3,9 cm, rekonstr. RDm. 12,0 cm, D. 0,5 cm. – Inv.Nr. Pb 76/043a. – c) rheinischer Import, 8./9. Jahrhundert. – Paderborn, Pfalz, Gebäudekomplex südlich der Ikenberg-Kapelle. – Wandungsfragment am Umbruch zum Rand, sehr fein gemagerte, drehscheibengefertigte Irdenware mit weißlich-gelber Oberfläche, verziert mit einem zweizeiligen rechteckigen Rollstempelfries. – H. 3,5 cm, B. 3,2 cm, D. 0,4 cm. – Inv.Nr. Pb 68/019. – d) rheinischer Import, karolingisch. – Paderborn, Pfalz, aus dem Bereich der Ikenberg-Kapelle. – Wandungsfragment, drehscheibengefertigte Irdenware mit gelblicher Oberfläche, verziert mit einer Reihe schwach eingedrückter, rechteckiger Rollstempeleindrücke. – H. 3,6 cm, B. 5,3 cm, D. 0,4 cm. – Inv.Nr. Pb 77/. – e) rheinischer Import, im Kontext des 9. Jahrhunderts – Paderborn, Pfalz, im Bereich der Ikenberg-Kapelle. – Wandungsfragment, sehr fein gemagerte, drehscheibengefertigte Irdenware mit orange-gelber Oberfläche, verziert mit drei Reihen rechteckiger Rollstempeleindrücke. – H. 4,3 cm, B. 2,1 cm, D. 0,4 cm. – Inv.Nr. Pb 68/172d. – f) rheinischer Import, Siedlungsschicht des späten 8. Jahrhunderts. – Paderborn, Pfalz. – Wandungsfragment, sehr fein gemagerte, drehscheibengefertigte Irdenware mit weißlich-gelber Oberfläche, verziert mit einer doppelten Reihe rechteckiger Rollstempeleindrücke. – H. 3,4 cm, B. 1,6 cm, D. 0,4 cm. – Inv.Nr. Pb 65/126e.
Paderborn, Westfälisches Museum für Archäologie, Museum in der Kaiserpfalz

Unveröffentlicht.

A.G.

III.45

III.46 Badorfer Topf

Rheinisches Vorgebirge, 8./9. Jahrhundert
Dorestad (Wijk bij Duurstede, Provinz Utrecht, Niederlande)
Kompletter, aus Teilen zusammengesetzter und ergänzter Badorfer Topf, gelbe Irdenware, drehscheibengefertigt, hohe, schlanke Form mit geschnittenem Linsenboden, verziert durch mehrzeilige, viereckige Rollstempelreihen. – H. 31,5 cm, max. Dm. 28 cm.
Amersfoort, Rijksdienst voor het Oudheidkundig Bodemonderzoek, Inv.Nr. WbD 425.3.1

Kat. Utrecht 1995, Nr. 78b

A.G.

III.46

Die helltonige, feingemagerte Irdenware, die auf der Töpferscheibe hergestellt wurde, gehört zum importierten Geschirr, welches in der Paderborner Pfalz wohl zumeist an der Tafel verwendet wurde. Diese Gefäße wurden in den Orten Brühl-Badorf, Brühl-Eckdorf, Bornheim-Sechtem nördlich von Bonn hergestellt. In Paderborn haben sich nur wenige Fragmente dieser kugeligen Töpfe, die zudem oft eine Rollstempelverzierung aufweisen, erhalten. Die Exemplare aus Dorestad führen uns Form und Verzierung komplett erhaltener Badorfer Töpfe vor Augen.

Kat. Utrecht 1995, Kat. 78b.

A.G.

III.47 Badorfer Schüssel

Rheinisches Vorgebirge, 8. Jahrhundert
Dorestad (Wijk bij Duurstede, Provinz Utrecht, Niederlande)
Komplette, aus Teilen zusammengesetzte und ergänzte Badorfer Schüssel, gelbe Irdenware, drehscheibengefertigt, niedrige, breite Form mit Ausguß und geschnittenem Linsenboden, mit Reihen von mehrzeiligen, viereckigen Rollstempeln verziert. – H. 16,5 cm, max. Dm. 25 cm.
Amersfoort, Rijksdienst voor het Oudheidkundig Bodemonderzoek, Inv.Nr. WbD 383.3.27

III.47

III.48 Keramikfragmente

Südhessen/Mainfranken, spätes 8. Jahrhundert
Paderborn, Pfalz
Ein Rand- und drei Wandfragmente; gelblich-graue, feingemagerte Irdenware, drehscheibengefertigt, auf der Schulter drei Reihen eines fünfzeiligen Rollrädchenstempels, Import wohl aus Südhessen/Mainfranken. – H. 3,8, RDm. 16 cm.

III.48

III.49

III.49 Keramikfragmente

Nordhessen, 8./9. Jahrhundert
a) Nordhessen, karolingisch. – Paderborn, Pfalz, im Bereich der Ikenberg-Kapelle. – Drei Randfragmente; gelbliche, mäßig fein gemagerte Irdenware, drehscheibengefertigt, nordhessische Provenienz. – H. 5,2 cm, RDm. 16 cm, D. 0,5–0,7 cm. – Inv.Nrn. Pb 70/125, Pb 77/207b. – b) Nordhessen, karolingisch. – Paderborn, Pfalz, im Bereich der Ikenberg-Kapelle. – Randfragment, gelbliche, mäßig grob gemagerte Irdenware, drehscheibengefertigt.– H. 3,0 cm, RDm. 11 cm, D. 0,4 cm. – Inv.Nr. Pb 70/062. – c) Nordhessen, spätes 8. Jahrhundert. – Paderborn, Pfalz, im Bereich der Ikenberg-Kapelle. – Bodenfragment, gelbliche, mäßig grob gemagerte Irdenware, drehscheibengefertigt. – H. 4,5 cm, BDm. 11 cm, D. 0,7–0,8 cm. – Inv.Nr. Pb 76/053c.
Paderborn, Westfälisches Museum für Archäologie, Museum in der Kaiserpfalz

Unveröffentlicht.

A.G.

III.50 Keramikfragmente

Rheinisches Vorgebirge, 8./9. Jahrhundert
a) Rheinisches Vorgebirge, spätes 8. Jahrhundert. – Paderborn, Pfalz, Siedlungsschicht des späten 8. Jahrhunderts. – Zwei Randfragmente, gelbliche, mäßig grob gemagerte Irdenware, drehscheibengefertigt, Import aus dem rheinischen Vorgebirge. – H. 2,4 cm, RDm. 14,0 cm. – Inv.Nr. Pb 65/086a. – b) Rheinisches Vorgebirge, karolingisch. – Paderborn, Pfalz, im Bereich der Ikenberg-Kapelle. – Wandfragment, sehr fein gemagert, hart gebrannt, drehscheibengefertigte Irdenware mit hellgelber Oberfläche, drei Reihen eines Rollstempels von schräg verlaufender Gitterstruktur erhalten, rheinischer Import (?). – H. 5 cm, B. 4,4 cm, D. 0,5 cm. – Inv.Nr. Pb 76/053b. – c) Rheinisches Vorgebirge, spätes 8. Jahrhundert. – Paderborn, Pfalz, Siedlungsschicht des späten 8. Jahrhundert. – Paderborn, Westfälisches Museum für Archäologie, Museum in der Kaiserpfalz, Inv.Nrn. Pb 65/200a, Pb 66/050a, Pb 66/147b

Unveröffentlicht.

A.G.

III.50

III.51

hunderts. – Wandfragment, gelbe, sehr fein gemagerte Irdenware, drehscheibengefertigt, Provenienz aus dem rheinischen Vorgebirge. – H. 6,2 cm, B. 5,4 cm, D. 0,4 cm. – Inv.Nr. Pb 66/050a.
Paderborn, Westfälisches Museum für Archäologie, Museum in der Kaiserpfalz

Unveröffentlicht.

A.G.

III.51 Keramikfragmente

Rheinisches Vorgebirge, spätes 8. Jahrhundert
Paderborn, Pfalz, im Bereich der Aula

III.52

Drei Randfragmente eines Topfes mit einschwingender Oberwandung, mäßig grob gemagerte, gelblich-weiße Irdenware, drehscheibengefertigt. – H. 5,3 cm, rekonstr. RDm. 15 cm, D. 0,7 cm.
Paderborn, Westfälisches Museum für Archäologie, Museum in der Kaiserpfalz, Inv.Nr. Pb 66/149c

Unveröffentlicht.

A.G.

III.52 Fragment einer Kugelkanne

Nordhessen, 9./10 Jahrhundert
a) Nordhessen, 9./10. Jahrhundert. – Paderborn, Pfalz, östlich der Ikenberg-Kapelle. – 11 Rand-, Wand-, Ausgußfragmente einer Kugelkanne mit Henkel, mäßig fein gemagerte, drehscheibengefertigte Irdenware mit gelblicher Oberfläche, verziert mit drei Zonen eines fünfzeiligen, schräggestellten Rollstempeldekors. – H. 17,6 cm, rekonstr. RDm. 13 cm, max. Dm. 24 cm, D. 0,5 cm. – Inv.Nr. 69/229a. – b) Nordhessen, frühes 9. Jahrhundert. – Paderborn, Pfalz, im Bereich der Aula. – Drei Rand- und Handhabenfragmente eines Topfes mit Grifftülle, mäßig fein gemagerte, drehscheibengefertigte Irdenware mit orangerötlicher Oberfläche. – H. 5,1 cm, rekonstr. RDm. 9 cm, D. 0,5–0,7 cm. – Inv.Nr. Pb 64/051a. (ohne Abb.)
Paderborn, Westfälisches Museum für Archäologie, Museum in der Kaiserpfalz

In der Pfalz Paderborn traten neben den „Badorfer“ Töpfen auch Gefäßscherben aus anderen Regionen des Frankenreiches zutage. Es können neben weiteren Produkten aus dem Rheinischen Vorgebirge außerdem Stücke aus Nord- bzw. Südhessen sowie Mainfranken gezeigt werden. Ihnen allen gemeinsam ist die gelbliche Oberflächenfarbe und die Herstellung auf der Töpferscheibe, in Form und Verzierung differieren sie deutlicher voneinander. Insgesamt bilden sie jedoch einen merklichen Gegensatz zum einheimischen Geschirr der Karolingerzeit.

Unveröffentlicht.

A.G.

III.53 Kugelbecher

Spätes 8. Jahrhundert
Paderborn, Pfalz, Nutzungshorizont der ersten Aula
Rand-, Wand- und Bodenfragmente eines Kleingefäßes, als vollplastische Rekonstruktion ausgeführt, handgemachte, fein gemagerte Irdenware, rötlich-graue Oberfläche. – rekonstr. H. 7 cm, rekonstr. RDm. 8 cm, max. Dm. 8,7 cm, D. 0,5–0,6 cm.

III.53, 54

Paderborn, Westfälisches Museum für Archäologie, Museum in der Kaiserpfalz, Inv.Nrn. Pb 64/016a, Pb 64/025b

Unveröffentlicht.

A.G.

III.54 Kugeltopf-Fragmente

8./9. Jahrhundert
a) 9. Jahrhundert. – Paderborn, Pfalz, nördlich des Westquerhauses des Domes. – Randfragment eines Kleingefäßes. – H. 1,9 cm, rekonstr. RDm. 8 cm, D. 0,6 cm. – Inv.Nr. Pb 65/085e. – b) 8./9. Jahrhundert. – Paderborn, Pfalz, im Bereich der Ikenberg-Kapelle. – H. 2,5 cm, rekonstr. RDm. 9 cm, D. 0,7 cm. – Inv.Nr. Pb 68/096b. – c) 8./9. Jahrhundert. – Paderborn, Pfalz, Grubenverfüllung im Bereich der Ikenberg-Kapelle. – H. 2,4 cm, rekonstr. RDm. 8 cm, D. 0,5 cm. – Inv.Nr. Pb 70/071c. – d) 9. Jahrhundert. – Paderborn, Pfalz, westlich der Aula. – H. 2,9 cm, rekonstr. RDm. 9 cm, D. 0,6 cm. – Inv.Nr. Pb 69/006a.

Paderborn, Westfälisches Museum für Archäologie, Museum in der Kaiserpfalz

Fragmente mehrerer einheimischer Kugeltöpfe von geringer Größe, mäßig grob gemagerte Irdenware mit bräunlichgrauer Oberfläche, handgemacht.

Unveröffentlicht.

A.G.

III.55 Kugelkanne

9./10. Jahrhundert
Paderborn, Pfalz, nördlich der Aula des 11. Jahrhunderts
Ergänzte einheimische Kugelkanne; mäßig grob gemagert, handgemacht mit Werkzeugspuren unterhalb des Randes, rötliche Oberfläche mit Glättspuren. – H. 16,5 cm, rekonstr. RDm. 13 cm, D. 0,7–0,8 cm, Dm. Tülle 3,2 cm.
Paderborn, Westfälisches Museum für Archäologie, Museum in der Kaiserpfalz, Inv.Nr. Pb 64/151

III.55

III.56a

Unter den Bechern und Kannen als Bestandteilen des Tafelgeschirrs lassen sich seit Mitte des 9. Jahrhunderts auch lokale Produkte nachweisen. Ihre Entwicklung ist aus dem vielseitig verwendbaren Kugeltopf abzuleiten. Der ergänzte Becher (Kat.Nr. III.53) und die Kanne gehören zu den wenigen rekonstruierbaren Exemplaren aus dem Pfalzgelände, denn wie die anderen Exponate zeigen, sind ansonsten die Fragmente sehr klein zerscherbt.

Unveröffentlicht.

A.G.

III.56 Standbodengefäße

2. Hälfte/Ende 8. Jahrhundert
a) Ende 8. Jahrhundert. – Paderborn, Pfalz, Laufhorizont südlich der Ikenberg-Kapelle. – Standbodengefäß als vollplastische Rekonstruktion, grob gemagerte, freihandgeformte Irdenware mit braungrauer Oberfläche. – H. 22,6 cm, rekonstr. RDm. 24 cm, rekonstr. BDm. 17 cm, D. 0,9–1,0 cm. – Inv.Nrn. Pb 68/217b, Pb 68/236a, Pb 68/236b, Pb 68/237a, Pb 68/240b. – b) Ende 8. Jahrhundert. – Paderborn, Pfalz, aus einem Pfosten eines abgebrannten Gebäudes südlich der Ikenberg-Kapelle. – Fragmente eines kleinen Standbodengefäßes, vollplastische Rekonstruktion, grob gemagerte, freihandgeformte Irdenware mit grauer Oberfläche. – H. 9,2 cm, rekonstr. RDm. 9 cm, rekonstr. BDm. 6 cm, D. 0,9–1,1 cm. – Inv.Nr. Pb 69/137a. Randfragmente von Standbodengefäßen, grob gemagerte Irdenware einheimischer Produktion, freihandgeformt, braune bis dunkelgraue, meist unregelmäßig gefärbte Oberfläche (ohne Abb.). – c) Ende 8. Jahrhundert. – Paderborn, Pfalz, aus dem Pfostenbau bei der Befestigung. – Randfragment mit einer mindestens zweireihigen Verzierung aus sechs einzeln angebrachten Stempeln in Form achtarmiger Kreuze. – H. 4,4 cm, rekonstr. RDm. 15 cm, D. 0,9 cm. – Inv.Nr. Pb 74/038a. – d) Ende 8. Jahrhundert. – Paderborn, Pfalz, östlich der Ikenberg-Kapelle. – Randfragment mit einer Verzierung aus drei runden Einzelstempeln mit gitterartiger Binnenstruktur, geglättete, dunkelgraue Oberfläche. – H. 3,9 cm, rekonstr. RDm. 11 cm, D. 0,6 cm. – Inv.Nr. Pb 77/030e. – e) Ende 8. Jahrhundert. – Paderborn, Pfalz, aus der Aula. – Randfragment mit einer Verzierung aus zwei vollständigen und zwei teilweise erkennbaren runden Einzelstempeln. – H. 5,9 cm, RandL. 2,1 cm, D. 0,8 cm. – Inv.Nr. Pb 64/079e (ohne Abb.). – f) Ende 8. Jahrhundert. – Paderborn, Pfalz, südöstlich der Aula. – Vier Rand- und Wandungsfragmente. – H. 11 cm, rekonstr. RDm. 13 cm, D. 0,9 cm. – Inv.Nr. Pb 65/018a. – g) 2. Hälfte 8. Jahrhundert. – Siedlungsschicht südlich der Aula. – Randfragment. – H. 7,1 cm, rekonstr. RDm. 14 cm, D. 0,9 cm. – Inv.Nr. Pb 66/059. – h) spätes 8. Jahrhundert. – Paderborn, Pfalz, südöstlich der Aula. – Randfragment. – H. 4,6 cm, RandL. 2,7 cm. – Inv.Nr. Pb 65/014c. – i) karolingisch. – Paderborn, Pfalz, Siedlungsschicht südlich des Ostzugangs zur Aula. – 2 Rand- und Wandfragmente. – H. 7,2 cm, RDm. 17 cm, D. 0,8 cm. – Inv.Nr. Pb 65/27b. – j) spätes 8. Jahrhundert. – Paderborn, Pfalz, Siedlungsschicht in der Nähe der Befestigung. – Randfragment. – H. 4,7 cm, rekonstr. RDm. 17 cm, D. 0,9 cm. – Inv.Nr. 70/091c.

III.56c, d, f–j

Paderborn, Westfälisches Museum für Archäologie, Museum in der Kaiserpfalz

Unveröffentlicht.

A.G.

III.57 Kugeltopf-Fragmente

Spätes 8. Jahrhundert
Paderborn, Pfalz, aus dem Pfostenbau in der Nähe der Befestigung. – 2 Randfragmente eines einheimischen Topfes von kugeligem Um-

III.57

riß, der formal den Übergang zwischen Standboden- und Kugeltopf bildet, mäßig grobgemagerte, handgemachte Irdenware mit dunkelgrauer Oberfläche. – H. 7,1 cm, rekonstr. RDm. 14 cm, D. 0,7 cm.
Paderborn, Westfälisches Museum für Archäologie, Museum in der Kaiserpfalz, Inv.Nr. 70/062

Unveröffentlicht.

A.G.

III.58 Kugeltopf-Fragmente

8.–10. Jahrhundert
Randfragmente von Kugeltöpfen, grob- bis mäßig grob gemagerte Irdenware einheimischer Produktion, freihandgeformt, Oberflächenfarbe braun-grau bis dunkelgrau. – a) 9./10. Jahrhundert. – Paderborn, Pfalz, südöstlich der Ikenberg-Kapelle. – Randfragment eines Kugeltopfes von geringer Größe. – H. 10,2 cm, rekonstr. RDm. 11,0 cm, D. 0,7 – 0,9 cm. – Inv.Nr. Pb 70/047a. – b) 8./9. Jahrhundert. – Paderborn, Pfalz, im Bereich der Aula. – Randfragment mit kräftig rötlicher-oranger Oberfläche. – H. 9,0 cm, rekonstr. RDm. 14 cm, D. 0,7 cm. – Inv.Nr. Pb. 67/139a. – c) 8./9. Jahrhundert. – Paderborn, Pfalz, im Bereich des östlichen Zugangs zur Aula. – Randfragment. – H. 5,7 cm, rekonstr. RDm. 21,0 cm, D. 0,7 cm. – Inv.Nr. Pb 65/014c. – d) 9. Jahrhundert. – Paderborn, Pfalz, südlich der Befestigung. – Randfragment. – H. 4,3 cm, rekonstr. RDm. 16 cm, D. 0,7 cm. – Inv.Nr. Pb 69/333b. – e) um 800. – Paderborn, Pfalz, östlich der Ikenberg-Kapelle. – Randfragment. – H. 3,2 cm, rekonstr. RDm. 15 cm, D. 0,8 cm. – Inv.Nr. Pb 69/170b. – f) 9. Jahrhundert. – Paderborn, Pfalz, aus dem Bereich des nördlich an die karolingische Aula anschließenden Gebäudes. – Randfragment. – H. 3,7 cm, rekonstr. RDm. 19 cm, D. 0,6 cm. – Inv.Nr. Pb 64/168e. – g) 1. Hälfte 9. Jahrhundert. – Paderborn, Pfalz, Gebäudekomplex südlich der Ikenberg-Kapelle. – Zwei Rand- und 26 Wandungsfragmente, verkohlte, organische Reste anhaftend. – H. 3,5 cm, rekonstr. RDm. 16 cm, D. 0,7 – 0,8 cm. – Inv.Nr. Pb. 68/108a. – h) 9. Jahrhundert. – Paderborn, Pfalz, nördlich der Bartholomäuskapelle. – Randfragment. – H. 5,2 cm, RandL. 5,6 cm, D. 0,8 cm. – Inv.Nr. 67/279a.

III.58a–k

III.58l, m

III.59 Tiegel

9./10. Jahrhundert
Paderborn, Pfalz, Auffüllschichten im Bereich des östlichen Zugangs zur Aula
Tiegel, aus mehreren Fragmenten zusammengesetzt, vollplastisch ergänzt, grobgemagerte handgefertigte Irdenware einheimischer Provenienz, keine Schmelzrückstände sichtbar. – H. 9 cm, rekonstr. RDm. 9,5 cm, D. 0,8 – 0,9 cm.
Paderborn, Westfälisches Museum für Archäologie, Museum in der Kaiserpfalz, Inv.Nr. 66/112a

Unveröffentlicht.

A.G.

– i) 9. Jahrhundert. – Paderborn, Pfalz, zwischen Befestigung und Ikenberg-Kapelle. – Randfragment. – H. 6,3 cm; rekonstr. RDm. 17 cm, D. 0,7 cm. – Inv.Nr. Pb 77/088d. – j) 9. Jahrhundert. – westlich der karolingischen Aula. – Randfragment. – H. 5,2 cm, rekonstr. RDm. 17 cm, D. 0,8 cm. – Inv.Nr. 64/032d. – k) südlich der Befestigung, 8. Jahrhundert. – Randfragment. – H. 3,2 cm, rekonstr. RDm. 20 cm, D. 0,7 cm. – Inv.Nr. Pb 70/062. – l) 9. Jahrhundert. – Paderborn, Pfalz, Verfüllung eines Brunnens im Bereich der Ikenberg-Kapelle. – 2 Rand-, ein Henkel- und neun Wandungsfragmente eines Kugeltopfes mit senkrecht stehendem Henkel, rötliche Oberfläche mit Glättstreifen. – H. 10,8 cm, rekonstr. RDm. 13,0 cm, rekonstr. max. Dm. 24,0 cm. – Inv.Nr. Pb 68/096b. – m) um 800. – südlich der Ikenberg-Kapelle. – 3 Henkel-, Rand- und Wandungsscherben eines Kugeltopfes mit senkrecht stehendem Henkel. – H. 10,4 cm, rekonstr. RDm. 15 cm, rekonstr. max. Dm. 23 cm, D. 0,8 cm. – Inv.Nr. Pb 68/251b.
Paderborn, Westfälisches Museum für Archäologie, Museum in der Kaiserpfalz

Die einheimische Keramik des 8. Jahrhunderts weist nur ein kleines Spektrum an unterschiedlichen Gefäßen auf. In der Zeit der Errichtung der Pfalz wurden lediglich Töpfe mit Standböden in verschiedenen Größen für die Nahrungszubereitung und die Bevorratung des täglichen Bedarfs im Haushalt verwendet. Hierauf deuten die Reste angebrannter Speisen als verkohlte Auflagen in den Töpfen. Der Wandel zum Gefäß mit Kugelboden, dem Kugeltopf, fällt in die Zeit um 800. Auch die Kugeltöpfe dienten als vielseitig einsetzbare Koch- und Vorratsgefäße. Im Laufe des 9. Jahrhunderts wird der Formenschatz, vor allem beeinflußt durch die Entwicklung in den wichtigen Töpfereiregionen im Rheinland, um Kannen und Becher erweitert.

Unveröffentlicht.

A.G.

III.60 Tiegelfragmente

8.–10. Jahrhundert
Paderborn, aus verschiedenen Bereichen der Pfalz
Tiegelfragmente, stark versintert; Magerung z. T. verbrannt, auf der Oberfläche Reste von geschmolzenem Buntmetall. – a) H. 4,8 cm, rekonstr. RDm. 5 cm, D. 0,9–1,0 cm. – Inv.Nr. Pb 76/053c. – b) H. 2,1 cm, D. 0,9 cm. – Inv.Nr. Pb 64/185a. – c) H. 3,1 cm, D. 0,8–0,9 cm. – Inv.Nr. Pb 65/020b.
Paderborn, Westfälisches Museum für Archäologie, Museum in der Kaiserpfalz

Keramik erfüllte nicht nur ihre Zwecke in Küche und Keller, sondern wurde auch in der Metallverarbeitung eingesetzt. Die technische Keramik ist als Gefäß bei der Aufbereitung des metallischen Rohmaterials unabdingbar. Für den Schmelzvorgang wurde der Tiegel schichtweise mit Holzkohle und Metall befüllt. In der mit Hilfe eines Blasebalgs stark angefachten Hitze des Schmelzofens verflüssigt sich die Metallmasse und steht so als aufbereitetes Material für die weitere Verarbeitung zur Verfügung. Übergeflossene Schmelzreste an den hier gezeigten Stücken lassen als ehemaligen Inhalt Buntmetall (Kupfer u. a.) erkennen.

Unveröffentlicht.

A.G.

III.59, 60

Glas in der Karolingerzeit

III.61 Mosaiksteine

8. Jahrhundert
Paderborn, Pfalz
Glas, hellgrün, dunkelgrün, hellblau, dunkelblau, grau, dunkelgrau. – KantenL. 0,6–1,2 cm.
Paderborn, Westfälisches Museum für Archäologie, Museum in der Kaiserpfalz

Winkelmann 1984, Taf. 108.

S.A.G.

III.62 Glastropfen und -schlacken

2. Hälfte 8. Jahrhundert
Paderborn, Pfalz
Soda-Kalk-Rohglas, kleine hell- und dunkelgrüne, blaue, violette und weißgraue Steinchen. – KantenL. 0,6–1,2 cm.
Paderborn, Westfälisches Museum für Archäologie, Museum in der Kaiserpfalz

Zu den Einrichtungen der ersten karolingischen Pfalzgründung gehörte auch eine kleine Glaswerkstatt. Obwohl die Ausgrabungen nur die Überreste der Glasproduktion in Form von Rückständen der Glasschmelze, Schmelztiegelfragmenten und Bruchstücken der Ofenwandung zutage gebracht haben, ermöglicht der Befund, Umfang und Formenspektrum des kleinen Betriebs zu definieren, der sicher hauptsächlich zur Versorgung des königlichen Bedarfs und nur für eine sehr kurze Zeit arbeitete. Eine genaue Lokalisierung der Ofenstrukturen ist nicht mehr möglich, da nur Fragmente der Ofenwan-

III.61

III.62

dung in einer umgelagerten Schuttschicht geborgen wurden. Der Platz für eine Werkstatt kann aber in der näheren Umgebung der abgerissenen Ofenreste, in dem nordöstlichen Bereich der Pfalzanlage und nahe an der Befestigungsmauer der Karlsburg angenommen werden. Der Ofen, dessen Durchmesser sehr klein war, war nur zum Schmelzen der Glasmasse und nicht für die Durchführung des gesamten Herstellungsprozesses geeignet. Die Glasanalysen (Prof. Dr. Karl-Hans Wedepohl, Geochemisches Institut Universität Göttingen) haben gezeigt, daß die Paderborner Werkstatt mediterranes Soda-Kalk-Rohglas weiterverarbeitete, das in rohem Zustand oder als Glasabfall durch den Fernhandel erworben wurde. In direkter Umgebung der Ofenreste wurden, neben den Produktionsresten, auch zahlreiche Mosaiksteine gesammelt, die für eine Verwendung in der Glasmasse sprechen. Vergleiche mit weiteren Produktionsorten lassen annehmen, daß die kleinen hell- und dunkelgrünen, blauen, violetten und weißgrauen Steinchen mit 0,6 bis 1,2 mm Kantenlänge in die Masse zur Veränderung der Anfärbung des Glases geworfen wurden. Die relativ geringe Anzahl (67 Stücke) spricht dafür, daß die Überreste in der Glasmasse eingeschmolzen und somit weiterverwertet wurden. Gering ist die Anzahl der Stücke aus Glasschmelzhäfen, die nur in kleinen Fragmenten gefunden wurden. Die Rekonstruktion eines Bruchstücks, dessen Inhalt auf 4 Liter errechnet wurde, zeigte einen Rückstand von Soda-Glas.

Das stark fragmentierte Glasmaterial läßt ein für die Karolingerzeit typisches Formenspektrum annehmen. Sicher wurde nur ein Teil von diesen Objekten in der Paderborner Werkstatt hergestellt. Fensterglas aber wurde offensichtlich nicht angefertigt, ist jedoch im Gesamtfundkomplex zahlreich vertreten und weist auf eine aufwendige Gestaltung des Palastes, u. a. auch mit bunten Glasfenstern, hin. Die Analysen haben gezeigt, daß es sich bei deren Zusammensetzung um frühe Holzasche-Gläser handelt, die aber anscheinend in großer Menge importiert wurden. Eine genauere Bestimmung des in der Paderborner Werkstatt produzierten Materials ist nicht möglich, zumal wir nicht genau wissen, wie lange der Ofen benutzt worden ist. Die frühe Vernichtung der Kuppelreste läßt aber annehmen, daß der kleine Betrieb vielleicht schon nach der ersten Zerstörung und dem Wiederaufbau der Pfalz nicht mehr in Gebrauch war, so daß nur eine geringe Anzahl des auf dem gesamten Areal gesammelten Soda-Glases in diesem Ofen verarbeitet worden sein dürfte.

Winkelmann 1977. – Wedepohl 1997.

S.A.G.

III.63

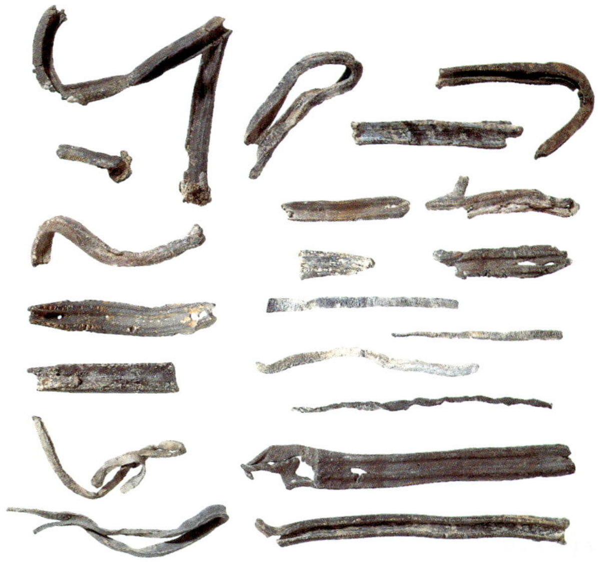

III.64

III.63 Fensterscheibenfragmente

8./9. Jahrhundert
Paderborn, Pfalz
Glas, grün, leichte Verwitterungsspuren. – L. 11 cm, B. 9,9 cm, D. 3 mm.
Paderborn, Westfälisches Museum für Archäologie, Museum in der Kaiserpfalz

Balzer/Wemhoff 1997, Abb. 14.

S.A.G.

III.64 Bleirutenfragmente

8./9. Jahrhundert
Paderborn, Pfalz
Blei; grün bis grün-gelblich, stark korrodiert und in Schichten zersetzt, Farbe z. T. nicht mehr erkennbar. – 4 x 5,7 cm, D. 3,8 mm; 2,2 x 7,5 cm, D. 2,8 mm; 3,6 x 3 cm, D. 2,7 mm; 2,8 x 3,3 cm, D. 3,3 mm; 3,2 x 5 cm, D. 3,6 mm.
Paderborn, Westfälisches Museum für Archäologie, Museum in der Kaiserpfalz

Balzer/Wemhoff 1997, Abb. 14.

S.A.G.

III.65

III.65 Fensterscheibenfragment

9. Jahrhundert (?)
Paderborn, Pfalz
Glas, rauchrötlich, sehr gut erhalten; auf der Fläche, nur im Streiflicht sichtbar, eine Ranke. – H. 2,5 cm, B. 2,5 cm, D. 2,3–3 mm.
Paderborn, Westfälisches Museum für Archäologie, Museum in der Kaiserpfalz

Unveröffentlicht.

S.A.G.

III.66 Fensterscheibenfragmente

8./9. Jahrhundert
Paderborn, Pfalz
Glas, grün, smaragdgrün, hellgrün, blau, hellblau, rauchrötlich; relativ gut erhalten, leicht verwitterte Oberfläche. – KantenL. 4,9 bis 0,7 cm, D. 1,5 x 2,5 mm.
Paderborn, Westfälisches Museum für Archäologie, Museum in der Kaiserpfalz

Fragmente von Fensterglas sind auf dem gesamten Areal am repräsentativsten für die Glasproduktion dieser frühen Jahrhunderte. Annähernd 1600 Fensterglasfragmente wurden insgesamt gesammelt und lassen annehmen, daß die wichtigsten Räume des Komplexes mit verglasten Fenstern versehen waren. Insbesondere der südliche Bereich der Pfalz, mit den zwei Flügeln und dem dazwischenliegenden Hof, hat den größten Materialanteil erbracht. Es ist anzunehmen, daß zumindest in einer späteren Phase der Westflügel reich mit Glasfenstern ausgestattet war. Aus dem Ostflügel haben sich zahlreiche Fragmente erhalten, die auf einen mit Glasfenstern versehenen Bereich schließen lassen, der noch vor dem Bau des Treppenpodestes die Aula und das Westquerhaus der Kirche miteinander verband.

Die Mehrzahl der Bruchstücke besteht aus grünem, stark korrodiertem Glas. Die trübe Glasmasse hat durch die Lagerung im Boden so stark gelitten, daß sich die Oberfläche in Schichten zersetzte und die Stärke der Scheiben in vielen Fällen nicht mehr zu ermitteln ist. Die Analysen einiger Stücke haben gezeigt, daß es sich um eine pottaschehaltige Zusammensetzung handelt, die verantwortlich ist für den schlechten Konservierungszustand des Glases. Viele Fragmente scheinen durch Hitzeeinwirkungen – die Spuren des gewaltigen Brandes des Jahres 1000 – ihre Transparenz und ihr Gewicht verloren zu haben. Das stark fragmentierte Material läßt einige Formen erkennen, in welche die Scheiben zugeschnitten waren, bevor sie in Fenster eingebracht wurden. Die ursprünglichen Originalkanten tragen die Spuren des Kröseleisens, mit dem die Scheiben in die gewünschten Formen geschnitten wurden. Die abgerundeten, wulstartigen Kanten sind durch die Herstellung bedingt und zeigen die Kante der Glasscheibe vor der Bearbeitung. Am häufigsten sind rechteckige Scheiben zu finden, von denen das oben rechts abgebildete Stück das am besten und vollständigsten erhaltene Exemplar ist. Zwei Kanten sind hierbei erhalten. Die leuchtend grüne Farbe und die relativ gute Qualität der Oberfläche heben dieses Stück aus der Menge der Funde hervor.

Kleine langrechteckige Plättchen, Rauten, halbrunde oder kleine runde Scheiben sind ebenfalls vorhanden. Die Stücke wurden mittels Bleiruten, von denen die Brandhorizonte zahlreiche Bruchstücke geliefert haben, zusammengefügt.

Die Zusammensetzung läßt ausschließen, daß dieses Glas in der kleinen Werkstatt hergestellt wurde. Zunächst bot der kleine Betrieb nicht die nötigen Voraussetzungen, um Glas in diesem Umfang zu produzieren. Außerdem zeigen die analysierten Glasreste aus dem Werkstattbereich, daß hier Soda-Glas nachgearbeitet wurde.

Neben dem grünen Fensterglas wurden, in den karo-

III.66

lingischen und späteren Horizonten verstreut, einige Plättchen von kleinerer Dimension gefunden, die auf die Anfertigung bunt gestalteter Fenster hinweisen. Besonders hervorzuheben ist hierbei die Farbe der Stücke, die von smaragdgrün über blau und gelb bis rauchrötlich und violett reicht. Entsprechend der guten Qualität der Glasmasse weisen diese Plättchen eine Soda-Kalk-Zusammensetzung auf.

Unveröffentlicht.

S.A.G.

III.67

III.67 Trichterbecherfragmente

8./9. Jahrhundert
Paderborn, Pfalz
Glas, Bodenfragmente, grün, ein Stück mit roten Schlieren, stark verwittert und in Schichten zersetzt; ein Fragment ist gut erhalten. – H. 5,6–2,5 cm, Dm. am unteren Ende zwischen 1,8 und 1,3 cm.
Paderborn, Westfälisches Museum für Archäologie, Museum in der Kaiserpfalz

Kat. Basel 1988, Nr. 7, Nr. 33.

S.A.G.

III.68

III.68 Becherfragmente mit Fadenauflagen

8. Jahrhundert
Paderborn, Pfalz
Glas, Bodenfragment, Randfragment, Wandungsfragmente; Form nicht mehr bestimmbar; ursprünglich grün; stark korrodiert und in Schichten zersetzt. – H. 5 cm, BDm. 6,5 cm, D. 2,2–5,2 mm.

III.68

Paderborn, Westfälisches Museum für Archäologie, Museum in der Kaiserpfalz

Unveröffentlicht.

S.A.G.

III.69 Traubenbecher

8. Jahrhundert
Paderborn, Pfalz
Glas, Wandfragmente; gelbbräunlich, guter Erhaltungszustand mit leichten Verwitterungsspuren. – KantenL. 1,2–2,4 cm.
Paderborn, Westfälisches Museum für Archäologie, Museum in der Kaiserpfalz

Unveröffentlicht.

S.A.G.

III.70 Rand eines Reticella-Bechers

(ohne Abb.)
8. Jahrhundert
Paderborn, Pfalz
Grünes Glas mit eingeschmolzenen gelben Fäden. – 1,5 cm x 0,8 cm.
Paderborn, Westfälisches Museum für Archäologie, Museum in der Kaiserpfalz

Unveröffentlicht.

S.A.G.

III.71 Becherrand mit Dreieck- bzw. Rautenmuster

8. Jahrhundert
Paderborn, Pfalz
Glas, bräunlich-gelblich, olivstichig, durch Verwitterung leicht getrübt, aus 2 Scherben zusammengeklebt. – H. 2,5 cm, rekonstr. RDm. ca. 11 cm.
Paderborn, Westfälisches Museum für Archäologie, Museum in der Kaiserpfalz

Unter den extrem fragmentierten Funden, die das Hohlglas in der Paderborner Pfalz darstellen, lassen sich einige Stücke gut identifizieren, die ein reiches Repertoire des Formenspektrums zeigen. Der Hauptteil wird durch die sog. Trichterbecher vertreten, die vorwiegend durch das typisch erkennbare Bodenstück repräsentiert sind. Die unteren Enden können röhrenförmig eng oder etwas breiter sein, die Wandung geschwungen oder konisch, der Rand einfach oder mit Farben von der restlichen Glasmasse abgesetzt. Neben zart grüner, kaum verwitterter Glasmasse erscheinen stark korrodierte Fragmente. Einige Bruchstücke von Rand- und Wandungsteilen zeigen rote und blaue Randfäden, die eventuell zu diesen Stücken geführt werden könnten. Der Trichterbecher zeigt sich als Standard-Trinkbecher der Karolingerzeit, wie in einigen erhaltenen Miniaturen zu sehen ist. Nicht auszuschließen ist auch eine Verwendung dieser Stücke als Lampen, wie reichlich in Miniaturen dokumentiert und wie der Vergleich mit dem vollständig erhaltenen Stück aus Villiers-le-Sec (Frankreich) vermuten läßt (vgl. KatNr. IV.137). Das Verbreitungsgebiet des Trichterbechers reicht von Süddeutschland über West- und Nordwestdeutschland bis England und Skandinavien. Diese Form scheint eine Laufzeit vom späten 8. Jahrhundert bis in die Zeit nach 1000 aufzuweisen und besitzt insofern keinen datierenden Wert.

III.69

III.71

Einige Fragmente zeigen eine stark verwitterte, ursprünglich grüne Glasmasse und einen etwas rohen Zierdekor aus umgelegten Fäden auf der Wandung. Die Form,

III.72

die sich am besten rekonstruieren läßt, ähnelt einem Becher mit rundem, kaum eingestochenem Boden und gerader, nicht sehr hoher Wandung. Mindestens zwei Exemplare sind hier zu unterscheiden: zum einen der Becher mit kaum spürbarer, gerade laufender Fadenauflage und zum anderen kleinere Fragmente mit dick aufgetragenen, wellig verlaufenden Fäden.

Eine Besonderheit stellen die zwei kleinen Fragmente des Traubenbechers dar, die zusammen mit einem etwas besser erhaltenen Stück aus Haithabu die bisher einzigen Fragmente dieser Art sind. Die feine Wandung läßt kleinere Formen annehmen als bei dem Stück aus Birka, dem einzigen komplett erhaltenen dieser Art. Das Stück weist einen runden Körper und einen wenig hochgestochenen

Boden auf. Der gesamte Körper ist, außer im Bereich der Mündungspartie, mit dicht gereihten, kleinen runden Buckeln versehen. Die Stücke aus Paderborn erweisen sich als zu klein, um Rückschlüsse auf die ursprüngliche Form zu erlauben. Sie belegen aber das Vorkommen derartig verzierter Gefäße schon im 8. Jahrhundert.

Ein kleines Randstück läßt die Hypothese zu, daß im Bereich der Pfalz auch Reticella-Gläser verwendet wurden. Das kleinste Randstück aus hellem Glas mit weißen eingeschmolzenen Fadenauflagen erlaubt einen Vergleich mit einigen Reticella-Fragmenten aus Dorestad. Bei unserem Fund fehlt allerdings der Teil mit den Reticella-Stäben, die meist den unteren Bereich der Gläser umwickeln. Das Verbreitungsgebiet der Reticella-Gläser ist in der Zeit zwischen dem 7. und 10. Jahrhundert sehr groß: Es reicht von Italien bis Skandinavien und von Rußland bis England.

Ein weiteres Fragment gilt bis jetzt als Unikat in der Glasforschung: Es handelt sich um ein leicht einwärts geneigtes Randstück von größeren Dimensionen, das unter dem Rand kleine dreieckige Einkerbungen aufweist. Diese waren nicht mit Gold aufgefüllt, wie bisher vermutet und wie die Analyse festgestellt hat, sondern wahrscheinlich mit einem anderen Metall. Das Stück weist darauf hin, daß im Bereich der Pfalz ein reiches Spektrum gläserner Objekte benutzt wurde, was für die besondere Stellung des Ortes spricht. Weitere kleine Bruchstücke, wenn auch stark fragmentiert, lassen mit ihren farbigen, roten und blauen Verzierungen einen Blick in ein buntes Repertoire werfen und somit in die Ausstattung eines gehobeneren Platzes.

Winkelmann 1985, 31. – Kat. Basel 1988, Nr. 6; Nr. 7; Nr. 33.

S.A.G.

III.72 Trichterbecher aus Birka

9. Jahrhundert
Birka (Uppland/Schweden)
Glas, hellgrün, kaum Verwitterungsspuren. – H. 16 cm, RDm. 10 cm.
Stockholm, Statens Historiska Museum, Inv.Nr. Bj 551

Die größte Anzahl der vollständig erhaltenen Trichterbecher ist aus Birka bekannt. Aus mehr als zwanzig Gräbern stammen die dort zumeist komplett geborgenen Gefäße, die überwiegend Bestandteil von Frauenbestattungen waren. Meist lagen die Becher im Grab zu Füßen der Bestatteten. Trichterbecher in Grabzusammenhängen sind nur in den Gebieten nördlich des karolingischen Reiches bekannt, da die Sitte der Beigaben bei dem Bestattungsritual in den noch nicht christianisierten Regionen über das 9. und 10. Jahrhundert hinaus noch verbreitet war. Das Spektrum der Trichterbecher aus Birka bietet mehrere Varianten: Neben einfachen Gefäßen zeigen einige Stücke farbige Mündungsränder sowie Fadenauflagen auf der Wandung. Das ausgestellte Glas zeigt eine hellgrüne Glasmasse, die durch aufgeschmolzene, wellenförmige Fäden aus dem gleichen Material wie der Becher verziert wird. Ein Faden wird um den Rand aufgelegt und dieser somit verdickt. Im Bodenbereich, nahe der Spitze, verändert der zufällig eingeschmolzene Faden die Glattheit der Wandung, während unten eine deutliche Heftnarbe sichtbar bleibt.

Arbmann 1940/1943.

S.A.G.

III.73 Trichterbecher aus Haithabu

9. Jahrhundert – 1. Hälfte 10. Jahrhundert
Haithabu (Schleswig-Holstein), Bootkammergrab 1908
Glas, hellgrün, aus mehreren Fragmenten rekonstruiert, kaum Verwitterungsspuren. – H.16,3 cm, RDm. 10,7 cm, BDm. 1,6 cm.
Schleswig, Archäologisches Landesmuseum der Christian-Albrechts-Universität Kiel

Der unverzierte Becher stellt den am häufigsten auftretenden Typus des Trichterbechers mit schmaler Spitze,

III.73

stark geschwungener Wandung und glattem, nicht farbig abgesetztem Rand dar. Das röhrenförmige, am Boden verdickte untere Ende weist eine Heftnarbe auf. Das Gefäß wurde aus dem am Anfang dieses Jahrhunderts entdeckten Bootkammergrab B von Haithabu geborgen: Es lag ebenfalls zu Füßen des Skelettes. Das Glas stellt die einfachste Variante ohne zusätzliche Verzierungen dieses Typus dar. Der Trichterbecher erscheint im 8. Jahrhundert als Weiterentwicklung des früheren, zwischen dem 4. und 8. Jahrhundert weit verbreiteten Spitzbechers und insbesondere des späteren, vorwiegend im 6. bis 8. Jahrhundert auftretenden Glockentummlers und kommt dann mit allen seinen dekorativen Varianten bis in die Zeit um 1000 vor.

Dekówna 1976. – Kat. Basel 1988, Nr. 1.

S.A.G.

III.74

III.74 Traubenbecher aus Birka

9. Jahrhundert
Birka (Uppland/Schweden)
Glas, dunkelgrün, Oberfläche gut erhalten, aus mehreren Stücken zusammengesetzt. – H.13,8 cm, RDm. 8,6 cm, Dm. max. 12,5 cm.
Stockholm, Statens Historiska Museum, Inv.Nr. Bj 539

Eine Besonderheit stellt der mit Buckeln verzierte Becher aus einem Frauengrab in Birka dar, der zerbrochen über Schmuckstücken etwa in Kopfhöhe lag. Das etwas kugelige Gefäß hat einen flachen, wenig eingestochenen Boden. Die Buckel, aneinandergereiht und nicht versetzt, verzieren den gesamten Körper, sparen jedoch einen relativ hohen Bereich unter dem Rand aus. Eine deutliche Spur unter dem Boden und auf der Wandung läßt die Verwendung von zwei Formhälften erkennen. Der gesamte Becher besteht aus einer kräftig grün gefärbten Glasmasse, die in dieser Zeit sonst nur für Gefäßteile und nicht für ein ganzes Glas erscheint. Das Glas stellt auch ein Unikat des Gesamtmaterials von Birka dar und läßt sich annähernd mit Einzelstücken aus Deutschland vergleichen, die aber nur Teile der Gefäßwandung wiedergeben.

Arbmann 1940/1943. – Kat. Basel 1988, Nr. 31.

S.A.G.

III.75 Reticella-Becher aus Birka

9./10. Jahrhundert
Birka (Uppland/Schweden)
Glas, grünlich mit dunkelblauen Randfäden, gelben Horizontalfäden, gelb-weißen Reticella-Fäden, geklebt, kaum sichtbare Verwitterungsspuren in der Glasmasse. – H. 10 cm, RDm. 9,2 cm.
Stockholm, Statens Historiska Museum, Inv.Nr. Bj 649

Aus Birka ist ein Reticella-Becher vollständig erhalten. Das hier dargestellte Stück zeigt seine komplette Form mit dem wenig eingestochenen Boden, dem kugeligen Körper und dem nach außen ausbiegenden Rand, der zusätzlich mit einem dicken blauen Faden verziert ist. Der untere Bereich des Glases ist in Form von neun grob gefaßten Reticella-Fäden verziert. Die gelben und weißen Fäden umspinnen das Gefäß ab der Mitte des Bodens und ziehen sich über etwa ein Drittel des ganzen Körpers. An zwei Zonen des Halses und im Bereich des Bauches sind gelbe Horizontalfäden mehrfach versponnen. Das Glas befand sich als Beigabe zusammen mit Silberschmuck und einer Nadelbüchse im westlichen Bereich eines Frauengrabes. Fragmente dieser Art wurden an verschiedenen

III.75

Orten gefunden, u. a. in Hopperstad bei Vik (Norwegen), in einem Grab des 9. Jahrhunderts und in fragmentarischem Zustand bei Dorestad (Niederlande), welches mit dem hiesigen verglichen werden kann. Die Machart unterscheidet aber das flüchtig bearbeitete Birka-Stück von den anderen, so daß sich die Frage stellt, ob es sich bei den skandinavischen Stücken um einen Import oder um ein Lokalprodukt handelt.

Arbmann 1940/1943. – Haevernick 1979. – Näsman 1984. – Kat. Basel 1988, Nr. 15.

S.A.G.

III.76 Schale mit Reticella-Verzierung aus Valsgärde

Mitte 8. Jahrhundert (?)
Valsgärde (Uppland/Schweden), Bootsgrab 6
Grünes Glas mit gelben Reticella-Verzierung, annähernd keine Verwitterungsspuren. – H. 6,8 cm, RDm. 14 cm.
Uppsala, Museum Gustavianum, Museet för Nordiska Fornsaker, Inv.Nr. Vgde 6:98

Die Schale stellt das am vollständigsten erhaltene Objekt dar, welches sich mit Fragmenten aus Dorestad/Nieder-

III.76

lande, Esslingen, Helgö und Eketorp/Schweden, vergleichen läßt. Sie besteht aus einem gering eingestochenen Boden, einer geraden, niedrigen Wandung und einem umgeschlagenen, flachen Hohlrand. Der untere Bereich ist mit 48, am Boden sternförmig verlaufenden Fäden versehen, die mit zwei gelben Fäden umwunden sind. Im mittleren Bereich der Schale umspinnt ein horizontaler Faden die vertikalen Rippen. Der frei bleibende Abstand zwischen Rippendekor und Rand ist mit mehreren, tief eingeschmolzenen, dünnen, gelblichen Fäden umgeben. Die Schale wurde 1931 im Bootsgrab 6 bei systematischen Ausgrabungen des Bootsgräber-Friedhofs bei Valsgärde gefunden. Sie wurde mit gewissen Unsicherheiten in die Zeit um 750 datiert.

Haevernick 1979, bes. 159 Nr. 7, Abb. 1,11, 168. – Näsman 1984, 55–116, bes. 77, 80 und 91. – Kat. Basel 1988, Nr. 12.

S.A.G.

III.77 Fragmente von Reticella-Gläsern

8./9. Jahrhundert
Dorestad (Niederlande)
a) Schale mit Reticella-Dekor; Bodenfragment; grün-bläuliches Glas mit gelben Fäden; keine Verwitterungsspuren. – H. 0,9 cm, max. B. 8 cm. – Inv.Nr. WbD 1974 402-4-14. – b) Schale mit Reticella-Dekor; Fragment; grünes Glas mit roten Fadenschlieren, weiße Fäden; keine Verwitterungsspuren. – H. 5,3 cm, rekonstr. Dm. 10 cm. – Inv.Nr. WD 72 372-4-7. – c) Becher mit Reticella-Dekor; Fragment; grünes Glas mit tief eingeschmolzenen roten Schlieren, weiße Fäden; keine Verwitterungsspuren. – H. 6,2 cm, RDm. 8 cm. – Inv.Nr. WD 72 376-3-4.
a) Amersfoort, Rijksdienst voor het Oudheidkundig Bodemonderzoek
b) u. c) Leiden, Rijksmuseum van Oudheden

Zahlreiche Stücke aus Dorestad weisen einen mit Reticella-Fäden versehenen Dekor auf, obwohl das dekorierte Material sehr fragmentarisch ist. Die ersten zwei Stücke

III.77a

stellen Schalen in der Art der schon bekannten Objekte aus Valsgärde dar. Das erste Fragment zeigt ein Bodenstück, geringfügig hochgedrückt, welches mit 15 (ursprünglich mehr) Fäden aus umwickelter gelber und grüner Glasmasse verziert ist. Das zweite Stück zeigt eine ähnliche Aufteilung des Dekors im unteren Bereich, von dem noch 8 Fäden in opakweißen Umwicklungen erhalten sind. Oberhalb der vertikal aufgelegten Fäden biegt sich der Randbereich leicht nach außen und wird von mehreren weißen dünnen Fäden markiert. Eine Besonderheit bilden die eingeschmolzenen roten Schlieren in der Glasmasse, die immer häufiger bei den Gläsern der Karolingerzeit erscheinen. Das dritte Exemplar wird als Becher bezeichnet, obwohl es ebenfalls fragmentarisch erhalten ist. Die bauchige Form mit nach außen umbiegendem Rand zeigt ein ähnliches Schema für das Dekor: Die weißen Glasfäden sind im unteren Bereich vertikal aufgesetzt, die Zone unter dem Rand weist einige horizontal aufgelegte weiße Fäden auf. Besonders zu erwähnen ist die Existenz roter Schlieren in der grünen Glasmasse, die hier z. T. siegellackrot erscheinen.

Kat. Basel 1988, 71 Nr. 13 u. 14, 72 Nr. 16.

S.A.G.

III.78 Glasperlen

8./9. Jahrhundert
Paderborn, Dombereich
Kleine runde, ringförmige und größere prismatische Perlen, Dreifach- und Mehrfachperlen, z. T. weißlich-bläuliches, schwach durchscheinendes Glas.
Paderborn, Westfälisches Museum für Archäologie, Museum in der Kaiserpfalz, Metropolitankapitel Paderborn

Die Ausgrabungen in Dombereich haben eine ganze Reihe an Perlen hervorgebracht, die in Zusammenhang mit zwei Gräbern vorkamen. Die Stratigrafie läßt die zwei Befunde in die Zeit zwischen 777 und 779 datieren. Unter diesen Funden befinden sich kleine runde Perlen, ringförmige Perlen, prismatische Perlen größerer Dimensionen und Dreifach- bzw. Mehrfachperlen. Auffällig ist die große Anzahl von Perlen in Grab 290: Die 267 Stücke wurden

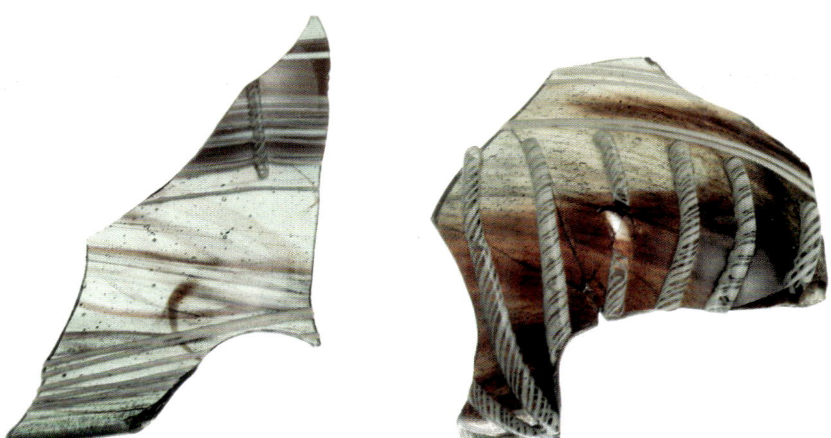

III.77b.c

III.78

aneinandergereiht und ergaben eine Kettenlänge von ca. 46 cm. Für das Vorkommen von Perlen in eindeutig christlichen Gräbern ist keine Beigabensitte verantwortlich, sondern eher das Vorhandensein von Trachtbestandteilen in den Bestattungsriten. Im Gegensatz zu den Funden aus der Domgrabung stammen die sechs Paderborner Fragmente aus keinem Grabzusammenhang, sie könnten aber zum Teil umgelagert sein. Die zwei Mehrfachperlen aus weißlich-bräunlichem, schwach durchscheinendem Glas, mit kugeligen Einzelgliedern, sind direkt mit den Grabfunden aus dem Dombereich zu vergleichen. Sie stammen wohl aus einem relativ frühen Kontext, da sie in dem Pfostengrubenbereich östlich der Ikenberg-Kapelle in Zusammenhang mit den Tesserae und mit dem Abfall der Glasproduktion gefunden worden sind. Die weiteren Perlen sind in sekundärer Lage, da sie in späteren Horizonten vorkamen. Für alle diese Funde gilt ein Datierungsdatum zwischen dem 8. und dem 9. Jahrhundert.

Lobbedey 1986, 1, 229–231 u. 2, 218, Abb. 431 u. 431a.

S.A.G.

Glasherstellung im Kloster San Vincenzo al Volturno

Eine der interessantesten Entdeckungen während der Ausgrabungen in San Vincenzo al Volturno boten die Funde, die von einer umfassenden und differenzierten Glasproduktion im 9. Jahrhundert Zeugnis geben. Auf dem Gelände der Werkstätten in unmittelbarer Nähe der Abteikirche fanden sich die Reste von Glasobjekten verschiedenster Art, die eine industrielle Herstellung größeren Ausmaßes vor Ort belegen (Moreland 1985 u. Marazzi/Francis 1996). Bis dahin hatte die archäologische Forschung in Italien nur in sehr seltenen Fällen die Gelegenheit, mittelalterliche Fundorte für eine Glasproduktion, die mit derjenigen in San Vincenzo vergleichbar wären, zu untersuchen (z. B. Torcello, Farfa). Die in San Vincenzo vorgefundene Situation kann als die Frucht eines Impulses gesehen werden, der durch aufgeklärte langobardische und fränkische Herrscher auf die Architektur und andere Künste ausgelöst wurde (Hodges 1991 u. Mitchell 1994). Vor der Ernennung des Franken Josua als Abt, also während des gesamten 8. Jahrhunderts, war das Kloster San Vincenzo nicht durch eine gehobene oder gar luxuriös zu nennende materielle Kultur gekennzeichnet. Nur Dank der Willenskraft des ehrgeizigen Abtes – und sehr wahrscheinlich dank einer Reihe von Schenkungen seitens der langobardischen Aristokratie und der auf dem Höhepunkt ihrer Macht stehenden Karolinger – wurden weitgehende Umbauarbeiten an den bereits bestehenden Gebäuden vorgenommen, die Abteikirche neu errichtet und ein Werkstattbereich für die Metall, Glas, Knochen und Elfenbein verarbeitenden Handwerke geschaffen.

All dies erforderte das Zusammenkommen von spezialisierten Handwerkern aus Zentren, in denen künstlerische und herstellungstechnische Verfahren eine seit der Spätantike überkommene Tradition besaßen oder zumindest in neuerer Zeit wiederbelebt worden waren. Leider gibt es keine Hinweise, die weitergehende Aussagen über die Provenienz der in San Vincenzo tätigen Glasbläser wagen lassen, die ihre Stücke mit solch beachtenswerter handwerklicher Fertigkeit und Geschmeidigkeit schufen. Es handelte sich dabei um spezialisierte Fachleute, die über die Kenntnisse verfügten, Millefiori-Objekte, Email, unechte Gemmen und Schmuckstücke, Flachglas in Zylinder- oder Butzentechnik anzufertigen. Darüber hinaus erstaunt die Qualität des Rohmaterials Glas, das als Sodaglas in der Zusammensetzung erstaunliche Ähnlichkeit zu dem in der römischen Kaiserzeit gebräuchlichen Glas aufweist. Bereits Plinius hatte den Sand des Mündungsdeltas des Volturno zum bestgeeigneten für die Glasherstellung des gesamten Römischen Reiches erklärt. Allerdings läßt sich nicht sagen, ob dieser im Laufe des 9. Jahrhunderts auch in San Vincenzo als Rohmaterial verwendet wurde.

Es ist aber nicht auszuschließen, daß die in San Vincenzo verwendeten Elemente dahingehend ausgewählt wurden, daß eine möglichst dauerhafte und stabile Mischung das Ergebnis bildete. Verschiedene vergleichende Studien haben das westliche Hochmittelalter als eine für die Zusammensetzung der Glasmasse sehr experimentierfreudige Phase dargestellt (Henderson 1985 u. Freestone 1993).

An dieser Stelle muß auch eine bereits bestehende Hypothese Erwähnung finden: Der Import von Scherben oder Glasbarren aus Syrien und Palästina, die mit Bestandteilen und Techniken hergestellt wurden, die seit der römischen Kaiserzeit unverändert geblieben waren und die auch nach der islamischen Eroberung keinerlei Veränderungen erfahren haben (Freestone).

Den Meistern der Glashütten von San Vincenzo war darüber hinaus eine Herstellungstechnik bekannt, die es ihnen ermöglichte, über die natürlichen Nuancierungen des Glases hinaus – die von grün bis braun reichten – brillantere Farben zu erzielen, indem sie der Glasmasse Steinchen aus römischen Mosaiken hinzufügten.

Das Handwerk der Glasherstellung in San Vincenzo erlebte in der zweiten Hälfte des 9. Jahrhunderts einen allmählichen Niedergang, bis es im Jahre 881 durch den arabischen Angriff gänzlich zum Erliegen kam.

Dell'Acqua 1997a. – Dell'Acqua 1997b. – Dell'Acqua/Hodges 1998. – Henderson 1985. – Moreland 1985. – Mitchell 1992. – Marazzi/Francis 1996.

F.D.A.

III.79 Glasmosaiksteine

Rom (?), Ende 5. Jahrhundert
San Vincenzo al Volturno, Grabungsfund
Glas, farbig. – ca. 0,5 x 0,5 cm.
Campobasso, Soprintendenza Archeologica del Molise, Inv.Nr. 53708

Die bei den Grabungen in San Vincenzo al Volturno aufgefundenen 144 Mosaiksteine – in ihrem Originalzustand oder auf dem Boden eines Tiegels festgeschmolzen – weisen eine Farbpalette auf, die von grün über blau und gelb bis hin zu dunkelrot, rosa etc. reicht. Die in Form und Abmessungen nahezu ähnlichen Mosaiksteine stammen sehr wahrscheinlich aus römischen Mosaiken. In ihrer Zweitverwendung dienten die einzelnen Steine dazu, die Glasmasse aus Volturno zu färben.

III.79

Bestätigt wurde die Vermutung ihrer Provenienz durch chemische Analysen, die in der Glasmasse Antimon nachwiesen. Dieses Mittel zur Eintrübung und Mattierung des Glases wurde in der römischen Glasherstellung bis zum Ende des 5. Jahrhunderts verwendet.

F.D.A.

III.80 Reticella-Glasstäbchen

San Vincenzo al Volturno, 9. Jahrhundert
Glas, farbig. – L. ca. 0,5 – 4 cm.
Campobasso, Soprintendenza Archeologica del Molise, Inv.Nr. 53709

F.D.A

III.81 Glasabfall und Abschlag aus dem Hefteisen

San Vincenzo al Volturno, 9. Jahrhundert
Glas. – Dm. ca. 1–1,5 cm, Tonfragmente ca. 8–23 cm, H. ca. 14 cm.
Campobasso, Soprintendenza Archeologica del Molise, Inv.Nr. 53710

Gläserne Endstücke aus den Glasbläserrohren, unzählige Abfallprodukte der Glasherstellung und Tonfragmente sind aus der Erde geborgene Zeugnisse für eine Glasproduktion und -bearbeitung im 9. Jahrhundert. Im Bereich der „Dombauhütte" der Abteikirche San Vincenzo Maggiore existierten neben einer ständig produzierenden Glashütte auch zeitlich begrenzt arbeitende Werkstätten auf dem Gelände des Klosters.

F.D.A

III.82 Kopf eines Heiligen

San Vincenzo al Volturno, 9. Jahrhundert, Werkstatt
Elfenbein, Glas. – H. 3,1 cm, B. 2,7 cm, max. D. 0,4 cm.
Campobasso, Soprintendenza Archeologica del Molise, Inv.Nr. 52228

Bei zahlreichen mittelalterlichen Elfenbeinarbeiten sind die Pupillen aus Bleikugeln geformt. In San Vincenzo jedoch, dem Ort, wo die Glasproduktion das am weitesten entwickelte klösterliche Handwerk bildete, wurden diese

III.80

bevorzugt aus Glas gestaltet. Die Augenhöhlen sind mit Glaskugeln gefüllt, eine dunkelblau, die andere violett, die jedoch bei direktem Lichteinfall schwarz erscheinen. Ungewöhnlich ist die Verwendung von Elfenbein. Hält man sich vor Augen, daß der Elfenbeinhandel zwischen der Spätantike und dem Mittelalter vollständig zum Erliegen gekommen war, führt dieses Erzeugnis den Beweis für die Bedeutung von San Vincenzo als Ort für kommerziellen Handel und technische Kompetenz an.

Mitchell 1992. – Kat. Essen 1999, Nr. 401 (John Mitchell).

F.D.A

III.83 Fragmente von Schmelztiegeln

San Vincenzo al Volturno, 9. Jahrhundert
Ton, Glas. – 15 x 4 x 0,7 cm.
Campobasso, Soprintendenza Archeologica del Molise, Inv.Nr. SF 1508

F.D.A

III.81

III.82

III.83

III.84 Lampenkette

9. Jahrhundert (?)
San Vincenzo al Volturno, Gartenhof des Klosters, Schuttschicht aus der Mitte des 11. Jahrhunderts
Kupferlegierung, 5 vollständige (?) Kettendrähte. – L. 11,5 cm, L. der Kettendrähte 6,3 cm, 3 cm und 2,5 cm, Drahtstärke 0,15 cm.
Campobasso, Soprintendenza Archeologica del Molise, Inv.Nr. SF 1737

In den Schuttschichten des Klosters wurden Ketten zur Aufhängung von Glaslampen gefunden. Die Kettendrähte haben eine einfache Form: Sie bestehen aus gezogenen Drahtstücken mit hakenförmigen Enden, die so miteinander verbunden sind, daß sie eine Doppelkette mit einer gemeinsamen Aufhängung in der Mitte bilden. Zum Aufhängen von Glaslampen wurden auch Dreifachketten verwendet. Manche Ketten setzten sich aus quadratischen oder rechteckigen Elementen aus Metallblech zusammen, die durch Drähte miteinander verbunden waren.

Harrison 1986, 240, Abb. G Typ A. – Filipucci (im Druck) „Lamp chains".

J.S.

III.85 Glaslampenfragmente

San Vincenzo al Volturno, 9. Jahrhundert
San Vincenzo al Volturno, verschiedene Kontexte
Glas; frei geblasen, naturfarbene blaßbläulich-grüne und blaßgrüne sowie blaugefärbte Glasmasse. – Dm. der Öffnungen 6–10 cm, zumeist 7–8 cm.
Campobasso, Soprintendenza Archeologica del Molise, Inv.-Nrn. 53729–53737

III.84

III.85

Die Fragmente mehrerer Glaslampen weisen entlang der Öffnung angebrachte kleine Henkelösen auf, die dem Aufhängen der Lampen an Metallketten dienten. Der Lampenbehälter bestand aus einem kleinen, manchmal steilwandigen Becher mit einem zumeist flammengerundeten Rand und einem oder zwei an der Lippe befestigten Henkeln. Bisher wurden keine vollständigen Profile gefunden. Es ist daher möglich, daß auf die Füße Schäfte aufgesetzt waren. Eventuell waren sie aber auch als frei stehende Form gestaltet, deren Boden in der Mitte eingestochen war, vergleichbar den Lampen des 5. und 6. Jahrhunderts, die man am selben Grabungsort fand. Lampenfragmente des beginnenden 9. Jahrhunderts sind im Bereich der Glaswerkstätten des Klosters sowie im Bereich der Refektorien und Gästeunterkünfte – einschließlich der Säulenhallen eines Hofgartens – gefunden worden. Einige Fragmente waren durch Hitzeeinwirkung verformt, andere stammen aus Schichten, die von der Zerstörung im Jahre 881 zeugen. Vergleichsbeispiele von Lampen mit am Rand befestigten Henkeln fand man bei verschiedenen, weit verstreuten Grabungsorten in Italien, jedoch stammen nur wenige aus der Zeit nach dem 7.–8. Jahrhundert. Außerhalb Italiens konnten aus dem 8.–9. Jahrhundert stammende Lampen dieser Form bislang nicht nachgewiesen werden.

Stevenson 1988, 201–203, Abb. 3. – Uboldi 1995, 109 f., Abb. 3.11–13 u. Taf. 1, 133–135. – Stevenson 1997, 133, Abb. 6.3. – Stevenson (im Druck) „Handled Lamps“.

J.S.

III.86

III.86 Fragmente von Hängelampen

San Vincenzo al Volturno, 9. Jahrhundert (?)
San Vincenzo, Gartenhof des Klosters, Schuttschicht aus der Mitte des 11. Jahrhunderts
Glas, frei geblasen, klare, starke Glasmasse, zahlreiche Blasen, leuchtend grünblau. – L. 4,8 cm, Dm 1,4 cm.
Campobasso, Soprintendenza Archeologica del Molise, Inv.Nr. 53714–53716

Schaft eines eingezogenen Gefäßes mit Abrißnarbe. Bei dem Gefäß handelt es sich wohl eher um eine Hängelampe als um ein Trichterbecher. Öllampen als Hängelampen mit Fuß und Schaft waren in Italien und in der Mittelmeerregion von spätrömischer Zeit an bis in die Renaissancezeit in Gebrauch – konische 'Trinkgefäße' sind hingegen selten gefunden worden.

Crowfoot/Harden 1931, 198, Taf. 29, Abb. 24. – Stevenson 1988, 203–205, Abb. 4.5. – Uboldi 1995, 120–124, Abb. 5. – Stevenson (im Druck) „Stemmed and conical vessels“.

J.S.

III.87 Glaskelch

San Vincenzo al Volturno, vor 881
San Vincenzo al Volturno, Gästerefektorium des Klosters, Brandkontext 881
Glas, frei geblasen und geformt, naturfarben blaßgrün mit dunkelgrünen Streifen, wenige Blasen, nicht verwittert, fragmentarisch erhaltener Hohlschaft mit Fuß, drei von vier Bögen, Stegfragmente, der Kuppaboden mit Dekor, dazu gehören möglicherweise weitere Rand- und Wandungsfragmente. – rekonstruierte H. 18 cm.
Campobasso, Soprintendenza Archeologica del Molise, Inv.Nr. 53717

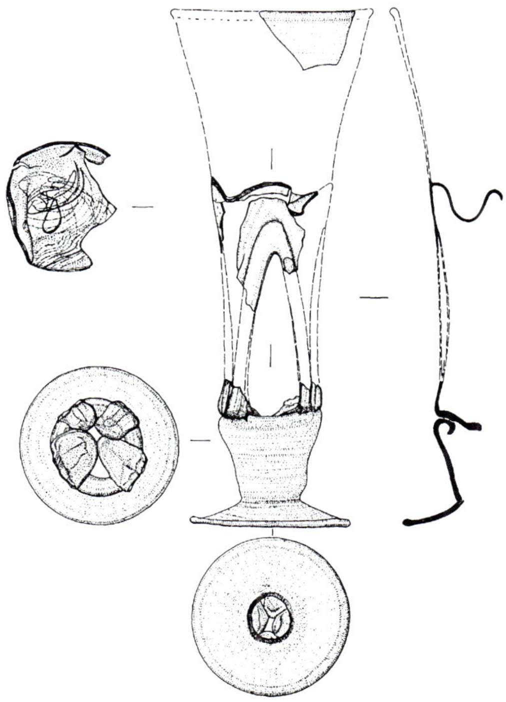

III.87

Glaskelch mit girlandenförmig gebogten Stegen über einem Hohlschaft. Der Boden der Kuppa ist gerippt und weist als Dekor dunkelgrüne Streifen oder Marmorierung auf. Die Kuppa war ursprünglich auf vier Bögen aufgesetzt, die sich nach unten hin in vier Paaren halbröhrenförmiger Stege fortsetzten. Die Stege saßen ihrerseits auf einem weiten Hohlschaft und Fuß auf, die aus demselben Glaskölbel gefertigt wurden. Zu diesem Glaskelch gehören möglicherweise zwei weitere Fragmente: ein flammengerundetes Randfragment (Dm. 7,3 cm) sowie eine Wandungsscherbe mit opak weißer, gemarbelter Fadenauflage. In den Gästewohnbereichen und im Bereich des Refektoriums der Mönche wurden Fragmente weiterer Glaskelche gefunden. Eine größere Anzahl an Fragmenten ist im Bereich der Glaswerkstätten des Klosters zutage gekommen. Diese Funde werden in das beginnende 9. Jahrhundert datiert. Die näheren Umstände der Werkstattproduktion sind noch ungeklärt, zumal in der Schuttschicht der Werkstatt Glasabfall gefunden wurde, der möglicherweise bei der Glasherstellung seine Wiederverwendung fand. Parallelbeispiele für die Gefäßform fand man auf lombardischem Gebiet in Norditalien und in Slowenien in der Nähe des Golfs von Triest. Hierzu gehören drei Fundstücke aus Capodistria, die dem 7.–9. Jahrhundert entstammen.

Cunja 1994, 38, Abb. T.4, Nrn. 66–68. – Stevenson 1997, 133 f., Abb. 7.2. – Stevenson (im Druck) „Goblets with stem and foot".

J.S.

III.88 Fragmente eines bauchigen Glasgefäßes

San Vincenzo al Volturno, Anfang 9. Jahrhundert
San Vincenzo al Volturno, Glaswerkstätten des Klosters
Glas, frei geblasen, farbig grün-blaue starke Glasmasse mit dunkelroten Dekorstreifen, einige Blasen, Fragmente von Boden, Hals und Lippenrand. – Dm. der Öffnung ca. 6 cm, Mindesthöhe 12,5 cm.
Campobasso, Soprintendenza Archeologica del Molise, Inv.Nr. 53718

Der rundgewölbte Gefäßkörper mit weitem Flaschenhals, umgeschlagener Lippe und eingestochenem Boden mit Spitze weist als Dekor dunkelrote Streifen bzw. Marmorierung auf. Vergleichsstücke für diese Gefäßform wurden im Bereich der Glaswerkstätten sowie in den Wohnbereichen des Klosters ergraben. An anderen Grabungsorten konnten bauchige Flaschen aus dem 8. und 9. Jahrhundert bisher nur selten gefunden werden. Die Dekoration mit Streifen oder Marmorierung ist häufiger anzutreffen; zwei Gefäße aus Dorestad zeigen entsprechende Dekorelemente. Diese Dekortechnik wurde in gleicher Zeit auch zur Verzierung von Fensterglas verwendet.

Vgl. Kat. Basel 1988, Nr. 14 u. 16 (Lit.). – Stevenson (im Druck) „Flasks and bottles".

J.S.

III.88

III.89a

III.89b

III.89 Fragmente eines Glasgefäßes mit Goldauflage

San Vincenzo al Volturno, Anfang 9. Jahrhundert
San Vincenzo al Volturno, Glaswerkstätten des Klosters
Glas, frei geblasen, farblose Glasmasse mit Blattgoldauflage, dunkle Stellen auf der Glasoberfläche, die möglicherweise auf Verwitterung zurückzuführen sind. – Größtes Fragment L. 4,2 cm, B. 2,5 cm.
Campobasso, Soprintendenza Archeologica del Molise, Inv.Nrn. 53719–53723

Das ursprünglich farblose, durchscheinende Glas ist mit aufgelegten goldenen Blattranken und geometrischen Mustern dekoriert. Die nachgedunkelten Partien entlang der Goldauflage sind entweder auf Verwitterung oder auf Farbauftrag zurückzuführen. Die Auflage des Blattgoldes auf die Glasoberfläche erfolgte nach dem Aufblasen des Gefäßes. Zum Dekor gehören Muster mit 'spatenförmigen' Blättern, Rauten oder Rauten- und Kreuzbänder sowie breit aufgetragenes Blattgold. Vergleichbare Glasgefäße mit Goldauflage aus dem 8.–9. Jahrhundert wurden im Nordwesten Europas gefunden, u. a. in Paderborn, Helgö/Schweden und Borg/Norwegen. Diese Fundstücke weisen ähnliche geometrische Muster auf, dagegen sind die Blattmuster der Fragmente aus San Vincenzo offenbar auf lokale Einflüsse zurückzuführen. Die Form des Gefäßes ist nicht genau zu bestimmen: Einige Fragmente lassen jedoch darauf schließen, daß es sich um ein bauchiges Gefäß handelte. Im Bereich der Glaswerkstätten des Klosters konnten mehr als ein Dutzend Fragmente geborgen werden.

Lundström 1971. – Kat. Basel 1988, 65–68. – Henderson/Holand 1992 48–51, Abb. 6. – Stevenson, 1997, 134, Abb. 7.1.

J.S.

III.90 Fensterglasfragmente

San Vincenzo al Volturno, 9. Jahrhundert
a) Glas, opakes Blau, kreisförmig, abgerundete Kanten, wellenförmige Oberfläche sehr wahrscheinlich durch das Einführen der Glasmasse in ein kanneliertes Model entstanden, Kannelierungen durch die Drehbewegung der Glasbläserpfeife spiralförmig ausgezogen.

III.90a

– Dm. 13 cm, D. 0,3–0,47 cm. – Inv.Nr. D 491 Nr. 2/55268. – b) Glas, grün, dunkelrot marmorisiert, trapezförmig, ein Rand ist zugespitzt, drei sind gekröselt, das Glaspaneel durch die Hitze des Brandes im Jahre 881 stark verzogen. – Max. Größe 15,7 x 12,5 cm, D. 0,12–0,3 cm. – Inv.Nr. D 551 Nr. 6/55286. – c) Glas, opakes Blau, rechteckig, drei Seiten sind gekröselt. – Erh. Größe 15 x 10,3 cm, D. 0,12–0,32 cm. – Inv.Nr. D 551 Nr. 7/52287. – d) Glas, grün, rechtwinklig dreieckig, Außenkanten scheinen mit dem Kröseleisen bearbeitet zu sein. – Max. L. 9,0 x 8,2 cm. D. 0,22 –0,28 cm, ursprüngliche Ausmaße ca. 18 x 16 x 9 cm. – Inv.Nr. D 491 Nr. 2/52259. – e) Glas, rosa-beige mit marmorisierenden Effekten in Braun, Rechteck mit gebogter Seite, drei Seiten zugespitzt, Glasstück durch Hitzeeinwirkung des Brandes im Jahr 881 verzogen. – Max. Größe 1,44 x 1,25 cm, D. 0,2–0,4 cm. – Die Form des Stückes läßt annehmen, daß es am Rand eines halbrunden Fensters Verwendung fand. Unter den Funden handelt sich um das einzige Glasstück, das eine rosa-beige Farbe zeigt, was durch die Verwendung von Mangan erreicht wird. Die chemische Substanz erzeugt je nach Grad der Oxidation Abtönungen, die von grau bis zu rosa-violett und braun reichen. – Inv.Nr. X 1046 Nr. 1/52282. – f) Glas, mit marmorisierenden Effekten in dunklem Rot, rechteckig. Zwei Kanten erscheinen gekröselt, eine abgerundet, die vierte erscheint zugespitzt (erreicht durch die Bear-

III.90d

III.90b.c

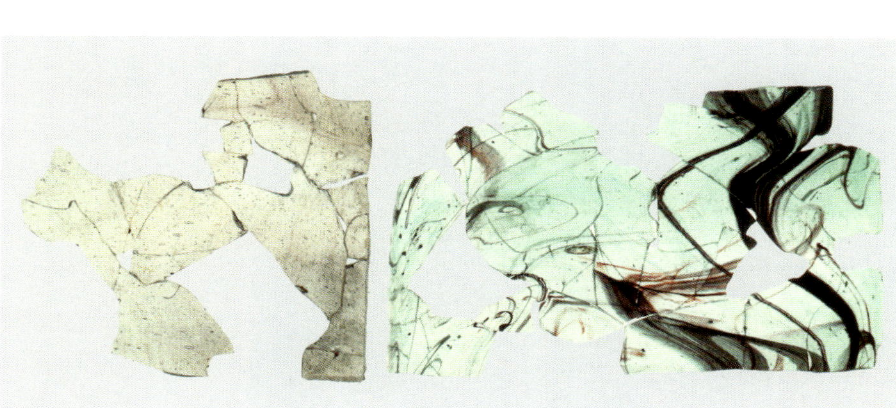

III.90e.f

beitung mit einem Schneidewerkzeug). – Max. 21,0 x 1,20 cm, D. 0,3–0,5 cm. – Inv.Nr. D 551 Nr. 1/52281. – g) Glas, grün mit marmorisierenden Effekten in dunklem Rot, rechteckig, zwei Kanten erscheinen abgerundet, eine weitere zugespitzt (erreicht durch die Bearbeitung mit einem Schneidewerkzeug). – Max. Größe 16,0 x 11,5 cm, D. 0,2–0,3 cm. – Die gewellte Oberfläche scheint bei diesem Stück durch die Verwendung eines kammähnlichen Instrumentes erreicht worden zu sein, das von einem Winkel des Rechtecks aus über die noch frische Glasmasse gezogen wurde. – Inv.Nr. D 551 Nr. 2/52282. – h) Glas, blau-grün, rechteckig, drei Seiten sind gekröselt, die vierte teilweise gekröselt, teilweise abgerundet. Max. Größe 15,0 x 12,0 cm, D. 0,4 cm. – Die Scheibe ist nahezu vollständig und läßt Rückschlüsse auf die durchschnittliche Größe der für das Refektorium der Mönche verwendeten Glastafeln zu. – Inv.Nr. D 551/565 Nr. 3/52283.
Campobasso, Soprintendenza Archeologica del Molise

Zusammengesetzt aus Tausenden von Glasfragmenten, die auf dem karolingischen Klosterkomplex ergraben wurden, befinden sich die Fensterscheiben alle in gutem Erhaltungszustand. Sie sind durchweg – eine einzige Ausnahme bildet die runde Scheibe D 491 Nr. 11 – in der Methode des „Zylinderglases" hergestellt worden.

F.D.A

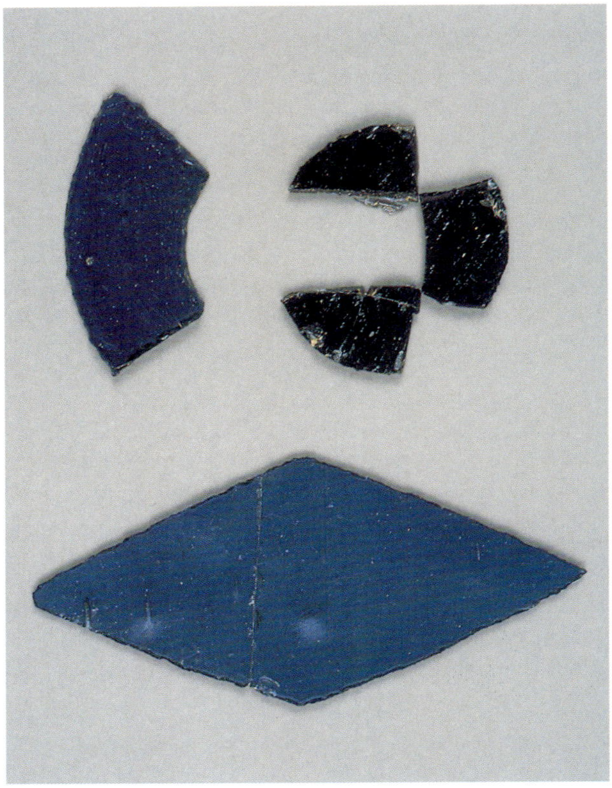

III.91

III.91 Flachglasfragmente

San Vincenzo al Volturno, 9. Jahrhundert
a) Glas, amethystfarbig, kreisförmig, vollständig, am Rand gekröselt. – Dm. 2,2 cm, D. 0,22–0,27 cm. – Inv.Nr. SVM E 2388 Nr. 1/52231. – b) Glas, blau, Teil einer runden Scheibe, Ränder gekröselt, auf einem der Ränder ist die Absplitterung verkehrt. – Max. Größe 5,3 x 2,5 cm, Innendurchmesser 0,36 cm, Außendurchmesser 0,86 cm, D. 0,27 cm. – Inv.Nr. D 354 Nr. 3/52277. – c) Glas, hellblau, rautenförmig, vollständig, Ränder gekröselt. – Größe 10,3 x 4,5 cm, D. 0,1–0,15 cm. – Inv.Nr. SVM E 2388 Nr. 4/52234.
Campobasso, Soprintendenza Archeologica del Molise

Flachglasscheiben für liturgische Objekte aus Zylinderglas und Bleiruten mit Halbkreisen aus klarem Glas. – Aus den Werkstätten der Mönche und aus der Kirche San Vincenzo Maggiore, aus einem Zusammenhang, der für die Aufbewahrung wertvoller liturgischer Objekte genutzt wurde, sind komplette, kleindimensionierte Scheiben gemeinsam mit Bleiruten gefunden worden. Unter die Fundstücke zählen Fragmente von gläsernen Lampen und Ölleuchten mit bronzenen Ketten zur Aufhängung; vergoldete Bronzeblättchen, durchbrochene Bleistreifen, unechte gläserne Gemmen à cabochon und bleierne Profilleisten in H-Form, die zum Zusammenhalten verschiedener Glasplatten dienten.

Üblicherweise wurden die Bleiruten in H-Form für größere Glasfenster genutzt, trotzdem nimmt man an, daß die hier verwendeten Glasstücke für tragbare Schranken oder als Abschirmungen für kleinere Fenster Verwendung fanden. Sie wurden wahrscheinlich nur bei besonderen liturgischen Zeremonien eingesetzt.

Tatsächlich sind, betrachtet man die Situation im 9. Jahrhundert, derartig kleindimensionierte, vollständig erhaltene Glasplättchen in solch ausgesuchten Farben in den Klöstern – außer in den Werkstätten für die Dauer der Bearbeitung – nicht nachzuweisen.

F.D.A

III.92 Bleiruten mit Scheiben

San Vincenzo al Volturno, Anfang 9. Jahrhundert
Blei mit halbkreisförmigem Klarglas, Bleirute mit H-Profil, gläserner Halbkreis aus Zylinderglas mit gekröseltem Rand. – Dm ca. 9,0 cm.
Campobasso, Soprintendenza Archeologica del Molise, Inv.Nr. 53728

F.D.A

III.92

III.93 Bemalte Fensterglasfragmente aus Rouen

Ende 8. – Anfang 9. Jahrhundert
Rouen, Frankreich
Grünes Glas mit Grisaillemalerei. – ca. 3–10 x 3–8 cm.
Petit Quevilly, Service Régional de l'Archéologie, Inv.Nrn. 4593-1; 4593-2; 4588; 4619; 5138; 5138-1; 5479-1; 5758-1; 5758-2

Im Rahmen der zwischen 1991 und 1993 südlich der Kathedrale von Rouen (Haute-Normandie) durchgeführ-

III.93

III.93

III.94

ten Ausgrabungen wurden ca. 200 Fensterglasfragmente geborgen, darunter weisen ca. 50 Stücke Spuren einer Bemalung auf. Der Fund stellt einen der in der archäologischen Forschung bisher seltenen Hinweise auf die Existenz bemalten Fensterglases vor dem 11. Jahrhundert dar. Die Fragmente stammen aus den Zerstörungsschichten des unter Karl dem Großen errichteten Bischofspalastes, der 841 infolge eines Angriffs der Wikinger einem Brand zum Opfer fiel. Die unterschiedlich großen Plättchen, teilweise von viereckiger und halbrunder Form, weisen die mit dem Kröseleisen zugeschnittenen Kanten auf: Die Form des Stückes folgt oft dem Umriß des gemalten Motivs. Sie waren mit Leisten aus Blei zusammengefügt, die sich der Figur anpaßten und die Umriße des Bildes betonten. Neben geometrischen Dekoren lassen sich figürliche Motive erkennen: die Größe einer Menschenfigur konnte auf ca. 10 cm errechnet werden. Besonders hervorzuheben sind schließlich Fragmente, die die Spuren einer Inschrift in karolingischer Minuskel aufweisen, die unter paläographischem Aspekt die Datierung in das Ende des 8. Jahrhunderts bestätigen. Die qualitätvollen Bruchstücke sprechen für eine weitentwickelte Glaskunst, in der die Herstellungsprozesse der Glasmalerei schon sehr früh ihre Anwendung fanden.

Le Maho 1993. – Le Maho 1999.

S.A.G.

III.94 Zwei Gußmodel zur Bleirutenherstellung

Karolingisch
Saint-Denis, Stadtkerngrabung, 1989 (Fläche 13)
Kalkstein, fragmentarisch
a) H. 15,5 cm, B. 4,5 cm.
b) H. 18 cm, B. 6,5 cm, D. 6 cm.
Saint-Denis, Unité d'Archéologie, Inv.Nr. 13 492.7, 13 618.1

Parallel eingeschnittene Linien weisen die beiden Fragmente als Model zum Guß von Bleiruten aus. Der kleine Model zeigt außerdem trichterförmige Eingüsse und eine seitliche Eintiefung, die wohl der Adjustierung zweier Modelhälften diente.

Die beiden Model fanden sich etwa hundert Meter nördlich der Abteikirche in der Aufschüttung zweier Abfallgruben, die auch Rohlinge von Bleiruten und Bruchstücke von bemaltem Fensterglas enthielten. Das berechtigt zu der Annahme, daß in der karolingischen Siedlung Handwerker Glasfenster zusammengefügt oder repariert haben.

Meyer/Wyss 1991.

M.Wy.

III.95 Glasfenster aus Jarrow (Rekonstruktion)

Angelsächsisch, Ende 7./9. Jahrhundert
Grabungsfunde im Bereich des Mönchsklosters Jarrow
Farbiges Glas, vollständig erhaltene Scheiben und Fragmente, zu einer figürlichen Form zusammengesetzt und mittels moderner Bleiruten aneinandergefügt. – H. 32,5 cm, B. 17,2–18,4 cm.
Jarrow, Bede's World and St. Paul's Parochial Church Council, Inv.Nr. BMM 1G119

Im Bereich des Mönchsklosters Jarrow (gegründet 673) wurden ca. 1825 Glasfensterfragmente gefunden. Etwa 900 dieser Fragmente, darunter die hier ausgestellten, wurden im Boden eines Gebäudes ergraben, das bis Mitte des 9. Jahrhunderts benutzt wurde. Mit den Glasfunden sind auch zwei Laibungsbogen zutage gekommen. Die rekonstruierten Fragmente sind also nicht notwendigerweise Teile desselben Fensters. Einige der vollständig erhaltenen Scheiben weisen komplexere Formen auf. Sie dienen als Grundlage für die figürliche Rekonstruktion: der Kopf mit Spuren eines aufgelegten braunen „Bartes", ein Fuß aus ungefärbtem Glas, das gerundete bernsteinfarbene Stück, das zum Nimbus gehört; die tiefblauen, die Schultern umreißenden Stücke sowie die halbrunde rote Scheibe, die genau in die V-Form der darunterliegenden Draperie paßt. Auf die Abmessungen des rundbogigen Rahmens kann anhand der vollständig erhaltenen hellblauen Fragmente geschlossen werden. Alle genannten Stücke sind in ihrer Form zugerichtet. Der untere Teil der Draperie der Figur sowie der Hintergrund beruht nur auf Vermutungen. Für die Richtigkeit der angenommenen Abmessungen spricht aber die fast identische Form eines Chorfesters im angelsächsischen Altarraum der Kirche zu Jarrow.

Das Glas – es handelt sich um Natron-Kalk-Silikat-Glas – ist von dauerhaft haltbarer Qualität. Es wurde mit Metalloxidderivaten eingefärbt und mittels Zylinder geblasen. In den Farben vergleichbare Glasfensterscheiben und Glasgefäße konnten auch an anderen angelsächsischen Grabungsorten geborgen werden. Die Funde aus Jarrow zeichnen sich jedoch durch eine größere Vielfalt der Farben und Formen aus, auch die Menge der Fundstücke aus Jarrow ist größer.

Die Komposition im Detail und die betonte Linearität in der Formgebung erinnern sowohl an frühere Werke der Goldschmiedekunst als auch an Werke der zeitgenössischen Buchmalerei aus Northumbrien. Die Rekonstruktion des Glasfensters aus Jarrow dient somit nicht nur als Beispiel für die Übersetzung kontinentaler Traditionen, wie sie etwa durch die Vermittlung eines Beda zustande kam, sondern liefert auch Einblicke in die experimentellen Anfänge einer neuen Kunstform.

Cramp 1975. – Kat. London 1991, Nr. 105 (a) (Susan Mills, Leslie Webster).

R.C.

III.95

Scheibenfibeln aus Soest.
Münster, Westfälisches Museum für Archäologie
(Kat.Nr. IV.53 oben, Kat.Nr. IV.50 unten) ▷

KAPITEL IV

Sachsen und Franken in Westfalen

Matthias Becher

Die Sachsen im 7. und 8. Jahrhundert

Verfassung und Ethnogenese

Mustert man die vor der Unterwerfung der Sachsen durch Karl den Großen entstandenen Nachrichten aus der Feder römischer oder fränkischer Autoren, drängt sich der Eindruck auf, daß es sich dabei zumeist um 'Begegnungsmeldungen' handelt, d. h. im wesentlichen um Berichte über kriegerische Zusammenstöße. Einsichten in die inneren Verhältnisse der Sachsen bleiben uns also versagt. Ungeachtet dessen interpretiert die Forschung den Namen „Sachsen" seit jeher als Ausdruck eines Gemeinschaftsbewußtseins. Im Siedlungsbereich der Sachsen sind indes zahlreiche andere Völkerschaften nachzuweisen. Handelte es sich bei dem Wort *Saxones* also um eine Sammelbezeichnung, die vor allem gebraucht wurde, um ein Konglomerat von Völkerschaften zu beschreiben, das zwischen Rhein und Elbe, den Mittelgebirgen und der Nordsee anzutreffen war?

Vor allem Reinhard Wenskus hat die älteren Vorstellungen von einem einheitlichen Sachsenvolk korrigiert, das sich von Hadeln, dem Land zwischen Elbe- und Wesermündung, aus die angrenzenden Gebiete bis zu den Mittelgebirgen hin unterwarf. Er konnte wahrscheinlich machen, daß die Sachsen aus vielen verschiedenen Ethnien zusammengewachsen waren, die teils aus dem heutigen Dänemark eingewandert, teils seit längerem im Lande ansässig waren. Einige von ihnen, wie etwa die Nordschwaben, die Haruden oder die Barden, lassen sich zumindest dem Namen nach noch am Ende des 8. und in der Mitte des 9. Jahrhunderts nachweisen. An Wenskus' Gedankengang schließen sich die Thesen Albert Genrichs an, für den die *Saxones* ursprünglich die Angehörigen eines kriegerischen Kultverbandes waren, der sich allmählich über die fränkische Provinz Sachsen ausgebreitet habe. Doch nicht nur Veränderungen vor der fränkischen Eroberung müssen bei der Ethnogenese der Sachsen Berücksichtigung finden, sondern auch die Eingriffe der siegreichen Franken seit dem Beginn ihrer Eroberungszüge in den 70er Jahren des 8. Jahrhunderts.

Man wird dem Bild einer starken Fraktionierung der Sachsen entgegenhalten können, daß ein einheitliches Volk der Sachsen doch bereits vor der fränkischen Eroberung existiert habe, da es ja auch eine gemeinsame Verfassung der Sachsen gegeben habe: Nach Aussage der einschlägigen Handbücher herrschten zahlreiche Fürsten über das sächsische Volk; im Kriegsfall losten diese aus ihrer Mitte einen Heerführer aus. Das geschah auf einer Stammesversammlung in Marklo an der Weser, zu der nicht nur diese Fürsten, sondern in ihrer Begleitung jeweils zwölf Adlige, Freie und Halbfreie erschienen. Hier wurden Fragen der Religion, des Rechts und der Politik diskutiert und entschieden. Die Sachsen sollen sich zudem noch in drei große Aufgebotsverbände oder Heerschaften gegliedert haben: die Westfalen, die Engern und die Ostfalen oder Ostsachsen.

Bereits dieser kurze Abriß zeigt, wie widersprüchlich unsere Vorstellung von der altsächsischen Verfassung ist: Wenn die Fürsten über das Volk herrschten, welche Rolle spielte dann die Stammesversammlung mit ihren weitgehenden Kompetenzen? Warum waren hier nicht nur die Fürsten vertreten, sondern auch die anderen Stände? Wie gestalteten sich die Beziehungen zwischen den Aufgebotsverbänden und dem im Kriegsfall bestellten Heerführer aus dem Kreis der Fürsten? Diese Ungereimtheiten kommen letztlich daher, daß wir für die verschiedenen Aspekte der Verfassung aus grundverschiedenen Quellen schöpfen müssen: Für die Fürsten aus der Kirchengeschichte des englischen Volkes des Angelsachsen Beda Venerabilis (* 673/74, † 26. Mai 735), für die Stammesversammlung in Marklo aus der Vita Lebuini antiqua und für die drei Heerschaften aus dem Poeta Saxo bzw. aus der Sachsengeschichte Widukinds von Corvey (* um 925, † 973). Erschwerend kommt hinzu, daß die genannten Geschichtsschreiber die sächsische Verfassung keineswegs als ihr Hauptanliegen betrachteten.

I. Die Satrapen

Beginnen wir mit dem ältesten Zeugnis, einer kurzen Bemerkung Bedas in seiner 731 abgeschlossenen Kirchengeschichte:

„Diese Altsachsen haben nämlich keinen König, sondern viele Satrapen, die an der Spitze ihres Stammes stehen und im wichtigen Augenblick eines Kriegsausbruches untereinander das Los werfen und demjenigen, auf den das Losstäbchen zeigt, alle folgen und gehorchen als Führer für die Dauer des Krieges; wenn aber der Krieg vorbei ist, werden alle wieder Satrapen mit gleicher Macht."

Die zitierte Quellenstelle über die altsächsische Verfassung ist in den Gesamtzusammenhang der Missionierung der Altsachsen – wie Beda die festländischen Sachsen zur Unterscheidung von den Angelsachsen bezeichnet – einzuordnen. Dabei liegt die Vermutung nahe, daß er die altsächsischen Verhältnisse vor allem mit den angelsächsischen Verhältnissen verglich und seine Bewertungen und Einschätzungen eine Folge dieser Gegenüberstellung waren.

Beda vermied aber mit dem Wort „Satrapen" nicht nur den Königstitel, sondern auch gängige Worte für königliche Amtsträger wie *subreguli* (Unterkönige) und *duces* (Herzöge). Nach seinen Vorstellungen waren die sächsischen Satrapen daher zwar einerseits keine Könige, andererseits aber auch keine Herrschaftsträger in der Abhängigkeit von einem anderen König, etwa dem fränkischen. Um indes Bedas Sprachgebrauch wirklich verstehen zu können, muß man auf das Alte Testament blicken, mit dem Beda sich in seinen exegetischen Schriften eingehend auseinandergesetzt hatte. Die Forschung dachte zunächst vor allem an die allgemein bekannten Satrapen des medischen oder persischen Königs. Eine Stelle aus dem Buch Daniel über die Einteilung des Persischen Reiches in 120 Satrapien durch Darius I. wurde vor allem als Vorbild genannt.

Doch verglich Beda die sächsischen Satrapen wirklich mit den persischen? Beda benutzte das Wort „Satrap" zwar in seiner Kirchengeschichte sonst nicht mehr, dafür aber mehrfach in seinen exegetischen Schriften, die sein historiographisches Werk entscheidend geprägt haben. In seinem Samuel-Kommentar hatte Beda sich mit den Fürsten der Philister beschäftigt, die in der Vulgata und besonders im Buch Samuel selbst ebenfalls als *satrapae* bezeichnet werden. Beda behielt diesen Sprachgebrauch bei. Von seinem theologischen Schaffen her könnte Beda also Satrapen der Philister im Sinne gehabt haben, als er die sächsischen Fürsten mit diesem Wort bezeichnete.

Die Philister waren den Berichten des Alten Testaments zufolge die gefährlichsten Feinde des Volkes Israel. Indem Beda die für deren Könige gängige Bezeichnung auf die Häupter der Altsachsen anwandte, betonte er ihr Heidentum und unterstrich damit zugleich den Gegensatz zu den Angelsachsen. Aber neben solchen Überlegungen dürfte ihm das Wort „Satrap" auch für die innere Ordnung der Altsachsen passend erschienen sein: Die Philister sind in der Bibel ein Volk ohne einheitliches Königtum, deren Anführer über die fünf Hauptorte dieses Volkes (Gaza, Asdod, Askalon, Gath und Ekron) herrschten. Sie erscheinen als völlig unabhängige Fürsten, die ihre Aktionen allerdings koordinieren, vor allem ihre Kriegszüge. Vergleichbar handelten die Sachsen, die einen *dux* für die Dauer des Krieges durch das Los ermittelten.

Beda wollte also wahrscheinlich auf die seiner Meinung nach ähnlichen Verfassungsverhältnisse bei Philistern und Sachsen hinweisen, vor allem auf das Fehlen eines einheitlichen Königtums über das gesamte Volk. Allerdings ist bemerkenswert, daß in der Vulgata die einzelnen Satrapen der Philister durchaus den Königstitel erhalten, wenn ihre Eigenschaft als Herrscher über ihre Stadt gemeint ist. So flüchtet sich David „zu Achis, dem Sohn Maochs, dem König von Gath" (1 Sam 27,2). Auf Druck der anderen Satrapen darf David jedoch nicht an einem Kriegszug gegen Israel teilnehmen. Achis muß sich also trotz seines zuvor erwähnten Königstitels dem gemeinsamen Willen der anderen Satrapen unterwerfen. Wahrscheinlich wollte Beda mit dem Terminus „Satrap" also anklingen lassen, daß die sächsischen Satrapen in diesem eingeschränkten Sinne ebenfalls Könige waren.

Wenn man mit Wenskus die Sachsen nicht, wie es die frühmittelalterlichen Geschichtsschreiber taten, als einheitliches Volk begreift, sondern ihr Zusammenwachsen aus einer Vielzahl von älteren Völkerschaften voraussetzt, kommt man zu folgender Interpretation der Beda-Stelle: Vermutlich meinte Beda mit seinen „Satrapen" (Klein-) Könige, die aber seinen Vorstellungen von einem König nicht genügten. Daher benutzte er den Verlegenheitsbegriff „Satrapen" in Anlehnung an die Könige bzw. Fürsten der Philister.

II. Die Versammlung in Marklo

Über die Rolle der Stammesversammlung in Marklo berichtet nun die zwischen 840 und 865 vermutlich im Kloster Werden verfaßte Vita Lebuini antiqua:

„Die alten Sachsen hatten keinen König, sondern ihre Gaue waren Satrapen unterstellt; und es war Sitte, daß sie einmal jährlich eine allgemeine Versammlung mitten im Sachsenland an der Weser bei einem Ort abhielten, der Marklo heißt. Dort kamen alle Satrapen zusammen und aus jedem Gau zwölf ausgewählte Edle und ebenso viele

Freie und Halbfreie. Dort erneuerten sie die Gesetze, saßen über bedeutende Sachen zu Gericht und entschieden bei diesen gemeinsamen Versammlungen, was sie das Jahr über im Krieg und im Frieden unternehmen wollten."

Zunächst ist wiederum auf das Hauptanliegen des Verfassers zu verweisen. Er wollte die Verdienste Lebuins um die Mission bei den alten Sachsen hervorheben. Aus Bedas Kirchengeschichte entlehnte er die Feststellung, die Sachsen hätten keinen König gehabt. Angesichts der großen Autorität Bedas könnte man vermuten, daß der Verfasser unabhängig von seinen eigenen Kenntnissen über die altsächsischen Verhältnisse Bedas Diktum übernahm. Hinzu kommt, daß die Satrapen ja tatsächlich keine Könige im Sinne der fränkischen Könige seiner Zeit waren. Im Gegensatz dazu können wir keine schriftliche Quelle für die Ausführungen der Vita Lebuini antiqua über die Stammesversammlung in Marklo namhaft machen. Doch ergibt sich eine solche Versammlung bereits zwingend aus Bedas Bericht. Bei Beda heißt es, daß im Kriegsfall einer der Satrapen durch das Los zum *dux* bestimmt wurde. Dieses Verfahren setzt eine Zusammenkunft der Satrapen voraus, also eine Stammesversammlung. Wenn Beda weiter das Ende des Oberkommandos erwähnt, so ist daraus wiederum eine Versammlung aller Satrapen abzuleiten.

Irritierend an der Stammesversammlung könnte die Beteiligung von Adligen, Freien und Halbfreien wirken, zumal sich dieser Aspekt nicht aus Beda ableiten läßt. Auf der anderen Seite war es ein Grundzug des frühmittelalterlichen Verfassungslebens, daß Entscheidungen von großer Tragweite nicht in absolutistischer Manier getroffen wurden, sondern daß die Betroffenen wenigstens formal beteiligt waren. Das gilt insbesondere auch für Versammlungen der Frankenkönige, auf denen nicht nur die hohen Adligen, sondern auch unbedeutendere Adlige und sogar zahlreiche einfache Vasallen anwesend waren. Wenn diese auch nichts zu entscheiden hatten, wird ihre Zustimmung in den Quellen doch üblicherweise erwähnt. Von daher war also die Anwesenheit der genannten Gruppen auf der sächsischen Stammesversammlung gar nicht so ungewöhnlich. Wie Martin Last (1978) darlegte, erschienen Adlige, Freie und Halbfreie im Gefolge ihres Satrapen auf der Versammlung. Dabei sollte die Beschränkung auf jeweils zwölf Teilnehmer wohl die nach Macht und Ansehen verschiedenen Satrapen wenigstens in Marklo einander gleichstellen. Das gilt auch dann, wenn man die Zahl zwölf selbst etwa wegen ihres Symbolgehaltes ablehnt und nur ganz allgemein eine zahlenmäßige Beschränkung gelten lassen will.

Die Vita Lebuini antiqua bezeugt nicht nur die Stammesversammlung, sondern sie gilt auch als Kronzeuge für eine angeblich „antimonarchische Tendenz", von der das Verfassungsleben der Sachsen beherrscht gewesen sei. Dies wird weniger aus der oben zitierten Stelle abgeleitet als vielmehr aus einem Teil der Rede, die Lebuin vor der Stammesversammlung gehalten haben soll:

„So wie ihr, Sachsen, bis jetzt keinen König über euch gehabt habt, wird es auch in Zukunft keinen König geben, der euch beherrschen und sich unterwerfen kann. Wenn ihr aber nicht die Seinen werden wollt, hört seinen Spruch an euch: Im Nachbarland steht ein König bereit, in euer Land einzudringen, es zu plündern und zu verwüsten, in vielen Kriegen euch aufzureiben, in die Verbannung zu schleppen, zu enterben und zu töten und euer Erbteil zu geben, wem er will; ihm und seinen Nachkommen werdet ihr dann unterworfen sein."

Karl Hauck vermutete, daß sich hier die mündliche Tradition der Familie Folcbrahts erhalten habe. Folcbraht zählte zu den Freunden und Vertrauten Lebuins, dem er vor dessen Aufbruch nach Marklo in seinem Hause Schutz gewährt hatte. Die erkennbar antifränkische und antikönigliche Tendenz dieser Stelle gehöre zum Habitus dieser Familie. Hier scheint freilich eine Überinterpretation vorzuliegen. Die Rede Lebuins ist deutlich *ex eventu* formuliert, gerade in ihrem antifränkischen Teil, und man wird vielleicht eher die Unzufriedenheit der angelsächsischen Missionare oder ihrer einheimischen Schüler über die Zerstörung ihres missionarischen Werkes durch das gewaltsame Eingreifen Karls des Großen heraushören als das Mißfallen einer sächsischen Adelsfamilie gegenüber der Herrschaft des fränkischen Königs oder gar eine grundsätzlich antimonarchische Haltung der Sachsen.

III. Westfalen, Ostfalen, Engern und andere

Die Dreiteilung der Sachsen in Westfalen, Engern und Ostfalen bzw. Ostsachsen gilt der älteren Forschung als weitere Eigenart der sächsischen Verfassung, die seit dem Entstehen des sächsischen Volkes durch Eroberung oder friedlichen Zusammenschluß bestanden habe. In diesem Sinne sprach Martin Lintzel von den drei Provinzen des sächsischen Stammes. Lintzel konnte sich mit seiner Auffassung zunächst gegen Ludwig Schmidt durchsetzen, der Westfalen, Engern und Ostfalen, aber auch die *Nordliudi*, als Zusammenschlüsse mehrerer Gaue angesichts der fränkischen Bedrohung verstand. Johannes Bauermann wies darauf hin, daß es sich bei den genannten Gruppen nicht um Provinzen, sondern um Heerschaften, also Aufgebotsverbände, gehandelt habe.

Diesen Gedanken aufgreifend kam Hermann Aubin (1955) zu dem Schluß, daß die drei Untergruppen erst im Verlauf des 8. Jahrhunderts entstanden seien, als die bewaffneten Auseinandersetzungen mit den Franken immer mehr zugenommen hatten. Als Argument dafür führte Aubin vor allem an, daß Engern, Westfalen und Ostfalen in den fränkischen Quellen erst seit 775 erwähnt werden, und zwar in einer Weise, die den Gedanken nahelege, diese drei Namen bezeichneten Gruppen im Westen und Süden Sachsens in unmittelbarer Nachbarschaft zu den Franken. Kleinere sächsische Gruppen hätten sich zu den genannten Großgruppen zusammengeschlossen, um den Franken besser Widerstand leisten zu können. Grundsätzlich hielt auch Albert K. Hömberg (1963) die drei Großgruppen oder Heerschaften für Neubildungen, wenn er ihnen auch ein deutlich höheres Alter zubilligte. Einmal hätte das 695 von den Sachsen eroberte Gebiet der Brukterer auch später noch zu Westfalen und Engern gehört, was voraussetze, daß beide Gruppen damals schon bestanden hätten; zum anderen seien die sächsischen Adelsfamilien des 9. Jahrhunderts auf Grund ihres Besitzes eindeutig den drei Heerschaften zuzuordnen.

Wann die drei genannten Großgruppen nun genau entstanden sind, sei einmal dahingestellt, ihre Neubildung im Verlauf der sächsischen Geschichte kann jedenfalls kaum als Bestätigung für ihre althergebrachte Rolle im Verfassungsleben der Sachsen gewertet werden. Darüber geben erst zwei relativ späte erzählende Quellen Auskunft, der Poeta Saxo und Widukind von Corvey. Der Poeta Saxo, der vermutlich um 890 in Kloster Corvey sein historisches Gedicht über Karl den Großen verfaßte, geht als erster Schriftsteller überhaupt im Zusammenhang mit dem Ausbruch des Krieges zwischen Franken und Sachsen 772 auf diese drei Gruppen näher ein:

„Doch war das Ganze in drei Hauptvölkerschaften geteilt,
Welche den glänzendsten Ruhm dereinst den Sachsen erwarben –
Wohl sind die Namen noch da, doch der Heldensinn ist entschwunden! –
Die in dem westlichen Teil Ansässigen hießen Westfalen,
Deren Gebiet nicht weit entfernt vom mächtigen Rhein war,
Gegen Osten hin lag das Land der Osterliuden,
Welche man auch Ostfalen benannte, wie einige meinen,
Diesen benachbart war das Land der slavischen Völker,
Welche vereint raubgierigen Sinns oft jene bekriegten.
Endlich inmitten der oben bezeichneten sächsischen Stämme
Wohnte der dritte Stamm, das Volk der Angarier, deren
Land das fränkische Reich mit der südlichen Grenze berührte
Und in dem nördlichen Teil von des Ozeans Fluten bespült ward.“

Die Bemerkungen des Poeta Saxo können indessen kaum als Beleg für stabile politische Dreiteilung des sächsischen Volkes in Westfalen, Engern und Ostfalen dienen. Nachweislich bezog der Dichter seine Informationen vor allem aus den sog. Einhardsannalen, in denen zu 772 lediglich von den Westfalen die Rede ist. Vermutlich erschloß er hieraus und aus weiteren Jahresberichten seine Aussagen über die innere Ordnung des sächsischen Volkes und beschränkte sich dabei auf die geographische Lage: daß die Westfalen im Westen, die Ostfalen im Osten und die Engern zwischen beiden siedelten. Daß der Poeta Saxo die Westfalen, Engern und Ostfalen seiner Vorlage als festgefügte politische Verbände verstand, geht dabei vermutlich auf ein Mißverständnis zurück.

Man könnte nun auf Widukind von Corvey verweisen, dem in seiner um 960 verfaßten Sachsengeschichte die drei Teilstämme durchaus ein Begriff waren:

„Auch wurde die militärische Führung des ganzen Stammes von drei Fürsten verwaltet, die sich mit der Macht, das Heer innerhalb bestimmter Fristen zusammenzurufen, begnügten; wir wissen, daß sie nach ihren Wohnorten und Namen als Ostfalen, Engern und Westfalen bezeichnet wurden. Falls aber ein allgemeiner Krieg ausbrach, wurde jemand, dem alle gehorchen mußten, durch Los zur Führung des bevorstehenden Krieges erwählt. Danach lebte jeder unter gleichem Recht und Gesetz, zufrieden mit der eigenen Macht.“

Doch auch Widukind bringt wie der Poeta Saxo keine Information, die er nicht aus ihm bekannten Quellen hätte entnehmen können. Daß im Krieg gegen Karl den Großen je eine Führungspersönlichkeit an der Spitze von Westfalen, Engern und Ostfalen stand, konnte er eventuell den sog. Einhardsannalen, auf jeden Fall aber dem Poeta Saxo entnehmen. Die Bemerkung über den Heerführer im Falle eines allgemeinen Krieges ist eindeutig von Beda inspiriert. Widukind kommt daher bei diesem speziellen Problem kein eigener Quellenwert zu.

Ziehen wir ein Zwischenresümee aus den Berichten der späteren Verfasser: Die angeblich seit alters bestehenden Heerschaften spielten für die Frühgeschichte der Sachsen keine Rolle. Recht bald nach der Eingliederung der Sachsen ins Frankenreich besaßen sie zudem keine besondere Funktion mehr. So drängt sich erneut der Gedanke auf, daß Westfalen, Ostfalen und Engern um 770, als sie das erste Mal in den Quellen auftauchen, noch keineswegs gefestigte und dauerhafte Gebilde politischer oder gentiler Art waren. Wie bereits erwähnt, dachte Aubin an einen Zusammenschluß verschiedener Untergruppen entsprechend den ‘Frontlinien’ gegenüber den Franken im gesamten 8. Jahrhundert, nicht etwa nur während der Sachsenkriege Karls des Großen, wie manche Kritiker seiner Ausführungen zumindest implizit unterstellten. Ganz allgemein bilden militärische Kraftanstrengungen, gleich ob defensiver oder offensiver Natur, im früheren Mittelalter den Hintergrund für politische bzw. ethnische Konzentrationsprozesse.

Läßt man die Berichte der Reichs- und sog. Einhardsannalen zu Westfalen, Engern und Ostfalen Revue passieren, so fällt auf, daß diese Personenverbände ganz im Sinne Aubins vor allem im Süden Sachsens aktiv waren und Widerstand leisteten. Im Capitulare Saxonicum von 797 werden diese drei Gruppen ebenfalls genannt, und zwar als diejenigen, die am Zustandekommen dieses Kapitulars beteiligt waren (Kat.Nr. V.1). Auch in der Lex Saxonum von 802 werden die drei Gruppen voneinander geschieden: Während Ostfalen und Engern der Ehefrau jeden Anteil am ehelichen Zugewinn verweigern und den gesamten Zugewinn zur Erbmasse des Mannes rechnen, erkennen die Westfalen ihr die Hälfte zu. Zu erwähnen ist noch ein Verzeichnis von 803/804 über Geiseln, die nach ihrer Haft bei alemannischen Bischöfen und Großen in ihre Heimat zurückkehren durften. Sie wurden nach ihrer Herkunft als Westfalen, Engern und Ostfalen bezeichnet. Die drei genannten Gruppen wurden also von den Franken als die relevanten Unterabteilungen der Sachsen betrachtet. Handelt es sich dabei jedoch um eine rein fränkische Wahrnehmung, die dann bis hin zur Gesetzgebung ihren Niederschlag in den fränkischen Texten fand, oder setzten sich die Sachsen seit jeher aus diesen drei Bevölkerungsgruppen zusammen?

Zunächst sprechen die beiden Rechtsquellen nicht gegen eine Neubildung der drei genannten Gruppen im Verlauf des 8. Jahrhunderts. Im Gegenteil: Bei einem viel höheren Alter wäre es kaum zu erklären, warum Unterschiede allein im Bereich des ehelichen Güterrechts bestanden hätten, wie die Lex Saxonum behauptet. Bezeichnend ist, wie das entsprechende Kapitel eingeleitet wurde: „... Ostfalen und Engern wollen ...“. Das Präsens zeigt deutlich genug, daß es sich wohl um eine neue Bestimmung handelte. Die Westfalen waren hier im übrigen von der Lex Ribuaria beeinflußt, die der Ehefrau immerhin schon ein Drittel am ehelichen Zugewinn zugebilligt hatte. Der fränkische Einfluß auf die Westfalen war wohl auf Grund der räumlichen Nähe intensiver gewesen als derjenige auf Engern und Ostfalen.

Aber alle drei Namen gehörten zum fränkischen Sprachgebrauch, der bereits im Capitulare Saxonicum aufscheint. An einer anderen Stelle des Kapitulars ist außerdem von der Zustimmung der Franken und der „treuen Sachsen“ die Rede. Man könnte also diese „treuen Sachsen“ mit Westfalen, Engern und Ostfalen gleichsetzen und sie zudem gegen nicht ausdrücklich genannte untreue Sachsen abgrenzen, die den Franken zu dieser Zeit immer noch Widerstand leisteten. Erst die fränkische Gesetzgebung schrieb diese Untergliederung wirklich fest, und zwar zu einer Zeit, da der Norden Sachsens noch Widerstand gegen die Franken leistete.

Diese Überlegung wird bestätigt, wenn man nach anderen Großgruppen innerhalb des sächsischen Volkes fragt. Zum Jahr 780 melden die Reichsannalen, „alle Bardengauer und viele Nordleute“ seien getauft worden. Die Nordleute spielen auch 784 eine gewisse Rolle, denn damals plante Karl, in „die nördlichen Teile Sachsens“ vorzudringen, wozu es aber nicht kam, weil die Weser Hochwasser führte. Die Nordleute erscheinen dann ab 798 bis zum Ende des Krieges in den Reichsannalen, während die sogenannten Einhardsannalen diesen Namen in zwei von drei Fällen zu *Transalbiani* – diejenigen, die jenseits der Elbe wohnen – variieren. Der Bardengau taucht erneut zu 785 auf; damals rückte Karl der Große dort ein und unterbreitete dem flüchtigen Widukind das Angebot, sich taufen zu lassen und jeden Widerstand aufzugeben. 795 war der Bardengau aufs neue ein Operationsziel des Königs. Zwischen 795 und 797 wird Wigmodien an der Unterelbe in den Annales Petaviani und den Lorscher Annalen als Operationsziel Karls des Großen in Sachsen genannt. Und 804 wurden nicht nur alle, die jenseits der Elbe lebten, sondern auch die Bewohner von Wigmodien mit Frauen und Kindern ins Frankenreich deportiert. Nordleute, Bardengauer und Wigmodier werden also von den fränkischen Quellen durchaus als eigene Einheiten behandelt. Diese Gruppierungen waren vor allem im Norden Sachsens beheimatet, während Westfalen, Engern und Ostfalen eher im Süden zu suchen sind.

Eine wesentlich früher (748) bezeugte Unterabteilung der Sachsen sind die „Sachsen, die Nordschwaben genannt werden“. Sie waren in der zweiten Hälfte des 6. Jahrhunderts von den Merowingern im Schwabengau angesiedelt worden. Während der Sachsenkriege spielten sie wohl keine Rolle mehr, jedenfalls werden sie in den fränkischen Quellen nicht mehr erwähnt. Dafür erscheinen sie zum Jahr 852 erneut in der Annalistik: Damals war Ludwig der Deutsche nach Sachsen gezogen, um Recht zu sprechen. Er hielt bei Minden einen allgemeinen Gerichtstag ab. Anschließend zog er „durch das Gebiet der Angrer, Haruden, Schwaben und der Hohsier“ weiter nach Thüringen. Selbst in der Mitte des 9. Jahrhunderts war mithin dem in Fulda tätigen Verfasser der Ostfränkischen Reichsannalen die starke gentile Zersplitterung Sachsens noch bewußt. Auch dieser Fall bestätigt daher, daß neben Westfalen, Engern und Ostfalen weitere Großgruppen innerhalb des sächsischen Volkes existierten, die nur in der auf militärische und administrative Aspekte verkürzten fränkischen Sichtweise hinter den genannten zurücktraten.

IV. Resümee

Abschließend soll die sächsische Geschichte und Verfassung vor der fränkischen Eroberung noch einmal zusammenfassend skizziert werden: Die Satrapen Bedas sind als (Klein-)Könige anzusprechen, die einzelnen Gauen bzw. kleineren gentilen Einheiten vorstanden. Militärisch konnten diese kleinen Einheiten nur dann etwas erreichen, wenn sie sich zusammenschlossen. Daher haben die altsächsischen (Klein-)Könige danach gestrebt, größere Herrschaftsgebiete aufzubauen und benachbarte (Klein-)Könige zu unterwerfen. Ein Anhaltspunkt könnte sein, daß zu 775 im Zusammenhang mit Engern und Ostfalen zwei Personen namentlich erwähnt werden, Bruno und Hessi. Möglicherweise waren sie (Klein-)Könige, denen zumindest in Ansätzen größere Herrschaftsbildungen, vielleicht sogar über Ostfalen und Engern, gelungen waren. Bei den Großen, die neben Bruno genannt werden, könnte es sich dann um (Klein-)Könige gehandelt haben, die jenen zwar als ihren Oberherrn anerkannt hatten, aber weiterhin an der Spitze ihrer kleinen Herrschaftsgebiete standen. Widukinds Stellung bei den Westfalen wäre in Analogie zu Bruno und Hessi zu interpretieren. Mit Aubin ist anzunehmen, daß die Konfrontation zwischen Sachsen und Franken seit dem Beginn des 8. Jahrhunderts, und nicht erst der Abwehrkampf gegen Karl den Großen seit 772, die angenommenen Prozesse beschleunigte.

Quellen und Literatur:

Annales Fuldenses sive Annales regni Francorum orientalis, hrsg. v. Friedrich KURZE (MGH SS rer. Germ. [7]), Hannover 1891. – Annales regni Francorum inde ab a. 741 usque ad a. 829, qui dicuntur Annales Laurissenses maiores et Einhardi, hrsg. v. Friedrich KURZE (MGH SS rer. Germ. [6]), Hannover 1895. – Annales Mettenses priores, hrsg. v. Bernhard von SIMSON (MGH SS rer. Germ. [10]), Hannover 1905. – Annales Laureshamenses, hrsg. v. Georg Heinrich PERTZ, in: MGH SS I, Hannover 1826, 22–39. – Annales Petaviani a. 795, hrsg. v. Georg Heinrich PERTZ, in: MGH SS I, Hannover 1826, 7–18. – Beda der Ehrwürdige, Kirchengeschichte des englischen Volkes, übers. v. Günter SPITZBART, Darmstadt [2]1997. – Beda Venerabilis, Opera II/2: In primam partem Samuelis libri IIII, hrsg. v. D. HURST (Corpus Christianorum, series Latina 119), Turnhout 1962. – Deutschlands Geschichtsquellen im Mittelalter. Vorzeit und Karolinger, hrsg. v. Wilhelm WATTENBACH u. Wilhelm LEVISON, 6. Heft: Die Karolinger vom Vertrag von Verdun bis zum Herrschaftsantritt der Herrscher aus dem sächsischen Hause. Das ostfränkische Reich, bearb. v. Heinz LÖWE, Weimar 1990. – Leges Saxonum et Lex Thuringorum, hrsg. v. Claudius VON SCHWERIN (MGH Fontes iur. Germ. 4), Hannover/Leipzig 1918. – Poeta Saxo, Annales de gestis Caroli magni imperatoris, hrsg. v. Paul VON WINTERFELD, (MGH Poetae latinae aevi carolini IV), Berlin 1894. – Vita Lebuini antiqua, in: Quellen zur Geschichte des 7. und 8. Jahrhunderts, übers. v. Hubert HAUPT (Ausgewählte Quellen zur Geschichte des deutschen Mittelalters. Freiherr vom Stein Gedächtnisausgabe 4a), Darmstadt 1982, 383–391. – Widukind von Corvey, Res gestae Saxonicae. Die Sachsengeschichte, hrsg. v. Ekkehart ROTTER u. Bernd SCHNEIDMÜLLER, Stuttgart 1981.

Hermann AUBIN, Ursprung und ältester Begriff von Westfalen, in: Der Raum Westfalen 2,1, hrsg. v. Hermann AUBIN u. Franz PETRI, Münster 1955, 3–35. – Johannes BAUERMANN, 'herescephe'. Zur Frage der sächsischen Stammesprovinzen, in: Westfälische Zeitschrift 97, 1947, 38–68. – Matthias BECHER, *Non enim habent regem idem Antiqui Saxones*... Verfassung und Ethnogenese in Sachsen während des 8. Jahrhunderts, in: Sachsen und Franken in Westfalen, hrsg. v. Hans-Jürgen HÄSSLER (Studien zur Sachsenforschung 12), Hildesheim 1999, 1–31. – Helmut BEUMANN, Die Hagiographie „bewältigt“: Unterwerfung und Christianisierung der Sachsen durch Karl den Großen, in: Cristianizzazione ed organizzazione ecclesiastica delle campagne nell'alto medioevo: espansione e resistenze 1 (Settimane di studio del centro italiano di studi sull'alto medioevo 28), Spoleto 1982, 129–163. – DERS., Widukind von Korvei. Untersuchungen zur Geschichtsschreibung und Ideengeschichte des 10. Jahrhunderts (Abhandlungen zur Corveyer Geschichtsschreibung 3), Weimar 1950. – Entstehung und Verfassung des Sachsenstammes, hrsg. v. Walther LAMMERS (Wege der Forschung 50), Darmstadt 1967. – Eckhard FREISE, Das Frühmittelalter bis zum Vertrag von Verdun (843), in: Westfälische Geschichte 1, hrsg. v. Wilhelm KOHL, Düsseldorf 1983, 275–335. – Johannes FRIED, Der Weg in die Geschichte. Die Ursprünge Deutschlands bis 1024 (Propyläen Geschichte Deutschlands 1), Berlin 1994. – Albert GENRICH, Der Name der Sachsen – Mythos und Realität, in: Studien zur Sachsenforschung 7, hrsg. v. Hans-Jürgen HÄSSLER (Veröffentlichungen der urgeschichtlichen Sammlungen des Landesmuseums zu Hannover 39), Hildesheim 1991, 137–144. – Karl HAUCK, Goldbrakteaten aus Sievern. Spätantike Amulett-Bilder der 'Dania Saxonica' und die Sachsen-'origo' bei Widukind von Corvey (Münstersche Mittelalter-Schriften 1), München 1970. – DERS., Die Herkunft der Liudger-, Lebuin- und Marklo-Überlieferung. Ein brieflicher Vorbericht, in: Festschrift für Jost Trier zum 70. Geburtstag, hrsg. v. William FOERSTE u. Karl Heinz BORCK, Köln/Graz 1964, 221–239. – DERS., Ein Utrechter Missionar auf der altsächsischen Stammesversammlung, in: Das erste Jahrtausend. Kultur und Kunst im werdenden Abendland an

Rhein und Ruhr 2, Düsseldorf 1964, 734–745. – Albert K. HÖMBERG, Westfalen und das sächsische Herzogtum (Schriften der Historischen Kommission Westfalens 5), Münster 1963. – Adolf HOFMEISTER, Die Jahresversammlung der alten Sachsen zu Marklo, in: Historische Zeitschrift 118, 1917, 189–221. – Arno JENKIS, „Nordalbingien" und die sächsischen Stammesprovinzen. Ein Beitrag zur altsächsischen Stammesverfassung, phil. Diss. (ungedr.), Hamburg 1953. – Peter JOHANEK, Fränkische Eroberung und westfälische Identität, in: Westfalens Geschichte und die Fremden, hrsg. v. Peter JOHANEK (Schriften der Historischen Kommission für Westfalen 14), Münster 1994, 23–40. – Götz LANDWEHR, Die Liten in den altsächsischen Rechtsquellen. Ein Diskussionsbeitrag zur Textgeschichte der Lex Saxonum, in: Studien zu den germanischen Volksrechten. Gedächtnisschrift für Wilhelm Ebel, hrsg. v. Götz LANDWEHR (Rechtshistorische Reihe 1), Frankfurt a. Main/Bern 1982, 117–142. – Martin LAST, Niedersachsen in der Merowinger- und Karolingerzeit, in: Geschichte Niedersachsens 1: Grundlagen und frühes Mittelalter, hrsg. v. Hans PATZE, Hildesheim 1977, 543–652. – DERS., Die Sozialordnung der Sachsen nach den Schriftquellen, in: Kat. Hamburg 1978, 449–454. – Martin LINTZEL, Gau, Provinz und Stammesverband in der altsächsischen Verfassung. Untersuchungen zur Geschichte der alten Sachsen III, in: Sachsen und Anhalt 5, 1929, zit. nach dem ND in: DERS., Ausgewählte Schriften 1, Berlin 1961, 263–292. – DERS., Der Poeta Saxo als Quelle Widukinds von Korvey, in: Neues Archiv 49, 1932, 183–188. – DERS., Die Zahl der sächsischen Provinzen. Untersuchungen zur Geschichte der alten Sachsen IV, in: Sachsen und Anhalt 6, 1930, zit. nach dem ND in: DERS., Ausgewählte Schriften 1, Berlin, 293–305. – Heinz LÖWE, Entstehungszeit und Quellenwert der Vita Lebuini, in: Deutsches Archiv 21, 1965, 345–370. – Karl der Große. Episches Gedicht von Poeta Saxo für die Geschichte Karls des Großen, hrsg. u. übers. v. Julius MÄNTLER (Programm des Gymnasiums zu Liegnitz), Liegnitz 1865. – Henry MAYR-HARTING, Charlemagne, the Saxons, and the Imperial Coronation of 800, in: The English Historical Review 111, 1996, 1113–1133. – Judith MCCLURE, Bede's Old Testament Kings, in: Ideal and Reality in Frankish and Anglo-Saxon Society. Studies presented to John Michael Wallace-Hadrill, hrsg. v. Patrick WORMALD, Donald BULLOUGH u. Roger COLLINS, Oxford 1983, 76–98. – Joseph PRINZ, Marklo, in: Westfalen 58, 1980, 3–23. – DERS., Der Zerfall Engerns und die Schlacht am Welfesholz (1115), in: Ostwestfälisch-weserländische Forschungen zur geschichtlichen Landeskunde, hrsg. v. Heinz STOOB (Veröffentlichungen des Provinzialinstituts für westfälische Landes- und Volkskunde I, 15), Münster 1970, 75–112. – Knut SCHÄFERDIEK, Der Schwarze und der Weiße Hewald. Der erste Versuch einer Sachsenmission, in: Westfälische Zeitschrift 146, 1996, 9–24. – Heinrich SCHMIDT, Über Christianisierung und gesellschaftliches Verhalten in Sachsen und Friesland, in: Niedersächsisches Jahrbuch für Landesgeschichte 49, 1977, 1–44. – Ludwig SCHMIDT, Geschichte der deutschen Stämme bis zum Ausgang der Völkerwanderung 2: Die Westgermanen, Berlin 1911, München [2]1938. – Heinz STOOB, Gestalt und Wandel der Stammesgliederung in Alt-Niedersachsen vom frühen bis zum hohen Mittelalter, in: Nordost-Archiv 21, 1988, 121–137. – Reinhard WENSKUS, Stammesbildung und Verfassung. Das Werden der frühmittelalterlichen gentes, Köln/Graz 1961. – DERS., Sachsen – Angelsachsen – Thüringer, in: Entstehung und Verfassung des Sachsenstammes, hrsg. v. Walther LAMMERS (Wege d. Forschung 50), Darmstadt 1967, 483–545. – Herwig WOLFRAM, Geschichte der Goten: Von den Anfängen bis zur Mitte des sechsten Jahrhunderts. Entwurf einer historischen Ethnographie, München [2]1980. – Horst ZETTEL, Das Sachsenbild der Franken in zeitgenössischen Quellen der Merowinger- und Karolingerzeit, in: Studien zur Sachsenforschung 6, 1987, 269–277.

Sachsen und Franken in Westfalen

IV.1 Vogelgefäß

Altsächsisch, 5. Jahrhundert
Issendorf (Kr. Stade), Urne 2860
Keramik, feingemagerter Ton, freihand modelliert. – Schwarzbraun, glänzend polierte Oberfläche mit Muster aus vertikalen und bogenförmigen Rillengruppen. – H. 15,6 cm, L. 21,4 cm.
Hannover, Niedersächsisches Landesmuseum, Urgeschichts-Abteilung, Inv.Nr. 7:73

Die 1970 ausgegrabene Urne stand zwischen zahlreichen anderen frei im Boden. In ihr war, den zerschmolzenen, im Leichenbrand verstreut liegenden Glasperlen zufolge, der Leichenbrand einer erwachsenen Frau beigesetzt worden. Der Boden ist als Standring ausmodelliert, wodurch das Stück einen plumpen Eindruck erhält. Welche Vogelart diesem Gefäß als Vorlage diente, ist nicht klar zu erkennen. Mit dem breiten Schwanz vermag es vielleicht am ehesten an eine Ente zu erinnern.

Von einem Griffknauf in Form eines Ebers an einem Urnendeckel abgesehen, ist das Vogelgefäß unter den ca. 4500 Urnenbestattungen im Issendorfer Gräberfeld die einzige tiergestaltige Urne, was seine besondere Bedeutung herausstreicht. Ähnlich wie beim Ebergefäß von Liebenau könnte ihm kultische Bedeutung zukommen. Allerdings ist die Zuweisung dieser Vogelgestalt an eine germanische Gottheit nicht so sicher vorzunehmen wie bei dem Eber.

Vogelgefäß und Ebergefäß aus Liebenau ermöglichen über deren mögliche kultische Bedeutung hinaus auch einen Einblick in das künstlerisch-gestalterische Wirken der Altsachsen. Die verhältnismäßig klaren Formen lassen neben der Symbolhaftigkeit der zahlreichen Verzierungsmotive (vgl. Kat.Nr. IV.3) eine doch recht naturalistische Kunstauffassung erkennen. Leider ist uns dieser Bereich kultureller Äußerungen der altsächsischen Gesellschaft aufgrund der sehr einseitigen, meist auf Keramik und Metalle reduzierten Überlieferung der Sachkultur noch weitgehend verschlossen. Grabungen wie in Wremen (Kr. Cuxhaven), bei denen wegen günstiger Erhaltungsbedingungen auch zahlreiche Gegenstände aus organischem Material, vor allem Holz (u. a. auch ein Vogelgefäß), überliefert sind, lassen die Freude der Altsachsen an künstlerischer Darstellung und eine erstaunliche Experimentierfreudigkeit in der Formengebung erkennen.

IV.1

Tempel 1978, 299–305. – Kat. Hamburg 1978, Nr. 277. – Häßler 1994. – Schön 1995, 24 f.

H.-J.H.

IV.2 Ebergefäß

Altsächsisch, 1. Hälfte 5. Jahrhundert
Liebenau (Kr. Nienburg-Weser), Scheiterhaufengrab O11/B1
Keramik, feingemagerter Ton, handmodelliert. – Form eines Ebers, Körper mit einfachem Ritzmuster verziert, vorne, beidseitig hinter dem Kopf in Form von Hakenkreuzen. – H. ca. 16 cm.
Hannover, Niedersächsisches Landesmuseum, Urgeschichts-Abteilung, Inv.Nr. 583:80/10

Gestört durch ein Körpergrab mit reicher Waffenausstattung der Zeit um 600 wurden in den Rückständen des Scheiterhaufengrabes O11/B1 aus der Zeit des 5. Jahr-

IV.2

hunderts die Reste eines Tongefäßes in Form eines Ebers geborgen. Das Brandgrab war in Berührung zu einem spätbronzezeitlichen, mit einem umlaufenden Graben und flachen Hügel versehenen Langbett des 7. Jahrhunderts v. Chr. angelegt worden – offenbar der markante Bezugspunkt für die grundsätzliche Anlage des großen altsächsischen Friedhofes von Liebenau, der kontinuierlich vom späten 4. bis ins 9. Jahrhundert mit Brand- und Körpergräbern von Frauen und Männern belegt wurde.

Zum Scheiterhaufengrab gehören die Reste eines spätrömischen Militärgürtels, wenige Scherben eines Glasgefäßes mit Fadenauflage, kleine Bruchstücke eines Bronzegefäßes und Eisennägel, die wohl zu einem Schild gehörten. Dies sind Indizien dafür, daß es sich bei dem hier bestatteten Sachsen um einen im römischen Militärdienst gestandenen Föderaten gehandelt hat, der wahrscheinlich voll bewaffnet mit reichen Beigaben eingeäschert wurde, die Waffenteile nach der Verbrennung von den Hinterbliebenen aus den Scheiterhaufenresten wieder entnommen wurden. Da das Ebergefäß keine Brandeinwirkungen aufweist und es somit nicht mit auf dem Scheiterhaufen gestanden hat, ist zu vermuten, daß es als Urne für den Leichenbrand des Mannes diente.

Das Stück besitzt einen voluminösen Körper auf vier kleinen, kräftigen Füßchen, einen stummelförmigen Schwanzansatz mit einem eingestempelten kleinen Dreieck und einen kleinen Kopf, von dem allerdings nur geringe Reste erhalten sind.

Tiergestaltige Tongefäße (vgl. Kat.Nr. IV.1) sind äußerst selten. Zum Liebenauer Exemplar gibt es noch eine etwa zeitgleiche Parallele aus Thüringen. Diese Gefäße fallen somit aus dem bekannten Repertoire der Tonware heraus, was grundsätzlich die Frage nach ihrer Bedeutung aufwirft. Bekannt ist, daß der Eber Attribut der germanischen Fruchtbarkeitsgottheit Freya war. Er tritt im Fundgut der Römischen Kaiserzeit und Völkerwanderungszeit gelegentlich noch in anderer Form auf: so in der berühmten Eberfibel aus dem Quellopferfund von Bad Pyrmont oder als plastisch ausgeformter Griff einer mit einem Tondeckel verschlossenen Urne im Gräberfeld von Issendorf, die nur noch als Zeichnung erhalten ist. Diese und weitere Eberdarstellungen erlauben es, auch das Gefäß von Liebenau in Bezug zur Verehrung der Fruchtbarkeitsgöttin zu setzen und damit ganz allgemein dem geistig-religiösen Hintergrund der damaligen Zeit zuzuordnen.

Häßler 1990, 136–138, Taf. 62–63. – Genrich 1981, 51 ff.

H.-J.H.

IV.3 Füßchenstempelurne (Kopie)

Altsächsisch, 5. Jahrhundert
Westerwanna (Kr. Cuxhaven)
Keramik, freihandgefertigt. – Verzierungen der Gefäßoberfläche durch Riefen, Rillen, Dellengruppen und Stempel. – H. ca. 20 cm.
Hannover, Niedersächsisches Landesmuseum, Urgeschichts-Abteilung, Inv.Nr. 342:81

Wie das vielschichtige Muster auf der Gefäßwandung zu deuten ist, wissen wir leider nicht. Allerdings ist auch hier – wie bei anderen Musterkombinationen altsächsischer Keramik – an einen kultischen Ursprung der Komposition zu denken. Gelegentlich eingestempelte kleine Tiere und maskenförmige Gesichtsdarstellungen, aus Ton geformte und auf die Wandung aufgesetzte Leisten und Bögen sowie aus der Wandung herausgedrückte Buckel (sog. altsächsische Buckelkeramik) ergänzen die eingedrückten oder gestempelten Verzierungselemente und schaffen vielgestaltige Möglichkeiten der Musterkombination.

Plettke 1921, Taf. 32,5.

H.-J.H.

IV.3

IV.4 Fenstergefäß

Altsächsisch, spätes 4.–5. Jahrhundert
Issendorf (Kr. Stade), Urne 1082
Keramik, handgeformt. – Pokalförmig, Verzierung aus Ritzlinien, Dellen und Leisten, auf der Gefäßschulter Henkelösen, im unteren Wandungsbereich drei eingesetzte Scherben eines spätrömischen, grünen Glasgefäßes. – H. ca. 14 cm, max. Dm. ca. 17 cm.
Hannover, Niedersächsisches Landesmuseum, Urgeschichts-Abteilung, Inv.Nr. 575:85

Zu den merkwürdigen Hinterlassenschaften der materiellen Kultur germanischer Völker der jüngeren Römischen Kaiserzeit und Völkerwanderungszeit gehören die sog. Fenstergefäße. Ihr Herkunftsgebiet scheint der ost- und mittelgermanische Raum zu sein, wo sie seit dem 3. Jahrhundert bekannt sind.

Die aus sächsischen Gräberfeldern geborgenen Exemplare gehören dem Zeitraum des späten 4. bis 5. Jahrhunderts an. Aus dem großen Friedhof von Issendorf mit über 4500 Urnenbestattungen sind zwei Exemplare dieser Gefäßform bekannt geworden: Urne 1938 mit einer Bodenscherbe und die abgebildete pokalförmige, kleine, verzierte Urne 1082. Das Verhältnis von zwei zu ca. 4500 Urnen zeigt, wie selten die Fenstergefäße sind.

Die Deutung dieser auffallenden Gefäße nimmt in der Forschung breiten Raum ein, ohne daß bisher eine befriedigende Interpretation dafür vorgelegt werden konnte. Einerseits vermutet man in ihnen Nachahmungen kostbarer römischer Importgläser, andererseits erklärt man sie vor dem Hintergrund kultischer Handlungen. So wird besonders die „magische Wirkung“ hervorgehoben, die beim Blick in das Gefäß entsteht, wenn es beim Entleeren (dann als Trinkgefäß) gegen das Licht gehalten wird. Beide Deutungsversuche können nicht recht überzeugen. Trotzdem ist man geneigt, die Fenstergefäße – nicht zuletzt

IV.4

IV.5a–c

IV.5d

wegen ihres sehr seltenen Vorkommens – als Kultobjekte zu sehen, ähnlich den sehr raren Tiergefäßen jener Zeit (vgl. Kat.Nrn. IV.1, IV.2). Sollten sie profanen Zwecken gedient haben und nur modische Töpferarbeiten darstellen, würde man, insbesondere auch in den Siedlungen, mehr solcher Gefäße im Fundgut erwarten.

Hans-Jürgen Häßler, Art. Fenstergefäße, in: RGA 8, 1994, Sp. 376–382.

H.-J.H.

IV.5 Fibeln, Halsring, Perlenketten

Altsächsisch, mittleres Drittel 5. Jahrhundert
Issendorf (Kr. Stade), Körpergrab 3532
a) Gleicharmige Fibel: Silber, Schauseite vergoldet, reich mit sorgfältig ausgeführtem Kerbschnitt verziert und mit Randtieren angereichert. – Das Stück wirkt wie neu gefertigt und weist keine Abnutzungsspuren auf; es wurde zum Verschließen eines Umhanges im Brustbereich genutzt. – L. 4,95 cm, B. 8,2 cm, Gew. 38,5 g. – b) Zwei komponierte Scheibenfibeln mit bronzener Grundplatte und aufgelegten, modelgleichen, wirbelverzierten Pressauflagen aus dünnen Silberblechen, die vergoldet sind. – Die Fibeln hielten auf der Schulter das peplosartige Kleid der Frau zusammen. – Dm. 4,8 cm. – c) Unregelmäßig gerundeter Halsring mit leicht kolbenförmigen Enden, die nachlässig mit feinen Rillen verziert sind. – Dm. 10 x 11,3 cm, Gew. noch 26,7 g. – d) Zahlreiche ein- und mehrfarbige Glasperlen, die in einer komplizierten, leider nicht mehr nachvollziehbaren Anordnung mit Silberblechröhrchen und Silberdrahtringen aufgezogen waren. – e) Ein Kollier aus zahlreichen dunkelbraunen Bernsteinperlen, die zum Teil sorgfältig abgedreht sind. – Dm. 0,7–4,4 cm, Gew. 0,1–26,5 g.
Hannover, Niedersächsisches Landesmuseum, Urgeschichts-Abteilung, ohne Inv.Nrn.

Mit der Entdeckung des Körpergrabes 3532 auf dem sächsischen Friedhof Issendorf durch die Urgeschichts-Abteilung des Niedersächsischen Landesmuseums wurde im Sommer 1991 eines der kulturhistorisch bedeutendsten und auffälligsten Frauengräber der altsächsischen Periode im kernsächsischen Siedlungsbereich aufgefunden. An Beigaben sind neben den vier Tongefäßen und einem Eisenmesser auch zwei bronzene Zierschlüssel und ein schwerer Hakenschlüssel erhalten (Stücke, die die Frau zusammen mit einem Beutel, für dessen Mündungsöffnung ein Ring aus Elfenbein genutzt wurde, am Gürtel getragen hat). In den drei Fibeln, dem silbernen Halsring, dem Kollier aus Bernsteinperlen sowie einem aufwendigen Geschmeide aus Glasperlen, Ringen aus Silberdraht und feinen Röhrchen aus Silberblech zeigt sich der besondere Reichtum der Grabausstattung.

Das Grab gehört zu einer Gruppe von 79 Körpergräbern, die am Rande des ca. 4500 Bestattungen umfassenden Urnenfeldes liegt. Dabei ist auffällig, daß ein großer Teil dieser Urnengräber gleichzeitig mit den Körpergräbern angelegt wurde. Wahrscheinlich ließ sich in letzteren eine führende Familie der auf dem Friedhof beerdigenden altsächsischen Bevölkerungsgruppe körperstatt brandbestatten – möglicherweise, um sich von jenen durch einen anderen Grabbrauch abzusetzen. Nicht ganz auszuschließen ist allerdings die Möglichkeit, in dieser so reich und auffallend gekleideten Frau eine Priesterin der Gemeinschaft zu sehen. Die Belegung des Gräberfelds beginnt im 4. Jahrhundert und endet ca. 550.

Häßler 1994.

H.-J.H.

IV.5e

IV.6

IV.6 Zwei Scheibenfibeln

5. Jahrhundert
Bad Lippspringe (Kr. Paderborn), Grab 1
Bronze. – Jeweils runde, leicht schalenförmige Grundplatte aus Bronze mit Blechstreifenrand; aufgelegte, bronzene Preßbleche mit zentralen Dreierwirbeln, S-Haken und randlichen Eierstabfriesen. – Dm. 5,2 cm.
Münster, Westfälisches Museum für Archäologie

Die Fibeln wurden zusammen mit einer Armbrustfibel, einem Haarpfeil, einem Hakenschlüsselpaar und weiteren Beigaben in einem Süd-Nord gerichteten Körpergrab gefunden. Ähnliche Stücke sind aus dem Weserraum, aber auch aus Nordgallien und Südengland bekannt. Das Grab gehört zu den frühesten Körperbestattungen in Westfalen.

Lange 1959. – Führer 20, 1971, 90–91. – Böhme 1974, 26, Taf. 4, 5, 6. – Kat. Hamburg 1978, Nr. 337 (Umzeichnung). – Kat. Münster 1990, Nr. 99a-b (Barbara Grodde).

C.G.

IV.7 Goldkette

Merowingerzeitlich, 7. Jahrhundert
Isenbüttel (Kr. Gifhorn), Einzelfund
Gold. – Die Kette besteht aus feinen Golddrähten, die in komplizierter Technik zu einem schlangenförmigen Hohlkörper nahtlos zusammen-„gestrickt“ sind. An den beiden Enden dieses elastischen Körpers ist jeweils ein reptilartiger Tierkopf angenietet, davon einer unvollständig. Die beiden aus Goldblech getriebenen stilisierten Enden sind seitlich kunstvoll mit einer Flechtbandverzierung in Filigrantechnik ornamentiert. Auf dem Kopf befinden sich

IV.7

rechteckige Fassungen, in die Almandine oder Glasfluß eingelegt sind. In den Tiermäulern, die einen Quersteg aufweisen, waren – bei der Bergung verlorengegangene – Ringe eingehängt. – Erh. L. 52 cm, rekonstr. 55,5 cm.
Hannover, Niedersächsisches Landesmuseum, Urgeschichts-Abteilung, Inv.Nr. 50:62

Diese hervorragende, für den heute niedersächsischen Raum einzigartige Goldarbeit wurde 1922 in 1 m Tiefe beim Roden gefunden. Eine Nachgrabung ergab keine weiteren Erkenntnisse, so daß von einem verlorengegangenen Einzelstück, wahrscheinlich aber von einem Opferfund ausgegangen werden muß.

Das Stück ist merowingerzeitlich und wird in das 7. Jahrhundert datiert. Ungeklärt ist bis heute die Frage, ob es ein sächsisches Werk ist. Seine hohe handwerkliche Qualität und seine Einzigartigkeit im sächsischen Fundmilieu verweisen eher darauf, daß es in einer fränkischen, auf höfische Goldarbeiten spezialisierten Feinschmiedewerkstatt entstanden ist. Wie es an seinen Fundort gelangte – als Geschenk, Beutestück oder legal erworbene Arbeit –, entzieht sich unserer Kenntnis. Abgesehen von der Herkunftsfrage verdeutlicht diese Goldkette den Bedarf solch aufwendiger Goldarbeiten in der sächsischen Bevölkerung und dokumentiert das Vorhandensein eines adligen Milieus.

Potratz 1941. – Jacob-Friesen 1974, 645 f. – Häßler 1991, 460 f.

H.-J.H.

IV.8

IV.9

IV.8 Knickwandtopf

6. Jahrhundert
Warburg-Daseburg (Kr. Höxter)
Keramik, handgeformt, geglättete Ware, mit Dellen und Stempeleindrücken verziert. – H. 15,8 cm.
Münster, Westfälisches Museum für Archäologie

Das in Machart und Verzierung typisch sächsische Tongefäß setzt unter den Funden aus Daseburg einen anderen Akzent als die 'fränkische' Bügelfibel vom Typ Hahnheim und der Ango.

F.S.

IV.9 Kumpf

7./8. Jahrhundert
Horstmar-Leer-Ostendorf (Kr. Steinfurt)
Keramik, handgemacht; uneinheitlich reduzierend gebrannt; Oberfläche unregelmäßig; kugeliger Gefäßkörper, einfach gerundeter Randabschluß, leicht nach innen geneigt. – Geklebt, leicht ergänzt. – H. 8,9 cm, RDm. 9 cm.
Münster, Westfälisches Museum für Archäologie, Inv.Nr. 29:1420

Das Gefäß stammt wahrscheinlich aus einem Südwest-Nordost ausgerichteten Körpergrab; weitere Beigaben sind nicht bekannt. Kümpfe dieser Art bilden eine vorherrschende Keramikform des 7. bis 9. Jahrhunderts in Westfalen, während Drehscheibenware äußerst selten ist.

Meyer 1915, Abb. 48c.

C.G.

IV.10 Silberlöffel mit „Johannis"-Inschrift

1. Drittel 6. Jahrhundert
Mainz-Hechtsheim, Grab 180, 1
Silber; Inschrift und Verzierung in Niellotechnik. – L. 23,5 cm.
Mainz, Landesamt für Denkmalpflege, Abt. Archäologische Denkmalpflege

Der Silberlöffel trägt oben am Stielansatz die Apostelinschrift IOHANNIS, seine Schale schmückt ein lateinisches Kreuz im Lorbeerkranz und ein umlaufender Peltenfries. Auch auf der Verbindungsplatte zwischen Schale und Griff ist ein Kreuz zu sehen. Die soziale Oberschicht der Franken setzte mit der Löffelbeigabe in Gräbern eine römische Tradition fort. Doch das Stück der Dame aus Mainz-Hechtsheim diente ihr nicht nur als Besteck, sondern spiegelte auch als Tauflöffel oder Andenken von einer Pilgerreise ihre religiöse Überzeugung wider.

Bierbrauer 1975. – Kat. Mannheim 1996, Nr. IX.2.4.

D.S.

IV.11 Scheibenfibel

Ende 6./frühes 7. Jahrhundert
Caulaincourt (Dép. Aisne, Frankreich)
Silberne Grundplatte, gepunzt; Goldblech mit Filigranverzierung, genietet; blaue Glaseinlage. – Dm. 2,4 cm.
Berlin, Staatliche Museen – Museum für Vor- und Frühgeschichte, Inv.Nr. Va 6002

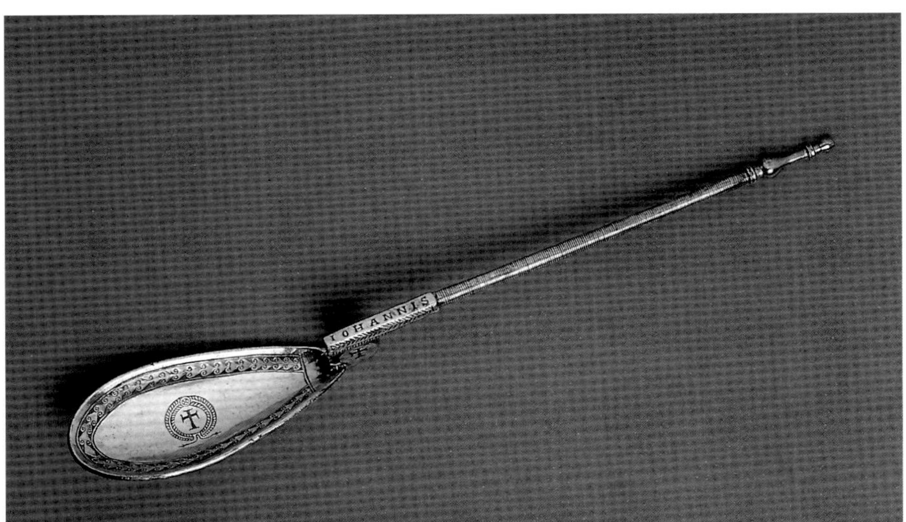

IV.10

IV.11

IV.12

Seit dem späten 6. Jahrhundert trug man nach mediterranem Vorbild auch bei den Franken einzelne Scheibenfibeln, die einen Umhang oder Mantel verschlossen. Die Fibel einer fränkischen Dame aus Caulaincourt wurde mit einem filigranverzierten Goldblech in Form eines gleicharmigen Kreuzes verziert und demonstrierte so den christlichen Glauben der Besitzerin.

Merowingerzeit 1995, Taf. 101. – Kat. Mannheim 1996, Nr. IX.2.6.

D.S.

IV.12 Scheibenfibel

2. Hälfte 7. Jahrhundert
Monceau-le-Neuf (Dép. Aisne, Frankreich)
Bronzene Grundplatte; silbernes Preßblech, genietet. – Dm. 3,2 cm.
Berlin, Staatliche Museen – Museum für Vor- und Frühgeschichte, Inv.Nr. Va 5981

Die Preßblechscheibenfibel zeigt ein menschliches Gesicht mit langen Locken, das aufgrund eines Kreuzes über dem Kopf als Christusdarstellung gedeutet werden darf. Eine umlaufende Inschrift weist „Aslebertus" als Hersteller des Schmuckstückes aus. Preßblechfibeln zeigen meist Motive aus dem christlichen Formenschatz und gehören zu den spätesten Fibeltypen, die uns aus fränkischen Grabfunden bekannt sind.

Merowingerzeit 1995, Taf. 102. – Riché 1996, Abb. 303.

D.S.

IV.13 Grabstein des Grutilo

Ende 5./Anfang 6. Jahrhundert
Worms
Kalkstein. – Außenkanten unregelmäßig gebrochen; Inschrift und Verzierung ganz erhalten. – H. 33 cm, B. 31 cm, T. 4 cm.
Mainz, Landesmuseum, Inv.Nr. 3012

Der Grabstein weist im oberen Teil eine dreizeilige Inschrift auf. HIC IN PACE/QUIESCET G/RUTILO (Hier ruht in Frieden Grutilo). Darunter ließ der Auftraggeber ein Christusmonogramm und zwei Tauben einmeißeln, die die Seele des Verstorbenen darstellen. Als eines der frühesten Beispiele aus dem fränkischen Raum symbolisiert der Wormser Grabstein die christliche Hoffnung seines Besitzers auf ein Weiterleben nach dem Tod in Gemeinschaft mit Christus.

Lindenschmit 1870, Taf. 5, 4. – Boppert 1971, 161–162.

D.S.

IV.13

IV.14 Röhrenausgußkanne

7. Jahrhundert
Bocholt-Lankern (Kr. Borken)

Keramik, Drehscheibenware; reduzierend gebrannt, gut geglättet; eiförmiger Gefäßkörper mit Kragenrand; im oberen Gefäßteil mehrere Zonen Stempelverzierung, getrennt durch Rollrädchenverzierung. – H. 14 cm, Dm. 14 cm.
Münster, Westfälisches Museum für Archäologie

Die Lankerner Kanne gehört zu den qualitätvollsten Erzeugnissen fränkischen Töpferhandwerks. Röhrenausgußkannen sind seit dem späten 6. Jahrhundert eine Spezialform des Knickwandtopfes, bauchige Exemplare müssen etwas später datiert werden. Ein Grabzusammenhang ist nicht bekannt, allerdings soll die Kanne aus einer Grabgruppe von Nord-Süd-Gräbern mit Kreisgräben stammen.

Stieren 1929, 7–11. – Winkelmann 1980, 175–210, Abb. 10.

C.G.

IV.14

IV.15 Kleeblattkanne

IV.15

1. Hälfte 6. Jahrhundert
Bochum-Laer, Einzelfund
Keramik, Drehscheibenware; oxydierend gebrannt; Oberfläche gut geglättet mit Drehriefen, max. Dm. etwa in Gefäßmitte, Kleeblattmündung, Bandhenkel. – Geklebt, z. T. ergänzt. – H. ca. 20 cm.
Münster, Westfälisches Museum für Archäologie

Die Form der Kanne mit kleeblattförmiger Mündung hat sich wahrscheinlich aus spätrömischen Vorbildern entwickelt und kommt häufig in Gräbern beispielsweise am Mittelrhein und im Trierer Land vor. Das Stück wurde als Einzelfund möglicherweise aus einer zerstörten Siedlung geborgen.

Neujahrsgruß 1972, 24–25.

C.G.

IV.16 Franziska

(ohne Abb.)
6. Jahrhundert
Beckum (Kr. Warendorf), Gräberfeld I, Grab 34
Eisen. – Stark gedrungene Ober- und Unterkante, Schneidenenden spitz auslaufend. – L. 14 cm, B. der Schneide 7,2 cm.
Münster, Westfälisches Museum für Archäologie

Die Franziska mit ihrer typisch geschwungenen Form ist *die* spezifisch fränkische Waffe schlechthin. Auch der Frankenkönig Childerich besaß eine Franziska. Die frühmittelalterlichen Quellen – wie beispielsweise Isidor von Sevilla – beschreiben die Franziska als Wurfaxt, die aus einem Truppenkörper heraus geschleudert wurde. Zu einer kompletten Bewaffnung gehörten daher auch Nahkampfwaffen wie Spatha oder Sax. Aus dem vorliegenden Grab ist allerdings nur eine Lanze überliefert.

Borggreve 1865, 343, Taf. 3. – Capelle 1979, Taf. 12. – Dahmlos 1977. – Hübener 1980.

C.G.

IV.17

IV.17 Sturzbecher

6. Jahrhundert
Krefeld-Gellep
Blaßgrünes Glas. – H. 13 cm.
Krefeld, Museum Burg Linn, Inv.Nr. Grab 2609,2

IV.18

Der Sturzbecher zeigt eine im fränkischen Rheinland geläufige Form. Hergestellt wurde er wahrscheinlich im Kölner Raum. Man findet ihn als Beigabe sowohl in Frauen- als auch in Männergräbern. Im vorliegenden Falle gehörte er zur Ausstattung eines mit Lanze, Schmalsax und Bartaxt bewaffneten Franken.

Pirling 1979, 80.

C.Re.

IV.18 Gürtelgarnitur

7. Jahrhundert
Krefeld-Gellep
Bronze verzinnt. – Flickstelle. – L. 11,5 cm (Schnalle), 8 cm (Gegenbeschläg), 5 cm (Rückenbeschläg).
Krefeld, Museum Burg Linn, Inv.Nr. Grab 40/1

Die Gürtelteile sind gegossen und anschließend nachgeschnitten. Schnalle und Beschläg wurden jeweils mit fünf, das quadratische Gegenbeschläg mit vier großen Buckelnieten am ledernen Wehrgürtel befestigt. Die Vorderteile zeigen ein Weidenflechtmuster, während das Gegenbeschläg mit Flechtbandornamenten bedeckt ist. Der Schnallenbügel trägt ein mäanderähnliches Band. Die mittels eines aufgenieteten Bronzeplättchens ausgeführte Reparatur des Schnallenbeschlägs scheint eine lange Tragezeit zu belegen. Die vorliegende Beschlägform war vor allem in Belgien und Frankreich verbreitet.

Steeger 1937, Nr. 45. – Pirking 1966, 27.

C.Re.

IV.19 Bügelfibelpaar

(ohne Abb.)
6. Jahrhundert
Krefeld-Gellep
Silber, vergoldet. – L. je 8,2 cm.
Krefeld, Museum Burg Linn, Inv.Nr. Grab 1803/8

Die beiden Bügelfibeln mit rechteckiger Spiral- und ovaler Hakenplatte mit Tierkopfende nehmen wegen ihrer qualitätvollen Ausführung und ihrer einzigartigen Verzierung eine besondere Stellung unter den rheinischen Fibeln der Merowingerzeit ein. Kopf- und Hakenplatten zeigen ein mit Tierdetails durchsetztes Flechtbandmuster. Die Rahmenleisten sind dreiecknielliert. Die für fränkische Werkstätten ungewöhnlichen Tierdetails erinnern unmittelbar an den skandinavischen Tierstil. Wahrscheinlich wurden sie jedoch nicht unmittelbar aus dem Norden übernommen, sondern über entsprechend beeinflußte Fibeln des alemannischen Raumes vermittelt.

Haseloff hält auch einen Import aus Alemannien für möglich.

Haseloff 1974.

C.Re.

Frühe Sachsen in Westfalen

IV.20 Zwei Bügelfibeln

Um 500
Beelen (Kr. Warendorf), Grab F 182
a) Bronze, gegossen, mit eiserner Nadelkonstruktion. – Rechteckige Kopfplatte; schmaler Bügel; rautenförmige Fußplatte mit spatelförmigem Ende; unverziert; doppelter Spiralhalter mit eiserner Achse. – L. 6,5 cm, B. 1,8 cm, Gew. 7,6 g.
b) Bronze, gegossen, mit eiserner Nadelkonstruktion. – Rechteckige Kopfplatte mit Kerben an den Ecken, randbegleitenden Riefen und runden Punzierungen; breiter, quer geriefter Bügel; rautenförmige Fußplatte mit länglichem, quer geriefiem Ende; doppelter Spiralhalter mit eiserner Achse. – L. 5,8 cm, B. 2,1 cm, Gew. 10,9 g.
Münster, Westfälisches Museum für Archäologie

Beide Fibeln gehören zum Typ der „Bügelfibeln mit gelappter Kopfplatte“. Sie haben ihr Hauptverbreitungsgebiet im Elb-Weser-Dreieck. In Westfalen sind sie Einzelstücke. Zu den weiteren Beigaben der Frau zählen eine Bronzeschnalle und Bernsteinperlen.

Grünewald 1992. – Grünewald 1995.

C.G.

IV.20

IV.21

IV.21 Scheibenfibel

Mitte 5. Jahrhundert
Beelen (Kr. Warendorf), Grab F 318
Bronze mit goldenem Preßblech; Ornamentik im Tierstil I; großes zentrales Maskenornament umgeben von tordiertem Band, Tierfries und geripptem Band; bronzene Grundplatte mit kreuzförmig verlaufendem Lotstreifen; Nadelkonstruktion Bronze mit einfachem massiven Spiralhalter und Nadelhalter aus doppelt gelegtem Blech. – Dm. 5,3 cm.
Münster, Westfälisches Museum für Archäologie

Die Frau aus Beelen besaß insgesamt fünf Fibeln: zwei eiserne Armbrustfibeln, zwei bronzene Scheibenfibeln und die Goldscheibenfibel, mit der sie ein Obergewand am Hals verschloß. In Ausführung und Ornament kennt diese keine Parallelen. Zur weiteren Ausstattung gehörten u. a. ein gläserner Sturzbecher und ein Krug aus spätrömischer Terra Sigillata.

Die Qualität der Beigaben belegt den hohen Rang der Verstorbenen, die in einem Süd-Nord gerichteten Körpergrab bestattet war.

Grünewald 1991/1994. – Grünewald 1995.

C.G.

IV.22 (Detail)

IV.22 Fenstergefäß

Mitte 6. Jahrhundert
Beelen (Kr. Warendorf) Grab F 108
Keramik; handgemachter, bauchiger Topf, reduzierend gebrannt, fein gemagert; am Umbruch drei umlaufende Riefen, unterhalb drei zum Boden verlaufende Strichgruppen; in den Boden war vor dem Brand eine Scherbe aus grünlichem, transluzidem Glas eingesetzt. – Dm. 13,7 cm, H. 10,5 m.
Münster, Westfälisches Museum für Archäologie

Das Gefäß lag in der Mitte eines Süd-Nord ausgerichteten Frauengrabes. Zur Tracht zählten eine Almandin-Rosettenfibel, Perlen und eine Bronzeschnalle. Warum man Tongefäße mit solchen Fenstern ausstattete, blieb bislang rätselhaft. Seit dem 1. Jahrhundert sind Fenstergefäße bekannt. Im 5. und 6. Jahrhundert liegt der Schwerpunkt im Elb-Weser-Raum und in Südengland. In Westfalen ist das Stück bislang ein Unikat.

Grünewald 1992. – Grünewald 1995. – Hans-Jürgen Häßler, Art. Fenstergefäße, in: RGA 8, 1994, Sp. 376–382.

C.G.

IV.23 Hortfund

Mitte 2. Jahrhundert/um 500
Beelen (Kr. Warendorf), Hortfund
a) Merkurstatuette: Römisch. – Bronze mit Silbereinlage in den Augen; Flügelhut und Flügelstiefel; in der rechten Hand Geldbeutel; Attribut in der Linken (Schlangenstab) fehlt. – H. 11 cm. – b) Goldring: Mittelteil bandförmig mit Dreieckspunzen; Seitenteile rundstabig, tordiert; Enden als Öse und Haken ausgebildet. – Dm. 6,3 x 6,1 cm. – c) 3 Silberringe: rundstabig mit Haken- und Ösenende. – Dm. 4,0–5,4 cm, D. des Silberdrahts ca. 0,1 cm. – d) 3 Silberringe aus Blechstreifen: flach; zwei mit verlöteten Enden, einer fragmentiert. – Dm. 3,7–4,7 cm, D. 0,05 cm. – e) 2 Bronzestäbe (Orakelstäbe): zylindrisch; davon einer mit kreuzförmigen Gravierungen an den Enden. – L. 5,3 cm bzw. 5,4 cm, Dm. 0,4 cm, Gew. 6,15 g bzw. 5,18 g.
Münster, Westfälisches Museum für Archäologie

Römische Bronzestatuetten werden vergleichsweise häufig in Nordwestdeutschland und den Niederlanden gefunden. Es ist davon auszugehen, daß sie im Rahmen einer „Interpretatio Germanica" bei der Verehrung germanischer Gottheiten verwendet wurden. So kann der Hort möglicherweise als Inventar eines kleinen Heiligtums angesehen werden. Hierfür sprechen auch die Orakelstäbe sowie die nicht als Schmuck verwendbaren Silberinge. Der Goldring findet seine beste Parallele in einem angelsächsischen Frauengrab. Der Hort war in einem einheimischen Tongefäß niedergelegt, das nicht erhalten ist.

Schoppa/Hucke 1936. – Stupperich 1980, 45. – Grünewald 1995. – Grünewald 1997.

C.G.

IV.24 Buckelurnenfragment

Sächsisch, 5. Jahrhundert
Petershagen-Schlüsselburg (Kr. Minden-Lübbecke), Einzelfund
Keramik, freihandgeformt; gut geglättete z. T. glänzende Oberfläche mit reicher, plastischer Verzierung; dunkelgrau bis rötlichbraun. – Zwei Drittel des Gefäßkörpers und der Fuß sind ergänzt. – H. ca. 15,5 cm; max. Dm 9,8 cm.
Bremen, Focke-Museum/Bremer Landesmuseum, Inv.Nr. 9085

Das Buckelurnenfragment trat 1958 als Zufallsfund in einer Kiesgrube an der Weser zutage und stellt unter den keramischen Funden des 5. Jahrhunderts in Ostwestfalen eine große Rarität dar. Die Fundumstände erlauben keine Beurteilung, ob das Gefäß tatsächlich als Urne verwendet wurde. Sächsische Buckelurnen sind zu Hunderten auf den großen Brandgräberfeldern des Elbe-Weser-Dreiecks gefunden worden. Sie gelten als eine charakteristische Keramikform der Altsachsen. Das Schlüsselburger Gefäß kann einerseits zur Ausstattung eines sächsischen Friedhofs gehört haben, andererseits aber auch als Handelsgut an die Mittelweser gekommen sein. Die widrigen Fundumstände lassen eine Entscheidung nicht

IV.23

mehr zu. Dennoch bleibt der Fund ein wichtiger Beweis für die Südausbreitung der Sachsen bzw. für deren Kulturgüter bis in den westfälischen Raum im 5. Jahrhundert.

Best 1996.

W.B.

IV.25 Buckelurne

5. Jahrhundert
Lünen-Wethmar (Kr. Unna), Befund 223
Keramik; handgeformtes, fast doppelkonisches Gefäß mit breiter Standfläche und ausladendem Rand, mit Stempel- und Rillendekor sowie fünf von innen herausgedrückten Buckeln verziert; im Bodenbereich und an der Seite befindet sich jeweils eine Öffnung. – H. 11, 5 cm.
Münster, Westfälisches Museum für Archäologie

Unveröffentlicht.

A.-H.S.

IV.24

IV.25

Das Gräberfeld Beckum

IV.26 Frauengrab

6. Jahrhundert
Beckum (Kr. Warendorf), Gräberfeld I, Grab 23
a) Bronzeschnalle mit Dorn: Beschlag fehlt; Flügel hohl gegossen; gerippt mit Randverzierung; Dorn mit würfelförmiger Basis mit Sternmuster; Dornspitze längs dreigeteilt; an Bügel Spuren alter Reparatur. – B. 5,5 cm./Einfache Bronzeschnalle mit stark korrodiertem Schilddorn. – B. 3,8 cm. – b) Perle aus Rohbernstein. – c) Vogelfibel: Bronze, gegossen, fragmentiert; Schnabel und Flügel in Kerbschnitt; Auge durch Kreisauge betont; anoxydierte Eisenreste der Nadelkonstruktion und Textilreste; Schwanz fehlt. – L. 2,2 cm./Vogelfibel: Bronze, gegossen, fragmentiert; Schwanz Kerbschnitt; gerippt; Flügel fehlt; anoxydierte Eisenreste von der Nadelkonstruktion. – L. 2,8 cm. – d) Fibel mit umgeschlagenen Fuß: Bronze, fragmentiert; Bügel und Fuß bandförmig; mit eingeritzten X-Mustern verziert; im Nadelhalter Reste der Nadel; Eisen; Spiralkonstruktion fehlt. – L. 5,3 cm. – e) Wölbwandtopf: Keramik, scheibengedreht; Randabschluß scharf nach außen abknickend, innen sichelförmig; Oberfläche gut geglättet; grob mit Quarz, Schiefer und Schamott gemagert; größter Durchmesser im oberen Gefäßdrittel. – H. 21 cm, max. Dm. 17,8 cm,.
Münster, Westfälisches Museum für Archäologie, Inv.Nr. 1862: 23a–g

Vogelfibeln gehören zu den häufigeren Trachtbestandteilen im gesamten Reihengräberkreis. Armbrustfibeln mit umgeschlagenem Fuß sind dagegen im fränkischen und alemannischen Bereich im 6. Jahrhundert nicht mehr geläufig. Vereinzelte Exemplare gibt es hingegen sowohl im Elb-Weser-Dreieck als auch im romanisch besiedelten Alpenraum. Die große Schnalle ist eindeutig ostgotischer Herkunft und dürfte in Italien hergestellt worden sein. Woher die Frau wirklich kam, deren Tracht einen ‘multikulturellen’ Eindruck macht, kann aber nicht bestimmt werden.

Capelle 1979, 16 f., Taf. 10. – Thiry 1939, 14, Taf. 24. – Fingerlin 1964, 22.

C.G.

IV.26a–d

IV.27a–h

IV.28a–c, e, m, o–s

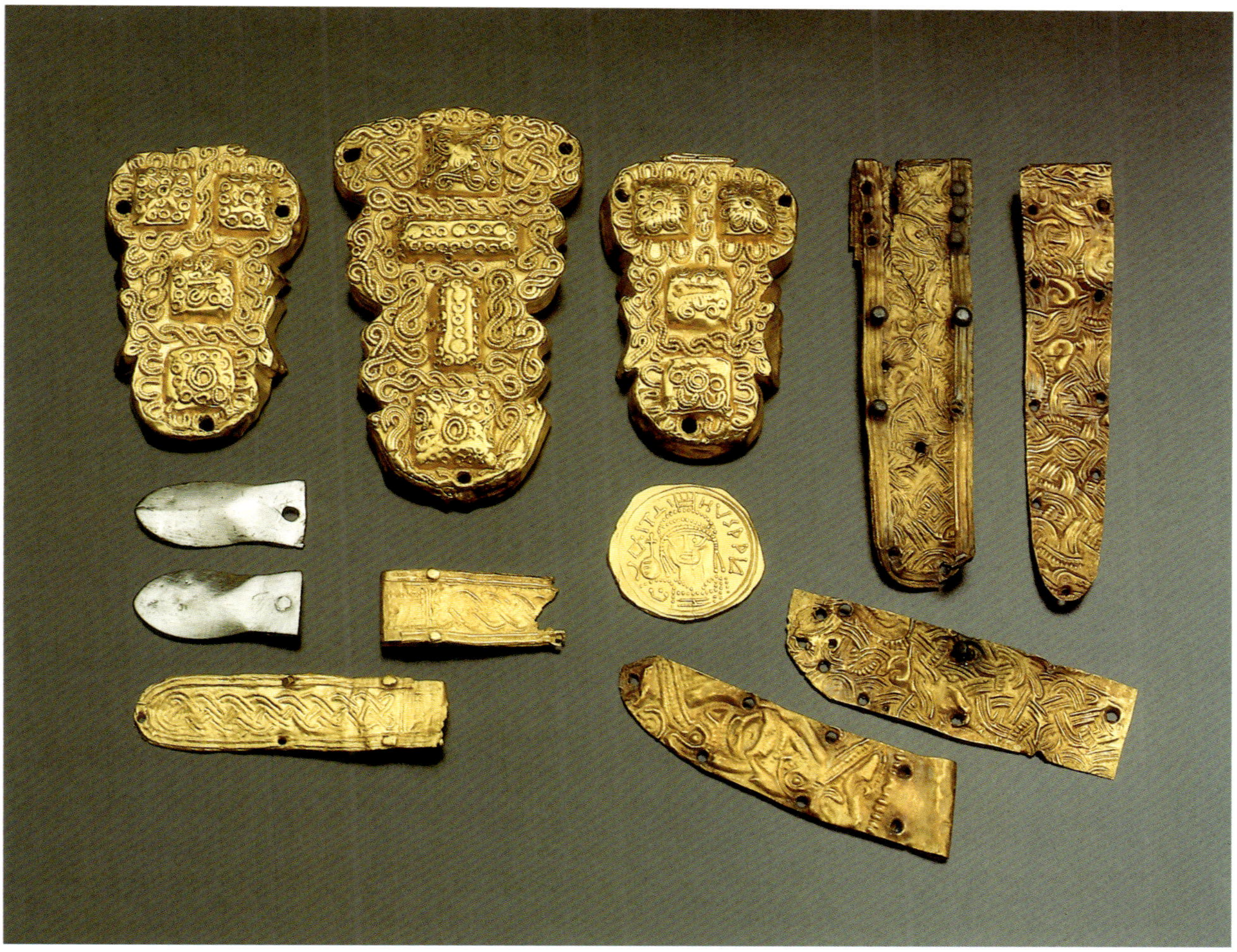

IV.28f, j, l, t

IV.27 Männergrab

Um 600
Beckum (Kr. Warendorf), Gräberfeld I, Grab 43
a) Sax: Eisen; mit flachem Knauf und eiserner Parierstange; Rücken und Schneide gleichmäßig gebogen. – L. 46,3 cm, GriffL. 13,8 cm, B. 3,5 cm. – b-c) Gürtelgarnitur: Bronze mit randbegleitender Punzverzierung, bestehend aus Schnalle mit profiliertem Beschläg (in zwei Teilen), Gegenbeschläg, rechteckigem Rückenbeschläg. – L. 4,3 cm, B. 2,6 cm./Drei Gürtelbeschläge in Form eines Tieres mit aufgesperrtem Rachen, davon zwei nach rechts, eines nach links blickend, an der Basis geöst. – L. ca. 2,7 cm, B. ca. 3,4 cm (bzw. 3,1 cm), D. 0,2 cm./Zwei dreieckige Ösenbeschläge und ein rautenförmiger Beschlag. – d) Gürtelschnalle: Bronze, mit rechteckigem Bügel und festem, profilierten Beschläg, Mittelfeld vertieft, Schauseite flächig verzinnt, mit dreieckigen Punzierungen versehen. – L. 6,1 cm, B. 2,8 cm. – e) mehrere Bronzeniete, davon eine mit separatem Perlkranz. – Dm. 1,6 cm. – f) Widerhakenpfeilspitze: Eisen; L. 7,7 cm, B. Blatt 1,6 cm. – g) Pfeilspitze: Eisen, weidenblattförmig; L. 9,8 cm, B. Blatt 2 cm. – h) Pfeilspitze: Eisen, rautenförmig; L. 9,5 cm, B. Blatt 2,1 cm.
Münster, Westfälisches Museum für Archäologie

Die bronzene Gürtelgarnitur mit den markanten Tierkopfbeschlägen ist typisch fränkisch. Es gibt diese Beschläge auch in Vogel- oder Eberform, in jedem Falle dienten sie zur Befestigung von Nebenriemen am Gürtel.

Capelle 1979, Taf. 16–17.

C.G.

IV.28 Männergrab

Um 600
Beckum (Kr. Warendorf), Gräberfeld II, sog. Fürstengrab
a) Ringknaufschwert: Eisen mit silber-vergoldetem Knauf mit Tierstilverzierung, silberner Griffbeschlag, Klinge damasziert mit angeschweißten Schneiden; Scheide aus Holz, Fell, Leder und Bast mit zwei bronze-vergoldeten Kantenbeschlägen. – L. 95 cm. – b) Sax: Eisen; mit Parierstange und bronzenem Ortband (Schmalsax). – L. 38 cm. – c) Spitzbecher: grünlich durchscheinendes Glas, im unteren Teil girlandenförmige Fadenauflage, im Mündungsbereich

IV.28d, g, h, i, k, n

Fäden parallel zum Rand. – H. 23,5 cm. – d) 2 Messer; Eisen. – L. 15 cm bzw. 10,5 cm. – e) Lanzenspitze: Eisen mit lorbeerblattförmigem Blatt und lang ausgezogener Tülle, am Tüllenende noch ein Bronzeniet. – L. 68 cm. – f) 2 Riemenzungen: Silber, lanzettförmig mit je einem Niet. – L. 2,3 cm, B. 1 cm. – g) Pinzette: Bronze, mit etwa halbkreisförmigen Backen. – L. 6,6 cm. – h) Feuerstein. – L. 3,2 cm. – i) Pfriem mit Ösenende: Eisen. – L. 18,2 cm. – j) 3 Taschenbeschläge in Schnallenform: Gold mit aufgelegten Buckeln und Filigranauflage in Schlaufenornamentik, jeweils drei Nietlöcher. – L. 4,4 cm – 5,9 cm. – k) Schnalle mit beweglichem, dreieckigem Beschläg: Bronze; Schnallenbügel oval; Schilddorn; am Beschläg drei Bronzeniete. – L. 9,2 cm. – l) 10 Preßblechbeschläge eines Trinkgefäßes: Gold und Silber, Stil II-Verzierung mit Flechtbändern und Tierornamentik, teils mit Randeinfassung aus geripptem Goldblech. – L. bis 6,4 cm. – m) Schale: Bronze, flach mit umgebördeltem Rand, angelötetem, konischem Standring und zwei Henkeln, jeweils mit zwei Attaschen befestigt. – Dm. 34 cm, H. 11 cm. – n) Kamm: Knochen; dreilagig, zweireihig. – L. 14,6 cm, B. 5 cm. – o–p) Schildbuckel: Eisen mit flachem Rand und abgesetzter, halbkugeliger Kalotte mit Spitzenknopf; auf dem Rand fünf Nieten mit halbkugeligen, bronzenen Köpfen. – Dm. 21,5 cm; Schildfessel, Eisen mit Bronzenieten. – L. 45 cm. – q) Ango: Eisen mit holzernem Schaft; Spitze eingeschnürt, mit Winkelverzierung und deutlichen Widerhaken; Federtülle mit vier eisernen Befestigungsringen. – L. 135 cm. – r) Axt: Eisen; mit eingezogenem Hals und stark verbreiteter Schneide (Tüllenaxt). – L. der Schneide 12,5 cm. – s) Eimer: Holz, Eisen; konischer Daubeneimer mit Reifen und Henkel aus Eisen. – H. 23 cm. – t) Goldmünze: barbarisierter Solidus Justinians (527–565).
Münster, Westfälisches Museum für Archäologie

Das sog. Fürstengrab wurde 1959 ausgegraben. Der Tote, ein etwa 50jähriger Mann, war in einem Sarg in einer großen Grabkammer beigesetzt. Vor allem das Ringknaufschwert und die goldenen Taschenbeschläge weisen ihn als lokalen oder regionalen Machthaber aus. Das Grab ist in besonderer Weise geeignet, die Schwierigkeiten bei der ethnischen Ausdeutung von Bestattungen zu zeigen.

Das gesamte Grabinventar ist wie die Form der Grabanlage fränkisch geprägt. Die Grabausrichtung ist weder Ost-West noch Süd-Nord. Eher nicht typisch fränkisch muten die umliegenden Pferdegräber an, von denen vom Ausgräber allein acht dem Fürstengrab zugeordnet werden, darunter eines mit kostbarem Zaumzeug.

Das Gräberfeld Beckum II liegt ca. 150 m vom Friedhof Beckum I entfernt, möglicherweise handelt es sich um einen separaten 'Adelsfriedhof'.

Winkelmann 1974. – Kat. Hamburg 1978, 666–678 (Fundbeschreibung von W. Winkelmann). – Winkelmann 1983, 211–214. – G. Wand 1982, 249, 263, 314. – Böhme 1993, 434, 445. – Müller-Wille 1998.

C.G.

IV.29 Pferdezaumzeug

Um 600
Beckum (Kr. Warendorf), Gräberfeld II
Bronze, versilbert. – a) 2 Riemenzungen: profiliert, mit Dreieckspunzen und randlichen Punktlinien. – L. 8,2 cm. – b) 2 Riemenzungen: wie a), mit Kreisaugen und randlichen Punktlinien. – L. 8,4 cm. – c) 2 Schnallen: mit beweglichem, rechteckigem Beschläg mit rautenförmigen Punzen und randlichen Punktlinien, Schilddorn. – L. 3,5 cm, B. 2 cm. – d) 2 Beschläge: langrechteckig, mittig verbreitert, mit rautenförmigen Punzen und Kreisaugen, an den Enden je zwei, in der Mitte sechs Nieten. – L. 11 cm, B. 1,4 cm. – e) 2 Riemenverteiler: kreuzförmig mit runder Mittelplatte und zentralem Buckel, vergoldet, mit Kreisaugen und randlichen Punktlinien. – L. 4,8 cm, B. 4,8 cm. – f) zwei Riemenzungen: profiliert, unverziert, mit je einem Niet. – L. 7,7 cm. – g) zwei Schnallen mit rechteckigem Laschenbeschläg mit zwei Nieten, Schilddorn. – L. 2,5 cm, B. 2,7 cm. – h) 4 rechteckige Beschläge mit vier Nieten, davon einer stark fragmentiert. – L. 5,5 cm, B. 2 cm. – i) Stangentrense: Eisen; zwei Seitenstangen; Riemenbefestigung mit rundem Ende u. dreieckigen Nietplatten, zwei Gebißstangen. – L. ca. 12 cm. – j) 3 Schnallen: Eisen, ohne Beschläg, Bügel oval. – B. ca. 4 cm. – k) 2 Schnallen: Eisen, ohne Beschläg. – B. ca. 3 cm.
Münster, Westfälisches Museum für Archäologie

Das Zaumzeug gehört zu einem Pferd aus einer Pferdedoppelbestattung nördlich des Fürstengrabs. Vom Ausgräber wird das Grab dem Fürstengrab zugeordnet. Beide Pferde lagen auf der Seite, Rücken an Rücken.

Winkelmann 1974. – Katalog Hamburg 1978, 666–678. – Winkelmann 1983, 211–214. – G. Wand 1982, 249, 263, 314.

C.G.

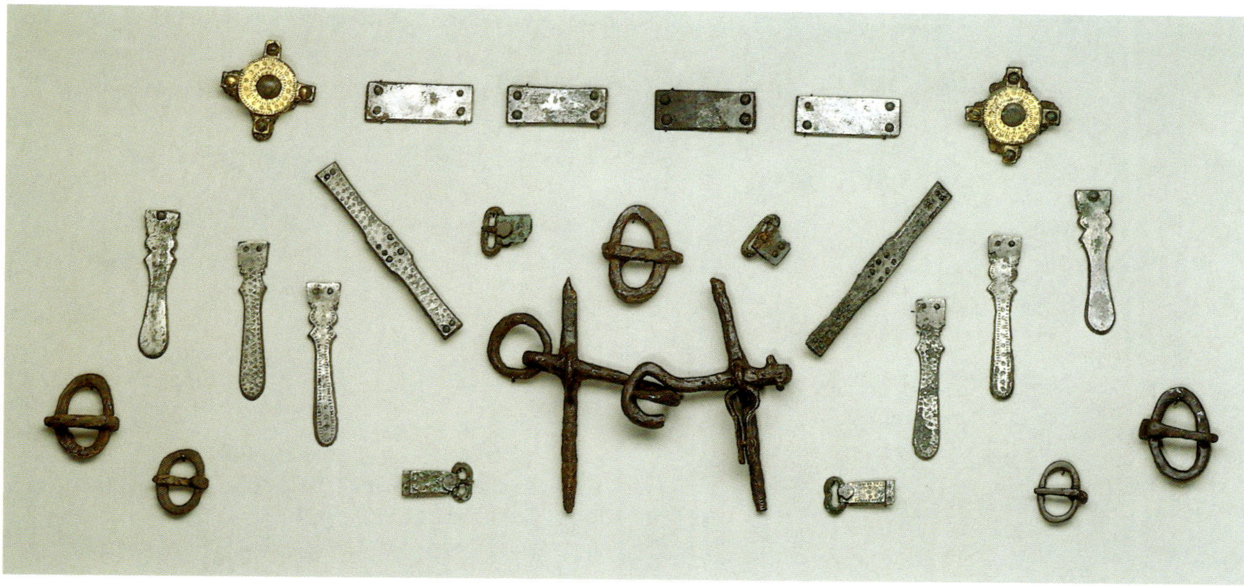

IV.29

IV.30 Brandgrab

Um 600 bis 1. Hälfte 7. Jahrhundert
Beckum (Kr. Warendorf), Gräberfeld 11/12
a) 2 Teile einer Gürtelgarnitur: Eisen, mit Resten von Silber- und Messingtauschierung; Schilddorn massiv, auf dem Schild flächendeckend tauschiert; Winkel- und Zickzackmuster; Kantentauschierung; Dorn quer streifentauschiert. – L. 4,6 cm, B. 2,7 cm. – Gürtelbeschlag mit schildförmiger Nietplatte und fünfeckiger Ösenplatte mit 3 Löchern, flächendeckend tauschiert; Winkel- und Zickzackmuster. – L. 3,9 cm, B. 2,4 cm. – Inv.Nr. 1959: 1034, 120/116. – b) 2 Niete: Eisen; mit flach gewölbten, runden Nietköpfen, vergoldet. Nietstifte nach ca. 1,0 cm rechtwinklig abgebogen. – KopfDm. 2,1–2,2 cm. – Inv.Nrn. 1959, 1034, 11a-12/1. – c) Kleine Eisenschnalle mit ovalem Bügel. – L. 1,7 cm, B. 1,9 cm (vor Restaurierung).
Münster, Westfälisches Museum für Archäologie

IV.30

In den westfälischen Gräberfeldern finden sich auch im 6. bis 8. Jahrhundert vereinzelt Brandgräber. Im vorliegenden Grab war ein Mann (?) von ca. 34 Jahren ohne Urne beigesetzt. Weder der Leichenbrand noch die Beigaben gelangten vollständig in die Grabgrube. Die Gürtelteile gehören zu einer großen Garnitur mit runden Beschlägen, wie sie vor allem im westfränkischen und chamavischen Bereich vorkommen.

Unveröffentlicht.

C.G.

Das Gräberfeld Lembeck

IV.31 Pfennig Ludwigs des Frommen

(ohne Abb.)
Aquitanien, 819–822
Lembeck (Kr.Recklinghausen), Grab 137
Silber; fragmentarisch erhalten.
Münster, Westfälisches Museum für Archäologie

Allein diese Münze lag als Beigabe in dem Grab. Sie ist in Westfalen der einzige Vertreter eines Münztyps, der den anonymen Reichsprägungen vorangeht und eine

IV.32a

IV.32b

IV.32c

zweizeilige Ortsangabe besitzt. Letztere bezieht sich freilich auf das im äußersten Westen des Karolingerreiches gelegene Aquitanien.

Morrison/Grunthal 1967, Nr. 390. – Berghaus 1973.

P.I.

IV.32 Körpergrab

8./frühes 9. Jahrhundert
Lembeck (Kr. Recklinghausen), Grab 138
a) Scheibenfibel: Eisen; rund; Grundplatte mit randbegleitender Riefe, Zierplatte nicht erhalten; Nadelkonstruktion Eisen mit Textilresten eines feineren und eines groben Stoffes. – Dm. 2,5 cm. – b) Trianguläre Riemenzunge: Eisen mit Lederresten. – L. 2,6 cm, B. 1,6 cm. – c) Messer: Eisen; Klinge mit abknickendem Rücken; Griff mit Holzresten. – L. 11,9 cm. – d) Riemenzunge: Bronze, massiv; Schauseite mit zwei, im oberen Bereich drei Reihen eingeputzter X-Muster; am oberen Ende vier Nietlöcher.- L. 10,9 cm. – e) 10 Nietstifte: Eisen; teils mit anhaftenden Knochenresten; Rest eines Kamms. – f) Perlenkette: 18 Perlen, 13 Glas-, 4 Bernsteinperlen u. 1 Bleiperle; fragmentiert. – g) 2 Armreifen: Bronze; massiv, bandförmig; jeweils mit offenen, aber anstoßenden Enden; an vier Stellen leicht rautenförmig verbreitert. – Dm. ca. 7,7 cm, B. 1 cm. – h) Bronzeschnalle mit schmalrecheckigem Blechbeschläg und rundem Bügel. – L. 3,9 cm, B. 2,7 cm. – i) Eiförmiger Topf: Keramik, Drehscheibenware, größter Durchmesser im oberen Gefäßdrittel; Rand scharf nach außen umgelegt, innen gekehlt; Oberfläche mit starken Drehriefen. – H. 14,0 cm, Dm. 14 cm.
Münster, Westfälisches Museum für Archäologie

Im Gräberfeldplan fällt das Süd-Nord ausgerichtete Grab durch eine rechteckige Holzkammer mit Eckpfosten auf, die von einem ovalen Kranz aus eng gestellten Staken umgeben ist. Die Beigabenausstattung ist für diese Zeit außergewöhnlich reich und vollständig.

Winkelmann 1981.

C.G.

IV.33 Körpergrab

8./9. Jahrhundert
Lembeck (Kr. Recklinghausen), Grab 139
a) Messer: Eisen; Klinge mit abknickendem Rücken, sehr massiv; Griff mit Holzresten. – L. 2,3 cm, B. 2,7 cm.
b) Schnalle: Eisen; Bügel D-förmig. – L. 2,3 cm, B. 2,7 cm.
Münster, Westfälisches Museum für Archäologie

IV.33

Der oder die Tote war in einem Süd-Nord ausgerichteten Brettersarg beigesetzt. Die Ausstattung mit Schnalle und Messer ist in der Zeit vor dem Abbruch der alten Gräberfelder üblicher Standard. Die Gegenstände sind nicht als Beigaben im engeren Sinne, sondern als persönliche Ausstattung im täglichen Leben zu werten.

Unveröffentlicht.

C.G.

IV.34 Körpergrab

8./9. Jahrhundert
Lembeck (Kr. Recklinghausen), Grab 141
Messer: Eisen; Schneide gerade, Rücken gebogen; an der Klinge Reste der Lederschneide, am Griff Holzreste. – L. 14,2 cm.
Münster, Westfälisches Museum für Archäologie

Die West-Ost ausgerichtete Sargbestattung ist anhand des uncharakteristischen Messers nicht präzise zu datieren. Die Nähe zu den Gräbern 138 und 139 deutet aber eine ähnliche Zeitstellung an.

Unveröffentlicht.

C.G.

IV.34

Das Gräberfeld Paderborn-Benhauser Strasse

IV.35 Preßblechscheibenfibel

Letztes Drittel 7. Jahrhundert
Paderborn, Benhauser Straße, Grab 4
Bronze; auf der Rückseite Reste von zwei verschiedenen Geweben. – Dm. 3,5 cm.
Paderborn, Westfälisches Museum für Archäologie, Museum in der Kaiserpfalz

Die Preßblechscheibenfibel aus dem West-Ost ausgerichteten Frauengrab bildet zusammen mit einer Perle aus durchscheinendem blauen Glas mit gekämmten, opak weißen und roten Streifen ein typisches Beispiel für die schlichte Ausstattung der Frauengräber dieser Zeit. Die Fibel diente, ähnlich einer heutigen Sicherheitsnadel, als Verschluß eines Obergewandes. Das leider beschädigte Zierblech zeigt ein Motiv aus vier miteinander verflochtenen Kettengliedern. Die Glasperle kann als Rest einer ursprünglich sicherlich umfangreicheren Halskette aus bunten Perlen angesehen werden.

Klein-Pfeuffer 1993, 117.

F.S.

IV.35

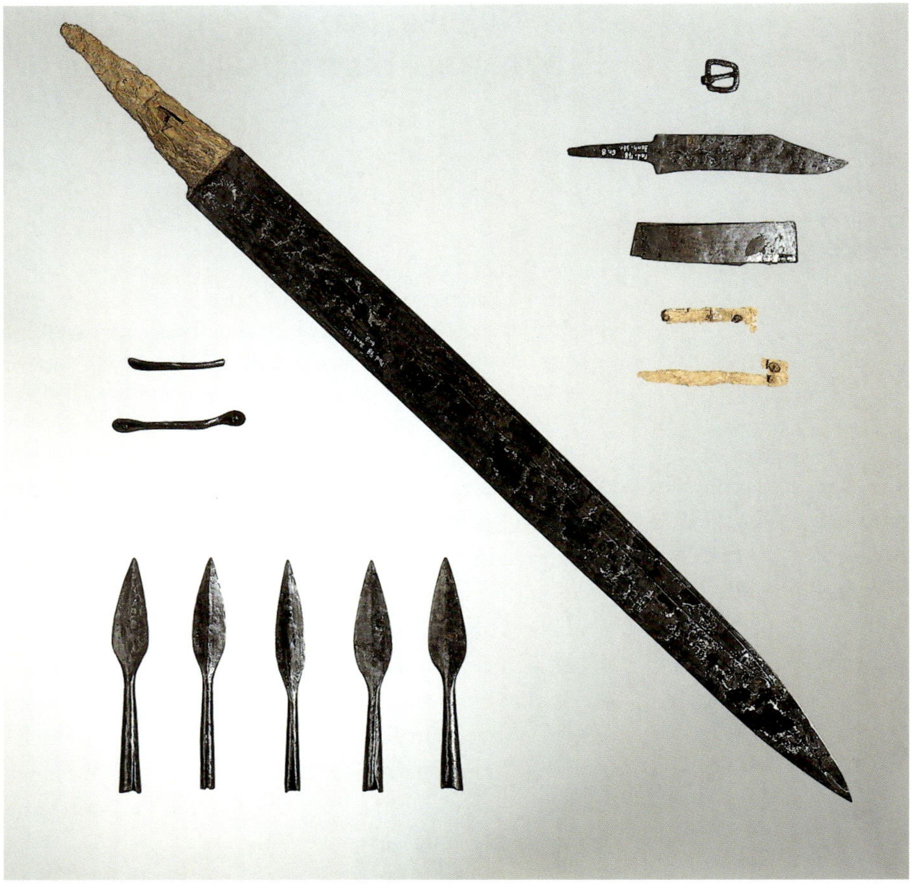

IV.36

IV.36 Männergrab

Paderborn, Benhauser Straße, Grab 8
Um 700
a) Gürtelschnalle: Eisen. – L. ca. 1,8 cm. – b) Messerklinge: Eisen. – L. 15,7 cm. – c) Klappmesser, vermutlich Rasiermesser: Eisen. – L. 8,4 cm. – d) Kamm: Rest eines sehr kleinen, einreihigen Dreilagenkammes, dazu – nicht passend – der Rest einer Hülle. – e) Einschneidiges Hiebschwert, sog. Langsax: Eisen; auf der Klinge beidseitig zwei schmale Rillen, dazwischen leicht gedellt; an der Angel Reste des Holzgriffes erhalten. – L. 61,5 cm. – f) 5 Pfeilspitzen: Eisen. – L. ca. 13 cm.
Paderborn, Westfälisches Museum für Archäologie, Museum in der Kaiserpfalz

Das Ensemble steht für ein – für diese Zeit – reich ausgestattetes Männergrab. Messer, Rasiermesser und Kamm dürften sich in einem am Gürtel befestigten Täschchen befunden haben. Die Pfeilspitzen lassen die Beigabe von heute vergangenen Pfeilen samt zugehörigem Bogen erschließen und stehen zusammen mit dem Sax für eine symbolische Waffenbeigabe.

Unveröffentlicht. – e) Westphal 1991, 327 Nr. 32.

F.S.

IV.37 Frauengrab

Um 700
Paderborn, Benhauser Straße, Grab 15
a) Preßblechscheibenfibel: Silber. – Dm. 2,8 cm. – b) Halskette: 56 Perlen aus Glas, Metall und dünnen, aus mediterranen Muscheln geschliffenen Scheibchen. – c) Messerklinge: Eisen. – L. 13,5 cm. – d) Feuerschlagstein: Feuerstein. – L. 4 cm.
Paderborn, Westfälisches Museum für Archäologie, Museum in der Kaiserpfalz

Es handelt sich um die Austattung eines Nord-Süd gerichteten Frauengrabes ähnlich der des Grabes Nr. 4 (Kat.Nr. IV.35). Die kostbarere silberne Scheibenfibel zeigt ein Dekor mit einem knotenförmigen Tierwirbel aus drei stilisierten Tieren; gut erkennbar ist jeweils das Auge, an dem sich nach vorne zwei weit geöffnete Kiefer und nach hinten ein schlangenförmiger Leib anschließen. Eine sehr ähnlich verzierte, aber nicht mustergleiche Fibel stammt aus Horrheim bei Ludwigsburg.

a), c) u. d) Unveröffentlicht. – b) Siegmund/Weiß 1989. – Vgl. Klein-Pfeuffer 1993, 94 u. 365 f. Nr. 122.

F.S.

IV.37a

Das Gräberfeld Fürstenberg

IV.38 Glasbecher *(Abb. IV.40)*

Fränkisch/Rheinland, 6. Jahrhundert
Wünnenberg-Fürstenberg (Kr. Paderborn), Grab 1
Grünes Glas. – Vollständig, geklebt. – H. 8,6 cm, RDm, 6,3 cm, Dm. 8,5 cm.
Paderborn, Westfälisches Museum für Archäologie, Museum in der Kaiserpfalz

Der Glasbecher fand sich zusammen mit weiteren Beigaben (u. a. Tüllenaxt, 2 Pfeilspitzen, Sax, Messer, 2 Schnallen, Feuerstahl und 2 -steine, Pfriem, Knochenkamm) im Süd-Nord gerichteten Grab eines 30–50jährigen Mannes aus der Zeit um 600. Der kostbare und seltene Glasbecher wurde wahrscheinlich aus dem Rheinland importiert.

Melzer 1991, 49–51. – Heiko Steuer, Art. Fürstenberg, in: RGA 10, 1996, 167 f.

S.F.

IV.37b

IV.37c

IV.39 Mädchengrab

Ende 6./Anfang 7. Jahrhundert
Wünnenberg-Fürstenberg (Kr. Paderborn), Grab 2
21 verschiedenfarbige Glasperlen unterschiedlicher Form. – Ovale Eisenschnalle mit Lederrest. – L. 2,8 cm; B. 3,2 cm.
Paderborn, Westfälisches Museum für Archäologie, Museum in der Kaiserpfalz

IV.39

IV.40a–c

IV.40d, f–l

Grab 2 barg die Bestattung eines jugendlichen Mädchens.

Melzer 1991, 50–52. – Heiko Steuer, Art. Fürstenberg, in: RGA 10, 1996, 167 f.

S.F.

IV.40e / 38

IV.40f

IV.40 Männergrab

Ende 6. Jahrhundert
Wünnenberg-Fürstenberg (Kr. Paderborn), Grab 9
a) Spatha: Eisen; Winkeldamast; omegaförmige Marke aus Buntmetall; Holzscheide mit Textilresten. – L 80,5 cm, B 4,3–5,3 cm, D. 0,3–0,5 cm (Scheide L. 20,8 cm, B. 6,2 cm, D. 1,5 cm). – b) Sax; Eisen. – L. 43,5 cm, B. 3,5 cm, D. 0,6 cm. – c) Lanzenspitze: Eisen, Buntmetall, Reste des Holzschafts. – L. 56,1 cm, B. 4,1 cm, TüllenDm. 2,5 cm. – d) Messer: Eisen, Holz. – L. 14,4 cm, B. 2,3 cm, D. 0,5 cm. – e) Glasbecher: grünes Glas. – Vollständig, geklebt. – H. 11,2 cm, RDm. 10 cm, Dm. 13,2 cm. – f) Triens: Goldlegierungsmünze; pseudoimperiale merowingische Nachprägung aus dem 6. Jahrhundert. – Dm. 1,4 cm, Gew. 1,39 g. – g) Schilddornschnalle: Buntmetall, z. T. verzinnt. – L. 8,8 cm, B. 4,4 cm. – h) Rechteckbeschläg: Buntmetall, z. T. verzinnt. – L. 3,9 cm, B. 2,7 cm, D. 1 cm. – i) Kamm: Knochen, Eisennieten. – L. 12,8 cm, B. 5,3 cm, D. 1,1 cm. – j) Spinnwirtel: roter Ton. – H. 2,3 cm, Dm. 3,3 cm. – k) Pinzette: Buntmetall. – L. 8,2 cm, RingDm. 1,6 cm, B. 0,8–1,7 cm. – l) 3 Feuersteine: Flint. – L. 2,3–3,8 cm, B. 1,2–3,3 cm, D. 0,7–1,6 cm.

Paderborn, Westfälisches Museum für Archäologie, Museum in der Kaiserpfalz

Die große Süd-Nord ausgerichtete Grabgrube mit einer hölzernen Abdeckung barg in einem Holzsarg die Bestattung eines 41–46jährigen Mannes. Sein Schwert gehört zu den Spitzenprodukten der Zeit (vierbahniger Winkeldamast) und verfügt über eine interessante Schmiedemarke; das wohl aus dem Frankenreich importierte Glas ist bisher einzigartig. Der üblicherweise in Frauengräbern auftretende tönerne Spinnwirtel könnte auf Grund seiner Fundlage als „magischer Schwertanhänger" gedeutet werden. Die Objekte der reichen Grabausstattung und der Tracht des Bestatteten zeigen enge Beziehungen zum Fränkischen Reich.

Melzer 1991, 53–56. – Heiko Steuer, Art. Fürstenberg, in: RGA 10, 1996, 167 f.

S.F.

IV.41 Pferdegeschirr

(ohne Abb.)
Ende 6./Anfang 7. Jahrhundert
Wünnenberg-Fürstenberg (Kr. Paderborn), Grab 22
Buntmetall. – Sattel: 12 Nietnägel und 1 quadratisches Blech, die als Beschläge der Holzrahmenkonstruktion des Sattels dienten. – Nietnägel L. 2,2–3 cm, KopfDm. 1,4–1,6 cm. – Blech 2,7 x 2,7 cm.
Paderborn, Westfälisches Museum für Archäologie, Museum in der Kaiserpfalz

Melzer 1991, 61 ff.

S.F.

IV.42 Pferdegeschirr

Ende 6./Anfang 7. Jahrhundert
Wünnenberg-Fürstenberg (Kr. Paderborn), Grab 39
Trense: Eisen. – GebißstangenL. 10 cm.
Paderborn, Westfälisches Museum für Archäologie, Museum in der Kaiserpfalz

Die Reste des Pferdegeschirrs und des Sattels fanden sich zusammen mit weiteren Zaumzeugteilen in zwei Süd-Nord ausgerichteten Pferdegräbern. Von den insgesamt neun unterschiedlich ausgerichteten Pferdebestattungen verfügten nur diese beiden über Geschirr. Das Pferd in Grab 39 gehört womöglich zur reichen Bestattung Grab 61.

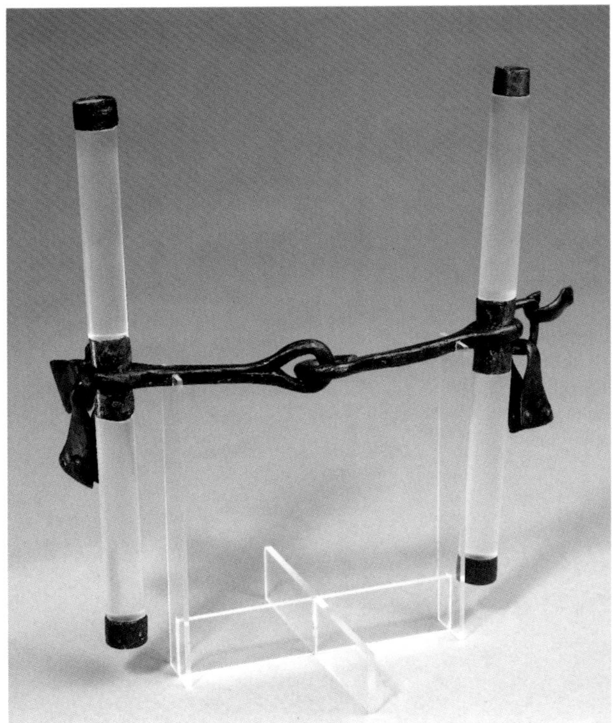

IV.42

Melzer 1991, 61–63; 69 f. – Heiko Steuer, Art. Fürstenberg, in: RGA 10, 1996, 167 f.

S.F.

IV.43 Männergrab

Um 600
Wünnenberg-Fürstenberg (Kr. Paderborn), Grab 61
a) Ringknaufspatha: Eisen; Winkeldamast; silberner, vergoldeter Knauf mit silbernem Ring; geringe Holzgriffreste; Holzscheide mit innerer Leder/Fellhülle. – L. 91,3 cm, B. 5,3 cm (Scheide B. 6,4 cm). – b) Sax: Eisen; Holzgriff; Scheidenumwicklung aus Bast. – L. 43,3 cm, B. 3,6 cm. – c) Lanzenspitze: Eisen; Reste des Holzschafts. – L. 52 cm, B. 3,8 cm, TüllenDm. 2,3 cm. – d) Franziska: Eisen; Reste des Holzschafts. – L. 18,5 cm, B. 9,6 cm, D. 4,3 cm. – e) 3 Pfeilspitzen: Eisen; Reste des Holzschafts. – L. 9,6–15,4 cm, B. 2,3–2,8 cm, TüllenDm. 1,1–1,3 cm. – f) Schildbuckel und -fessel: Eisen; Buntmetall. – H. 7 cm, Dm. 16,7 cm (Buckel), L. 46,6 cm, B. 3,4 cm (Fessel). – g) Eimer: Holzdauben, -boden; Buntmetallreifen, -bänder, -henkel, -zierbleche. – H. (ohne Henkel) 12 cm, Dm. 12 cm. – h) Schüssel: roter Ton. – Drehscheibenware. – H. 8,2 cm, RDm. 20 cm. – i) Schilddornschnalle mit drei Hafteln: Weißmetall. – L. 3,1 cm, B. 3,4 cm, D. 1,9 cm (Schnalle); L. 2,1 cm; B. 1,1 cm; D. 0,8 cm (Hafteln).- j) 2 Messer: Eisen; Rest der Lederscheide.- L. 17,1 cm, B. 2 cm, D. 0,3 cm. – k) Rechteckschnalle: Weiß-, Buntmetall. – L. 1,3 cm, B. 1,6 cm. – l) Feuer-

IV.43d–n

stahl und -stein: Eisen; Lederreste; Flint. – L. 6 cm, B. 1,5 cm (Feuerstahl). – m) Denar: Silbermünze (Rom, Republik, 90 v. Chr.). – Randlich durchlocht. – Dm 16–19 mm. – n) Halbe Glasperle. – Glasfragment. – o) Wölbwandtopf; gelblich-grauer Ton; Drehscheibenware; Randfragment.
Paderborn, Westfälisches Museum für Archäologie, Museum in der Kaiserpfalz

Das ca. 3 x 1,3 m große und 1,2 m tiefe West-Ost ausgerichtete Holzkammergrab barg in einem Sarg die Bestattung eines 23–39jährigen Mannes. Vermutlich stehen zwei Nord-Süd ausgerichtete, das Grab flankierende Pferdebestattungen in Zusammenhang mit Grab 61. Das Grab ist etwa eine Generation jünger als Grab 9 und verfügt über die reichste Ausstattung der sieben merowingerzeitlichen Bestattungen des Gräberfelds. Die überdimensionierte Grabgrube, die vollständige Waffenausrüstung und die kostbaren, z. T. aus dem Fränkischen Reich importierten Beigaben zeigen die herausragende soziale Stellung des Bestatteten. Der kleine Holzeimer als Bestandteil des Trinkservices ist Kennzeichen einer ranghohen Gesellschaftsgruppe, zu deren Lebensstil Festgelage gehört haben. Das beigegebene prachtvolle Ringknaufschwert läßt sogar – ähnlich wie im Fall des Fürstengrabs von Beckum (Kat.Nr. IV.28) – eine enge Beziehung zum fränkischen König vermuten. Auf die Zugehörigkeit zum fränkischen Kulturkreis verweisen auch einige Waffen sowie die Gürtelgarnitur. Während die Schüssel wahrscheinlich aus dem Rheinland importiert wurde, stammt der Wölbwandtopf wohl aus der Töpferei von Geseke. Der im Gegensatz zu der merowingischen Münze aus Grab 9 zum Zeitpunkt der Bestattung seit über 450 Jahren nicht mehr als Zahlungsmittel verwendete Denar wurde als Schmuckanhänger verwendet.

Heiko Steuer, Art. Eimer II., in: RGA 6, 1986, 591–595. – Steuer 1987. – Melzer 1991, 80–83. – Kat. Mannheim 1996, Nr. V.5.14. – Heiko Steuer, Art. Fürstenberg, in: RGA 10, 1996, 167–168.

S.F.

IV.44 Taubenfibel

Um 800
Wünnenberg-Fürstenberg (Kr. Paderborn), Grab 16
Buntmetall. – L. 3,1 cm, B. 1,8 cm, D. 0,6 cm.
Paderborn, Westfälisches Museum für Archäologie, Museum in der Kaiserpfalz

IV.44

Die sicherlich als christliches Zeichen deutbare, seltene taubenförmige Fibel lag auf der Brust einer erwachsenen Frau in einer ansonsten beigabenlosen, West-Ost gerichteten Bestattung. Eine vergleichbare Fibel stammt aus Osnabrück (Kat.Nr. VI.47). Das Taubenmotiv findet sich ebenfalls auf zwei Fibeln, die eine bei St. Peter in Warburg-Hüffert (Kr. Höxter) bestattete Frau trug (Kat.Nr. IV.103).

Melzer 1991, 58. – Heiko Steuer, Art. Fürstenberg, in: RGA 10, 1996, 167 f.

S.F.

IV.45 Halbkugelige Fibel

(ohne Abb.)
Um 800
Wünnenberg-Fürstenberg (Kr. Paderborn), Grab 29
Buntmetall, feuervergoldet. – H. 1,1 cm, Dm. 2,2 cm.
Paderborn, Westfälisches Museum für Archäologie, Museum in der Kaiserpfalz

Der zu einer einzigartigen Fibel umgearbeitete Nietknopf lag zusammen mit Perlen und einem Armreif im West-Ost gerichteten Grab einer erwachsenen Frau.

Melzer 1991, 64–66. – Heiko Steuer, Art. Fürstenberg, in: RGA 10, 1996, 167 f.

S.F.

IV.46 Kreuzfibel

Um 800
Wünnenberg-Fürstenberg (Kr. Paderborn), Grab 37
Buntmetall; Eisennadel. – L. 2,5 cm, B. 2,3 cm, D. 0,8 cm.
Paderborn, Westfälisches Museum für Archäologie, Museum in der Kaiserpfalz

Melzer 1991, 68 f.

S.F.

IV.47 Kreuzfibel

Um 800
Wünnenberg-Fürstenberg (Kr.Paderborn), Grab 47
Buntmetall; Eisennadel. – L. 2,3 cm, B. 2,3 cm, D. 0,6 cm.
Paderborn, Westfälisches Museum für Archäologie, Museum in der Kaiserpfalz

IV.46

IV.47

Die beiden Kreuzfibeln stammen aus zwei West-Ost gerichteten weiblichen Bestattungen (Grab 37: 52–57 Jahre; Grab 47: 2–3 Jahre). Es lag jeweils noch eine Glasperle im Grab. Kreuzfibeln als demonstratives Bekenntnis zum Christentum tauchen im ausgehenden 8. Jahrhundert an vielen Orten Westfalens auf. Ähnliche Exemplare stammen aus Paderborn (Kat.Nr. VI.1) und Osnabrück (Kat.-Nr. VI.46).

Melzer 1991, 74 f. – Heiko Steuer, Art. Fürstenberg, in: RGA 10, 1996, 167 f.

S.F.

IV.48 Münzfibel

2. Drittel 9. Jahrhundert
Wünnenberg-Fürstenberg (Kr. Paderborn), Grab 52
Silber. – Dm. 2,1 cm, Gew. 1,09 g.
Paderborn, Westfälisches Museum für Archäologie, Museum in der Kaiserpfalz

Der zu einer Fibel umgearbeitete Denar Ludwigs des Frommen (unsaubere Prägung Typ Christiana-Religio) fand sich in einem West-Ost gerichteten Grab einer erwachsenen Frau. Die wenigen Funde von Münzen Ludwigs des Frommen in Sachsen stammen überwiegend aus Gräbern. Im hier vorliegenden Fall wird durch die Umwandlung in ein Schmuckstück der Vorrang einer Nutzung als Bekenntniszeichen gegenüber einer Verwendung als Zahlungsmittel besonders deutlich.

Melzer 1991, 75 f. – Heiko Steuer, Art. Fürstenberg, in: RGA 10, 1996, 167 f. – Haertle 1997, 1076 f.

S.F.

IV.48

IV.49

Das Gräberfeld Soest-Lübecker Ring

IV.49 Bügelfibel, Halskette

2. Hälfte 6. Jahrhundert
Soest-Lübecker Ring, Grab 1
a) Bügelfibel: Bronze, vergoldet; Fibel mit rechteckiger Kopfplatte, gewölbtem Bügel und ovaler Fußplatte mit großem Tierkopfende; die Vorderseite der Fibel ist flächendeckend mit einem Zick-Zackmuster kerbschnittverziert; die Knöpfe sind punzverziert, vier oben und je zwei an den Seiten, einer fehlt; auf der Rückseite Reste der eisernen Nadelkonstruktion erhalten; die Fibel lag waagerecht im Brustbereich. – L. 9 cm, B. 5,4 cm. – b) Halskette: 55 Glasperlen lagen im Hals- und Brustbereich verstreut.
Soest, Burghof-Museum, Inv.Nrn. 1984/1.1 u. 1984/1.2

Aus Grab 1 des Gräberfeldes Soest-Lübecker Ring, einem Holzkammergrab mit Holzsarg, wurden die Bügelfibel und die Glasperlen geborgen. Zum Grabinventar gehören weiterhin ein Spinnwirtel, ein Fingerring, eine Gürtelschnalle, ein Messer, die Fragmente einer Zierscheibe, ein Glasbecher und zwei Tongefäße.

Stieren 1930, 169. – Kühn 1965, 264–274, Taf. 98, Abb. 31,5. – Kühn 1974, 1006–1016, Taf. 294, Abb. 83,15. – Kühn 1981, 322–324, Taf. 76, Abb. 510.

W.M.

IV.50 Goldscheibenfibel, Halskette

7. Jahrhundert
Soest-Lübecker Ring, Grab 18
a) Scheibenfibel: silberne, punzverzierte Grundplatte und goldene Deckplatte mit in Rosetten angeordneten Almandin- und Glasbesatz. – In der Mitte der Deckplatte befindet sich auf erhabenem Untergrund eine ovale Einlage. Darum herum gruppieren sich acht zungenförmige Arme mit lang-ovalen, in Cloisonné-Technik gefaßten Einlagen, in Form stilisierter Insekten; am Rande der Deckplatte sind abwechselnd vier runde und quadratische Einlagen zu er-

IV.50

kennen; zwischen den Fassungen ist ein Paragraphen- und Sechsenmuster aus Filigran vorhanden; die Einfassung der Mitteleinlage sowie der Grund- und Deckplatte besteht aus einem tordierten Draht. – Dm. 5,8 cm. – b) Halskette: 72 Perlen einer Halskette, Glasperlen und Amethyste, die vom Hals herunter bis zur Gürtelschnalle lagen.
Münster, Westfälisches Museum für Archäologie, Inv.Nr. 1930: 40:165

Die Scheibenfibel sowie die Perlenkette fanden sich in Grab 18 des frühmittelalterlichen Gräberfeldes Soest-Lübecker Ring. Zum Inventar der in einem Holzkammergrab beigesetzten Frau gehören weiterhin vier Bronzeschnallen, zwei Eisenschnallen, zwei Bronzeringe, ein Messer, der Rest eines Knochenkammes, sieben Paar Riemenzungen sowie ein Bronzeniet.

Stieren 1930, 169, Taf. 5,3. – Thieme 1978, 420–422, 487 Nr. 169, Taf. 8,6. – Clauss 1987, 565. – Kat. Münster 1990, Nr. 130 (Barbara Grodde).

W.M.

IV.51 Scheibenfibel, Halskette, Zierscheibe

7. Jahrhundert
Soest-Lübecker Ring, Grab 105
a) Scheibenfibel: Bronze, vergoldet mit cloisonnierten Einlagen aus purpurfarbenem Glas; oval 4,7 cm x 4,1 cm; an den Schmalseiten je eine stilisierte Darstellung von zwei Vogelköpfen, die eine menschliche Maske halten; die Fibel lag im Halsbereich. – b) Halskette: Die Kette bestand aus ca. 193 Glas-, Bernstein- und Amethystperlen, zwei gelochten, nicht mehr bestimmbaren Kupfermünzen und drei filigranverzierten, mit Ösen versehenen Goldanhängern; die Bestandteile der Kette lagen im Hals-, Brust- und Beckenbereich verstreut. – Dm.1,6 cm. – c) Zierscheibe: Bronze, durchbrochen gearbeitet, auf der Vorderseite zusätzliche Gravur; Darstellung: gekreuztes Menschenpaar; zwei Krieger, deren Gesichter voneinander abgekehrt sind; die Beine sind stark auseinander gebogen, so daß eine hockende Stellung vermittelt wird; zwischen den Beinen befindet sich je ein nach außen gewandter Raubvogel; die Zierscheibe besaß ursprünglich einen beinernen Umfassungsring und fand sich links neben den Beinen. – Dm. 10,1 cm.
Münster, Westfälisches Museum für Archäologie

IV.51

Die Beigaben stammen aus Grab 105 des frühmittelalterlichen Gräberfeldes Soest-Lübecker Ring, einem Holzkammergrab mit Holzsarg. Zum Grabinventar gehören weiterhin drei Eisenschnallen, zwei bronzene Riemenzungen mit zugehörigem Rechteckbeschlag, ein Messer, eine Eisenschlüssel, ein Eisenpfriem, ein Tongefäß, ein Glasbecher, eine Bronzeschüssel, ein bronzener Armreif, zwei Bronzeringe, eine Eisenschere und ein Spinnwirtel.

a) Rupp 1937, Taf. 25,15. – Rupp 1938, 121, Taf. 50,5. – Arrhenius 1985, 179 ff. (dort irrtümlich als Grab 165 bezeichnet). – c) Stieren 1930, 170 Abb. 2. – Renner 1970, 43 ff. – Zu Frauengürteln und Taschengehängen siehe auch Vogt 1970, S. 85 ff., Taf. 331–334.

W.M.

IV.52a

IV.52 Zwei Bügelfibeln, Halskette, Almandinscheibenfibel

Um 600
Soest-Lübecker Ring, Grab 106
a) Gußgleiches Paar Bügelfibeln: Silber vergoldet; rechteckige Kopfplatte mit acht profilierten, eisernen vergoldeten Knöpfen; hoher Bügel und ovale Fußplatte, die in einen Tierkopf endet. – Tierkopffuß, Bügelmittelsteg und Rahmung sind mit dreieckigen Niello-Einlagen verziert; auf der Rückseite sind die Eisennadeln erhalten; alle Flächen sind eng mit frühem Tierstil II dekoriert; die Fibeln lagen in der Grabmitte untereinander, etwa in der Gürtelgegend. – L. 13,3 cm.- Inv.Nrn. 1984/106.20.1–2. – b) Halskette: Die Kette bestand aus 30 Glas-, Bernsteinperlen und Amethysten sowie aus zwei mit Ösen versehenen Goldmünzen (Solidus Valentinians I., 361–375, und Solidus Justinians I., geprägt in Ravenna etwa 555–565), zwei ovalen Goldblechanhängern (2,1 cm x 1,3 cm) mit engem Zellenwerk in Form von zwei Vogelköpfen und drei filigranverzierten, scheibenförmigen Goldblechanhängern (Dm. 1–1,2 cm). – Inv.Nrn. 1984/106.30.1–7. – c) Almandinscheibenfibel: Runde Scheibenfibel mit goldener Grundplatte und engem, mehrzonigem Zellenwerk, ca. 200 Almandin- und Glaseinlagen; die Grundplatte ist durch einen tordierten Draht gefaßt, sie besitzt Ösen für die Nadelhalterung und eine eingeritzte Runeninschrift: „Gabe und Erbbesitz des Atto". Die Neuinterpretation durch Rüdiger Herman (1989) unter Berücksichtigung der technologischen Details ergab, daß die Schriftzeichen nicht gleichzeitig, sondern wohl in drei Phasen angebracht worden waren; die Fibel lag im Halsbereich, zusammen mit dem Unterkiefer. – Dm. 5 cm, H. 0,6 cm. – Inv.Nr. 1984/106.1.
Soest, Burghof-Museum (a,c), u. Münster, Westfälisches Museum für Archäologie (b)

Die Beigaben stammen aus Grab 106 des frühmittelalterlichen Gräberfeldes Soest-Lübecker Ring, einem Holzkammergrab mit Holzsarg. Zum Grabinventar gehören

IV.52b

IV.52c Vorderseite

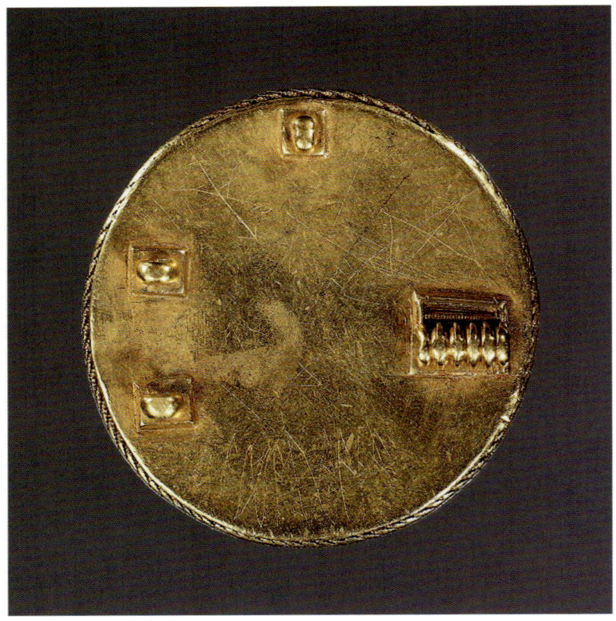

IV.52c Rückseite

weiterhin noch: ein Messer, eine bronzene Zierscheibe, zwei eiserne Schlüssel, ein Bronze-, ein Eisenring, eine Bronzeschnalle, zwei Silberschnallen, zwei silberne Riemenzungen mit zugehörigen Rechteckbeschlägen, ein Glasbecher, Fragmente eines Bronzebeckens, Reste eines Holzeimers mit Bronzeattaschen.

a) Stieren 1930, 171, Taf. 6,1. – Werner 1935, 92, Taf. 17,1. – Kühn 1965, 264–274, Taf. 99, Abb. 31, 21 (Soester Typ). – Kühn 1974, 1120–1125. – Winkelmann 1975, 137–142. – Haseloff 1981, 666 ff. – Kühn 1981, 324, Taf. 76, Abb. 511. – Roth 1986, 270, Taf. 31b. – Kat. Münster 1990, 122, Nr. 104, Abb. XXIII (Barbara Grodde). – b) Stieren 1930, Taf. 5,1. – Werner 1935, 92, 107, 111, Taf. 17 u. I,1, I,27. – c) Stieren 1930, 171. – Werner 1935, 92, Taf. 17,3. – Arrhenius 1985, 174 Abb. 212. – Clauss 1989, 600. – Herman 1989. – Kat. Münster 1990, Nr. 105, Abb. XX. (Barbara Grodde). – Westphal 1990, 37, 123.

W.M.

IV.53 Goldscheibenfibel, Haarnadel, Halskette

7. Jahrhundert
Soest-Lübecker Ring, Grab 165
a) Scheibenfibel mit bronzener vergoldeter Grundplatte und goldener Deckplatte in Rosettenform mit Almandin- und Glaseinlagen. – Um eine runde, leicht gewölbte Mittelzelle ist ein Sternmuster aus Dreieckzellen angelegt; am Randbereich befinden sich acht spitzovale Zellen mit kleinen Einlagen; verbunden sind die drei Zonen durch Elemente aus Filigran und Granulation; die Fibel lag an der rechten Schulter. – Dm. 3,6 cm. – b) Haarnadel: Silbernadel, Kopf quadratisch und mit konzentrischen Kreisen verziert, Schaft mit vier Gruppen Rillen verziert; die Nadel lag im Bereich des Kopfes. – L. 9 cm. – c) Halskette: Die Kette bestand aus 85 Glas-, Bernsteinperlen und Amethysten sowie aus zwei mit Ösen versehenen Goldmünzen (Triens Justinians I., Nachprägung nach 541 und Triens Justinians I., Nachprägung etwa 541–553), einem runden, filigranverzierten Goldblechanhänger (Dm. 1,6 cm) mit zentralem Motiv und Goldperlenbesatz sowie zwei filigranverzierten, scheibenförmigen Goldblechanhängern (Dm. 1,2 cm) mit zentralem Buckel und zwei Zonen Filigrankreisen; die Bestandteile der Kette lagen im Halsbereich.
Münster, Westfälisches Museum für Archäologie

Die Beigaben stammen aus Grab 165 des frühmittelalterlichen Gräberfeldes Soest-Lübecker Ring, einem Holzkammergrab mit Holzsarg. Zum Grabinventar gehören weiterhin: eine bronzene Gürtelschnalle, silbervergoldete Beschläge von zwei Holzbechern, ein bronzener Armring, zwei eiserne Beschläge eines Holzstabes, ein Messer, ein eisernes Gerät, ein Tongefäß.

Zu a) Stieren 1930, 171 f., Taf. 6,2. – Werner 1935, 93, Taf. 19,1. – Thieme 1978. – Clauss 1987, 565. – Zu b) Werner 1935, 93, Taf. 19,7. – Möller 1976/1977. – Zu c) Werner 1935, 93, 112, 115, Taf. 19,2, 19,3, 19,5.

W.M.

IV.53

IV.54

IV.54 Rechteckfibel, Halskette

8. Jahrhundert
Soest-Lübecker Ring, Grab 48
a) Rechteckfibel: Buntmetall, Vorderseite in Tremolierstichtechnik verziert: parallel zum Rand verlaufendes Zick-Zackmuster, an den Längsseiten durch einen Rahmen aus zwei Linien, an den Schmalseiten nur durch eine äußere Linie gefaßt. – Die Fibel lag im Halsbereich der Bestattung. – L. 3,7 cm, B. 1,8 cm.
b) Halskette: 21 Glasperlen lagen verstreut im Hals- und Brustbereich.
Münster, Westfälisches Museum für Archäologie

Die beschriebenen Stücke stammen aus der Baumsargbestattung 48 des frühmittelalterlichen Gräberfeldes Soest-Lübecker Ring. Zum Grabinventar gehört weiterhin ein Messer, das neben dem linken Oberschenkel lag.

W.M.

IV.55

IV.55 Rechteckfibel und Glasperle

8. Jahrhundert
Soest-Lübecker Ring, Grab 66
a) Rechteckfibel: Buntmetall, Vorderseite parallel zu den beiden Längsseiten punzverziert: jeweils in einem perlstabförmigen Rahmen Einschläge eines Rechteckstempels, der als Motiv ein Schrägkreuz enthält. – Die Fibel stammt aus dem Brustbereich der Bestattung. – Erh. L. 2,5 cm, B. 1,7 cm. b) Halskette: 2 Glasperlen, kugelig, blau und hellgrün; lagen zusammen mit Zähnen am Kopfende des Grabes.
Münster, Westfälisches Museum für Archäologie

Die Stücke stammen aus der Baumsargbestattung 66 des frühmittelalterlichen Gräberfeldes Soest-Lübecker Ring. Zum Grabinventar gehört weiterhin ein Eisenmesser, das zwischen den Knien lag.

Zu a) Westphal 1990, 36, 129 Nr. 117 (Barbara Grodde). – Melzer 1991, 28 mit Anm. 125 f., 77 ff.

W.M.

IV.56 Rechteckfibel, Halskette

8. Jahrhundert
Soest-Lübecker Ring, Grab 149
a) Rechteckfibel: Buntmetall, auf der Rückseite Lotspuren der Nadelhalterung; Vorderseite in Tremolierstichtechnik verziert: außen an den Schmalseiten jeweils ein senkrechtes Flechtband in einem rechteckigen Rahmen; dazwischen in der Mitte der Fibel und an den Rändern drei weitere waagerechte Flechtbänder in eigenen Rahmen. – L. 3,2 cm, B. 2 cm. b) Halskette: Die Halskette besteht aus 29 Glas- und Knochenperlen, einer Bernsteinperle sowie sechs großen Amethysten.
Münster, Westfälisches Museum für Archäologie

IV.56

Die Stücke stammen aus der Baumsargbestattung 149 des frühmittelalterlichen Gräberfeldes Soest-Lübecker Ring. Zum Grabinventar gehört weiterhin ein Messer.

Stieren 1930, 172 Abb. 4.

W.M.

IV.57a / 58c

Das Gräberfeld Wethmar

IV.57 Sturzbecher, Scheibenfibel

6. Jahrhundert
Lünen-Wethmar (Kr. Unna), Befund 53
a) Sturzbecher aus hellgrünlichem Glas.- H. 12,2 cm. b) 2 Scheibenfibeln: Silber, feuervergoldet, filigran, Almandineinlagen.- Dm. 2,1 cm.
Olpe, Westfälisches Museum für Archäologie

Verkohlte Reste lassen auf eine holzverschalte Kammer schließen. Zum Inventar des Nord-Süd ausgerichteten Grabes gehören weiterhin: eine eiserne Schere, eine eiserne Schnalle, ein fragmentarischer tönerner Spinnwirtel, 28 Bernstein- und 23 Glasperlen, ein Knochenkammniet.

Unveröffentlicht.

A.-H.S.

IV.58 Körpergrab

6. Jahrhundert
Lünen-Wethmar (Kr. Unna), Befund 269
a) Zwei Scheibenfibeln: Silber, feuervergoldet, Almandineinlagen. – Dm. 2 cm. – b) Eisenschnalle.- L. 4 cm. – c) Sturzbecher mit Endknopf aus olivgrünem Glas. – H. 12,2 cm. – d) Knickwandtopf mit Rillendekor aus Ton. – H. 12 cm.
Olpe, Westfälisches Museum für Archäologie

Die Verfärbungen lassen auf eine Holzkammer, einen Holzsarg und ein Holzkästchen am Fußende des Sarges schließen. Zum Inventar des West-Ost ausgerichteten Grabesgehören weiterhin ein tönerner Spinnwirtel, drei Knochenkammniete, fünf Bernstein- und drei Glasperlen.

Unveröffentlicht.

A.-H.S.

IV.59 Kumpf

7. Jahrhundert
Lünen-Wethmar (Kr.Unna), Befund 135 (Süd-Nord)
Kumpf: Ton, handgeformt.- H. 10,2 cm.
Olpe, Westfälisches Museum für Archäologie

Unveröffentlicht.

A.-H.S.

IV.58a / 57b

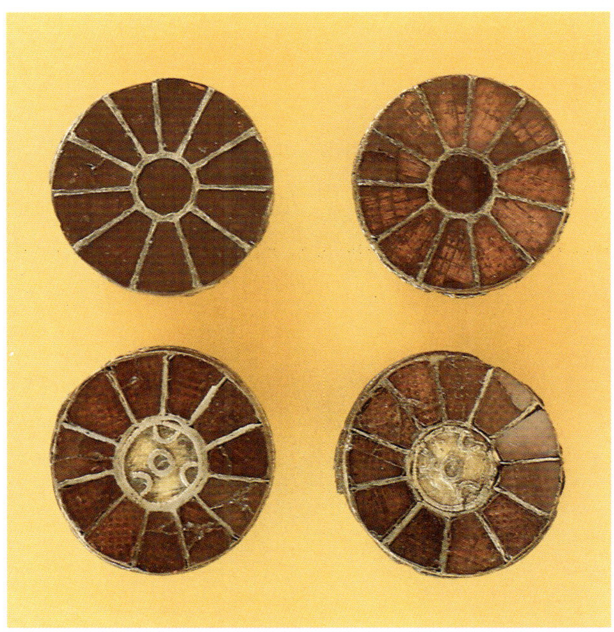

IV.58d

IV.60

IV.60 Amulett

8. Jahrhundert
Lünen-Wethmar (Kr.Unna), Befund 15
Amulett: kreidezeitlicher Ammonit aus Chalcedon mit zentraler Bohrung. – Dm. 5 cm.
Olpe, Westfälisches Museum für Archäologie

Zum Grabinventar gehören weiterhin ein eisernes Messer, eine eiserne Riemenzunge und eine eiserne Schnalle.

Unveröffentlicht.

A.-H.S.

IV.59

Das Gräberfeld Dortmund-Wickede

IV.61 Körpergrab

2. Hälfte 6. Jahrhundert
Dortmund-Wickede, Grab 10
a) Schilddornschnalle: Buntmetall; massiv; Schnalle vollständig; Dorn mit umgeschlagenem Stift an der Achse befestigt. – L. 2,6 cm, B. 3 cm. – b) 2 Hafteln, massiv: auf der Rückseite jeweils ein Ösensteg, 1 Haftel vollständig. – L. 2 cm, B. 1,1 cm, H. 0,1 cm; ein Haftel zu ca. 60% erhalten. – L. 1,3 cm, B. 1,1 cm, H. 0,1 cm. – c) Messerklinge: Eisen; Klinge massiv; Griffangel hohl; unvollständig, Spitze und Griffangel abgebrochen. – L. 13 cm, B. 1,5 cm, H. ca. 0,5 cm. – d) Pfriem: massiv; vollständig. – L. 7,4 cm, B. 0,8 cm. – e) Spitzbecher: Grünglas; vollständig; H. ca. 2,6 cm, MündungsDm. 7,5 cm.
Dortmund, Museum für Kunst und Kulturgeschichte Inv.Nrn. 32/10/2, 32/10/3, 32/10/6, 32/10/4

Die Gürtelgarnitur wurde nicht mehr in ihrer ursprünglichen Form vorgefunden; sie war zum Fußende hin verlagert. Da diese Garnituren sowohl mit zwei als auch mit drei Hafteln vorkommen, ist nicht auszuschließen, daß eine Haftel fehlt.

Messer und Pfriem lagen nebeneinander an der linken Körperseite, rechtwinklig zur Körperlängsachse gedreht. Dies legt die Annahme nahe, daß der Verstorbene mit angelegtem Gürtel bestattet wurde, an dem eine Tasche befestigt war.

Der Spitzbecher stand aufrecht rechts neben dem Kopf des Toten.

Zu a–b) Hübener 1962. – Martin 1989. – Zu c–d) Heege 1986.

H.B.-K.

IV.61

IV.62 Gefäßfragment

Badorfer Machart, 9. Jahrhundert
Dortmund-Wickede, Grab 12
Keramik, Drehscheibenware; hellbraun-gelblich; unvollständig, ca. 1/4 vorhanden; Rollstempelverzierung aus vier waagerecht umlaufenden Reihen. – H. 24 cm, max. Dm. 32 cm.
Dortmund, Museum für Kunst und Kulturgeschichte, Inv.Nr. 32/12/2

Das Gefäßteil lag mit der Innenseite nach oben links neben dem Sarg auf dem Boden der Grabgrube in Höhe des Brustkorbes des Verstorbenen.

Wirth 1990.

H.B.-K.

IV.63 Kugeltopffragment

9. Jahrhundert
Dortmund-Wickede, Grab 23
Keramik, handgefertigt; graubraun; unvollständig, ca. 1/3 vorhanden; innen und außen anhaftende Rußreste. – H. 22,5 cm, MündungsDm. 20 cm.
Dortmund, Museum für Kunst und Kulturgeschichte, Inv.Nr. 32/23/2

IV.63, 62, 64

Das Gefäßteil lag – mit der Außenseite nach oben – rechts neben dem Toten auf dem Boden der Grabgrube in Höhe des Brustkorbes, daneben befand sich eine Lage Holzkohle.

Röber 1990. – Peine 1988.

H.B.-K.

IV.64 Kumpffragment

9. Jahrhundert
Dortmund-Wickede, Grab 31
Keramik, handgefertigt; braun-rotbraun; fast vollständig, eine große Fehlstelle am Rand; innen und außen anhaftende Rußreste. – H. 14 cm, MündungsDm. 14 cm.
Dortmund, Museum für Kunst und Kulturgeschichte, Inv.Nr. 32/31/1

Das Gefäß war leicht zur Seite geneigt und stand am Kopfende des Sarges auf dem Boden der Grabgrube. Links neben dem Sarg, in Höhe des Brustkorbes des Verstorbenen befand sich eine Lage Holzkohle. Grab 31 überschneidet Grab 38.

Röber 1990.

H.B.-K.

IV.65 Körpergrab

2. Hälfte 6. Jahrhundert
Dortmund-Wickede, Grab 38
a) Schale: Grünglas; vollständig. – H. 4,8 cm, MündungsDm. 11,1 cm. – Inv.Nr. 32/38/1. – b) 3 Pfeilspitzen: Eisen; Blätter massiv, Tüllen aus Blech, eine Schlitztülle mit Holzresten, zwei geschlossene Tüllen; fast vollständig; alle mit lorbeerblattförmigem Blatt und rautenförmigem Querschnitt. – L. 12 cm, B. 2,4 cm; L. 10,4 cm, B. 2,2 cm; L. 9,8 cm, B. 1,9 cm. – Inv.Nr. 32/38/5. – c) Bügelschere: Eisen; massiv; unvollständig, beide Spitzen erscheinen abgebrochen. – L. 13 cm, B. 2,5 cm. – Inv.Nr. 32/38/6. – d) Messer: Eisen; massiv; vollständig; anhaftende Lederreste von der Messerscheide an der Spitze; Reste des Holzgriffes an der Griffangel. – L. 13,4 cm, B. 1,6 cm. – Inv.Nr. 32/38/11. – e) Feuerzeug: Feuerstahl: Eisen; massiv; unvollständig. – L. 8,4 cm. – Schnalle: Eisen; ankorrodiert, am Rücken D-förmig; vollständig. – B. 2 cm. – Feuerstein: Silex; Kernstein, weißgrau mit Einschlüssen. – D. 2,5 cm, H. 2,2 cm. – Schnalle: Eisen; massiv; vollständig. – L. 1,5 cm, B. 0,5 cm. – Inv.Nrn. 32/38/12 u. 13.
Dortmund, Museum für Kunst und Kulturgeschichte

Die drei Pfeilspitzen lagen nebeneinander seitlich des linken Oberschenkels des Toten im Sarg. Die Schere befand sich rechts neben dem Kopf, das Messer in Höhe des linken Armes, das Feuerzeug knapp oberhalb der linken Hüfte des Verstorbenen. Lage und Zusammenstellung lassen auf eine Gürteltasche schließen, an der außen der Schlagstahl befestigt war und in deren Innerem sich der Schlagstein und Zundermaterial befanden.

Zu b) Heege 1987. – Zu a+c) Pirling 1986. – Zu d) Melzer 1991. – Zu e) La Baume 1967. – Brown 1977.

H.B.-K.

IV.65a–e

IV.68, 67, 66

Siedlungen in Westfalen

IV.66 Gefäß

7./8. Jahrhundert
Warendorf-Neuwarendorf (Kr. Warendorf)
Keramik, handgeformt. – Im oberen Gefäßdrittel zwei horizontale, doppelt durchlochte Griffleisten, leicht ausbiegender Rand; Magerung Granitgrus und Sand; Oberfläche gut geglättet bis poliert; uneinheitlicher, eher reduzierender Brand; mit einem Flachboden rekonstruiert. – Rekonstr. H. 17 cm, RDm. 20,7 cm, max. GefäßDm. oberes Drittel.
Münster, Westfälisches Museum für Archäologie, Inv.Nrn. 4013–69, V; K 647a

Röber 1990, Taf. 6.12.

C.Ru.

IV.67 Kumpfgefäß

7./8. Jahrhundert
Warendorf-Neuwarendorf (Kr. Warendorf)
Keramik, handgeformt. – Rand einbiegend, nicht abgesetzt; Magerung Granitgrus; Oberfläche grob geglättet mit deutlichen Wisch- und Glättspuren; Brand uneinheitlich; Wackelboden. – H. 11,5–12 cm, RDm. 15 cm, größter GefäßDm. oberes Drittel, BodenDm. ca. 6,3 cm.
Münster, Westfälisches Museum für Archäologie, Inv.Nr. 4013–69, O-Y; K 469

Röber 1990, Taf. 3.7.

C.Ru.

IV.68 Kugeltopf

8. Jahrhundert
Warendorf-Neuwarendorf (Kr. Warendorf)
Keramik, handgeformt. – Sowohl auf der Innen- als auch auf der Außenseite Herstellungsspuren in Form schwacher Fingereindrücke im Übergangsbereich von Gefäßrand zu Gefäßkörper; Magerung Granitgrus und Sand; Oberfläche geglättet bis grob geglättet; Brand

uneinheitlich. – Rekonstr. H. 15,5 cm, RDm. 15 cm, max. GefäßDm. eher mittig.
Münster, Westfälisches Museum für Archäologie, Inv.Nr. 4013–69, O–Z; K 470a

Röber 1990, Tafel 7.11.

C.Ru.

IV.69 Bratspieß

(ohne Abb.)
Frühes Mittelalter
Warendorf-Neuwarendorf (Kr. Warendorf)
Eisen. – Vierkantiger (1 x 0,9 cm), an sechs Stellen jeweils mit gegenläufiger Tordierung versehener Stab; ein Ende spatelförmig ausgebildet (B. ca. 2,5 cm), das andere leicht abgebogen spitz zulaufend, an der Spitze jedoch beschädigt; zum spatelförmigen Ende hin leicht verbogen. – L. 94 cm.
Münster, Westfälisches Museum für Archäologie, Inv.Nr. 4013–69

Winkelmann 1980, 193. – Winkelmann 1983, 209.

C.Ru.

IV.70 Holzbohrer

Frühes Mittelalter
Warendorf-Neuwarendorf (Kr. Warendorf)
Eisen. – Vierkantiger Schaft (0,9 x 0,9 cm) mit halbröhrenförmigem Löffel von sichelmondförmigem Querschnitt; Schaft im oberen Bereich flach ausgeschmiedet, hier vermutlich mittels eines Querholzes geschäftet. – L. 18 cm, L. des Bohrlöffels 4,6 cm, max. B. des Bohrlöffels 1,6 cm.
Münster, Westfälisches Museum für Archäologie, Inv.Nr. 4013–69, K 36

Winkelmann 1980, 193. – Winkelmann 1983, 209. – Winkelmann 1984, 35, 51.

C.Ru.

IV.71 Luppe

Frühes Mittelalter
Warendorf-Neuwarendorf (Kr. Warendorf)
Eisen, durch Schmieden verdichtet.- L. 10 cm, B. 8 cm, D. 5 cm.
Münster, Westfälisches Museum für Archäologie, Inv.Nr. 4013–69

Neben dem in der Nähe dieses Stückes aufgefundenen unteren Bereich eines Rennfeuerofens stellt die verdichtete Eisenluppe in Warendorf einen bislang für Westfalen eher

IV.71, 72, 70

seltenen Beleg für die Verhüttung von Eisen in ländlichen Siedlungen dar.

Winkelmann 1984, 152, Taf. 80.2.

C.Ru.

IV.72 Sech

Frühes Mittelalter
Warendorf-Neuwarendorf (Kr. Warendorf)
Eisen. – Die Schneide zeigt Abnutzung durch mehrfachen Überschliff. – L. 44,3 cm, L. Schneide 21,4 cm, max. B. Schneide 9,5 cm, B. Schaft 1,25 cm, D. Schaft 4,1 cm.
Münster, Westfälisches Museum für Archäologie, Inv.Nr. 4013–69

Das Stück deutet auf die Nutzung eines Wendepfluges bei der Bestellung der zur frühmittelalterlichen Siedlung von Warendorf gehörenden Äcker hin. Während das Sech den Bodenstreifen senkrecht abtrennte, hob die horizontal schneidende Schar den Ackerboden an, der dann vom Streichbrett gewendet und gelockert wurde.

Winkelmann 1980, 193. – Winkelmann 1983, 209.

C.Ru.

IV.73 Flachshechel

Frühes Mittelalter
Münster-Gittrup (Kr. Münster)
Eisen. – Nur fragmentarisch erhalten; zwei Reihen von Eisenstiften, in einen von Eisenblech umgebenen Holzblock eingezapft; Befestigung des Eisenbleches am Holzblock mittels eines Nietes. – Erh. L. des eisenblechumgebenen Holzblockes 8,9 cm, erh. B.

IV.73

3,6 cm, H. 1,8 cm, H. mit Stiften 9,2 cm, Dm. der Stifte im oberen Bereich 0,4 cm.
Münster, Westfälisches Museum für Archäologie, Inv.Nr. 3911–25, F121

C.Ru.

IV.74 Gefäß

8. Jahrhundert
Lengerich-Hohne (Kr. Steinfurt)
Keramik, handgeformt. – Magerung Sand und Granitgrus; Oberfläche geglättet bis grob geglättet, senkrecht stehender bis leicht ausbiegender Rand; Brand uneinheitlich. – H. 18,5 cm, RandDm. 17,5 cm, max. GefäßDm. oberes Drittel, Flachboden, Dm. 8,5 cm.
Münster, Westfälisches Museum für Archäologie, Inv.Nr. 3813–22, F17

Ruhmann 1998, 63–232, 335, Abb. 44.1.

C.Ru.

IV.75 Fünf Messer

7. und 8. Jahrhundert
Lengerich-Hohne (Kr. Steinfurt)
Eisen. – Im Bereich der Messerspitzen zum schwach geknickten Rücken hin hochgezogene Schneiden; in einem Falle Erhaltung organischen Materials (wohl Holz) des Griffes; Griffangeln sämtlich nicht vollständig erhalten; Klingenquerschnitte schmal-dreieckig. – In drei Fällen rückenparallele, linienförmige Gravuren; ein weiteres Exemplar mit beidseitig angebrachten, von zwei rückenparallelen linearen Gravuren eingefaßten Fischgrät- bzw. Zickzackmustern; die Gravuren enthalten keinen Hinweis auf Einlagen aus anderen Materialien. – Erh. L. 12,0 – 17,4 cm; L. der Klingen 8,7–12 cm.

IV.82, 74

IV.81, 83, 80, 79, 75

Münster, Westfälisches Museum für Archäologie, Inv.Nrn. 3813–22, F1 (2x); F10; F15; F75

Ruhmann 1998, 193 ff., 323, 330, 333 f., 371 f., Taf. 72.2,3; 73.7; 75.2; 81.7.

C.Ru.

IV.76

IV.76 Wetz-, Schleif- bzw. Glättsteine

7./8. Jahrhundert
Lengerich-Hohne (Kr. Steinfurt)
Sandstein. – 2 Wetzsteinbruchstücke aus feinkörnigem Sandstein. – Erh. L. 10,1 cm bzw. 7,0 cm, B. 5,9 cm bzw. 3,0 cm, D. 3,2 cm bzw. 1,5 cm. – Desweiteren ein Schleifsteinbruchstück aus quarzitischem Sandstein mit mehreren, z. T. deutlich ausgeprägten, im Profil u-förmigen Schleiffurchen. – Erh. L. 7,5 cm, erh. B. 6,1 cm, D. 4,0 cm. – Ein durch ganzflächige Glättspuren überprägtes neolithisches Lydit-Steinbeil, wohl als Glättstein (für Keramik?) sekundär verwendet. – L. 6,6 cm, B. 5,1 cm, D. 1,80 cm.
Münster, Westfälisches Museum für Archäologie, Inv.Nrn. 3813–22,F33 (2x), F35, F68

Ruhmann 1998, 252 f., 387, 358, 362, Taf. 90.2,5; Taf. 91.1.2.

C.Ru.

IV.77 Mahlsteinbruchstück (Unterlieger)

(ohne Abb.)
7./8. Jahrhundert
Lengerich-Hohne (Kr. Steinfurt)
Konglomerat. – Wohl beim Aufrauhen der Oberfläche zersprungen; Unterseite unbearbeitet; Randbereiche mit Resten der durch

den Mahlvorgang geschliffenen Arbeitsfläche.- Rekonstr. Dm. 46 cm, D. bis 5,8 cm, Dm. der mittleren Durchlochung 2,5 cm.
Münster, Westfälisches Museum für Archäologie, Inv.Nr. 3813–22, F9

Ruhmann 1998, 253, 328, Taf. 88.1.

C.Ru.

IV.78 Hakensporn

(ohne Abb.)
Ende 7. Jahrhundert
Lengerich-Hohne (Kr. Steinfurt)
Eisen. – Stimulus kegelförmig. – Spannweite 6,5 cm, L. Stimulus 0,9 cm, Dm. ca. 0,3 cm.
Münster, Westfälisches Museum für Archäologie, Inv.Nr. 3813–22, F18

Der wohl am linken Fuß getragene Sporn belegt – neben einer triangulären Riemenzwinge, die einem Pferdegeschirr zuzuordnen ist – die Anwesenheit von Reitern innerhalb der Siedlung.

Ruhmann 1998, 197, 338, Taf. 76.4.

C.Ru.

IV.79 Vierkantfeile

Ende 7./Anfang 8. Jahrhundert
Lengerich-Hohne (Kr. Steinfurt)
Eisen. – Feilflächen mit einfachem Querhieb; Querschnitt annähernd quadratisch (0,7 x 0,8 cm); zum unteren Ende hin spitz zulaufend. – L. 10,9 cm.
Münster, Westfälisches Museum für Archäologie, Inv.Nr. 3813–22, F15

Eiserne Vierkantfeilen ohne deutlich abgesetzte Griffangel mit einfachem Querhieb sind bereits für die römische Kaiserzeit überliefert und stellen auch in der Merowingerzeit eine verbreitete Form dar.

Ruhmann 1998, 243, 333, Taf. 74.2.

C.Ru.

IV.80 Stecheisen

7. Jahrhundert
Lengerich-Hohne (Kr. Steinfurt)
Eisen.- An einem Ende spitz zulaufend, am anderen spatelförmig ausgebildet; mittlerer Bereich verdickt; leichte Beschädigung am spatelförmigen Ende. – L. 15 cm, max. B. 1,1 cm.
Münster, Westfälisches Museum für Archäologie, Inv.Nr. 3813–22, F33

Bei dem Stück handelt es sich um ein sowohl in der Holzals auch in der Knochenverarbeitung vielfältig einsetzbares Werkzeug z. B. zur Anbringung von Verzierungen, zum Ausstechen vorgezeichneter Teile oder auch zum Drechseln.

Ruhmann 1998, 243, 386, Taf. 80.1.

C.Ru.

IV.81 Axt zur Holz- oder Geweihverarbeitung

7./8. Jahrhundert
Lengerich-Hohne (Kr. Steinfurt)
Eisen. – Axtblatt mit heruntergezogener Schneide; Schäftungsbereich gegenüber dem Blatt deutlich verbreitert; Axtrücken mit herausgezogenem, spiralförmig aufgerolltem Lappen. – L. 6,6 cm, B. Schneide 3,5 cm, H. Schäftung 1 cm, Ausmaße Schaftloch 0,8 x 1,7 cm.
Münster, Westfälisches Museum für Archäologie, Inv.Nr. 3813–22, F171

Ruhmann 1998, 243, 303 f., Taf. 84.4.

C.Ru.

IV.82 Acht Spinnwirtel *(s. Abb. S. 237)*

7. u. 8. Jahrhundert
Lengerich-Hohne (Kr. Steinfurt)
Keramik, handgeformt. – 2 Wirtel mit scheibenförmigem Äußeren sowie Verzierungen durch Einstiche bzw. Kreisstempel. – Dm. 2,6 bzw. 3,7 cm, H. 1,4 bzw. 2,3 cm. – Die übrigen Wirtel mit doppelkonischer, z. T. symmetrischer, z. T. asymmetrischer Form, in einigen Fällen Spuren ihrer Herstellung mittels eines Messers o. ä. sichtbar; ein sehr kleiner Wirtel mit stark asymmetrischer Form sowie unterseitiger Hohlkehle. – Dm. 2,6–3,8 cm, H. 1,4–2,7 cm.
Münster, Westfälisches Museum für Archäologie, Inv.Nrn. 3813–22, F2(2x), F10(2x), F27, F28, F29, F71

Ruhmann 1998, 249 ff., 325, 330, 348, 351, 353, 365, Taf. 85.2,3,4,6,8; Taf. 86.2,3,6.

C.Ru.

IV.83 Barren

7./8. Jahrhundert
Lengerich-Hohne (Kr. Steinfurt)
Eisen. – Vierkantig-stabförmig, sich zu beiden Enden hin leicht verjüngend. – Erh. L. 18,7 cm, Gew. 75,5 g.
Münster, Westfälisches Museum für Archäologie, Inv.Nr. 3813–22, F23

Der Barren ist – neben großen Mengen von Schmiedeschlacken – als ein Hinweis auf die Tätigkeit eines Schmiedes im Bereich der Siedlung zu werten. Entsprechende Befunde innerhalb des ausgegrabenen Siedlungsareals fehlen jedoch.

Ruhmann 1998, 240, 341, Taf. 77.1.

C.RU.

IV.84

IV.84 Zwei Schlüssel

9./10. Jahrhundert
Emsdetten-Isendorf (Kr. Steinfurt)
a) Eisen. – L. 10,8 cm; Reide Dm. 3,1 cm, Bart L. 2,2 cm, B. 2,1 cm.
b) Eisen. – L. 9,6 cm; Reide Dm. 3,2 cm, Bart L. 2,2 cm, B. 2,2 cm.
Münster, Westfälisches Museum für Archäologie, Inv.Nrn. 3811–137, F 648; 3811–137, F 649

Drehschlüssel mit flachen, annähernd runden Reiden, hohlen Halmen und einlagigen, schwach profilierten Schlüsselbärten. Die Schlüssel dürften aus einem Stück Eisenblech geschmiedet worden sein. Sie wurden gemeinsam mit einem weiteren Schlüsselbruchstück geborgen, mit dem sie möglicherweise zu einem Schlüsselbund gehörten.

Unveröffentlicht.

P.K.

IV.85 Scheibenfibel mit Kreuzornament

9./10. Jahrhundert
Emsdetten-Isendorf (Kr. Steinfurt)
Bronze. – Die vier Ecken der Fibel weisen Bruchflächen auf. – L. 2 cm, B. 1 cm.
Münster, Westfälisches Museum für Archäologie, Inv.Nr. 3811–137

Die Scheibenfibel hat eine rechteckige Form mit geradlinigen Seiten. Die vier Bruchflächen an den Enden deuten auf ehemals angesetzte Zipfel hin. Die Innenfläche trägt eine Kreuzdarstellung, die durch vier an die Ränder der Scheibe anschließende halbbogenförmige Stege gebildet wird. Die Emaileinlagen haben sich nicht erhalten.

Unveröffentlicht.

P.K.

IV.86 Schere

9./10. Jahrhundert
Emsdetten-Isendorf (Kr. Steinfurt)
Eisen. – Die Schermesser, deren Ansätze durch Korrosionsvorgänge miteinander verbunden sind, sind nicht in voller Länge erhalten. – Erh. L. 22,3 cm, Bügel AußenDm. 3,2 cm.
Münster, Westfälisches Museum für Archäologie, Inv.Nr. 3811–137, F 629

Die Bügelschere verfügt über eine ringförmige Spannfeder aus Bandeisen, das am Scheitelpunkt eine B. von 1,5 cm aufweist und sich zu den Griffen hin verjüngt. Die Schermesser besitzen einen geraden Rücken.

Unveröffentlicht.

P.K.

IV.85

IV.86

IV.87 Kesselhaken

Frühes bis Hohes Mittelalter
Ostbevern-Schirl (Kr. Warendorf)
Eisen. – Schaft tordiert. – Erh. L. 20 cm, max. D. 1,2 cm.
Münster, Westfälisches Museum für Archäologie, Inv.Nr. 3913–17, SF 143a

Finke 1988, Abb. 17.6.

C.Ru.

IV.88 Zimmermannshammer

Ende 9./frühes 10. Jahrhundert
Ostbevern-Schirl (Kr. Warendorf)
Eisen. – Schäftung mittels zweier erhaltener Nägel; im Schäftungsbereich Erhaltung organischen Materials. – L. 9,2 cm, max. B. 2,2 cm, max. H. 2 cm.

Münster, Westfälisches Museum für Archäologie Inv.Nr. 3913–17, F14

C.Ru.

IV.87–90

IV.89 (Angel)haken

(s. Abb. S. 241)

Ende 9./Anfang 10.Jahrhundert
Ostbevern-Schirl (Kr. Warendorf)
Umgebogener Eisendraht. – Oberer Abschluß mit Öse. – L. 3,5 cm, Draht Dm. 0,2 cm.
Münster, Westfälisches Museum für Archäologie Inv.Nr. 3913–17, F14

C.Ru.

IV.90 Zweiteiliger Wirbel

(s. Abb. S. 241)

8./9. Jahrhundert
Ostbevern-Schirl (Kr. Warendorf)
Eisen. – Die Schlaufe wird von einem vierkantigen (0,6 x 0,5 cm) Eisenband gebildet, welches im Bereich der eingelagerten Öse abgeplattet ist; bei der Öse handelt es sich um einen im Querschnitt runden Eisendraht, der in einem im Wirbel eingezapften Niet endet.- L. 8 cm, Eisendraht Dm. 0,5 cm.
Münster, Westfälisches Museum für Archäologie, Inv.Nr. 3913–17, SF 36

Bei dem Stück könnte es sich um den metallenen Bestandteil einer Hundeleine handeln, wie sie – allerdings in deutlich größeren Dimensionen – in Gräbern der Merowingerzeit überliefert sind.

Finke 1988, Abb. 16.5.

C.Ru.

IV.91 Modell der Siedlung Lengerich-Hohne (Kr. Steinfurt)

(ohne Abb.)
Modellbau: Dorothea Geyer 1999
Material: Kunststoff, Größe 900 x 500 mm, M. 1:150
Münster, Westfälisches Museum für Archäologie

C.Ru.

IV.92 Schöpflöffel

6.–8. Jahrhundert
Halle-Künsebeck (Kr. Gütersloh)
Keramik, handgeformt, Durchlochung am Stielansatz. – Vollständig erhalten. – L. 9,2 cm mit, 5,8 cm ohne Stiel, H. 2,5 cm, B. 4,6 cm.
Bielefeld, Westfälisches Museum für Archäologie, Inv.Nr. DKZ 3916,10

Der Schöpflöffel fand im Bereich der Lebensmittelzubereitung Verwendung.

Unveröffentlicht.

B.S.

IV.92

IV.93

IV.93 Miniaturgefäß

6.–8. Jahrhundert
Halle-Künsebeck (Kr. Gütersloh)
Keramik, handgeformt, im Bodenbereich wellenförmige Rillenzier. – Ein Griff abgebrochen. – H. 4,6 cm, Dm. 4,7 cm, RDm. 2,76 cm.
Bielefeld, Westfälisches Museum für Archäologie, Inv.Nr. DKZ 3916,10

Das Miniaturgefäß besaß ursprünglich drei senkrecht angebrachte und durchlochte Handhaben. Aufgrund seiner geringen Größe könnte es als Behältnis für kostbare Zutaten gedient haben.

Unveröffentlicht.

B.S.

IV.94

IV.94 Tonfigur

6.–8. Jahrhundert
Halle-Künsebeck (Kr. Gütersloh)
Keramik, handgeformt. – Kopf und Vorderläufe fehlen. – H. 3,5 cm, L. 7,8 cm, B. 3 cm.
Bielefeld, Westfälisches Museum für Archäologie, Inv.Nr. DKZ 3916,10

Der längliche Torso und die gedrungenen Hinterbeine der Figur erinnern am ehesten an die Darstellung eines Schweins. Die Figur könnte als Spielzeug gedient haben.

Unveröffentlicht.

B.S.

IV.95, 98

IV.95 Zieheisen

6.–8. Jahrhundert
Halle-Künsebeck (Kr. Gütersloh)
Eisen. – Am Blatt und an der Schäftung fragmentiert. – H. 6,1 cm, B. 10,4 cm, D. 0,5 cm.
Bielefeld, Westfälisches Museum für Archäologie, Inv.Nr. DKZ 3916,10

Das Zieheisen wurde wahrscheinlich bei der Verarbeitung von Fellen bzw. Leder verwendet.

Unveröffentlicht.

B.S.

IV.96, 97

IV.96 Ringförmiges Webgewicht

6.–8. Jahrhundert
Halle-Künsebeck (Kr. Gütersloh)
Gebrannter Ton, handgeformt; auf der Oberfläche Stichverzierungen. – Dm. 11,8 cm, D. 4 cm.
Bielefeld, Westfälisches Museum für Archäologie, Inv.Nr. DKZ 3916,10

Unveröffentlicht.

B.S.

IV.97 Ringförmiges Webgewicht

6.–8. Jahrhundert
Halle-Künsebeck (Kr. Gütersloh)
Gebrannter Ton, handgeformt. – leicht fragmentiert. – Dm. 10,8 cm, D. 4,2 cm.
Bielefeld, Westfälisches Museum für Archäologie, Inv.Nr. DKZ 3916,10

Unveröffentlicht.

B.S.

IV.98 Handsichel

6.–8. Jahrhundert
Halle-Künsebeck (Kr. Gütersloh)
Eisen. – Schneidenspitze fragmentiert. – L. 6,5 cm, B. 1,8 cm, D. 0,3 cm.
Bielefeld, Westfälisches Museum für Archäologie, Inv.Nr. DKZ 3916,10

Unveröffentlicht.

B.S.

IV.99 Bruchstücke der Ofenkuppel des Töpferofens

(ohne Abb.)
6./7. Jahrhundert
Geseke (Kr. Soest)
Drei Bruchstücke des Lehmbewurfs der Ofenkuppel mit Abdrücken des Rutengeflechtgerüstes. – Dm. der Abdrücke 2–4 cm.
Münster, Westfälisches Museum für Archäologie

Warnke 1993.

U.W.

IV.100 Keramikfehlbrände aus der Verfüllung des Töpferofens

6./7. Jahrhundert
Geseke (Kr. Soest)
a) Irdenware, drehscheibengefertigt; reduzierend und oxidierend gebrannt, rauhwandig und geglättet mit Kalk- und Granitgrusmagerung. – Drei ausbiegende, umgewulstete Ränder und ein Planboden von rauhwandigen Wölbwandgefäßen. – WandD. 0,6–0,8 cm. – b) 3 Rand- und Wandscherben von geglätteten Knickwandgefäßen; verziert mit mehrzeiliger Rollrädchenzier in Form von Rechtecken, Quadraten und römischen Zahlzeichen. – WandD. 0,5 cm.
Münster, Westfälisches Museum für Archäologie

Warnke 1993.

U.W.

Die Kirche Warburg-Hüffert

IV.101 Ohrring

9. Jahrhundert
Warburg-Hüffert (Kr. Höxter), Doppelbestattung bei St. Peter
Silberdraht u. -blech, Kittmasse, Lot. – Nahezu vollständig erhalten. – Dm. 3,2 cm.
Münster, Westfälisches Museum für Archäologie, Inv.Nr. FNr. 32/1964/96

Die in ihrer Tracht begrabene Frau (vgl. Kat.Nr. IV.103) trug auf der linken Kopfseite einen silbernen Drahtohrring. Der runde Draht des Ohrrings endet in einer flach gehämmerten S-förmigen Schlaufe und einem hakenförmigen Gegenende. Sie ermöglichten den Verschluß des Ohrrings. Auf den Draht aufgeschoben sind drei doppelko-

IV.100

IV.103, 101

nische, mit Kittmasse gefüllte Hohlkörper. Die Nahtstelle der beiden mittig zusammengelöteten konischen Hälften wurde mittels eines geperlten Drahtes überdeckt, die beiden Endöffnungen durch einen aufgelegten Draht betont.

Entsprechende Drahtohrringe sind typologisch auf spätmerowingische Ohrringe zurückzuführen, ein entsprechendes Exemplar mit aufgeschobenen Polyedern aus massivem Silber fand sich z. B. in Paderborn im Gräberfeld an der Benhauser Straße; später sind Drahtohrringe vor allem in der gesamten östlichen Randzone des karolingisch-ottonischen Reiches nachweisbar. Dagegen sind entsprechende Funde aufgrund der christlichen Bestattungssitte ohne Trachtbestandteile und Grabbeigaben im Reichsgebiet nur spärlich belegt.

Unveröffentlicht.

H.-W.P.

IV.102 Zwei Ohrringe

Um 800
Horstmar (Kr. Steinfurt), Leer-Ostendorf
Buntmetall, Silber, Lot. – Nahezu vollständig erhalten. – Dm. je 8 cm.
Münster, Westfälisches Museum für Archäologie

IV.102

Die beiden mehrteilig zusammengesetzten Ohrringe bestehen jeweils aus einem Ringdraht und drei Doppelkoni, ein größerer in der Mitte und zwei kleineren an den Seiten. Die Doppelkoni sind auf den Ringdraht aufgeschoben, dessen Enden zu Haken und S-förmiger Schlaufe gebogen sind. Die aus kupferhaltigem Blech gefertigten Doppelkoni sind jeder für sich eng mit Silberdraht umwunden. Dies gilt auch für die beiden Ringdrähte. Sie wurden mit Silberdraht umwickelt, bevor die Doppelkoni aufgeschoben wurden. Angelötete Perldrahtringe an den Enden und am Mittelgrat der Doppelkoni geben diesen Halt und verdecken die aufeinanderstoßenden Nahtstellen der einzelnen Bronzeblechkoni. Insgesamt wurden für die Umwicklung an den beiden Ohrringen knapp 16 m Silberdraht verarbeitet.

Die beiden Ohrringe stammen aus dem Gräberfeld Leer-Ostendorf, das zwischen 1911 und 1914 z. T. ergraben wurde. Als Lesefunde wurden sie vor 1914 vom Landwirt Wilming beim Sandabbau im Bereich des Gräberfeldes geborgen, dessen zeitliche Einordnung durch zwei Denare Karls des Großen aus den Münzstätten Köln und Arles erleichtert wird.

Berghaus 1973. – Meyer 1915. – Winkelmann 1980, 175–210.

H.-W.P./Sebastian Pechtold

IV.103 Zwei Scheibenfibeln *(s. Abb. S. 245)*

9. Jahrhundert
Warburg-Hüffert (Kr. Höxter), Doppelbestattung bei St. Peter
Buntmetall, Gold, Grubenemail, Lot. – Nahezu vollständig erhalten. – Dm. 1,9 cm.
Münster, Westfälisches Museum für Archäologie

Für die Geschichte der karolingisch-ottonischen Fibeltracht von besonderer Bedeutung sind die beiden auf der Brust der Frau gefundenen, beidseitig feuervergoldeten Scheibenfibeln.

Das Motiv, die Tauben, bilden Metallstege, die von Grubenemail umgeben sind. Zwei durch Kerben verzierte Wülste fassen die Darstellung randlich ein. An die Grundplatte waren Nadelhalter und Nadelrast angelötet, wie die Lötstellen und eine erhaltene Nadelrast belegen.

Auf den Fibeln ist jeweils eine Taube in gleicher Seitenausrichtung nach rechts dargestellt. Erkennbar sind ein Kopf mit großem Auge und spitzem Schnabel, ein eiförmiger Körper mit Füßchen und gefächertem Schwanz. Auge und Flügel werden durch Gravurstriche angezeigt. Nicht nur ihre auf die Kirche St. Peter bezogene Bestattung, auch die Taube als christliches Symbol weist die Trägerin der beiden Fibeln als Christin aus. Das Symbol der Taube, oftmals im Verbund mit dem des Kreuzes, findet sich ausgehend von reichsrömischer Tradition in merowingischen und karolingischen Gräberfeldern. Erinnert sei an einen Knickwandtopf aus Goddelau sowie an zwei Taubenfibeln mit aufgesetztem Kreuz aus Fürstenberg (vgl. Kat.Nr. IV.44) und Osnabrück (vgl. Kat.Nr. VI.47).

Anhaltspunkte für die Tragweise der beiden Warburger Fibeln ergeben sich einerseits aus ihrer Lage im Grab, dem seitengleich ausgerichteten Zentralmotiv und aus überlieferten, allerdings erst ottonischen Bildquellen. Demnach wurden sie übereinander vor der Brust getragen und haben wohl das Kleid (Tunika) der Toten unterhalb des Halsausschnittes zusammengehalten.

Kneppe/Peine 1997.

H.-W.P.

Der Gaulskopf

IV.104 Riemenzungen

7. Jahrhundert/1. Hälfte 8. Jahrhundert
Warburg-Ossendorf (Kr. Höxter), Wallburg Gaulskopf
a) Bronze, grün patiniert; unverziert bis auf drei Querrillen im oberen Drittel; Ränder z. T. facettiert. – Starke Abnutzungsspuren, vollständig erhalten. – L. 7,6 cm, B. 0,7–0,9 cm. – b) Eisen, korrodiert; mit Buntmetallapplikationen an den Befestigungsnieten; unverziert; Ränder teilweise facettiert. – Vollständig erhalten. –

L. 6,0 cm, B. 1,0 cm. – c) Eisen, korrodiert; Unterlage aus Buntmetallblech an den Befestigungsnieten; unverziert. – Vollständig erhalten. – L. 4,0 cm, B. 2,5 cm. – Die Abbildung zeigt noch zwei weitere Riemenzungen.
Münster, Westfälisches Museum für Archäologie

Unveröffentlicht.

W.B.

IV.104

IV.105 Riemenbeschlag

Mitte 9. Jahrhundert
Warburg-Ossendorf (Kr. Höxter), Wallburg Gaulskopf
Bronze, gegossen mit Blattgoldbelag; auf der Schauseite Kreuzdarstellung in Kerbschnittechnik umgeben von floralen Motiven (Arkanthus?); auf der Rückseite vier angegossene Halteösen mit Eisenresten. – Vollständig erhalten, starke Abnutzungsspuren. – L. 5,1 cm, B. 2,5 cm.
Münster, Westfälisches Museum für Archäologie

Der außergewöhnlich prächtige Beschlag gehört zum Wehrgehänge eines Kriegers. Derzeit sind direkte Parallelen nicht bekannt. Die Kreuzdarstellung weist mit hoher Wahrscheinlichkeit auf die christliche Gesinnung des Trägers hin.

Best 1997.

W.B.

IV.105

IV.106 Zierknopf einer Spathascheide

Mittleres Drittel 7. Jahrhundert
Warburg-Ossendorf (Kr. Höxter), Wallburg Gaulskopf
Kern aus Eisen mit Silberplattierung und Buntmetalltauschierung. – Die vier Außenflächen sind gleichmäßig verziert; aus parallel verlaufenden Silber- und Buntmetalldrähten wurden Dreiecke gebildet, die in Kreisen enden; bis auf das Innere der Kreise weisen die verbliebenen Flächen eine Silberauflage auf; an allen Seiten der Dreiecke wurden kleine Rechtecke in der Plattierung ausgespart; die Zierfelder sind jeweils von einer Buntmetalltauschierung eingerahmt. – Vollständig erhalten. – H. 1,5 cm, B. 2,4 cm.
Münster, Westfälisches Museum für Archäologie

IV.106

Die Funktion der pyramidenförmigen Zierknöpfe ist nicht eindeutig geklärt. Sie sind einzeln aber auch paarweise in Männergräbern gefunden worden und dienten möglicherweise zur Befestigung der Spathascheide am Leibgurt.

Grünewald 1988.

W.B.

IV.108, 107

IV.107 Rosettenförmige Scheibenfibel

2. Hälfte 9. Jahrhundert
Warburg-Ossendorf (Kr. Höxter), Wallburg Gaulskopf
Gold. – Die stark fragmentierte Scheibenfibel ist mit hoher Wahrscheinlichkeit zu einem symmetrischen Blütenstern zu ergänzen; in den zylindrischen, aus Goldblech geformten Fassungen saßen ursprünglich Steine oder Glaseinlagen; zwischen den Fassungen Applikationen aus goldenem Perldraht. – etwa nur ein Fünftel vom Original erhalten; Schmuckeinlagen verloren. – Urspr. Dm. ca. 3,5 cm, H. der Fassungen 0,5 cm.
Münster, Westfälisches Museum für Archäologie

Unveröffentlicht.

W.B.

IV.108 Kreuzförmige Fibel

8./9. Jahrhundert
Warburg-Ossendorf (Kr. Höxter), Wallburg Gaulskopf
Gold. – Auf der Schauseite mit Filigrandraht flechtbandartig verziert; die äußere Kontur wird von geflochtenem Draht begleitet; in der Mitte symmetrisch gefalteter Zierbuckel, dessen Fuß mit Filigrandraht umgeben ist; auf der Rückseite Nadelhalter und Nadelrast. – Bis auf die Nadel vollständig erhalten; deutliche Gebrauchsspuren. – B. 2,4 cm, D. 0,1 cm.
Münster, Westfälisches Museum für Archäologie

Die Form der Kreuzfibel ist hinlänglich bekannt, ihr Ursprung wird im byzantinischen Raum vermutet. Ab dem 7. Jahrhundert als Imitation im fränkischen Kulturgut enthalten. Die überwiegende Zahl dieser Fibeln ist allerdings aus Bronze oder Blei hergestellt, seltener aus Silberblech. Ein Vergleichsstück aus Gold ist bisher nicht bekannt. Die Kreuzform läßt auf die christliche Gesinnung der Trägerin schließen, das Material auf ihre hervorgehobene soziale Stellung.

Best 1997. – Neuffer-Müller 1972. – Wamers 1994.

W.B.

IV.109 Rechteckfibel

Ende 7./1. Hälfte 8. Jahrhundert
Warburg-Ossendorf (Kr. Höxter), Wallburg Gaulskopf
Bronzeblech, grün korrodiert. – Deformierte Schmuckplatte mit zentralem, von hinten getriebenem Buckel, umgeben von einem Punktkranz; randbegleitende Doppelreihe von Punkten. – Angelötete Nadelkonstruktion fehlt völlig. – L. 3 cm, B. 1,8 cm.
Münster, Westfälisches Museum für Archäologie

IV.109

Die Fibel, deren Hauptverbreitung im westfälisch-sächsischen Gebiet zu suchen ist, aber auch in den östlichen Niederlanden vorkommt, gehörte zur weiblichen Tracht und fungierte als einziger Verschluß der Oberbekleidung. Ihre Form hat sich aus merowingischen Vorbildern entwickelt und lebte mit formalen und stilistischen Veränderungen bis in ottonische Zeit fort.

Wamers 1994.

W.B.

IV.110 Riemenzwingen

Nach Mitte 6. Jahrhundert
Warburg-Ossendorf (Kr. Höxter), Wallburg Gaulskopf
Eisen mit Silber. – Dreieckige Nietplatten und rechteckiges Gegenbeschläg mit je drei Befestigungsnieten; Niete bei einem Stück mit silbernem Perldraht umgeben. – Ein Stück vollständig, das zweite zur Hälfte erhalten. – L. 3,1–3,4 cm, B. 2,2–2,9 cm.
Münster, Westfälisches Museum für Archäologie

Trianguläre Riemenzwingen gehören zum Zaumzeug von Reitpferden. Sie sind paarweise mit den Ösen seitlich an der Trense befestigt und stellen die Verbindung zum Kopfgeschirr und zu den Zügeln her.

Melzer 1991, 13–20.

W.B.

IV.111 Schlaufensporn

7. Jahrhundert
Warburg-Ossendorf (Kr. Höxter), Wallburg Gaulskopf
Eisen. – Auf dem halbrund gebogenen Bügel, der durch Umbiegung in Schlaufen endet, befindet sich mittig ein kurzer, spitzkegeliger Stimulus. – Vollständig erhalten. – H. des Stimulus 1,5 cm, B. 6,8 cm.
Münster, Westfälisches Museum für Archäologie

Schlaufensporen gehören zur Ausrüstung des Reiters. Die einfache Konstruktion wird mit einem Lederriemen, der durch die Schlaufen gezogen wird, am Fuß bzw. Schuh des Trägers verschnürt.

Best 1997.

W.B.

IV.112 Nietsporn

1. Hälfte 8. Jahrhundert
Warburg-Ossendorf (Kr. Höxter), Wallburg Gaulskopf
Eisen, stark korrodiert. – U-förmig gebogenes Eisenband, das sich zum Scheitelpunkt verbreitert; kurzer, eingenieteter Stimulus; an den Enden der Schenkel je ein Befestigungsniet. – Vollständig erhalten; leicht deformiert. – H. des Stimulus 1,1 cm, B. 5,1 cm.
Münster, Westfälisches Museum für Archäologie

IV.111–113

Nietsporen unterscheiden sich gegenüber den Schlaufensporen dadurch, daß die Befestigungsriemen durch Niete fest mit den Sporen verbunden sind.

Best 1997.

W.B.

IV.113 Nietplattensporn

Ende 9./10. Jahrhundert
Warburg-Ossendorf (Kr. Höxter), Wallburg Gaulskopf
Eisen mit Buntmetall. – U-förmig gebogener Bügel mit eingesetztem, langem Stimulus, dessen Ende profiliert ist; an den Enden der Schenkel je eine Nietplatte mit einer Auflage aus Buntmetallblech und sechs Nieten; die Basis des Stimulus ist mehrfach mit Buntmetalldraht umwickelt. – Vollständig erhalten, Buntmetallbleche leicht deformiert, einige Niete fehlen. – H. des Stimulus 5,4 cm, B. 8,5 cm.
Münster, Westfälisches Museum für Archäologie

Die Tragweise des Nietplattensporns entspricht im Prinzip der des Nietsporns. Der Nietplattensporn ist nur aufwendiger gearbeitet und bezog seine optische Wirkung durch den Kontrast des silbrig glänzenden Eisens mit den goldfarbenen Buntmetallapplikationen.

Koch 1982.

W.B.

IV.114 Perlen

7.–8. Jahrhundert
Warburg-Ossendorf (Kr. Höxter), Wallburg Gaulskopf
Glas, durchscheinend bis opak, ein- und mehrfarbig. – Teilweise vollständig erhalten, teilweise fragmentiert; ein Stück durch Brandeinwirkung deformiert. – Dm. 2,1–0,6 cm.
Münster, Westfälisches Museum für Archäologie

Die Perlen sind in der Wallburg alle als Einzelfunde geborgen worden. Sie gehören ausschließlich zum Frauenschmuck und wurden, nach Grabfunden zu urteilen, zu bunten, aufwendigen Colliers zusammengestellt. Nicht selten wurden dabei über hundert Einzelstücke verwendet.

Koch 1977.

W.B.

IV.115 Pfeilspitzen

Frühmittelalterlich
Warburg-Ossendorf (Kr. Höxter), Wallburg Gaulskopf
Eisen, z. T. stark korrodiert. – Rhombische bzw. lanzettförmige Blätter; ein Stück mit flügelartigen Ansätzen am Blatt. – Teilweise vollständig, teilweise fragmentarisch erhalten. – L. 10,5–7,0 cm, B. 1,1–2,2 cm.
Münster, Westfälisches Museum für Archäologie

IV.114

IV.115

Trotz der großen Formenvarianz entziehen sich die Pfeilspitzen einer genaueren Datierung; sie sind wahrscheinlich auf unterschiedliche Einsatzarten, etwa als Kriegs- oder Jagdwaffe, zurückzuführen.

Best 1997.

W.B.

IV.116 Hakenschlüssel

6./7. Jahrhundert
Warburg-Ossendorf (Kr. Höxter), Wallburg Gaulskopf
Eisen. – Im Querschnitt rechteckiges Eisenband mit L-förmig gebogenem Bart; die Handhabe endet in einer umgebogenen Öse. – Vollständig erhalten. – L. 8,5 cm.
Münster, Westfälisches Museum für Archäologie

Hakenschlüssel treten als Beigabe in Frauengräbern auf. Ihre Fundlage verdeutlicht, daß sie mit einem Band, oft auch paarweise, am Gürtel getragen wurden. Besonders prächtige, zum praktischen Gebrauch kaum noch verwendbare Exemplare werden als Symbol der Macht über das Haus gedeutet. Hakenschlüssel finden Verwendung bei sog. Schieberiegelschlössern im Gegensatz zu Drehschlössern.

Best 1997.

W.B.

IV.116

Das Gräberfeld Ossendorf

IV.117 Männergrab

Um 600
Warburg-Ossendorf (Kr. Höxter), Grab 1
a) Gürtelschnalle mit dreieckigem Beschlag: Eisen, nicht tauschiert; Laschenkonstruktion. – Vom Dorn nur geringe Reste des Hakens erhalten. – L. 10,4 cm. – b) Feuerstahl: Eisen. – Erh. B. 8,3 cm. – c) Feuerschlagstein: Feuerstein mit Gebrauchsretuschen. – 2,5 x

IV.117a–g, i, j

2,0 cm. – d) Feuerschlagstein: Hornstein?, natürliches Trümmerstück mit Gebrauchsretuschen. – 2,7 x 1,8 cm. – e) Messer: Eisen. – Klingenspitze fehlt. – Erh. L. 19,5 cm – f) Schilddornschnalle: Bügel Eisen. – B. 1,8 cm. – g) Fragmente eines Laschenbeschlags: Eisen, am Ende zwei Bronzeniete. – Erh. 1,3 x 1,7 cm. – h) Spatha: Eisen; die etwa 1,5 cm breite Mittelbahn der Waffe ist damasziert. – L. 73,4 cm, Klinge oberer Teil B. 4,8 cm. – i) Sax: Eisen. – L. 37,3 cm. – j) Knickwandtopf: irdene Drehscheibenware, geglättet und reduzierend gebrannt; Rollstempeldekor. – H. 11,4 cm.
Münster, Westfälisches Museum für Archäologie

Einfaches, West-Ost ausgerichtetes Männergrab, bei dem angesichts des typisch fränkischen Knickwandtopfes das Fehlen der für diese Zeit in fränkischen Männergräbern daneben üblichen Lanze und eines Beiles auffällt.

Unveröffentlicht.

F.S.

IV.118i, j

IV.118b–f, n, o

IV.118 Männergrab

Ende 6. Jahrhundert
Warburg-Ossendorf (Kr. Höxter), Grab 7
West-Ost gerichtetes Männergrab, Kammergrab von 2,9 x 2,3 m Größe mit Sarg in der nördlichen Hälfte:
a) Riemenbeschlag: Erhalten sind vier Bronzeniete und ein Lederrest; der Beschlag selbst fehlt (Holz?). – Riemen B. 2,6 cm. –

b) Schnalle: Silber. – Bügel B. 2 cm. – c) Messer: Eisen. – L. 19,1 cm. – d) Feuerschlagstein: Feuerstein. – Trümmerstück, wenige Gebrauchsretuschen. – 2,7 x 1,8 cm. – e) Schleifstein: sehr feinkörniger Sandstein. – L. 8,6 cm. – f) Hakenschlüssel (?): Eisen. – Erh. L. 13,3 cm. – g) Stabförmiges Eisenfragment. – Erh. L. 2,6 cm. – h) Spatha: Eisen; die knapp 3 cm breite Mittelbahn der Klinge ist damasziert. – L. 89,3 cm; Klinge B. 5,3 cm. – i) Lanzenspitze: Eisen. – Erh. L. 33,3 cm. – j) Schildreste: Schildbuckel; Eisen. – Dm 17,6 cm. – Schildfessel: Eisen. – Erh. L. 16 cm. – Halbkugeliger Bronzeniet, wohl von der Schildfessel. – k) Paar Steigbügel: Eisen. – H. ca. 16 cm, B. 12 cm. – l–m) 2 Schnallen zum Steigbügel: Eisen. – Bügel B. 5,6 und 5,4 cm. – n–o) 2 Schnallen, Laschenbeschlag, Pilzdorn: Bronze. – Bügel B. 2,2 cm. – p) Pferdegeschirr, Ringtrense: Eisen; Gebißstangen vierkantig. – L. 7,1 u. 8,0 cm. – Ringe vierkantig. – Dm 7,2 bzw. 7,5 cm. – An einem Ring Reste einer Zwinge, am anderen Ring zwei Zwingen erhalten. – Zwei Riemendurchzüge, paarig. Eisen, Laschenbeschlag, darin ein Niet. Bügel B. 3,7 bzw. 3,8 cm. – q) Fragmente eines Eimers: Holz mit eisernen Beschlägen.
Münster, Westfälisches Museum für Archäologie

Nach Grabform und Ausstattung eine reiche Bestattung der Oberschicht. Durch die Beigabe von Ringtrense und Steigbügel wird der Tote als Reiterkrieger gekennzeichnet. Die geschweifte Lanzenspitze vertritt einen nordischen Typ und unterstreicht die weitreichenden Fernkontakte des Toten. Angesichts der übrigen Ausstattung ist das Fehlen von Ton- und Glasgefäßen auffallend.

Unveröffentlicht.

F.S.

IV.118q

IV.118k, l, p

IV.119 Frauengrab

Um 570–585
Warburg-Daseburg (Kr. Höxter), Grab 8
West-Ost gerichtetes Frauengrab, Kammergrab von ca. 3 x 1,9 m Größe mit Sarg in der nördlichen Hälfte:
a) Almandinscheibenfibel: Silber, vergoldet. – 4 Almandine fehlen. – Dm. 4,8 cm. – b) Almandinscheibenfibel: Silber, vergoldet; rosettenförmig. – Dm. 2,1 cm. – c–g) Reste einer großen oder mehrerer kleinerer Perlenketten: zusammen 110 Perlen, meist aus opakem Glas, daneben auch Bernstein u. a. – h) Anhänger: Silber; innen hohl, mit dünnem Silberblech verschlossen. – L. 2,2 cm. – i) Armring: Elfenbein. – Dm. ca. 9,5 cm. – j) Eisenfragment; Oval verzogener Ring (?) – k) Nadel: Bronze. – Fragment, Spitze und Ende fehlen. – Erh. L. 5 cm. – l) Griffangel eines Messers (?): Eisen. – fragmentarisch. – Erh. H. 6,5 cm. – m) Feuerschlagstein: Hornstein (?); verrundete, natürliche Flächen, z. T. retuschiert. – 2,8 x 2,1 cm. – n) Spielstein: Elfenbein; Rand gegenüber dem Mittelfeld leicht erhöht, außen umlaufend zwei flache Rillen. – verzogen; weitgehend vollständig. – Dm. 2,8 x 2,5 cm. – o) Wirtel: Knochen (?) oder Meerschaum. – Dm. 3 cm. – p–s) 4 Spinnwirtel: Ton. – Dm. 3,3, 2,7, 3,0, 2,4 cm. – t) Webschwert: Eisen; in der Mitte Damaszierung erkennbar. – Spitze fehlt. – Erh. L. 46,5 cm. – u) Knickwandtopf: geglättete und reduzierend gebrannte Ware, handgeformt, mit fünfzinkigem Kamm verziert. – H. 15,9 cm. – v) Knickwandtopf: geglättete und reduzierend gebrannte Ware, handgeformt; Verzierung mit Einzelstempeln im Muster drei zusammengesetzter Kreise und sechszinkigem Kamm. – zerscherbt, ca. 1/2 ergänzt. – H. 10,6 cm. – w) Reste eines Eimers: Holz mit bronzenen Beschlägen.
Bielefeld, Westfälisches Museum für Archäologie

IV.119a–g, i

IV.119u–w

IV.119k–s

Sehr reiche Frauenbestattung, die dem Männergrab sieben an die Seite zu stellen ist. Der elfenbeinerne Armring und der elfenbeinerne Spielstein sind ausnehmend kostbare und seltene Stücke. Webschwert und die vielen Wirtel demonstrieren das weiblich Haushandwerk: Spinnen und Weben. Für die beiden handgeformten Tongefäße lassen sich gute Vergleichsstücke im sächsischen Liebenau finden.

F.S.

Die Siedlung Villiers-le-Sec in der Ile-de-France

Hervorgegangen aus einem antiken Straßenvicus an der Kreuzung der Straßen Paris-Saint-Denis-Amiens und Meaux-Beauvais lag im fränkischen Kernland, 24 km nördlich von Paris in der Ile-de-France, die Siedlung Villiers-le-Sec. 1981–1987 wurde ca. ein Viertel der bis in das 10. Jahrhundert bestehenden Siedlung ausgegraben und zahlreiche naturwissenschaftliche Untersuchungen zu Fragen der Umwelt, Ernährung, Viehzucht, Anthropologie und Metallurgie durchgeführt. Während für das 6. bis 8. Jahrhundert nur zahlreiche Grubenhäuser, z. T. ausgestattet mit Kochgelegenheiten, erfaßt wurden, läßt sich in den Befunden der Spätphase die schriftlich bezeugte Siedlung *villa Villarem* erkennen: Drei Gehöfte – bei einem wurden metallurgische Aktivitäten festgestellt – gruppierten sich um einen kleinen (Markt?)platz; an der Kreuzung lag mitten im Ort beiderseits der Straße ein Friedhof mit mindestens 53 Bestattungen. Das sehr reichhaltige Fundmaterial zeugt im Vergleich zu den westfälischen Siedlungen von einem höheren Standard der materiellen Kultur in dieser nahe den fränkischen Zentren gelegenen Ansiedlung.

IV.120 Modell Gehöft III Villiers-le-Sec

Siedlung Villiers-le-Sec, Ile-de-France
Modellbau: Françoise Boutet, Jean Rondet, François Calame, Gérard Fercoq, 1988
L. 107,5 cm, B. 81 cm, H. 40 cm; M. 1:40
Cergy-Pontoise, Conseil général du Val-d'Oise

Kat. Paris 1988, Nr. 38.

S.F.

zu IV.120

IV.120

IV.121 Kochtopf

7./Anfang 8. Jahrhundert
Villiers-le-Sec (Val-d'Oise)
Grobkeramik; Drehscheibenware. – H. ca. 21 cm, Dm. ca. 22 cm.
Paris, Musée National des Arts et Traditions Populaires

S.F.

IV.122 Schale mit aufgelegter Leiste

7./Anfang 8. Jahrhundert
Villiers-le-Sec (Val-d'Oise)
Grobkeramik; Drehscheibenware; dunkler braun-roter Ton. – H. 8,2 cm, Dm. 23 cm.
Paris, Musée National des Arts et Traditions Populaires, Inv.-Nr. 984.44 187

Kat. Paris 1988, Nr. 210.

S.F.

IV.123 Kochtopf

(ohne Abb.)
7./Anfang 8. Jahrhundert
Villiers-le-Sec (Val-d'Oise)
Grobkeramik; Drehscheibenware. – H. 20,8 cm, Dm. 21,9 cm.
Paris, Musée National des Arts et Traditions Populaires, Inv.Nr. 984.44 237

Kat. Paris 1988, Nr. 213.

S.F.

IV.121

IV.122, 125

IV.124 Drei Messer

(ohne Abb.)
Ende 6.-8. Jahrhundert
Villiers-le-Sec (Val-d'Oise)
Geschmiedetes Eisen. – L. 14,7–16,8 cm, B. 1,6–1,8 cm, D. 0,3–0,4 cm.
Paris, Musée National des Arts et Traditions Populaires, Inv.Nrn. 984.44.81; 984.44.80; 984.44.91

Kat. Paris 1988, Nr. 254; 257; 258.

S.F.

IV.125 Fleischermesser

Frühmittelalter
Villiers-le-Sec (Val-d'Oise)
Geschmiedetes Eisen. – L. 16,3 cm, B. 4 cm, D. 0,9 cm.
Paris, Musée National des Arts et Traditions Populaires, Inv.Nr. 984.44.85

Kat. Paris 1988, Nr. 180.

S.F.

IV.126 Nähnadel

9. Jahrhundert
Villiers-le-Sec (Val-d'Oise)
Knochen. – L. 9,7 cm, B. 0,5 cm, D. 0,4 cm.
Paris, Musée National des Arts et Traditions Populaires, Inv.Nr. 984.44.67

Kat. Paris 1988, Nr. 296.

S.F.

IV.126, 127

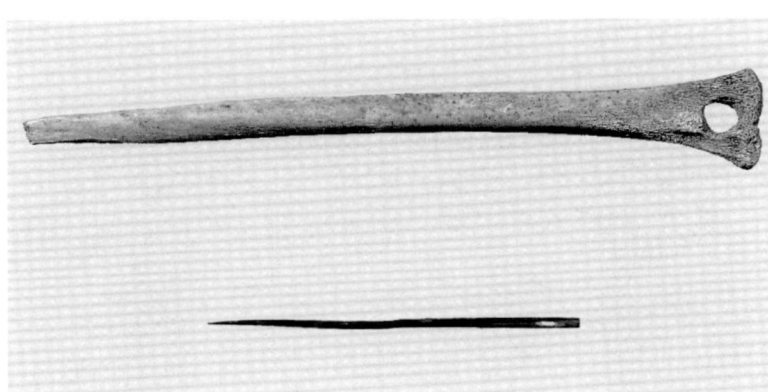

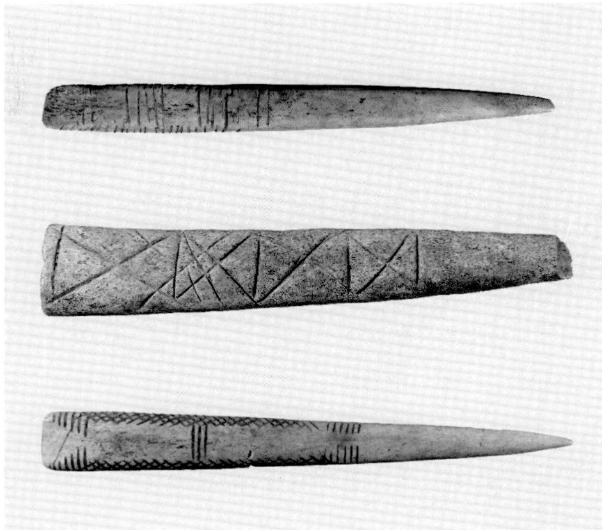

IV.128a–c

IV.129

IV.130

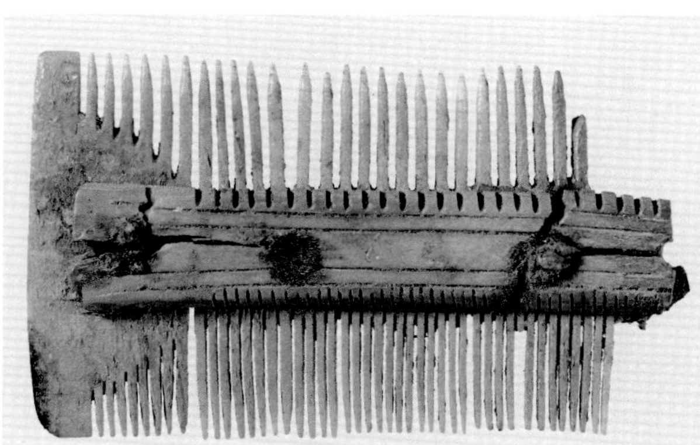

IV.127 Nähnadel

7./8. Jahrhundert
Villiers-le-Sec (Val-d'Oise)
Bronze. – L. 4,9 cm, B. 0,15 cm.
Paris, Musée National des Arts et Traditions Populaires, Inv.Nr. 984.44 132

Kat. Paris 1988, Nr. 295.

S.F.

IV.128 Drei Anschlagspitzen

8.–10. Jahrhundert
Villiers-le-Sec (Val-d'Oise)
Polierter Knochen; Ritzliniendekor. – L. 11,9–12,2 cm, B. 1,1–1,3 cm, D. 0,7–1 cm.
Paris, Musée National des Arts et Traditions Populaires, Inv.Nr. 984 440.60–62

Gebrauchsspurenuntersuchungen haben eine Verwendung der Objekte im Textilhandwerk wahrscheinlich gemacht. Die Spitzen dienten vermutlich dazu, beim Weben am Webstuhl mehrere Schußfäden nach dem Durchschuß zusammenzudrücken.

Kat. Paris 1988, Nr. 286–288.

S.F.

IV.129 Glättglas

10. Jahrhundert
Villiers-le-Sec (Val-d'Oise)
Glas. – H. 3,6 cm, Dm. 7,6 cm.
Paris, Musée National des Arts et Traditions Populaires, Inv.Nr. 984.44 138

Die halbkugeligen, unten konkaven Objekte aus Glas dienten wahrscheinlich zum Glätten von Textilien, v. a. von Leinenstoffen, bei der Produktion und nach der Wäsche. Es könnte sich aber auch um Rohmaterial handeln, das zur weiteren Verarbeitung aus dem südostmediterranen Raum importiert wurde.

Kat. Paris 1988, Nr. 297. – Schmaedecke 1998.

S.F.

IV.130 Kamm

Ende 6./7. Jahrhundert
Villiers-le-Sec (Val-d'Oise)
Knochen; unterschiedliche Zähnung. – Linke Seite abgebrochen. – L. 7,8 cm, B. 4,4 cm, D. 1,4 cm.
Paris, Musée National des Arts et Traditions Populaires, Inv.Nr. 984.44.74

Kat. Paris 1988, Nr. 98.

S.F.

IV.131 Holzmeißel

(ohne Abb.)
2. Hälfte 7./8. Jahrhundert
Villiers-le-Sec (Val-d'Oise)
Geschmiedetes Eisen. – L. 31,4 cm, B. 2,5 cm, D. 1,5 cm.
Paris, Musée National des Arts et Traditions Populaires, Inv.Nr. 984.44.93

Kat. Paris 1988, Nr. 317.

S.F.

IV.132 Holzbohrer

(ohne Abb.)
Frühmittelalter
Villiers-le-Sec (Val-d'Oise)
Geschmiedetes Eisen. – L. 18 cm, B. 1,5 cm (Kopf), D. 0,3 cm (Schaft).
Paris, Musée National des Arts et Traditions Populaires, Inv.Nr. 984.44.96

Kat. Paris 1988, Nr. 318.

S.F.

IV.133 Spatenbeschlag

Karolingisch
Villiers-le-Sec (Val-d'Oise)
Geschmiedetes Eisen. – H. 11,4 cm, B. 11 cm.
Paris, Musée National des Arts et Traditions Populaires, Inv.Nr. 984.44.77

Kat. Paris 1988, Nr. 123.

S.F.

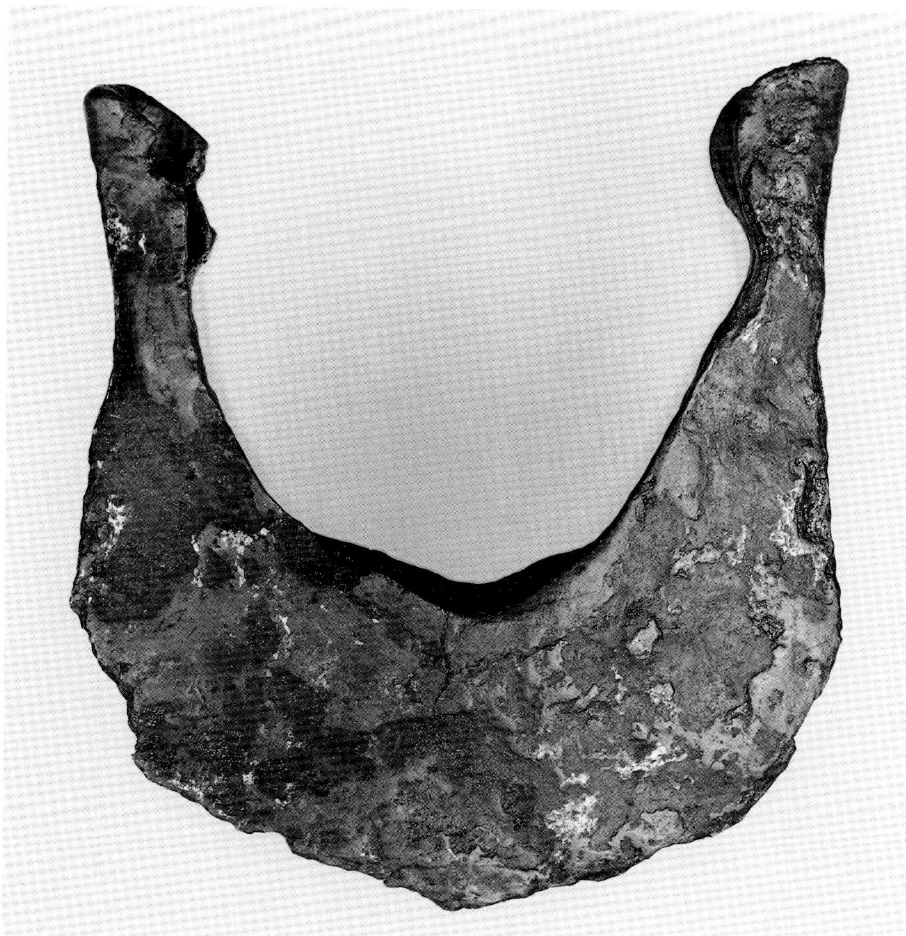

IV.133

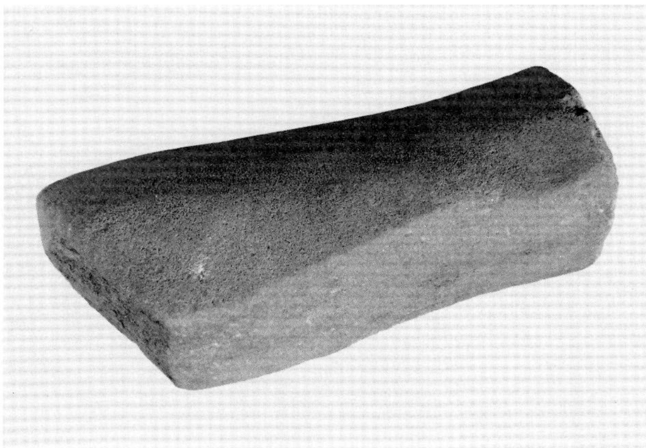

IV.134

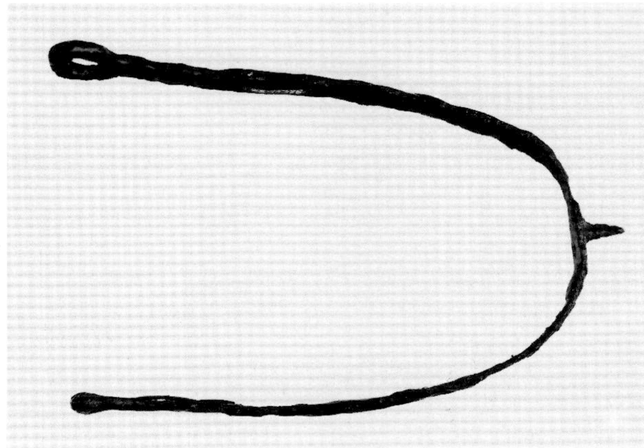

IV.136

IV.134 Schleifstein

7./8. Jahrhundert
Villiers-le-Sec (Val-d'Oise)
Sandstein. – L. 6,7 cm, B. 3,1 cm, D. 2,0 cm.
Paris, Musée National des Arts et Traditions Populaires, Inv.Nr. 984.44 159

Kat. Paris 1988, Nr. 131.

S.F.

IV.135 Viehschelle

Ende 7./Anfang 8. Jahrhundert
Villiers-le-Sec (Val-d'Oise)
Geschmiedetes Eisen. – H. 5,5 cm, B. 4,1 cm, D. 1,4 cm.
Paris, Musée National des Arts et Traditions Populaires, Inv.Nr. 984.44.99

Kat. Paris 1988, Nr. 171.

S.F.

IV.135

IV.136 Sporn

Ende 7. Jahrhundert
Villiers-le-Sec (Val-d'Oise)
Geschmiedetes Eisen. – L. 14,7 cm, B. 9,2 cm, H. 1,9 cm.
Paris, Musée National des Arts et Traditions Populaires, Inv.Nr. 984.44.87

Der Sporn ging vermutlich einem Reiter auf der Straßenkreuzung von Villiers-le-Sec verloren. Er gehört zu den Sporen mit ösenversehenen Bügelenden und nimmt eine Mittlerstellung zwischen den merowingerzeitlichen und den frühkarolingischen Funden ein. (Frdl. Mitteilung N. Goßler)

Kat. Paris 1988, Nr. 79.

S.F.

IV.137

IV.138

IV.138 Sceatta

England, 725/730
Villiers-le-Sec (Val-d'Oise)
Silbermünze. – Dm. 13 mm, Gew. 0,97 g.
Villiers-le-Bel, Association J.P.G.F., Inv.Nr. V.L.S. 84.1

Die Münze zeigt einen Kopf mit Diadem und einen Vogel über einem Kreuz zwischen zwei Ringen. Es handelt sich um einen Sceatta, geprägt um 725–730 in einer Münzstätte in England. Sceattas waren zwischen dem späten 7. und dem 8. Jahrhundert in den Ländern rund um die Nordsee und den Ärmelkanal weit verbreitet.

Kat. Paris 1988, Nr. 356.

S.F.

IV.137 Glasleuchter

8./9. Jahrhundert
Villiers-le-Sec (Val-d'Oise)
Grünes, durchsichtiges Glas. – Reservoirspitze abgebrochen. – H. 11,7 cm, (Öffnung) Dm. 5,5–4,8 cm, (Reservoir) 1,2–1,7 cm.
Villiers-le-Bel, Association J.P.G.F., Inv.Nr. V.L.S. 84.3

Der hohle Glaskörper wurde mit Öl oder Fett gefüllt und diente als Hängelampe. Es handelt sich um das bisher älteste Exemplar dieses Lampentyps.

Kat. Paris 1988, Nr. 268.

S.F.

Drei zweischneidige Schwerter (Spathen) aus Lembeck und Lankern.
Münster, Westfälisches Museum für Archäologie
(Kat.Nrn. V.37, V.81, V.36) ▷

KAPITEL V

Die Sachsenkriege

Angelika Lampen

Sachsenkriege, sächsischer Widerstand und Kooperation

Was Einhard, der Biograph Karls des Großen, in seiner Vita Karoli aus der ersten Hälfte des 9. Jahrhunderts treffend als den langwierigsten, grausamsten und für das Frankenvolk anstrengendsten Krieg (Einhard, c. 7: *Quo nullum neque prolixius neque atrocius Francorumque populo laboriosius susceptum est*) bezeichnet hatte, die Sachsenkriege Karls des Großen, stellte in der Tat auch für die Gewalt gewohnten Zeitgenossen Einhards ein außergewöhnliches Ereignis dar. Über 33 Jahre zog sich das Ringen zwischen dem Frankenherrscher und den verschiedenen Gruppen der Sachsen hin, unterbrochen von zahlreichen Unterwerfungen, Verträgen und erneuten Aufständen, bis endlich 804 der endgültige Friede ausgehandelt werden konnte (Abb. 1). Der sich daran anschließende Aufstieg und Erfolg der Sachsen von einem unterworfenen, zwangsmissionierten und in Teilen zwangsumgesiedelten Volk hin zum Reichsvolk, das bereits ein Jahrhundert nach der Unterwerfung mit der Dynastie der Ottonen die deut-

Sachsenkriege – Ereignisse:

772 eroberten die Franken die Eresburg und zerstörten das Hauptheiligtum der Sachsen, die Irminsul. Erste Gesandtentreffen fanden an der oberen Weser statt.

773–774 zerstörten die Sachsen die Eresburg und Fritzlar und belagerten vergeblich die Büraburg.

775 eroberten die Franken die sächsische Hohensyburg und bauten die zurückeroberte Eresburg wieder auf. Nach der Schlacht am Brunsberg und einem Gefecht bei Lübbecke konnten sie bis in den Raum Wolfenbüttel vordringen. An der Oker und nahe Bückeburg trafen sich die Gesandtschaften der beiden Kriegsparteien.

776 erfolgten sächsische Vorstöße im Hellweg- und Diemelbereich. Die Sachsen eroberten wieder die Eresburg, belagerten jedoch vergeblich die Hohensyburg. Am Ende des Jahres gewannen die Franken die Oberhand. Mitten im Sachsenland wurde die Pfalz Paderborn gegründet, an den Lippequellen ließen sich viele Sachsen taufen.

777 fand in Paderborn der erste Reichstag in Sachsen statt.

778 gab es einen herben Rückschlag. Karls Niederlage in Nordspanien nutzten die Sachsen unter Führung von Widukind zur Zerstörung von Paderborn. Nach einem Gefecht an der oberen Eder zogen sie bis Deutz an den Rhein.

779 überquerten die Franken den Rhein bei Lippeham, schlugen die Sachsen bei Bocholt und zogen bis an die Weser. In Uffeln oder Medefeld nahe Rehme kamen die Gesandten zusammen.

780 fand der zweite Reichstag an den Lippequellen statt. Zahlreiche Sachsen ließen sich in Ohrum a. d. Oker taufen. Die Franken griffen in einer sächsisch-slawischen Auseinandersetzung an der Mündung der Ohre ein.

782 erhoben sich die Sachsen im Lerigau, in Ostfriesland, Dithmarschen und an der Unterweser und bereiteten den Franken am Süntel eine vernichtende Niederlage. Die Verhärtung der Fronten führte zum 'Blutbad von Verden', der Hinrichtung zahlreicher Sachsen. Auf dem Reichstag in Paderborn wurde die „Capitulatio de partibus Saxoniae" mit ihren drakonischen Strafen erlassen.

783 schlugen die Franken Aufstände westlich der Weser in Detmold und an der Hase nieder.

784 zogen die Franken durch Thüringen an die Elbe, von dort nach Steinfurt und nach Schöningen. Sie besiegten die Sachsen im Dreingau und nahmen die Skidrioburg bei Schieder ein. Den Winter verbrachte Karl der Große auf der Eresburg.

785 führte Karl der Große das Heer über die Hunte und die Wernemündung bis an die Elbe. Verhandlungen auf dem Reichstag in Paderborn führten zur Unterwerfung und Taufe Widukinds in der Pfalz Attigny.

789 wurde im Havel-Peene-Gebiet eine befestigte Brücke über die Elbe errichtet.

792 begannen neue Aufstände in Nordelbien und Ostfriesland.

793 erlitten die Franken an der Wesermündung eine Niederlage.

794 führte ein Aufstand der Sachsen auf dem Sintfeld zur Zerstörung der Pfalz Paderborn.

795 erhoben sich die Sachsen in Wigmodien, im Bardengau und nördlich der Elbe. In Bardowick vereinbarten die Franken mit den Slawen ein Bündnis.

796 wurden die ersten Deportationen aus Wigmodien durchgeführt.

797 errichteten die Franken ein Lager in Herstelle an der Weser und setzten nach Gefechten in Hadeln die Deportationen fort.

798 fanden wichtige Beratungen in Minden statt.

804 endeten die Sachsenkriege mit der Vertreibung der Sachsen aus Nordelbien. Auf einem Treffen Karls des Großen mit dem Fürsten Thrasco in Hollenstedt wurde dieses Land den slawischen Abodriten überlassen.

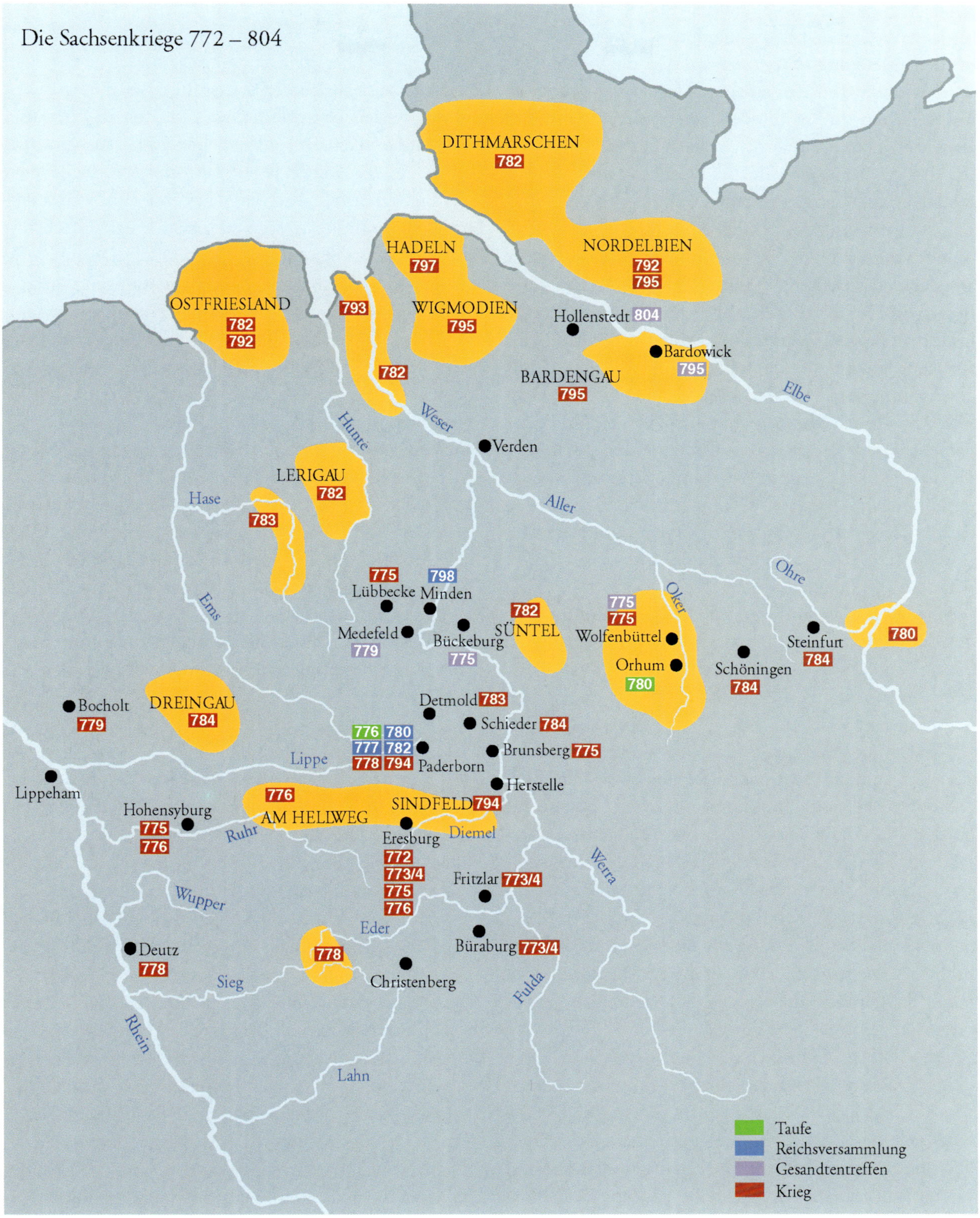

Abb. 1 Sachsenkriege – Orte

schen Könige und Kaiser stellte, gehört sicher zu den bemerkenswertesten historischen Entwicklungen des Mittelalters. Die Frage drängt sich auf, wie die Sachsen vor dem Hintergrund des traumatischen Erlebnisses der militärischen Annexion das neue Selbstbewußtsein entwickeln konnten, das spätestens in der Sachsengeschichte des Corveyer Mönches Widukind aus der Mitte des 10. Jahrhunderts zum Tragen kommt: Der Verwandte und Namensvetter des berühmten 'Sachsenherzogs' Widukind, dessen Taufe 785 in Attigny den Abschluß der allgemeinen sächsischen Rebellion bedeutete, stilisierte in seinem Werk, das er Mathilde, der Tochter Ottos I. und Äbtissin von Quedlinburg, widmete, den erfolglosen Rebellen bereits zum noblen Ahnherren und damit als Legitimationsfigur der ottonischen Dynastie. Dem Corveyer Mönch zufolge manifestierte sich die Größe der Sachsen gerade in der langen Dauer des Krieges und in der Stärke des Gegners: Nur durch die beständigen Bemühungen Karls des Großen konnte das Sachsenvolk, das aus Treue dem väterlichen Irrglauben verhaftet blieb, teils durch sanfte Überredung, teils durch kriegerische Attacken (Widukind von Corvey, c. 1,15: *Et nunc blanda suasione, nunc bellorum inpetu ad id cogebat*) zur Annahme des christlichen Glaubens gebracht werden. Betont wird von Widukind von Corvey vor allem das Motiv der Mission: christliche Heilsbringung war leichter zu ertragen als politische Annexion.

Die Deutung der Sachsenkriege bei Widukind als Missionskrieg und als Auseinandersetzung zweier gleichberechtigter Völker, die nur durch göttlichen Beistand zugunsten der Franken entschieden werden konnte, ist typisch für die sächsische Geschichtsschreibung des 9. und 10. Jahrhunderts. Anders äußern sich hingegen die fränkischen Autoren der Karolingerzeit über den langen Krieg. So betont der bereits zitierte Einhard vor allem die politische Motivierung des Krieges als Strafexpedition und nennt die Untreue, die *perfidia*, der Sachsen als Grund für die lange Dauer des Kampfes.

Diese unterschiedliche Darstellung der Sachsenkriege in den Quellen führt zu zwei Fragen: Einerseits ist nach dem geschichtlichen Realitätsgehalt der zeitgenössischen Beschreibungen zu fragen. Die Vielzahl der Nachrichten über die Sachsenkriege erleichtert das Unterfangen und verdeutlicht zudem, wie bedeutend auch die Zeitgenossen diese Auseinandersetzungen bewertet haben. Andererseits kann an diesem Beispiel auch der Frage nachgegangen werden, welche Funktion mittelalterlicher Geschichtsschreibung überhaupt zukam, wie sich Überlieferungsmuster ausbildeten und weiter tradiert wurden.

Die Quellen

Nachrichten über die Sachsenkriege finden sich sowohl in der offiziösen fränkischen Chronistik, den fränkischen Reichsannalen, als auch in Gesetzestexten, in Welt- und Klosterchroniken, in Heiligenleben und Translationsberichten. In den Annales regni Francorum, die die Zeit von 741 bis 829 beschreiben und – in bezug auf die Sachsenkriege – in unmittelbarer zeitlicher Nähe zum Geschehen entstanden, werden die Ereignisse in kurzer, weitgehend wertneutraler Form jährlicher Aufzeichnungen abgehandelt. Diese Quelle liefert vor allem Hinweise über den Ablauf und die einzelnen Stationen der Kriege, während jedoch Motive, Einschätzungen oder Hintergründe vergeblich gesucht werden. Im Gegensatz dazu steht in Einhards Vita Karoli – ebenfalls von einem Augenzeugen der Ereignisse verfaßt – nicht Berichterstattung, sondern die Verherrlichung Karls im Vordergrund. Seine Bemerkungen zu den Sachsenkriegen, die vor allem die militärische Seite der Auseinandersetzungen betonen, stilisieren Karl zum großen und unbeirrbaren Feldherrn. Hinweise zur Organisation der Eroberung oder zur Mission selbst fehlen hingegen. Als Ergänzung treten hagiographische Berichte hinzu, die das Geschehen jedoch immer nur in sehr verkürzter Form, pointiert auf die herausragende Rolle Karls, wiedergeben. Allen gemeinsam ist der fränkische Ursprung oder doch zumindest die fränkische Prägung der Quellen: schriftliche Selbstzeugnisse der Sachsen aus der Zeit der Kämpfe existieren nicht. Als schriftlose Gesellschaft kann die Kultur der Sachsen nur anhand erhaltener Sachzeugnisse aus Gräberfeldern und Siedlungen hinsichtlich ihrer Verfassung und ihres Selbstverständnisses erschlossen werden.

Die ältesten schriftlichen Quellen aus dem sächsischen Bereich stammen erst aus der zweiten Hälfte des 9. Jahrhunderts. Zu nennen sind die Vita des angelsächsischen Missionars Lebuin (Vita Lebuini antiqua) aus der Mitte des 9. Jahrhunderts, die um 890 in Paderborn entstandene jüngere Translatio Sancti Liborii, der Corveyer Poeta Saxo mit einer epischen Bearbeitung der Einhardsannalen (Annales de gestis Caroli Magni imperatoris, um 890), der Translationsbericht der Wildeshausener Alexanderreliquien (Translatio Sancti Alexandri, um 863/865) des Fuldaer Mönchs Rudolf, ein Auftragswerk des Widukindenkels und Gründers des Wildeshausener Stiftes Graf Waltbraht, und natürlich die bereits zitierte Sachsengeschichte des Widukind von Corvey aus der zweiten Hälfte des 10. Jahrhunderts.

Die Chronologie der Ereignisse

In den mehr als 30 Jahren des Sachsenkrieges waren sowohl Motivation als auch Taktik einem ständigen Wandel unterzogen. Phasen intensiver Kriegshandlungen wechselten sich mit Phasen relativer Ruhe ab. Allgemein wird die Zeit zwischen 772 und 804, dem endgültigen Friedensschluß zwischen Sachsen und Franken, in drei Phasen eingeteilt, die als „Eskalation" (Kahl 1982) beschrieben werden können. Die erste Phase, die zeitlich bis 776, also bis zu den ersten Massentaufen in der Gegend von Paderborn reicht, ist geprägt durch eine allmähliche Verschärfung des Kampfes. Schauplatz der Handlungen war besonders das Gebiet der Engern, eine der drei sächsischen Heerschaften, das sich im Osten an das westfälische Gebiet anschloß. Karls Biograph Einhard gibt in der Vita Karoli (c. 7) militärische Motive für den Beginn der Kampfhandlungen an. Ständige Überfälle und Streitigkeiten an der Ostgrenze des Reiches veranlaßten Einhard zufolge den fränkischen König, das Problem der Sachsenmission, das seine Vorgänger bereits vergeblich angegangen waren, wieder aufzugreifen. Für den heutigen Leser überraschend, erwähnt Einhard also nicht die Mission der heidnischen Sachsen als Kriegsmotivation; dies tun erst die sächsischen Geschichtsschreiber in der Rückschau.

Am Beginn des Kampfes folgte der Frankenherrscher den bewährten Missions- und Eroberungstaktiken, die bereits der angelsächsische Missionar Winfrid-Bonifatius bei der Mission der Friesen und Hessen praktiziert hatte. Geplant war nicht die vollständige Unterwerfung des sächsischen Gebietes, sondern vorrangig die Sicherung der Grenzen und die Anerkennung der fränkischen Hegemonie. Erstes Ziel Karls war das Stammesheiligtum der Sachsen, die Eresburg, das spätere Obermarsberg. Ob hier tatsächlich die sagenumwobene Irminsul (*Ermensul*), die heidnische Weltsäule, stand, konnten auch die jüngsten Grabungen nicht eindeutig klären. Sicher handelte es sich bei der Eresburg aufgrund ihrer markanten Lage auf einem beherrschenden Bergsporn um einen besonders exponierten Platz der Sachsen. Die fränkischen Annalen berichten für das Jahr 772 von der Einnahme und der Zerstörung des Heiligtums (*et dum voluit ibi duos aut tres praedictus gloriosus rex stare dies fanum ipsum ad perdestruendum;* und er [Karl der Große] wollte dort zwei bis drei Tage bleiben, um das Heiligtum völlig zu zerstören). Karl ließ eine fränkische Besatzung zurück, die den unterworfenen Raum sichern sollte, begab sich selbst jedoch nach Italien, um dort den Langobardenfeldzug zu organisieren. Dieser erste Kriegszug, der sich auf die Einnahme einer wichtigen Festung und auf die Sicherung der Grenze konzentrierte, hatte nur geringen Erfolg. Daß Karl den sächsischen Widerstand unterschätzt hatte, zeigt sich an der Reaktion der Sachsen: Im folgenden Jahr verwüsteten die Engern die hessischen Grenzgebiete, belagerten das ehemalige Bistum Büraburg und zerstörten Fritzlar. Dieser Rachefeldzug der Engern begründete den Ruf von der Treulosigkeit (*perfidia*) der Sachsen: Obwohl sie sich nach der Einnahme der Eresburg unterworfen und Geiseln gestellt hatten, verpflichtete sie dies nicht zur Friedenswahrung. Die geringe Achtung der Sachsen gegenüber den geschworenen Eiden und Taufgelöbnissen – eine der Konstanten des Krieges – fundamentiert den von der fränkischen Seite stetig wiederholten Vorwurf der „Untreue".

Der geringe Erfolg dieser ersten Kriegsjahre führte zu einer Verschärfung der fränkischen Politik. Auf dem Reichstag von Quierzy im Januar 775 wurde die allgemeine Missionierung oder – bei Nichterfolg – die Ausrottung der Sachsen beschlossen. Ein derartig weitgehender Missionsauftrag war in den bisherigen Kriegen der Franken noch nicht formuliert worden. In den Kriegszügen der Jahre 775 und 776 wurden daraufhin die Hohensyburg bei Dortmund, die Eresburg und das gesamte Ostfalen erobert. Nacheinander unterwarfen sich die Ostfalen, die Engern und die Westfalen. Die Unterwerfung und Taufe der Sachsen, die 776 in Paderborn vollzogen wurde, bildet den Abschluß dieser ersten Phase des langen Krieges, die vor allem durch eine Radikalisierung der fränkischen Haltung gekennzeichnet ist.

Dieser militärische Erfolg war jedoch nur von kurzer Dauer. Der Name Widukinds, der in den kommenden Jahren die Opposition der Sachsen immer wieder zu neuen Aufständen motivieren konnte, dominiert die zweite Phase des Krieges. Ausdrücklich erwähnen die fränkischen Annalen die Unheil ankündigende Abwesenheit des sächsischen Großen bei dem ersten Reichstag auf sächsischem Gebiet in Paderborn 777 *(excepto quod Widochindis rebellis extitit)*. Widukind hatte es vorgezogen, mit seinen Getreuen beim Dänenkönig Zuflucht zu suchen. Im folgenden Jahr nutzten die Sachsen die Abwesenheit Karls, um die bisherigen fränkischen Stützpunkte, vor allem die Versammlungspfalz in Paderborn, die Karlsburg, und die Eresburg niederzubrennen. Bis nach Deutz konnten die Sachsen vordringen, wo sie erst durch den Rhein aufgehalten wurden. Nach der Rückkehr Karls auf den sächsischen Kriegsschauplatz konnten bis 779 die Westfalen, später auch die Engern und Ostfalen unterworfen werden. Erstmals wurden auch Sachsen aus dem Gebiet um Lüneburg (Bardengau) und sog. Nordleute (*et multi de Nordleudi baptizati sunt*), also Sachsen aus dem Gebiet nördlich der Elbe, getauft. Das Missionsziel wurde wiederholt und organisatorische Regelungen für eine Durchdringung des Landes getroffen. 782 wurden diese Bestimmungen auf der Reichsversammlung an den Lippequellen weiter spezifiziert: Mit der fränkischen Grafschaftsverfassung konnte das sächsische Gebiet endgültig in den fränkischen Reichsverband eingliedert werden. Das Land wurde in Grafschaften aufgeteilt, die von sächsischen Großen übernommen werden konnten. Dieses Kooperationsangebot (Freise 1983) band in geschickter Weise die unterworfene Oberschicht in die fränkische Reichsverwaltung ein, bedeutete jedoch gleichzeitig auch das Ende der sächsischen 'Stammesverfassung', die den wenigen Quellen nach zu urteilen auf eine Beteiligung der verschiedenen Stände an der Herrschaft angelegt war (vgl. Beitrag Becher in Kap. IV). Ein erneutes Aufflackern des Widerstandes einiger sächsischer Gruppen unter Führung Widukinds am Süntel (bei Hameln) führte schließlich zu dem berüchtigten Blutbad bei Verden an der Aller, dem nach Aussage der Reichsannalen 4500 Sachsen zum Opfer gefallen sein sollen (*et reddiderunt omnes malefactores illos, qui ipsud rebellium maxime terminaverunt, ad occidendum IIIID;* und sie lieferten alle die Übeltäter, 4500 an der Zahl, aus, die diesen Aufstand vor allem durchgeführt hatten, zur Bestrafung mit dem Tode). Eine Zahl, die das Bild Karls des Großen als „Sachsenschlächter" begründet hat, in der Forschung jedoch immer wieder in Frage gestellt wurde. Die Härte Karls und die drakonische fränkische Gesetzgebung in Form der Capitulatio de partibus Saxoniae (Kat.Nr. VI.2) von 782/785 führte zu weiteren Aufständen. Widukind, der 782 erneut zu den Dänen geflohen war, organisierte Rebellionen bei Detmold, an der Hase und im Dreingau, wurde jedoch von den Franken geschlagen. Den Abschluß dieser Periode markiert im Jahre 785 die Taufe Widukinds in Attigny, die die Voraussetzung für eine wenn auch begrenzte Zeit des Friedens bildete. Vorausgegangen waren Verhandlungen, in denen Karl der Große bereits bekehrte sächsische Große als Vermittler einbezogen hatte. Die Reichsannalen berichten, daß Karl Widukind und dessen Verwandten Abbi im Bardengau traf und sie zur Unterwerfung aufforderte. Widukind und Abbi forderten im Gegenzug die Zusicherung körperlicher Unversehrtheit (*inlaesi*). Karl gewährte diese Bitte und schickte Geiseln nach Sachsen; ein Zeichen, daß es sich hier nicht um eine bedingungslose Unterwerfung, sondern eher um ein gegenseitiges Abkommen handelte. Bisher hatten lediglich die Sachsen – in ausweglosen Situationen – Geiseln stellen müssen. Die Bereitschaft Karls, als Taufpate zu fungieren, betont zusätzlich den auf Gegenseitigkeit beruhenden Charakter des Abkommens, das damit „in die Nähe eines offiziellen Staatsempfanges gerückt wurde" (Freise 1983).

Die Ereignisse von Attigny haben jedoch nicht nur in der zeitgenössischen Literatur ihr Echo gefunden. Die Vehemenz, mit der auch heute noch die Quellenaussagen und mögliche Interpretationen diskutiert werden, macht nur zu deutlich, wie stark der Mythos Widukind mit der sächsisch-westfälischen Identität verbunden ist. Bereits von den späteren Autoren zum sächsischen Urahn stilisiert, der sich der Überlieferung nach als christlicher Stifter und Kirchengründer verdient machte (Abb. 2), regte das Verschwinden des getauften Widukind aus den Quellen zu immer neuen Deutungsversuchen an. Die zuletzt vorgetragene These, die den sächsischen Rebellen als Mönch im Bodenseekloster Reichenau lokalisiert (Althoff 1983), ist jedoch nicht endgültig zu belegen; letztendlich muß also sein weiteres Schicksal, wie es die Quellen bereits vorgeben, im dunkeln bleiben.

Der Taufe 785 in Attigny folgte eine gewisse Zeit der Ruhe. Die Unterwerfung und Bekehrung Widukinds scheint nicht nur für die Franken, sondern auch für die Sachsen eine Endgültigkeit besessen zu haben, die den bisherigen Unterwerfungen und Taufen nicht eigen gewesen war. Bis 792 erwähnen die Quellen keine erneuten Widerstände; erst im Zusammenhang mit den Awarenkriegen im Sommer 793 erhoben sich einzelne Gruppen der Sachsen und überfielen in der Landschaft Rüstringen, westlich der Unterweser, erneut fränkische Truppen. Archäologische Spuren zeigen, daß auch der Pfalzort Paderborn eingenommen und mehrfach niedergebrannt wurde. Karl reagierte erst 794, als er mit zwei Heeren zum Sintfeld bei Paderborn, wo sich die Sachsen versammelt hatten, zog und diese dort noch vor Beginn der Kampfhandlungen zur Unterwerfung zwingen konnte.

In den kommenden Jahren bis 804, der dritten und letzten Phase der Sachsenkriege, blieben die Kampfhandlungen regional auf das Gebiet des Elbe-Weser-Dreiecks begrenzt. Die dort lebenden Nordsachsen, in den Quellen Nordleute genannt, konnten sich noch bis 804 gegen eine endgültige Eingliederung in das fränkische Reich behaupten. Es blieben jedoch Teilaufstände; die Zeit der großen sächsisch-fränkischen Auseinandersetzungen war vorbei.

Karl verfolgte in dieser letzten Phase zwei Strategien.

Abb. 2 Grabplatte des Widukind von Enger, 12. Jahrhundert. Enger, ehem. Stiftskirche St. Dionysius

Abb. 3 Sammelhandschrift mit Lex Saxonum, Capitulare Saxonicum und Lex Thuringorum: Beginn der Lex Saxonum, 2. Viertel 10. Jahrhundert. Münster, Nordrhein-Westfälisches Staatsarchiv, Msc. VII.5201, pag. 1

Schon 785 hatte er sich der Vermittlung sächsischer Großer bedient, um Widukind zur Taufe zu bewegen. Die Einbindung des sächsischen Adels in die fränkische Verwaltung durch die Grafschaftsverfassung setzte ebenfalls auf eine Spaltung des sächsischen Widerstandes und auf die Integration der Oberschichten in die fränkische Reichskultur. Gegenüber den aufständischen Nordsachsen agierte er jedoch mit unverrückbarer Härte. Nach der Schlacht am Sintfeld sollte jeder dritte Mann verschleppt werden, und 804 ließ er das gesamte Gebiet an der Unterelbe entvölkern. Karls Biograph Einhard, der in seiner Intention, die Unbeirrbarkeit des Kaisers zu betonen, sicherlich übertrieb, berichtet, daß Karl 10 000 Männer mit ihren Frauen und Kindern aus den Gebieten der unteren Elbe deportierte und im Frankenreich neu ansiedelte (c.7: *decem milia hominum ex his qui utrasque ripas Albis fluminis incolebant cum uxoribus et parvulis sublatos transtulit et huc atque illuc per Galliam et Germaniam multimoda divisione distribuit*; und er holte zehntausend Mann mit Weib und Kind von ihren Wohnsitzen auf beiden Ufern der Elbe weg und siedelte sie da und dort in Germanien und Gallien in vielen Abteilungen an). Als neue Bewohner dieses Gebietes wurden die verbündeten Abodriten gewonnen.

Dieser Härte stand die zunehmende Lockerung der sächsischen Gesetzgebung und die Einbeziehung der sächsischen Großen in die Verwaltung gegenüber. Die restriktive Capitulatio de partibus Saxoniae von 782/785 wurde nun unter Beteiligung sächsischer Vertreter der Engern, Westfalen und Ostfalen auf dem Aachener Reichstag 797 abgemildert. Das gemäßigte Capitulare Saxonicum von 797 (Kat.Nr. VI.3) und die spätere Lex Saxonum von 802/803 (Abb. 3), die zeitlich mit der endgültigen Rückführung der sächsischen Geiseln 804 zusammenfällt, bedeuten dementsprechend eine weitere Etappe im Eingliederungsprozeß der Sachsen ins Frankenreich. In der neuen Gesetzgebung zeigt sich die veränderte Einstellung des fränkischen Herrschers. Wurden in der Capitulatio alle Vergehen gegen das Christentum und gegen die fränkischen Vertreter mit dem Tod bestraft, galten im neuen Capitulare Saxonicum die üblichen Geldbußen (Wergeld). Die Lex Saxonum verzichtete sogar ganz auf Bußbestimmungen für religiöse Vergehen; sie war nicht mehr Kriegsrecht der siegreichen Partei, sondern Stammesrecht, das den Rechtsformulierungen der anderen Teilstämme des Frankenreiches ähnelte.

Diese Doppelstrategie Karls des Großen erkannten auch bereits die jüngeren Zeitgenossen. Der Paderborner Autor der jüngeren Translatio Sancti Liborii kreierte das prägnante Begriffspaar *partim armis, partim libertate.* Halb durch die Waffen gezwungen, halb durch Freiheit und Privilegien überredet, seien die Sachsen zum rechten Gott bekehrt worden. Karl, der als „Apostel der Sachsen" bezeichnet wird, habe mit eiserner Zunge (Translatio Sancti Liborii, c. 5: *ferrea lingua*) gepredigt; ein Bild, das die spätere Chronistik stark geprägt hat. Diese zweifache Methode betont auch der Poeta Saxo: Karl konnte die Sachsen bald durch Krieg, bald durch Geschenke auf seine Seite ziehen (lib. 5: *Nunc terrens bello, nunc donis alliciendo).* Noch Widukind von Corvey (c. 1,15) bemüht dieses Bild, wenn er hervorhebt, Karl habe die Sachsen teils durch sanfte Überredung, teils durch kriegerische Attacken zur Annahme des Christentums gebracht. Die sächsischen Autoren beurteilen das Vorgehen überraschend klar: Durch die Einbindung der sächsischen Großen in die fränkische Reichsverfassung gelang Karl die Spaltung und Schwächung der sächsischen Opposition. Auch das relativ milde Vorgehen gegen den sächsischen Rebellenführer Widukind fügt sich so in das Schema ein: Die Anerkennung, die er dem Sachsenführer durch die Stellung von Geiseln zuteil werden ließ, ermöglichte diesem die Akzeptanz der fränkischen Oberherrschaft. Karls unbeirrbares und hartes Vorgehen richtete sich hingegen vor allem gegen die kleinen Teilgruppen der Sachsen, die keinen allgemeinen Rückhalt im Sachsenstamm besaßen.

Diese Doppelstrategie Karls, die sich von der gewaltlosen Missionsmethode eines Bonifatius unterscheidet, erklärt sich aus der Struktur und Organisationsform der sächsischen Stämme. Bonifatius' Handeln richtete sich als 'Mission von oben' auf die Fürsten der zu missionierenden Stämme; im Gegensatz dazu fand Karl – soweit uns die Quellen Nachrichten hinterlassen haben – in Sachsen eine königslose Gesellschaft vor. Die Vita des angelsächsischen Missionars Lebuin berichtet anläßlich seines Auftritts vor der sächsischen Stammesversammlung in Marklo, daß die Sachsen keinen König (Vita Lebuini, c. 6: *Sicut hucusque super vos regem, o saxones, non habuistis)* hätten. Noch vor den ersten Sachsenzügen Karls des Großen 772 warnte Lebuin vor der drohenden Annexion durch den fränkischen Herrscher. Nur durch die Annahme des rechten Glaubens könnten sie auch weiterhin in ihrem königslosen Zustand, allein regiert durch den König des Himmels, verbleiben.

Die königslose Organisation der Sachsen erklärt jedoch auch den immer wieder formulierten Vorwurf der *perfidia.* In einer nicht hierarchischen Gesellschaft waren die geschlossenen Friedensverträge und Reichsversammlungen durch Teile der Sachsen nicht für die Gesamtheit verbindlich. Der fränkische Topos von der *perfidia* taucht dementsprechend in der sächsischen Geschichtsschreibung nicht auf. Hier wird das sächsische Verhalten umgedeutet als Treue gegenüber dem Glauben der Väter. Nachdem sie sich lange erfolgreich gewehrt hätten, fanden endlich auch die Sachsen zum wahren Glauben, die Voraussetzung für die Eingliederung der Sachsen: *olim socii et amici erant Francorum, iam fratres et quasi una gens ex Christiana fide* [...] *facta est* (Widukind von Corvey, c. 1,15: die, welche einst Bundesgenossen und Freunde der Franken waren, wurden jetzt Brüder und gleichsam ein Volk durch den christlichen Glauben).

Mit Widukind von Corvey als einem Vertreter der sächsischen Geschichtsschreibung, der das Bild von der *una gens* bei dem Franken Einhard entlehnt hat, schließt sich der Kreis. Anders als Einhard betont er die Mission als einziges Kriegsmotiv. Gleichzeitig wird Widukind als sächsischer Ahnherr hervorgehoben, der erst nach langen Kämpfen überwunden werden konnte, sich dann jedoch – getauft – durch christliche Werke und Stiftungen hervorgetan habe. Dieses Geschichtsbild, das bis ins Spätmittelalter für die sächsische Tradition verbindlich blieb und das Helmut Beumann in bewußter Bezugnahme auf unsere heutige Zeit „Bewältigung" genannt hat, ermöglichte den Sachsen die Aussöhnung mit ihrer Geschichte.

Quellen und Literatur:

Annales regni Francorum, hrsg. v. Friedrich KURZE, in: MGH SS rer. Germ. 6, Hannover 1895 (ND 1950). – Einhardi Vita Karoli Magni, hrsg. v. Oswald HOLDER-EGGER, in: MGH SS rer. Germ. 25, Hannover/Leipzig 1911 (ND 1940,1947). – Erconrads Translatio s. Liborii. Eine wiederentdeckte Geschichtsquelle der Karolingerzeit und die schon bekannten Übertragungsberichte, hrsg. v. Alfred COHAUSZ (Studien und Quellen zur westfälischen Geschichte 6), Paderborn 1966. – Poeta Saxo, hrsg. v. Paul von WINTERFELD, in: MGH Poetae 4,1, Hannover 1899, 1–71 (ND 1978). – Rudolf von Fulda, Translatio s. Alexandri, hrsg. v. Bruno KRUSCH, in: Die Übertragung des Hl. Alexander nach Wildeshausen durch den Enkel Widukinds 851. Das älteste niedersächsische Geschichtsdenkmal, in: Nachrichten der Gesellschaft der Wissenschaften zu Göttingen, Philologisch-Historische Klasse, Berlin 1933, 423–436. – Vita Lebuini antiqua, hrsg. v. Adolf HOFMEISTER, in: MGH SS 30/2, Hannover 1934 (ND Stuttgart/New York 1964), 789–795. – Die Vita Sturmi des Eigil von Fulda. Literarkritisch-historische Untersuchung und Edition, hrsg. v. Pius ENGELBERT (Veröffentlichung der Historischen Kommission für Hessen und Waldeck 29), Marburg 1968. – Widukindi Monachi Corbeiensis Rerum Gestarum Saxonicarum Libri Tres, hrsg. v. Hans-Eberhard LOHMANN u. Paul HIRSCH, in: MGH SS rer. Germ. 60, Hannover 1935 (ND 1977).

Gerd ALTHOFF, Der Sachsenherzog Widukind als Mönch auf der Reichenau. Ein Beispiel zur Kritik des Widukind-Mythos, in: Frühmittelalterliche Studien 17, 1983, 251–279. – Helmut BEUMANN, Widukind von Korvey, Untersuchungen zur Geschichtsschreibung und Ideengeschichte des 10. Jahrhunderts (Veröffentlichungen der Historischen Kommission des Provinzialinstituts für westfälische Landes- und Volkskunde 10/Abhandlungen zur Corveyer Geschichtsschreibung 3), Weimar 1950. – Helmut BEUMANN, Die Hagiographie „bewältigt“: Unterwerfung und Christianisierung der Sachsen durch Karl den Großen, in: Cristianizzazione ed organizzazione ecclesiastica delle campagne nell'alto medioevo: espansione e resistenze (Settimane di Studio del centro italiano di studi sull'alto medioevo 28/1), Spoleto 1982, 129–163. – Eckhard FREISE, Das Frühmittelalter bis zum Vertrag von Verdun, in: Westfälische Geschichte 1. Von den Anfängen bis zum Ende des Alten Reiches, hrsg. v. Wilhelm KOHL, Düsseldorf 1983, 275–335, bes. 292–303 (Lit.). – Karl HAUCK, Die Ausbreitung des Glaubens in Sachsen und die Verteidigung der römischen Kirche als konkurrierende Herrschaftsaufgaben Karls des Großen, in: Frühmittelalterliche Studien 4, 1970, S. 138–172. – Klemens HONSELMANN, Die Annahme des Christentums durch die Sachsen im Lichte sächsischer Quellen des 9. Jahrhunderts, in: Westfälische Zeitschrift 108, 1958, 201–219. – Peter JOHANEK, Fränkische Eroberung und westfälische Identität, in: Westfalens Geschichte und die Fremde. Kolloquium der Historischen Kommission für Westfalen am 28. und 29. Januar 1994 in Münster, hrsg. v. Peter JOHANEK (Schriften der Historischen Kommission für Westfalen), Münster 1994, 23–40. – Hans-Dieter KAHL, Karl der Große und die Sachsen. Stufen und Motive einer Eskalation, in: Politik, Gesellschaft, Geschichtsschreibung. Gießener Festgabe für Frantisek Graus zum 60. Geburtstag, hrsg. v. Herbert LUDAT und Rainer Christoph SCHWINGES, Köln/Weimar 1982, 49–130. – Herbert KRÜGER, Die vorgeschichtlichen Straßen in den Sachsenkriegen Karls des Großen, in: Korrespondenzblatt des Gesamtvereins der deutschen Geschichts- und Altertumsvereine 80, 1932, 223–279. – Martin LAST, Die Sachsenkriege Karls des Großen, in: Kat. Hamburg 1978, 111–116. – Martin LINTZEL, Die Unterwerfung Sachsens durch Karl den Großen und der sächsische Adel, in: DERS., Ausgewählte Schriften 1, Berlin 1961, 97–235. – Henry MAYR-HARTING, Charlemagne, the Saxons, and the Imperial Coronation of 800, in: English Historical Review 111, 1996, 1113–1133.

Die Sachsenkriege

Der Christenberg

V.1 Zweihenkliges Tüllengefäß

V.1

9./10. Jahrhundert
Münchhausen, Christenberg (Kr. Marburg-Biedenkopf)
Gefäß mit auf der Bauchung ausgeprägt feinen Drehrillen, ausladendem Rand, zur oberen Schulter führendem Bandhenkel und runder Ausgußtülle auf der Schulter. – H. 22,7 cm, Dm. 21,5 cm, Dm. der Öffnung 10,2 cm.
Kassel, Staatliche Museen, Inv.Nr. 1982/159h

Der bauchige, helltonige Topf gehört zur charakteristischen Importkeramik im jüngeren frühmittelalterlichen Fundgut des Christenberges und stellt eine Leitform dar. Oft sind diese Töpfe auf dem Oberteil mit einer Rollrädchenverzierung geschmückt. Der vorliegende Typ gehört zum Bestand des auf dem Christenberg gewonnenen Chronologieschemas für die Keramik des 9. und 10. Jahrhunderts.

Gensen 1975, Abb. 4, 10. – Gensen 1997.

R.G.

V.2 Perlenkette

V.2

Letztes Viertel 7. Jahrhundert
Mellnau, unmittelbar westlich des Christenberges auf dem Klutzkopf (Kr. Marburg-Biedenkopf)
39 Glas- und eine Bernsteinperle. – Anordnung der Perlen als Kette nicht mehr feststellbar; vier runde Perlen sind mehrfarbig, drei rote und sechs grüne Perlen sind länglich, zum Teil mit quadratischem Querschnitt; 13 Perlen dunkelblau, eine davon gerippt, desgleichen eine braune Doppelperle, die anderen runden Perlen hellgrau bis rotbraun. – L. 15,5 cm.
Kassel, Staatliche Museen, Inv.Nr. 1982/263 a

Die Kette gehört zum Beigabenensemble einer West-Ost gerichteten Körperbestattung unter einem Grabhügel auf dem Klutzkopf (Mellnau I, Hügel 3) und wird durch eine kleine gleicharmige Silberfibel in das letzte Viertel des 8. Jahrhunderts datiert.

Das Gräberfeld auf dem Klutzkopf (Mellnau I) umfaßt 39 sichere Grabhügel, das der Lichten Heide (Mellnau II) östlich des Christenberges zehn. Offensichtlich ist hier eine einheimische Bevölkerung bestattet worden, die bis zum Beginn des 8. Jahrhunderts an heidnischen Grabbräuchen festhielt, aber in unmittelbarer Beziehung zur Kesterburg auf dem Christenberg zu sehen ist.

Sippel 1989, Taf. 26,1 u. Taf. 43,2.

R.G.

V.3 Vergoldetes Bronzeblech

8. Jahrhundert
Münchhausen, Christenberg (Kr. Marburg-Biedenkopf)
Dünnes Bronzeblechbruchstück mit Blattgoldauflage. – L. 2,6 cm, B. 2,3 cm.
Kassel, Staatliche Museen, Inv.Nr. 1982/128f

Auf den drei erhaltenen Seiten begrenzen Perlstäbe ein Tierornament, das aus zwei sich überschlingenden Tierbändern besteht. Die Köpfe haben oben getrennte Ohren, spitzovale Augen und in den geöffneten Mäulern getrennte Zungen. Um die quer- oder schräggerieften Leiber ranken von den Unterkiefern aus diese kreuzende verschlungene Linien.

V.3

Das in einer karolingischen Schicht im Südosten der Kesterburg auf dem Christenberg gefundene Blech läßt sich den Kunstgegenständen „insularen Stils kontinentaler Prägung" des 8. Jahrhunderts zuweisen. Gute stilistische Parallelen sind die Verzierung auf einem Reliquiar des Domschatzes in Chur, auf einer angelsächsischen Handschrift in der Kathedralbibliothek Durham und auf dem sog. Lindauer Buchdeckel, aber in vergrößerter Form in Stein auch auf zahlreichen Chorschranken und deren Bruchstücken im Alpenvorland und in Müstair. Wahrscheinlich war das Stück Teil der Metallverkleidung eines hausförmigen beinernen oder hölzernen Reliquiars.

Roth 1977/1978.

R.G.

V.4 Kamm

Ende 7./8. Jahrhundert
Münchhausen, Christenberg (Kr. Marburg-Biedenkopf)
Knochen, Eisen. – Fragment eines beinernen Dreilagenkammes. – L. noch 14,1 cm, B. 3 cm, D. 0,9 cm.
Kassel, Staatliche Museen, Inv.Nr. 1982/50.55

Zwischen den beiden ritzverzierten Stegen sind die Knochenplatten mit Eisennieten und Leim zusammengehalten, so daß durch regelmäßiges Einsägen der Platten auf beiden Seiten die zugespitzten Kammzinken entstanden sind.

Ein solcher Kamm gehört zum typischen Inventar von merowingisch-karolingischen beigabenführenden männlichen und weiblichen Körpergräbern. Er kommt aber auch im Fundmaterial von Siedlungen und Burgen des 9. und 10. Jahrhunderts in gleicher Form vor.

Gensen 1975, Abb. 2, 3.

R.G.

V.5 Hakenschlüssel

8./9. Jahrhundert
Münchhausen, Christenberg (Kr. Marburg-Biedenkopf)
Eisen. – Der im Schaftteil im Querschnitt quadratische eiserne Schlüssel hat einen winklig abbiegenden und mit einer einbiegenden Spitze versehenen Haken. Am Griffende ist der verdünnte Schaft als Schlaufe umgebogen. – L. 14,7 cm, B. 5,2 cm.
Kassel, Staatliche Museen, Inv.Nr. 1982/22/117

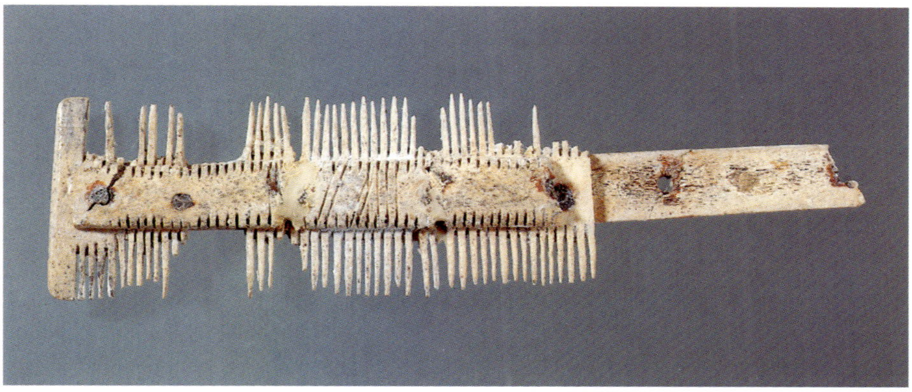
V.4

Hakenschlüssel kommen immer wieder im frühgeschichtlichen Fundmaterial vor. Sie dienten dazu, mit Hilfe des genau einpassenden Hakens einen Verschlußschieber vor- und zurückzudrücken. Schon während des 9. Jahrhunderts gibt es daneben auch Drehschlüssel mit teilweise profilierten Bärten.

Gensen 1986, Abb. 17.

R.G.

V.5, 11

V.6 Bau- und Schanzgerät

8./9. Jahrhundert
Münchhausen, Christenberg (Kr. Marburg-Biedenkopf)
a) Eiserne Kreuzhaue mit einer Beilschneide auf der einen und einer Hackenschneide auf der anderen Seite. – L. 26 cm.
b) Eiserne Axt: Das Werkzeug ist so geschmiedet, daß vom schweren keilförmigen Schneidenteil aus auf der einen Seite ein breites Band ausgezogen wurde, welches U-förmig umgelegt das Schaftloch bildete und dann wieder an das Schneidenteil angeschmiedet wurde. Diese Nahtstelle ist aufgrund zu großer Spannung aufgebrochen. – L. 17,2 cm.
c) Eiserner Spatenschuh: Der auf der Stechseite gerundete Eisenbeschlag diente der Stabilisierung des hölzernen Spatenblattes. Er war spaltförmig auf das Arbeitsblatt aufgesetzt und nach zwei Aussparungen mit klammerartigen Teilen mit Haken an dem Holzteil befestigt. – L. 16 cm.
d) Eiserner Löffelbohrer mit 6 cm langem Bohrlöffel und quadratischem Schaftteil. – L. 21,6 cm.
Kassel, Staatliche Museen

V.6

Die Kreuzhaue ist ein Arbeitsgerät, das bis in die Gegenwart vor allem in der Forstwirtschaft unter dem Namen „Wiedehopfhaue" speziell bei Rode- und Pflanzarbeiten eingesetzt wird. Die schwere Arbeitsaxt – einmal zur Idealform entwickelt – ist ebenfalls zeitlos. Spatenschuhe sind bis heute in Gebrauch. Löffelbohrer gehörten bis zur Einführung von Bohrmaschinen zur Ausrüstung des Zimmermanns.

Ohne den Einsatz solcher (und anderer) Geräte wäre der Bau von Befestigungen wie der Kesterburg auf dem Christenberg mit ihren Mauern, Wällen und Gräben nicht möglich gewesen.

Gensen 1979, 85, Abb. 44. – Gensen 1989, 15, Abb. oben rechts.

R.G.

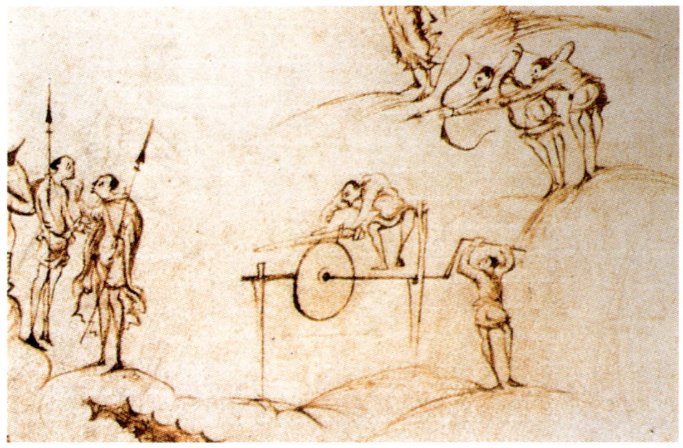

zu V.7 Schwertschleifer im Utrecht-Psalter

Die Büraburg

V.7 Großer Schleifstein

8./9. Jahrhundert
Büraburg bei Fritzlar (Schwalm-Eder-Kr.)
Sandstein. – Vollständig erhalten. – Dm. ca. 88 cm, B. ca. 15 cm; quadratisches Mittelloch: B. ca. 12 x 12 cm.
Kassel, Staatliche Museen, Inv.Nr. 1976/111b

Der große, scheibenförmige, grob behauene Schleifstein wurde neben einer Feuerstelle, angelehnt an einen Hauspfosten auf dem Boden des vierten barackenähnlichen Gebäudes westlich des Südosttores gefunden. Das Gebäude diente vermutlich als Schmiede. Der Schleifstein ist auf dem Büraberg aus anstehendem Trendelburger Sandstein gefertigt worden. Als Fund ist er für die karolingische Zeit einzigartig. Die bekannte Darstellung im Utrecht-Psalter (um 820), fol. 35v (Abb.), zeigt seine Verwendung: Der Stein wurde mittels einer hölzernen Achse, die durch das Mittelloch gesteckt war, auf ein Holzgestell montiert und von einem stehenden Arbeiter gedreht. Der Schwertschleifer sitzt ebenfalls auf dem Gestell, um den Andruck des Schwertes beim Schleifvorgang besser regulieren zu können.

Vonderau 1934. – Wand 1974. – Wand 1974a.

N.W.

V.7

V.8

V.8 Bügelschere

8./9. Jahrhundert
Büraburg bei Fritzlar (Schwalm-Eder-Kr.)
Eisen. – Nahezu vollständig, Schneiden teilweise beschädigt. – L. 17,7 cm, B. 3,6 cm.
Kassel, Staatliche Museen, Inv.Nr. 8121c

V.9, 10, 12

Die einteilige Schere besitzt lange, vierkantige Schenkel und abgesetzte, langausgezogene Klingen. Bügelscheren dieser Größe dienten wohl zur Haarpflege, könnten aber auch bei der Textilverarbeitung kleinerer Stoffstücke in Gebrauch gewesen sein.

Vonderau 1934. – Wand 1974. – Wand 1974a.

N.W.

V.9 Fünf Spinnwirtel

8./9. Jahrhundert
Büraburg bei Fritzlar (Schwalm-Eder-Kr.)
Ton. – Vollständig erhalten. – Die fünf doppelkonischen Spinnwirtel sind aus feingeschlämmtem, braunem oder grauem Ton. – H. ca. 2 cm, Dm. ca. 2,7 cm.
Kassel, Staatliche Museen, Inv.Nrn. 8118 o, q, u; 1976/75f

Vonderau 1934. – Wand 1974. – Wand 1974a.

N.W.

V.10 Webgewicht

8./9. Jahrhundert
Büraburg bei Fritzlar (Schwalm-Eder-Kr.)
Gelber Ton. – Ziemlich vollständig erhalten. – H. 5,5 cm, B. 10,1 cm.
Kassel, Staatliche Museen, Inv.Nr. 8126c

Das flachkugelige, schwachgebrannte Webgewicht weist Reibspuren des Fadens auf und ist mit einem eingestoßenen Kreuz verziert. Die Webgewichte dienten zur Straffung der gebündelten Kettfäden an einem stehenden (Gewichts-) Webstuhl, wie ihn auch eine Illustration im Utrecht-Psalter (um 820; fol. 84r) zeigt.

Vonderau 1934. – Wand 1974. – Wand 1974a.

N.W.

V.11 Hakenschlüssel

(s. Abb. S. 275)

8./9. Jahrhundert
Büraburg bei Fritzlar (Schwalm-Eder-Kr.)
Eisen. – Schlüssel vollständig erhalten. – L. 14 cm, B. 1,8 cm.
Kassel, Staatliche Museen, Inv.Nr. 8120 j

Der einfache, vierkantige Hakenschlüssel mit engem Haken und flach geschmiedeter Öse am Griffende hat wohl zum Auf- und Zusperren von hölzernen Kästen gedient. Dieser und weitere, vergleichbare Schlüssel wurden in den Kulturschichten der barackenartigen Gebäude hinter den Mauern der Burg gefunden.

Vonderau 1934. – Wand 1974. – Wand 1974a.

N.W.

V.12 Zwei Spindelstäbe

(s. Abb. S. 277)

8./9. Jahrhundert
Büraburg bei Fritzlar (Schwalm-Eder-Kr.)
Bein. – Beide Exemplare an dem sich verjüngenden Ende abgebrochen. – L. noch 13 cm bzw. noch 6,8 cm.
Kassel, Staatliche Museen, Inv.Nrn. 8118 h, 8118 i

Bei den Grabungen in der Büraburg fanden sich mehrere Spindelstäbe, darunter auch einmal als Grabbeigabe. Alle sind mit eingekerbten Ritzlinien in Kreuzschraffur und umlaufenden Strichgruppen verziert.

Vonderau 1934. – Wand 1974. – Wand 1974a.

N.W.

V.13 Pfeilspitzen

8./ 9. Jahrhundert
Büraburg bei Fritzlar (Schwalm-Eder-Kr.)
Eisen. – Die Blätter z. T. beschädigt. – L. 7,6–10,1 cm (bei vollständiger Erhaltung).
Kassel, Staatliche Museen, Inv.Nrn. 8120n, o, p, r; 1976/121a

Die von der Büraburg vorliegenden Pfeilspitzen gehören – soweit beurteilbar – alle zum Typ der Blattpfeilspitzen mit spitzovalem bis rhombischem oder lanzettförmigem Umriß und Schlitztüllen, einmal auch mit tordiertem Schaftoberteil.

Vonderau 1934. – Wand 1974. – Wand 1974a.

N.W.

V.13

V.14, 18, 15, 17

V.14 Hakensporn

Ende 7. Jahrhundert
Büraburg bei Fritzlar (Schwalm-Eder-Kr.)
Eisen. – Beschädigung der Tordierung an einem Schenkel. – L. 6,2 cm.
Kassel, Staatliche Museen, Inv.Nr. 8120h

Der kleine Hakensporn mit tordierten, dünnen, stabförmigen und nach außen gebogenen Schenkeln sowie kurzem, spitzem Dorn ist aus einem Stück gearbeitet. Er gehört zu jener seltenen Sporenform, die, da sie im Fundgut spätmerowingischer Männergräber vertreten ist, sicher in das Ende des 7. Jahrhunderts datiert werden kann. Der Sporn belegt (wie die große Zahl weiterer Sporenfunde aus der Burg) die Anwesenheit von Reiterkriegern in der Büraburg.

Vonderau 1934. – Wand 1974. – Wand 1974a. – Koch 1982, 66.

N.W.

V.15 Riemenzunge

2. Hälfte 8./Mitte 9. Jahrhundert
Büraburg bei Fritzlar (Schwalm-Eder-Kr.)
Eisen. – Schauseite vollständig, an der Rückseite nur Befestigungsstift erhalten. – L. 3,6 cm, B. 2,6 cm.
Kassel, Staatliche Museen, Inv.Nr. 1976/32a

Die schildförmige Riemenzunge wurde in der Laufschicht der Torgasse zwischen den Torwangen des Südosttores gefunden. Sie ist auf der Schauseite mit einem silbertauschierten Kruckenkreuz verziert und mit vier Nietlöchern versehen. Die Kreuzdarstellung läßt erkennen, daß der Träger der Riemenzunge diese offensichtlich als Amulett betrachtete und sich so der Heilkraft des christlichen Symbols bewußt war.

Vonderau 1934. – Wand 1974. – Wand 1974a.

N.W.

V.16 Beschlag (Buchschließe) mit Tierköpfen

Mitte 8. Jahrhundert
Büraburg bei Fritzlar (Schwalm-Eder-Kr.)
Silber mit Niello. – Tierkopf des rechten Arms (ergänzt) und Silberniet des linken Arms fehlen. – L. 7,6 cm, B. 2,5 cm.
Kassel, Staatliche Museen, Inv.Nr. 1976/92a

Der ungewöhnliche Beschlag besitzt einen oben abgeplatteten, nietartigen Mittelknopf, hinter dem sich die Platte in zwei Arme spaltet, die in je einem Tierkopf auslaufen. Unmittelbar hinter diesem befindet sich je ein Silberniet mit halbkugeliger Oberseite. Von der Mittelachse der Platte springt unmittelbar vor dem Mittelknopf ein rautenförmiges Verbindungsstück zu einem größeren,

V.16

langgestreckten, verzierten Tierkopf heraus. Die gesamte Oberfläche von Platte, Knopf und Tierköpfen ist mit kleinen rautenförmigen, dreieckigen und wabenförmigen Niello-Mustern verziert. Gabriel hat die Funktion des Beschlags anhand von überzeugenden Parallelen als „Buchschließe oder Beschlag zur Schließriemenhalterung" ausgewiesen. Das Stück wurde im zweiten barackenartigen Gebäude hinter der Ostmauer der Büraburg („fortgeschrittene" Per. 2 a) gefunden.

Vonderau 1934. – Haseloff 1974a, 177 ff. – Wand 1974. – Wand 1974a. – Gabriel 1991, 69 ff.

N.W.

V.17 Schwertknauf *(s. Abb. S. 279)*

Spätmerowingisch, um 650–680
Büraburg bei Fritzlar (Schwalm-Eder-Kr.)
Eisen und Messing. – Tauschierung z. T. beschädigt oder fehlend. – L. 6,6 cm, H. bis 1,7 cm.
Kassel, Staatliche Museen, Inv.Nr. 1976/131a

Der dreigliedrige, massive, flache Eisenknauf war auf seiner gesamten Fläche mit einer Streifentauschierung aus Messing verziert. Das rechteckige Mittelteil ist leicht nach oben abgesetzt und mit einer rautenartigen Tauschierung bedeckt. Der Knauf wurde in der untersten Kulturschicht des ersten, isoliert stehenden kasemattenartigen Gebäudes westlich des Südosttores der Büraburg gefunden. Er entspricht in der Konstruktion Menghins Typ Donzdorf-Wallerstädten.

Vonderau 1934. – Wand 1974. – Wand 1974a. – Menghin 1983, 60.

N.W.

V.18 Gleicharmige Bügelfibel *(s. Abb. S. 279)*

Spätmerowingisch, Ende 7. Jahrhundert
Büraburg bei Fritzlar (Schwalm-Eder-Kr.)
Getriebenes Bronzeblech. – Bügel und Platten vollständig erhalten; Nadelrast, Nadel usw. fehlen (Lötstellen erhalten). – L. 6,3 cm, B. 1,4 cm.
Kassel, Staatliche Museen, Inv.Nr. 1976/90a

Die Fibel besitzt gestreckt-rechteckige, unverzierte und abgesetzte Endplatten und einen hohen Bügel. Sie wurde im zweiten barackenartigen Gebäude nördlich des Turmes des Südosttores in der Kulturschicht 1/2 a gefunden. Die als Gewandschließe dienende Fibel wurde im ostfränkischen Raum produziert.

Vonderau 1934. – Wand 1974. – Wand 1974a. – Thörle 1997, 97 ff.

N.W.

V.19 Handgearbeiteter Topf

Ende 7./Mitte 8. Jahrhundert
Büraburg bei Fritzlar (Schwalm-Eder-Kr.)
Ton. – Ergänzter Topf. – H. 13,5 cm, RandDm. 17,7 cm.
Kassel, Staatliche Museen, Inv.Nr. 1976/65a

Graubrauner, kumpfförmiger Topf mit innen kolbenförmig verdicktem Rand und dickem, ebenem Standboden. Das Gefäß ist unverziert und nur mäßig hart gebrannt. Die kalkige Magerung tritt stark aus der Wandung heraus. Das Gefäß wurde auf dem Hausboden eines Grubenhauses in der Vorburg östlich des Südosttores gefunden. Die handgearbeitete Keramik nimmt auf der Büra-

V.20, 19

burg nur etwa 20 Prozent der gefundenen Tonware ein, die Drehscheibenware in rheinischer Tradition überwiegt also deutlich. Die handgearbeitete Keramik dürfte dagegen der einheimischen hessischen Bevölkerung zugewiesen werden können. Machart und Form zeigen große Ähnlichkeit mit der zeitgleichen sächsischen Keramik.

Vonderau 1934. – Wand 1974. – Wand 1974a.

N.W.

V.20 Rauhwandige Drehscheibenware

Um 700 bis Mitte 8. Jahrhundert
Büraburg bei Fritzlar (Schwalm-Eder-Kr.)
Ton. – Ergänzter Topf. – H. 20,5 cm, größter Dm. 20,4 cm.
Kassel, Staatliche Museen, Inv.Nr. 1976/44

Grauschwarzer, schlanker Topf mit ausgelegtem, etwas eingerolltem Rand, steilwandiger Schulter und leicht doppelkonischem Umriß mit Andeutung eines Knicks in halber Höhe des Gefäßes, dicker Wandung und noch dickerer, ebener Standfläche. Die grobkörnige Magerung besteht vorwiegend aus Quarz, der Brand ist mäßig hart. Einzige Verzierung sind breite, horizontale Riefen, die den ganzen Gefäßkörper überziehen. Das Gefäß dokumentiert die älteren beiden Befestigungsperioden der Büraburg. Es stammt aus Pfostenhaus 1 westlich des Südosttores.Dieses Gefäß wird wohl in einer Töpferei im mittel- oder nordhessischen Raum hergestellt worden sein, die aber in Machart und Form in Verbindung mit rheinischen Produktionsstätten stand.

Vonderau 1934. – Wand 1974. – Wand 1974a.

N.W.

Die Opfer der Auseinandersetzungen

V.21 Schädel mit Hiebverletzung

2. Hälfte 8.–9. Jahrhundert
Eschwege-Niederhone (Hessen), Grab 2
Gießen, Universität, Anthropologisches Institut, Inv.Nr. NH 2

Schädel eines Mannes von 20–25 Jahren. – Tiefer, unverheilter Hiebschnitt auf dem linken Stirnbein und linken Scheitelbein. Ein weiterer, das Schädeldach durchdringender, unverheilter Hiebschnitt im Bereich des Scheitels. Der Tod muß sofort nach dem Ausfall lebenswichtiger Hirnteile eingetreten sein. Die Schwerthiebe sind offenbar von einem dem Opfer gegenüberstehenden Gegner, einem Rechtshänder, zugefügt worden.

Sippel 1989. – Kunter 1992, Abb. 4. – Kunter/Wittwer-Backofen 1996, 653–661, Kat.Nrn. VIII.10.6–9, Abb. 527.

M.K.

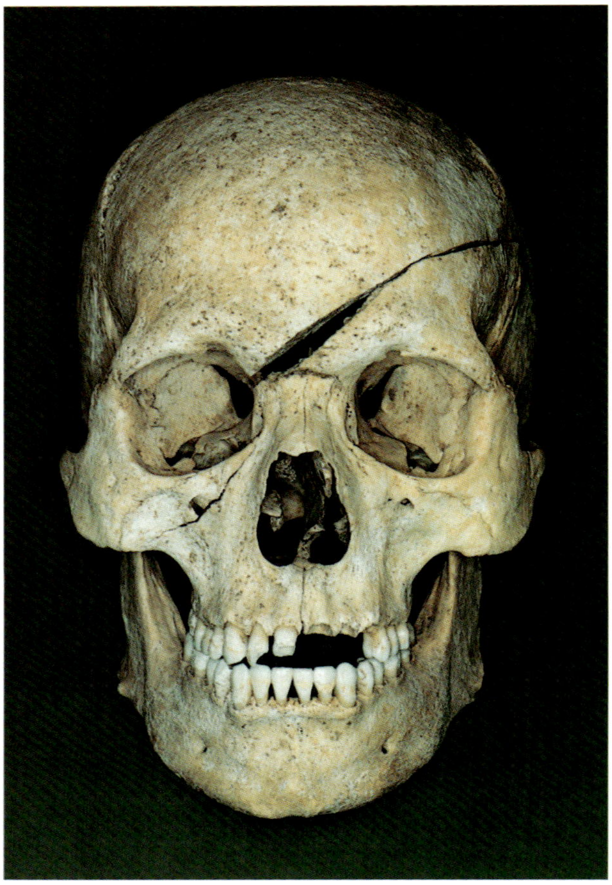

V.21

V.22 Schädel mit Hiebverletzung

Merowingisch
Viernheim (Hessen), Grab 8
Gießen, Universität, Anthropologisches Institut, Inv.Nr. VIERN. 8

Schädel eines Mannes von 30–35 Jahren. – Unverheilte Schwerthiebverletzung auf dem Stirnbein mit Absprengung eines großen Knochenstücks. Auf dem linken Scheitelbein ein weiterer unverheilter Einhieb in Längsrichtung des Schädels. Der Tod ist sofort durch Verletzungen lebenswichtiger Hirnteile eingetreten.

Kunter 1984, Nr. 111,2. – Kunter 1992, Abb. 1. – Kunter/Wittwer-Backofen 1996, Nrn. VIII.1.7, Abb. 528.

M.K.

V.23 Schädel mit Hiebverletzung

5.–7. Jahrhundert
Schwetzingen (Baden-Württemberg)
Gießen, Universität, Anthropologisches Institut, Inv.Nr. SCHW. 22

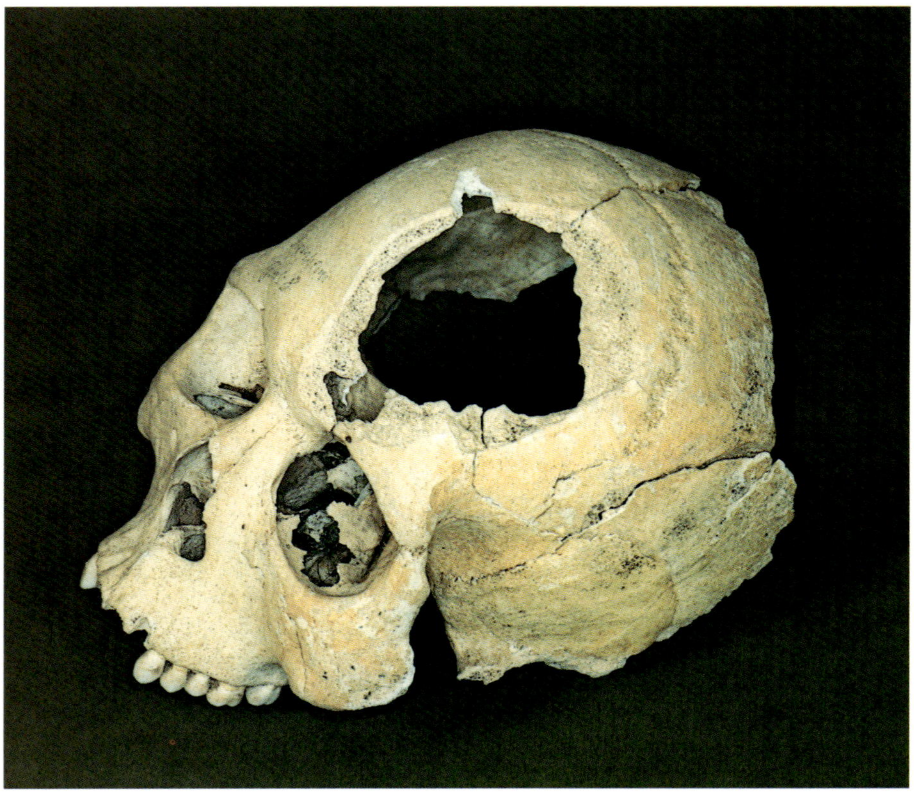

V.22

Schädel eines Mannes von 50–60 Jahren. – Unverheilte Schwerthiebverletzung quer über das Stirnbein. Der Schwerthieb ist dem offenbar am Boden liegenden Opfer von oben zugefügt worden. Der Tod ist sofort durch Verletzungen lebenswichtiger Hirnteile eingetreten.

Eibner 1985.

M.K.

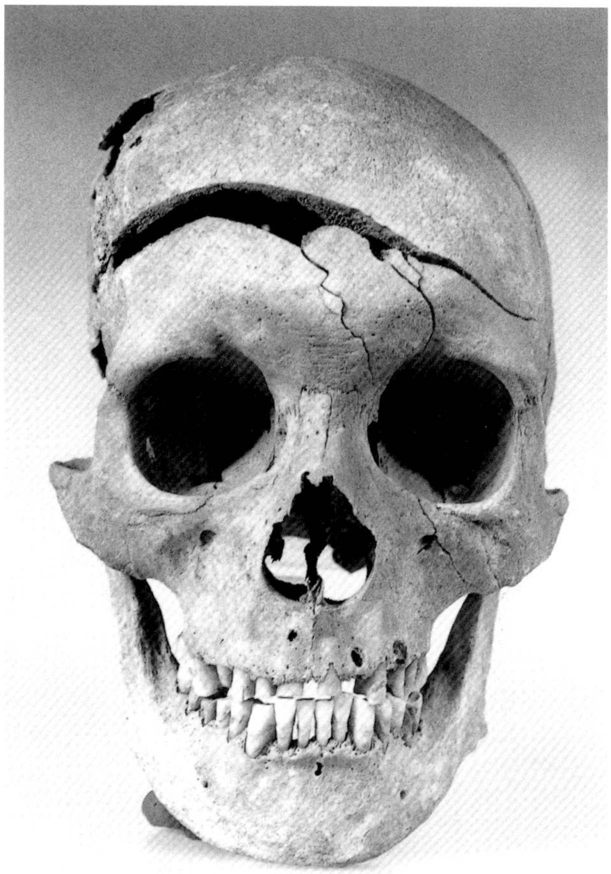

V.23

V.24 Schädel mit Hiebverletzung

6.–9. Jahrhundert
Griesheim (Südhessen)
Gießen, Universität, Anthropologisches Institut, Inv.Nr. Gr. A1

Schädel eines über 60jährigen Mannes. – Auf dem hinteren Abschnitt des rechten Scheitelbeins ein das Schädeldach perforierender Defekt mit abgeheilten Knochenrändern. Ovale, trepanationsähnliche Form mit gleichmäßiger Randführung spricht für eine medizinische Versorgung der durch eine scharfe Waffe (Axt?) verursachten Schädeldachverletzung.

Andrae 1977.

M.K.

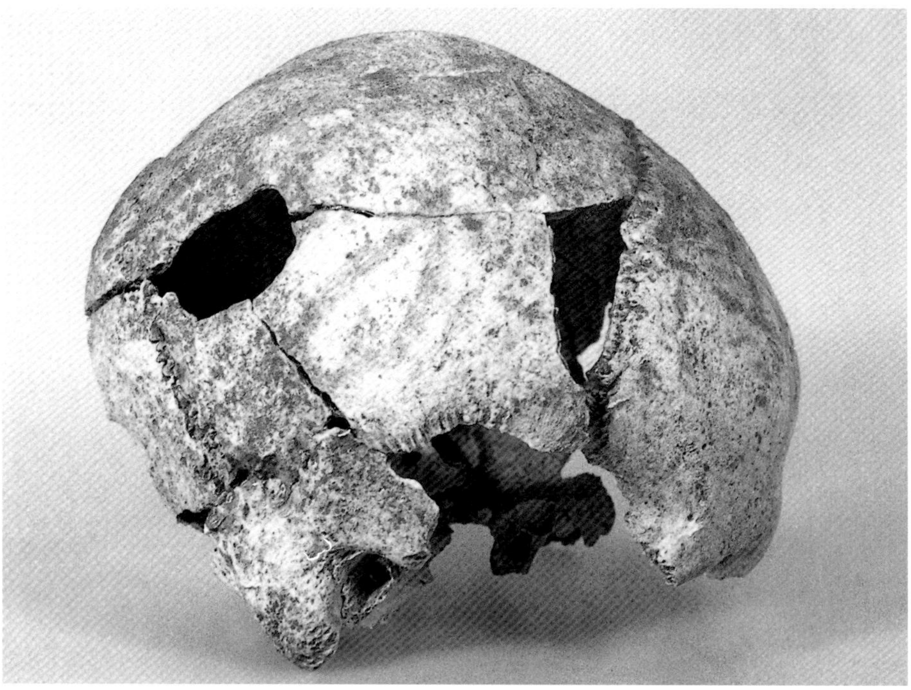

V.24

Die Bewaffnung der Konfliktparteien

V.25 Einschneidiges Schwert (Sax)

1. Hälfte 8. Jahrhundert
Kreuzhof, Grabfund
Eisen. – Schmiedetechnik der Klinge nicht untersucht. Mit dem Sax ist u. a. eine Spatha (Kat.Nr. V.32) vergesellschaftet. – L. 69,8 cm, B. max. 4 cm.
Regensburg, Historisches Museum, Inv.Nr. 1939402

Stein 1967, Kat.Nr. 45.

H.W.

V.26 Zwei einschneidige Schwerter (Saxe)

1. Hälfte bzw. Mitte 8. Jahrhundert
Lembeck (Kr. Recklinghausen), Grab 10, Grab 34
Eisen. – Hölzerne Hilzen nicht bzw. fragmentarisch erhalten. – a) L. 59 cm, B. 4,2 cm. – b) L. 67 cm, B. 4,5 cm.
Münster, Westfälisches Museum für Archäologie

Sächsische Langsaxklingen dieser Zeit tragen häufig Bahnen von Furnierdamast im Rückenteil, welche von gravierten oder ziselierten Riefen begrenzt werden.

Westphal 1991, Kat.Nrn. 11, 12.

H.W.

V.27 Zwei einschneidige Schwerter (Saxe)

Mitte bzw. Ende 8. Jahrhundert
Lembeck (Kr. Recklinghausen), Grab 129, Grab 134a
Eisen. – Hölzerne Hilzen teilweise erhalten. – Klingenaufbau aus vier bzw. sechs Schweißbahnen. Riefendekorationen begrenzen eine einseitige Kehlung bzw. zwei Bahnen massiven Damasts, der durch Doppelkehlen betont ist; Schneiden beider Exemplare sind durch eine gezahnte Schweißnaht mit der Mittelbahn verbunden. – a) L. 65 cm, B. 4,5 cm. – b) L. 72,3 cm, B. 4 cm.
Münster, Westfälisches Museum für Archäologie

Westphal 1984. – Westphal 1991, Kat.Nrn. 26, 27.

H.W.

V.25, 30

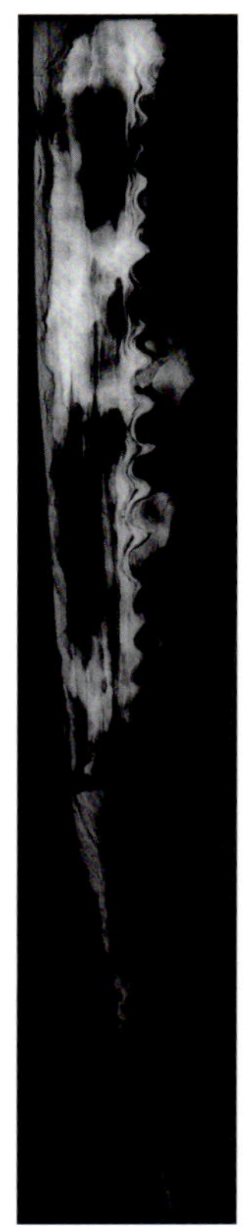

zu V.27a

V.26a *V.26b* *V.27a* *V.27b* *V.28a* *V.28b*

V.28 Zwei einschneidige Schwerter (Saxe)

Mitte bzw. 2. Hälfte 8. Jahrhundert
Warburg-Daseburg (Kr. Höxter), Grabfunde
Eisen. – Hölzerne Hilzen fragmentarisch erhalten. – Riefendekorationen, die an einem Exemplar noch sichtbar sind, begrenzen einseitig angebrachte, flache Kehlen; in beiden Fällen handelt es sich um schlichte Klingen ohne schmiedetechnische Besonderheiten. – a) L. 70,3 cm, B. 4,4 cm. – b) L. 66 cm, B. 4,3 cm.
Münster, Westfälisches Museum für Archäologie, Inv.Nrn. 34:14, 34:15

Stieren 1929. – Stieren 1930. – Westphal 1991, 340.

H.W.

V.29

V.29 Fragment eines einschneidigen Schwertes (Sax)

Vor 750
Paderborn, Siedlungsfund (Pfalzgrabung); der wohl ältere Fund gelangte während der zweiten Hälfte des 8. Jahrhunderts in den Boden.
Eisen. – Lediglich ein Teil des Klingenblattes erhalten; Riefendekorationen begrenzen eine einseitige Kehle; schmiedetechnische Besonderheiten wurden nicht festgestellt. – L. 13 cm, B. 3 cm.
Paderborn, Westfälisches Museum für Archäologie, Museum in der Kaiserpfalz, Inv.Nr. 77/171a

Westphal 1991, 341.

H.W.

V.30 Einschneidiges Schwert (Sax)

(s. Abb. S. 284)

8. Jahrhundert
Goddelsheim (Kr. Waldeck-Frankenberg), Grab 36
Eisen. – Holzreste der Hilze. – Klinge bisher nicht auf Schmiedetechniken untersucht. – L. 64,6 cm, B. 5,2 cm.
Kassel, Staatliche Museen, Inv.Nr. 1984/3

Stein 1967, Taf. 67. – Sippel 1989, 145.

H.W.

V.31 Zweischneidiges Schwert (Spatha)

1. Hälfte 8. Jahrhundert
Dettingen (Kr. Esslingen), Grabfund
Eisen, hölzerne Hilze nahezu vollständig. – Die Klinge zeigt einen dreibahnigen Damast von nicht näher untersuchtem Aufbau; die Art der Knaufbefestigung ist ungeklärt; mit dem Schwert ist ein Schildbuckel (Kat.Nr. V.52) vergesellschaftet. – L. 85,6 cm, B. (Klinge) 5,3 cm.
Stuttgart, Württembergisches Landesmuseum – Altes Schloß, Inv.Nr. A 32/45

Stein 1967, Kat.Nr. 103.

H.W.

V.32 Zweischneidiges Schwert (Spatha)

1. Hälfte 8. Jahrhundert
Kreuzhof, Grabfund
Eisen, Buntmetall (Knauf). – Die Klinge auf nicht näher untersuchte Weise damasziert, die Angelvernietung erfolgte über dem

V.31–33

Knauf; das Schwert ist u. a. mit einem Langsax (Kat.Nr. V.25) vergesellschaftet. – L. 80,8 cm, B. max. 7,6 cm.
Regensburg, Historisches Museum, Inv.Nr. 1939 402

Stein 1967, Kat.Nr. 45.

H.W.

V.33 Zweischneidiges Schwert (Spatha)

1. Hälfte 8. Jahrhundert
Haldenegg, Grab 1
Eisen, Buntmetall. – Die Klinge wurde nicht auf Schmiedetechniken untersucht; Gefäßteile tragen Buntmetalltauschierungen sowie Buntmetallzierniete. Die Art der Knaufbefestigung ist ungeklärt; das Schwert ist u. a. mit einer Lanze (Kat.Nr. V.42) sowie einem Schildbuckel (Kat.Nr. V.53) vergesellschaftet. – L. 92 cm, B. 8,4 cm.
Stuttgart, Württembergisches Landesmuseum – Altes Schloß, Inv.Nr. A. 11670/71

Stein 1967, Kat.Nr. 125.

H.W.

V.34 Zweischneidiges Schwert (Spatha)

2. Hälfte 8. Jahrhundert
Sahlenburg (Kr. Cuxhaven), Galgenberg, Grab 68
Eisen, Holz; Lederriemen des Wehrgehänges um Scheide und Gefäß geschlungen. – Das Klingenblatt trägt einen je zweibahnigen, furnierten Torsionsdamast. Der Angelniet liegt über dem Knauf; die Waffe ist u. a. mit einer Flügellanze (Kat.Nr. V.48), einem Schildbuckel (Kat.Nr. V. 54) und Reitzeug (Kat.Nr. V.62) vergesellschaftet. – L. 90,5 cm, B. (Klinge) 5,2 cm.
Cuxhaven, Stadtmuseum, Inv.Nr. 1157a–p

Stein 1967, Kat.Nr. 284. – Westphal, in Vorbereitung.

H.W.

V.35 Zweischneidiges Schwert (Spatha)

2. Hälfte 8. Jahrhundert
Lembeck (Kr. Recklinghausen), Grab 35
Eisen, Holzreste der Hilze, Buntmetall. – Das Klingenblatt trägt einen je zweibahnigen, furnierten Torsionsdamast; der Angelniet liegt über dem Knauf. – L. noch 85 cm.
Münster, Westfälisches Museum für Archäologie

Die Dekoration der Gefäßteile mit Buntmetalltauschierung zeigt eine Tendenz jener Zeit: Neben schmiedetechnischen Effekten der Klingendamaszierung erfaßt das Schmuckbedürfnis auch das Gefäß.

Geibig 1991, Kat.Nr. 166. – Westphal, in Vorbereitung.

H.W.

V.36 Zweischneidiges Schwert (Spatha)

2. Hälfte 8. Jahrhundert
Lankern (Kr. Borken), Einzelfund
Eisen, die hölzerne Hilze erhalten, Buntmetall. – Die Klinge trägt einen je zweibahnigen, furnierten Torsionsdamast; Gefäßteile sind mit Buntmetall tauschiert; die Vernietung der Angel erfolgte über dem Knauf. – L. 93,4 cm, B. (Klinge) 5,4 cm.
Münster, Westfälisches Museum für Archäologie

Geibig 1991, Kat.Nr. 101. – Westphal, in Vorbereitung.

H.W.

V.37 Zweischneidiges Schwert (Spatha)

Ende 8. Jahrhundert
Lembeck (Kr. Recklinghausen), Grab 133
Eisen, erhaltene Holzreste der Hilze, Buntmetall, Glas. – Das Klingenblatt ist nicht damasziert. Polychrom dekorierte Gefäßteile; neben Buntmetallplattierungen finden sich in Rundeln gefaßte Einlagen roten Glases; der Angelniet liegt über der Knaufstange. – L. 92,5 cm, B. (Klinge) 5,1 cm.
Münster, Westfälisches Museum für Archäologie

Bei dem Schwert handelt es sich um das Produkt einer fränkischen Werkstatt, das im Grab eines heidnischen sächsischen Kriegers gefunden wurde. Die Verzierung deutet auf eine fortschreitende Verlagerung des Schmuckbedürfnisses von der Klinge zum Gefäß.

Westphal 1980. – Menghin 1980. – Vierck 1980. – Geibig 1991, Kat.Nr. 168. – Westphal, in Vorbereitung.

H.W.

V.38 Zweischneidiges Schwert (Spatha)

2. Hälfte 8. Jahrhundert
Suffelweyersheim/Elsaß, Einzelfund
Eisen, Buntmetall. – Die Klinge trägt einen zweibahnigen furnier-

V.34–37

V.39 Detail

ten Torsionsdamast; Gefäßteile mit reichen Buntmetalltauschierungen; die Angel ist über der Knaufstange vernietet; die Parierstange trägt Niete ohne technische Funktion. – L. 93,5 cm, B. (Klinge) 5,4 cm.
Mainz, Landesmuseum, Inv.Nr. N 3339

Die Knaufkonstruktion gleicht jener des Schwertes aus Lembeck (Kat.Nr. V.37): Auch hier handelt es sich wohl um das Produkt einer fränkischen Werkstatt.

Geibig 1991, Kat.Nr. 98.

H.W.

V.39 Zweischneidiges Schwert (Spatha)

8. Jahrhundert
Saône-Seille-Mündung, Einzelfund
Eisen. – Die Klinge zeigt zwei Bahnen von Torsionsdamast, die

V.38, 39

V.40, 41

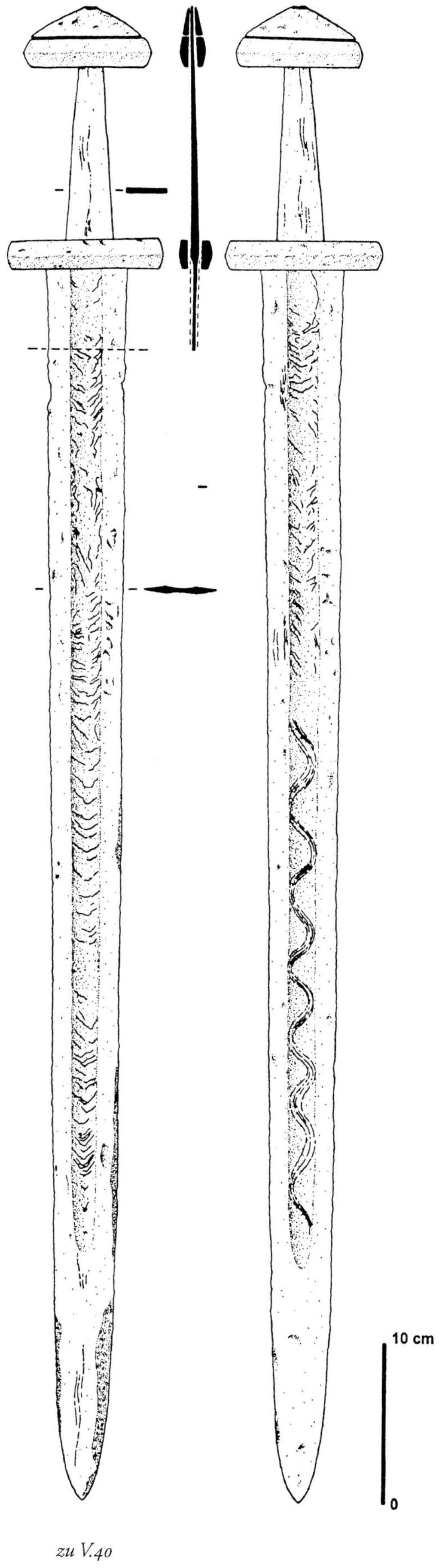

zu V.40

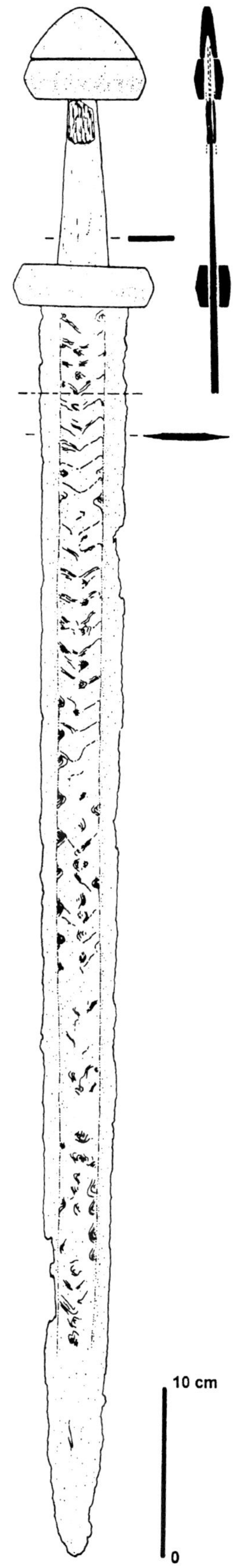

zu V.41

nicht näher untersucht sind. Der Angelniet liegt vermutlich über dem Knauf, die Parierstange trägt Niete ohne technische Funktion. – L. 83,5 cm, B. 10,5 cm.
Mâcon, Musée des Ursulines, Inv.Nr. 19558

Kat. Chalon-sur-Saône 1990, Nr. 189.

H.W.

V.40 Zweischneidiges Schwert (Spatha)

9. Jahrhundert
Ouroux-sur-Saône/Frankreich, Einzelfund
Eisen. – Die Klinge zeigt furnierten Damast, dessen Bahnen auf einer Seite einen Winkel bilden, während auf der Gegenseite in einer Klingenhälfte ein Wellenband verläuft. – L. 92,5 cm, B. 9,5 cm.
Chalon-sur-Saône, Musée de Chalon-sur-Saône, Inv.Nr. 90.2.149

Kat. Chalon-sur-Saône 1990, Nr. 190.

H.W.

V.41 Zweischneidiges Schwert (Spatha)

Angegebene Datierung 10. Jahrhundert, aber wohl älter (um 800)
Verjux/Frankreich, Einzelfund
Eisen. – Die Klinge zeigt Torsionsdamast, dessen Aufbau nicht geklärt ist. – L. 90,5 cm, B. 8,2 cm.
Chalon-sur-Saône, Musée de Chalon-sur-Saône, Inv.Nr. 67.4.1

Kat. Chalon-sur-Saône 1990, Kat. 191.

H.W.

V.42 Lanzenspitze

1. Hälfte 8. Jahrhundert
Haldenegg (Kr. Reutlingen), Grab 1
Eisen. – Das Blatt ist nicht auf Schmiedetechniken untersucht; zwei Buntmetallzierniete fixieren den Schaft; die Lanze ist mit einer Spatha (Kat.Nr. V.33) sowie einem Schildbuckel (Kat.Nr. V. 53) vergesellschaftet. – L. 49,4 cm, B. max. 3,7 cm.
Stuttgart, Württembergisches Landesmuseum – Altes Schloß, Inv.Nr. A. 11670–71

Stein 1967, Kat.Nr. 125.

H.W.

V.42, 43

V.43 Lanzenspitze

2. Viertel 8. Jahrhundert
Walsum (Kr. Duisburg), Grab 24
Eisen. – Das Blatt ist nicht auf Schmiedetechniken untersucht; während der Grabung beobachtete Bodenverfärbungen belegen eine ursprüngliche Länge der Lanze von 2,20 m. – L. 44 cm.
Duisburg, Kultur- und Stadthistorisches Museum, Inv.Nr. H 34: 216a

Stampfuß 1939, 11. – Stein 1967, Kat.Nr. 234.

H.W.

V.44 Lanzenspitze

2. Viertel 8. Jahrhundert
Walsum (Kr. Duisburg), Grab 38
Eisen. – Das Blatt ist nicht auf Schmiedetechniken untersucht. – L. 37 cm, B. max. 5,6 cm.
Duisburg, Kultur- und Stadthistorisches Museum, Inv.Nr. H 34: 230f

Stampfuß 1939, 21. – Stein 1967, Kat.Nr. 234.

H.W.

V.45 Lanzenspitze

2. Viertel 8. Jahrhundert
Walsum (Kr. Duisburg), Grab 32
Eisen. – Das Blatt ist nicht auf Schmiedetechniken untersucht. – L. 51 cm, B. max. 4,5 cm.
Duisburg, Kultur- und Stadthistorisches Museum, Inv.Nr. H 34: 221a

Stampfuß 1939, 17. – Stein 1967, Kat.Nr. 234.

H.W.

V.44, 45

V.46, 47, 48, 50

V.46 Flügellanzenspitze

2. Viertel 8. Jahrhundert
Walsum (Kr. Duisburg), Grab 6
Eisen. – Das Blatt ist nicht damasziert. – L. 54 cm, B. max. 3,1 cm.
Duisburg, Kultur- und Stadthistorisches Museum, Inv.Nr. H 34: 197f

Stampfuß 1939, 5. – Stein 1967, Kat.Nr. 234. – Westphal, in Vorbereitung.

H.W.

V.47 Flügellanzenspitze

Spätes 7./Anfang 8. Jahrhundert
Duisburg-Beeck
Eisen. – Das Blatt ist nicht damasziert; ein silberplattierter Niet fixiert den Schaft in der Tülle. – L. 42 cm, B. 3,4 cm.
Duisburg, Kultur- und Stadthistorisches Museum, Inv.Nr. 100 / H 30:217

Stein 1967, Kat.Nr. 196. – Westphal, in Vorbereitung.

H.W.

V.48 Flügellanzenspitze

2. Hälfte 8. Jahrhundert
Sahlenburg (Kr. Cuxhaven), Galgenberg, Grab 68
Eisen. – Das Blatt trägt einen je zweibahnigen, furnierten Torsionsdamast. Die Waffe ist mit einer Spatha (Kat.Nr. V.34), einem Schildbuckel (Kat.Nr. V.54) und Reitzeug (Kat.Nr. V.62) vergesellschaftet. – L. 45 cm, B. 4 cm.
Cuxhaven, Stadtmuseum, Inv.Nr. 1157 a–p

Stein 1967, Kat.Nr. 284. – Westphal, in Vorbereitung.

H.W.

V.49 Lanzenspitze

2. Hälfte 8. Jahrhundert
Hollenstedt (Kr. Nordheim), Grab 3
Eisen. – Das Blatt wurde nicht auf Schmiedetechniken untersucht. – L. 37,8 cm, B. 4,9 cm. Die Lanze ist u. a. mit einem Langsax sowie einem Schildbuckel (Kat.Nr. V.55) vergesellschaftet.
Hamburg, Helms-Museum, Stiftung ö. R.

Stein 1967, Kat.Nr. 266.

H.W.

V.50 Flügellanzenspitze

2. Hälfte 8. Jahrhundert
Westbevern (Kr. Warendorf)
Eisen. – Die Waffe ist nicht damasziert; im Grab ist sie u. a. mit einem lediglich fragmentarisch erhaltenen Langsax, einem Schildbuckel (Kat.Nr. V.56) sowie Reitzeug vergesellschaftet. – L. noch 40,2 cm, B. 4,6 cm.
Münster, Westfälisches Museum für Archäologie

Die Beigabe eines Langsax in einem reichen Grab repräsentiert sächsische Grabsitte.

Stein 1967, 83. – Winkelmann 1984, 57. – Westphal, in Vorbereitung.

H.W.

V.51 Lanzenspitze *(s. Abb. S. 296)*

6. Jahrhundert
Warburg-Daseburg (Kr. Höxter)
Eisen. – Tüllenende leicht beschädigt, Reste eines Nietstifts. – 32,5 cm.
Münster, Westfälisches Museum für Archäologie, Inv.Nr. 1930: 34,17

Unveröffentlicht.

F.S.

V.52 Schildbuckel *(s. Abb. S. 296)*

1. Hälfte 8. Jahrhundert
Dettingen (Kr. Esslingen), Grabfund
Eisen. – Der Schildbuckel ist u. a. mit einer Spatha (Kat.Nr. V.31) vergesellschaftet. – Dm. noch 13,5 cm, H. noch 11,5 cm.
Stuttgart, Württembergisches Landesmuseum – Altes Schloß, Inv.Nr. A 33/45

Stein 1967, Kat.Nr. 103.

H.W.

V.49

V.51

V.52

V.54 Schildbuckel

2. Hälfte 8. Jahrhundert
Sahlenburg (Kr. Cuxhaven), Galgenberg, Grab 68
Eisen. – Der Schildbuckel ist u. a. mit einer Spatha (Kat.Nr. V.34), einer Flügellanze (Kat.Nr. V.48) sowie Reitzeug (Kat.Nr. V.62) vergesellschaftet. – Dm. 15,4 cm, H. 17,9 cm.
Cuxhaven, Stadtmuseum, Inv.Nr. 1157 a–p

Stein 1967, Kat.Nr. 284.

H.W.

V.53 Schildbuckel

1. Hälfte 8. Jahrhundert
Haldenegg (Kr. Reutlingen), Grab 1
Eisen. – Der Schildbuckel ist u. a. mit einer Spatha (Kat.Nr. V.33) sowie einer Lanzenspitze (Kat.Nr. V.42) vergesellschaftet. – Dm. 16,6 cm, H. 14,2 cm.
Stuttgart, Württembergisches Landesmuseum – Altes Schloß, Inv.Nr. A 11670–71

Stein 1967, Kat.Nr. 125.

H.W.

V.55 Schildbuckel

2. Hälfte 8. Jahrhundert
Hollenstedt (Kr. Nordheim), Grab 3
Eisen. – Der Schildbuckel ist u. a. mit einem Langsax sowie einer Lanze (Kat.Nr. V.49) vergesellschaftet. – Dm. 15,2 cm, H.15,3 cm.
Hamburg, Helms-Museum, Stiftung ö. R.

Stein 1967, Kat.Nr. 266.

H.W.

V.53

V.54

V.55

V.56

V.57

V.56 Schildbuckel

2. Hälfte 8. Jahrhundert
Westbevern (Kr. Warendorf) (1958)
Eisen. – Der Schildbuckel ist u. a. mit einem Langsax sowie einer Flügellanze (Kat.Nr. V.50) vergesellschaftet. – Dm. 14 cm, H. 15,5 cm.
Münster, Westfälisches Museum für Archäologie

Stein 1967, 83. – Winkelmann 1984, 57.

H.W.

V.57 Zwei Speer- oder Pfeilspitzen

um 800
Paderborn, Pfalzgrabung
Eisen. – L. 7,5 cm bzw. noch 8,5 cm.
Paderborn, Westfälisches Museum für Archäologie, Museum in der Kaiserpfalz, Inv.Nrn. 70/126a, 77/174

Bei dem unvollständigen Fund fällt der asymmetrische Querschnitt auf, eine Erscheinung, die seit dem 7. Jahrhundert an Lanzen- wie an Speerspitzen zu beobachten ist.

Unveröffentlicht.

H.W.

V.58 Speer- oder Pfeilspitzen

(ohne Abb.)
a) 9. Jahrhundert
Ostbevern-Schirl (Kr. Warendorf)
Eisen. – Blatt weidenblattförmig (größte B. 1,8 cm), Ganztülle (größter Dm. 1,1 cm), L. 9 cm. – Inv.Nr. 3911–25, F16.
b) Frühes Mittelalter
Münster-Gittrup
Eisen. – Blatt weidenblattförmig (größte B. 2,1 cm), Ganztülle (größter Dm. 1,5 cm) mit Nietloch, L. 12,1 cm. – Inv.Nr. 3911–25, F117.
Münster, Westfälisches Museum für Archäologie

Die Stücke sind aufgrund ihrer Größe und des damit verbundenen Gewichtes möglicherweise als Spitzen kurzer Wurfspeere anzusprechen.

Finke 1988, Abb. 16.2.

C.Ru.

V.59 Drei Speer-/Pfeilspitzen

Frühes Mittelalter
Warendorf-Neuwarendorf (Kr. Warendorf)
Eisen. – Zwei der Exemplare mit beschädigten Spitzen. Blatt zweimal rhombisch mit Mittelgrat (in einem Fall gedrungen-rhombisch), beim dritten Exemplar weidenblattförmig mit Mittelgrat; letzteres besitzt eine Schlitztülle, die beiden übrigen eine Ganztülle. – L. noch 8,7–9,7 cm, B. 1,3–2,1 cm.
Münster, Westfälisches Museum für Archäologie, Inv.Nrn. 4013–69; K 38, K 152 (Nr. 745), K 390

V.59

V.60

Die Stücke sind aufgrund ihrer Größe und des damit verbundenen Gewichtes möglicherweise als Spitzen kurzer Wurfspeere anzusprechen.

Winkelmann 1984, Taf. 31.3.

C.Ru.

V.60 Drei Pfeilspitzen *(s. Abb. S. 299)*

6.–8. Jahrhundert
Halle-Künsebeck (Kr. Gütersloh)
a) Eisen. – mit Schlitztülle, spitzovales Blatt mit rhombischem Querschnitt. – L. 9,7 cm, B. 1,65 cm, Dm. 1,1 cm. – b) Eisen, mit Spitztülle, spitzovales Blatt mit rhombischem Querschnitt. – L. 8,7 cm, B. 1,7 cm, Dm. 0,9 cm. – c) Eisen, mit rundstabigem Fortsatz, spitzovales Blatt mit rhombischem Querschnitt. – L. 9,9 cm, B. 1,7 cm, Dm. 0,4 cm.
Bielefeld, Westfälisches Museum für Archäologie, Inv.Nr. DKZ 3916,10 (z. Zt. Enger, Widukind-Museum)

Während die Pfeilspitzen mit der Schlitztülle dem geläufigen Typ dieser Zeit entsprechen, finden sich für die Pfeilspitze mit ihrem stiftförmigen Fortsatz eher Parallelen bei den dreiflügeligen Pfeilspitzen im reiternomadischen Milieu.

Unveröffentlicht.

B.S.

V.62

V.61 Sporenpaar

(ohne Abb.)
1. Hälfte 8. Jahrhundert
Haldenegg (Kr. Reutlingen), Grab 1
Buntmetall, Silber. – Plastische Verzierungen, die Basen der *stimuli* (Stachel) mit silbernen, perlrandverzierten Unterlegscheiben; die Sporen sind u. a. mit einer Spatha (Kat.Nr. V.33), einer Lanzenspitze (Kat.Nr. V.42) sowie einem Schildbuckel (Kat.Nr. V.53) vergesellschaftet. – L. 13,1 cm, B. 8,4 cm bzw. L. 13,3 cm, B. 8,3 cm.
Stuttgart, Württembergisches Landesmuseum – Altes Schloß, Inv.Nr. A 11670–71

Stein 1967, Kat.Nr. 125.

H.W.

V.62 Zaumzeugzubehör

2. Hälfte 8. Jahrhundert
Sahlenburg (Kr. Cuxhaven), Galgenberg, Grab 68
Eisen, Reste von Leder. – H. ca. 7 cm, B. ca. 8 cm.
Cuxhaven, Stadtmuseum, Inv.Nr. 1157a–p

Stein 1967, Kat.Nr. 284.

H.W.

V.63 Steigbügel

2. Hälfte 8. Jahrhundert
Sahlenburg (Kr. Cuxhaven), Galgenberg, Grab 68
Eisen, Reste von Leder. – L. 16,3 cm, B.11,3 cm bzw. L. 15,8 cm, B. 11,7 cm.
Cuxhaven, Stadtmuseum, Inv.Nr. 1157a–p

Stein 1967, Kat.Nr. 284.

H.W.

V.64 Halfterkette

(ohne Abb.)
6.–8. Jahrhundert
Warburg-Daseburg (Kr. Höxter), Einzelfund
Eisen. – Drei Teilstücke, aus verrundet vierkantigen Eisenstücken geschmiedet. – L. 24,5 cm, B. 13,7 cm, T. 7,3 cm.
Münster, Westfälisches Museum für Archäologie, Inv.Nr. 1930: 34,13

V.63

Aus einem Ende der 1920er Jahre geborgenen Fundkomplex, der heute nicht mehr zuverlässig nach Grabinventaren zu trennen ist. Insgesamt mindestens fünf Gräber der Zeit um 500 bis um 700, darunter ein Pferdegrab, aus dem vermutlich die Halfterkette stammt. Halfterketten oder einzelne Ringe finden sich gerade in Westfalen gelegentlich in Funktionslage in Pferdebestattungen.

Oexle 1992, 243, Kat.Nr. 383 mit Taf. 183.

F.S.

V.65 Ringtrense

6.–8. Jahrhundert
Warburg-Daseburg, Einzelfund
Eisen. – Gebißstangen in der Mitte leicht achtkantig facettiert. – L. der Gebißstangen 9,4 u. 8,0 cm, Dm. der Ringe 7 cm.
Münster, Westfälisches Museum für Archäologie, Inv.Nr. 1930: 34,11

Aus einem Ende der 1920er Jahre geborgenen Fundkomplex, der heute nicht mehr zuverlässig nach Grabinventaren zu trennen ist. Insgesamt mindestens fünf Gräber der Zeit um 500 bis um 700, darunter ein West-Ost orientiertes Männergrab, aus dem vermutlich die Ringtrense stammt. Ringtrensen sind ein beliebter und chro-

V.65

nologisch weitgehend unempfindlicher Bestandteil des merowingerzeitlichen Pferdegeschirrs.

Oexle 1992, 243, Kat.Nr. 384 mit Taf. 181.

F.S.

V.66 Sporenpaar

(ohne Abb.)
2. Hälfte 8. Jahrhundert
Sahlenburg (Kr. Cuxhaven), Galgenberg, Grab 68
Eisen, Gold (?), Lederreste. – Die zeittypische Streifentauschierung könnte auch aus Buntmetall bestehen. – B. 4,7 cm.
Cuxhaven, Stadtmuseum

Stein 1967, Kat.Nr. 284.

H.W.

V.67 Sporn

(ohne Abb.)
2. Hälfte 8./Anfang 9. Jahrhundert
Wünnenberg-Fürstenberg (Kr. Paderborn), Gräberfeld Fürstenberg, Grab 28
Eisen, z. T. verzinnt. – Ein Bügel abgebrochen. – L. 13 cm, B. 7 cm, D. 0,6 cm.
Paderborn, Westfälisches Museum für Archäologie, Museum in der Kaiserpfalz

Der Sporn lag als Teil einer Reiterausrüstung zusammen mit dem Messer (Kat.Nr. V.70) in der erwähnten West-Ost orientierten Bestattung. Ähnliche frühkarolingische Sporen finden sich in ganz Mitteleuropa; die herzförmige Nietplatte am Bügelende ist jedoch bisher einmalig (Frdl. Hinweis N. Goßler).

Melzer 1991, 64.

S.F.

V.68 Sporenpaar

2. Hälfte 8. Jahrhundert
Frohnhausen (Kr. Höxter), Grab 7
Eisen, Zinn, Buntmetall. – Reste einer ursprünglichen Oberflächenverzinnung, plastische Verzierungen, an den Basen der stimuli kupferne, mit gelbem Buntmetall plattierte, profilierte Reife, Riemenverteiler tragen mit gelbem Buntmetall verzierte Niete. – L. 11.5 cm, B. 8,2 bzw. 11,1 cm, T. 7,5 cm.
Münster, Westfälisches Museum für Archäologie

Unveröffentlicht.

H.W.

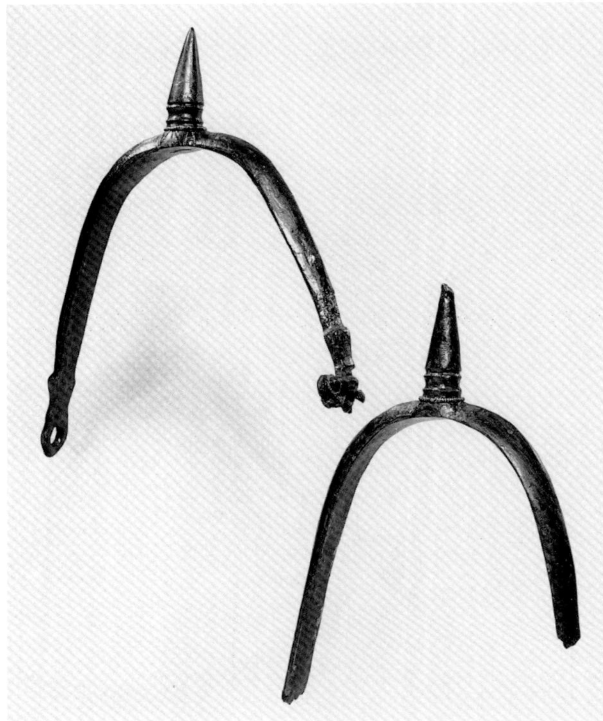

V.68

V.69 Kettenhemd

Sächsisch, 8. Jahrhundert
Rullstorf (Kr. Lüneburg)
Eisen. – Mehrere größere Eisenkonglomerate bestehend aus ineinander verschlungenen, rundstabigen Eisenringen, teilweise an den Enden flach gehämmert, durchbohrt und mit Eisenstift vernietet. – Max. 10 x 6 cm.
Hannover, Niedersächsisches Landesamt für Denkmalpflege, Inv.Nr. FStNr. 8

Die Fragmente des Kettenhemdes stammen aus einem spätsächsischen Scheiterhaufengrab. Das Gräberfeld wurde von der Mitte des 7. bis ins 8. Jahrhundert belegt. Es gehört – nach Anzahl der bestatteten Personen – zu einem kleinen Adelshof. Das Gräberfeld hebt sich durch auffällig viele Tierbestattungen, darunter Pferde, Hunde und Hirsche, von zeitgleichen Gräberfeldern ab.

Im sächsischen Kontext waren Ringbrünnen bislang unbekannt. Das Vorkommen auf dem Rullstorfer Gräberfeld könnte allein mit dem hohen sozialen Status des Bestatteten erklärt werden. Man sollte aber bedenken, daß nur wenige Gräberfelder dieser Zeit vollständig und mit modernen Methoden erforscht sind. Die bislang fehlenden Belege als Forschungslücke zu deuten ist naheliegend. Hierfür spricht auch der in Rullstorf beobachtete, trotz Brandpatina sehr schlechte Erhaltungszustand der

V.69

Ringbrünne. Erst durch Röntgenaufnahmen konnten die Objekte identifiziert werden. Kleinere Einzelringe – zumal durchkorrodierte – sind in einem Scheiterhaufengrab außerordentlich schlecht zu erkennen. Es bleibt daher offen, ob Kettenhemden für den adligen sächsischen Krieger Ausnahmen oder Standard der Rüstung waren.

Lethosalo-Hilander 1992. – Gebers 1995. – Grunwald/Tröller-Reimer 1997.

W.G.

V.70 Messer

(ohne Abb.)
2. Hälfte 8./Anfang 9. Jahrhundert
Wünnenberg-Fürstenberg (Kr. Paderborn), Grab 28
Eisen, Buntmetall. – L. 21,5 cm, B. 2,7 cm, D. 0,3 cm.
Paderborn, Westfälisches Museum für Archäologie, Museum in der Kaiserpfalz

Das Messer stammt aus der Bestattung eines 37–49jährigen Mannes, der der sozialen Führungsschicht angehörte. Messer finden sich häufig als Beigabe in Männergräbern. Zwar gehören sie eher zu den Werkzeugen als zu den Waffen; sie wurden aber auch im Nahkampf eingesetzt.

Melzer 1991, 64.

S.F.

Die Entwicklung von Waffen und Bewaffnung in Westfalen vom 6.–9. Jahrhundert

V.71 Einschneidiges Schwert (Sax)

(s. Abb. S. 304)

2. Hälfte 6. Jahrhundert
Beckum I (Kr. Warendorf), Grab 18
Eisen. – Bescheidene Riefendekorationen gliedern das Klingenblatt; die Schneide hat durch gebrauchsbedingtes Nachschleifen an Breite eingebüßt; eiserne Hilzenplatten fassen die Handhabe ein; die Waffe repräsentiert, gemeinsam mit der nächstfolgenden, den frühesten in Westfalen gefundenen Saxtyp, Schmalsax I. – L. 48,2 cm, B. 3,3 cm.
Münster, Westfälisches Museum für Archäologie

Borggreve 1865. – Capelle 1979. – Westphal 1991, Kat.Nr. 1.

H.W.

V.72 Einschneidiges Schwert (Sax)

2. Hälfte 6. Jahrhundert
Beckum I (Kr. Warendorf), Grab 6

V.71, 72 (beide Seiten des Blattes), V. 73

Eisen. – Das Blatt ist beidseitig mit gravierten und punzierten Motiven dekoriert; die Waffe ist mit einer Spatha (Kat.Nr. V.73) vergesellschaftet. – L. 46,4 cm, B. 3 cm.
Münster, Westfälisches Museum für Archäologie

Borggreve 1865. – Capelle 1979, 65. – Westphal 1991, Kat.Nr. 2.
H.W.

V.73 Zweischneidiges Schwert (Spatha)

2. Hälfte 6. Jahrhundert
Beckum I (Kr. Warendorf), Grab 6
Eisen, Buntmetall. – Die Klinge trägt einen je zweibahnigen, furnierten Torsionsdamast, auf einer Seite zudem eine tauschierte Buntmetallmarke. – Gefäßteile, die aus organischem Material bestanden, sind vergangen; die Waffe ist mit einem dekorierten Schmalsax vom Typ I (Kat.Nr. V.72) vergesellschaftet. – L. 84 cm.
Münster, Westfälisches Museum für Archäologie

Borggreve 1865. – Capelle 1979, 65. – Westphal, in Vorbereitung.
H.W.

V.74 Einschneidiges Schwert (Sax)

(s. Abb. S. 306)

1. Hälfte 7. Jahrhundert
Beckum II (Kr. Warendorf), Grab 2
Eisen. – Die Klinge ist unverziert. Die schlichte Waffe ohne Hilzenplatten repräsentiert Schmalsaxe des Typs II. Sie ist mit einer Spatha (Kat.Nr. V.75) vergesellschaftet. – L. noch 35 cm.
Münster, Westfälisches Museum für Archäologie

Westphal, in Vorbereitung.
H.W.

V.75 Zweischneidiges Schwert (Spatha)

(s. Abb. S. 306)

1. Hälfte 7. Jahrhundert
Beckum II, Grab 2
Eisen, Holzreste. – Ungekehlte, schwere Klinge mit zweibahnigem, massivem Torsionsdamast, ein Merkmal, das eine zu dieser Zeit wohl auf den sächsischen Bereich beschränkte Besonderheit darstellt; organische Teile des Gefäßes sind vergangen; die Waffe ist mit einem Schmalsax des Typs II (Kat.Nr. V.74) vergesellschaftet. – L. 90,2 cm, B. 4,8 cm.
Münster, Westfälisches Museum für Archäologie

Westphal, in Vorbereitung.
H.W.

V.76 Einschneidiges Schwert (Sax)

(s. Abb. S. 306)

Frühes 7. Jahrhundert
Beckum I (Kr. Warendorf), Grab 55
Eisen. – Die Waffe gleicht schmiedetechnisch den Schmalsaxen, unterscheidet sich jedoch durch ihre Proportionen und ist daher erheblich schwerer; je zwei Riefenpaare dekorieren das Blatt. – L. noch 46,1 cm, B. 6,5 cm.
Münster, Westfälisches Museum für Archäologie

Borggreve 1865. – Capelle 1979, 65. – Westphal 1991, Kat.Nr. 44.
H.W.

V.77 Einschneidiges Schwert (Sax)

(s. Abb. S. 306)

Letztes Viertel 7./Anfang 8. Jahrhundert
Paderborn, Benhauser Straße, Grab 8
Eisen. – Der schmiedetechnisch schlichte Langsax trägt eine einseitige Kehle, die von Riefen begrenzt wird. – L. 62 cm, B. 4 cm.
Paderborn, Westfälisches Museum für Archäologie, Museum in der Kaiserpfalz

Westphal 1991, Kat.Nr. 32.
H.W.

V.78 Einschneidiges Schwert (Sax)

(s. Abb. S. 307)

2. Hälfte 8. Jahrhundert
Soest, Grab 7
Eisen, Holzreste der Handhabe (Hilze). – Keine schmiedetechnischen Besonderheiten; das Klingenblatt trägt beidseitige Doppelkehlen sowie diese begrenzende Riefen. – L. noch 67 cm (ursprünglich etwa 73 cm), B. 4 cm.
Soest, Burghof-Museum

Westphal, in Vorbereitung.
H.W.

V.74–77

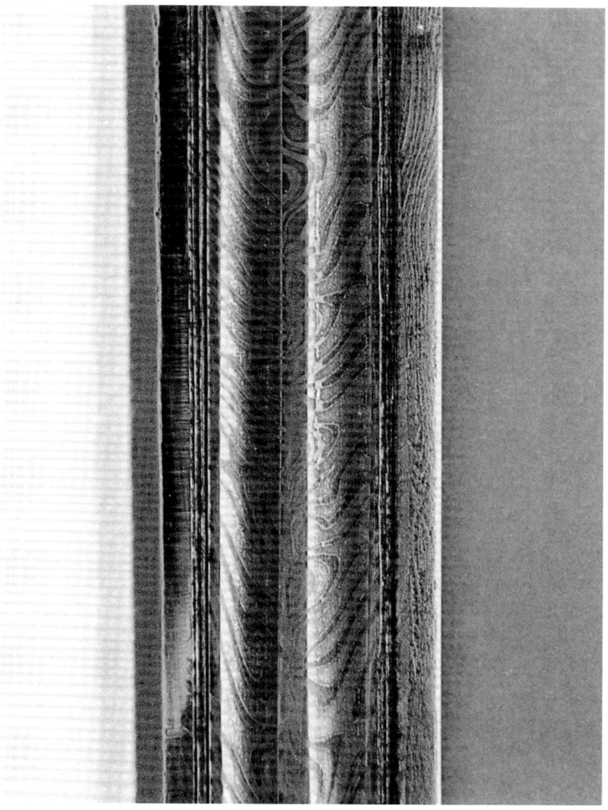

V.80 Detail

V.79 Einschneidiges Schwert (Sax)

Ende 8. Jahrhundert
Soest, Grab 188
Eisen. – Die Klinge trägt im Rückenteil einen zweibahnigen massiven Torsionsdamast; dieser wird von Doppelkehlen betont und von Riefen begrenzt; der Langsax repräsentiert den jüngsten Saxtyp, welcher im sächsischen Bereich in Gräber gelangte. – L. 63,5 cm, B. 3,9 cm.
Soest, Burghof-Museum

Westphal, in Vorbereitung.

H.W.

V.80 Schmiedegerechte Rekonstruktion des Langsaxes von Soest, Grab 188

Rekonstruktion: Manfred Sachse, Mönchengladbach, nach Vorlage H. Westphal, 1999
Büren, Kreismuseum Wewelsburg

Die Waffe zeigt ein Charakteristikum eines Torsionsdamasts aus zwei massiven Stäben: Auf einer Seite weist der

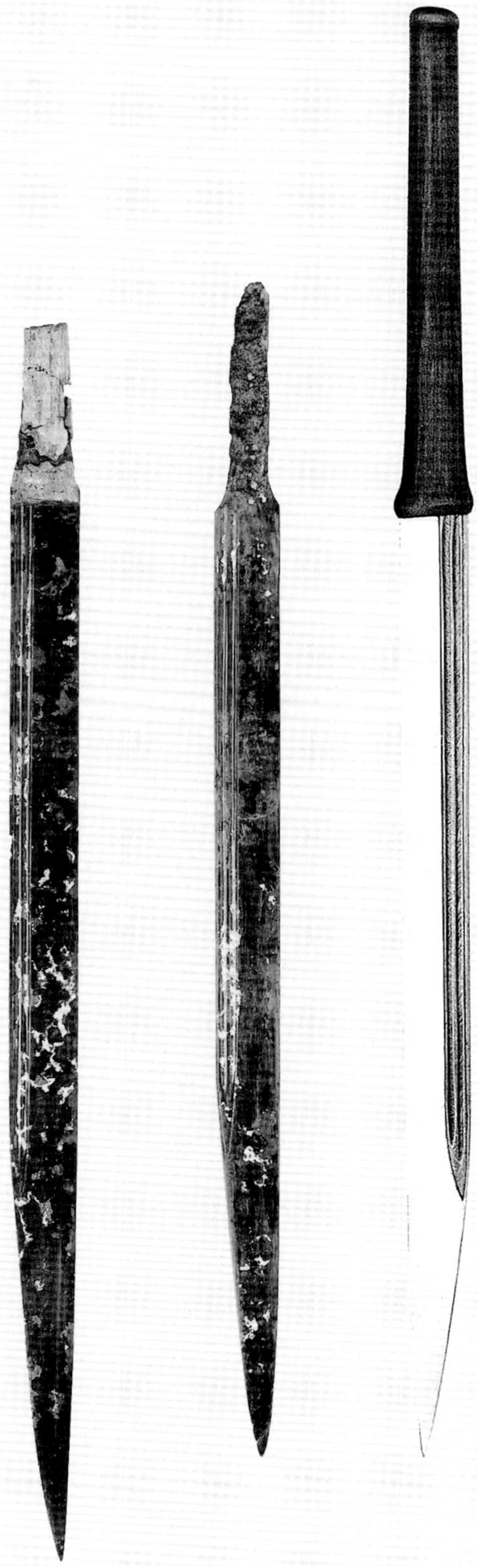

V.78–80

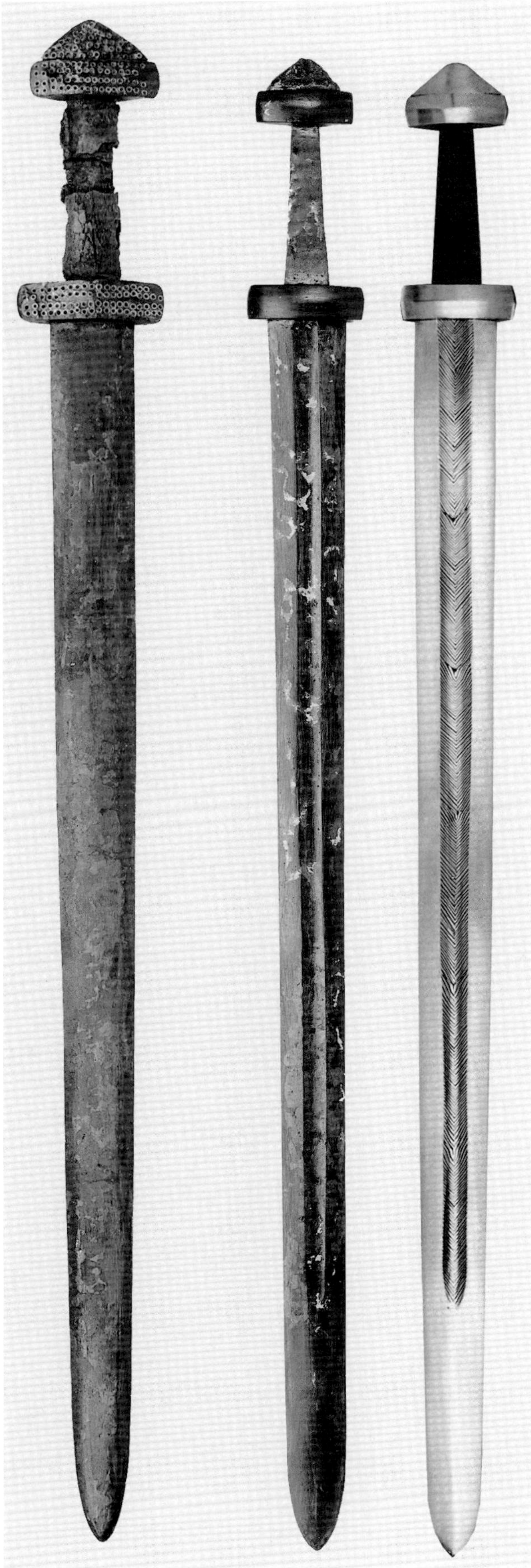

V.81–83

Winkel, den die Damaszierung bildet, zum Griff, auf der anderen zur Spitze (zum Ort). Die Technik ist an sächsischen Langsaxen seit der zweiten Hälfte des 8. Jahrhunderts mehrfach belegt.

H.W.

V.81 Zweischneidiges Schwert (Spatha)

Ende 8. Jahrhundert
Lankern (Kr. Borken), 1920–1928, Grabfund
Eisen, Holzreste, Buntmetall, Glas. – Die Klinge trägt einen furnierten Torsionsdamast; Gefäßteile sind reich dekoriert; in mehrzeilig angeordneten Buntmetallrundeln sind Einlagen grünen und roten Glases gefaßt; polychromer Gefäßschmuck kennzeichnet kostbare Schwerter dieser Zeit; die Angel ist über dem Knauf vernietet. – L. 93 cm, B. 5,3 cm.
Münster, Westfälisches Museum für Archäologie

Geibig 1991, Kat.Nr. 162. – Westphal, in Vorbereitung.

H.W.

V.82 Zweischneidiges Schwert (Spatha)

Ende 8. Jahrhundert
Soest, Einzelfund 1
Eisen. – Die Klinge trägt einen furnierten Torsionsdamast, der jedoch nicht mehr bis in die Nähe der Spitze durchläuft, sondern bereits 16 cm davor endet; die folgende Partie (Ortbereich) zeigt einen ausgeprägten Mittelgrat; Gefäßteile sind unverziert; die Angel ist über dem Knauf vernietet; auf andere Weise als das vorab beschriebene Schwert repräsentiert dieses Exemplar Entwicklungen der Zeit um 800. – L. 91,5 cm, B. 4,6 cm.
Soest, Burghof-Museum

Westphal, in Vorbereitung.

H.W.

V.83 Schmiedegerechte Rekonstruktion der Spatha von Soest, Einzelfund 1

Rekonstruktion: Manfred Sachse, Mönchengladbach, nach Vorlage H. Westphal, 1999
Paderborn, Westfälisches Musuem für Archäologie, Museum in der Kaiserpfalz

Abweichend von Torsionsdamasten aus massiven Stäben (Kat.Nrn. V.75, V.79–80) erlaubt die Gestaltung tordierter Furnierdamastschichten neben vielfältigeren Mustern auch eine andere Orientierung der Damastwinkel.

Die gebildeten Winkel beider Seiten können in die gleiche Richtung weisen, im vorliegenden Fall zur Spitze (zum Ort). Die Variante der Damasttechnik kennzeichnet fortgeschrittene Arbeiten; sie hat sich vom technischen Vorbild der massiven Damaste gelöst und zum Dekorationselement entwickelt.

H.W.

V.84 Zweischneidiges Schwert

Ende 8./Anfang 9. Jahrhundert
Mannheim, Friesenheimer Insel
Eisen, Buntmetall, Silber. – Die Klinge der Waffe ist nicht in der Art der bisher beschriebenen Schwerter damasziert, sondern zeigt eine Damastvariante, die zu jener Zeit erstmalig auftritt: Auf einer Seite ist eine von Kreuzen eingefaßte damaszierte Inschrift, VLFBERHT, auf der Gegenseite eine Reihe damaszierter Marken verschweißt; Gefäßteile sind polychrom tauschiert. Der Angelniet liegt über der Knaufstange; die spezifische Gestalt und Konstruktion des Knaufs sowie die Inschrift gelten als Merkmale fränkischer Werkstätten. – L. noch 79,5 cm, B. 6,1 cm.
Nürnberg, Germanisches Nationalmuseum, Inv.Nr. FG 2187

Menghin 1980, 227. – Geibig 1991, Kat.Nr. 82.

H.W.

zu V.84 Umzeichnung der Schmiedemarke

V.84

V.85 Zweischneidiges Schwert (Spatha)

Ende 8. Jahrhundert
Mannheim, aus dem Rhein geborgen
Eisen, Buntmetall. – Die Klinge ist in der traditionellen Weise damasziert, darüber hinaus jedoch mit einer damaszierten Marke gekennzeichnet. Gefäßteile tragen Messingtauschierungen. Die Position des Angelniets ist ungeklärt. – L. 92 cm, B. 5,5 cm.
Mannheim, Reiss-Museum

Menghin 1980, 236. – Geibig 1991, Kat.Nr. 83.

H.W.

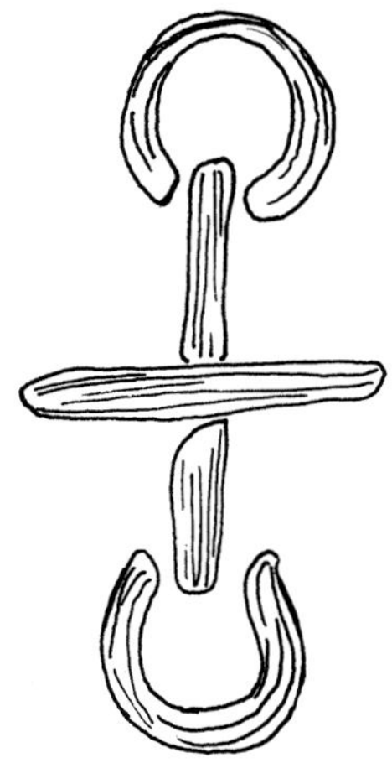

zu V.85 Umzeichnung der Schmiedemarke

V.85 Vorder- und Rückseite

V.85 Detail

Schallgefäße aus der Stiftskirche St. Walburga in Meschede. Paderborn, Westfälisches Museum für Archäologie, Museum in der Kaiserpfalz (Kat.Nr. VI.82) ▷

KAPITEL VI

Kulturwandel einer Region: Westfalen im 9. Jahrhundert

Gabriele Isenberg

Kulturwandel einer Region

Westfalen im 9. Jahrhundert

Einen Kulturwandel in der Form, wie ihn der westfälische Raum im 9. Jahrhundert erlebte, läßt sich für seine weitere Geschichte kaum ausmachen, besonders was die Radikalität des Prozesses betrifft. Nicht einmal die großen Kriege, die die Geschichte dieser Region bescherte, nicht der Dreißigjährige Krieg, selbst nicht die Weltkriege des 20. Jahrhunderts, haben ähnlich scharfe, in allen gesellschaftlichen Schichten wahrnehmbare Einschnitte bewirkt wie der Prozeß, der mit den Sachsenkriegen durch Karl den Großen in diesem Raum eingeleitet wurde.

Es war die Begegnung der Region mit dem Christentum, die die Grundlage für den Kulturwandel im 9. Jahrhundert schuf (Abb. 1). Diese Begegnung war aber keinesfalls das treibende Element für die Radikalität, mit der sich dieser Prozeß vollzog.

Christliche Einflüsse vor den Sachsenkriegen

Im Gegensatz zu der offiziösen Darstellung des karolingischen Hofes hatte es schon vor Beginn der Sachsenkriege keine Demarkationslinie zwischen christlichen Franken und heidnischen Sachsen gegeben. Die Formulierung des Gegensatzes entlarvt sich leicht als eine propagandistische Fiktion zur Legitimation der fränkischen Eroberungspolitik, betrachtet man die spärlichen Nachrichten aus Quellen außerhalb des Hofes, vor allem aber die archäologischen Befunde, die eine ganz andere Sprache sprechen. So dürften die Bewohner der Region östlich des Rheins längst Bekanntschaft mit christlichen Vorstellungen gemacht haben, die sie auf ganz verschiedenen Wegen und in ganz unterschiedlicher Intensität erreichten.

So berichtet in seiner um 730 abgeschlossenen „Historia Ecclesiastica gentis Anglorum“ der northumbrische Mönch Beda bereits von Versuchen angelsächsischer Missionare, gegen Ende des 7. Jahrhunderts in diesen Raum vorzudringen. Die Unternehmen schlugen zwar fehl, erlaubten aber der jungen angelsächsischen Kirche, ihre ersten Märtyrer zu rekrutieren. Die Fortsetzung des angelsächsischen Bekehrungswerks in dieser Region durch Lebuin von Deventer († 780) und Beornrad von Echternach († 797) noch vor oder zu Beginn der Sachsenkriege Karls des Großen, aber auch militärische Vorstöße seiner Vorgänger könnten diesem Raum in der Folge durchaus christliche Vorstellungen vermittelt haben. Über solche schriftlichen Hinweise hinaus belegen archäologische Untersuchungen, daß man mit christlichen Symbolen durchaus vertraut war. Sie signalisieren aber lediglich, daß Begegnungen stattgefunden haben, die durchaus auch ganz profaner Art gewesen sein können. So lassen sich aufgrund von Überlieferungsbruchstücken und archäologischen Befunden etwa wirtschaftliche 'West-Ost-Interessen' ausmachen, die weitgehender waren als nur einen ungehinderten Fernhandel über den Hellweg zu gewährleisten.

Die Entdeckung einer auf Großproduktion hin angelegten frühmittelalterlichen Saline in Soest, die einen hervorragenden technischen Standard aufwies, erlaubt, eine späte und als äußerst zweifelhaft angesehene Nachricht zum frühen Interesse der Merowinger an Soest doch in etwas anderem Licht zu sehen (Abb. 2a.b). 1074 reklamierte der Kölner Erzbischof Soest als Schenkung des merowingischen Königs Dagobert I. an einen seiner Vorgänger, Bischof Kunibert (623 – um 650), die 624 zu Ehren des heiligen Petrus erfolgt sein sollte. Obgleich diese Reklamation im Rahmen einer Fälschung zum Ausdruck gebracht wurde, deutet der bereits gegen Ende des 6. Jahrhunderts im großen Stile produzierende Salinenbetrieb an, daß Soest mit seiner Salzgewinnung durchaus Ziel wirtschaftlicher Begehrlichkeiten von der anderen Rheinseite her gewesen sein könnte. Auf diese Weise könnte auch christliches Gedankengut den Soester Raum erreicht haben, selbst dann, wenn es nicht der Kölner Erzbischof gewesen sein sollte, in dessen Eigentum sich die Saline befand.

Begegnungen solcher Art aber dürften noch weit davon entfernt gewesen sein, einen Kulturwandel einzuleiten. Dafür waren sie offenbar zu punktuell, zu oberflächlich und zu wenig kontinuierlich. Und es fehlte ihnen völlig die Unterstützung durch ein organisatorisches Gerüst.

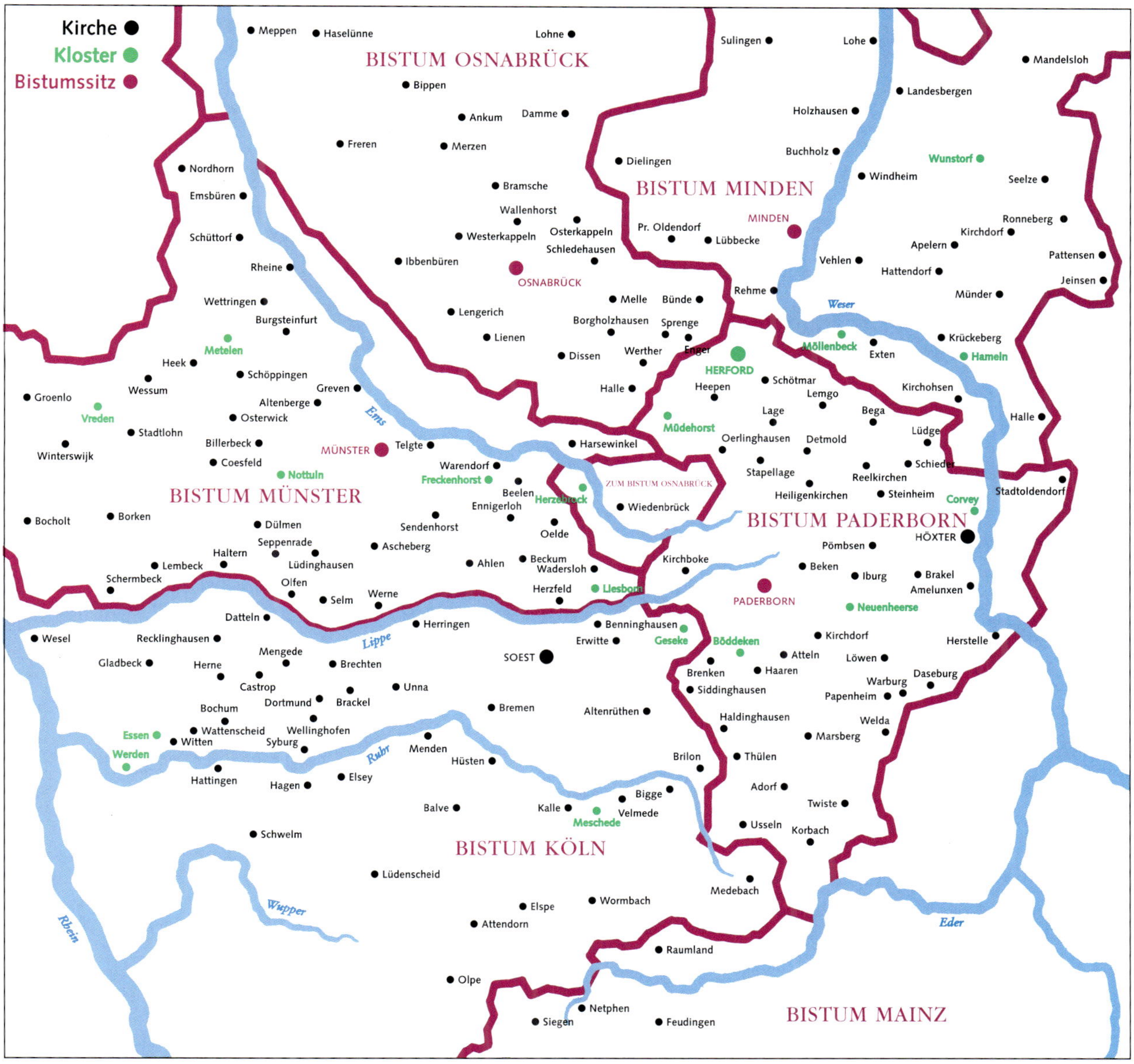

Abb. 1 Westfalen im 9. Jahrhundert

Die Kirche aus Stein im Zentrum der Siedlung

Selbst Karls Mission 'mit dem Schwert' wäre wahrscheinlich ohne langanhaltenden Einfluß in dieser Region geblieben, sondern nur eine blutige, von der angelsächsischen Fraktion am fränkischen Hof auch heftig kritisierte Episode, wenn ihr nicht der zügige Aufbau einer kirchlichen wie weltlichen Verwaltungsorganisation, vor allem aber radikale Strukturveränderungen, durchgesetzt mit einer strengen und nahezu alle Lebensbereiche bis ins Detail regelnden Verordnungspolitik, gefolgt wären.

Der Strukturwandel machte sich dem Menschen des 9. Jahrhunderts unmittelbar in Veränderungen seines engsten Lebensraums bemerkbar. Waren vorher Götter- und Totenkult am Rande einer Siedlung dem täglichen Leben in gewisser Weise entrückt, so wurden nun Heiligtum und Begräbnisstätte zum Mittelpunkt einer Lebensgemeinschaft. Die karolingische Gesetzgebung wies Kirche und Friedhof ihren Ort im Zentrum der Siedlung zu. In dieser Neuordnung der Siedlungsstruktur, deren Realisation jede archäologische Untersuchung früher westfälischer Kirchen belegt, wurde das umgesetzt, was im

Abb. 2a Soest, Ofenanlage für den Siedeprozeß, 1981 bei den Ausgrabungen auf dem Kohlbrink-Gelände entdeckt

Abb. 2b Soest, Rekonstruktion der Ofenanlage

19. Jahrhundert Novalis als das bemerkenswerteste Element am Mittelalter ausmachte, die Gemeinschaft der Lebenden und Toten, wie sie noch heute im Hochgebet der Meßliturgie formuliert wird. Im Sinne des christlichen Glaubens offenbarte sich in dieser strukturellen Neuordnung ein hierarchisch gegliederter Bezug von Heiligtum, Jenseits und Diesseits, gleichzeitig unlösbar miteinander verbunden und daher aus dem täglichen Leben kaum mehr auszublenden.

Die neue Mitte stellte sich aber nicht allein durch ihre exponierte Lage im Zentrum einer Siedlung dar. Sie dürfte bereits auf den ersten Blick als Besonderheit durch die ungewohnte, sich von den Gebäuden der Umgebung deutlich abhebende Bauweise erfahrbar geworden sein. Dabei ist es keinesfalls eine besonders aufwendige Architektur, die die meisten Kirchen des 9. Jahrhunderts im westfälischen Raum auszeichnet. Bei archäologischen Untersuchungen wurden für die Gründungsphasen in der Regel schlichte Saalbauten unterschiedlichster Proportion und Größenordnung nachgewiesen, die durchgängig im Osten mit einem dem Kirchenschiff gegenüber leicht eingezogenen Altarraum ausgestattet waren (vgl. Kat.Nr. VIII.23).

Vielmehr dürfte die Aufmerksamkeit auf die überall in der Region neu entstehenden Kirchengebäude durch das dort bislang unübliche Baumaterial hervorgerufen worden sein. In einem Gebiet, in dem man ausschließlich in Holz baute, muß der Gebrauch von Stein, gebunden in Lehm und Kalkmörtel, bei der Errichtung eines Gebäudes zweifellos große Beachtung gefunden haben. Zwar ist immer wieder zu lesen, die ersten Kirchengebäude in Westfalen seien Holzkirchen gewesen, doch belegen archäologische Untersuchungen mit wenigen Ausnahmen das Gegenteil. Und sie belegen überdies, daß die Bauleute, die in dieser Region die ersten steinernen Kirchengebäude errichteten, sogar durchweg qualitätvolle Arbeit leisteten. Zeugnis davon gab der archäologische Befund, der bei einer Untersuchung der um 800 durch die hl. Ida in Herzfeld an der Lippe gegründeten, der Gottesmutter und dem hl. Germanus geweihten Kirche beobachtet werden konnte. Für den Gründungsbau ließ sich ein in Ton gebundenes Feldsteinfundament nachweisen, über dem Wände aus sorgfältig gearbeitetem Quaderwerk, in Kalkmörtel verlegt, hochgezogen und im Innenraum sowohl verputzt als auch farbig bemalt waren (Abb. 3).

Die besonderen Fertigkeiten der Herzfelder Bauleute, die noch gegen Ende des 10. Jahrhunderts der Werdener Verfasser der Lebensbeschreibung der hl. Ida (Kat.Nr. VIII.13) besonders hervorhob, geben aber auch einen Hinweis darauf, daß es zunächst fremde Bautrupps gewesen sein dürften, die die kaum bekannten Techniken des Steinbaus im westfälischen Raum eingeführt haben.

Die aus der Sippe Karls des Großen stammende Ida war ihrer Vita zufolge aus Ripuarien (Niederrhein, zwischen Köln und Xanten, ehem. Ubien) in den Draingau (das heutige Kernmünsterland) gekommen, um dort in die an der Lippe beheimatete Familie der Egbertiner einzuheiraten, deren Mitglieder sich nach 800 im militärischen Führungsstab des Kaisers finden. Ihren Witwensitz Herzfeld hatte sie jedoch nachweislich mit vielem ausgestattet, was sie aus ihrer Heimat mitgebracht hatte. Dazu gehörten die Germanus-Reliquien ebenso wie ein Sarkophag, angefertigt aus Muschelkalk des Pariser Beckens, den sie täglich mit Gaben für die Armen der Umgebung füllte, bevor er um 825 ihre letzte Ruhestätte

Abb. 3 Herzfeld, St. Ida, Feldsteinfundament des Gründungsbaus, entdeckt bei den Ausgrabungen 1975/76

wurde (Abb. 4). Die ungebrochenen Beziehungen zur ripuarischen Heimat spiegeln sich aber auch in der Tatsache, daß Ida den fränkischen Priester Berhtger nach Herzfeld holte, der dort den Altardienst versah.

Bei den vielen nachweisbaren Kontakten zu ihrer fränkischen Heimat ist es sicherlich nicht unangemessen, auch fränkische Bauleute in Herzfeld zu vermuten. Dagegen hatte das Baumaterial den Ort an der Lippe auf kürzerem Wege erreicht, denn für die Herkunft des verwendeten Tuff-Travertins und Kalks nimmt man den Geseker Raum jenseits des Flusses an.

Wann das neue Baugewerbe mit seinen verschiedenen Gewerken wie Baustoffgewinnung, Fensterverglasung, Dachdeckung und Innenausstattung heimisch wurde, wie lange und in welchen Bereichen es auf fremde Hilfe angewiesen blieb, läßt sich aufgrund der oft äußerst mageren archäologischen Befunde in Kirchenräumen kaum nachzeichnen. Die Untersuchung der Gründungsbauten und der Versuch ihrer zeitlichen Einordnung vermittelt allenfalls einen Eindruck von der Auftragslage, mit der das neue Gewerbe sich im westfälischen Raum konfrontiert sah. Und die dürfte keineswegs schlecht gewesen sein, beobachtet man, wie unter der tatkräftigen Mitwirkung des regionalen Adels schnell das Netz an Kirchen in der Region engmaschiger wurde.

An dieser Stelle soll noch auf eine besondere Bedeu-

Abb. 4 Herzfeld, St. Ida, Sarkophag der hl. Ida, um 820

tung der Kirchenbauten hingewiesen werden, die sie als 'neue Mitte' einer jeden Siedlung hatten. Ihre Baukörper mit Langhaus und niedrigerem Altarraum waren stets – selbst als bei den frühesten Gründungen die Ostung noch geringfügig differierte – nach Osten ausgerichtet. Sie boten damit eine weithin sichtbare Orientierungshilfe für Einheimische und Fremde. Damit hatte die Kirche zugleich die Funktion eines verläßlichen Fixpunktes und eines der Orientierung dienenden 'Wegweisers'.

Haben wir bislang von den einfachen Saalbauten gesprochen, die landesweit entstanden und zuvorderst mit dem Ziel errichtet worden waren, einen angemessenen Rahmen für die Feier des Gottesdienstes zu schaffen, so soll kurz die Rede von den Kirchengebäuden sein, deren herausgehobene Funktion in der im Aufbau begriffenen Kirchenorganisation östlich des Rheins eine entsprechende Architektursprache verlangte. Denn hier tritt in die Wahrnehmung der Menschen des 9. Jahrhunderts neben das ungewohnte Baumaterial die fremdartige Architektur, die nicht nur durch ihre herausragende Größe, sondern auch durch die Vielteiligkeit ihrer Gestalt Aufmerksamkeit erregt haben dürfte. Aber auch im Falle der Kirchenbauten von zentraler Bedeutung fällt es trotz der Vielfalt der architektonischen Formensprache schwer, Provenienz und Wege richtig zu beurteilen, auf denen solche Bauvorstellungen in den Raum östlich des Rheins gelangten. Zwar signalisiert die polygonale Chorlösung des ersten Mindener Doms einen frühen, weiträumigen Architekturtransfer aus dem westfränkischen Bereich, belegen kann ihn wegen der bislang großen Untersuchungslücken auf dem Gebiet der kirchlichen Großbauten sowohl westlich als auch östlich des Rheins jedoch niemand.

Sagt die Lage der Kirche in der veränderten Siedlungsstruktur etwas über ihren Stellenwert in den Lebensgemeinschaften des 9. Jahrhunderts aus, dokumentiert sie durch den Gebrauch ungewohnten Baumaterials ihren Anspruch auf Dauer und informiert so durch die Wahl unterschiedlicher Architekturformen über den Aufbau des kirchlichen Verwaltungssystems. Die Kirche im Dorf organisiert über die Einführung der Glocke die Zeit der Menschen auf ihre Weise. Zeiteinteilung und Nachrichteninhalte waren weitgehend kirchlich bestimmt, beginnend mit der täglichen Gottesdienst- und Gebetsabfolge. Überdies ließ das Geläut der Glocken zwischen Alltag und Sonntag, Heiligen- und Hochfesten unterscheiden. Im Umfeld eines Klosters kündigte das Geläut die einzelnen Horen des mönchischen Stundengebetes an und wurde so mit seiner außerordentlich weittragenden Lautstärke zum Organisationsgerüst für das alltägliche Leben. Größe, Stimmung und die Möglichkeit, ein aus mehreren Glocken zusammengesetztes Geläut individuell zu variieren, ließen dieses 'Instrument' auch auf dem Sektor der Nachrichtenvermittlung mehr und mehr zum Einsatz kommen. Den Tod eines Gemeindemitglieds oder die Stunde seines Begräbnisses teilten die Glocken auch demjenigen mit, der fernab von der Siedlung seiner Arbeit in Feld oder Wald nachging. Das Geläut warnte ihn aber auch vor Feuer, Hochwasser oder kriegerischen Überfällen. Die Nachweise für Glocken im westfälischen Raum vor dem 11. Jahrhundert sind zwar rar, doch dürften bislang unerkannte Fragmente von Gußformen oder nicht eindeutig einem Gußverfahren zuweisbare Schlacken noch in den Magazinen der Bodendenkmalpflege ruhen. Zumindest für das Stift Vreden ist aber auch der Beleg erbracht, bereits vor dem großen Brand am Ende des 9. Jahrhunderts ein mehrteiliges Geläut besessen zu haben.

Die Existenz eines Geläuts ist durch die schriftliche Überlieferung aber auch für weitere Kirchen belegt. So weist der Werdener Biograph der hl. Ida auf die Ausstattung ihrer um 800 erbauten Kirche mit einem Glockenstuhl hin. Das Beispiel zeigt, daß nicht nur die ohnehin gut ausgestatteten klösterlichen Einrichtungen, sondern schon ebenso früh auch die kleineren herrschaftlichen Eigenkirchen über ein Geläut verfügten, das den Tagesablauf der Umgebung sehr bald weitgehend bestimmte. Es mag sein, daß Ida die Idee der Ausstattung ihrer Herzfelder Kirche mit Glocken aus ihrer ripuarischen Heimat mitgebracht hatte. Denn es ist der gallische Raum, aus dem bereits für das 8. Jahrhundert in den Sakramentaren liturgische Formulare für Glockenweihen überliefert sind. Doch sollte man bedenken, daß Herzfeld wegen der besonderen Beziehung seiner Gründerin zum fränkischen Gebiet nicht unbedingt ein Einzelfall geblieben sein muß. Denn Ida wurde durch ihre Heirat Mitglied der im westfälischen Raum weitverbreiteten egbertinischen Familie, in der Kirchenstiftungen und geistliche Karrieren an der Tagesordnung waren. Allein deswegen ist eine weitere Verbreitung der Glocken anzunehmen, wenn nicht bereits die Einführung des Geläuts als Einladung zu Gebet und Gottesdienst in anderer Form erfolgt war.

Schriftverkehr und Schulwesen

Können wir, trotz der dürftigen archäologischen Belege, früh eine Verbreitung der Glocke annehmen, die den Menschen des 9. Jahrhunderts eine differenziertere Zeitwahrnehmung vermittelte, als sie noch ihre unmittelbaren Vorfahren gekannt hatten, so bleibt ein anderes, wesentliches Element des Kulturwandels im 9. Jahrhundert zunächst auf einen kleineren Kreis beschränkt, ja, einer Elite vorbehalten und konnte sich erst in einem langsamen und mühseligen Prozeß bis in weitere Schichten hinein fortsetzen: die Schulbildung im spätantik-klassischen Sinne und als deren Grundlage die Schreibkultur. Die Reform von Sprache und Schrift sowie die Verbreitung von Schriftlichkeit waren das ehrgeizige Anliegen der sog. karolingischen Renaissance, einer von Karl dem Großen und einem hochmotivierten Beraterstab am fränkischen Hof initiierten und geförderten, in ihrer Wirkung sehr unterschiedlich beurteilten Bewegung. Doch dürfte sie im westfälischen Raum auf einen Bereich getroffen sein, der nicht einmal über die elementarsten Grundlagen dazu verfügte. In dieser Region, der die fränkische Schreib- und Lesekultur ebenso fremd war wie der Steinbau, war Basisarbeit vonnöten. Auch den Problemen der Latinität und der Diskussion um die Einheitsschrift dürfte man hier zunächst reichlich ratlos gegenübergestanden haben, da die gesamte dazu benötigte Infrastruktur – Schulen, Skriptorien, Kanzleien, Archive und Bibliotheken – nicht einmal in Ansätzen vorhanden war. Im Gegenteil, im westfälischen Raum mußte diese Infrastruktur erst geschaffen werden, damit auch hier die vielfältigen Einsatzmöglichkeiten der Schriftlichkeit ausprobiert und realisiert werden konnten: die Schrift als Medium, gesprochenes Wort festzuhalten, um auf diesem Wege die Darstellung von Ereignissen, Sachverhalten und Personen über Zeit- und Raumgrenzen zu transportieren (Abb. 5).

Doch bevor man mit der Schriftlichkeit umgehen und die von ihr angebotenen Möglichkeiten realisieren konnte, bedurfte es grundlegender Aufbauarbeit. Verständlicherweise konzentrierte sich diese Aufbauarbeit dort, wo das eindeutigste Interesse, der umfangreichste Bedarf und der größte Nutzen bestand: in den neuerrichteten Bischofssitzen und Klöstern. Und man bündelte die Einrichtungen, die zur Pflege von Schriftkultur nötig waren, so, daß sich im Verlauf des 9. Jahrhunderts in Verbindung mit Bischofssitzen und Klöstern Zentren entwickelten, in denen Sprache und Wissenschaft im Sinne der karolingischen Bildungsreform gepflegt wurden, in denen man

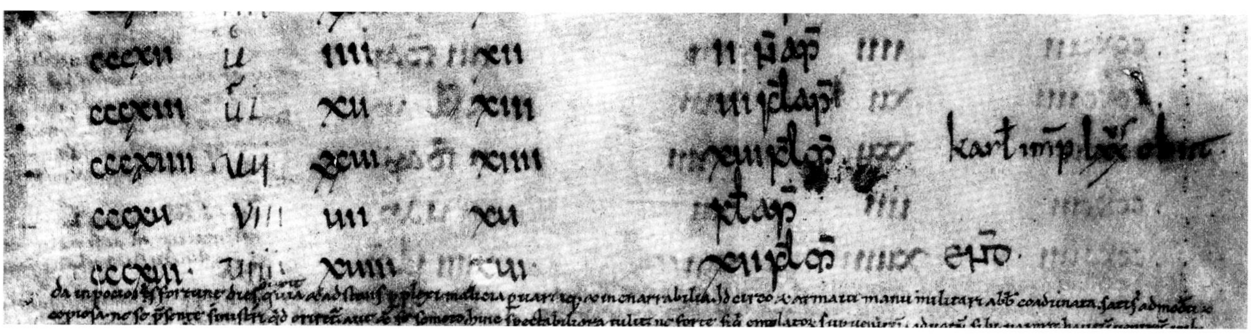

Abb. 5 Corveyer Annalen, Ausschnitt mit Eintragungen zum Jahre 814 (Tod Karls des Großen). Münster, Nordrhein-Westfälisches Staatsarchiv, Msc. I Nr. 243, fol. 9v (3v)

aber auch begann, sich selbst darzustellen, seine Rolle und sein Ansehen innerhalb von Reich und Kirche zu formulieren und seine Rechte und Ansprüche zu dokumentieren. Doch war der Weg noch weit bis in die 60er Jahre des 10. Jahrhunderts, als Widukind von Corvey in seinen „Res Gestae Saxonicae" die Geschichte des Sachsenstammes von dessen Ursprüngen bis zum Tode Ottos I. umfassend darzustellen vermochte. Daß man sich aber schon bald auf den Weg gemacht hatte, belegen Schriftzüge in der Wandmalerei (Kat.Nr. III.18) und Tafeln mit Inschriften wie die am Westwerk von Corvey (Kat.Nr. VIII.52). Davon zeugen aber auch die Funde von Schreibgriffeln (Kat.Nrn. VI.11–12) und Schreibtafeln aus jener Zeit.

Daß die Inschriften in lateinischer Sprache verfaßt sind, zeigt fernerhin, daß neben das Erlernen der Schrift auch das Studium einer fremden Sprache getreten war, die globale Verständlichkeit anbot, aber zugleich auch regionale Eigenarten nivellierte, weil sie sie begrifflich nicht oder nur unangemessen fassen konnte.

Immerhin begann das 822 gegründete Kloster Corvey schon vor der Jahrhundertmitte mit der Eigenproduktion von Schriften und Büchern für den liturgischen Bedarf, was die Existenz einer Bibliothek und Schule voraussetzt. Aus diesem Zeitraum dürften Evangelienhandschriften, aber auch Ergänzungen und Zusätze in Kalendarien und Ostertafeln stammen. Und jene letzteren enthielten bereits annalistische Einträge, die belegen, daß neben die Ausstattung für Liturgie, Mission und Heiligenverehrung auch zunehmend die Selbstdarstellung des Klosters trat.

Eigene Schriften als Ausdruck regionalen Selbstbewußtseins

Frühe Zeugnisse für die Versuche einer weiter gehenden, das dürre Annalengerüst überwindenden Selbstdarstellung lassen sich vor allem in jenen Berichten fassen, die die Übertragung von Heiligengebeinen aus Rom und dem westlichen Frankenreich in den westfälischen Raum begleiteten und für die Nachwelt festhielten. Als Beispiel sei die „Translatio Sancti Viti Martyris" angeführt, die den Weg der Gebeine des jugendlichen Heiligen Vitus 836 von Saint-Denis nach Corvey aufzeichnete. Die von einem Corveyer Mönch als Augenzeuge verfaßte Translatio legt nicht nur in einem umfangreichen Wunderkatalog die Beweise für die Wirkmächtigkeit des Heiligen vor, sondern preist, eingebettet in ein Herrscherlob Karls des Großen, die besondere Frömmigkeit der gerade erst dem Christentum zugeführten Sachsen und stellt dar, in welcher Form das Kloster Corvey Verantwortung für die Vertiefung des christlichen Glaubens in Sachsen übernommen hat. Äußerungen dieser Art setzen Reflexionen und Standortbestimmungen über sich selbst voraus, deren Formulierung um so mehr erstaunt, wenn man bedenkt, daß Corvey 836 noch in der Aufbauphase gewesen sein dürfte.

Die Verbindung von sächsischer Christianität und karolingischem Herrscherlob zeugt von regionalem Selbstbewußtsein bei gleichzeitiger Anerkennung eines zentralistischen Herrschaftsgedankens, obwohl oder gerade weil der Corveyer Konvent zum Zeitpunkt der Vitus-Translation ein Sammelbecken für Mönche unterschiedlichster Herkunft gewesen sein dürfte, in dem Mitglieder aus dem westfälischen Raum wahrscheinlich die Minderzahl dargestellt haben.

Ob und wann solche Vorstellungen, wie sie der Autor der „Translatio Sancti Viti Martyris" formuliert, in das tägliche Leben der Menschen in dieser Region eingedrungen und von ihnen übernommen worden sind, entzieht sich unserer Kenntnis.

Schrift und lateinische Sprache, Bildung und Wissenschaft blieben dem größten Teil von ihnen noch sehr lange Zeit unzugänglich; und nur auf dem Wege des Vorlesens, Übersetzens oder Paraphrasierens, in Form einer Predigt etwa, wurde den Menschen eine schmale Tür in diese fremde Welt geöffnet.

Viel unmittelbarer jedoch dürfte für die Menschen des 9. Jahrhunderts die Begegnung mit jenen Heiligen gewesen sein, deren Gebeine schon sehr bald aus Rom oder dem westfränkischen Raum in die dem Christentum neu erschlossene Region östlich des Rheins, als Mittel zur Vertiefung des Glaubens, überführt wurden. Die Überführung vollständiger Heiligenleiber fand in Gestalt öffentlicher Prozessionen statt. Und da es der Zielorte viele gab – Corvey, Paderborn, Vreden, Wildeshausen, Minden und Herford – und diese weit im Norden und Osten der Region gelegen waren, dürfte der westfälische Raum von den 30er bis in die 60er Jahre des 9. Jahrhunderts immer wieder von solchen Prozessionen durchzogen worden sein.

Die große Entfernung zwischen Ausgangspunkt und Zielort verlangte überdies zahlreiche Zwischenstationen, an denen man sich ausruhte, um für die nächste Etappe Kraft zu sammeln. Aber gerade an diesen Zwischenstationen scheint eine ungeheure Öffentlichkeit erreicht worden zu sein, zumal sich den Translationsberichten zufolge dort vor den Augen vieler immer wieder Wunder ereigneten. Das Werica-Wunder von Herbede (Ruhr) bei der

Überführung der Gebeine des hl. Alexander von Rom nach Wildeshausen im Jahre 851 gehört ebenso dazu wie die Heilung verkrüppelter und stummer Menschen in Soest, als dort 836 die Prozession mit den Gebeinen des hl. Vitus Station machte, mit dem Erfolg, daß noch vor Erreichen des Zielorts Corvey der Zug in Brakel bereits von einer großen Anzahl Kranker erwartet wurde, die sich Heilung erhofften.

Die enorme propagandistische Wirkung solcher Ereignisse sicherte den neuen Heiligen auch an ihrem Zielort eine bald einsetzende Verehrung. Ein mehr oder weniger ausgeprägtes, alle Gesellschaftsschichten umfassendes Pilgerwesen etablierte sich, das nicht nur eine fromme, sondern auch eine ausgesprochen wirtschaftliche Seite aufzeigte. Denn die von weit her kommenden Pilger brauchten Herberge und Nahrung, brachten vielleicht vom Ziel ihrer Pilgerschaft ein Andenken mit in die Heimat. Damit wurden die Orte der Heiligenverehrung auch attraktiv für Händler und Handwerker. Es kam zur Einrichtung von Märkten und Dienstleistungsangeboten, die den 'Treibsatz' für eine ganz wesentliche Veränderung der bestehenden Infrastruktur einer Siedlung in sich gehabt haben dürften. Diese war im westfälischen Raum vorwiegend bäuerlich geprägt, wiewohl einige von ihnen schon vor dem 9. Jahrhundert gewisse Besonderheiten aufwiesen. Dazu gehörten Soest, das durch seine Saline eine Produktionsstätte von nahezu industriellem Ausmaß beherbergte, oder die Siedlung Balhorn bei Paderborn, die weitgehend handwerklich geprägt war. Beide fielen überdies durch ihre besondere Größe aus dem Rahmen, was im Falle Soests von Besuchern des 9. Jahrhunderts, im Falle Balhorns von Archäologen des ausgehenden 20. Jahrhunderts mit Erstaunen vermerkt wurde. Möglicherweise gab es weitere Siedlungen dieser Art, doch warten diese noch auf ihre Entdeckung. Allerdings sind auch Balhorn und Soest bislang nicht so ausreichend erforscht, daß man ihnen vor dem 9. Jahrhundert präurbane Qualitäten zubilligen könnte, denn sie lagen in einem Gebiet, das aufgrund seiner äußerst flüchtigen Bekanntschaft mit der römischen Kultur vom Stadtwesen unberührt geblieben war.

Diese Bekanntschaft holte nun das 9. Jahrhundert nach. Denn schon in dessen Verlauf kam es zu markanten Veränderungen im Siedlungsbild der Region. Aus der Masse der ländlichen Siedlungen hoben sich nun einige hervor, die zu sog. Zentralorten aufstiegen und eine Entwicklung durchliefen, die sie dann um die Jahrtausendwende auch formal in den Rang einer Stadt erhob.

Anstöße zur Stadtwerdung

Eine solche 'Karriere' aber dürfte nicht allein mit der Anziehungskraft der neuen Heiligen zu tun gehabt haben. Die Einrichtung von Pilgerzentren scheint immer nur im Verbund mit weiteren Faktoren Stadtwerdungsprozesse eingeleitet zu haben. So blieben Vreden und Wildeshausen zunächst ohne die 'stadtbildende' Wirkung ihrer neuen Schutzpatrone. Corvey und Herford dagegen bildeten sehr bald nach ihrer Gründung ein stadtähnliches Umfeld, dessen Wachstum aber vor allem auch durch das besondere Interesse Ludwigs des Frommen an beiden Institutionen gefördert wurde. Der Kaiser stattete die Klöster einerseits mit dem Immunitätsprivileg (vgl. Kat.Nrn. VIII.1–2), andererseits mit Münz- und Marktrecht aus, noch bevor die Gebeine des hl. Vitus und der hl. Pusinna ihren Bestimmungsort erreicht hatten.

Betrachtet man aber die weiteren 'Stadtkarrieren' des Frühmittelalters, so wird deutlich, daß an einem erfolgreichen Stadtwerdungsprozeß auch noch andere Faktoren maßgeblich beteiligt waren. Dazu gehörte es sicherlich, Bischofssitze einzurichten und diese zu einem Verwaltungszentrum auszubauen, in dem nicht nur die Fäden der kirchlichen Organisation zusammenliefen, sondern auch die weltliche Herrschaft Schwerpunkte ihrer Machtausübung setzte. So geht in Paderborn der Gründung des Bischofssitzes der Bau der einzigen zentralen Pfalz für Sachsen voraus. Auch Minden dürfte später eine Pfalz besessen haben, die allerdings bislang noch nicht erfaßt werden konnte (vgl. Beitrag Treude). Münster und Osnabrück scheinen dagegen ohne Heiligengrab und ohne ersichtliche Förderung durch die weltliche Herrschaft 'Stadtkarriere' gemacht zu haben. Vielleicht genügte zu ihrer Entwicklung auch die Tatsache, daß die neuen Bischofssitze am Kreuzpunkt bedeutender Fernhandelsverbindungen entstanden waren.

Es ist unbestritten, daß günstige Bedingungen für Handel, Wirtschaft und Verkehr einen hohen Anteil an der Förderung des Stadtwerdungsprozesses hatten. Doch waren die großen Fernhandelsstraßen, allen voran der Hellweg, die den westfälischen Raum durchzogen, lange vor dem 9. Jahrhundert bekannt und nachweislich auch intensiv genutzt (vgl. Beitrag Heimann). Auch waren die westfälischen Bodenschätze längst entdeckt. Ihre Ausbeutung wurde bereits, wie die Geschichte der Soester Saline zeigt, über Jahrhunderte in großem Umfang betrieben und über den Hellweg den Märkten in Ost und West zugänglich gemacht. Doch deuten die spärlichen und unsicheren Nachrichten, die uns zum Thema Wirtschaft,

Handel und Verkehr aus der Zeit vor dem 9. Jahrhundert erhalten geblieben sind, auf ein großes Fremdinteresse an Rohstoffausbeutung und Transportmöglichkeit, so daß wirtschaftliche Aktivitäten im größeren Stil nahezu ausschließlich von außen gesteuert gewesen sein dürften.

Mit dem tiefgreifenden Strukturwandel, den die Eingliederung in das fränkische Reich diesem Raum bescherte, war der Übergang des Steuerungsinteresses von Wirtschaft, Handel und Verkehr in die Region selbst programmiert, unterstützt durch herrscherliche Schenkungen und Privilegien. Auf diese Weise verdanken Soest dem Salz, Horhusen (Niedermarsberg) dem Erz und auch Dortmund seiner Lage an einem Knotenpunkt bedeutender Fernhandelsstraßen, daß auch sie zur ersten Generation stadtähnlicher Siedlungen im westfälischen Raum gerechnet werden müssen, ohne selbst einen Schwerpunkt in der neu ausgebauten kirchlichen Organisation des Raums gebildet zu haben. Doch standen jenen Siedlungen kirchliche und weltliche 'Paten' zur Seite, die ihren Wachstumsprozeß durch die Privilegierung mit Münz- und Marktrecht förderten. War es im Falle von Horhusen noch Corvey, das bei Ludwig dem Kind im Jahre 900 für die durch den Kupferbergbau florierende Siedlung eine entsprechende rechtliche Ausstattung erwirkte, so stand Soest weiterhin unter dem Einfluß der Kölner Erzbischöfe, die ihrerseits den Stadtwerdungsprozeß vorantrieben. Dortmund dagegen fand sich im unmittelbaren Zugriff der Könige und Kaiser. Umgeben von umfangreichem Reichsbesitz, wurde es früh mit einer königlichen Münze ausgestattet, die zu den bedeutendsten im westfälischen Raum zählte.

Westfalen – eine 'blühende' Landschaft

Der Beginn der Ausbildung der westfälischen Städtelandschaft im Verlauf des 9. Jahrhunderts macht deutlich, daß diese Region auch äußerlich auf dem Weg war, den Anschluß an die fränkischen Kernlande mit ihren römischen und spätantiken Fundamenten zu finden. Das auf diese Weise geförderte Selbstbewußtsein machte den Raum fähig zur Integration. Die Periode der 'Entwicklungshilfe' in Gestalt von Menschen, Ideen, Vorbildern und Sachgütern war gegen Ende des 9. Jahrhunderts weitgehend abgeschlossen, selbst wenn sich im ländlich verbliebenen Raum die Veränderungen offenbar wesentlich zögernder durchzusetzen vermochten und sich dort eigentlich bis ins 10. Jahrhundert die geringste Wirkung zeigte. Die 'Entwicklungshilfe' wäre allerdings weniger erfolgreich gewesen, wenn sie nicht in ihrer ersten Phase von einer Verordnungspolitik unterstützt worden wäre, die mit großer Strenge in nahezu alle Lebensbereiche eingriff und mit dem auf diese Weise herbeigeführten radikalen Strukturwandel in der Region östlich des Rheins die Grundlage für einen irreversiblen Kulturwandel legte. Verbunden war dieser Wandel aber auch mit einem allmählichen Umbau der Gesellschaft. Nicht nur der sich vielerorts vollziehende Stadtwerdungsprozeß führte zu einer neuen und gegenüber früher weitaus differenzierteren Gesellschaftsstruktur im westfälischen Raum. Mit Bischöfen, Äbten und Äbtissinnen trat in die Führungsschicht der Region ein neuer Personenkreis ein, der sich nach einer kurzen Übergangsperiode zwar weitgehend aus der alteingesessenen adeligen Führungsschicht rekrutierte – als Beispiel sei der Egbertiner Warin als zweiter Abt von Corvey angeführt –, doch seine Legitimitation aus anderen Quellen bezog. Der Anspruch gründete sich nicht mehr allein auf die Genealogie, sondern wurde für die Menschen des 9. Jahrhunderts erfahrbar in der Verkörperung christlicher Tugenden.

Welche Faktoren auch immer an dem tiefgreifenden Veränderungsprozeß dieses Jahrhunderts beteiligt waren, welche Facetten dieser Wandel auch immer zeigte, in seinem Zentrum stand der christliche Glaube, von dem aus bis in das tägliche Leben hinein alles seine Ordnung und Bestimmung erhielt und dem sich niemand auf Dauer entziehen konnte.

Literatur:

Arnold ANGENENDT, In porticu ecclesiae sepultus. Ein Beispiel von himmlisch-irdischer Spiegelung, in: Iconologia Sacra. Mythos, Bildkunst und Dichtung in der Religions- und Sozialgeschichte Alteuropas, Festschrift für Karl Hauck, hrsg. v. Hagen KELLER u. Nikolaus STAUBACH (Arbeiten zur Frühmittelalterforschung 23), Berlin/New York 1994, 68–80. – DERS., Das Frühmittelalter. Die abendländische Christenheit von 400–900 Stuttgart ^{2}1995. – DERS., Heilige und Reliquien. Die Geschichte ihres Kultes vom frühen Christentum bis zur Gegenwart, München ^{2}1997. – DERS., Geschichte der Religiosität im Mittelalter, Darmstadt 1997. – DERS., Mission bis Millennium. 313–1000 (Geschichte des Bistums Münster 1), Münster 1998. – Helmut BEUMANN, Widukind von Korvei als Geschichtsschreiber und seine politische Gedankenwelt, in: Geschichtsdenken und Geschichtsbild im Mittelalter. Ausgewählte Aufsätze und Arbeiten aus den Jahren 1933–1959, hrsg. v. Walther LAMMERS (Wege der Forschung 21), Darmstadt 1965, 135–164. – Winfried BRINKMANN, Zur „Dagobertischen Schenkung" von 624, in: Soester Zeitschrift 85, 1973, 5–8. – Edith ENNEN, Das Städtewesen Nordwestdeutschlands von der fränkischen bis zur salischen Zeit 1: Begriff, Entstehung und Ausbreitung, in: Die Stadt des Mittelalters, hrsg. v. Carl HAASE (Wege der Forschung 243), Darmstadt 1969, 139–195. – Josef FLECKENSTEIN, Das Großfränkische Reich. Möglichkeiten und Grenzen der Großreichsbildung im Mittelalter, in: DERS., Ordnungen und formende Kräfte des Mittelalters. Ausgewählte Beiträge, Göttingen 1989, 1–27. – Eckhard FREISE, Die Sachsenmission Karls des Großen und die Anfänge des Bistums Minden, in: An Weser und Wiehen. Beiträge zur Geschichte und Kultur einer Landschaft. Festschrift für Wilhelm Brepohl (Mindener Beiträge 20), Minden 1983, 57–100. – David GANZ, Temtabet et soribere: Vom Schreiben in der Karolingerzeit, in: Schriftkultur und Reichsverwaltung unter den Karolingern, hrsg. v. Rudolf SCHIEFFER (Abhandlungen der Nordrhein-Westfälischen Akademie der Wissenschaften 97), Opladen 1996, 13–33. – Geschichte der Stadt Münster 1–3, hrsg. v. Franz Joseph JACOBI, Münster 1993. – Carl HAASE, Die Entstehung der westfälischen Städte (Veröffentlichungen des Provinzialinstituts für westfälische Landes- und Volkskunde 1,11), Münster 1960. – Karl HAUCK, Die Ausbreitung des Glaubens in Sachsen und die Verteidigung der römischen Kirche als konkurrierende Herrscheraufgaben Karls des Großen, in: Frühmittelalterliche Studien 4, 1970, 138–172. – Heilige Ida von Herzfeld 980–1980. Festschrift zur tausendjährigen Wiederkehr ihrer Heiligsprechung, hrsg. v. Géza JÁSZAI, Münster 1980. – Josef Andreas JUNGMANN, Missarum Solemnia. Eine genetische Erklärung der römischen Messe 1–2, Wien 1949. – Kat. Aachen 1965. – Kat. Corvey 1966. – Kat. Mannheim 1996. – Bernhard KÖTTING, Der frühchristliche Reliquienkult und die Bestattung im Kirchengebäude (Arbeitsgemeinschaft für Forschung des Landes Nordrhein-Westfalen, Geisteswissenschaften 123), Köln/Opladen 1965. – Die Eingliederung der Sachsen in das Frankenreich, hrsg. v. Walther LAMMERS (Wege der Forschung 185), Darmstadt 1970. – Uwe LOBBEDEY, Die Ausgrabungen in der Stiftskirche zu Enger (Denkmalpflege und Forschung in Westfalen 1), Bonn 1979. – DERS., Die Ausgrabungen im Dom zu Paderborn 1978/80 und 1983, 1–4 (Denkmalpflege und Forschung in Westfalen 11), Bonn 1986. – Walter MELZER, Das frühmittelalterliche Gräberfeld von Wünnenberg-Fürstenberg (Bodenaltertümer Westfalens 25), Münster 1991. – Lutz E. v. PADBERG, Mission und Christianisierung. Formen und Folgen bei Angelsachsen und Franken im 7. und 8. Jahrhundert, Stuttgart 1995. – Othmar RÜTTING, Zur ersten Soest-Erwähnung anläßlich der Reliquien-Überführung des hl. Vitus im Jahre 836, in: Soester Zeitschrift 98, 1986, 5–30. – DERS., Neue Anmerkungen zur „Dagobertschen Schenkung" von 624, in: Soester Zeitschrift 94, 1982, 5–8. – Irene SCHMALE-OTT, Translatio Sancti Viti Martyris – Übertragung des hl. Märtyrers Vitus (Fontes minores 1) (Veröffentlichungen der Historischen Kommission für Westfalen), Münster 1979. – Westfälisches Klosterbuch. Lexikon der vor 1815 errichteten Stifte und Klöster von ihrer Gründung bis zur Aufhebung 1–2, hrsg. v. Karl HENGST (Quellen und Forschungen zur Kirchen- und Religionsgeschichte 2) (Veröffentlichungen der Historischen Kommission für Westfalen 44), Münster 1992–1994.

Kulturwandel einer Region: Westfalen im 9. Jahrhundert

VI.1 Kreuzfibel

3. Viertel 8. Jahrhundert
Paderborn, Dom
Kupferlegierung, gegossen und nachgearbeitet. – Von der eisernen Nadel nur ein Ansatz vorhanden, mögliche Glasflußeinlagen verloren. – B. 2,6 cm.
Paderborn, Westfälisches Museum für Archäologie, Museum in der Kaiserpfalz/Metropolitankapitel Paderborn

VI.1

Die Kreuzarme werden nach außen hin breiter und sind an den Ecken mit Rundeln besetzt. Die Oberflächenverzierung besteht aus einem zentralen Kreismotiv sowie Längs- und Querstreifen in Kerbschnittmanier.

Die Fibel wurde in einer der Grabgruben gefunden, die zu einem Friedhof südlich der Salvatorkirche von 777 gehörten. Bei Errichtung von Bau II des Doms um 794 (vgl. Kat.Nr. VIII.25) wurden die Bestattungen umgebettet, wobei die zur Bekleidung des Toten gehörige Fibel verlorenging.

Die Form des Kreuzes mit sich verbreiternden Enden und Rundeln geht auf ein wohl von Kaiser Theodosius I. in Konstantinopel errichtetes Kreuz zurück. Sie findet sich als Anhänger vielfach seit dem Ende des 4. Jahrhunderts. Fibeln dieses Typs sind in der zweiten Hälfte des 8. und in der ersten Hälfte des 9. Jahrhunderts vom alemannischen Raum über den Mittelrhein, Thüringen, den sächsisch-friesischen Raum bis Skandinavien und England verbreitet.

Lobbedey 1986/1, 21 f., 143 f., 223–225 (H. Heymans). – Wamers 1994, 138–141, 243.

U.L.

VI.2 Capitulatio de partibus Saxoniae

Mainz, 2. Viertel 9. Jahrhundert
Pergament. – H. 26 cm, B. 16 cm.
Vatikanstadt, Biblioteca Apostolica Vaticana, Cod. Pal. lat. 289

Das nur in zwei Handschriften überlieferte Kapitular wurde wahrscheinlich 782 auf der Reichsversammlung in Paderborn von Karl dem Großen erlassen. In den Kapiteln 1–14 geht es überwiegend um Verbrechen, die mit der Todesstrafe geahndet werden sollen (z. B. Übergriffe gegen Kirchen, Ausübung heidnischer Bräuche, Priester- oder Herrenmord). Die Kapitel 15–34 behandeln einerseits minderschwere Vergehen, für die Geldbußen zu leisten waren (z. B. Taufversäumnis), und schreiben andererseits Herrschererlasse fest (z. B. Zehntgebot, Versammlungsverbot). Thematisch liegt der Schwerpunkt auf dem Kirchenschutz, der zur Integration Sachsens in das Frankenreich beitragen sollte. Lange Zeit hatte man das Gesetz als grausam und brutal angesehen, als Diktat des Siegers, das später von milderen sächsischen Kapitularien abgelöst werden sollte. Jetzt wurde der Capitulatio „gesetzgeberisches Augenmaß“ (Schubert) zugesprochen. Das Kapitular habe zwar mit harten Strafen gedroht, tatsäch-

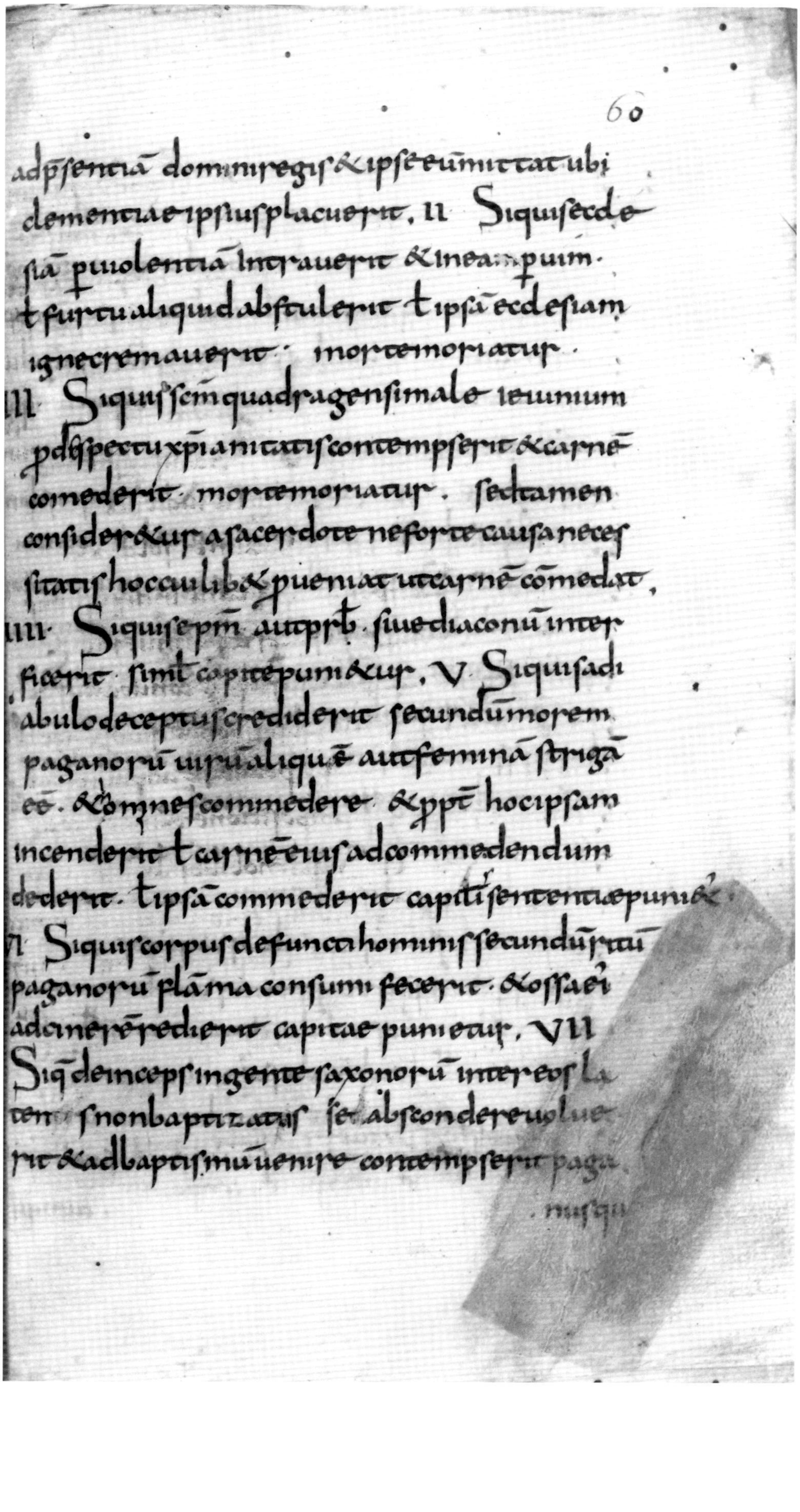
60
ad psentiā domini regis & ipse eum mittat ubi
clementiae ipsius placuerit. II Siquis eccle
siā p uiolentiā intrauerit & in ea p uim
ł furtu aliquid abstulerit ł ipsā ecclesiam
igne cremauerit. morte moriatur.
III Siquis scm quadragensimale ieiunium
p dispectu xpianitatis contempserit & carnē
comederit. morte moriatur. sed tamen
consideretur a sacerdote ne forte causa neces
sitatis hoc cuilibet proueniat ut carnē comedat.
IIII Siquis epm aut prb siue diaconū inter
fecerit. simili capite punietur. V Siquis a di
abulo deceptus crediderit secundū morem
paganorū uirū aliquē aut feminā strigā
ee. & homines commedere & ppt hoc ipsam
incenderit ł carnē eius ad commedendum
dederit. ł ipsā commederit capitis sententiae punietur.
VI Siquis corpus defuncti hominis secundū ritū
paganorū flāma consumi fecerit. & ossa ei
ad cinerē redierit capitae punietur. VII
Siqs deinceps in gente saxonorū inter eos la
tens nonbaptizatus se abscondere uolue
rit & ad baptismū uenire contempserit paga
nus qu

VI.2 fol. 60r

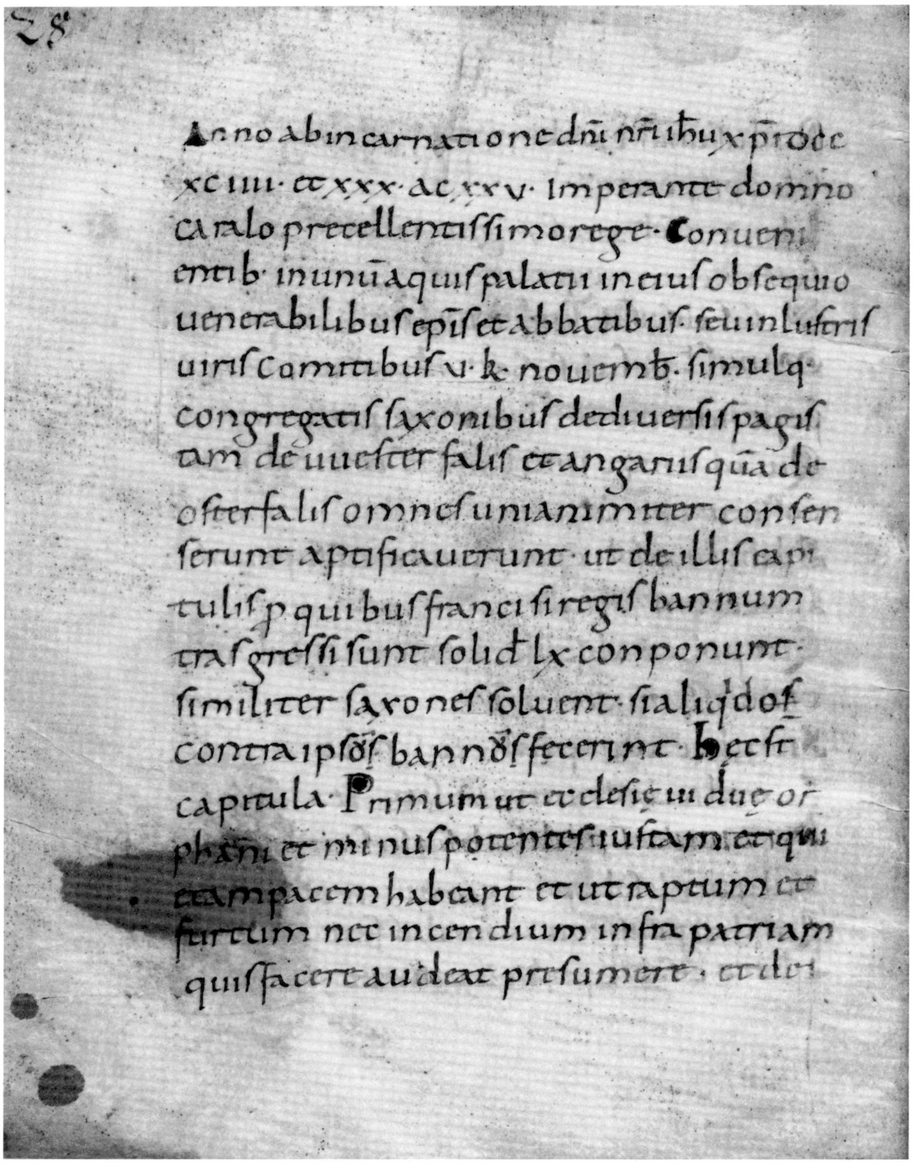

VI.3 pag. 28

lich aber die Möglichkeit zur fränkischen Bußgerichtsbarkeit eröffnet. Spätere Kapitularien hätten deshalb die Capitulatio de partibus Saxoniae nicht ersetzt, sondern ergänzt.

Capitulatio de partibus Saxoniae, in: Leges Saxonum und Lex Thuringorum, hrsg. v. Claudius Freiherr von Schwerin (MGH Fontes iur. Germ. [4]), 1918, 37–44. – Wattenbach/Levison/Buchner 1953, 40. – Walter Lammers, Art. Capitulatio de partibus Saxoniae, in: LexMA 2, 1983, Sp. 1483–1484 (Lit.). – Kat. Heidelberg 1986, Nr. C.6.2 (Jan F. Hanselmann). – Schubert 1993 (m. Übers.).

S.KÄ.

VI.3 Capitulare Saxonum

Mitte 10. Jahrhundert
Pergament. – 20 x 25 cm; 164 Blätter.
Münster, Nordrhein-Westfälisches Staatsarchiv, Msc. VII, 5201

Die um das Jahr 950 entstandene Handschrift entdeckte Paul Wigand in der Bibliothek des Paderborner Kriminaldirektors Gehrken. Nach ihrer Erwerbung legte er sie wieder in das Corveyer Archiv zurück, dem sie einst entnommen worden war.

Die Handschrift enthält die Lex Saxonum (pag. 1–19), die nur hier überlieferte Lex Thuringorum (pag. 19–25

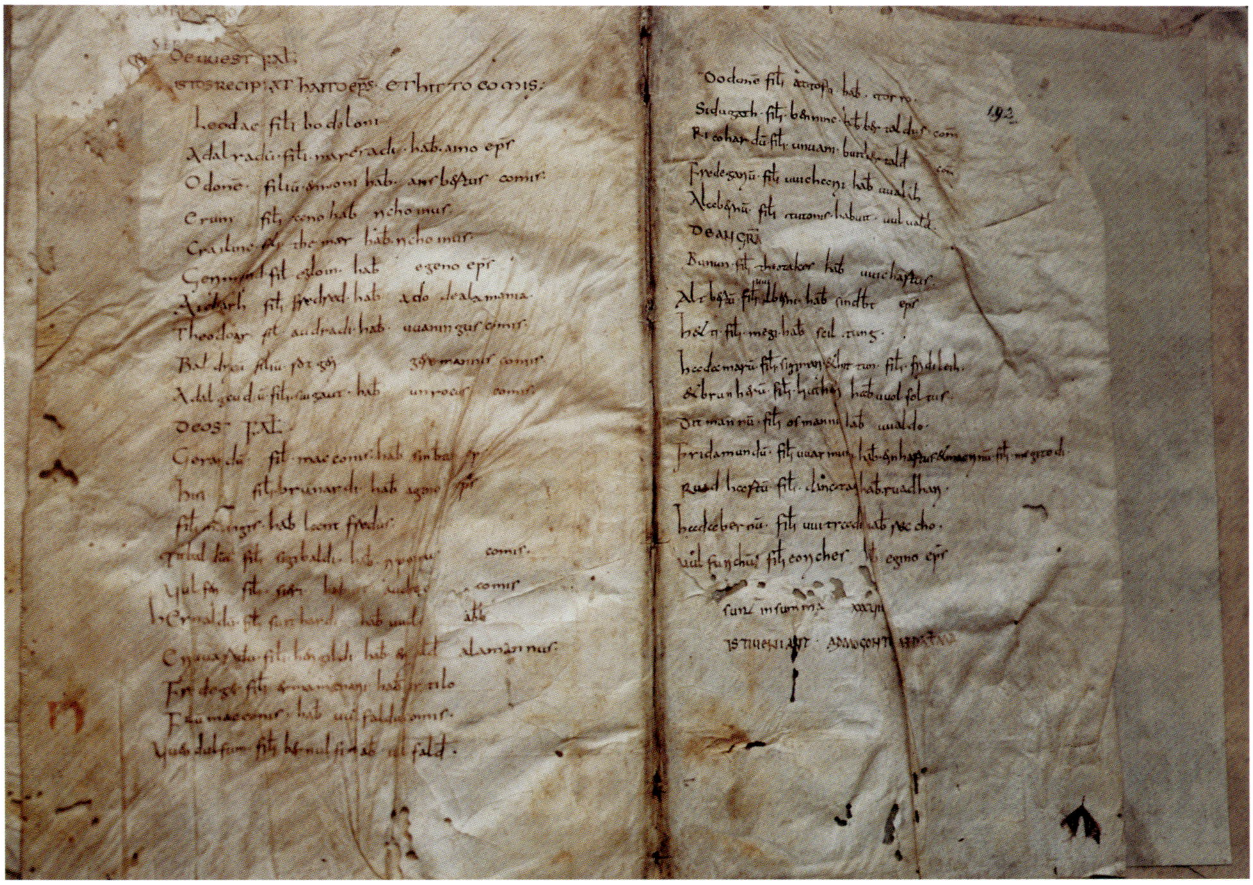

VI.4 fol. 191v – 192r

[c. 26–59] u. 26–27) und das Capitulare Saxonum (pag. 28–33, Abb.). Auf den Seiten 271–324 finden sich in Abschrift, oft mit den Monogrammen der Kaiser und Könige, die Urkunden des Klosters Corvey für die Zeit von 823 bis 945 sowie auf Seite 327 das Formular für eine Königsmesse (*missa pro rege*). Darüber hinaus enthält die Handschrift einen Kommentar des Rhabanus Maurus über die Bibelstelle Matthäus 19,3 und einen Brief Papst Nikolaus' I.

Die Zusammenfassung der Stammesrechte, eines Reichsgesetzes Karls des Großen, des Bibel-Kommentars und Papstbriefes, der Urkundenabschriften und anderer rechtsrelevanter Texte in einer Sammelhandschrift macht diesen Band zu einem wichtigen, wenn nicht zum wichtigsten Bestandteil in der Verwaltung des Klosters Corvey im frühen Mittelalter, die ohne die Kenntnis der Gesetzestexte und der Exzerpte aus Dekreten, Briefen und Konzilsbeschlüssen in erb-, ehe-, besitz- und strafrechtlicher Hinsicht im 9. und 10. Jahrhundert nicht möglich gewesen wäre.

Allein die Entgegennahme der Corveyer Traditionen und ihre Nutzung für das Kloster – in welcher Form auch immer – hat in Anbetracht von bestimmt vorhanden gewesenen Miterben der Tradenten in Sachsen und Thüringen die Kenntnis der Rechte aus heidnischer und dann aus christlicher Zeit unbedingt erforderlich gemacht.

Kat. Corvey 1966, Nr. 608 (Wolfgang Leesch). – Theuerkauf 1968, 38–97.

H.J.W.

VI.4 Canones apostolorum und Mainzer Geiselverzeichnis

Um 806
Reichenau (?)
Pergament. – St. Pauler Bibliothekseinband. – H. 30,1 cm, B. 20,5 cm; 190 Blätter.
St. Paul im Lavanttal, Benediktinerstift St. Paul Lavant, Cod. 6/1

In der für den praktischen Gebrauch hergestellten Handschrift wird der Text der enthaltenen Canonessammlung durch einfache, mit der Feder gezeichnete Initialen gegliedert, die durch gelbe, rote oder grüne Sprenkel le-

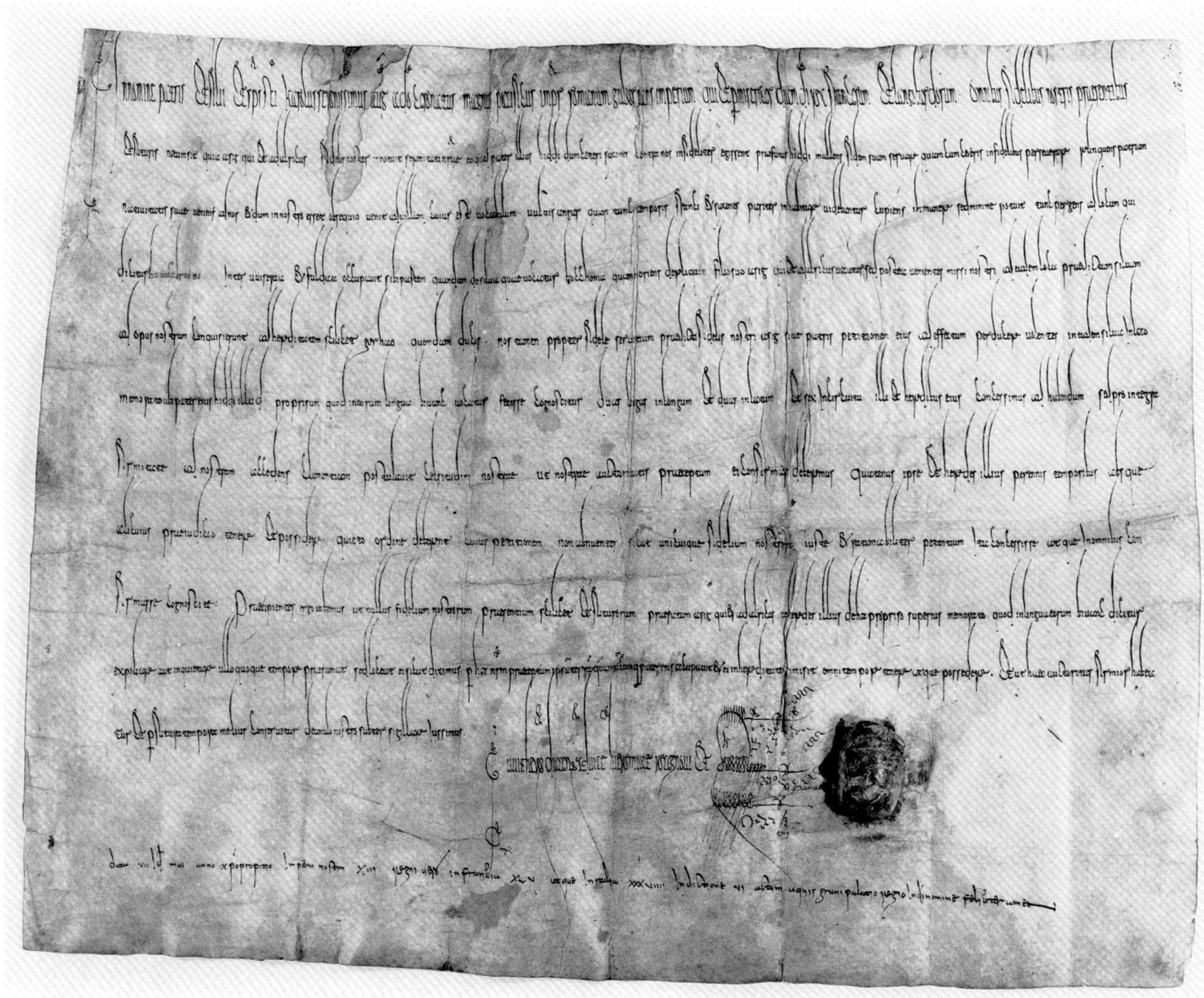

VI.5

bendig gestaltet werden. Denselben Zierat weist eine ebenfalls aus St. Blasien stammende Handschrift in Karlsruhe auf (Reich. CIII).

Auf zwei der Handschrift angefügten Blättern (fol. 191r – 192v) findet sich das Mainzer Geiselverzeichnis von 802/805. Geordnet nach Westfalen, Ostfalen und Engern nennt es 37 sächsische Geiseln mit Namen und Vaternamen sowie ihre alemannischen Bewacher, darunter drei Bischöfe und mehrere Grafen. Die Geiseln sollten nach Mainz gebracht und dem Bischof Haito von Basel und dem Grafen Hitto übergeben werden. Das Verzeichnis ist unvollständig; vor allem fehlen Geiseln aus den führenden sächsischen Familien. Die Immedinger könnten Badurad, den in Würzburg erzogenen und späteren Paderborner Bischof (815–862), als Geisel gestellt haben.

Aus der Bibliothek von St. Blasien.

MGH Capit. 1, hrsg. v. Alfred Boretius, 1883, 233–234. – Österreichische Kunsttopographie 37 (1969), 360. – Wenskus 1972, 374. – Vgl. auch Beitrag Becher in Kap. 4 (Lit.).

H.-W.S./S.Kä.

VI.5 Urkunde – Karl der Große gibt ein gerodetes Gebiet an den sächsischen Edlen Asig zurück

813 Mai 9, Aachen
Pergament. – Rest des aufgedrückten Siegels (antike Gemme), kein Monogramm. – H. 44 cm, B. 55,5 cm.
Münster, Nordrhein-Westfälisches Staatsarchiv, Kaiserurkunde 1, 813

Die letzte von Karl dem Großen ausgestellte Urkunde ist gleichzeitig die älteste noch im Original vorliegende Norddeutschlands. Sie stimmt inhaltlich und in der Wortwahl in vielen Einzelheiten mit einer von Karl zwei Jahre zuvor ausgestellten Urkunde für einen Grafen Bennit überein.

Nach der Urkunde von 813 bestätigte der Kaiser dem Getreuen Asig den Besitz des von seinem Vater Hiddi gerodeten Beifangs am Ort Havucabrunno zwischen Werra und Fulda. Der Vater Hiddi hatte vor Jahren seine sächsische Heimat aus Treue zum Frankenkönig verlassen und war zunächst an einen Ort Wulvisanger (Wolfsanger bei Kassel) gekommen, wo Franken und Sachsen zusammen lebten. Hierhin hatte der Weg auch Graf Bennits Vater Amelung geführt, der aus denselben Gründen seine Heimat verlassen hatte. Amelung rodete später einen Beifang bei Waldisbecchi, dessen Besitz Karl dem Grafen Bennit im Jahre 811 bestätigte und der dann von ihm oder seinen Nachkommen zu einem unbekannten Zeitpunkt an das Kloster Fulda gelangte.

Asig schenkte seinen Beifang beim Dorf Escherode – wie Bennits Beifang bei Benterode und das Kloster Fulda im großen Waldgebiet der Bochonia gelegen – dem Kloster Corvey, dem von 826 bis 856 sein Schwager Warin als Abt vorstand.

MGH Dipl. Kar. 1, Nr. 218 u. 213. – Leesch 1963. – Schmid 1978, 446 f. (Amalung) u. 455 f. (Bernrat).

H.J.W.

VI.6 Urkunde – Ludwig der Fromme belohnt treue Dienste des Grafen Ricdag

833 April 1, Worms
Pergament. – H. 43 cm, B. 59 cm.
Münster, Nordrhein-Westfälisches Staatsarchiv, Kaiserurkunde 6, 833

Kaiser Ludwig der Fromme belohnte die treuen Dienste des Grafen Rihdac(g) mit einer Schenkung von drei

VI.6

VI.7

Hufen kultivierten und unkultivierten Landes mit der dazugehörigen Mark (*silvis communibus*) im Dorf Schmerlecke (Ismerleke) im Brukterer-Gau (*in pago Boratre*), mit weiteren zwei Hufen im Dorf Ampen (Anadopa) und mit fünf Hufen im Dorf Geseke (Geiske), mit ihrem Zubehör und in demselben Gau.

Rihdac kann mit dem Grafen Ricdag oder Riddag, dem Gründer des Klosters Lamspringe südlich von Hildesheim, gleichgesetzt werden, der auch in den Corveyer Traditionen genannt wird. Die Frau des Grafen Ricdag war eine Imhildis, die mit hoher Wahrscheinlichkeit mit der gleichnamigen Gründerin und ersten Äbtissin des Stifts Meschede identisch ist.

Die Annalen von Quedlinburg und Hildesheim melden zum Jahr 985 den Tod des *Ricdag marchio praeclaris*, Stifter des Klosters Gerbstedt. Aufgrund der Seltenheit seines Namens könnte er ein Nachfahre des karolingerzeitlichen Grafen sein.

Die Urkunde aus dem Landesarchiv des Herzogtums Westfalen muß ursprünglich im Archiv des Stifts Meschede gelegen haben, da sie in einem Kopiar (Staatsarchiv Münster, Msc. VII, 5758) dieses Stifts aus dem 18. Jahrhundert gleich zweimal verzeichnet ist.

Wilmans 1867, 36–39, Nr. 12.

H.J.W.

VI.7 Urkunde – Ludwig der Fromme schenkt dem Damenstift Herford drei Kirchen

838 Juni 7, Nymwegen
Pergament. – H. 45,5 cm, B. 61,5 cm.
Münster, Nordrhein-Westfälisches Staatsarchiv, Kaiserurkunden 10, 838

Erst die großzügige Schenkung von drei Kirchen in Rheine im Gau Bursibant, in Wettringen und Stochheim

VI.8

im Scopin-Gau mit Zehnten, Höfen und allem sonstigen Zubehör durch Ludwig den Frommen verbesserte die Gründungsausstattung des Damenstifts Herford so entscheidend, daß es unter dem Schutz und weiterer Förderung der Karolingerkönige in kurzer Zeit zur angesehensten Frauenkommunität in Sachsen aufblühen konnte.

Die Kirchspiele St. Dionysius in Rheine, St. Petronilla in Wettringen und St. Brictius in Stochheim, dem heutigen Schöppingen, wurden im Norden begrenzt vom corveyisch beeinflußten Venki-Gau, im Osten, Süden und Westen vom Besitz der widukindisch-billungischen Stifterfamilien von Vreden, Metelen und Borghorst. Im Drein-Gau und im Gau Saxlinga um Emsbüren berührten sich die Rechte Herfords mit denen des sich formierenden Bistums Münster. Diese im Original überlieferte Urkunde Ludwigs des Frommen und auch die seines Sohnes Ludwig des Deutschen sowie seines Enkels Arnulf von Kärnten sind der sichtbare Beweis dafür, daß das Archiv der Reichsabtei beim Ungarneinfall und der Zerstörung Herfords im Jahre 926 doch nicht so sehr in Mitleidenschaft gezogen worden ist, wie in den Quellen behauptet wurde.

Wilmans 1867, 51–53, Nr. 17. – Meinhard Pohl, Reichsabtei Herford, in: Hengst 1992, 404–412.

H.J.W.

VI.8 Urkunde – Ludwig der Fromme schenkt seinem Getreuen Gerulf Güter im Herzogtum Friesland

839 Juli 8, Kreuznach
Pergament. – H. 42 cm, B. 58 cm.
Münster, Nordrhein-Westfälisches Staatsarchiv, Kaiserurkunden 11, 839

VI.9

Mit dieser Urkunde gab Ludwig der Fromme seinem Getreuen Gerulf im Herzogtum Friesland im Gau Westracha, dem Westergau, Güter zurück, die ihm in den vorangegangenen Wirren abgenommen und dem königlichen Fiskus zugeführt worden waren. Die Güter lagen in *villa Cammingehunderi* und in den Dörfern der Umgebung. Sie kamen zu einem unbestimmten Zeitpunkt, aber vor 1146, an das Kloster Corvey. Sein Besitz in Merthen und Lienward (Leeuwarden) mit seiner St. Vitus-Kirche wird letztmalig im 13. Jahrhundert (Staatsarchiv Münster, Msc. I, 133, pag. 94) erwähnt.

Ob der Getreue Gerulf mit dem um 848 als Mönch in das Kloster Corvey eingetretenen und 851 als Abt verstorbenen Kaplan (829) Ludwigs des Frommen, Gerold, identisch ist, läßt sich nicht entscheiden. Man sollte bei Gerulf vielleicht doch eher an einen Vorfahren jenes Gerulf denken, dem Arnulf von Kärnten im Jahre 889 zum Dank für die selbständige Abwehr von Normannenüberfällen größeren Besitz an der Küste übertrug (MGH DD Karol. dt. III, Nr. 57, 81 f.).

Wilmans 1867, 65–71, Nr. 20. – Leesch 1966, 64. – Ehbrecht 1974, 29 f. – Prinz 1982, 103 f., Anm. 376.

H.J.W.

VI.9 Urkunde – Kaiser Lothar I. schenkt seinem Getreuen Graf Esich Güter

843 März 20, Aachen
Pergament. – Beschädigung rechts unten im Bereich des Siegels. – H. 43 cm, B. 59,5 cm.
Münster, Nordrhein-Westfälisches Staatsarchiv, Kaiserurkunden 13, 843

Die acht Mansen, die Kaiser Lothar I. seinem getreuen Grafen Esich zu Kessenich im Ripuarier-Gau in der Grafschaft Bonn mit allem Zubehör zu freiem Eigentum und mit dem Recht der uneingeschränkten Verfügung schenkte, gab dieser schon wenig später mit annähernd

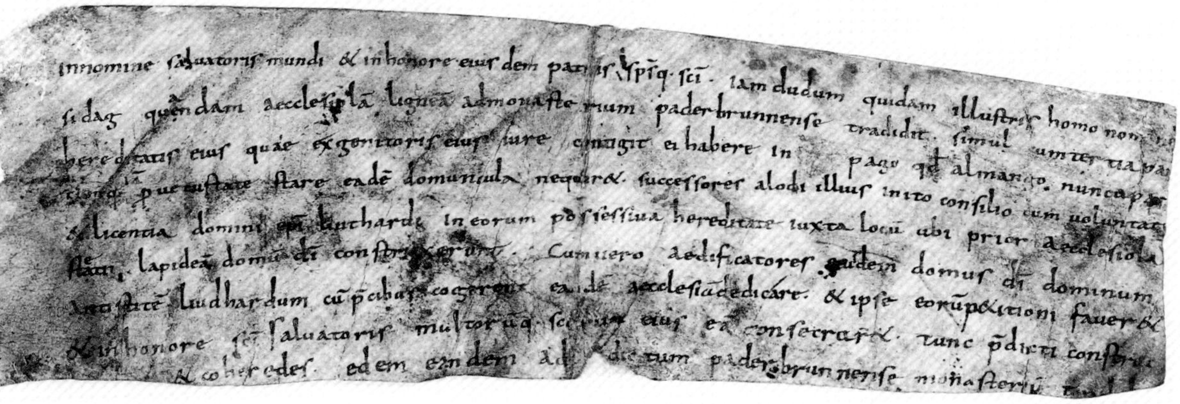

VI.10

denselben Worten an das Kloster Corvey weiter (Tradition 147).

Mit einer undatierten Urkunde, die in das Jahr 845 gesetzt wird, bestätigte derselbe Kaiser dem Kloster Corvey und der Kirche des hl. Stephan die Schenkung des Grafen Esich. Dieser war in erster Ehe mit einer Bilidrud unbekannter Herkunft verheiratet und in zweiter Ehe mit Ida, einer Tochter Ekberts und der hl. Ida. Sein Schwager war Warin, Abt von Corvey (826–856).

Esich erscheint als Adalrih oder *Esico comes* auch in den Fuldaer Traditionen. In dem frankenfreundlichen Sachsen *Asig qui et Adalricus*, für den Karl der Große im Jahre 813 eine Urkunde über einen Beifang im Wald Bochonia ausstellte, die ebenfalls in das Corveyer Archiv gelangt ist (vgl. Kat.Nr. VI.5), ist der Schenker von Kessenich zu sehen.

Wilmans 1867, 89–94, Nrn. 25, 26.

H.J.W.

VI.10 Urkunde – Übertragung einer von Sidag gebauten Kirche an das Bistum Paderborn

862–887
Pergament. – Am unteren Rand beschnitten. – H. 8,5 cm, B. 27 cm.
Münster, Nordrhein-Westfälisches Staatsarchiv, Fürstbistum Paderborn, Urkunde 2, 862–887

Diese älteste im Original erhaltene, jedoch undatierte Privaturkunde Westfalens berichtet vom Bau und der Güterausstattung einer Holzkirche im Almegau. Sie wird von den Erben ihres Erbauers Sidag durch eine Steinkirche ersetzt, von Bischof Liuthard von Paderborn (862–887) dem Salvator und anderen Heiligen neugeweiht, und dem Bistum (*monasterium paderbrunnense*) wieder übertragen.

Da es sich bei dieser Kirche um die des Dorfes Siddinghausen – das Sidiginchus der Vita Meinwerci – handelt, muß das als Kirche genutzte Holzhäuslein *(domuncula)*, wegen der Benennung des Dorfes nach dem Edelmann (*illustris homo*) Sidag, schon sehr viele Jahre vor der Ausstellung der Urkunde entstanden sein, vielleicht schon in den Tagen der Christianisierung des Paderborner Landes.

Der urkundliche Nachweis einer Holzkirche ist deshalb so wertvoll, weil kirchliche Holzbauten (vgl. Gründungsbau der Münsterkirche in Herford) bisher nur archäologisch nachgewiesen werden konnten.

Kat. Corvey 1966, Nr. 586 (Kaspar Elm).

H.J.W.

VI.11b (5)

VI.11a.b

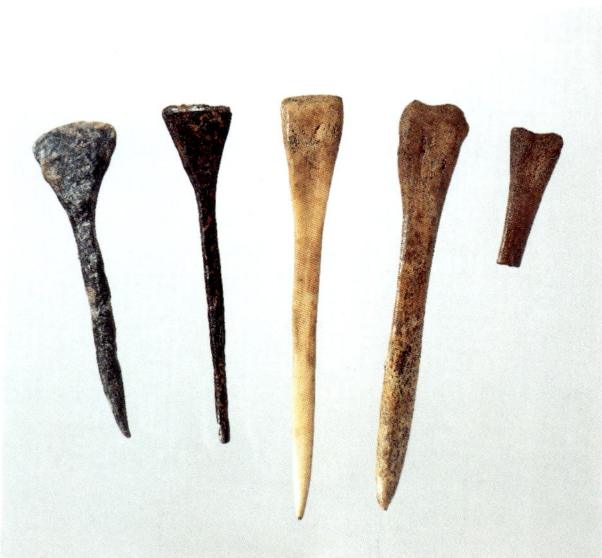

Schrift und Schriftlichkeit

VI.11 Sechs Griffel

9. Jahrhundert
a) Paderborn, Pfalz: Blei. – L. 7,5 cm, spatelförmige Kopfplatte B. 2,2 cm. – Inv.Nr. 69/115a.
b) Paderborn, Domschule: 1) Eisen. – Spitze abgebrochen, Oberteil flach-dreieckig, oben scharfkantig. – L. 8 cm. – 2, 3) Knochen. – Mit leicht sich verbreiterndem, dreieckigem Oberteil, geglättet. – L. 9,8 cm bzw. 9,5 cm. – 4) Knochen. – Fragmentarisch. – Oberteil schwach dreieckig ausgeprägt. – Erh. L. 3,3 cm. – 5) Bronze. – Spatelförmig verbreitertes Oberteil, oben kugelförmig erweiterter Schaft. – Vollständig erhalten. – L. 10,8 cm. – ohne Inv.Nr.
Paderborn, Westfälisches Museum für Archäologie, Museum in der Kaiserpfalz/Metropolitankapitel Paderborn

In einer Lehmschuttschicht im Norden des von der Befestigungsmauer umgrenzten Pfalzareals fand sich ein plump gearbeiteter Bleigriffel (a). Die keramischen Funde aus dieser Schicht gehören dem 9. und 10. Jahrhundert an, der Griffel kann aber auch etwas älter sein.

Während einer Ausgrabung im Bereich des nördlichen Kreuzgangs des Paderborner Doms wurden vier schlichte Schreibgeräte (b) gefunden. Sie stammen aus der Verfüllung eines Grubenhauses des 9. Jahrhunderts oder einer direkt darüberliegenden Schicht. Nach seiner Lage zu urteilen, könnte dieses Wirtschaftsgebäude zum direkten Umfeld des Domklosters gehört haben, das von Bischof Badurad eingerichtet worden war. Der Bronzegriffel (5) stammt aus einer Schicht mit Keramik des 9., aber auch des 13. Jahrhunderts. Wachstafeln, die mittels metallener oder beinerner Griffel beschrieben werden konnten, sind nicht erhalten, müssen aber in größerer Zahl vorhanden gewesen sein.

Doms 1962.

B.M.

VI.12 Schreibgriffel

1. Drittel 9. Jahrhundert
Vreden (Kr. Borken), Damenstift
Bronze. – Der gegossene Schreibgriffel weist einen im Querschnitt runden, im oberen Bereich stark profilierten Schaft auf, sein oberes Ende ist spatelförmig ausgestaltet. – L. 9,8 cm.
Münster, Westfälisches Museum für Archäologie

Über Aussehen und Einsatz solcher Griffel geben neben den Bodenfunden auch Schrift- und Bildquellen Auf-

VI.12

schluß. So zeigen zahlreiche antike und mittelalterliche Bildquellen, wie mit derartigen *stili* Aufzeichnungen in wachsbeschichtete Täfelchen geritzt werden. Mehrere dieser Täfelchen konnten, mit Draht zusammengeheftet, kleine 'Notizbüchlein' ergeben. Mittels des z. B. spatel- oder balkenförmig ausgestalteten oberen Endes der Schreibgriffel konnte die in das Wachs eingeritzte Schrift durch Glättung der Wachsoberfläche wieder entfernt werden.

Bei den *stili* mit spatel- oder balkenförmigen Glättköpfen handelt es sich um Zweckformen, die über große Zeiträume hinweg nicht verändert wurden. Die zeitliche Einordnung der einzelnen Fundstücke ergibt sich somit aus dem archäologischen Befund. Der Vredener Griffel wurde – bei den von Wilhelm Winkelmann 1949 bis 1951 durchgeführten Ausgrabungen – unter dem Fußboden der karolingischen Stiftskirche gefunden.

Winkelmann 1981. – Kat. Oldenburg 1995.

H.-W.P.

VI.13 Calculus des Victorius Aquitanus und ein Musteralphabet *(s. Abb. S. 336)*

Hessen (Fulda oder Seligenstadt), um 836
Pergament, rote und schwarze Initialen. – Barockeinband. – H. 30 cm, B. 23 cm; 12 Blätter.
Bern, Burgerbibliothek, Cod. 250

Der Haupttext in dieser kleinen Handschrift ist der Calculus des gallischen Geistlichen Victorius von Aquitanien. Im Jahr 457 legte er, erstmalig im westlichen Abendland, ein Kompendium zur Zeitrechnung vor, das sich in komplizierten Tabellen vor allem mit der Festlegung des Ostertermins beschäftigte.

Auf freien Seiten des Büchleins wurde, da man bemüht war, jeden zur Verfügung stehenden Platz zu nutzen, in zeitgleicher Hand der selten überlieferte „Abacus" des Gerbert von Aurillac, eine Rechenanleitung, eingetragen, sodann ein Gedicht über die Taten des Herkules und schließlich, auf fol. 11v, in fünf Zeilen ein Alphabet mit Musterbuchstaben, der sog. Inschriftencapitalis. Die herausragend schön kalligraphierten Buchstaben greifen auf den Stil kaiserzeitlicher Inschriften zurück. Bernhard Bischoff machte darauf aufmerksam, daß der Fuldaer Mönch Lupus von Ferrières 836 einen Brief an Einhard von Seligenstadt schrieb, in dem er ihn um das Manuskript des „Calculus" bat und um das „Muster der ganz großen Buchstaben, die manche 'unciales' nennen". Es scheint fast, als habe Lupus sich genau das hier gezeigte Buch erbeten.

Zum Calculus: Krusch 1938. – Zum Musteralphabet: Kat. Aachen 1965, Nr. 385a (Bernhard Bischoff). – Bischoff 1979, 78 f. – Neumüllers-Klauser 1989. – Zum Abakus: Kat. Köln 1991, 2, 295.

H.-W.S.

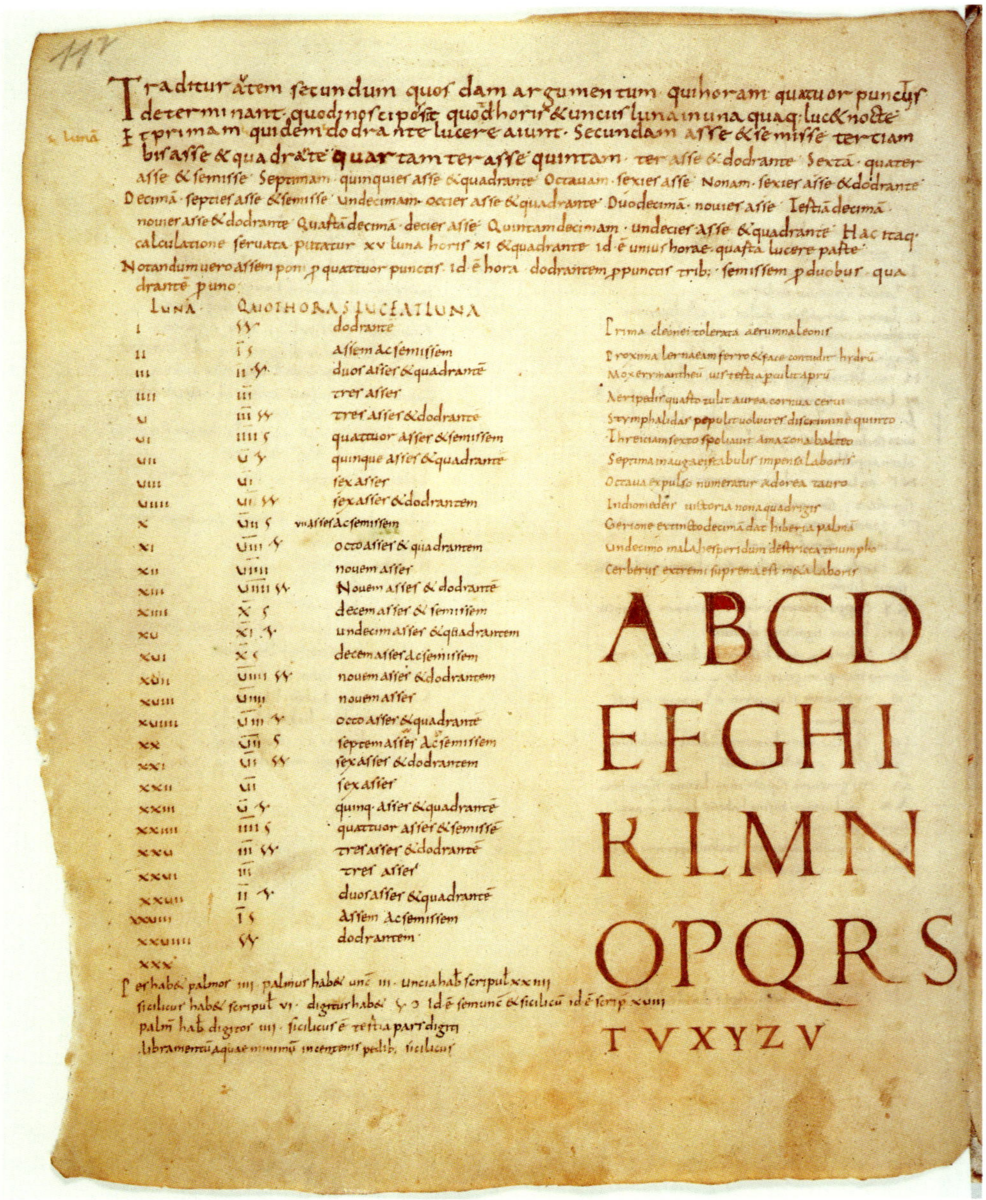

VI.13 fol. 11v

VI.14 Bleitafel aus dem Grab des Bischofs Leuderich

Bremen, nach 845
Rechteckige Bleitafel mit gravierter Inschrift: VIIII K(a)L. SEPT. O(biit) LIVDERICVS EP(is)C(opus) (Am 9. vor den Kalenden des September starb Bischof Leuderich). – H. 19,5 cm, B. 23,5 cm.
Bremen, Focke Museum/Bremer Landesmuseum, Inv.Nr. D. 88a

Die 1840 beim Abbruch eines Altars im Bremer Dom gefundene Tafel des im Jahre 845 verstorbenen Bischofs Leuderich gilt als ältestes erhaltenes Bremer Schriftdenkmal. Sie belegt das Aufkommen der Schriftlichkeit im Norden Sachsens im Zusammenhang mit der kirchlichen Liturgie. Die Notierung des Todestags (24. August) – nicht des Todesjahrs – diente dazu, die regelmäßige Lesung der Gedächtnismesse sicherzustellen.

Kat. Bremen 1979, Nr. 1.

S.F.

VI.14

VI.15

VI.16a

VI.16b

Der Steinbau

VI.15 Wandmalereifragment mit Vorhang

(*s. Abb. S. 337)*

Um 800
Paderborn, Meinwerk-Dom
Sandstein, Wandmalerei: Fresco- oder Kalkmalerei, einschichtiger Putz. – Nur Untermalung und Vorzeichnung erhalten. – Bemalte Fläche ca. 20 x 25 cm.
Paderborn, Westfälisches Museum für Archäologie, Museum in der Kaiserpfalz/Metropolitankapitel Paderborn

Die Malerei zeigt die mit einer Öse oder einem Ring befestigten Zipfel eines Vorhangs oder Wandteppichs. Ein seit der Antike geläufiges Motiv, das sich in der Kirchenmalerei der karolingischen Zeit u. a. in S. Maria Antiqua in Rom, in Farfa, aber auch in Müstair erhalten hat. Nach der Rundung der Oberfläche zu urteilen, gehört das Stück in den Bereich der Apsis der Kirche *mirae magnitudinis* von 799.

Claussen 1986, 256 f., Abb. 374 f.

M.Pr.

VI.16 Zwei Säulenfragmente

9./10. Jahrhundert
Paderborn, Pfalz
a) Roter Sandstein, elfeckig. – Erh. H. 31,5 cm, Dm. 24 cm.
b) Heller Sandstein, rund. – Erh. H. 42 cm, Dm. 30 cm.
Paderborn, Westfälisches Museum für Archäologie, Museum in der Kaiserpfalz

Das elfeckige Säulenfragment war als Spolie in der südlichen Quermauer des sog. Westquertraktes verbaut. Die Mauer, die aufgrund ihrer geringen Höhe als Fundament gedient haben könnte, steht in Verbindung mit dem von Ost nach West verlaufenden Gang durch den Westflügel, der vermutlich erst in der zweiten Hälfte des 10. Jahrhunderts entstanden ist, nachdem eine Anbindung des verlängerten Westquertraktes an einen der Rethar-Türme des Domes erfolgt war. Auch das zweite Säulenfragment wurde in einer der durch den Westquertrakt verbauten Ost-West-Mauern aufgefunden. Beide Säulen könnten aus der karolingischen Aula des 9. Jahrhunderts stammen, aber auch eine Herkunft aus einem der Kirchenbauten ist denkbar.

Unveröffentlicht.

B.M.

VI.17

VI.17 Säulenbasis

9./10. Jahrhundert
Paderborn, Pfalz
Roter Sandstein. – Unvollständig erhaltene Fußplatte. – Erh. H. 8 cm, B. 34 cm, L. 33 cm; Wulst H. 4 cm, B. 4,5 cm, Dm. 32 cm; Säulenschaft Dm. 22 cm.
Paderborn, Westfälisches Museum für Archäologie, Museum in der Kaiserpfalz

Auf der ehemals nahezu quadratischen Fußplatte (Plinthe) findet sich ein zweifacher Wulst, auf dem der Ansatz des Säulenschaftes wenige Zentimeter hoch erhalten ist. Für die sehr einfache Profilierung lassen sich, im Gegensatz zu dem verbreiteten attischen Profil (Wulst-Hohlkehle-Wulst), nur annähernd ähnliche Vergleichsbeispiele aufzeigen, so etwa zwei Kryptasäulen mit Basen aus Esslingen (Baden-Württemberg), die ebenfalls in das späte 9. oder 10. Jahrhundert datiert werden.

Die Paderborner Säulenbasis wurde im Schutt der karolingischen Aula gefunden. Möglicherweise gehörte sie zum Bauschmuck des Saalbaus, von dem nur sehr wenig im archäologischen Fundgut überliefert ist. Denkbar ist auch eine Herkunft aus dem Paderborner Dombau des 9. oder 10. Jahrhunderts.

Strobel 1995.

B.M.

Gemeinschaft der Lebenden und der Toten

VI.18 Zwei Sargbeschläge

Ende 8. Jahrhundert
Paderborn, Pfalz
Eisen. – a) L. 26 cm, B. 15 cm. – b) L. 29 cm, B. 15 cm, D. 0,4 cm; Nietstifte L. 5–6 cm.
Paderborn, Westfälisches Museum für Archäologie, Museum in der Kaiserpfalz, Inv.Nrn. 65/139 u. 65/217

Die beiden massiven Beschläge sind aus einer annähernd rechteckig geschmiedeten Eisenplatte gearbeitet. Die Platte wurde an beiden Enden etwa 6–7 cm tief gespalten. Die so entstandenen schmalen Teile wurden anschließend volutenförmig eingedreht, um eine Öse zur Aufnahme der Nietstifte zu bilden. Teilweise sind an den Nieten noch Holzreste erhalten, deren Maserung quer zur Längsachse des Beschlags verläuft. Beide Beschläge stammen aus dem Grab eines 60–70jährigen Mannes, das in dem der Salvatorkirche (776/777) vorgelagerten Westbau angelegt worden war. Einer der Beschläge fand sich auf den Unterschenkeln des Mannes im Osten liegend, der andere im westlichen Teil der Grabgrube. Vermutlich

VI.18

dienten sie zur Befestigung des Deckels auf einem Baumsarg, der sich aber nicht erhalten hat.

Unveröffentlicht.

B.M./H.W.

VI.19 Grabstein

Mitte 7. Jahrhundert
Dortmund-Hohensyburg, Turmhof der ev. Kirche St. Peter zu Syburg, aus dem Gründungsbau
Ruhrsandstein (in Hohensyburg anstehend). – H. 130 cm, B. 50 cm.
Dortmund, Ev. Kirchengemeinde Syburg – Auf dem Höchsten

Der Vorgängerbau der jetzigen Kirche wird 776 u. a. in den Einhards- und Lorscher Annalen anläßlich eines sächsischen Wiedereroberungsversuchs der von Karl dem Großen 775 eroberten Sigiburg „Basilica" genannt und ist somit urkundlich die älteste Kirche Westfalens. Sie wurde der Überlieferung nach 799 durch Papst Leo III. geweiht. Nach der mündlichen Überlieferung soll an gleicher Stelle eine Holzkapelle gestanden haben, die aber bisher archäologisch nicht nachgewiesen werden konnte. An dem Grabstein, der aus dem Gründungsbau stammt, lassen sich drei Bearbeitungsstufen erkennen. Ein weiterer vergleichbarer Stein befindet sich in Westfalen in der Kath. Pfarrkirche St. Pankratius in Stockum bei Sundern (Kr. Arnsberg).

Stufe 1 (rot): Trapezförmiger Stein mit Diagonalkreuz. Diese Form findet sich z. B. auch auf einem bronzenen Platten-Reliquiar im Musée des Antiques Nationales, Saint-Germain-en-Laye, aus einem Begräbnis des 5. Jahrhunderts in Burgund und ist wohl das Symbol eines wandernden Priesters (Missionar), somit ein Zeugnis der frühen, aber noch sehr punktuellen Missionierung Westfalens. Stufe 2 (schwarz): Entstanden nach einer Abarbeitung des Steins: Umlaufende Doppellinie, Zierlinie ab dem Diagonalkreuz und das wie von Kurt Böhner beschriebene merowingische Vortragekreuz, das Scheiben- oder Radkreuz. Stufe 3 (blau): Die barocke Form hat der

VI.19

VI.20

zu VI.19, 20

Stein durch eine einschneidende Veränderung für ein Begräbnis 1692, wie aus dem Kirchenbuch und einer Gruftenliste der Kirchengemeinde Syburg-Westhofen ersichtlich ist, erhalten. Der Stein hat außer der Gruften-Nr. 10 auf der Rückseite des Knaufs keine erkennbaren Inschriften.

Böhner 1964.

W.K.

VI.20 Grabstein

1. Hälfte 9. Jahrhundert
Dortmund-Hohensyburg, Turmhof der ev. Kirche St. Peter zu Syburg, aus dem Gründungsbau
Ruhrsandstein (in Hohensyburg anstehend). – H. 110 cm, B. 40 cm.
Dortmund, Ev. Kirchengemeinde Syburg – Auf dem Höchsten

Vergleichbare Steine ohne Inschrift lassen sich im linksrheinischen Gebiet finden. Ein weiterer nicht transportabler Stein (um 800) mit Inschrift (als einziges Exemplar in Westfalen) befindet sich in der Kirche.

Bei diesem Stein lassen sich zwei Zeitstufen unterscheiden: Stufe 1 (schwarz): Trapezform, umlaufende Doppellinie und das karolingische Vortragekreuz (vgl. Niesters-Weisbecker). Stufe 2 (blau): Veränderung um 1500. Der romanische Bogen oben, die Gruften-Nr. 4 und die Inschrift: ROTGER SCHOER KOS/TER TO SIEBERG UP/DER RICHSMARCK/40 IAR HOLTKNECHT.

Niesters-Weisbecker 1983.

W.K.

Die Stiftungen des Adels

VI.21 Luna-Fibel

8. Jahrhundert (evtl. jünger)
Enger (Kr. Herford), ehemalige Stiftskirche
Goldblech, Zellenschmelz, grünes, weißes u. blaues Email, Almandin. – Drei Durchbohrungen am Rand von einer sekundären Befestigung. Gold der Einfassungen teilweise verdrückt, Almandineinlagen zum großen Teil ausgebrochen, Email teilweise korrodiert; Nadel fehlt. – Dm. 3,8 cm, Emailscheibe Dm. 2,4 cm.
Enger, Widukind-Museum

Der kreisförmige Fibelkörper ist von acht außen angefügten Almandinzellen umgeben, die abwechselnd eine herz- oder halbkreisförmige Gestalt haben. Alle Glieder werden von einem Perldraht eingefaßt. Das Email zeigt auf blauem Grund ein Brustbild mit weißem Inkarnat. Über dem Haar (oder Stirnband) ist eine weiße Mondsichel zu erkennen.

Das kleine Schmuckstück wurde als Verlustfund zusammen mit dem Zierknopf (Kat.Nr. VI.22) aus einer Grube geborgen, die in den Boden der ergrabenen Krypta von Bau II der Kirche in Enger (Mitte 10. Jahrhundert, vgl. Kat.Nr. VIII.23) eingetieft war. In seiner Zweitverwendung zierte es wahrscheinlich ein Reliquiar oder einen Buchdeckel bzw. ein entsprechendes Schatzobjekt, das dem von Königin Mathilde vor 947 gegründeten Kanonikerstift gehört haben muß. Zu diesem Schatz gehörte auch das bekannte, heute in Berlin befindliche karolingische Bursenreliquiar. Da das Emailbild stilistisch karolingischen Emails entspricht, wurde die Fibel in ihrer ursprünglichen Form in das späte 8. Jahrhundert datiert

VI.21

und von Hayo Vierck in einen Zusammenhang mit höfischer Goldschmiedekunst dieser Zeit eingeordnet, die ihren Niederschlag auch in hochadligen Stiftungen für Kirchen gefunden hat. Neuerdings ist eine jüngere Datierung erst in das 10. Jahrhundert vorgeschlagen worden.

Vierck 1985. – Haseloff 1990, 98. – Wamers 1994, 74 ff., 217.

U.L.

VI.22

VI.22 Zierknopf

7. Jahrhundert
Enger (Kr. Herford), ehemalige Stiftskirche
Gold, Almandin in plombiertem Stegcloisonné. – Dm. 2,5 cm.
Enger, Widukind-Museum

Auf einer äußeren Ringscheibe befinden sich T-förmige Almandinzellen, dazwischen linsenförmige Goldflächen, vermutlich bildeten sie ein Torsionsmuster. Auf dieser Scheibe liegt eine innere Ringscheibe mit abwechselnd rechteckigen Almandin- und Goldzellen. In der Mitte wölbt sich ein von einem Perldraht eingefaßter, getriebener Goldbuckel.

Wahrscheinlich gehörte der Zierknopf ursprünglich zu einer Schwertgarnitur, wie ein entsprechender Befund im Königsgrab von Sutton Hoo (625/626) nahelegt. Das kleine, aber kostbare Schmuckstück ist ein Zeugnis der Hofkunst des 7. Jahrhunderts. An gleicher Stelle wie die Luna-Fibel (Kat.Nr. VI.21) gefunden und wie diese aus hochadligem Besitz stammend, hat es eine Zweitverwendung an einem Gegenstand des Stiftsschatzes von Enger gefunden.

Vierck 1985.

U.L.

VI.23 Fragmente von Beschlagplättchen eines Kastenreliquiars

2. Hälfte 9./10. Jahrhundert
Vreden (Kr. Borken), Damenstift
Bein. – B. 1,8 cm, D. 0,2–0,4 cm.
Münster, Westfälisches Museum für Archäologie

Aus dem Brandschutt der karolingischen Kirche stammen zahlreiche Fragmente von Beschlagplättchen, die fast ausnahmslos durch die Hitze verzogen wurden und in vielen Fällen dunkle Brandspuren davongetragen haben. Ihre schmal-längliche Form verrät, daß sie aus längsgespalteten Tierrippen gefertigt sind. Die Plättchen, die schräggestellte Strichbündel sowie Flechtband- und Zirkelschlagornamentik aufweisen, waren wahrscheinlich ehemals auf einen hölzernen Reliquienkasten aufgenagelt, wobei der Mittelpunkt der jeweils dreifachen Zirkelschlagornamentik als verstecktes Nagelloch diente.

Kästchen mit entsprechend verzierten beinernen Beschlagplättchen, die in nicht wenigen Fällen aufgrund der Fundumstände als Kastenreliquiare angesprochen werden, sind wegen der schlichten geometrischen Ornamentik in ihrer Datierung nur schwer einzuordnen. Beschlagplättchen mit einer solchen Ornamentik datieren vom frühen bis in das hohe Mittelalter. Mit ihnen wurden sowohl liturgische als auch einfache Dinge aus dem profanen Bereich versehen. Diese Verzierungsform findet sich auch auf anderen beinernen Fundstücken des frühen und hohen Mittelalters, so auf Kämmen, Messergriffen und vielem mehr.

Winkelmann 1981. – Ulbricht 1984. – Kat. Speyer 1992. – Röber 1995. – Miller 1998.

H.-W.P.

VI.23

VI.24 Zellenschmelzmedaillon

2. Hälfte 9./10. Jahrhundert
Vreden (Kr. Borken), Damenstift
Buntmetall, Zellenschmelz. – Grundplatte Dm. 2,3 cm, Medaillon 1,7 cm.
Münster, Westfälisches Museum für Archäologie

Eine runde, leicht gebogene Grundplatte trägt das in opakem Vollschmelz gearbeitete Medaillon, in dem sich vor grünem Hintergrund ein lilienförmiges Kreuz in den Farben Rot, Blau und Weiß abzeichnet.

Entsprechende Zellenschmelzmedaillons finden sich oft als Einsatz in den metallenen Beschlägen von Kreuzen, Tragaltären und Reliquiaren oder auf eucharistischen Gefäßen wie Kelchen und Patenen. Eingearbeitet wurden sie aber auch in Schmuck, wie z. B. Juwelenkragen und Ringe, oder sie zierten als Besatz liturgische Kleidungsstücke.

Geborgen aus dem Brandschutt der karolingischen Stiftskirche, belegt ihr Fundort vor Chor und Krypta, daß die Vredener Schmuckscheibe einen liturgischen Gegenstand zierte, der zur Ausstattung des Kirchenchors mit seinen Altären oder der Krypta mit ihren Märtyrergräbern zählte.

Elbern 1965. – Ronig 1972. – Winkelmann 1981. – Kat. Köln 1985. – Haseloff 1990. – Schulze-Dörrlamm 1991.

H.-W.P.

VI.24

VI.25

VI.25 Beschlagfragmente von liturgischem Gerät

2. Hälfte 9./10. Jahrhundert
Vreden (Kr. Borken), Damenstift
Kupferblech, feuervergoldet, getrieben. – D. 0,05 cm.
Münster, Westfälisches Museum für Archäologie

Die in Treibarbeit verzierten, feuervergoldeten Kupferblechfragmente stammen ebenfalls aus dem Brandschutt der karolingischen Stiftskirche zu Vreden. Sie zählen wie die anderen Bein- und Buntmetallbeschläge (Kat.Nrn. VI.23, VI.27), der Schmuckstein (Kat.Nr. VI.26) sowie das Zellenemailmedaillon (Kat.Nr. VI.24) zum Beschlagwerk liturgischer Gegenstände. Insbesondere derartige Fundstücke, seien sie auch noch so fragmentarisch, sind als die typische kirchlich/klösterliche Komponente im archäologischen Fundgut anzusprechen. Sie begegnen uns auch in anderen westfälischen Fundkomplexen von Kirchen- und Klostergrabungen.

Winkelmann 1984a, 20–36. – Lobbedey u. a. 1972, 25–57. – Kat. Köln 1985. – Peine u. a. 1993.

H.-W.P.

VI.26 Schmuckstein

2. Hälfte 9./10. Jahrhundert
Vreden (Kr. Borken), Damenstift
Porphyr, Tafelschliff. – L. 2,9 cm, B. 2,1 cm, D. 0,5 cm.
Münster, Westfälisches Museum für Archäologie

Neben der Verwendung von Edelsteinen und Halbedelsteinen für die Verzierung von Herrschaftsinsignien wurden auch liturgische Geräte wie Buchdeckel, Kelche, Patenen, Kreuze und andere Zimelien mit reichem Steinbesatz versehen. Außer Steinen mit unterschiedlichen Schliffformen finden sich auch geschnittene, darunter antike Gemmen und Kameen.

VI.26

Der Halbedelstein Porphyr erfreute sich im Mittelalter besonderer Beliebtheit. Er wurde z. B. für die Altarsteine von Tragaltären verwendet. Auch der schlicht geschliffene Stein aus der Vredener Stiftskirche diente der Zier von liturgischem Gerät. Gefunden wurde er im Brandschutt auf dem Fußboden der Vierung nahe dem Chor der dreischiffigen kreuzförmigen Basilika, also direkt westlich der Krypta, dem Ort der Aufbewahrung der Gebeine der Heiligen Felicissimus, Agapitus und Felicitas. Ihre Reliquien wurden 839 von Rom nach Vreden in die kurz zuvor errichtete Stiftskirche verbracht.

Elbern 1965. – Steenbock 1965. – Winkelmann 1981. – Kat. Köln 1985.

H.-W.P.

VI.27

VI.27 Fragmente von Buchbeschlägen (?)

(s. Abb. S. 345)

2. Hälfte 9./10. Jahrhundert
Vreden (Kr. Borken), Damenstift
Buntmetall, Treibarbeit. – D. 0,1 cm.
Münster, Westfälisches Museum für Archäologie

Im Brandschutt der karolingischen Stiftskirche im Bereich der Vierung fanden sich zahlreiche Fragmente unterschiedlicher Größe von ehemals mehreckigen, quadratischen, rechteckigen und runden Buntmetallblechfragmenten. Trotz ihrer einfachen Materialbeschaffenheit zählen sie in Westfalen aufgrund ihres teilweise reichen, getriebenen Dekors – verschiedene Kreuzformen, Palmettenblätter und andere vegetabile Ornamentik – zu den hochrangigeren Fundstücken ihrer Zeit.

Neben dem Fundort weisen winzige Nagellöcher darauf hin, daß die fragmentarischen Stücke ursprünglich Beschläge eines liturgischen Gegenstands darstellten. Die z. T. erhaltenen Nägelchen belegen, daß der Träger, auf dem die Beschläge angebracht waren, nur eine geringe Stärke aufwies. Aus diesem Sachverhalt kann vielleicht gefolgert werden, daß es sich bei den Fragmenten um Überreste von Buchbeschlägen handelt.

Die Buchdeckel bestanden im Abendland üblicherweise aus Holz, das mit im Blinddruck verziertem Leder überzogen wurde. Vergleichsweise kostbarer waren dagegen liturgische Bücher geschmückt, wie etwa Evangeliare, Sakramentare oder Antiphonare. Ihre Prachteinbände zierten Materialien wie Elfenbein, Email, Edelmetalle und Edelsteine, verarbeitet in den verschiedensten und aufwendigsten kunstgewerblichen Techniken, insbesondere derjenigen der Goldschmiedekunst.

Steenbock 1965. – Winkelmann 1984a.

H.-W.P.

VI.28

VI.28 Steinblock mit Wandputz

9. Jahrhundert (?)
Vreden (Kr. Borken)
Wandmalerei; Kalkmalerei auf einlagigem Putz. – H. ca. 25 cm, B. ca. 40 cm, T. ca. 20 cm.
Münster, Westfälisches Museum für Archäologie

Zwei Seiten des Blocks sind mit Wandputz überzogen. Die Seitenfläche und die bunt bemalte Vorderseite stehen in einem stumpfen Winkel – wie etwa bei einem Fenstergewände – zueinander. Bemerkenswert ist die vergleichsweise feine Oberfläche und die scharf abgesetzte Putzkante. Der einlagige Putz mit sehr feinem Zuschlag bildet einen besonders glatten Malgrund; unter den eigentlichen Malschichten ist eine flächige Kalktünche zu erkennen. An den Lagerflächen des Blocks haften Reste des Setzmörtels, der ebenfalls durch feinen Zuschlag und hohen Kalkanteil gekennzeichnet ist. An einigen Stellen liegt eine dünne Schicht des um die Fuge verstrichenen Setzmörtels unter dem Deckputz.

Die Laibung und ein ca. 8 cm breiter Streifen entlang der Putzkante auf der raumseitigen Wandfläche tragen eine flächige Bemalung in einem hellen Braunton. Nach links beginnt, durch eine dünne schwarze Linie abgesetzt, ein figürlich bemalter Bereich, ein kräftig ockerfarbener Streifen markiert dabei evtl. den Hintergrund der Darstellung. Links unten auf der erhaltenen Wandfläche ist die erhobene linke Hand einer etwa lebensgroßen Figur erkennbar. Die Malschichten sind zum Teil verloren, so daß stellenweise nur noch die rote Vorzeichnung zu sehen ist. Die Handfläche der Figur ist dem Betrachter zugewandt, Daumen und Ringfinger berühren sich, und der ausgestreckte Zeigefinger deutet offenbar in Richtung der durch die Putzkante angedeuteten Wandöffnung. Die Malerei oberhalb der Hand kann wohl als Rest einer Gewanddarstellung gedeutet werden. Erhalten sind, jeweils durch senkrechte schwarze Linien abgesetzt, ein rotweiß geteilter Streifen und, links davon, eine ehemals weißgrundige, mit versetzt angeordneten schwarzen Kreuzen besetzte Fläche – vielleicht Teil einer Bordüre. Ob sich dieses Motiv in der diagonal verlaufenden Struktur am oberen Ende der Putzfläche fortsetzt, kann nicht mit Bestimmtheit gesagt werden.

Unveröffentlicht. – Vgl. Winkelmann 1984a.

M.Pr.

VI.29

VI.29 Travertinquader mit Resten von Wandputz

Um 800
Herzfeld
Tuff-Travertin, quaderförmig bearbeitet mit Wandputzresten an den Schmalseiten. – Der Putzauftrag ist 5–10 mm stark, einlagig, aus feinem Kalksandmörtel mit dünner Kalktünche als Oberflächengrundierung. Auf einer Seite ist in den noch frischen Putz ein Raster aus feinen Linien eingeritzt worden, dann die Tünchung aufgetragen. Darüber findet sich eine helloxydrote Flächenfarbe, im mittleren Bereich ein zugehöriger dunkeloxydroter Farbauftrag, der diagonal verläuft und nach einer Seite eine scharfe Pinselzugkante zeigt. Dieser dunkelrote Farbfleck, im Abstand von etwa 4 mm parallel zur waagerechten Linie verlaufend, ist von einem gleich breiten rötlichweißen Konturstrich überzogen. Im rechten Winkel dazu zeigt sich auf der schmaleren Seite des Quaders ein ockerfarbener, die Grundierung flächig überdeckender Anstrich mit oxydrotem, ca. 10 mm breiten Strichen. Ein formaler Zusammenhang, ob figürlich oder ornamental, ist nicht erkennbar. (Günther Goege). – H. 10–12 cm, KantenL. 55 cm bzw. 58 cm.
Münster, Westfälisches Museum für Archäologie

Der Travertinquader wurde 1976 bei Ausgrabungen im Fundament eines zweijochigen, gewölbten, mit Westturm und Rechteckchor ausgestatteten Saalbaus des 13. Jahrhunderts entdeckt. Er dürfte jedoch aufgrund des Steinmaterials aus der Wand der Vorgängerkirche stammen. Bei dieser handelte es sich um einen großen Saalbau (14 x 6,5 m), der im Osten mit einem 5 m breiten Rechteckchor schloß. Das Kirchengebäude war flachgedeckt und turmlos. An der Südseite des Chors war nachträglich eine *porticus* angefügt worden, die Gräber von Erwachsenen und Kindern beherbergte. Eines der ältesten dieser *porticus*-Gräber, das sich unmittelbar an die Chorwand anlehnte, wurde leer vorgefunden.

Aufgrund baulicher und stratigraphischer Hinweise dürfte diese Kirche in die Zeit um 800 zu datieren und als Gründung Idas von Herzfeld († 825) anzusprechen sein. Überdies stimmen die Grabungsbefunde mit dem Bild überein, das der Werdener Mönch Uffing, der aus Anlaß ihrer Heiligsprechung am 26. November 980 die Lebensgeschichte Idas aufschrieb, von ihrer Kirche zeichnete. Sein Bericht enthält Hinweise auf das Baumaterial, die Flachdecke und einen Glockenstuhl in Form eines Dachreiters, vor allem aber auf die Existenz einer *porticus*, deren Errichtung der Autor in Verbindung mit dem Tod des Gemahls der hl. Ida, des sächsischen Herzogs Egbert, bringt. Der Herzog hatte 811, vermutlich auf dem Dänenfeldzug Karls des Großen, den Tod gefunden. Sein Grab in der neuerrichteten *porticus* begründete Herzfeld als Familiengrablege der Egbertiner bis in die zweite Hälfte des 9. Jahrhunderts hinein. Der Bestattungsort entsprach dem geltenden Kirchenrecht, das ein Begräbnis im Kirchenraum selbst nicht erlaubte. Doch wurde der Anbau an einer Stelle errichtet, die die größtmögliche, daher heilsversichernde Nähe zum Altar gewährleistete.

Indizien sprechen dafür, daß das leere Grab an der Chorsüdwand der *porticus* ursprünglich die letzte Ruhestätte der hl. Ida war. Ihre Gebeine wurden 980 zur Ehre der Altäre erhoben und in einen kostbaren Schrein umgebettet. Heute wird der Sarkophag in Verbindung mit dem ursprünglichen Grabort und dem Schrein von 1880/1882 in der neuen Krypta der bestehenden neugotischen Kirche gezeigt.

Uffing 1867. – Isenberg 1977. – Jászai 1985. – Angenendt 1998, 166–169.

G.I.

VI.30 Schwert aus Salzkotten

2. Hälfte 8. Jahrhundert
Salzkotten, Einzelfund, 1998
Eisen. – Erh. L. 24,7 cm.
Paderborn, Westfälisches Museum für Archäologie, Museum in der Kaiserpfalz

VI.30

Ein Zusammentreffen verschiedener günstiger Umstände führte dazu, daß das Schwert von Salzkotten unmittelbar nach seiner Auffindung durch spielende Kinder in noch bodenfeuchtem Zustand in die Restaurierungswerkstatt gelangte. Aus der unmittelbaren Freilegung und Sicherung authentischer Befunde resultieren Erkenntnisse zu metrischen und morphologischen Details, welche an Altfunden lediglich ausnahmsweise zu gewinnen sind.

Die erhaltene Länge des Schwerts beträgt 247 mm, wovon 89 mm auf das Blatt entfallen. Dieses ist im Schulterbereich 48 mm breit. Sein gekehlter Mittelteil von 16 mm Breite trägt einen je zweibahnigen, furnierten Torsionsdamast von beidseitig gleicher Orientierung. Die Winkel beider Seiten weisen zum Ort. So setzt sich das Blatt aus sieben Schweißbahnen zusammen, nämlich vier Damastbahnen, Kernmaterial und den Schneiden.

Die Parierstange mißt 10,5 x 25 x 18 mm, die Knaufstange 79 x 19 x 17 mm und der Knauf 67 x 11 x 15 mm. Parierstange und Knaufstange zeigen umlaufend einen Grat, so daß sich ein doppelkonischer Querschnitt ergibt. Der Knauf erreicht nicht die Länge der Knaufstange und verjüngt sich von 11 mm an der Basis auf 6 mm im Scheitelpunkt. Die Breite eines umlaufenden Sattels nimmt bis zur Basis auf 4 mm ab. Der Angelniet liegt über dem Knauf. Die Hilzenlänge beträgt 109 mm.

Zu den in Westfalen bislang nicht bekannten und daher auffallenden Befunden zählen das gemeinsame Auftreten des Knaufsattels mit einer Parierstange von mehr als 100 mm Länge. Mit diesen Merkmalen steht das Schwert in einer Reihe mit anderen Waffen von nichtwestfälischen Fundplätzen. Es repräsentiert die Gestalt jüngerer karolingischer Schwerter, wie sie die Zeit nach dem durch Karl den Großen gesetzten Ende der Beigabensitte prägten und daher in Westfalen nicht aus Kriegergräbern bekannt sind.

Unveröffentlicht.

H.W.

Eine neue Zeit

VI.31 Glockenrand und Rekonstruktion der Glocke

a) 9. Jahrhundert
Stiftskirche Vreden (Kr. Borken)
Bronze (Cu mit 22,996 % Sn; 2,850 % Pb). – Offensichtlich Warmbruch. – H. 4,85 cm, B. 10,2 cm, Randdicke-, Grundmaß-, Schlagbreite 4,2–4,3 cm, rekonstr. RDm. 25,5 cm, Gew. 364 g.
Münster, Westfälisches Museum für Archäologie, Amt für Bodendenkmalpflege
b) Rekonstruktion: Hans Drescher, Hamburg-Harburg (ohne Abb.)
Ausführung: Glocken- und Kunstgießerei Rincker, Sinn (Hessen)
Bronze, dem Fundstück entsprechende Legierung. – GesamtH. 31 cm, Glockenkörper H. 21,2 cm, RDm 25,6 cm, Gew. (ohne Klöppel) 25 kg.
Hamburg-Harburg, Hans Drescher

VI.31

sein. Versuchsweise wurde die Glocke zeichnerisch mit eiförmig gerundetem Körper, aber mit verschiedenen Höhen rekonstruiert. Die Form wurde mit einem frei gedrehten Wachsmodell hergestellt.

Tonmessungen ergaben, daß die rekonstruierte Glocke einen guten hellen Klang besitzt. In 2 m Höhe geläutet, ist sie fast 1 km weit gut zu hören. Sie hing möglicherweise in der Vredener Stiftskirche an der Wand über ihrem Fundplatz.

Die Tonmessungen in der Firma Rincker am 23.9. 1996 ergaben: „Schlagton": d^3+10, Prime d^3+10 (p) + g – (f), Terz –, Quinte g^3 +5. Teiltöne nach Anschlagspunkt: g^4+5, g^4+ 6 (f), as^4+2 (p), c^5 – 1/2 (p), d^5+5, dis^5+12. Resonanz: 7 sec., das ist extrem kurz, bei dünnwandigen Glocken gleicher Größe liegt der Wert zwischen 15 und 20 sec.

Unveröffentlicht. – Vgl. Winkelmann 1984a, 14.

H.D.

Zu dem Glockenrand mit hochgezogener Schärfe und anschließend weicher Rundung gibt es abgesehen von einer jüngeren Glocke aus Fleury noch kein Vergleichsmaterial. Die Glocke dürfte eine Variante der Glocke vom Typ Canino gewesen sein. Sie war außerordentlich dickwandig, 1,8–2 cm. Der rekonstruierte Durchmesser beträgt sechsmal die Schlagbreite, und der Glockenkörper könnte ebenso hoch oder ein Maßteil niedriger gewesen

zu VI.31

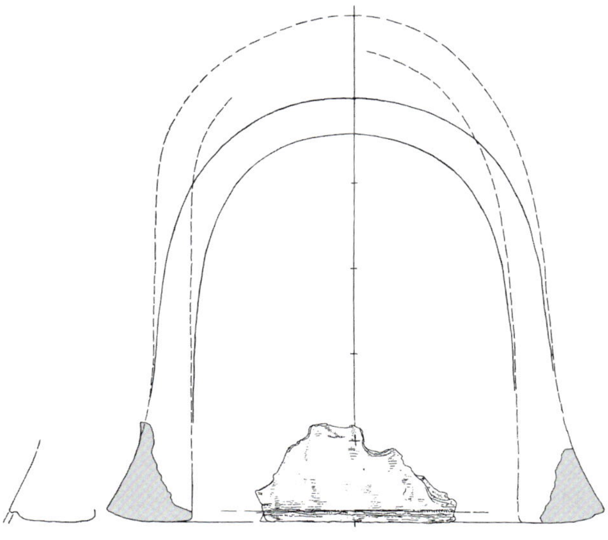

VI.32 Wandungsstück einer großen Glocke vom Typ Canino und Rekonstruktion

a) 9. Jahrhundert
Stiftskirche Vreden (Kr. Borken)
Bronze (70,46 % Cu, 17,619 % Sn, 11,729 % Pb). – H. 8 cm, B. 5 cm, D. 1,7–1,75 cm, Gew. 352 g.
Münster, Westfälisches Museum für Archäologie, Amt für Bodendenkmalpflege
b) Rekonstruktion: Hans Drescher, Hamburg-Harburg (ohne Abb.)
Ausführung: Glocken- und Kunstgießerei Rincker, Sinn (Hessen)
Bronze, dem Fundstück entsprechende Legierung. – RDm. 70 cm.
Gescher, Glocken-Museum, z. Zt. im Museumshof

Das Wandungsstück stammt aus dem unteren Bereich des Glockenkörpers unmittelbar über dem Rand. Es ist ein „Warmbruch", der mit Kalk und Holzkohle besonders stark verkrustet war. Der gerundete Glockenkörper hatte unmittelbar über dem Rand einen äußeren Durchmesser von etwa 61 cm und darüber einen von 57–61 cm. Der Randdurchmesser dürfte bei 70 cm gelegen haben und die Randbreite 5 cm gewesen sein.

Nachdem bereits mehrere kleine Glocken dieses Typs materialgerecht rekonstruiert worden waren, bot sich die Möglichkeit, Versuche zu der größten bisher nachweisbaren Glocke dieser Art durchzuführen. Nach einer in

VI.32

VI.33a

Anlehnung an das Vorbild gefertigten Werkzeichnung des Verfassers wurden das Wachsmodell, die Form und der Guß in der Glocken- und Kunstgießerei Rincker in Sinn, Hessen, in einer dem Vredener Fundstück entsprechenden Legierung ausgeführt. Der schwere, keulenförmige Klöppel wurde wie bei den älteren Glocken üblich nur in das Hängeeisen eingehakt.

Unveröffentlicht. – Vgl. Winkelmann 1984a, 14.

H.D.

VI.33 Sog. Klangscheibe und Nachbildung

a) 9. Jahrhundert
Stiftskirche Vreden (Kr. Borken)
Bronze (74,75 % Cu, 18,845 % Sn, 6,149 % Pb). – L. 5,8 cm, B. 4,1 cm, Scheibe D. 0,35–0,4 cm; keilförmiger Griff L. 2,25 cm, B. 1,35 cm; GesamtH. 1,7 cm, Gew. 58 g.
Münster, Westfälisches Landesmuseum für Archäologie, Amt für Bodendenkmalpflege
b) Rekonstruktion: Hamburg-Harburg, Hans Drescher

Das stark korrodierte, verkrustete Stück ist der Rest einer runden Scheibe mit einem Durchmesser von 12 cm. Der jetzt noch blanke Rand war anscheinend poliert. Der massive einseitig liegende Ansatz ist nicht beim Zerschmelzen des Stückes z. B. durch Einfließen in eine Bodenvertiefung entstanden, sondern gehörte zur Scheibe. Diese besteht aus der gleichen Glockenbronze wie einige Wandungsstücke vom Fundplatz. Vermutlich wurden immer zwei solcher Scheiben gegeneinander geschlagen. Das Stück lag offensichtlich in der Brandschicht und ist wie die Glocken zerschmolzen. Das war nur möglich, wenn es erhöht, z. B. auf einer Empore, dem Feuer ausgesetzt war. In Fußbodennähe gelagert, wäre es vermutlich unversehrt geblieben. Vergleichsmaterial dazu hat sich nicht erhalten.

Entsprechend dem Fundstück wurden zwei Scheiben aus Wachs gefertigt und mit keilförmigen Handhaben-Ansätzen versehen. Wie die nachgegossenen Stücke zeigen, haben sie beim Aneinanderschlagen einen harten, klirrenden Klang und wären z. B. zur rhythmischen Begleitung von Gesängen geeignet. Aber auch als ein weit

zu VI.33a

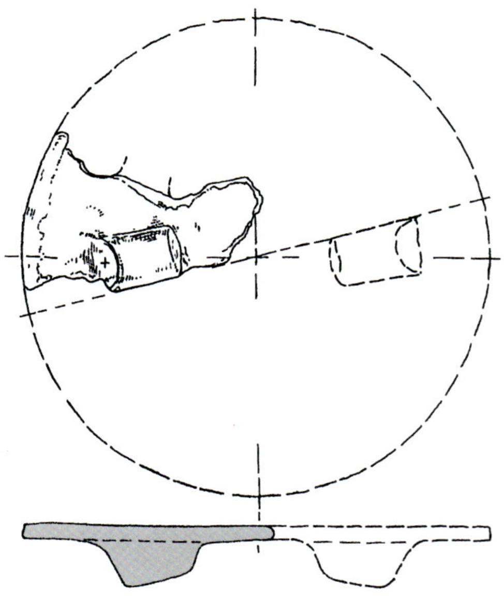

VI.33b

zu hörender, unverwechselbarer Signalgeber könnte man sie besonders in der Karwoche, wenn die Glocken schweigen mußten, im klösterlichen Bereich verwendet haben. Überliefert sind für diesen Zweck Schlagbretter und Klappern. Aneinandergeschlagene Scheiben sind selbst im Freien deutlich bis 250 m weit zu hören. Die Versuche zeigten, daß sich die Scheiben – sie wiegen zusammen 1 kg – nur brauchbar mit zwei „Griffen" handhaben lassen. Auch mußten die kleinen Handhaben fest mit den Fingern gehalten werden, was sicher beabsichtigt war, denn ein richtiger, gut zu haltender Griff – wie ihn schon die antiken Cimbeln hatten – wäre leicht herzustellen gewesen, wenn man ihn gewollt hätte.

Unveröffentlicht. – Vgl. Winkelmann 1984a, 14.

H.D.

Soest

VI.34 Modell der Stadt Soest um 900

Modellbau: Elke zur Heiden, 1999
Holz. – H. ca. 15 cm, L. 135 cm, B. 120 cm; M. 1:1000.
Soest, Stadtarchäologie

Dargestellt ist die Topographie Soests in der Karolingerzeit innerhalb der heutigen Altstadt (102 ha). Im Gegensatz zum heutigen Stadtbild gab es in einigen Bereichen deutliche Höhenunterschiede von bis zu 4 Metern. Durch die Errichtung der mittelalterlichen Befestigung im 12. Jahrhundert wurde die Landschaft stark verändert. Ganze Hügel wurden z. B. gekappt; durch die zehn Stadtore veränderten sich Wegeführungen etc.

Die dargestellten Gebäude bzw. Siedlungsareale beschränken sich auf die bis 1999 ergrabenen Befunde bzw. Fundorte. Die wichtigsten mittelalterlichen Gebäude der Stadt sind als Orientierungshilfe unterlegt.

W.M.

VI.34

VI.35

VI.35 Keramikgefäß

8. Jahrhundert
Soest, St. Petri-Kirche
Irdenware Badorfer Machart, oxidierend gebrannt. – Rollstempelverzierung auf der Schulter, der Boden fehlt. – Erh. H. 26,5 cm, RDm. 10 cm, Dm. 21,5 cm.
Soest, Stadtarchäologie, Inv.Nr. SO-PK/G37

Das Gefäß lag zerscherbt in einer Grube direkt über der merowingerzeitlichen Bestattung 37 und markiert vielleicht den Zeitpunkt der Störung dieses Grabes. Die Grube ist älter als der Fußboden des darüberliegenden karolingischen Saalbaus der St. Petri-Kirche.

Unveröffentlicht.

W.M.

VI.36 Frauen- oder Mädchengrab

7. Jahrhundert
Soest, St. Petri-Kirche
a) Halskette aus 117 Glasperlen, die im Westteil des Grabes lagen. – b) Bronzedraht mit gerippter, blau opaker Glasperle, wahrscheinlich zur Kette gehörend. – c) Feuerstein, honigfarben, Gebrauchsretuschen. – L. 2,2 cm, B. 1,7 cm. – d) Gürtelbeschlag: Buntmetall; dreieckig, mit Riemenöse an den flach ausgebildeten Ecken, je zwei Lochungen mit zwei erhaltenen Nieten, entlang der beiden konkaven Längsseiten mehrzonige Punzverzierung. – H. 2,6 cm, erh. B. 4,4 cm; Riemenöse: B. 0,7 cm. – e) 2 Ohrringe: Bronzedraht mit zurückgedrehten Enden. – Dm. ca. 2,3 cm. – f) 3 Fingerringe: Buntmetall; bandförmig. – Dm. 2–2,2 cm, B. 0,5 cm. – g) Schere: Eisen. – L. 25,5 cm, Bügel B. 1 cm, Schneiden B. 2,2 cm. – h) 3 Spinnwirtel: Ton; 2x doppelkonisch, 1x ringförmig. – H. 1,9 cm, 2,4 cm, 2 cm, Dm. 2,9 cm, 3,5 cm, 3,7 cm. – i) Schnalle: Buntmetall; Reste von Verzinnung, rechteckiger Rahmen und fester, ovaler Beschlag mit schildförmigem Ende, drei gebohrte Kreisaugen, zwei Ösen auf der Unterseite. – L. 4,4 cm, B. 1,9 cm. – j) Eisenobjekt: birnenförmig mit einer runden und einer ovalen, konischen Durchlochung. – L. 5,3 cm, B. 1,4–2 cm. – k) Kolbenarmring: Buntmetall; verdickte Enden, Reste von Gravur oder Feilung in Form alternierender Strichbündel. – Dm. 7,1 cm.
Soest, Stadtarchäologie, Inv.Nrn. SO-PK/G37a–k

Die Funde stammen aus einem West-Ost orientierten Frauen- oder Mädchengrab mit Holzsarg (kein Kammergrab, wie häufig im Plan der Bauabfolge von St. Petri behauptet), das etwa mittig unter der karolingischen St. Petri-Kirche gefunden wurde.

Zum Inventar gehören weiterhin eine ovale, mugelige, weiß opake Glaseinlage in einer Bronzefassung, ein Messer sowie drei unrestaurierte Metallgegenstände.

Unveröffentlicht. – Vgl. Schwarz 1939, Doms 1972 u. Wenzke 1990.

W.M.

Höxter

VI.37 Urkunde mit Verleihung des Marktprivilegs an Corvey *(s. Abb. S. 354)*

833 Juni 1, Worms
Pergament. – H. 39,5 cm, B. 50 cm.
Münster, Nordrhein-Westfälisches Staatsarchiv, Kaiserurkunde 7, 833

VI.36

Die Verleihung des Markt- und Münzrechts an das Kloster Corvey nur wenige Jahre nach seiner Gründung erschien der Forschung im vergangenen Jahrhundert noch so ungewöhnlich, daß Zweifel an der Echtheit der Urkunde aufkamen. Die Verleihung solcher Rechte an Bistümer und Abteien läßt sich auch in der Regierungszeit Ludwigs des Deutschen († 876) noch nicht sicher belegen. Man kann sagen, daß Ludwig der Fromme mit dieser Urkunde einen entscheidenden Schritt zur Verbesserung der 'Infrastruktur' im eroberten Sachsen machte, wo es zu dieser Zeit noch keine Städte gab.

Wilmans 1867, 40–42, Nr. 13.

H.J.W.

VI.38 Topf mit Stempeldekor

(s. Abb. S. 354)

7./8. Jahrhundert
Höxter, Rodewiekstraße, Grubenhaus
Irdenware, freihandgeformt. – Uneinheitlich gebrannt, graubraun, fünfzeiliger Einzelstempeldekor auf der Schulter, Standboden, bauchige Wandung, steiler Rand, konische Durchbohrung am Randansatz (Hängevorrichtung). – Restauriert. – H. 15,8 cm, RDm. 16,3 cm, max. Dm. 23 cm, BDm. 18 cm.
Höxter, Stadtarchäologie, Inv.Nr. Hx 245/170

Unveröffentlicht.

A.K.

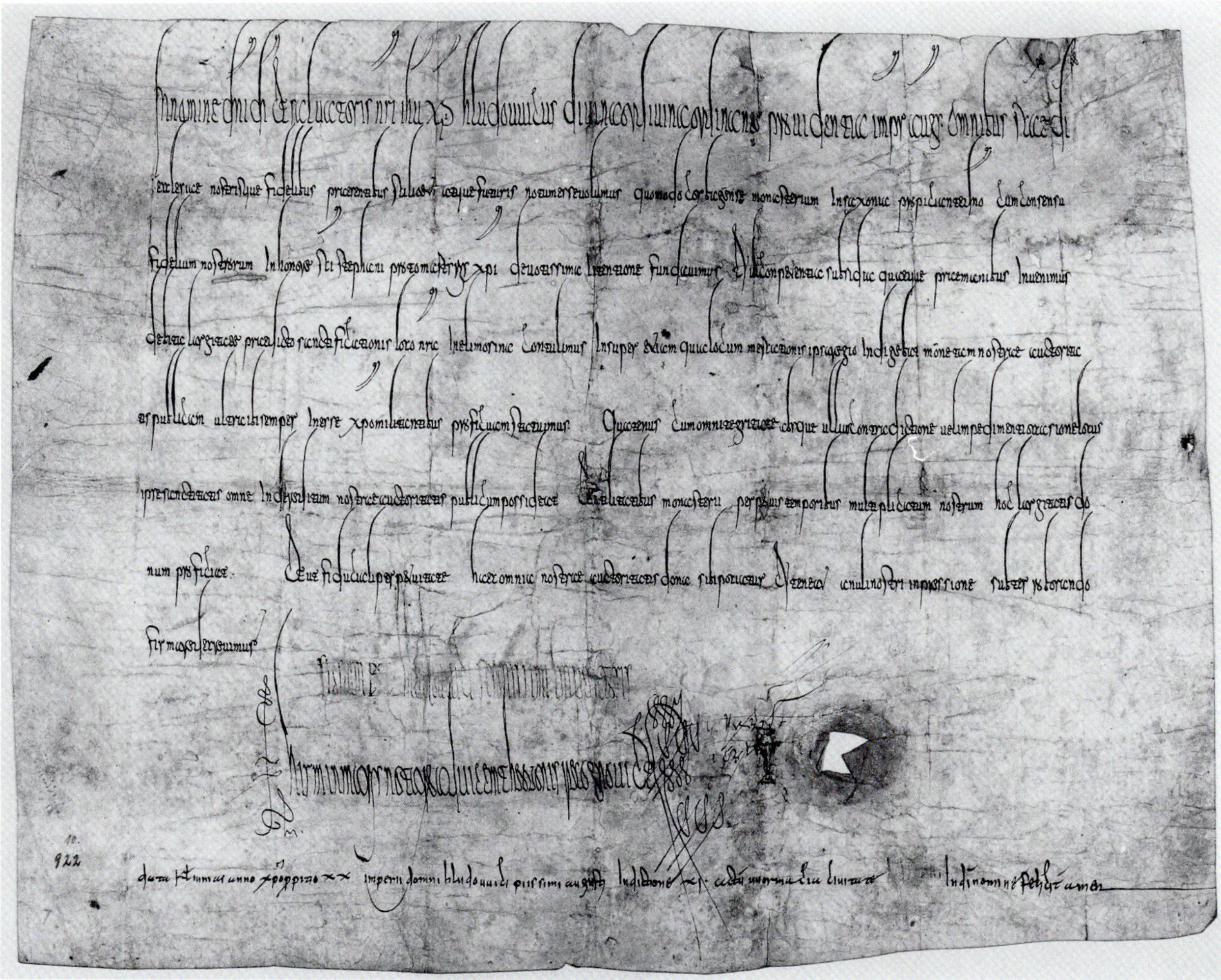

VI.37

VI.38, 39

VI.39 Topf

Um 800
Höxter, Rodewiekstraße, Grubenhaus
Irdenware, freihandgeformt. – Uneinheitlich gebrannt, braungrau, Standboden, bauchige Wandung, steiler Rand. – H. 21,6 cm, RDm. 17,5 cm, max. Dm. 20,7 cm, BDm. 16,5 cm.
Höxter, Stadtarchäologie, Inv.Nr. Hx219/4

König 1993, 215.

A.K.

Minden

VI.40 Fensterrahmenfragment

Um 936
Minden, Dom, Westwerk
Eichenholz, gebeilt, gestoßen und gebohrt. – Etwa das linke Drittel des Brettes fehlt. – L. 68 cm, max. B. 38 cm.
Minden, Katholische Dompropsteigemeinde Minden (Lapidarium), Lap.-Nr. 144

Das Fragment bildet den oberen Bogenabschluß eines aus mehreren Brettern gefügten Fensterrahmens, wobei der erkennbare Halbkreis aus einem querrechteckigen Brett mit Stecheisen und Stoßaxt geschnitten wurde. Rückseitig ist an das Brett der Rest einer etwas überstehenden senkrechten Latte angeblattet, die ursprünglich alle Rahmenteile miteinander verband und vermutlich im Mauerwerk verankert war. In eine den Bogen begleitende Fase griff der Fensterflügel ein. Die lichte Weite des Fensters betrug 41 cm.

VI.40

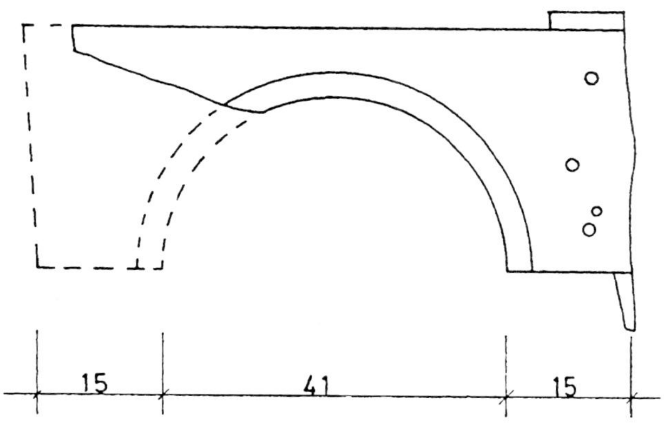

Das vorliegende Fensterrahmenfragment wurde 1958 in der Westwerkswestwand zusammen mit einem jüngeren gefunden. Es gehörte zu einer Fensterreihe, die das westliche Emporengeschoß des Zentralwestwerks vom Typ Corvey belichtete, den Bereich, in dem ein Thronsitz zu rekonstruieren ist. Das nach dendrochronologischer Bestimmung des Fälldatums aus einem etwa im Jahre 793 gepflanzten Baum gefertigte Fragment bestätigt die urkundlich überlieferte Westwerksweihe zum Jahr 952.

Leo/Gelderblom 1961, 90. – Claussen 1977a, 514–516. – Hollstein 1980, 98. – Pieper/Chadour-Sampson 1998, 156 f.

R.P.

Münster

VI.41 Funde aus einer Kammacherei

Ende 8. Jahrhundert (?)
Münster, Domgasse; Bankhaus Lampe
Produkte und Abfälle aus Pferde- und Rinderknochen, meist Metapodien. – Fundstücke: a–c) Produktionsabfälle und Halbfertigprodukte, Niete aus Eisen. – d) verzierter Kamm. – H. 2,4–2,6 cm, L. 12,4 cm, B. 0,85 cm. – e) unverzierter Kamm. – L. 9,9 cm, H. 3,4 cm, B. 1,1 cm. – f) Nadel. – L. 9,6 cm, B. am Kopf 1,3 cm. – g) Flöte: Tibia v. Schaf/Ziege – L. 13,7 cm, B. 1,4–2,9 cm.
Münster, Westfälisches Museum für Archäologie (Komplex Münster Domgrabung); d, e) als Leihgaben Münster, Kathedralkirche St. Paulus, Domkammer (Domgrabung K 104, MS60/145b)

Die Produktionsabfälle (a, b) wurden wie die Halbfertigprodukte (c) und einer der beiden Kämme (d) bei der ersten größeren Ausgrabung in der münsterschen Domburg 1953 an der Domgasse gefunden. Sie stammen aus einem dort ergrabenen Grubenhaus und dessen Umgebung und zeugen von einer Kammacherwerkstatt, in der hauptsächlich einseitige Dreilagenkämme hergestellt wurden. Auf dem Boden des Grubenhauses fanden sich kleinformatige Schnittabfälle (b) sowie Bruchstücke offenbar verworfener Kammleisten und Zinkenplatten (bei c). So kann man annehmen, daß hier der abschließende Teil der Kammproduktion, die Zurichtung der Zinkenplättchen und Kammleisten, die Montage der Plättchen zwischen den Leisten und das letztendliche Einsägen der Zinkenzwischenräume in die Plättchen ausgeführt worden ist.

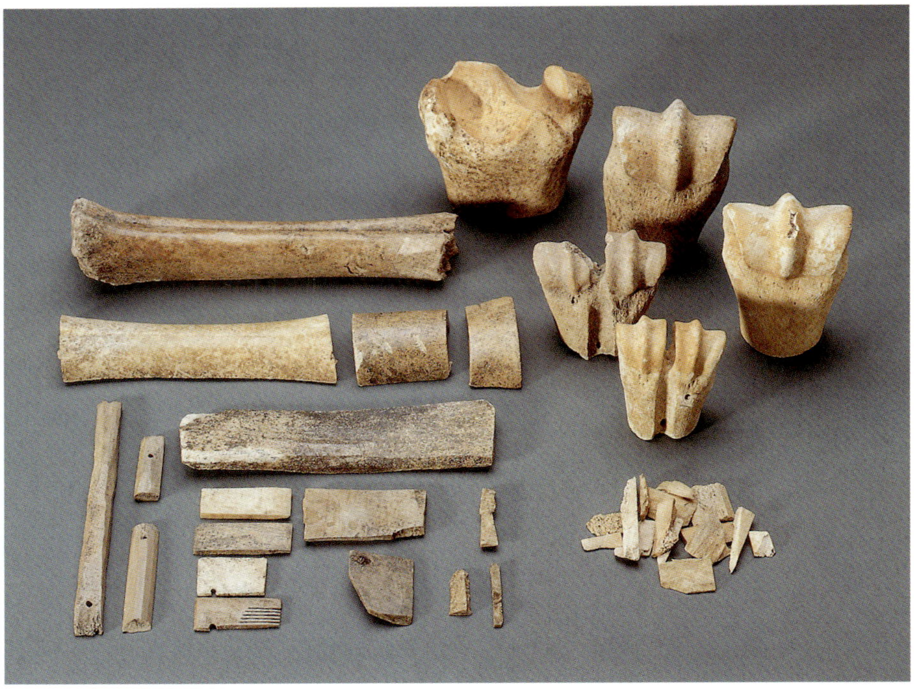

VI.41a–c

Die vorausgegangenen gröberen Tätigkeiten, wie die Befreiung der Knochen von Fleisch und Sehnen, die Abtrennung der Gelenkköpfe (a) und wohl auch die Zerlegung der Mittelstücke zu Vorprodukten für Plättchen und Leisten (c), sind möglicherweise außerhalb des Grubenhauses geschehen: Entsprechende Reste sind in der gesamten Umgebung verstreut und in die Füllung sowohl des Kammachergrubenhauses wie auch der beiden anderen Grubenhäuser auf der Grabungsfläche geraten. Die abgesägten Gelenkköpfe (a), am anschaulichsten die unteren Enden der häufig verwendeten Mittelfuß- und Mittelhandknochen, lassen die benutzten Tierarten erkennen: in der Mehrzahl das Pferd als einzehiger Unpaarhufer, aber auch das paarhufige Rind.

VI.41d–g

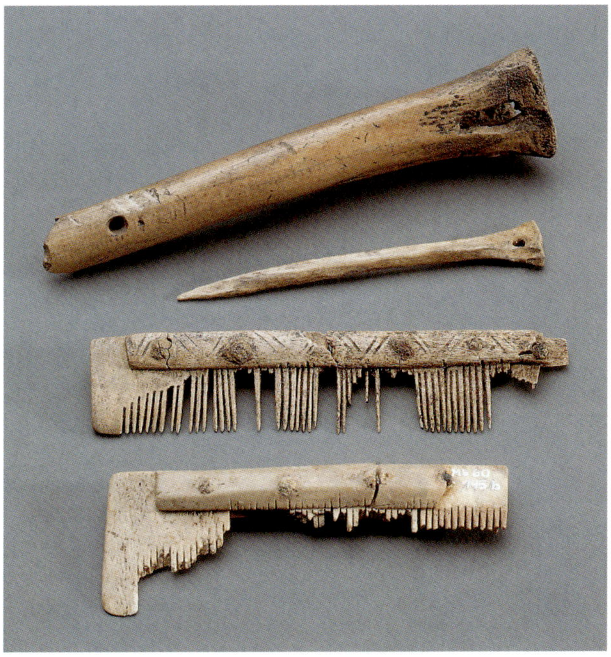

Gefunden wurden Knochenstücke aus allen Stufen des Produktionsprozesses (c), vom ungeteilten, nur von den Gelenken getrennten Knochenstück über dessen Spaltprodukte und den daraus gewonnenen viereckigen Plättchen und geraden Leisten mit einem D-förmigen Profil bis hin zu verworfenen Teilen fast fertiger Kämme, an denen sich das Montageprinzip gut ablesen läßt: Die Plättchen wurden nebeneinander aufgereiht und an einer Langseite der Reihe zwischen zwei Leisten mit Eisennieten befestigt, die durch vorgebohrte Löcher gesteckt sind.

Eine knöcherne Nähnadel (f) und das verworfene Vorprodukt einer Flöte (g) deuten darauf hin, daß die Werkstatt neben einseitigen Dreilagenkämmen auch andere Produkte hergestellt hat.

Der in der Füllung eines benachbarten Grubenhauses gefundene Kamm (d) könnte in dieser Kammacherei gefertigt worden sein. Er zeigt wesentliche Merkmale von deren Produkten, dazu ein Muster diagonal gestellter, wechselnder Doppelstriche auf den sorgfältig geglätteten

Kammleisten. Ein unverzierter Kamm (e), der durch die geraden, auf ihrer gewölbten Außenseite kantig facettierten Kammleisten den Vorprodukten der Werkstatt sehr nahe steht, wurde am Michaelistor in der Domburg gefunden.

Sowohl der Typus als auch die Strichverzierung einseitiger Dreilagenkämme kommen im gesamten früheren Mittelalter vor und können daher bei der Datierung nicht weiterhelfen. Wilhelm Winkelmann hat die Werkstatt nach Situation und Beifunden der vorkarolingischen Siedlung Mimigernaford und damit dem 8. Jahrhundert zugeordnet. Eine abschließende Bearbeitung des Gesamtbefunds und seiner Keramik wird möglicherweise ergeben, daß die Kammacherei den benachbarten Grubenhäusern, für die auch Winkelmann eine Datierung bis in das 10. Jahrhundert vorschlägt, doch zeitlich etwas näher steht und sie daher bis in das ausgehende 9. Jahrhundert bestanden haben kann. Sie wäre dann der Innenbesiedlung der karolingischen Domburg zuzurechnen.

Zusammenstellungen u. mündl. Hinweise Martin Salesch, Münster.

Winkelmann 1984a, 111–115. – Ulbricht 1978, 25–32, 51f, 65, Taf. 34,2. – Tempel 1979, Abb. 3, Nr. 15. – Ulbricht 1984, Taf. 34 u. 43. – Kokabi 1994. – Röber 1995, 892ff, 907f.

O.E.

Osnabrück

VI.42 Schlüssel

(s. Abb. S. 358)

1. Hälfte 9. Jahrhundert
Osnabrück, Schwedenstraße
Bronze. – Ein Kreuzarm fehlt. – L. 11,8 cm, Zierscheibe Dm. 6 cm.
Osnabrück, Kulturgeschichtliches Museum, Inv.Nr. B 95:38/0614

Der gegossene Bronzeschlüssel hat einen kurzen, massiven Schaft und einen kreuzförmig durchbrochenen, rechteckigen Bart. Die große runde Griffplatte in zweizoniger Durchbruchszier ist mit Kreisaugenpunzierungen, wulstförmigem Rand und rechteckiger Öse versehen. Das zentrale gleicharmige Kreuz der Griffpartie ist über die gabelförmigen Enden seiner Arme mit einer äußeren, 22 annähernd dreieckige Durchbrüche aufweisenden Zone verbunden. Das Fehlen eines Kreuzarms ist auf einen mangelhaften Gußvorgang zurückzuführen. Der Schlüssel ist ein Siedlungsfund aus einer frühmittelalterlichen Kulturschicht, die bei Grabungen im Zuge des Theaterneubaus westlich der Schwedenstraße angeschnitten wurde.

Almgren 1955. – Zehm 1996, 360, 363 Abb. 77,3.

W.S.

VI.43 Scheibenfibel

(s. Abb. S. 358)

Um 800
Osnabrück, Große Domsfreiheit
Gold, Bronze, Glas. – Fünf Glaseinlagen fehlen, eine ist nur fragmentarisch erhalten; Randeinfassung durchgehend deformiert, eine Zellwand verschoben; Halterung fehlt. – D. 0,5 cm, Dm. 0,7 cm.
Osnabrück, Kulturgeschichtliches Museum, Inv.Nr. B 92:6/0416

Die leicht ovale Scheibenfibel aus Goldblech steht in der Tradition der merowingerzeitlichen Almandinscheibenfibeln. Sie ist durch drei Niete mit einer dünnen Bronzescheibe verbunden. Ein Kranz von elf trapezförmigen Zellen unterschiedlicher Größe mit hell- und dunkelroten Glaseinlagen umgibt eine ebenfalls leicht ovale, gefaßte Einlage aus violettem Glas, bei der es sich vermutlich um eine Perle handelt. Das ursprüngliche Muster der Zelleinlagen ist nicht rekonstruierbar. Die Fibel stammt aus Grab X/115 des Baumsargfriedhofs der ersten Hälfte des 9. Jahrhunderts nördlich des Doms und lag im Bereich des rechten Oberschenkelhalses. Als Parallelen lassen sich ein bronzenes Fibelpaar aus einem Grab der Zeit um 800 in Looveen (Prov. Drenthe) sowie ein Goldblechfibelpaar aus einem Grab von St. Pantaleon in Köln anführen. Letzteres wird aus stratigraphischen Erwägungen allerdings in das 10. Jahrhundert datiert.

Stein 1967, 95 mit Taf. 69,2.3, 384f. – Fußbroich 1983, 243 Abb. 105 u. 106; 319.

W.S.

VI.44 Kreuzemailfibel

Mitte 9. – Mitte 10. Jahrhundert
Osnabrück, Domhof
Bronze, Eisen, Email. – Reste der eisernen Nadel in der Halterung, Email teilweise ausgefallen. – B. 0,8 cm, Dm. 2,2 cm.
Osnabrück, Kulturgeschichtliches Museum, Inv.Nr. B 93:03/1128

VI.42–46

Die Fibel in Grubenschmelztechnik weist einen gegossenen scheibenförmigen Körper sowie ein gleicharmiges Kreuz mit rundlichen Zwickeln auf. Die Emailreste sind von unbestimmbarer Farbe. Nadelrast und -halterung sind mitgegossen. Die Fibel fand sich – vermutlich postmortal verlagert – im Bereich der rechten oberen Brusthälfte einer in einem Baumsarg beigesetzten Frau (Grab XVIII/244). Die Bestattung ist dem während der zweiten Hälfte des 9. Jahrhunderts westlich des Doms angelegten Friedhof zuzurechnen.

Wamers 1994, 54 ff. – Egon Wamers, Art. Fibel und Fibeltracht, Karolingerzeit, in: RGA 8, 1994, 586–602, bes. 593ff.

W.S.

VI.45 Kreuzemailfibel

Ende 9. – frühes 11. Jahrhundert
Osnabrück, Domhof
Bronze, Email. – Nadel fehlt. – D. 0,8 cm, Dm. 1,8 cm.
Osnabrück, Kulturgeschichtliches Museum, Inv.Nr. B 93:03/1250

Die Zellenschmelzfibel mit gegossenem kastenförmigem Korpus weist ein gleicharmiges Kreuz aus spitzwinkligen Stegen und kleinem Mittelkreis auf. Das rote Email ist stellenweise gelblich verfärbt. Nadelrast und -halterung sind mitgegossen. Die Fibel kommt aus einem zerstörten Grab des während der zweiten Hälfte des 9. Jahrhunderts westlich des Doms angelegten Friedhofs, auf dem bis Anfang des 19. Jahrhunderts bestattet wurde.

Wamers 1994, 50 ff. – Egon Wamers, Art. Fibel und Fibeltracht, Karolingerzeit, in: RGA 8, 1994, 586–602, bes. 593 ff.

W.S.

VI.46 Kreuzfibel

1. Hälfte 9. Jahrhundert
Osnabrück, Markt
Bronze. – Oberer Kreuzarm mit Nadelrast abgebrochen; Nadel fehlt. – Ca. 2 x 2 cm.
Osnabrück, Kulturgeschichtliches Museum, Inv.Nr. B 85:40/74

Die gegossene Kreuzfibel zeigt einschwingende, in dreipaßförmigen Spitzen endende Arme sowie ein rautenförmiges Mittelfeld mit geschweiften Seiten und zentralem konischen Buckel. Der Nadelhalter ist mitgegossen. Die Fibel stammt aus einem gestörten Grab (IV/96) des unter der hochmittelalterlichen Marienkirche und auf dem Marktplatz teilweise ausgegrabenen Baumsargfriedhofs der ersten Hälfte oder aber der beiden ersten Drittel des 9. Jahrhunderts. Das Vorkommen der rautenförmigen Kreuzfibeln mit Dreipaßspitzen beschränkt sich auf den friesisch-sächsischen Bereich sowie auf das Untermain- und Mittelrheingebiet. Ein mit der Osnabrücker Fibel möglicherweise gußgleiches Exemplar kommt aus dem Gräberfeld von Wünnenberg-Fürstenberg (Kr. Paderborn).

Schlüter 1986, 11. – Melzer 1991, 69. – Wamers 1994, 139. – Egon Wamers, Art. Fibel und Fibeltracht, Karolingerzeit, in: RGA 8, 1994, 586–602, bes. 589 f.

W.S.

VI.47 Taubenfibel

VI.47

1. Hälfte 9. Jahrhundert
Osnabrück, Große Domsfreiheit
Silber, feuervergoldet, Email. – Vergoldung am Kopf und an den Graten der Vorderseite abgerieben. – L. 3,5 cm, B. 2,3 cm, D. 0,9 cm.
Osnabrück, Domschatz

Die Fibel in Form einer Taube mit einem Kreuz auf dem Rücken ist einschließlich Nadelhalterung und -rost in einem Stück aus Silber gegossen und vollständig feuervergoldet. Kopf und Hals sind annähernd vollplastisch gestaltet und glatt, während der im Halbrelief gearbeitete Körper und der trapezförmige Schwanz ein Kerbschnittornament im degenerierten Tassilokelchstil der ersten Hälfte des 9. Jahrhunderts tragen. Das aus dem Rücken wachsende gleicharmige Kreuz ist ebenfalls kerbschnittverziert. Die Beine sind durch einen profilierten Steg verbunden. Das Auge besteht aus einer blauen Emaileinlage. Die Fibel fand sich sekundär aus einem zerstörten Baumsarggrab verlagert in der ungestörten humosen Verfüllung eines ursprünglich mehr als 1,5 m tiefen gemauerten Rahmengrabes. Annähernd vergleichbare bronzene Exemplare aus Mainz und Wünnenberg-Fürstenberg (Kr. Paderborn) werden in das 8. Jahrhundert (bzw. die Jahrzehnte um 800) datiert.

Schlüter/Zehm 1993, 113 Nr. 120; 114 Abb. 26,1. – Schnackenburg 1995. – Schulze-Dörrlamm 1998, 146.

W.S.

VI.48 Riemenzunge *(s. Abb. S. 360)*

Frühes 9. Jahrhundert
Osnabrück, Große Domsfreiheit
Buntmetall. – L. 3,3 cm, B, 1,8 cm, D. 0,5 cm.
Osnabrück, Kulturgeschichtliches Museum, Inv.Nr. B 92:06/0699

Die Riemenzunge hat einen halbrunden Abschluß, abgeschrägte Kanten und zur Aufnahme eines Riemens ein geschlitztes gerades Ende. Der Fund lag in Grab XIV/167 des Baumsargfriedhofs der 1. Hälfte des 9. Jahrhunderts nördlich des Doms, und zwar an der Innenseite des linken Oberschenkels des Skeletts.

Schlüter/Zehm 1992, 316 ff. Nr. 201.

W.S.

VI.49, 48

VI.50 Messer mit Nadelbüchse

(ohne Abb.)
Um 800
Osnabrück, Große Domsfreiheit
Eisen. – Messer: L. 17,4 cm, B. 2,4 cm; Nadelbüchse: L. 7,4 cm, B. 0,8 cm.
Osnabrück, Kulturgeschichtliches Museum, Inv.Nr. B 91:10/088

Das Messer mit mittelständiger Griffangel weist einen schwachen Rückenknick und eine geschwungene Schneide auf. Die Nadelbüchse mit vier umlaufenden Rillenpaaren, die bei der Auffindung auf dem Messer lag, steckte ursprünglich wohl in einem auf der ledernen Messerscheide angebrachten Etui. Die Zuordnung der Funde zu einem bestimmten Grab des Bestattungsplatzes im Bereich des ehemaligen Lamberti-Friedhofs nördlich des Doms aus der ersten Hälfte des 9. Jahrhunderts ist wegen der Überschneidung mehrerer Beisetzungen nicht möglich.

Stein 1967, 100. – Ahrens 1978/1980. – Schlüter/Zehm 1992, 316ff. Nr. 201.

W.S.

VI.49 Schlaufensporn

Um 800
Osnabrück, Große Domsfreiheit
Eisen, Messing. – L. 13,2 cm, max. B. 9 cm.
Osnabrück, Kulturgeschichtliches Museum, Inv.Nr. B 91:10/98

Die dünn ausgeschmiedeten Enden der Sporenschenkel mit D-förmigem Querschnitt sind nach innen umgeschlagen und durch Messinglot mit den Innenseiten des Bügels verbunden. Die Außenseite der Schlaufen ist wulstförmig profiliert. Die ungleichmäßige Länge sowohl der Schenkel als auch der Schlaufen ist auf die Reparatur einer an der Innenseite ausgebrochenen Schlaufe zurückzuführen. Der an der Basis profilierte Dorn ist separat hergestellt und dann eingezapft worden. Der Sporn stammt aus einer weitgehend gestörten Bestattung des Baumsarggräberfeldes der ersten Hälfte des 9. Jahrhunderts im Bereich des ehemaligen Lamberti-Friedhofs unmittelbar nördlich des Doms.

Stein 1967, 85f. – Schmid 1986. – Gabriel 1991, 182ff. – Schlüter/Zehm 1992, 316ff. Nr. 201.

W.S.

Paderborn-Balhorner Feld

VI.51 Lunulafibel

10./11. Jahrhundert
Paderborn, Balhorner Feld
Bronze, Email. – Oberfläche korrodiert, Nadel fehlt. – L. 2,1 cm, B. 0,9 cm, D. 0,3 cm.
Bielefeld, Westfälisches Museum für Archäologie, Inv.Nr. S 78/1992

Die mondsichelförmige Fibel zeigt auf dem Scheitelpunkt und am oberen Ende des äußeren Kreisbogens je einen flachen, rundlichen Fortsatz. Auf der Schauseite ist eine dem Umriß entsprechende sichelförmige Vertiefung zu erkennen, die durch schmale, M-förmig angeordnete Stege in Zellen mit heute grünlichgelblicher Schmelzfüllung unterteilt ist. Bislang sind nur wenige Parallelfunde, die aber vorwiegend aus dem süddeutschen Raum stammen, bekannt.

Unveröffentlicht. – Zu Lunulafibeln vgl. Wamers 1994, 142–147.

G.E.

VI.51

VI.52

VI.52 Kreuzemailscheibenfibel

9./10. Jahrhundert
Paderborn, Balhorner Feld
Bronze, Zellenemail. – Nadel verloren. – D. 0,3 cm, Dm. 1,4 cm.
Bielefeld, Westfälisches Museum für Archäologie, Inv.Nr. S 111/1992

Durch vier kreisförmige, aufgelötete Stege entsteht auf der Fibel das Bild eines gleicharmigen Kreuzes mit sich verbreiternden Enden. Die rote Emailfüllung ist weitgehend erhalten. Die Kreuzdarstellung kann als Bekenntnis der Trägerin zum christlichen Glauben interpretiert werden.

Unveröffentlicht.

G.E.

VI.53 Dreiknopffibel

Mitte 5. Jahrhundert
Paderborn, Balhorner Feld
Bronze. – Vollständig erhalten, Nadel verbogen. – L. 5,2 cm, B. 1,1 cm, D. 0,2 cm.
Bielefeld, Westfälisches Museum für Archäologie

Die Fibel besitzt eine halbrunde Kopfplatte und eine rhombische Fußplatte, die beide mit einer doppelten Reihe randbegleitender Punktpunzen verziert sind. Zudem ist jeweils ungefähr in der Mitte beider Fibelteile ein Motiv aus zwei konzentrischen Kreisen und einer punktförmigen Vertiefung angebracht, das von Punktpunzen umgeben ist.

Unveröffentlicht.

G.E.

VI.54, 53

VI.54 Fußplatte einer großen Bügelfibel

(s. Abb. S. 361)

Ende 6.–7. Jahrhundert
Paderborn, Balhorner Feld
Bronze. – Fußplatte, Bruchstelle am oberen Ende vor dem Bügelansatz, durch zwei auf die Rückseite genietete Bronzebleche repariert. – L. (inkl. Reparaturblech) 6,5 cm, B. 3,4 cm, D. 0,2 cm.
Bielefeld, Westfälisches Museum für Archäologie

Sowohl die Form als auch die Art der Kerbschnittverzierung des Fragments deuten darauf hin, daß es aus einer fränkischen Werkstatt im Gebiet zwischen Ardennen und Mittelrhein stammt. In Westfalen sind entsprechende Funde sehr selten. Die aufwendige Reparatur zeigt den hohen Wert, den die Fibel für ihre Besitzerin hatte.

Unveröffentlicht.

G.E.

VI.55

VI.55 Kreuzförmige Ringfibel

7. Jahrhundert
Paderborn, Balhorner Feld
Bronze. – Vollständig intakt. – L. 5,5 cm, B. 5,4 cm, D. 0,2 cm.
Bielefeld, Westfälisches Museum für Archäologie

Die Ringfibel erhält durch vier trapezförmige Ansatzplatten die Form eines gleicharmigen Kreuzes. Auf jeder der Ansatzplatten ist ein Dekor aus einander kreuzenden und randbegleitenden Linien eingraviert, die Ränder sind zudem durch reihenförmige Kerbungen hervorgehoben, die auch auf dem Ring erscheinen.

Ringfibeln mit mehr als einer Ansatzplatte sind sehr selten. Die kreuzförmige Ausgestaltung der Balhorner Fibel, die ursprünglich aus dem Merowingerreich stammt, darf sicher als christliches Symbol verstanden werden.

Först 1992.

G.E.

VI.56 Zwei lunulaförmige Anhänger

10./11. Jahrhundert
Paderborn, Balhorner Feld
a) Bronze, Email. – L. 3,4 cm, B. 1,0 cm, D. 0,4 cm. – b) Bronze, Email. – Max. L. 2,7 cm, B. 1,3 cm, D. 0,2 cm.
Bielefeld, Westfälisches Museum für Archäologie, Inv.Nr. S 55/1992

a) Entlang des inneren Kreisbogens des Anhängers hebt sich eine mitgegossene, sichelförmige Zelle ab, die mit grünem Glasfluß ausgefüllt ist. Die Enden des Anhängers sind senkrecht zur Schauseite gelocht. Vermutlich diente das Stück als Schmuckschild eines Ohrrings. Halbmond-

VI.56

VI.57 *Vorderseite*

VI.57 *Rückseite*

ohrringe gehören in spätottonisch-frühsalischer Zeit in den südlichen und südöstlichen Reichsteilen zur Tracht wohlhabender Frauen.

b) Die Anhänger zeigen eine sehr gedrungene Sichelform mit durchlochten, sich nach außen leicht verbreiternden Enden. Die Schauseite ist bis auf einen schmalen Außenrand leicht abgetieft. In der Vertiefung, die durch Zellen in Form zweier hängender und eines stehenden Dreiecks gegliedert ist, finden sich weißlich bis grünlich gefärbte Reste der Emaileinlage.

Unveröffentlicht.

G.E.

VI.57 Anhänger mit Kreuzigungsgruppe

9. Jahrhundert (Verlustzeitpunkt)
Paderborn, Balhorner Feld
Rechteckiger Anhänger aus Bein oder Elfenbein mit waagerechter Öse, Darstellungen geschnitzt, die vier Durchlochungen wurden nachträglich in Bohr- und Schnitztechnik angebracht und greifen leicht in die Figuren ein, an der Oberseite der Öse grobe Sägespuren, Rückseite geglättet. – Untere Hälfte der rechten Längskante alt abgebrochen, oberer und unterer Teil der linken Längskante modern beschädigt. – L. 3,9 cm, B. 2,4 cm, D. 0,5 cm.
Paderborn, Stadt Paderborn, F 137/1998

Der Anhänger zeigt eine Kreuzigungsgruppe mit dem Gekreuzigten im Zentrum und je einer Gestalt zur linken und zur rechten des Kreuzes. Der die beiden anderen Figuren deutlich überragende Christus ist mit einer Ärmeltunika bekleidet, deren Falten in einem symmetrischen Schema angegeben sind. Seine Hände und Füße sind durch Striche gekennzeichnet. Die unter dem linken Kreuzbalken stehende Person ist in ein Gewand gehüllt, das auch über den Kopf gezogen ist, es dürfte sich um die Gottesmutter Maria handeln. Ihr gegenüber ist der Kopf einer etwas größeren Figur, wohl des Apostels Johannes erhalten; den Kopf umrahmende grobe Striche geben offenbar das Haupthaar an. Aufgrund der Beschädigungen ist jedoch nicht auszuschließen, daß hier Longinus und Stephaton dargestellt sind. Allen Gesichtern ist eine extreme, plastische Betonung der Augen gemeinsam, die Nasen und Wangen sind jeweils durch Striche, die Münder durch kleine Kerben dargestellt. Die dominierende Stellung Christi wird durch das stärkere Relief zusätzlich betont.

Der Anhänger wurde in der Füllung eines Grubenhauses des 9. Jahrhunderts geborgen. Abriebspuren an der Öse, die durch den oberen Abschluß des senkrechten Kreuzbalkens verläuft, belegen eine längere Nutzung. Die endgültige kulturhistorische Einordnung dieses bedeutenden Neufunds ist derzeit noch nicht möglich. Eine erste Analyse stilistischer Merkmale und ikonographischer Besonderheiten weist darauf hin, daß das Stück zu Beginn des 8. Jahrhunderts in Nordengland entstanden ist. Die Entsprechungen beziehen sich jedoch auf Bilder in Handschriften und auf dem Reliquiensarkophag des hl. Cuthbert; vergleichbare Kleinobjekte sind kaum erhalten. Es ist demnach durchaus möglich, den Fund mit den angelsächsischen Missionaren in Zusammenhang zu bringen, deren Bekehrungsversuche bei den Sachsen des westfälischen Raums schriftlich überliefert sind.

Unveröffentlicht. – Frdl. Hinweise von V. H. Elbern, Berlin und G. Jászai, Münster; Restaurierungsprotokoll H. Westphal, Paderborn. – Zum Reliquiensarkophag des hl. Cuthbert: Battiscombe 1956 u. Wilson 1986.

G.E.

VI.58

VI.58 Vergoldeter Beschlag

2. Hälfte 8. – Anfang 9. Jahrhundert
Paderborn, Balhorner Feld
Bronze, Schauseite feuervergoldet. – L. 2,7 cm, B. 2,4 cm, D. 0,3 cm.
Bielefeld, Westfälisches Museum für Archäologie

Auf der Schauseite befindet sich, von einem unverzierten Rahmen umgeben, ein Tierornament im Tassilokelchstil. Bis auf einige erhabene Stellen ist die Feuervergoldung noch gut erhalten. Zwei Durchlochungen innerhalb des Zierfeldes deuten auf eine sekundäre Nutzung des ursprünglich wohl zu einem fränkischen Schwertgurt gehörenden Beschlages hin.

Unveröffentlicht.

G.E.

VI.59 Vergoldeter Beschlag

2. Hälfte 8. – Anfang 9. Jahrhundert
Paderborn, Balhorner Feld
Bronze, Schauseite feuervergoldet. – L. 1,9 cm, B. 1,6 cm, D. 0,2 cm.
Bielefeld, Westfälisches Museum für Archäologie

Der tropfenförmige Beschlag zeigt ein rückwärts blickendes, vierfüßiges Tier im Tassilokelchstil. In den Vertiefungen sind Reste einer Feuervergoldung erkennbar. Wie Lötspuren auf der Rückseite zeigen, war hier nachträglich eine Nadelhalterung angebracht und der Beschlag somit als Fibel umgearbeitet worden.

Först 1999.

G.E.

VI.59, 60

VI.60 Schwertgurtbeschlag

2. Hälfte 8. – Anfang 9. Jahrhundert
Paderborn, Balhorner Feld
Bronze. – L. 2,5 cm, B. 1,5 cm, D. 0,2 cm.
Bielefeld, Westfälisches Museum für Archäologie

Auf der Schauseite des Beschlags ist ein rückwärts blickender Vierfüßler im Stil des Tassilokelches dargestellt. Der erhaltene Ansatz eines zweiten Bildfeldes belegt, daß es sich bei dem Objekt um ein Fragment handelt.

Unveröffentlicht.

G.E.

VI.61

VI.61 Vergoldete Scheibenfibel

10./11. Jahrhundert
Paderborn, Balhorner Feld
Dünnes Goldblech über Buntmetallkern, Email. – Nadel verloren. – D. 0,4 cm, Dm. 1,9 cm.
Bielefeld, Westfälisches Museum für Archäologie, Inv.Nr. F 275/1997

Das Zentrum der runden Scheibenfibel ist plateauartig erhöht und zeigt ein Motiv, das aus vier Feldern mit grünlichen Emaileinlagen besteht, eventuell ist ein stark stilisierter Adler dargestellt. Der Randbereich der Fibel ist durch feine Strichgravuren verziert.

Rudnick 1997, 32, Abb. 30.

G.E.

VI.62

VI.62 Zwei Peltafibeln

10./11. Jahrhundert
Paderborn, Balhorner Feld
Bronze. – Nadel jeweils verloren. – L. 1,7 cm, B. 1,5 cm, D. 0,2 cm.
Paderborn, Westfälisches Museum für Archäologie, Museum in der Kaiserpfalz, Inv.Nr. LF 106/1998

Trotz ihres unterschiedlichen Erhaltungszustands lassen die beiden 'brezelförmigen' Peltafibeln erkennen, daß sie aus derselben Gußform stammen. Im unteren Bereich der Fibeln ist die Oberfläche parallel zu den Rändern leicht abgetieft, wobei sich innerhalb der Abtiefung kleine erhabene Vierecke abzeichnen. Punktförmige Vertiefungen befinden sich zwischen den beiden oberen Durchbruchstellen des 'Brezels', dessen Oberseite durch ein Paar kleiner dreieckiger Fortsätze nuanciert ist. Aus Europa sind erst wenige Exemplare dieses Fibeltyps bekannt.

Unveröffentlicht. – Zu Peltafibeln: Wamers 1994, 147 f.

G.E.

VI.63 Zoomorphe Fibel

9./10. Jahrhundert
Paderborn, Balhorner Feld
Bronze. – Nadelhalter und -rast auf der Rückseite weitgehend erhalten, dazwischen Oxidationsreste der ehemaligen Eisennadel. – L. 2,9 cm, B. 1,6 cm, D. 0,2 cm.
Bergkamen, Sammlung Ernst

VI.63

Die Fibel hat die Form eines Vierfüßlers mit schlankem Körper, kurzen Beinen, Stummelschwanz und überproportional langem Hals. Der Körper ist durch grobe Striche gegliedert, die Räume zwischen den Beinen, die in einer schmalen Standfläche enden, sind durch einen großen und zwei kleine, jeweils kreisrunde Durchbrüche angegeben. Am Kopf sind ein geöffnetes Maul und zwei kurze Fortsätze erkennbar, bei denen es sich um Ohren oder um Hörner handeln könnte. Mehrere parallele Kerben auf dem Nacken des Tieres erinnern an eine Mähne und evozieren im Zusammenspiel mit dem Gesamteindruck den Gedanken an eine Pferdedarstellung. Der überlange, sehr kräftige Hals läßt jedoch für dieses ungewöhnliche Stück auch eine Interpretation als Fabelwesen möglich erscheinen.

Unveröffentlicht.

G.E.

VI.64 Figurale Beschlagplatte

Westfränkisch, 7./8. Jahrhundert
Paderborn, Balhorner Feld
Bronze, durchbrochen gegossen; Vorderseite nach dem Guß überarbeitet, nachgraviert, punziert und mit Kreisaugen verziert; Rückseite ziemlich roh belassen, mit Resten von drei schmalen, ebenfalls mit Löchern versehenen Befestigungsstegen. – Grün patiniert mit kupferfarbenen Flecken auf der Vorderseite, Oberfläche stellenweise leicht korrodiert. – H. 3,3 cm, B. 3,6 cm.
Münster, Westfälisches Museum für Archäologie, Inv.Nr. 1991:7

Der Beschlag zeigt in der Mitte eine stark stilisierte Menschengestalt, die von zwei heraldisch angeordneten Tierköpfen flankiert wird.

Kopf, Körper und Gliedmaße der menschlichen Figur sind disproportioniert und bis auf ein Kreisauge zur Akzentuierung des übergroßen, scheibenartigen Kopfes weitgehend ungegliedert. Die nur mit einzelnen Strichen angedeuteten Hände der schräg nach unten ausgestreckten Arme ruhen auf den Tierköpfen, die Füße an den stark verkürzten Beinen sind nach auswärts gedreht.

Beide Tierköpfe, die etwas sorgfältiger ausgeführt und in typisch germanischem Tierstil gestaltet sind, recken ihre Mäuler empor und berühren mit den eingerollten Unterkiefern jeweils seitlich den Menschenkopf.

Die figürliche Szene kann anhand ikonographisch ähnlicher Darstellung, vorwiegend auf merowingerzeitlichen Gürtelschnallen, in den Themenkreis der variantenreichen, miteinander verflochtenen Bildmotive von „Daniel in der Löwengrube“ und „Christus, umgeben von Symboltieren des Paradieses“ gestellt werden. Aufgrund des christlichen Sinngehalts kam diesem Beschlag, der auf Leder befestigt gewesen sein dürfte, wohl besondere Bedeutung als Heilszeichen und Apotropaion für seinen jeweiligen Träger zu.

Unveröffentlicht. – Zur Ikonographie: Werner 1978. – Max Martin, Art. Danielschnallen, in: RGA 5, 1984, 244–246.

H.P.

VI.64

VI.65 Gefäß Walberberger Art

Rheinland, 7./8. Jahrhundert
Paderborn, Balhorner Feld
Irdenware, drehscheibengefertigt; gelb, mäßig feingemagert. – H. 7,7 cm, RDm. 6,5–7 cm, BDm. 4,6 cm, max. Dm. 9,3 cm, Rollstempelsequenz L. 13,6 cm.
Paderborn, Sammlung des Vereins für Geschichte und Altertumskunde Westfalens, Abteilung Paderborn, Inv.Nr. PB AV IVa 42a

Die Fundgeschichte dieses kleinen Gefäßes ist heute leider nicht mehr vollständig rekonstruierbar. 1846 wurde es zusammen mit einem kleinen römischen Enghalskrug und einem Messer beim Trassenbau der Eisenbahn im Randbereich der Wüstung Balhorner Feld gefunden. Die Unversehrtheit der keramischen Funde, besonders aber des rollstempelverzierten Töpfchens spricht dafür, daß es sich um Grabbeigaben handelte. Ob 1846 ein Gräberfeld zerstört worden ist, läßt sich heute leider nicht mehr klären. Die Importfunde zeigen aber deutlich die Kontakte der einheimischen Bevölkerung mit dem Rheinland, wobei der Enghalskrug, geht man von einer Grabbeigabe aus, sogar im Frühmittelalter als 'Antiquität' anzusehen ist.

Westfälische Zeitschrift XI, 1850, 373 (Fundumstände).

A.G.

VI.65

VI.66

VI.66 Rechteckfibel

1. Hälfte 9. Jahrhundert
Paderborn, Balhorner Feld
Bronze, Zellenemail. – Zellengliederung und Emailfüllung teilweise beschädigt, Nadel verloren. – L. 2,6 cm, B. 1,7 cm, D. 0,3 cm.
Bielefeld, Westfälisches Museum für Archäologie

Die Form der Fibel ist durch stark einziehende, gezahnte Seiten gekennzeichnet. Auf der Schauseite sind die Reste einer Verzierung aus U-förmigen Zellen vorhanden, die mit blauem Email gefüllt waren und sich dadurch von der grün unterlegten Grundfläche abhoben.

Först 1999.

G.E.

VI.67 Heiligenfibel *(s. Abb. S. 368)*

9. Jahrhundert
Paderborn, Balhorner Feld
Bronze, Grubenemail. – Nadel verloren. – D. 0,3 cm, Dm. 2,6 cm.
Bielefeld, Westfälisches Museum für Archäologie, Inv.Nr. F 479/1997

In abstrakter Weise sind auf der Fibel Oberkörper und Gesicht einer Figur dargestellt. Der Heiligenschein (Nimbus) mit roter Emailfüllung zeigt, daß es sich um ein Heiligenbild und damit um ein christliches Symbol handelt.

Rudnick 1997, 32, Abb. 29.

G.E.

VI.67

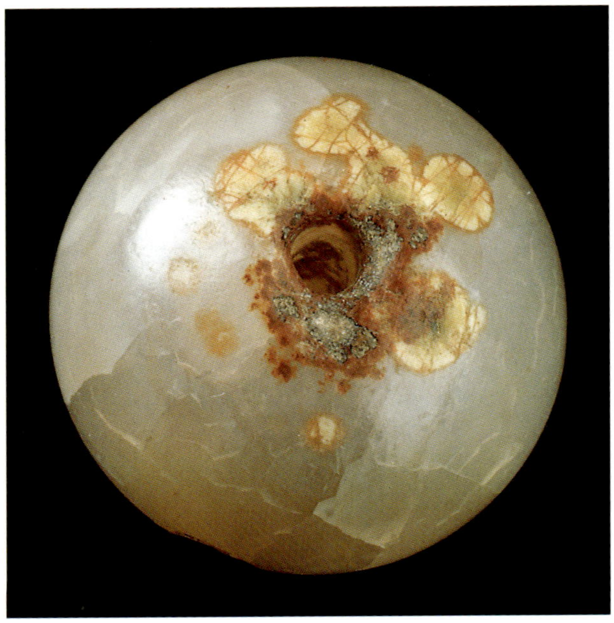

VI.68

VI.68 Kugel aus Bergkristall

6. Jahrhundert
Paderborn, Wüstung Stiden (Grabung Am Hoppenhof)
Heller, undurchsichtiger Quarzkristall. – Dm. 1,8 cm.
Paderborn, Stadt Paderborn, Inv.Nr. F 920/1997

Die sorgfältig geschliffene Kristallkugel weist eine feine Durchbohrung auf und dürfte ursprünglich eine Fassung aus Edelmetall besessen haben. Objekte dieser Art gehörten in der frühen Merowingerzeit zum Gürtelgehänge wohlhabender Frauen und sind als Amulette anzusehen.

Unveröffentlicht. – Zu Kristallkugeln: Binz 1966.

G.E.

VI.69 Vergoldete Zierscheibe mit Beinschnitzerei

Frühes Mittelalter (?)
Paderborn, Wüstung Stiden (Grabung Am Hoppenhof)
Feuervergoldete Bronzescheibe, darauf durchbrochene Beinschnitzerei in Goldfassung. – D. 0,5 cm, Dm. 3,3 cm.
Paderborn, Stadt Paderborn, Inv.Nr. F 738/1996

Da die Beinschnitzerei oberflächlich leicht angegriffen ist, fällt die Bestimmung des dargestellten Motivs nicht leicht: Es handelt sich aber wohl um einen Reiter, der in seiner Rechten eine abwärts gerichtete Lanze hält. Reste von Lötmaterial auf der Rückseite der Scheibe deuten an, daß hier eine Nadelkonstruktion befestigt war und das Stück als Fibel getragen worden sein könnte. Es liegen bislang keine exakten Parallelen zu diesem kostbaren Objekt vor, und auch die Fundumstände lassen keine sichere Datierung zu.

Unveröffentlicht.

G.E.

VI.69

VI.70 Kreuzemailscheibenfibel

9./10. Jahrhundert
Paderborn, Wüstung Stiden (Grabung Am Hoppenhof)
Bronze, Grubenemail. – D. 0,2 cm, Dm. 2,0 cm.
Paderborn, Stadt Paderborn, Inv.Nr. F 1000/1997

Beim Guß angelegte Vertiefungen in Form eines Kreuzes mit rundlichen Zwickeln zeigen auf der Schauseite das christliche Symbol. Die Emaileinlagen in den Vertiefungen sind im heutigen Zustand schwärzlich gefärbt. Der Rand der Fibel ist durch Kerben verziert.

Unveröffentlicht.

G.E.

VI.70

VI.71

VI.71 Scheibenfibel mit Punzdekor

9. Jahrhundert
Paderborn, Wüstung Stiden (Grabung Am Hoppenhof)
Bronzeblech auf Buntmetallscheibe. – D. 0,2 cm, Dm. 3,1 cm.
Paderborn, Stadt Paderborn, Inv.Nr. F 930/1997

Die aufwendig gearbeitete Fibel besteht aus einem Bronzeblech, das auf einer runden Metallscheibe befestigt ist. In das Blech ist von unten eine Verzierung aus fünf kreuzförmig angebrachten Noppen, die jeweils von einem Perlband umgeben sind, eingedrückt, ein weiteres Perlband verläuft parallel zum Rand.

Eggenstein 1998.

G.E.

Herford

VI.72 Kanne

Ende 8./Anfang 9. Jahrhundert
Herford, Damenstift
Irdenware, uneinheitlich gebrannt. – H. 9,4 cm, Dm 10,4 cm.
Münster, Westfälisches Museum für Archäologie

Das Damenstift Herford ist das älteste Kloster Westfalens. Bereits um 789 ließ der aus einer alten sächsischen Familie stammende Adelige Waltger eine Kirche auf dem Hügel zwischen den Flüssen Aa und Werre errichten. Um diese vermutlich aus Holz gebaute Kirche entwickelte sich ein großer Friedhof, der belegt, daß Herford bereits in der frühen Phase der fränkischen Mission einer größeren Bevölkerungsgruppe als kirchliches Zentrum diente. Kurz nach dem Kirchenbau stiftete Waltger ein Frauenkloster. Bereits am Beginn des 9. Jahrhunderts wurde ein großer Kirchenbau an der Stelle der heutigen Münsterkirche zusammen mit Klostergebäuden begonnen. Zeitgleich mit der Errichtung des Männerklosters Corvey nahm Ludwig der Fromme 822/823 auch das Frauenkloster Herford in seinen Schutz. Die Aufwertung zum Reichskloster zeigt sich auch in einem weitgehenden Umbau der

VI.72

begonnenen Kirche und in einer Erweiterung der Gebäude des Klosters.

Die Kanne ist in einer kleinen Grube (Befund 1253) nördlich der Wolderuskapelle, einer Kapelle über dem Grab des Klostergründers Waltger, gefunden worden. Das Gelände mit der Pfostengrube wird wenig später vom Westflügel der Klausurgebäude überbaut. Die leere Kanne lag auf dem Boden der Grube mit der Öffnung nach unten.

Die fast unbeschädigte Kanne gehört zu einem bisher äußerst selten gefundenen Keramiktyp. Sie besteht aus uneinheitlich gebrannter Irdenware mit geglätteter Oberfläche. Der kugelige Boden und der eingezogene Rand weisen auf die Zeit des Übergangs vom Kumpf zum Kugeltopf hin. Der kugelige Gefäßkörper verdickt sich zum Ausguß und zum gegenständig angebrachten Henkel.

Wemhoff 1993, 88 u. Taf. 55.

M.We.

Der Handel

VI.73 Wagenrad

9./10. Jahrhundert
Haithabu, Gem. Busdorf (Kr. Schleswig-Flensburg)
Felge und Speichen aus Eiche, Nabe aus Erle. – Unvollständig erhaltene, separat gefundene Einzelteile. – Rad urspr. H. 90 cm, Rad H. 20 cm, Radlauffläche B. 5 cm, NabenL. 33 cm.
Schleswig, Archäologisches Landesmuseum der Christian-Albrechts-Universität Kiel

Die zusammengesetzten Teile gehören zu Rädern eines vierrädrigen, besonders für Lasttransporte konstruierten Fahrzeugs. Sie besitzen hohe Felgen sowie dementsprechend kurze, freie Speichenschäfte. Im Vergleich zu den vormals üblichen Scheibenrädern hatten sie ein geringeres Eigengewicht. Zugleich konnten damit die Bruchanfälligkeit der Räder begrenzt und die Fahreigenschaften auf unebenem und eventuell weichem Untergrund günstig beeinflußt werden. Gleichwohl zeugen die gefundenen Teile von einem Unfall. Die Felgen sind aus fünf oder sechs radialen Spaltstücken gefertigt und mit dicken Dübeln in Speichenstärke zusammengefügt. Die Schwachpunkte einer solchen Konstruktion lassen sich am Exponat erkennen.

VI.73

Tendenzen zur Normierung bei der Weiterentwicklung des Wagenbaus in Verbindung mit dem Bau befestigter Wege und Brücken belegen die wachsende Bedeutung des Landtransports neben dem noch vorherrschenden Lasttransport auf See- und Binnenwasserwegen. Zum gleichen Wagenuntergestell gab es jedoch auch Aufbauten für die repräsentive Umfahrt von Personen. Diese war jedoch den Ranghöchsten der Gesellschaft und besonderen Anlässen vorbehalten.

Hayen 1983. – Hayen 1984. – Schovsbo 1987.

I.U.

VI.74 Zwei Felgensegmente

Frühmittelalterliche Dorfwurt Oldorf, Gem. Wangerland (Kr. Friesland), 1990
a) Oldorf (1): Um 650. – Siedlungsschicht 2. – Eichenholz (Quercus), von einem Wagenrad mit zusammengesetztem Radkranz. – H. 12 cm, L. 49 cm, D. 6 cm.
b) Oldorf (2): Frühes 8. Jahrhundert. – Siedlungsschicht 4. – Eichenholz (Quercus), von einem Wagenrad mit zusammengesetztem Radkranz. – Erh. H. 6 cm L. 26,5 cm, D. 5,5 cm.
Wilhelmshaven, Niedersächsisches Institut für historische Küstenforschung

Die heutige Siedlung Oldorf befindet sich auf einer Dorfwurt, die eine Höhe von maximal 5,40 m über NN erreicht. Der natürliche Boden unter der Wurt liegt bei 1,10 m über NN. Die älteste Siedlungsschicht konnte mit Hilfe der Dendrochronologie in die Zeit um 630 da-

VI.74a

VI.74b

tiert werden und gehört damit in die Zeit der friesischen Landnahme nach der Völkerwanderungszeit. Bei 2 m über NN wurde der Grundriß eines dreischiffigen bäuerlichen Wohnstallhauses im Bereich seines Stalles angeschnitten. Dem mächtigen Mistauftrag ist es zu verdanken, daß diese Hausreste in Holz erhalten waren. Eine Jaucherinne, Tierhaare sowie Wollreste weisen noch heute auf die ehemalige Nutzung dieses Stalles für Kleinvieh hin; die Boxenlänge von nur 1,4 m scheint jedenfalls darauf hinzudeuten. Ansonsten überwog die Haltung von Rindern, wie die zahlreichen Knochenfunde zeigen. Das Fälldatum der entsprechenden Hölzer konnte in das Jahr 650 datiert werden; aus dieser Zeit stammt auch der unten beschriebene Fund eines Felgensegments. Die Längsachse des Gebäudes war Nordwest-Südost orientiert. Die Länge des Hauses kann anhand von Parallelen lediglich auf 18–22 m geschätzt werden; seine Breite betrug, wie auch für Häuser anderer zeitgleicher Marschengrabungen typisch, ca. 5 m. Zahlreiche Pfosten und andere Funde aus Eichenholz belegen gute Transportverbindungen zu der nahen Geest bei Jever.

Die Funde lassen sich als Felgensegmente aus Eichenholz von Wagenrädern mit zusammengesetztem Radkranz identifizieren. An einem Segmentende des Fundes Oldorf (1) ist noch eine Bohrung zur Aufnahme eines Holzdübels nachweisbar; mit solchen Dübeln wurden die einzelnen Felgensegmente als Teile des Radkranzes zusammengehalten. Zwei Bohrungen mit rundem Querschnitt und den Resten von den Felgenzapfen der Speichen reichen durch die gesamte Felgenhöhe bis in die Lauffläche hinein. Die Achse der Bohrungen zeigt senkrecht zur Lauffläche des Rades und weist damit auf die Konstruktion eines ebenen Rades ohne Sturz hin. Beim zweiten, allerdings stärker abgenutzten Felgenfund aus Oldorf (2) ist eine solche Bohrung für den Felgenzapfen der Speiche ebenfalls nachweisbar. Auch hier dürfte es sich um ein ebenes Rad gehandelt haben.

Hayen 1981. – Hayen 1989. – Schmid 1994, Abb. 14/7 (gesonderte Beilagen 23–27).

J.E.

VI.75 Felgensegment

7./8. Jahrhundert
Frühmittelalterliche Dorfwurt Hessens, Gem. Stadt Wilhelmshaven, 1949/1950
Eichenholz (Quercus), von einem Wagenrad mit zusammengesetztem Radkranz. – H. 10 cm, L. 44,5 cm, D. 4 cm, NabenT. ca. 30 cm, rekonstr. RadDm. 105 cm.
Wilhelmshaven, Niedersächsisches Institut für historische Küstenforschung

Die Datierung der frühen Siedlungsschichten dieser am Rande der Stadt Wilhelmshaven gelegenen Wurt weist auf die Zeit der friesischen Landnahme im 7. Jahrhundert hin. Auch hier konnten, bei guter Holzerhaltung durch Mistschichten, Grundrisse von dreischiffigen bäuerlichen Wohnstallhäusern aus dem 7. Jahrhundert freigelegt werden. Wie in Oldorf, so lebte auch in Hessens die Bevölkerung im wesentlichen von der Landwirtschaft mit dem Schwerpunkt Viehzucht.

Wie bei Fund (1) aus Oldorf, so sind auch beim Fund von Hessens zwei Bohrungen für die Felgenzapfen nachweisbar. Zwei Bohrungen an den Segmentenden dienten Dübelverbindungen zu den benachbarten Segmenten. Wie bei Kat.Nr. VI.74 handelt es sich auch hier um ein ebenes Rad. Der Fund ist in eine Rekonstruktion des Rads eingebaut. Diese Rekonstruktion, die in den frühen 1950er Jahren für das Wilhelmshavener Küsten-Museum angefertigt wurde, ist selbst schon ein Zeitdokument. Der heutige Kenntnisstand zu Rad und Wagen erlaubt allerdings bessere Rekonstruktionsmöglichkeiten.

Wie die Funde von Oldorf und Hessens sowie Parallelen aus Haithabu (Kat.Nr. VI.73) zeigen, kann man die Konstruktion eines Speichenrads mit zusammengesetztem Radkranz aus der Römischen Kaiserzeit, das von der Wurt Feddersen Wierde (Ldkr. Cuxhaven) stammt (Hayen 1981, 24 u. Abb. 6), durchaus im Mittelalter wiederfinden. Wie bei den Funden von Oldorf und Hessens und beim Rad von Haithabu, so hatten auch die Felgenzapfen des Rads von der Feddersen Wierde einen runden Querschnitt. Sie wurden durch einen Keil gehalten, der von der Lauffläche des Rads her neben dem Zapfen oder in dessen Mitte gehalten wurde (Hayen 1981, 24). An den Enden der Segmente sind wie bei den Funden von Oldorf und Hessens Bohrungen zur Aufnahme von Holzdübeln angebracht. Eine weitere Parallele für den Fund eines Speichenrads mit zusammengesetztem Radkranz gibt es u. a. aus der Zeit um 1100 von der Wurt Ezinge/Niederlande (Hayen 1989, Abb. 599). Die in allen genannten Beispielen recht hohen Felgen deuten auf Räder mit hoher Belastbarkeit hin.

Haarnagel 1941. – Haarnagel 1951. – Hayen 1981. – Hayen 1989.

J.E.

VI.75

VI.76 Hort Tzummarum

2. Hälfte 9. Jahrhundert
Dorestad (Niederlande)
Gefäß mit 2789 Münzen. – Gefäß: Keramik. – Münzen: Silber. – Dm. 1–2 cm.
Leiden, Rijksmuseum Koninklijk Penningkabinet

1991 wurde bei dem friesischen Dorf Tzummarum der größte bekannte Schatzfund der Karolingerzeit entdeckt. Er enthielt 2789 in einem Gefäß verborgene Münzen. Der nächstgrößte Fund, der von Pilligerheck 1961, enthielt etwa 1900 Stücke. Ein größerer Schatz von etwa 4000 bis 5000 Stücken in Biebrich wurde 1922 unglücklicherweise in Beton eingemischt und ging damit verloren. Verborgen wurde der Fund von Tzummarum in der Zeit der Söhne Ludwigs des Frommen, also nach 840. Den größten Teil machen die Prägungen Lothars, insbesondere aus der Fernhandelssiedlung Dorestad, aus. Die 2632 Stücke verdeutlichen einmal mehr die Bedeutung dieses Ortes als Umschlagplatz von Seehandel und Hinterland. Eine kleinere Stückzahl stammt aus etwas entfernteren Orten des lotharingischen Reiches wie Maastricht, Trier, Metz und Verdun. Das ostfränkische Reich ist in dem Fund nicht vertreten, es sei denn, daß von den 135 Christiana-Religio-Münzen ohne Ortsangabe mit Namen Ludwigs des Frommen einige hier entstanden wären. Um den Fund auch zukünftigen Generationen als ansehbares Dokument der Wirtschaftsgeschichte, aber auch der Forschung zu erhalten, wurde der Schatz vom Rijksmuseum Koninklijk Penningkabinet Leiden angekauft. Die wissenschaftliche Auswertung ist noch nicht abgeschlossen.

Schon jetzt läßt sich sagen, daß Dorestad als bedeutendste Münzstätte im Norden des Reiches Techniken des rationellen Arbeitens betrieb, aber dennoch in der Lage war, im Durchschnitt den schweren Standard von etwa 1,7 g Silber einzuhalten, auch wenn in Einzelfällen Abweichungen zwischen 2,1 und 1,1 g vorkamen. Ziel weiterer Forschungen soll es sein, auf der Grundlage des

VI.76

Fundes zu Angaben über die Menge der hergestellten Münzen und damit über das Ausmaß der Verankerung einer Geldwirtschaft zu gelangen.

Zwar gibt es nicht viele Angaben über Preise aus karolingischer Zeit, doch wenn man die Strafsumme aus den Volksrechten zugrunde legt, kann man folgern, daß die vier Kilogramm Silber des Schatzes dem Wert von etwa 20 Pferden oder 80 Kühen entsprachen und somit ein beträchtliches Vermögen ausmachten.

Pol 1992.

P.I.

VI.77 Holzfaß

9./10. Jahrhundert
Haithabu, Gem. Busdorf (Kr. Schleswig-Flensburg)
Weißtannenholz. – Oberer Rand ausgebrochen. – H. 235 cm, max. Dm. 75 cm.
Schleswig, Archäologisches Landesmuseum der Christian-Albrechts-Universität Kiel

Holzfässer waren schon immer nicht nur Behältnisse für Flüssigkeiten wie Wein, sondern sie dienten – und das bis in die Neuzeit – als Transportbehälter für empfindliche und wertvolle Güter, sogar für Bücher. Faß in der Bedeutung von „Gefäß" steht für Schiffsladung und Reisegepäck. Der Inhalt war gegen Stoß und vor allem vor Feuchtigkeit geschützt, beim Seetransport vor Salzwasser. Fässer dienten gewissermaßen als Vielzweck-Container. Da Verpackung selten aufbewahrt wird, ist die archäologische Überlieferung dürftig. Allein der Umstand, daß ausgediente Transportfässer nach Herausnahme von Boden und Deckel sekundär als Brunnenröhren, wie schon in römischer Zeit, auch in mittelalterlichen Handelsplätzen wie Haithabu und Dorestad verwendet wurden, hat eine größere Anzahl solcher Fässer überliefert.

Sie belegen, wie die Archäobiologie beweist, Handelsverbindungen zum Mittel- und Oberrheingebiet; denn das Eichenholz der Brunnen aus Dorestad kommt aus dem Rhein-Main-Gebiet, das Holz der Haithabu-Fässer aus Weißtanne vom Oberrhein, aus dem Schwarzwaldgebiet. In erster Linie wurde sicherlich Wein in solchen Fässern aus den Anbaugebieten am Rhein bis nach Haithabu und Birka in Mittelschweden auf Schiffen befördert.

Auf dem Teppich von Bayeux aus den 1080er Jahren erläutert eine Szene, wie auf einem vierrädrigen Wagen Waffen, Lanzen und Helme sowie Wein in einem mächtigen Faß zur Verladung auf den Schiffen herangefahren werden. Weitere Männer tragen Bündel von Schwertern und an Stangen hängende Kettenhemden, ein Mann transportiert auf der Schulter ein kleineres Faß mit Wein zu den Schiffen. Die Szene wird erläutert: *isti portant armas ad naves, et hic trahunt carrum cum vino et armis* (Diese tragen Waffen zu den Schiffen, und hier ziehen sie einen Wagen mit Wein und Waffen). Ob ein so großes

Faß wie das auf dem Wagen tatsächlich Wein enthalten hat, bleibt zweifelhaft, denn das Gewicht der Flüssigkeit würde das Faß zum Bersten gebracht haben, während das kleine schulterbare Faß für den Weintransport gut geeignet war.

Die in Haithabu gefundenen Fässer waren leicht gebaut, mit 30 Dauben aus gut spaltbarem Holz der Weißtanne. Sie waren immerhin bis zu 2,50 m hoch, hatten einen Durchmesser von bis zu 80 cm und faßten über 800 l Inhalt. Schon in römischer Zeit wurden gleichartig gebaute Fässer derselben Größe, ebenfalls aus Weißtanne, im Weinhandel vom Rheinland nach den Niederlanden und weiter nach England bis hinauf zum Hadrianswall transportiert. Diese Tradition hat sich bis in die Karolingerzeit fortgesetzt.

In Dorestad besteht die Mehrzahl der Fässer aus Eichenholz, die Bäume waren zwischen 685 und 835 gefällt worden, wie die dendrochronologische Analyse ergeben hat.

Elsner o.J., 32, 34. – Eckstein 1978. – Schietzel 1981, 47 f., 80. – Behre 1983, 78, 107–109 (Brunnenholz). – Steuer 1987. – Torsten Capelle, Art. Faß, in: RGA 8, 1994, 244–245.

H.St.

VI.78 Byzantinisches Bleisiegel

820–860
Haithabu, HB 66; N 10.30; O 96,68; NN + 1,73 (untere Siedlungsschichten des 9. Jahrhunderts)
Blei. – Leicht beschnitten, mit Inschriften und je einem nachträglich eingeritzten, diagonal durchgestrichenen Quadrat auf beiden Seiten. – Dm. 2,7 cm.
Schleswig, Archäologisches Landesmuseum der Christian-Albrechts-Universität Kiel

Auf der Vorderseite des Siegels befindet sich ein kreuzförmiges Monogramm, in den Quadranten eine viersilbige Inschrift; auf der Rückseite wird die griechische Inschrift in vier Zeilen, jeweils eingefaßt von einem Blattkranz, fortgesetzt. Vorderseite: „Muttergottes, hilf deinem Knecht", Rückseite: „dem Patrikios Theodosios, kaiserlichen Protospatharios und Chartularios des Vestiarions". Die Datierung ergibt sich aus dem Schriftbild und im Vergleich mit den Goldsolidi des byzantinischen Kaisers Theophilos (829–842), von denen im Norden ebenfalls Exemplare gefunden wurden. Das Siegel wird daher zwischen 820 und 860 geprägt worden sein. Auffällig ist, daß in zwei nordischen Handelsplätzen, in Haithabu und in

VI.77

VI.78

VI.79

Ribe (Marktplatz), fast identische Siegel desselben byzantinischen Beamten gefunden wurden.

Patrikios und Protospatharios sind Bezeichnungen für Hofränge. Patrikios zählte bis zum 7. Jahrhundert zu den höchsten Titeln, ehe er dann inflationär vergeben wurde. Protospatharios, was so viel wie erster Schwertträger bedeutet und anfänglich wohl die Benennung eines hohen Amtes im Kommando der Palastgarde war, wurde seit dem 8. Jahrhundert zu einem angesehenen Hofrang. Zwei derartige Bezeichnungen für einen Beamten erhöhten seinen Rang noch einmal. Chartularios des kaiserlichen Vestiarions ist ebenfalls eine Amtsbezeichnung und heißt der Vorsteher einer Behörde, ursprünglich der Kleider- oder Schatzkammer, seit dem 9. Jahrhundert gewissermaßen des Zeughauses, das die Ausrüstung für die Flotte und das Heer stellte und mit Uniformen, Waffen und Lebensmitteln versorgte. Theodosios war somit ein nach 840 tätiger sehr hochstehender byzantinischer Beamter. Die Siegelfunde zeugen von diplomatischen Beziehungen zwischen Byzanz und dem Norden sowie dem Westen. Entweder war der hohe Hofbeamte selbst in politischer Mission unterwegs, oder ein anderer hochgestellter Beamter als sein Vertreter führte Schriftstücke mit dem Siegel mit sich. Es könnte um die Anwerbung von Söldnern für die byzantinische Armee gegangen sein. Auch Waffenhandel könnte der Zweck gewesen sein; denn die karolingischen Schwerter vom Typ Ulfberht erreichten nicht nur den Norden, sondern über den russischen Raum erwiesenermaßen auch den Vorderen Orient. Der auf dem Siegel genannte Theodosios könnte identisch mit dem Hofbeamten sein, der zwischen 840 und 842 in Venedig und am Hofe Lothars I. erschien, der bis nach Trier kam, der vielleicht gar bis Haithabu und Ribe unterwegs war, um militärische Hilfe gegen die Araber anzuwerben.

Laurent 1978. – Jensen 1991, 70.

H.St.

VI.79 Byzantinisches Bleisiegel

820–860
Ribe/Dänemark, Marktplatz
Blei. – Leicht beschnitten, mit Inschriften. – Dm. 2,7 cm.
Ribe, Den Antikvariske Samling, ASR 9 x363

Das byzantinische Bleisiegel ist auf beiden Seiten mit Inschriften versehen. Auf der einen Seite befinden sich Reste einer Schnur. Die Inschrift lautet übersetzt: „Muttergottes, hilf deinem Diener Patrikios Theodosios, dem kaiserlichen Vastiarions Protospatharios und Chatularios“. Ein vergleichbares Siegel wurde auch in Haithabu (Kat.Nr. VI.78) gefunden.

Jensen 1991.

L.L.F.

VI.80 Vier Mühlsteine aus Mayener Basalt

a) Mühlstein Bad Lippspringe
3./4. Jahrhundert (?)
Bad Lippspringe (Kr. Paderborn), Flur Hoher Kamp
Basaltlava (Bellerberg). – Bankstein, ovales Zapfloch, konvexe Mahlfläche, konkave Aushöhlung. – Max. H. 7,8 cm, Dm. 30–35 cm.
Paderborn, Westfälisches Museum für Archäologie, Museum in der Kaiserpfalz

Der Bankstein einer Handmühle wurde 1980 als Lesefund geborgen. In der Umgebung fand sich Keramik der jüngeren römischen Kaiserzeit, die auf eine Siedlung nahe dem heutigen Ort Marienloh schließen lassen. Eine jüngere Datierung des vom Steinbruch Bellerberg nahe Mayen in der Eifel stammenden Mahlsteins ist auch möglich.

b/c) Zwei Mühlsteine Paderborn (c: ohne Abb.)

Früh-/Hochmittelalter
Paderborn (?)
Basalt (Bellerberg?). – Je ein zusammengehörender Bankstein und Läufer zweier Handmühlen. – b) Scheibenförmiger Bankstein, konvexer Läufer, viereckiges Zapfloch. – Bankstein H. 10–11 cm, Dm. 49 cm; Läufer max. H. 10 cm. – c) Tief ausgehöhlter Bankstein, kegelstumpfförmiger, eingetiefter Läufer, rundes Zapfloch. – Bankstein H. 14 cm, Dm. 36 cm; Läufer H. 11 cm, Dm. 28 cm.
Paderborn, Verein für Geschichte und Altertumskunde Westfalens, Abt. Paderborn, Inv.Nr. XI.33

Die genaue Herkunft der beiden Handmühlen aus Basaltlava (vermutlich aus dem Steinbruch Bellerberg nahe Mayen in der Eifel) ist unbekannt. Womöglich wurden sie in den 50er Jahren in Paderborn in der Padergasse 7 geborgen. Ob sie dort verwendet wurden oder in Zusammenhang mit der nahe gelegenen Mühlenbedarfshandlung Hecker standen, kann nicht mehr geklärt werden.

VI.8oa

d) Mühlstein Geismar

Ende 7. Jahrhundert
Stadt Fritzlar (Schwalm-Eder-Kreis), Wüstung Geismar
Basaltlava (Bellerberg). – Scheibenförmiger Bankstein und Läufer, flache runde Vertiefung im Läufer, rundes Zapfloch. – H. 12 cm, Dm. 39,5 cm.
Kassel, Staatliche Museen, Inv.Nr. 1992/3

Zu a) Klaus Günther, in: AFWL 1, 1983, 265 f., Nr. 240, Abb. 73.2. – Seraphim 1983. – Zu b, c) Fassbinder 1999. – Zu d) Kat. Frankfurt 1984, Nr. 143. – Kat. Mannheim 1996, Nr. XI.1.9.

S.F.

VI.8ob

VI.8od

VI.81 Fragment einer Handmühle

7./8. Jahrhundert
Lengerich-Hohne, (Kr. Steinfurt)
Basaltlava. – Sehr fragmentarisch erhalten, stark abgenutzt. – Erh. B. 16,5 cm, erh. D. 2,5 cm, rekonstr. Dm. ca. 37 cm, erh. Dm. ca. 90°.
Münster, Westfälisches Museum für Archäologie, Inv.Nr. 3813-22, F9

Alle bislang durchgeführten Untersuchungen deuten auf die Vulkaneifel als Herkunftsort des zur Herstellung der

VI.81

Handmühle verwendeten Rohmaterials hin. Der Handel mit Basaltlavamühlen ist seit der römischen Kaiserzeit belegt. Im frühen Mittelalter stellten solche Mühlen außerordentlich begehrte Produkte dar, die bis nach England, Dänemark und auch in slawische Gebiete hinein verhandelt wurden. Neben dem Handel mit fertigen Handmühlen ist auch ein solcher mit Halbfertigprodukten, welche erst an Ort und Stelle in die gewünschte Form gebracht wurden, belegt.

Ruhmann 1998, 254 f.

C.Ru.

VI.82 Schallgefäße

897–913
Stiftskirche St. Walburga in Meschede (Hochsauerland-Kreis)
Gefäße aus dem Fußbodenbereich, z. T. komplett, z. T. aus Scherben zusammengesetzt mit Ergänzungen. Meist als einhenklige Tüllenkanne mit einer Kombination von Rollrädchentechnik und rötlicher Bemalung verziert, auch als walzenförmige Gefäße sowie als kleine unbemalte Kugeltöpfe, auch als einzelner kleiner, bemalter Kugeltopf vom Typ „Wermelskirchen“ ausgeführt; zweihenklige Amphore mit Rollstempelverzierung, wohl nicht aus den Vorgebirgstöpfereien stammend.
Paderborn, Westfälisches Museum für Archäologie, Museum in der Kaiserpfalz

VI.82

Die sog. Schallgefäße aus der Stiftskirche St. Walburga in Meschede bilden den bedeutendsten Komplex spätkarolingischer rheinischer Keramik in Westfalen. Seit den 1880er Jahren sind bei Renovierungsarbeiten immer wieder größere Mengen einstmals als vollständige Gefäße in den Baukörper eingesetzte Schalltöpfe gefunden worden (zum Kirchenbau und zur Fundsituation vgl. Kat.Nrn. VIII.41–42). Eine größere Anzahl wurde 1965 von Wilhelm Winkelmann aufgenommen, von denen hier etwa 70 abgebildet sind. Sie waren unter dem Boden der Kirche eingelassen. 1981 konnte Uwe Lobbedey 18 weitere Gefäße bergen (vgl. Kat.Nr. VIII.42).

Eine Publikation des Gesamtkomplexes liegt bis heute nicht vor, obwohl er mit seiner engen Datierung in die Jahre zwischen 897 und 913 als Eckpfeiler der Datierung der späten sog. Badorfer Ware mit ihren Variationen am Übergang zur hochmittelalterlichen Pingsdorfer Ware gilt.

Neben den Gefäßen aus dem Rheinischen Vorgebirge finden sich auch einige Gefäße, die diesem Produktionsgebiet nicht zuzuordnen sind. Dazu zählt eine rollstempelverzierte Amphore mit zwei gegenständigen Henkeln, die jüngst mit Produkten aus dem Ruhrmündungsgebiet in Verbindung gebracht wurde (Heege 1995, 70). Als einziges Gefäß, welches im Gebiet um Meschede hergestellt worden sein dürfte, steht ein gehenkelter Kugeltopf.

Die ursprüngliche Anzahl der Gefäße in der Mescheder Stiftskirche wird mit 300–350 angenommen (Lobbedey 1996, 246). Die Einheitlichkeit der rheinischen Erzeugnisse macht es wahrscheinlich, daß die Gefäße als eine Lieferung über die Ruhr nach Meschede gelangten. Der Wasserweg war bei der Zerbrechlichkeit der Ware vermutlich der sicherste Transportweg. Die als Stifter geltende Familie des Grafen Ricdag, von Ludwig dem Frommen mit Gütern bedacht, hat sicherlich ihre Verbindungen ausnutzen können, um die als hochwertig angesehene Keramik in dieser großen Menge zu bekommen. Ein Hinweis, daß es sich um eine regelrechte Bestellung handeln könnte, geben einige der kugeligen Kochtöpfe und walzenförmigen Gefäße, die sich in der Schausammlung des Museums in der Kaiserpfalz befinden. Diese weisen bereits bei der Herstellung entstandene Risse und Verformungen auf, die die Töpfe für eine Verwendung als Koch- und Vorratsgefäße untauglich machten.

Nordhoff 1892, 113–114. – Winkelmann 1966a, 135–136. – Winkelmann 1975a. – Claussen/Lobbedey 1989, 121, 123–125. – Heege 1995, 68–71. – Lobbedey 1995, 227–228. – Lobbedey 1996, 239–247.

A.G.

VI.83 Norwegische Schieferwetzsteine

(s. Abb. S. 380)

8.–11. Jahrhundert
Haithabu, Gem. Busdorf (Kr. Schleswig-Flensburg), Siedlung und Gräberfeld
Schiefer, hell, dunkel und gebändert; z. T. mit Einkerbungen und 1–2 Lochungen. – Gebrauchsspuren. – L. 3,6–10 cm, B. 0,3–1,7 cm, D. 0,3–1,7 cm.
Schleswig, Archäologisches Landesmuseum der Christian-Albrechts-Universität Kiel, Inv.Nrn. 2070, 2574, 2725, 2727, 2794, 3356, 3399, 4806, 4912, 8760, 9043, 10584

Auch ein anscheinend nebensächliches Alltagsgerät wie Wetzsteine zum Schärfen von Messern, die jedermann am Gürtel bei sich führte, wurde zu einem weit transportierten Handelsgut, da Qualität geschätzt war und ästhetisches Empfinden eine Rolle spielte. Offen bleibt, ob norwegische Kaufleute von sich aus derartiges Gut anboten oder auf welche Weise sich am Nordostrand des Karolingerreichs die Nachfrage nach derartigen Wetzsteinen sonst entwickelte. Immerhin wurden allein in Haithabu mehr als 11 000 Wetz- und Schleifsteine gefunden, meist Reste der am Platz weiter verarbeiteten größeren Stücke.

Aus Steinbrüchen in Südwestnorwegen wurden Rohstücke zur Weiterverarbeitung zu Wetz- und Schleifsteinen aus hellem oder dunklem Schiefer (silber-grauer, schiefriger, feinkörniger Muskovit-Quarzit bzw. dunkler, blaugrauer, sehr feinkörniger Muskovit-Quarz-Schiefer) oder auch aus Sandstein verhandelt.

Unter den Funden in Haithabu sind stangenförmige Wetzsteine, Schleifblöcke und Drehschleifsteine. Besonders auffällig sind die stangenförmigen Wetzsteine von 8 bis 15 cm Länge aus farbig gebändertem Schiefer, die zum Aufhängen am Gürtel mit einer Durchbohrung, einer eingeschnittenen umlaufenden Kerbe oder gar mit einer Metallfassung versehen sind.

Resi 1990. – Kat. Hildesheim 1993, Nr. VI-33 (Heid Gjøstein Resi).

H.St.

VI.84 Mosaiksteinchen

Mitte 8. Jahrhundert
Ribe/Dänemark, Marktplatz
Tesserae aus gefärbtem Glas. – Ca. 1 x 1 cm.
Ribe, Den Antikvariske Samling, Inv.Nr. ASR 9, x 411

VI.83

In Ribe wurden mehrere tausend Mosaiksteinchen gefunden. Sie kommen in allen erdenklichen Farben vor und sind wohl aus Norditalien importiert worden. Sie dienten als Rohmaterial für die lokale nordische Glasperlenproduktion. Die große Anzahl solcher Mosaiksteinchen beweist, daß die Zufuhr von Rohglas zur Stadt Ribe in der Wikingerzeit reichlich war.

VI.84

In Ribe hat man Mosaiksteinchen hauptsächlich in den Werkstattschichten (archäologischen Schichten) zusammen mit Glasperlen und -abfall gefunden.

Jensen 1991.

L.L.F.

VI.85 Rheinische Messingbarren

8.–10. Jahrhundert
Haithabu, Gem. Busdorf (Kr. Schleswig-Flensburg), Hafen
Messing (19–22 % Zn u. Cu). – L. 24,5 cm, B. 3,1 cm, D. 0,5 cm.
Schleswig, Archäologisches Landesmuseum der Christian-Albrechts-Universität Kiel

Bei den Grabungen im Hafen des Handelsplatzes Haithabu bei Schleswig wurde ein Bündel aus 25 kleinen Messingbarren gefunden. Derartige Barren lassen sich in offenem Herdguß leicht in Formen gießen, so wie in den Schatzfunden jener Epoche zahlreiche ähnlich geformte Barren aus Silber oder auch aus Blei vorkommen.

Ein Kaufmann oder eher noch ein Handwerker hat dieses Rohmaterial verloren, aus dem Gerätschaften aus Buntmetall wie z. B. feine Geldwaagen oder auch Schmuckstücke hergestellt werden konnten. Aus dem Hafen stammt auch ein Sammlung von 42 Modeln (Patrizen) zur Herstellung von Schmuck, für Anhänger und

VI.85

Scheibenfibeln, die – wohl in einem Beutel aufbewahrt – zusammen verlorengegangen sind; solche Patrizen konnten aus Messingbarren hergestellt werden.

Die Funde, sowohl die Barren als auch die Patrizen, sind Zeugnis dafür, daß Kunsthandwerker damals anscheinend von Handelsplatz zu Handelsplatz fuhren, ihre 'Musterkollektion' und vielleicht auch die Rohmaterialien bei sich führten, um nach Wunsch Schmuckstücke fertigen zu können.

Da schon seit der Antike im Rheinland bei Aachen Zinklagerstätten ausgebeutet wurden, die Galmei als Ausgangsprodukt für die Messingherstellung lieferten, und da auch wieder für die Zeit Karls des Großen und seit dem 10. Jahrhundert dieser Abbau überliefert ist, wird vermutet, daß die Messingbarren auf demselben Handelsweg wie rheinische Keramik, Gläser und andere Produkte aus dem Rheinland nach Haithabu gelangten.

Die Herstellung von Messing war nur mit Galmei (eine Sammelbezeichnung für silikatische und karbonatische Zinkerze) möglich. Bei dem Vorgang wurde Kupfer unter Luftabschluß mit Galmei verschmolzen.

Kat. Hildesheim 1993, Kat. VI-32 mit Abb. (Ingrid Ulbricht). – Maus 1993. – Steuer 1993.

H.St.

VI.86 Topf mit Standboden

Südostsachsen oder Thüringen, 9. Jahrhundert
Corvey, karolingischer Werkstättenbereich im Nordosten des Klosterbezirks. Fundplatz 163, Schicht 156 (Verfüllung der Schiffslände an der Weser)
Keramik, Drehscheibenware oder in Kombinationstechnik geformt; bei Wechselatmosphäre schwach reduzierend gebrannt; mäßig harter brauner bis schwarzer Scherben, dichte, relativ feine Gesteinsmagerung; Oberfläche leicht körnig. – Aus Fragmenten zusammengesetzt, mit Gips ergänzt. – H. 15 cm, RDm. 12 cm, BDm. 7 cm, max. BauchDm. 13 cm.
Göttingen, Seminar für Ur- und Frühgeschichte der Georg-August-Universität

Nach Verarbeitung, Magerung und Gefäßkontur ein im Westfalen der Karolingerzeit extrem seltenes Gefäß. Seinerzeit wurde im Weserbergland in nennenswerten Mengen lediglich nordhessisch/nordwestthüringische rauhwandige Drehscheibenware in römisch-fränkischer Tradition und vereinzelt rheinische gelbe Irdenware importiert. Demnach ist an ein Reiseandenken z. B. eines Metallhandwerkers aus dem Harz (umfangreiche metal-

VI.86

VI.87

lurgische Aktivitäten am Fundplatz sind nachgewiesen) oder an eine Funktion als 'Container' für Abgaben an das Kloster zu denken. Erinnert sei hier an die im frühen 12. Jahrhundert aus dem Nordostharzvorland zu liefernden Honigtöpfe slawischer Ritter und Bauern an Corvey. Die Besitzungen der Reichsabtei in Ostsachsen, z. T. aus der Hand der Liudolfinger, gehen ins 9. Jahrhundert zurück.

Stephan 1995, 246–249.

H.-G.S.

VI.87 Waage

Um 900
Compiègne (Oise), Ausgrabungsfeld an der 'Place du Marché', Kloake
Buntmetall (Kupfermischung); an den Enden des Balkens eingehängte Ringlein zur Aufhängung der Waagschalen an Schnüren; eine Waagschale mit drei Löchern am Rand für die Aufhängung. – Sehr gut erhalten, Kettchen fehlen. – Balken der gleicharmigen Waage L. 17,6 cm; Zunge L. 4,7 cm; Gabel Gew. 14,8 g; Waagschale T. 2,4 cm, Dm. 7,4 cm, Gew. 17,2 g.
Compiègne (Oise), Musée Vivenel, Inv.Nr. 1826.1

Während der Merowingerzeit wurden feine Waagen benötigt, um das Gewicht der Goldmünzen (Solidi und Trienten) zu prüfen. Sie wurden manchen Verstorbenen als Beigabe mit in das Grab gelegt, weshalb zahlreiche Exemplare überliefert sind. Auch vom späten 9. Jahrhundert an wurden nördlich und östlich des Karolingerreiches, wo statt zählbarer Münzen Silber allein nach dem Gewicht als Zahlungsmittel diente, Waagen und Gewichte in großer Zahl benötigt, die als Grabbeigaben, aber noch häufiger in fragmentiertem Zustand in Siedlungen gefunden werden.

Zu jeder Zeit und somit auch in der Karolingerzeit wurden derartige feine Waagen von Handwerkern verwendet, die mit Edel- oder Buntmetall arbeiteten und Schmuck und Geräte herstellten. Dabei galt es, die beabsichtigten Materialmengen und vor allem auch die verschiedenen Anteile für die Legierungen – z. B. Bronze oder Messing – abzuwiegen. Weiterhin waren Halbedelsteine wie Granat, aber auch Perlen oder Gewürze so wertvoll, daß sie abgewogen werden mußten. Auch wenn beim Handeln größere Mengen an Münzen den Besitzer wechselten, wurden diese zusammen gewogen und nicht gezählt.

Zu den Waagen gehörten Gewichte, die in ihrer Mehrheit aus Blei, seltener aus Bronze hergestellt wurden. Da im Karolingerreich die Sitte, Tote mit Beigaben auszustatten, nicht mehr bestand und da Ausgrabungen im Bereich von Handelsplätzen innerhalb des Reiches noch relativ selten sind, gibt es sehr wenige Funde von Waagen und Gewichten.

Die Waage von Compiègne aus der Zeit um 900 ist einer der seltenen Belege, bei denen neben dem Waagebalken auch eine Schale erhalten geblieben ist. In den Handelsplätzen am Rande des Karolingerreiches wie in Dorestad und Haithabu, wo zudem ausführlich ausgegraben worden ist, wurden in Schichten des 9. Jahrhunderts einige Waagebalken von 15–25 cm Länge gefunden sowie größere Mengen an Bleigewichten, die zu derartigen Werkzeugen der Handwerker zählten.

Zum Abwiegen von Handelsgütern in größeren Mengen dienten sog. Schnellwaagen, Waagen mit einer Schale und verschiebbarem Gegengewicht. Derartige Gewichte von Schnellwaagen sind in Dorestad in größerer Zahl gefunden worden.

Petitjean 1994, 49–50. – L'évolution urbaine 1997, 306 Fig. 17 (falsche Rekonstruktion) u. 18.

M.Pe./H.St.

VI.88 Bleigewichte

8./9. Jahrhundert
Ribe/Dänemark, Marktplatz
Blei. – Dm. 1,9 cm, 3 cm, 0,85 cm, 1,5 cm, Gew. 2,64 g, 25,7 g, 1,38 g, 12,24 g.
Ribe, Den Antikvariske Samling, ASR 9 x448, ASR 9 x101, ASR 9 x441, ASR 9 x561

VI.88

VI.89

Zwei der Gewichte haben eine Kreuzzeichnung, die wahrscheinlich eine Gewichtseinheit angibt. Aufgrund des Metallverlustes ist heute nicht mehr feststellbar, wieviel die Bleigewichte ursprünglich wogen.

Die Bleigewichte wurden überwiegend in Abfallschichten der Werkstatt eines Bronzeschmieds gefunden, so daß sie vielleicht zum Abwiegen der Metallanteile bei Legierungen gedient haben könnten.

Jensen 1991.

L.L.F.

VI.89 Bleigewichte

8.–11. Jahrhundert
Haithabu, Gem. Busdorf (Kr. Schleswig-Flensburg)
Blei. – Runde, flache Scheiben. – H. 0,26–1,81 cm, Dm. 1,08–4,19 cm.

Schleswig, Archäologisches Landesmuseum der Christian-Albrechts-Universität Kiel, Inv.Nrn. 1, 2, 10, 12, 14, 17, 24.

Im Bereich von Handelsplätzen wurden immer auch zahlreiche Gewichte aus Blei, seltener aus Bronze gefunden, so in Dorestad und Haithabu oder Ribe. Sie haben sehr unterschiedliche Formen, sind würfel- oder quaderförmig, meist aber flachzylindrisch. Manchmal gibt es Markierungen aus Keileinstichen, eingepunzten Punktkreisen oder – bei den flachen zylindrischen Gewichten – auch eine bestimmte Anzahl von konzentrischen Rillen oder Riefen. Daraus kann gefolgert werden, daß diese Gewichte Teile von Gewichtssätzen waren, die jedoch – da Grabbeigaben in der Karolingerzeit nicht mehr üblich waren – nie zusammen gefunden wurden. Daraus darf jedoch nicht geschlossen werden, daß diese Gewichte ganz bestimmte Einheiten vertreten, die man bei den weniger korrodierten Exemplaren errechnen könnte. Da es weder Eichämter noch physikalische Definierungsmethoden für

Normgewichte gab, wurde mit Näherungen gearbeitet, die sich an das römische Pfund- und Unzen-System oder an karolingische Einheiten anlehnten. Das römische Pfund (*libra*) entsprach etwa 327,45 g, das Zwölftel des Pfundes, die Unze 27,29 g. Unter Karl dem Großen wurde ein neues Pfund (*pondus*) auf der Basis von 15 Unzen mit etwa 408,24 g oder auch 16 Unzen gewählt mit etwa 435,46 g. Wenn bei den Berechnungen zwischen Gold und Silber zu unterscheiden war, dann zeichnet sich ab, wie schwierig es sein wird, Gewichtsstücke aus archäologischem Fundzusammenhang in solche Systeme einzupassen. Alle Gewichte zeigen mehr oder weniger starke Abweichungen von derart theoretisch erschlossenen Einheiten. Wichtiger als diese absoluten Werte war die Position eines Gewichts in einem Gewichtssatz. Während absolute Gewichtsgrößen nicht genau hergestellt werden konnten und sollten, erlaubte es die Empfindlichkeit der Waagen durchaus, die Differenzen zwischen den Gewichtsgrößen sehr exakt festzulegen. Über die Kombination von Gewichtsstücken eines Satzes war dann die sehr genaue Zuwiegung, beispielsweise von Legierungsbestandteilen, kein Problem.

Gewichte dienten bei verschiedenen Vorgängen zum Messen von Mengen. Man brauchte sie zum Abwiegen von wertvollen Handelsgütern wie Edelsteinen oder Halbedelsteinen (Granat, Almandin), Gewürzen, Edelmetallen und Münzen. Des weiteren nutzte man sie zur Zusammenstellung von Legierungsanteilen für die Münzproduktion sowie für die Herstellung von Schmuckgegenständen und Metallgeräten.

Jankuhn 1943, 187–202. – Witthöft 1984. – Steuer 1987. – Witthöft 1993. – Steuer 1997, 281 ff. – Witthöft 1997 (Lit.).

H.St.

VI.90 Bleigewicht

8./9. Jahrhundert
Paderborn-Wewer (Imbsenburg)
Blei. – Scheibenförmiges Bleigewicht mit eingedrückten Flächen bzw. aufgewulstetem Rand, auf einer Fläche ein zart eingeritztes Kreuz. – H. 1,0 cm, Dm. 2,3 cm.
Lippstadt, Sammlung Borgmeyer

VI.90

Da auf der Plattform des Burghügels auch ein Beschlag im anglo-karolingischen Tierstil, dem Tassilokelch-Stil, gefunden wurde, ist die Datierung, auch die des Gewichts, in die Karolingerzeit möglich. Der Burgplatz hat jedoch auch jüngere Funde gebracht.

Anton Doms, in: AFWL 4, 1986, 427, Abb. 126.3.

H.St.

VI.91 Prägestempel

Um 925
York, Coppergate
Eisen. – Münzbild: o+o/SCIPE/TR IIo/ o o. – L. 9,1 cm, Dm. 2,8 cm, Gew. 463 g.
York, Yorkshire Museum, Inv.Nr. 1980. 7. 9351

Untereisen mit Zapfen für den Amboß, Prägestock für die Rückseite eines St. Peter-Pennies, zweite Prägephase mit Schwert. Die Buchstaben sind linksläufig und eingehämmert. Das Münzbild zeigt über und unter der Inschrift ein Schwert, jeweils mit der Spitze nach links weisend, einen Thorshammer in der Mitte der unteren Legende. Der Münzstempel ist zylindrisch und buchtet zur rechteckigen, abgebrochenen Angel aus, mit der das Stück in einen Amboß gesteckt wurde. Dazu gehört ein – nicht erhaltenes – Obereisen, dessen frühere Existenz an der breit ausgeschlagenen und je nach Nutzungsdauer randlich ausgefransten Schlagfläche ablesbar ist.

VI.91

Münzstempel aus dem 9./10. Jahrhundert sind außerordentlich selten; das Stück aus York ist der erste vollständig erhaltene Prägestempel der angelsächsischen Periode. Er wurde zusammen mit einer Stempelkappe, die das Abbild eines Pennies von Aethelstan trägt, und drei Probeabschlägen in Blei gefunden. Aus diesem Grund wird für den Fundplatz im Stadtbereich Coppergate von York eine Münzprägewerkstatt postuliert. Möglich ist aber auch, daß diese Ansammlung von Eisenschrott einem Schmied zur Weiterverarbeitung diente.

Der Münzstempel war zwar in Gebrauch, doch wurde bisher keine Münze von diesem Prägestock unter den vielen tausend zeitgenössischen Prägungen gefunden. Das zeigt, wie ausschnitthaft und oft zufällig die archäologische Überlieferung ist, da nach Schätzungen mindestens 1000 bis 5000 oder mehr Münzen von einem Stempel geprägt werden konnten. Ein anderer Münzstempel zur Herstellung von Münzen Knuts des Großen von 1030 bis 1035 ist aus London bekannt, von dem – obwohl benutzt – ebenfalls keine Münze überliefert ist.

Münzabschläge in Bleischeiben, Probeprägungen oder autorisierte Gewichte von Münzen Ludwigs des Frommen sind aus dem Handelsplatz Dorestad überliefert (70 g, 113 g, 147 g). Ein ähnliches zylindrisches Bleigewicht mit dem Abdruck eines offiziellen Münzstempels des Königs Alfred von Wessex (871–899) wurde in London gefunden, auch der Abschlag einer Münze Eduards des Bekenners (1042–1066) auf einer dünnen Bleischeibe stammt aus London.

Diese seltenen Funde werfen neue Fragen zum Münzwesen und Handel auf. Denn Münzstempel wurden zwar von Münzmeistern eingesetzt, waren aber unter strenger königlicher Kontrolle, sowohl in England als auch auf dem Kontinent, und so bleibt offen, warum die beschädigen Stempel in York oder London in den Abfall gerieten, ebenso die gewichtsförmigen Bleistücke mit den Abdrücken königlicher Münzbilder in London oder Dorestad. Die Münzabschläge auf Blei waren vielleicht tatsächlich nur Probeabschläge, aber wenn die Form von Gewichtsstücken vorliegt, könnte der königliche Stempel eine spezielle Funktion gehabt haben, die aber nicht mit der Gewichtshöhe selbst etwas zu tun haben kann, denn diese läßt sich nicht ohne weiteres in bekannte Systeme einreihen.

Roes 1965, 36 u. Taf. XV, 118–120. – Hall 1984, 60 ff. – Pirie 1986, Nr. 43, 33–43, Fig. 6, Taf. 1 u. 5. – Vince 1990, 109–117. – Kat. Berlin 1992, Nr. 399 (Elizabeth J. E. Pirie/Dominic Tweddle). – Ottaway 1992, 525 u. Fig. 202.

H.St.

VI.92 Probeabschläge von Münzstempeln

754–768 (?)
Saint-Denis (Seine-Saint-Denis), 1989
Blei, Abschlag. – Gut erhalten. – Max. H. 0,5 cm, L. 8,1 cm, B. 7,9 cm, Gew. 162,44 g.
Saint-Denis, Unité d'Archéologie, Inv.Nr. M 891

Diese grob dreieckförmige Bleiplatte trägt beidseitig Abschläge von Münzstempeln; auf der einen Seite vier vollständige und zwei fragmentarische Abschläge und auf der anderen Seite einen vollständigen und einen fragmentarischen Abschlag. Die verwandten Stempel haben einen Durchmesser von 17 mm. Einer der Abschläge trägt das Monogramm Pippins des Kurzen: RP unter einem Abkürzungsstrich. Die anderen sieben tragen eine dreizeilige Inschrift, die üblicherweise AVT-TRA-NO gelesen wird und in der Tat auf den Münzen Pippins des Kurzen zu finden ist. Hier aber steht die Inschrift spiegelverkehrt. Die entsprechenden Münzen sind bekannt: Sie stammen aus den Münzschätzen von Imphy (Frankreich, Nièvres), 20 Exemplare; Wijk-bij-Duustede (Niederlande), 1 Exemplar; Ilanz (Schweiz, Grisons), 7 Exemplare; La-Tour-

VI.92 Vorder- und Rückseite

de-Peilz (Schweiz, Vaux), 4 Exemplare sowie einen Einzelfund in Aosta (Italien). Ähnlich wie die Abschläge auf dieser Bleiplatte zeigen sowohl ein Exemplar aus Imphy als auch eines aus Ilanz eine spiegelverkehrte Rückseite. Diese Abschläge stammen von regulären und nicht von gefälschten Münzstempeln. Die Zuschreibung dieser Münzen bleibt jedoch sehr ungewiß. Man hat sie zuerst Entrains (Nièvres), dann einem örtlich unbestimmten Monetar Aut(t)ramnus und zuletzt Saint-Denis (Metcalf 1965) zugewiesen. Der Fundort dieser Bleiplatte scheint letzteres zu bestätigen, wobei die Lesung der Inschrift als *antistitio regio Dionusiaco* etwas zweifelhaft bleibt.

Metcalf 1965. – Völckers 1965. – Geiser 1990.

M.D.

VI.93 Zwei Probiersteine

8./9. Jahrhundert
Lydit (schwarzer Kieselschiefer). – a) 3,1 x 1 x 0,8 cm. – b) 2,4 x 1,9 x 1 cm.
Ribe, Den Antikvariske Samling, Inv.Nr. ARS 7x781

Zum Überprüfen des Edelmetallgehalts, des Mengenanteils an Gold oder Silber in einer Legierung, verwendet man seit der Bronzezeit bis in die Gegenwart Probiersteine aus Lydit, ein durch Bitumen natürlich tiefschwarz gefärbter Kieselschiefer. Er konnte in zahlreichen Lagerstätten in Europa gewonnen werden.

Man erzeugt auf dem schwarzen Stein Striche mit einer bekannten Legierung und vergleicht diese mit Strichproben des zu prüfenden Metallgegenstands. Meist waren das Münzen, aber ebenso lassen sich Barren und Schmuckstücke auf ihren Gehalt an Gold bei einer Legierung aus Gold und Silber oder aus Gold, Silber und Kupfer und auf den Gehalt an Silber bei Legierungen aus Silber und Kupfer bestimmen. Ausführlich beschreibt Georg Agricola in seinem Werk „Zwölf Bücher vom Berg- und Hüttenwesen" (*De re metallica libri XII*) aus dem Jahre 1556, wie mit Bestecken aus Probiernadeln und Probiersteinen Edelmetallanteile gemessen wurden, und zwar auf der Grundlage von Gewichtsanteilen nach der Gliederung in Karat. Vergleichsnadeln von 1 bis 24 Karat Gold und entsprechenden Anteilen aus Silber und Kupfer oder Nadeln aus bis zu 24 Karat Silber, als Bündel zusammengefaßt, lieferten die Probestriche, neben denen das zu prüfende Metall abgestrichen wurde. Dabei war es möglich, reines Gold oder Silber von 24 bis 20 Karat recht genau zu bestimmen und in der Spanne zwischen 18 und 6 Karat noch befriedigend die Anteile zu schätzen.

VI.93

Archäologisch überliefert sind Probiersteine seit der Bronzezeit. In der Antike beschrieben Theophrastus (4. Jahrhundert v. Chr.) oder Plinius (1. Jahrhundert n. Chr.) ausführlich die Aufgabe der Probiersteine. Während der Merowingerzeit wurden sie neben Waagen und Gewichten in Gürteltaschen verwahrt und manchen Toten als Beigabe mit ins Grab gelegt. Nur sorgfältige Beobachtungen erlauben es bei Ausgrabungen, den dunklen Stein aus Kieselschiefer vom übrigen Untergrund zu unterscheiden, was bei Grabfunden leichterfällt als bei Ausgrabungen in Siedlungen. Doch wurden Probiersteine auch besonders innerhalb frühstädtischer Handelsplätze gefunden. Fundorte sind Trier, Dorestad, Maastricht, Winchester, Ribe, Jütland und Luneborg auf Fünen. Des weiteren fand man Probiersteine im Bereich der südlich der Ostsee gelegenen Handelsplätze des 8. und 9. Jahrhunderts. Bekannt sind hier Funde aus Rostock-Dierkow und Groß Strömkendorf. Auch von der karolingerzeitlichen Büraburg in Hessen ist ein Probierstein bekannt. Durchlocht oder anderweitig mit einer Aufhängemöglichkeit versehen, konnten sie also ständig mitgeführt werden.

Probiernadeln sind nicht erhalten geblieben. Vermutlich sind solche Nadelbündel auch erst Erzeugnisse der Neuzeit, während man im Altertum und in der Karolingerzeit zum Vergleich bekannt hochwertige Münzen für den Vergleichsstrich verwendete. Während der Merowingerzeit gab es einen schleichenden Wandel in der Münzzusammensetzung von den fast reinen Goldmünzen (Solidi und Trienten) in byzantinischer Tradition zu immer mehr Silber (und Kupfer) enthaltenden Münzen im fortgeschrittenen 7. Jahrhundert, was geradezu die Anwendung des Probiersteins erzwang, wenn man sichergehen wollte, welche Edelmetallmenge man eigentlich als Münze erhielt. Mit der Waage ließen sich komplexe Legierungen nicht mehr bewerten, weshalb dieses Instrument auch seit dem späten 7. Jahrhundert und im 8. Jahrhundert nur noch von den Goldschmieden und Buntmetallhandwerkern gebraucht wurde.

Die Erwähnung von schwarzen Steinen (*petras nigras*) in einem Brief des Königs Offa von Mercia an Karl den Großen wurde zwar bisher häufig auf Mayener Basalt für Mühlsteine, allgemein auf Baumaterial und wiederverwendete römische Säulen oder gar auf spezielle Textilien bezogen, aber es könnten damit auch Probiersteine gemeint sein.

Agricola 1556, 218–224 (ed. 1977). – Zedelius 1979. – van Es/Verwers 1980, 167–168. – Zedelius 1981, 2–6. – Löhr 1985, 13–18. – Moore/Oddy 1985, 59 ff. – Schweizer 1992, 157–162. – Oddy 1993, 93–100. – Wamers 1994, 163–165.

H.St./L.L.F.

VI.94 Goldprobierstein

8./9. Jahrhundert
Mainz, Löhrstraße
Lydit. – Trapezförmig; geschliffen und durchbohrt. – L. 4,1 cm, B. 3 cm, D. 1,5 cm.
Wiesbaden, Sammlung Dengler

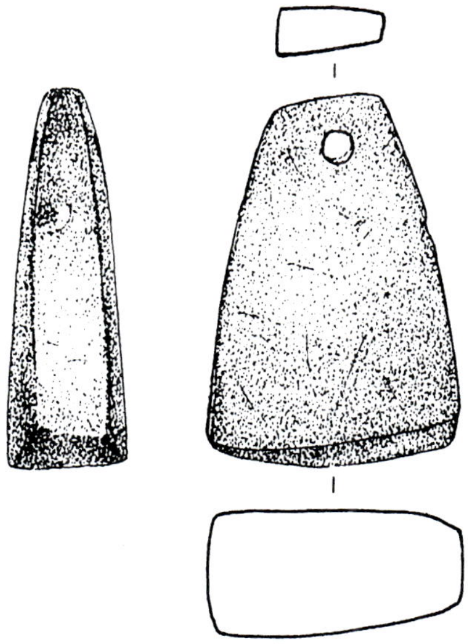

VI.94

Der etwa trapezförmige Stein mit leicht ausschwingenden Seiten verjüngt sich zur durchbohrten Öse hin. Seine Oberfläche ist glatt poliert und weist nur wenige Kratzer auf; alte Goldspuren waren nicht zu erkennen. Seine Funktionsfähigkeit wurde mit verschiedenen Goldlegierungen überprüft, die deutlich unterschiedliche Farbspuren auf dem Stein hinterließen.

Der Goldprobierstein stammt aus den verstreuten Lesefunden der frühmittelalterlichen Fundstelle „Löhrstraße“ in Mainz am alten Rheinufer, die u. a. zahlreiche Funde der Merowinger- bis Ottonenzeit erbracht hat, die von buntmetallverarbeitendem Handwerk zeugen (vgl. Kat.Nrn. VI.137–140, VI.143–144). Formal stimmt dieser Probierstein am ehesten mit den – wohl karolingischen – trapezförmigen Probiersteinen von Dorestad überein, die ebenfalls oben gelocht und 4 bis 5 cm groß sind. Vermutlich steckten sie an der Durchbohrung in einem kleinen Bronzefutter und wurden zur ständigen Verfügung am Körper getragen.

Kat. Hildesheim 1993, Nr. IV-11 (Egon Wamers). – Wamers 1994, 163 ff. Nr. 286.

E.W.

Münzen in Westfalen

Münzfunde und Münzwesen in Westfalen

In Nordwestdeutschland sind sowohl merowingische als auch karolingische Münzfunde sehr selten, sogar erheblich seltener als römische Silbermünzen von höherem Gewicht des 2. und frühen 3. Jahrhunderts, woraus zu schließen ist, daß der Münzumlauf im später sächsischen Stammesgebiet im Verlauf der Völkerwanderungszeit stark rückläufig gewesen ist. Eine eigene Münzherstellung hatte es hier, anders als z. B. bei den Friesen, nicht gegeben. Auch in den rechtsrheinischen Teilen Deutschlands sind karolingische Münzfunde äußerst selten. Die Dokumentation des einzigen in diesem Gebiet gefundenen Schatzes (Freising) ging im Zweiten Weltkrieg verloren. In den anderen Teilen des karolingischen Reiches (bes. in den Niederlanden und in Frankreich) gibt es durchaus derartige Hortfunde.

Mit der Integration Sachsens in das karolingische Reich war für Nordwestdeutschland sowie für einige andere neu eroberte Gebiete eine Wiedereinführung des Geldwesens verbunden. Natürlich konnte sich eine Wirtschaftsform, die zu einem beträchtlichen Teil auf Warenaustausch beruhte, in einem Gebiet mit weitgehender Selbstversorgung nur langsam durchsetzen. Es ist auch zu beachten, daß ein Teil der gefundenen Münzen aus Grabzusammenhängen stammt. Des weiteren ist zu bedenken, daß den Toten das mitgegeben wurde, was aus ihrem diesseitigen Leben bekannt war. Wenn man von den wenigen Münzen absieht, die eine Sekundärfunktion als Schmuck hatten, so zeigen die anderen Grabfunde die Bekanntheit und den Gebrauch von Münzen. Die um 890 niedergeschriebenen Urbare der Abtei Werden sehen bei den abhängigen Bauernhöfen in Westfalen neben den überwiegenden Naturalabgaben auch Zinse in Münzen vor. Selbst wenn diese im Einzelfall mit Getreide bezahlt worden sein sollten, so setzte dies doch voraus, daß es zumindest Ansätze einer Wertbestimmung von Agrarprodukten durch einen Markt gab, und daß Münzgeld als Tauschmittel bekannt war, auch wenn es noch nicht täglich eingesetzt wurde.

Für den sächsischen Raum sind zwei Münzrechtsverleihungen von Bedeutung. 833 überließ Ludwig der Fromme der Reichsabtei Corvey das Recht zur Einrichtung eines Marktes mit Zoll- und Münzstätte, weil, wie es in der Begründung hieß, dieser Raum eines Marktes entbehrte (Kat.Nr. VI.37). Wieviel davon in die Praxis umgesetzt wurde, ist unbekannt. Eventuell in Corvey geprägte Münzen, wahrscheinlich Christiana-Religio-Pfennige, würden sich kaum identifizieren lassen. Ebensowenig sind karolingische Münzen aus der kurz danach privilegierten Münzstätte der Erzbischöfe von Hamburg nachweisbar.

Völckers 1965. – Morrison/Grunthal 1967. – Berghaus 1973. – Grierson/Blackburn 1986. – Haertle 1997.

P.I.

VI.95 Münze Karls des Großen – Pfennig von Köln

792/793–812
Leer (Kr. Steinfurt), 1914
Silber. – Gew. 1,66 g.
Münster, Westfälisches Museum für Archäologie

VI.95 *VI.96a* *VI.96b* *VI.97* *VI.98*

Dieser sehr seltene Münztyp wurde bei der Ausgrabung eines Gräberfelds gefunden. Bei ihr befand sich eine heute verschollene Prägung des gleichen Typs aus Arles.

Morrison/Grunthal 1967, Nr. 106. – Berghaus 1973, 27, Nr. 2, Abb. 11.

P.I.

VI.96 Zwei Münzen Karls des Großen

792/793–812
Münster, Domherrenfriedhof, 1989
a) Pfennig von Toulouse. – Silber. – 90°.
b) Pfennig von Melle. – Silber. – ca. 210°.
Münster, Westfälisches Museum für Archäologie

Beide Stücke befanden sich bei einem Skelett und sind als Grabbeigaben zu deuten. Sie entstanden nach der Münzreform von 793/794. Die große Entfernung zu den Prägeorten ist auf die großen Silbervorkommen in Aquitanien zurückzuführen, die eine umfangreiche Prägung erlaubten. Im Osten des Reiches gab es derartige Silberbergwerke nicht. Ähnliche Münzen wie die aus Melle wurden auch in Lembeck (Kr. Recklinghausen; Münze verschollen) und in Paderborn gefunden.

Morrison/Grunthal 1967, a) Nr. 181; b) Nr. 172. – Berghaus 1973.

P.I.

VI.97 Christiana-Religio-Pfennig Ludwigs des Frommen

822–840
Minden, 1986
Silber. – Gew. 1,42 g, ca. 300°.
Bielefeld, Westfälisches Museum für Archäologie

Auffällig bei dem Stück ist die schmale, hohe Zeichnung des Kirchengebäudes. Unmittelbare Vergleichsstücke sind bisher nicht bekannt.

Morrison/Grunthal 1967, Nr. 472. – Berghaus 1973.

P.I.

VI.98 Christiana-Religio-Pfennig Ludwigs des Frommen

822–840
Warendorf-Neuwarendorf, 1979
Silber. – Bruchstück. – Gew. 0,59 g, 180°.
Münster, Westfälisches Museum für Archäologie

Die Münze wurde bei Ausgrabungen der Universität Groningen unweit der bekannten Warendorfer Sachsensiedlung geborgen. Die Fragmentierung dürfte sekundär durch landwirtschaftliche Geräte entstanden sein. Der korrekte und durchaus geschickte Schnitt der Buchstaben läßt eine nach 840 entstandene Nachprägung unwahrscheinlich erscheinen.

Morrison/Grunthal 1967, Nr. 472. – Berghaus 1973.

P.I.

VI.99

VI.101

VI.103

VI.99 Christiana-Religio-Pfennig Ludwigs des Frommen

822–840
Paderborn, Pfalz 1974
Silber. – Gew. 1,33 g.
Münster, Westfälisches Museum für Archäologie

Entdeckt wurde die Münze bei den umfangreichen Ausgrabungen im Paderborner Pfalzbereich an der Südseite der Ikenbergkapelle. Auch in diesem Fall handelt es sich um ein durchschnittliches Stück dieser Prägegruppe. Die Umschrift ist auf beiden Seiten korrekt. Die mit breiten Serifen versehenen Lettern sind von gleichmäßiger Größe, das A ohne Querstrich. Erwähnenswert ist, daß das X von Christiana als X und nicht wie bei den meisten Stücken als Kreuz geschrieben wurde und daß das Kreuz innerhalb der Kirche ein an die Länge der Säulen angepaßtes Langkreuz ist. Bei dem derzeitigen Forschungsstand lassen sich zum geographischen Ursprung des Stücks keine Aussagen machen.

Morrison/Grunthal 1967, Nr. 472. – Berghaus 1973.

PI.

VI.100 Christiana-Religio-Pfennige Ludwigs des Frommen

(ohne Abb.)
822–840 oder später
Paderborn, Balhorner Feld
Münster, Westfälisches Museum für Archäologie

Die drei in einem Grubenhaus entdeckten Stücke entsprechen formal den Christiana-Religio-Pfennigen, weichen aber insofern ab, als viele der Umschriftbuchstaben weitgehend aufgelöst sind. Am weitesten ist dieser Prozeß beim Namen des Kaisers vorangeschritten. Von HLUDOVVICUS sind nur O und S erhalten geblieben. Alle drei Münzen stammen aus unterschiedlichen Prägestempeln, sind aber stilistisch sehr eng miteinander verwandt. Die Gewichte entsprechen nicht mehr dem karolingischen Standard. Alle Indizien sprechen dafür, daß es sich um immobilisierte Nachprägungen aus der Zeit nach 840 handelt, ohne daß es derzeit möglich wäre, Entstehungszeit und -ort näher einzugrenzen.

Morrison/Grunthal 1967, Nr. 472. – Berghaus 1973.

P.I.

VI.101 Münze Lothars I. – Pfennig von Dorestad

840–855
Herford, Stephansplatz
Silber. – Gew. 1,41 g, 180°.
Münster, Westfälisches Museum für Archäologie

Bezeichnenderweise war diese Münze in Herford im Umlauf, obwohl die Stadt nicht zum Reich Lothars gehörte. Der Fernhandelsort Dorestad, am Rhein in den Niederlanden gelegen, dürfte auch für den westfälischen Raum von Bedeutung gewesen sein. Dorestader Münzen Karls des Großen wurden auch in Verden und Zetel (Kr. Friesland) gefunden.

Morrison/Grunthal 1967, Nr. 529var. – Berghaus 1973.

P.I.

VI.102 Münze Ludwigs des Kindes – Pfennig von Köln

(ohne Abb.)
900–911
Münster, Domgasse, 1953
Silber. – Stark beschädigt.
Münster, Domkammer der Kathedralkirche St. Paulus Münster

Unter Ludwig dem Kind wurde in Köln ein neuer Münztyp eingeführt, der den Stadtnamen in drei Zeilen anordnete. Er wurde bis zum Anfang des 11. Jahrhunderts beibehalten und in Westfalen nach ottonischem Muster bis in das 12. Jahrhundert nachgeahmt. Die Münze steht am Anfang einer Entwicklung hin zu regionalem Umlauf.

Hävernick 1935, Nr. 20. – Berghaus 1973, 32, Nr. 17.

P.I.

VI.103 Münze Karls des Einfältigen – Pfennig von Köln

Nach 911
Castrop-Rauxel (Kr. Recklinghausen), St. Lambertus, 1983
Silber. – Gew. 1,21 g.
Münster, Westfälisches Museum für Archäologie

Karl, König des westfränkischen Reiches, annektierte im Jahre 911 Lotharingien, zu dem auch Köln gehörte. In dem Maße, in dem Dorestad durch Versandung seiner Häfen und wegen der Wikingereinfälle an Bedeutung verlor, erstarkte Köln als Handelsmetropole.

Hävernick 1935, Nr. 23. – Berghaus 1973.

P.I.

VI.104 Abbasidischer Dinar

767–786
Lage-Müssen (Kr. Lippe), 1997
Silber, vergoldet. – Dm. 1,8 cm.
Detmold, Lippisches Landesmuseum, Inv.Nr U 1629

Diplomatische Kontakte und Handelsbeziehungen zwischen dem Reich Karls des Großen und dem islamischen Abbasidenkalifat, die während des letzten Jahrzehnts des 8. Jahrhunderts gepflegt wurden, führten zur Einfuhr arabischer Gold- und Silbermünzen. Der 1997 in Lage-Müssen gefundene abbasidische Dinar ist zwar die ein-

VI.104 Vorder- und Rückseite

zige arabische Goldmünze dieser Zeit, deren mitteleuropäischer Fundort genau dokumentiert ist, doch gibt es verschiedene Anzeichen, daß ihre Bedeutung größer war, als die Fundüberlieferung vermuten läßt, und daß sie sogar im Reich Karls des Großen nachgeahmt wurden. Besser dokumentiert ist ihr Umlauf in Norditalien. Hier werden sie urkundlich erstmals 778 in Friaul mit dem Namen *mancus*, einem arabischen Lehnwort, benannt. Auch ist ihr Vorkommen in Schatzfunden aus Venedig und bei Bologna bekannt. Technisch perfekte, doch stilistisch vergröbernde Nachahmungen aus der Zeit um 800 können in alten deutschen und französischen Sammlungen überraschend häufig angetroffen werden. Auch der norwegische Goldschatz von Hon enthielt acht abbasidische Dinare aus der Zeit zwischen 778 und 822 und drei byzantinische Solidi mit gleichartiger Henkelung, die auf wikingisches Beutegut aus dem Frankenreich schließen lassen.

Das Fundstück aus Lage-Müssen diente als Schmuckstück, und zwar als kleine Münzfibel, wie Lötspuren an der Oberfläche zeigen. Da die Münze aus vergoldetem Silber besteht, stellt sich die Frage, ob sie als eine zeitgenössische Fälschung oder als eine Nachahmung anzusprechen ist. Technisch verwandte Fälschungen wurden auch in Nordafrika und im Nahen Osten hergestellt, so daß wir nicht selbstverständlich von einer europäischen Werkstatt ausgehen dürfen, in der das Stück für Schmuckzwecke angefertigt worden sein könnte. Auch kann ein zunächst betrügerisch als Goldmünze importiertes Stück später zu einer Münzfibel verarbeitet worden sein.

Die Aufschriften sind – soweit erhalten – gut lesbar. Sie kopieren das kalifische Vorbild genauer als andere bekannte europäische Nachahmungen. Leider ist die in Worten ausgeschriebene Jahreszahl durch die Sekundärverwendung als Münzfibel unlesbar. Die ansonsten rein religiösen Aufschriften waren nur sehr geringen Stilveränderungen im Laufe der Zeit ausgesetzt. Lediglich aufgrund eines kleinen zusätzlichen Punktes am Ende der zweiten Zeile der Rückseite kann das Vorbild dieses Dinars etwa zwischen 150 und 170 H., entsprechend 767 bis 786, datiert werden. Angesichts der sklavisch genauen Kopie überrascht eine kleine Abweichung im Glaubensbekenntnis auf der Vorderseite um so mehr. Es handelt sich lediglich um die Verlängerung eines Strichs, welche aber den Sinn des Satzes „Es gibt keinen Gott außer Allah" verändert in „Es gibt Allah nicht außer Allah". Das könnte mehr als ein Zufall sein und doch für eine Herkunft aus christlicher Umgebung von einem Stempelschneider mit gewissen Arabischkenntnissen sprechen.

Duplessy 1956, 135. – Stasolla 1986. – Skaare 1988. – Asolati/Crisafulli 1994, 226 u. 241. – Quinsat 1997.

L.I.

Die Buntmetallwerkstatt

VI.105 Schlacken

9.–11. Jahrhundert
Soest, Plettenberg
Grobstückige Fragmente. – Die Schlacken bestehen aus Bleisilikatglas mit geringen Anteilen an Kristallphasen und Metalleinschlüssen. Die Farbunterschiede gehen auf Oxidationsunterschiede des Eisens zurück. Die Soester Schlacken enthalten mehr Zinn als die Dortmunder Schlacken, was eventuell auf die Verwendung von Altmetall (Bronze) bei der Messingherstellung hinweist. – Dm. je ca. 15 cm.
Soest, Stadtarchäologie, Inv.Nr. SO-PbF 288

Unveröffentlicht.

T.R.

VI.106 Schlacken

(s. Abb. S. 394)

Mittelalterlich
Dortmund-Adlerturm
Grobstückige Fragmente. – Die Schlacken bestehen aus Bleisilikatglas mit nur sehr geringen Anteilen an Metalleinschlüssen. Die Farbunterschiede (rot bzw. schwarz) gehen auf unterschiedliche Oxidationsstufen des Eisenanteils zurück. Diese Schlacken sind in ihrer Zusammensetzung und Form sehr charakteristisch und treten stets gemeinsam mit Tiegeln der Messingherstellung auf, ihre genaue Stellung innerhalb des Prozesses ist aber noch unklar.
Dortmund, Museum für Kunst und Kulturgeschichte

Unveröffentlicht.

T.R.

VI.107 Schlacken

(ohne Abb.)
Mittelalterlich
Paderborn, Balhorner Feld (Pesag-Grabung)
Eisenschlacken, grobstückige Fragmente.
Paderborn, Stadt Paderborn

VI.105, 108, 111, 116, 125

Eisenschlacken sowie Gegenstände aus Eisen wurden während der Pesag-Grabung in einigen Grubenhäusern in größerer Anzahl gefunden. Sie weisen – auch wenn keine Schmiedeöfen auf dieser Fläche nachgewiesen werden konnten – auf Eisenverarbeitung hin.

Rudnick 1997, 34.

RED.

VI.108 Stabbarren

9.–11. Jahrhundert
Soest, Plettenberg, Befund 115
Blei. – Unregelmäßig-ovaler Profilquerschnitt, beide Enden abgetrennt, auf zwei gegenüberliegenden Seiten scharfkantige Kerben, die von einem Meißel stammen können. – H. 0,4 cm, erh. L. 4,7 cm, B. 0,5 cm, Gew. 11 g.
Soest, Stadtarchäologie, Inv.Nr. 95/18

Unveröffentlicht.

D.L.

VI.109 Stabbarren

Um 800
Höxter-Corvey, Fundstelle 163
Messing (Cu: 44 %; Sn: 0,17 %; Pb: 9,0 %; Zn: 11,5 %). – Zu beiden Enden gleichmäßig verjüngter, massiver Metallstab mit ovalem Profilquerschnitt. – L. 4,2 cm, Dm. 0,31–0,8 cm.
Höxter, Stadtarchäologie, Inv.Nr. C 163/1

Als Ausgangsmaterial für die Herstellung von Schmuck, Gebrauchsgerät und Bewaffnung diente dem mittelalterlichen Metallhandwerker Rohmetall (Kupfer, Blei, Messing und Edelmetalle) u. a. in Form von stab- oder kuchenförmigen Barren. Die sog. Stabbarren wurden einerseits wohl direkt am Verhüttungsplatz in der Nähe der Erzlagerstätte hergestellt, andererseits kommt eine Produktion dieser Barren aus Altmetall im Bereich einer Werkstatt in Betracht. Eine Form zur Herstellung dieser Barren blieb im Fund vom Mästermyr erhalten (vgl. Kat.Nr. VI.128). Die lange, schlanke Form und ein relativ kleiner Profilquerschnitt der Stabbarren gestatten das Abtrennen auch kleinerer Rohmetallmengen.

VI.106, 114

Der vorliegende Barren stammt aus der karolingischen Klosterwerkstatt von Corvey.

Stephan 1994. – Krabath, in Vorbereitung, Kat.Nr. XLI.10.

S.Kr.

VI.110 Stabbarren (?)

Frühes 9.–11. Jahrhundert
Höxter, Posthof an der Weserstraße (Fundortnr. 222)
Blei (Pb 99 %; Sn: 0,01 %). – Metallstab mit ungleichmäßig trapezförmigem Profilquerschnitt, Enden abgerundet. – Patiniert, durch Brandeinwirkung z. T. verlagerte Oberfläche. – L. 14,4 cm, B. 1,8–2,2 cm, D. 1,0–1,1 cm, Gew. 244,32 g.
Höxter, Stadtarchäologie, Inv.Nr. Hx 222/1027

Der Barren stammt aus der Verfüllung eines mit Stein ausgekleideten Grubenhauses in der Nähe des Brückenmarkts von Höxter. Vielleicht gelangte er über den bei Höxter die Weser kreuzenden Hellweg aus dem Harz (?) in das Weserbergland.

Grothe 1995/1996, 49, Abb. 4.8. – Krabath, in Vorbereitung. Kat.Nr. XLI.1.

S.Kr.

VI.109, 110

VI.111 Tiegel aus Soest (Kopie)

(s. Abb. S. 393)

Feuerfeste Keramik. – Offener Zementationstiegel zur Herstellung von Messing aus Kupfermetall, Zinkerz und Holzkohle. Die zylindrische Innenform gleicht den Formen aus Kückshausen und Dortmund (Kat.Nrn. VI.112 u. VI.114), während die leicht bauchige Außenform und der halbkugelige Boden typisch für Soest sind. Auch hier wurden gemeinsam mit den Tiegelscherben zahl-

reiche glasige Schlacken gefunden. – a) H. 13,5 cm, Dm. 6 cm; b) H. 3 cm, Dm. 5,5 cm.
Soest, Stadtarchäologie, Inv.Nrn. SO-Pb Re 1–2; SO-Pb F 288

Unveröffentlicht.

T.R.

VI.112 Tiegel

(ohne Abb.)
9. Jahrhundert
Kückshausen, Gem. Westhofen (Kr. Unna)
Keramik. – Die Tiegel stammen aus einem umfangreichen Fundkomplex sehr einheitlicher Tiegel, von denen auffallend oft die Bodenplatte von den Seitenfragmenten abgebrochen ist. Eines der Exemplare ist leicht verdrückt, vermutlich durch Festhalten mit der Zange im heißen Zustand. – H. 8 cm, Dm. 7 cm.
Schwerte, Ruhrtalmuseum, Inv.Nr. WKÜ

Unveröffentlicht.

S.Kr.

VI.113 Tiegel

8./9. Jahrhundert
Höxter-Corvey, Klosterwerkstätten (Fundstelle 163)

VI.113

Keramik, im Bodenbereich ein Stein anhaftend. – Gerissen, in zwei Fragmente gebrochen. – H. 4,3 cm, Dm. 4 cm.
Höxter, Stadtarchäologie

Der Tiegel lag zusammen mit Schlacken, Schmelzresten, Ofensinter, Schnittabfällen und Drähten in der Nähe eines Schmelzofens.

Stephan 1994, 213, Abb. 7 u. 8.1. – Krabath, in Vorbereitung.

S.Kr.

VI.114 Tiegel (Tiegelfragmente)

9.–11. Jahrhundert
Dortmund-Adlerturm
Feuerfeste Keramik. – Offene Zementationstiegel zur Herstellung von Messing aus Kupfermetall, Zinkerz und Holzkohle. – Es lassen sich zwei unterschiedlich hohe zylindrische Tiegelformen rekonstruieren. – H. 15 cm.
Dortmund, Museum für Kunst und Kulturgeschichte

Die Standardisierung der Formen und die große Menge der gefundenen Scherben belegen eine Massenherstellung von Messing. Gemeinsam mit den Scherben wurden große Mengen an glasigen Schlacken gefunden.

Unveröffentlicht.

T.R.

VI.115 Tiegelzange

7. Jahrhundert
Wallanlage auf dem Gaulskopf bei Warburg-Ossendorf (Kr. Höxter)
Eisen, geschmiedet. – Verbogen, korrodiert. – L. 12,9 cm, BackenL. 1,7 cm.
Münster, Westfälisches Museum für Archäologie

Umfangreiche Funde von Produktionsabfällen, dem Halbfertigprodukt einer Riemenzunge und Werkzeugen (Kat.Nrn. VI.119–120) weisen auf die Tätigkeit eines Feinschmieds im Bereich der sächsischen Wallanlage Gaulskopf hin. Die auf Federdruck wirkende Zange wurde verwendet, um Tiegel beim Guß festhalten zu können. Dieser Zangentyp war während des frühen und ho-

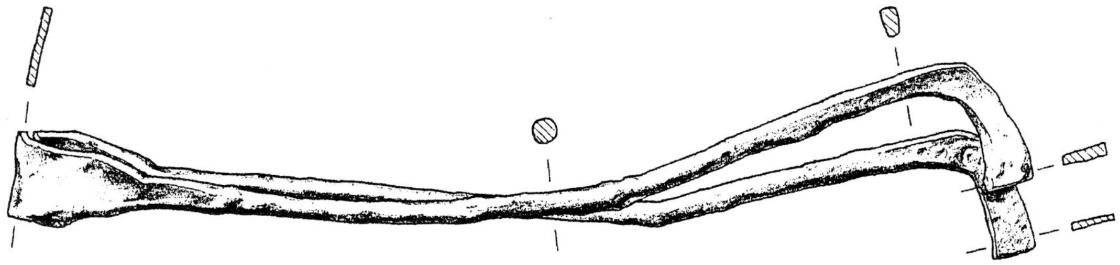

VI.115

hen Mittelalters in Mittel- und Nordeuropa weit verbreitet.

Heindel 1993. – Best 1997, 174, Abb. 11.7.

S.Kr.

VI.116 Zange

(s. Abb. S. 393)

10. Jahrhundert
Soest, Burgtheaterparkplatz, Befund 64
Eisen, geschmiedet. – L. 13,8 cm.
Soest, Stadtarchäologie, Inv.Nr. 94/64

Die Zange stammt aus der Verfüllung eines Grubenhauses. Sie besitzt vierkantige Griffe, die durch einen Eisenniet verbunden sind, und gerundete Backen mit planen Innenseiten. Wegen ihrer vergleichsweise geringen Größe und der Form ihrer Arbeitsflächen wird sie wohl zum Halten kleinerer Werkstücke oder als Plombenzange gedient haben.

Melzer 1995, 14 Abb. 14. – Melzer 1995/1996, 19 Abb. 12. – Zu zeitgenössischen Zangen vgl. Müller-Wille 1977 u. Heindel 1993.

D.L.

VI.117 Zange

6. Jahrhundert
Beckum (Kr. Warendorf), Gräberfeld an der Hammer Straße, Grab 65
Eisen, geschmiedet. – Zweigliedrige Zange mit leicht asymmetrisch ausgeführten Backen, korrodiert. – L. 41,6 cm, B. 3,8 cm.
Münster, Westfälisches Museum für Archäologie

In der kleinen Nekropole von Beckum wurde das Grab eines Mannes mit einer durchschnittlichen Ausstattung in Form von Trachtbestandteilen (Bronzeschnalle), Waffen (kleiner Sax, Lanzenspitze), einem Gefäß u. a. ausgestattet. Die beigegebenen Werkzeuge (Schmiedezange, Schnellwaage, Gewicht, Stichel?) kennzeichnen den Toten als Schmied, der sowohl grobe als auch feine Gegenstände gearbeitet haben mag. Die vorliegende Zange wurde mutmaßlich zum Halten eines Werkstücks während des Schmiedevorgangs eingesetzt.

Winkelmann 1984b.

S.Kr.

VI.118 Spitzzange

Frühmittelalterlich
Ostbevern-Schirl (Kr. Warendorf)
Eisen, geschmiedet. – Spitz ausgeschmiedete Backen. – Korrodiert, ein Schenkel abgebrochen, urspr. wohl vorhandene Spannvorrichtung fehlt. – L. 13 cm, B. 2,5 cm.
Münster, Westfälisches Museum für Archäologie, FNr. 144

Spitzzangen dienten zum Halten kleinerer Werkstücke während der Bearbeitung. Die wohl ausgebrochene Öse am Ende eines Schenkels diente mutmaßlich zur Aufnahme einer Spannvorrichtung, die es gestattete, den zu bearbeitenden Gegenstand dauerhaft und ohne großen Kraftaufwand zu halten.

Unveröffentlicht.

S.Kr.

VI.119 Flachmeißel (?)

7. Jahrhundert (?)
Wallanlage auf dem Gaulskopf bei Warburg-Ossendorf (Kr. Höxter)
Eisen, geschmiedet. – Annähernd quadratischer Profilquerschnitt des Schaftes, gerade Arbeitsfläche mit relativ geringem Keilwinkel

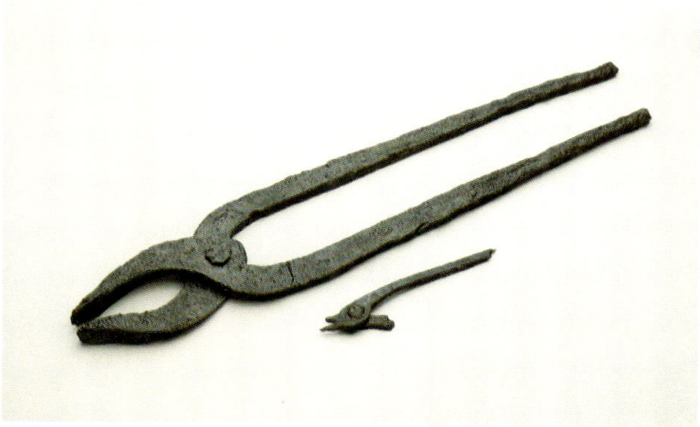

VI.117, 118

VI.119

der Schneide. – Korrodiert, deutliche Gebrauchsspuren am Kopf erkennbar. – L. 6,3 cm.
Münster, Westfälisches Museum für Archäologie

Best 1997, 174, Abb. 11.6.

S.Kr.

VI.120 Flachmeißel

7. Jahrhundert
Wallanlage auf dem Gaulskopf bei Warburg-Ossendorf (Kr. Höxter)
Eisen, geschmiedet. – Rechteckiger Schaft mit abgefasten Kanten, zur Schneide gleichmäßig verjüngt, Schneide wohl angeschliffen. – Korrodiert, deutliche Gebrauchsspuren. – L. 4,8 cm, Schneide L. 0,6 cm.
Münster, Westfälisches Museum für Archäologie

Meißel gehören zu den spanenden Werkzeugen, die mit Hilfe eines Hammers gegen das Werkstück getrieben werden. Je nach Größe des Werkzeugs werden Meißel zum Abtrennen (Schroten) von Metallstücken, zum Spalten und Aushauen von Werkstoffen verwendet.

Best 1997, 174, Abb. 11.5.

S.Kr.

VI.121 Einsteckamboß *(s. Abb. S. 398)*

9./10. Jahrhundert
Ostbevern-Schirl (Kr. Warendorf)
Eisen, geschmiedet. – Bahnen zur Spitze leicht divergierend, rechteckiger Profilquerschnitt. – Korrodiert. – L. 11,1 cm, max. B. 3,6 cm.
Münster, Westfälisches Museum für Archäologie, F.Nr. 18

VI.120

Das vorliegende Werkzeug diente als Schmiedeunterlage und konnte mit seinem Dorn in einem Holzklotz arretiert werden.

Unveröffentlicht.

S.Kr.

VI.122 Stichel (?)

6. Jahrhundert
Beckum (Kr. Warendorf), Gräberfeld an der Hammer Straße, Grab 65
Eisen, geschmiedet. – Stab mit rechteckigem Profilquerschnitt, ein Ende zugespitzt das andere flach ausgeschmiedet und zu einer Öse gebogen. – Korrodiert. – L. 11,8 cm.
Münster, Westfälisches Museum für Archäologie

VI.121

Stichel dienen zum Gravieren von Ornamenten in einem relativ weichen Werkstoff. Die zugespitzten Arbeitsflächen heben während des Arbeitsvorgangs einen Span ab.

Capelle 1979. – Winkelmann 1984b.

S.Kr.

VI.122

VI.123

VI.123 Schlichthammer

7. Jahrhundert
Beckum (Kr. Warendorf), Gräberfeld an der Hammerstraße, Grab 65
Eisen, geschmiedet. – Hammerkopf mit rechteckigem Profilquerschnitt, am Öhr leicht verstärkt, Bahn ebenfalls rechteckig und mäßig gewölbt. – Korrodiert, deutliche Gebrauchsspuren. – L. 14,5 cm, Bahn B. 2,2 cm, Gew. 326,5 g.
Münster, Westfälisches Museum für Archäologie

Bei der Herstellung von Gefäßen und anderen plastischen Formen aus Blech dienen Hämmer mit leicht gewölbten Arbeitsflächen zum Planieren des Werkstücks auf einem glatten Stahlamboß.

Capelle 1979. – Winkelmann 1984b.

S.Kr.

VI.124 Kleiner Feinhammer

Ende 9. Jahrhundert
Ostbevern-Schirl (Kr. Warendorf)
Eisen, geschmiedet. – Rechteckiger Profilquerschnitt, spitz zulaufende Finne, langovales Öhr leicht deformiert. – Korrodiert. – H. 1,9 cm, L. 5,7 cm.
Münster, Westfälisches Museum für Archäologie, F.Nr. 14

Unveröffentlicht.

S.Kr.

VI.124

chen Siedlung bzw. einem Gehöft gehörte. Er weist an beiden Schmalseiten sowie auf einer Breitseite tiefe Kratzspuren auf, die von der Benutzung des Steins zeugen. Probiersteine dienten Handwerkern und Händlern zur Bestimmung des Edelmetallgehaltes von Münzen und Schmuckstücken (vgl. Kat.Nr. VI.93). Eine Probe unbekannter Zusammensetzung wurde auf dem Stein abgestrichen. Der dabei entstandene Strich konnte mit einem weiteren Abstrich bekannter Zusammensetzung (Probiernadel) visuell verglichen werden.

Unveröffentlicht. – Zu Formen und Funktion von Probiersteinen vgl. Löhr 1985 u. Moesta 1986, 129–132.

D.L.

VI.125 Probierstein

(s. Abb. S. 393)

9./10. Jahrhundert
Soest, Kloster Paradiese, Befund 85
Schiefer. – Ein Ende abgebrochen, auf der anderen Seite konisch durchbohrt. – H. 0,8 cm, erh. L. 8,3 cm, B. 1,2 cm.
Soest, Stadtarchäologie Soest, Inv.Nr. KP 607

Der Probierstein wurde zusammen mit Buntmetallschlacken in einer Grube gefunden, die zu einer ländli-

VI.126 Schnellwaage und Gewicht

7. Jahrhundert
Beckum (Kr. Warendorf), Gräberfeld an der Hammer Straße, Grab 65
Schnellwaage, bestehend aus einem Balken, einem Gewicht und einer Schale. – Aufhängung fehlt, korrodiert. – a) Balken: Bronze. – Rechteckiger Profilquerschnitt und mitgegossene Ösen zur Aufnahme einer Handhabe und der Befestigung einer Schale, im län-

VI.126

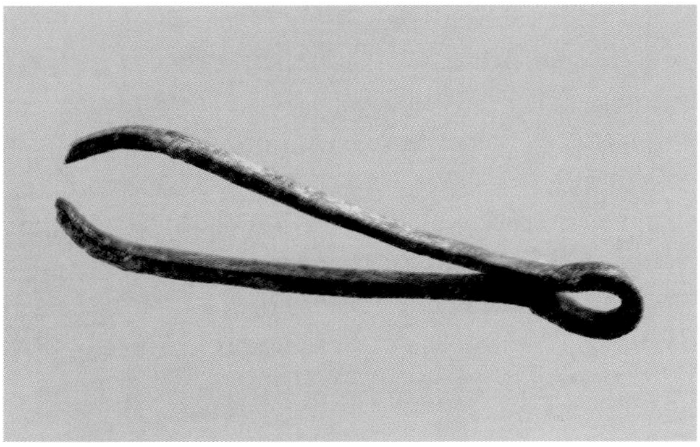

VI.127

geren Balkenabschnitt erkennbare Kerben, über die das Laufgewicht geschoben werden konnte. – BalkenL. 15 cm. – b) Gewicht: Bronze. – Flach-zylinderförmig, Öse mitgegossen. – D. 1,5 cm, Dm. 4,5 cm, Gew. 5,85 g. – c) Schale: Kupferlegierung, leicht gewölbt getrieben. – Im Randbereich drei Löcher zur Befestigung. – Dm. 3,7 cm.
Münster, Westfälisches Museum für Archäologie

Frühmittelalterliche Schnellwaagen gehen auf römische Vorbilder zurück. Der Metallhandwerker benötigte sie zum Abwiegen von Edelmetallen und Kupferlegierungen, für die Bereitung von Legierungen oder zur Bestimmung der verarbeiteten Masse von wertvollen Metallen.

Capelle 1979. – Winkelmann 1984b.

S.Kr.

VI.127 Pinzette

Um 1000
Höxter, Grubestr. 2, Fundortnr. 39
Kupferlegierung. – Gebogener Blechstreifen mit flachrechteckigem Profilquerschnitt, Bügel oval, Schenkel lang geschweift, Arbeitsflächen spitz angeschliffen. – Leicht korrodiert. – L. 5,3 cm, B. 0,4 cm, BlechD. 0,16 cm.
Höxter, Stadtarchäologie, Inv.Nr. HX-M-27/88

Die Pinzette stammt aus einem Areal, das vom frühen bis zum späten Mittelalter durch eisen- und buntmetallverarbeitendes Gewerbe genutzt wurde. In der Grubenverfüllung konnte neben Schlacken auch eine Scheibenfibel geborgen werden. Möglicherweise kann der Befund als Arbeitsplatz eines Metallhandwerkers angesehen werden. Eine vergleichbare Pinzette wurde im Bereich einer metallverarbeitenden Werkstatt in Trondheim (Norwegen) gefunden.

Theobald 1933. – Bergquist 1989, Abb. 17. – Stefan Krabath, in Vorbereitung, Kat.Nr. XLVII.3.

S.Kr.

VI.128 Werkzeugkasten

Um 1000
Mästermyr (Moor), Kirchspiel Sproge (Gotland, Schweden)
Kasten: Eiche. – H. 24 cm, L. 89 cm, B. 26 cm. – Werkzeuge: a) Feile: L. 21,6 cm, B. 0,8–1,1 cm, D. 0,5–0,9 cm. – Inv.Nr. 21592, 32. – b) Säge: L. 24 cm, B. 3,6 cm, D. max. 0,25 cm. – Inv.Nr. 21592,36. – c) Zange: L. 56 cm, B. 10 cm, D. 3,2 cm. – Inv.Nr. 21592, 44. – d) Hammer: L. 16,6 cm, B. 2,9 cm, D. 3,8 cm. – Inv.Nr. 65. – e) Treibhammer: L. 14,8 cm, B. 3 cm, D. 2,1 cm. – Inv.Nr. 21592. – f) Nageleisen: L. 22,9 cm, B. 1,9–3,8 cm, D. 2,1 cm. – Inv.Nr. 21592, 86. – Die ausgestellten Werkzeuge sind nur zum Teil mit den abgebildeten identisch.
Stockholm, Statens Historiska Museum

Der mit einer Kette umwickelte Werkzeugkasten war zusammen mit einem Feuerkorb und einem Kupfereimer aus unbekannten Gründen in einem See verborgen worden.

Der ehemalige Besitzer dieses umfangreichsten Werkzeugdepots aus mittelalterlicher Zeit war in der Lage, alle geläufigen Arbeiten eines Tischlers und Schmieds auszuführen. Die Werkzeuge zur Metallverarbeitung konnten zum Schmieden grober Gegenstände, aber auch zum Treiben dünnwandiger Gefäße oder zur Herstellung kleiner Schmuckstücke eingesetzt werden. Zur Herstellung von Eisennägeln wurde ein Nageleisen benutzt, Feinschmiedetätigkeit durch kleine Hämmer, eine Dekorpunze, ein Punzkissen und dergleichen ermöglicht. Mit der Punze konnten doppelte Reihen punktierter Dreiecke erstellt werden, wie sie bei wikingerzeitlichen Schmuckstücken häufiger anzutreffen sind. Zu den Besonderheiten zählen ein Nieteisen und ein Dorn zur Fertigung von kugelförmigen Nietköpfen. Zur weiteren Ausstattung des Schmieds gehörten eine Schnellwaage, Halbfertigprodukte und Rohmetall.

Die Werkzeuge zur Holzbearbeitung (Beile, Dexel, Säge, Bohrer, Raspeln usw.) gestatteten dem Besitzer die Fertigung von Möbeln, Gefäßen und vielleicht auch von

VI.128

Booten. Hausbau und Kunstschnitzerei könnten ebenfalls zu seinen Aufgabenfeldern gehört haben.

Arwidsson/Berg 1983. – Thålin-Bergman 1983. – Kat. Berlin 1992, Nr. 95 (Lena Thålin-Bergman).

S.Kr.

VI.129 Zieheisen

9./10. Jahrhundert
Menzlin (Kr. Ostvorpommern)
Eisen. – Stab mit rundem Profilquerschnitt, etwa 2/3 muldenförmig eingetieft und mit fünf runden, konischen Löchern (sog. Hole) versehen, Einschlagspitze flachrechteckig. – L. 5,9 cm, Löcher Dm. 0,2–0,3 cm.
Schwerin, Archäologisches Landesmuseum Mecklenburg-Vorpommern, Inv.Nr. IV/69/283

Die in ihrer Form und Größe stark variierenden Zieheisen sind seit der Latènezeit bekannt. Sie dienten u. a. zur Herstellung von Drähten mit in der Regel rundem Profilquerschnitt. Ein dünn ausgeschmiedetes Halbzeug wurde dazu durch die Hole des Eisens gezogen, wobei die verschieden kalibrierten Löcher die Stärke des Drahtes bestimmten. Bei einem Vergleich von Ziehlochgrößen

VI.129

VI.130

(0,2–0,9 cm) und Drähten (< 0,2 cm) aus archäologischen Bodenfunden werden erhebliche Unterschiede deutlich, die zu der Vermutung Anlaß geben, Zieheisen mit relativ großen Lochungen als Rückenteile von Bürsten, wozu hölzerne Parallelen überliefert sind, als Nageleisen oder als Werkzeug zur Glättung von Lederriemen zu interpretieren.

Schoknecht 1977, Taf. 40.44/10. – Jacobi 1979. – Hans Drescher, Art. Draht, in: RGA 6, 1986, 140–152. – Noerden 1991. – Heindel 1993, 353 f. – Wolters 1997.

S.Kr.

VI.130 Gußkuchen

Mitte 11. Jahrhundert
Höxter-Corvey, Grubestr. 12–16, Fundortnr. 248
Zinnbronze (Cu: 76 %; Sn: 17,6 %; Pb: 5,8 %), gegossen. – Plankonvexes, massives Metallstück mit patinierter, narbiger Oberfläche. – H. 0,37 cm, Dm. 14,8–17,2 cm, Gew. 3930 g.
Höxter, Stadtarchäologie, Inv.Nr. Hx 248/54

VI.131

Die rauhe Oberflächenstruktur der Unterseite spricht für den freien Ausguß des Metalls in ein Sandbett oder eine leicht feuchte Tonform. Diese Mulde könnte vor dem Abstichloch eines Schachtofens gelegen haben, um nach dem Abstich das flüssige Metall aufzunehmen, wie es Darstellungen im elften Buch vom Bergbau des Georg Agricola zeigen.

Wahrscheinlich wurden diese großen Barren im Fernhandel verbreitet. Einige Parallelen finden sich in einem norwegischen und einem polnischen Fund aus dem späten Mittelalter. Westlich von Kristiansand vor der norwegischen Küste und in der Ostsee vor Danzig wurden aus gesunkenen Schiffen große Mengen derartiger Barren geborgen. Unweit der Insel Helgoland fanden sich ähnliche Stücke als Relikte mittelalterlicher Kupferverhüttung.

Agricola 1556 (ed. 1977). – Smolarek 1979. – Slotta 1983. – Forshell 1992. – Krabath, in Vorbereitung, Kat.Nr. XLI.6.

S.Kr.

VI.131 Gußzapfen

Mitte 11. Jahrhundert
Höxter-Corvey, Grubestr. 12–16, Fundortnr. 248
Bronze (Cu: 77 %; Sn: 17 %; Pb: 5,8 %). – Trichterförmiger Umriß, ovaler Profilquerschnitt, Lunkerbildung an der Oberseite erkennbar. – L. 3 cm, B. 2,4 cm.
Höxter, Stadtarchäologie, Inv.Nr. Hx 248/21

Der Zapfen stellt den metallgefüllten Einguß einer sog. verlorenen Form dar und wurde vom fertigen Gußstück unbekannter Funktion und Gestalt abgeschlagen. Der Fund konnte in der Verfüllung eines steinernen Grubenhauses geborgen werden, das als Gießerei gedient hatte.

Grothe 1995/1996, 53–56. – Krabath, in Vorbereitung, Kat.Nr. XLV.1.

S.Kr.

VI.132 Gießformfragmente

8./9. Jahrhundert
Ribe/Dänemark
Ton, gemagert mit Sand, Glimmer und organischem Material. – L. 5–15 cm, B. 3–7 cm.
Ribe, Den Antikvariske Samling, Inv.Nrn. D 6997; D 10469; ASR x57; ASR x63

VI.132

In der Innenstadt von Ribe konnten bei archäologischen Untersuchungen 300 Fragmente von Schmelztiegeln und rund 10 000 Fragmente von zwei- und dreiteiligen Gießformen geborgen werden. Zu den in verlorener Form gegossenen Fertigprodukten zählen verschiedenartige Fibeln, Kästchenbestandteile und Schlüssel. Vermutlich wurden Fibeln aus Mykklebostad in Norwegen, Neble auf Seeland, Birka und Kaupang in Ribe hergestellt.

Bencard 1979. – Brinch Madsen 1984. – Jensen 1991. – Kat. Leeuwarden 1996, Nr. 72.

S.Kr.

VI.133 Gußform

Dortmund, 9. Jahrhundert
Ton, hart gebrannt. – Graubraun, Rückseite fast plan, auf der Vorderseite befindet sich das Negativ einer Kreuzemailfibel mit Ausgußrinne (Gußkanal). – Unvollständig. – Max. L. 3,7 cm, B. 3 cm, D. 0,5 cm.

Dortmund, Museum für Kunst und Kulturgeschichte, Inv.Nr. 417/Befund 10

Es handelt sich um das Fragment einer zur gleichzeitigen Herstellung mehrerer Fibeln gefertigten Gußform. Vor-

VI.133

handen sind ein vollständiges Negativ einer Kreuzemailfibel mit Gußkanal sowie direkt daneben der Randteil eines weiteren Negativs. Makroskopisch sind an keiner Stelle Gießrückstände zu erkennen; allerdings sind durch starke Hitzeeinwirkung besonders im Bereich des vollständig erhaltenen Formnegativs feine Haarrisse entstanden. Die Gußform ist bislang ohne Parallele.

Unveröffentlicht.

H.B.-K.

VI.134 Gießform für Anhänger und Perlen

Um 800
Emsen, Gem. Rosengarten (Kr. Harburg)
Feinkörmiger Quarzit. – Pyramidenstumpfförmig, auf drei Seiten sind die negativen Formen für verschiedene Anhänger und gerippte Perlen eingegraben. – H. 5,1 cm, L. 3,8 cm, B. 2,9 cm.
Hamburg, Helms-Museum, Stiftung ö. R., Inv.Nr. 67523

Die Gießform diente zur Herstellung von Schmuck aus Weißmetall (Blei oder Zinn). In eine waagerechte Rille des Steins, oberhalb des Negativs für die halbkreisförmigen Anhänger mit triangulären Spitzen, konnte ein Metallstift so eingelegt werden, daß beim Guß eine Öse ausgespart wurde. Die Gießkammer wurde zusätzlich mit einer planen Steinplatte abdeckt. Das Perlennegativ auf der anderen Formseite wurde wahrscheinlich mit einer zweiten (heute verlorenen) Formhälfte abgedeckt, um einen runden Profilquerschnitt des Schmuckstücks zu erhalten.

VI.134

VI.135

Drescher 1955. – Drescher 1978. – Drescher 1983. – Kat. Hamburg 1987, Nr. 86 (Hans Drescher).

S.Kr.

VI.135 Nachgüsse aus der Gießform von Emsen

Ausführung: Hans Drescher, Hamburg-Harburg, 1990
Weißmetall
Hamburg, Helms-Museum, Stiftung ö. R.

Die fertigen Schmuckstücke imitieren Zierat aus edlerem Metall wie z. B. Silber. Ihre Vorbilder bestehen unter anderem aus Silberdraht und wurden den Toten auf den Gräberfeldern in der Umgebung von Emsen als Ausstattung mit ins Grab gelegt.

Drescher 1955. – Drescher 1978. – Drescher 1983. – Kat. Hamburg 1987, Nr. 86 (Hans Drescher).

S.Kr.

VI.136 Gießform

Hochmittelalterlich
Ulm, Münsterplatz
Stein. – Flachrechteckige Platte mit abgerundeten Kanten, auf einer Seite kissenförmiges Negativ mit Eingußtrichter ausgearbeitet. – H. 4,8 cm, B. 6,1 cm, max. Dm. 1,3 cm.

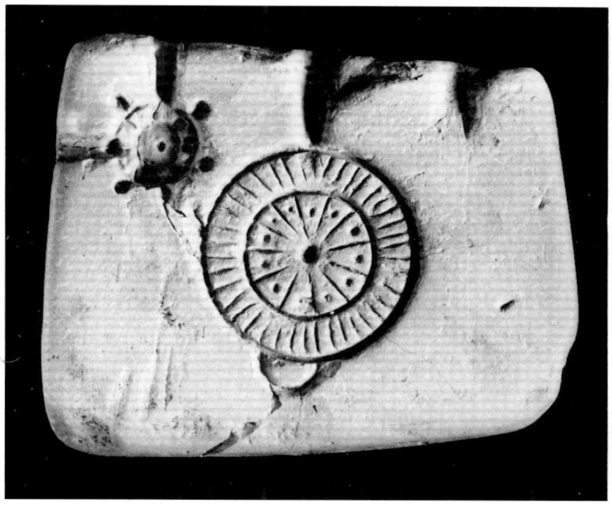

VI.136 Vorderseite

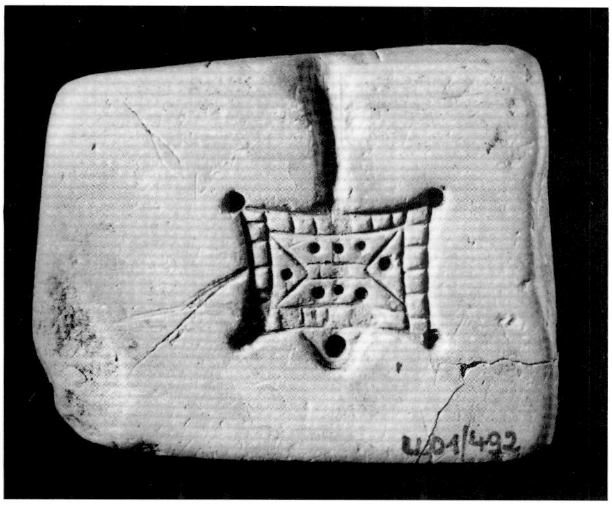

VI.136 Rückseite

Konstanz, Archäologisches Landesmuseum Baden-Württemberg, Außenstelle Konstanz, Inv.Nr. U01/492

In der Gießform konnten kissenförmige Schmuckanhänger aus Weißmetall gegossen werden.

Oexle 1991, 23 Abb. 20.

S.Kr.

VI.137 Punzkissen

(s. Abb. S. 406)

9./10. Jahrhundert
Mainz, Löhrstraße
Blei. – Außenrand mehrfach eingerissen, korrodiert. – D. 0,13 cm, Dm. 6,24 cm.
Mainz, Sammlung Schmieg

Das Blech weist beidseitig Abdrücke von Punzen in Form von „Leiterbändern" auf, die von einem Musterrädchen stammen könnten.

Kat. Hildesheim 1993, Nr. IV-12 (Egon Wamers). – Wamers 1994, Nr. 287.

S.Kr.

VI.138 Punzkissen

(s. Abb. S. 406)

9.–11. Jahrhundert
Mainz, Löhrstraße
Blei. – Annähernd runde Blechscheibe mit kreisförmigen Punzabdrücken auf der Vorderseite. – Stark korrodiert. – D. 0,3 cm, Dm. 4,2 cm.
Wiesbaden, Sammlung Dengler, Inv.Nr. H II/288

Dem frühmittelalterlichen Feinschmied dienten weiche Bleiplatten bei der plastischen Ziselierung und Punzierung von Blechen als Unterlage. Eine flexible Unterlage aus Blei, Holz oder Wachs gestattet im Gegensatz zu härteren Materialien die Herausarbeitung von Mustern im Werkstück, da dieses plastisch ausgearbeitet wird und sich mit nur geringem Widerstand im Punzkissen abdrücken kann. Die auch auf Scheibenfibeln verwendeten Dekore auf dem Punzkissen gestatten eine zeitliche Einordnung in den Zeitraum vom 9. bis 11. Jahrhundert.

Kat. Hildesheim 1993, Nr. IV-12 (Egon Wamers). – Wamers 1994, Nr. 288.

S.Kr.

VI.139 Lötmaterial

Frühmittelalterlich
Mainz, Löhrstraße
Blei. – Ovale Scheibe aus Weißmetall mit mehreren unregelmäßig angebrachten Schrammen auf einer Seite. – 3,1 x 2,8 cm, D. 0,8 cm, Gew. 38,6 g.
Wiesbaden, Sammlung Dengler, Inv.Nr. H II/268

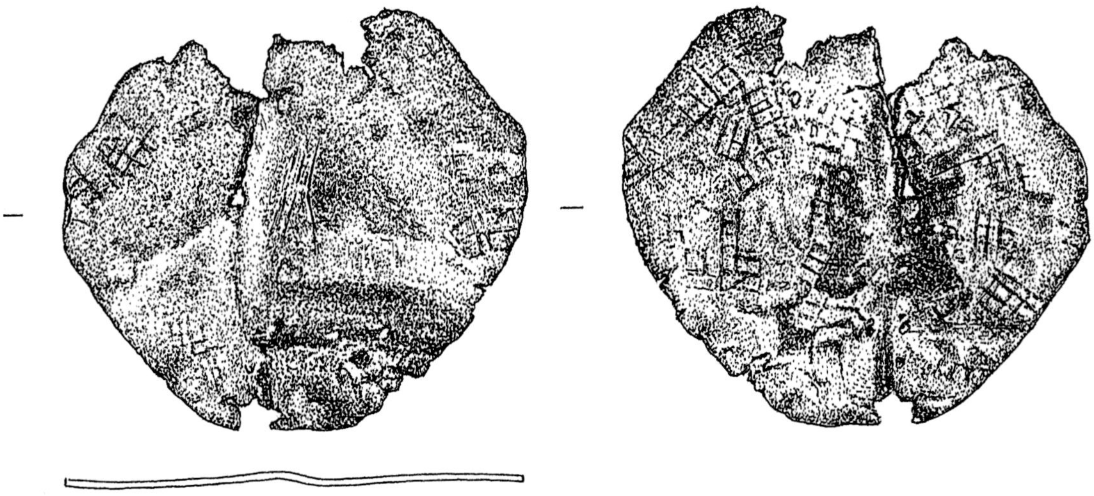

VI.137

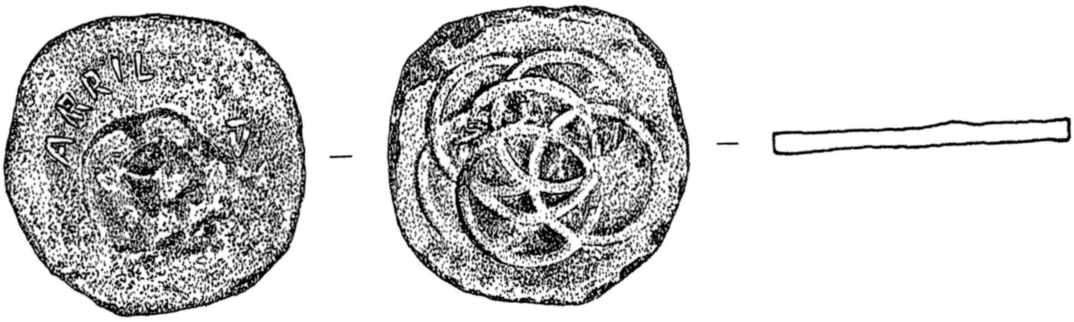

VI.138

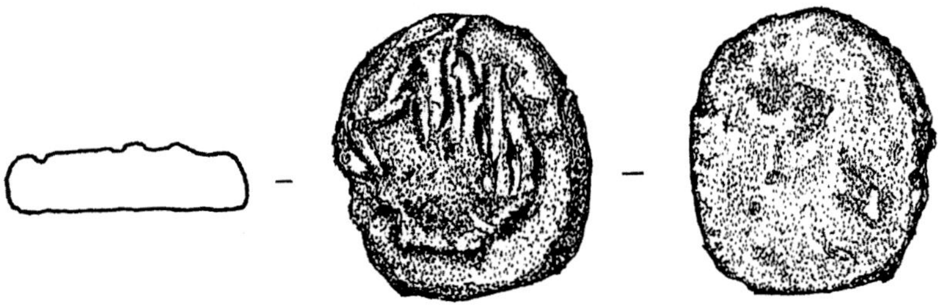

VI.139

Die Streifspuren auf der Oberseite können von einer Materialentnahme mit einem heißen Löteisen herrühren, wie es der Fund vom Mästermyr (vgl. Kat.Nr. VI.128) enthält.

Kat. Hildesheim 1993, Nr. IV-13 (Egon Wamers). – Wamers 1994, Nr. 268.

S.Kr.

VI.140 Formstempel

Frühmittelalterlich
Mainz, Löhrstraße
Blei, gegossen. – Muster eingeschnitten, Steg auf der Rückseite abgebrochen, konzentrisch angeordnetes Dekor aus Winkeln und rundlichen Noppen auf der Vorderseite. – D. 0,5 cm, Dm. 2,5 cm, Gew. 16,8 g.
Bodenheim, Sammlung Siebenhaar

VI.140

Im frühmittelalterlichen Mittel-, West- und Nordeuropa wurde größtenteils in zweischaligen Formen gegossen. Zuvor wurde in diesen Formen ein Modell des zu gießenden Stücks, z. B. ein fertiges Werkstück oder ein Formstempel, abgedrückt. Möglicherweise handelt es sich bei dem Mainzer Bodenfund um einen solchen Formstempel für den Guß von Kreuzemailscheibenfibeln mit winkelförmigen Armen.

Wamers 1994, Nr. 292.

S.Kr.

VI.141

VI.141 Formstempel

Frühmittelalterlich
Paderborn, Balhorner Feld
Weißmetall, gegossen, gepunzt, geschnitten. – Geometrischer Dekor auf der Vorderseite. – D. (ohne Handhabe) 0,3 cm, Dm. 2,2 cm.
Münster, Westfälisches Museum für Archäologie

Först 1999, Abb. 22.

S.Kr.

VI.142

VI.142 Model (?) für gleicharmige Fibeln

Frühmittelalterlich
Paderborn, Balhorner Feld
Blei. – Unregelmäßiger durchbrochener Block aus mehreren zusammengeschmolzenen Modeln für gleicharmige Fibeln. – H. 1,7 cm, L. 7,9 cm, B. 4,6 cm, Gew. 112 g.
Münster, Westfälisches Museum für Archäologie

Für die Interpretation der Paderborner Schmelze kommen mehrere Möglichkeiten in Betracht. Beim Guß in verlorener Form konnte entweder ein schon vorhandenes Schmuckstück in Ton abgeformt werden, oder das Mo-

VI.143

VI.144

del eines neu zu fertigenden Gegenstands wurde aus weichen und damit gut zu gestaltenden Materialien wie Holz, Blei oder Wachs gefertigt. Dieses Model konnte dann in Ton abgeformt und anschließend gegossen werden. Möglicherweise stellen die Fibeln aus Blei aber auch eine für den Verkauf bestimmte billigere Alternative zu Exemplaren aus Kupferlegierungen oder Edelmetallen dar.

Unveröffentlicht. – Vgl. Wamers 1994, 167.

S.Kr.

VI.143 Halbfabrikat einer Fibel

9. Jahrhundert
Mainz, Löhrstraße
Zinn, gegossen. – Runde Grundform mit vier trapezförmig angebrachten Rundeln am Außenrand, geometrischer Dekor aus Punktbuckeln auf der Schauseite, Gußgrate am Außenrand und auf der Rückseite, Reste eines abgetrennten Gußtrichters. – D. 0,13 cm, Dm. 2 cm.
Mainz, Landesmuseum Mainz, Inv.Nr. A1994,1

Die Fibel repräsentiert einen in Mittel- und Westeuropa während des 9. Jahrhunderts häufig vorkommenden Typus. Das Halbfertigprodukt aus Weißmetall belegt im Vergleich zu Ausführungen in Edelmetall oder einer Kupferlegierung die Produktion von kostengünstigen Fibeln in der Ufersiedlung von Mainz.

Kat. Hildesheim 1993, Nr. IV-14 (Egon Wamers). – Wamers 1994, Nr. 298.

S.Kr.

VI.144 Rohguß eines Messingzierstücks

Mitte – 2. Hälfte 10. Jahrhundert
Mainz, Löhrstraße
Messing (Cu: 71,75 %; Zn: 27,91 %), massiv gegossen. – Langschmales Zierstück mit abgeflachten Enden und mitgegossener reliefierter Oberfläche in Form stilisierter zurückblickender, einander zugewandter Vogelpaare, Gußoberfläche nicht nachgearbeitet. – L. 10,6 cm, B. 1,9 cm, D. 0,5 cm.
Frankfurt a.M., Museum für Vor- und Frühgeschichte, Inv.-Nr. 85,86

Stilistisch zeigt das Halbfertigprodukt deutliche Verwandtschaft zu Werken des Winchesterstils, die nach einer benediktinischen Reformbewegung in Südengland entstanden. Ihr Ursprung liegt in der karolingisch-ottonischen Ornamentik.

Kat. Hildesheim 1993, Nr. V-48 (Egon Wamers). – Wamers 1994, Nr. 299.

S.Kr.

VI.145 Rohguß einer Riemenzunge

9. Jahrhundert
Karlburg, Stadt Karlstadt (Main-Spessart-Kr.)
Kupferlegierung. – Ein gerundetes Ende mit ovalem, geripptem Fortsatz, das andere alt abgebrochen, beidseitig nach dem Guß unversäuberte Kerbschnittverzierung. – Erh. L. 4,6 cm, B. 1,4 cm, D. 0,4 cm.
Karlstadt, Stadtgeschichte-Museum, Inv.Nr. AAK 05/99

Als Rohgüsse werden aus der Form entnommene Gegenstände mit noch anhaftender Gußhaut, Graten und dem Einguß bezeichnet. Erst durch Überfeilen und gegebenenfalls durch Politur erhält das Gußstück ein 'wohlgefälliges' Aussehen. Ein gut mit der stilisierten Tierornamentik auf der Karlburger Riemenzunge vergleichbarer Bodenfund von Schouwen (Niederlande) deutet die Verbreitung in Karlburg produzierter Trachtbestandteile in die westlichen und nördlichen Teile Europas an. Sie wurden häufig als Begleitfracht der Haupthandelsgüter mittransportiert.

Ettel/Rödel 1992, 297–318, Abb. 13.3.

S.Kr.

VI.146 Kreuzförmige Fibel

Um 800
Münster, Domburg
Kupferlegierung. – Kerbschnittverzierung, kreuzförmig, rhombisches Zentrum mit Mittelbuckel, ankerförmige Arme und lange schmale Fortsätze zwischen den Armen. – H. 3,3 cm, B. 3,2 cm.
Münster, Domkammer der Kathedralkirche St. Paulus, Inv.Nr. O.Fv. 1

Die Fibel zählt mit dem Exemplar aus Zellingen (Main-Spessart-Kreis) (Kat.Nr. VI.147) und zwei Stücken aus Trier und Mainz zu einer kleinen Formengruppe, die wahrscheinlich in einer Werkstatt gefertigt wurde. Trotz hoher Übereinstimmung des Kerbschnitts wurden die Fibeln wohl nicht nach demselben Modell gegossen.

Winkelmann 1984c. – Winkelmann 1987. – Frick 1992/1993. – Wamers 1994.

S.Kr.

VI.145 Vorder- u. Rückseite

VI.147 Kreuzförmige Fibel

Um 800
Zellingen (Mainz-Spessart-Kreis)
Kupferlegierung. – Kerbschnittverzierung, kreuzförmig, rhombisches Zentrum mit Mittelbuckel, ankerförmige Arme und lange schmale Fortsätze zwischen den Armen, Rückseite konkav geformt. – Ein Kreuzarm, Nadel und Nadelrast abgebrochen. – H. 3,3 cm, B. 3,2 cm, D. 0,5 cm.
Karlstadt, Stadtgeschichte-Museum, Inv.Nr. AAK 04/99

Kat. Würzburg 1992, 296 Farbabb. 31, 33; 333 Abb. 21.4. – Frick 1992/1993.

S.Kr.

VI.146, 147

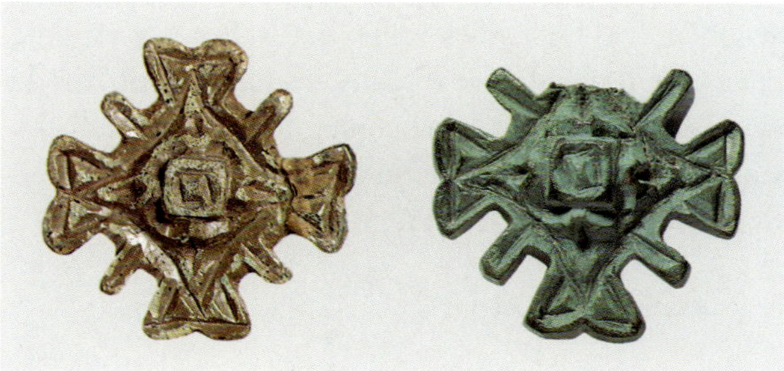

Die karolingisch-ottonischen Fibeln aus Westfalen

VI.148 Kreuzfibel

2. Hälfte 9. Jahrhundert
Erwitte, Bad Westernkotten (Kr. Soest), Ortswüstung Hocelhem
Buntmetallegierung, gegossen. – Öse des Nadelhalters mit Drahtrest einer Eisennadel. – Schmelzeinlage ausgefallen. – D. 0,6 cm, Dm. 1,8 cm.
Dortmund, Sammlung Skrzypek

An den Ecken einer Raute setzen vier rundliche Kreuzarme an, die jeweils muldenförmige Vertiefungen (ca. 0,35 cm Durchmesser) zur Aufnahme einer Schmelzmasse aufweisen. Der Mittelbereich der Fibel ist durch eine ebensolche Grube von 0,5 cm Durchmesser hervorgehoben. Wohl nicht beabsichtigt, sondern bedingt durch geringes handwerkliches Geschick, ist der untere Kreuzarm schräg verzerrt zu den Symmetrieachsen der Fibel angeordnet.

Unveröffentlicht.

R.B.

VI.149 Kreuzfibel

9. Jahrhundert
Kamen-Westick (Kr. Unna)
Buntmetallegierung, gegossen. – Eisenoxidreste einer Eisennadel zwischen den Gußlappen des doppellappigen Nadelhalters. – L. 2,74 bzw. 2,79 cm, D. 0,45 cm.
Kamen, Sammlung Neumann

Die dreieckigen Enden der Kreuzarme sind mit jeweils drei und die Innenecken der Kreuzarme mit insgesamt vier gegossenen Perlnoppen besetzt. Das Zentrum der Kreuzfibel ist durch einen weiteren Gußnoppen hervorgehoben. Das Fundstück weist eine 'waffelartig' strukturierte Oberfläche auf. Sie wird u. a. dadurch erzielt, daß die einzelnen Noppen untereinander durch parallel, rechtwinklig und diagonal zur Nadelachse verlaufende Stegrippen miteinander verbunden sind.

Eggenstein 1996, 26, Abb. 11.

R.B.

VI.150 Rautenförmige Kreuzfibel

9. Jahrhundert
Paderborn, Balhorner Feld
Buntmetallegierung, gegossen. – Verschiedenfarbig gefärbter Zellenschmelz. – Eisenoxidspuren in der Umgebung des Nadelhalters. – L./B. 2,08 bzw. 2,20 cm, Fibelplatte D. 0,24 cm, D. (mit Nadelhalter) 0,59 cm.
Münster, Westfälisches Museum für Archäologie

Das runde Innenfeld ist durch drei U- bis V-förmig gebogene, eingesetzte Stege in Form eines dreiblättrigen Kleeblatts gegliedert. Das Email der Zwickelzellen ist u. a. orangerot und graugrün, das des Dreipasses u. a. elfenbeinfarbig und reinweiß gefärbt. Die Dreipaßspitzen sind durch Feilkerben und -facetten strukturiert.

Först 1992a.

R.B.

VI.151 Zellenemailfibel

9. Jahrhundert
Welver-Vellinghausen (Kr. Soest)
Buntmetallegierung, gegossen; Grundlehm. – Stegwerk bis auf einen fraglichen Rest ausgefallen. – Fibelplatte D. 0,33 cm, D. mit Nadelrast 0,79 cm, Dm. 1,80 cm.
Bergkamen, Sammlung A. Ernst

Die Fibel unterscheidet sich durch den wulstförmigen, breiten Rand von den Kat.Nrn. VI.152 und VI.153. Aufgrund der fortgeschrittenen Zerstörung des Fundstücks aus Welver-Vellinghausen ist der Aufbau der Fibelplatte erkennbar: Der schalenartige Gußrohling (vgl. Kat.Nr. VI.155) ist an seinem Grund mit einem Lehm ausgekleidet worden, der später beim Brennen des Emails braun verziegelt worden ist. In den noch feuchten bzw. halbplastischen Zustand des Grundlehms sind vier Buntmetallblechstreifen eingepreßt worden, von denen die Abdrücke auf der keramischen Platte deutlich sichtbar sind. Infolge dieser Abdrücke kann als Motiv der Zellenemailscheibenfibel ein gleicharmiges Kreuz mit sich zum Rand verbreiternden Kreuzarmen erschlossen werden.

Unveröffentlicht.

R.B.

VI.148

VI.149

VI.150

VI.151

VI.152

VI.154

VI.156

VI.157

VI.158

VI.159

VI.161

VI.162

VI.163

VI.166

VI.167

VI.152 Zellenemailfibel

(s. Abb. S. 411)

9. Jahrhundert
Erwitte, Bad Westernkotten (Kr. Soest), ehemalige Niederungsburg Erlenof
Buntmetallegierung, gegossen. – Eingesetztes Stegwerk, weitgehend erhaltener mattblauer, graublauer und grautürkisfarbener Zellenschmelz. – Fibelplatte am Rand D. 0,28 cm, mit Nadelhalter D. 0,83 cm, Dm. 1,89 cm.
Bergkamen, Sammlung A. Ernst

Das Motiv der Zellenemailfibel wird von vier eingesetzten, den Rand nicht berührenden, halbkreisförmig gebogenen Buntmetallblechstreifen gebildet, deren Enden jeweils eingebogen sind. Diese formen ein gleicharmiges Kreuz mit sich zum Rand verbreiternden Armen nach und umschließen im Mittenbereich eine Raute.

Unveröffentlicht.

R.B.

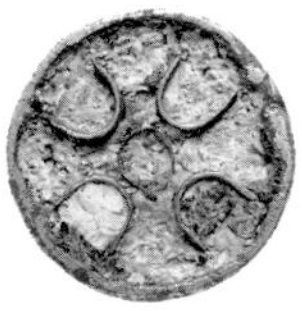

VI.153

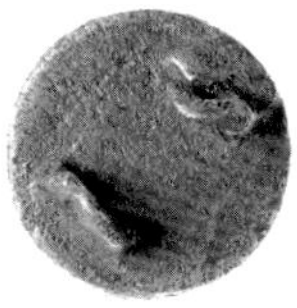

VI.153 Zellenemailfibel

9. Jahrhundert
Erwitte, Bad Westernkotten (Kr. Soest), Ortswüstung Hocelhem
Buntmetallegierung, gegossen. – Eingesetztes Stegwerk, farbiger Zellenschmelz. – Fibelplatte D. 0,30–0,32 cm, mit Nadelhalter D. 0,81 cm, Dm. 1,92–1,95 cm.
Bergkamen, Sammlung A. Ernst

Die Scheibenfibel besitzt einen kräftigen, hohen Korpus. An den Rand schließen sich vier halbkreis- bis U-förmig gebogene Stege an, deren Enden bis zu 0,2 cm vom Rand entfernt sind. Sie umfassen ein gleicharmiges Kreuz mit sich zum Rand verbreiternden Armen, dessen Mittelpunkt durch einen ringförmig zugebogenen Buntmetallblechstreifen besonders hervorgehoben worden ist. Der ursprünglichen Oberfläche nahe Schmelzreste sind von nahezu schwarzer und von weißlicher Farbe. In einer tiefergelegenen Zone ist die Schmelzeinlage körnig strukturiert und blaß- bzw. graugrün verfärbt. In einem kleinen Bereich der Schauseite ist wahrscheinlich eine keramische Masse, der sog. Grundlehm aufgeschlossen, in den die Buntmetallstege eingepreßt worden sein dürften.

In Westfalen-Lippe fanden sich bislang vergleichbare Fibeln mit einem kastenförmigen oder schwach kastenförmigen Korpus, gleicharmigem Kreuz, zumeist aus rundlichen, teilweise auch winkelförmigen Stegen oder Pelten, mit Mittelkreis und glattem, gekerbtem oder geperltem Rand: je eine Fibel in Büren-Brenken (Kr. Paderborn)/Schattenhusen, in Erwitte-Bad Westernkotten (Kr. Soest), Ortswüstung Aspen, in Erwitte-Bad Westernkotten (Kr. Soest), Ortswüstung Hocelhem, in Geseke (Kr. Soest), Ortswüstung Ebbinchusen, in Geseke-Störmede/Eikeloh (Kr. Soest), Ortswüstung Volkesmere, in Lichtenau-Atteln (Kr. Paderborn), Ortswüstung Versede, in Lippstadt (Kr. Soest), Ortswüstung Ussen und in Castrop-Rauxel (Kr. Recklinghausen), ehem. Zeche Erin.

Unveröffentlicht.

R.B.

VI.154 Zellenemailfibel

(s. Abb. S. 411)

9. Jahrhundert
Wünnenberg-Elisenhof/Friedrichsgrund (Kr. Paderborn), Ortswüstung Osteilern
Buntmetallegierung, gegossen. – Eingesetzte Buntmetallstege, tizianrot gefärbtes Zellenemail. – Fibelplatte D. 0,39 cm, mit Nadelkonstruktion D. 0,79 cm, Dm. 1,15–1,22 cm.
Bergkamen, Sammlung A. Ernst

Die Vorderseite der kleinen Zellenemailfibel mit hohem, kräftigem Korpus wird durch drei halbkreisförmig bzw. winklig gebogene Buntmetallstege verziert, die dreipaßförmig angeordnet sind. Die hohe Nadelkonstruktion ist randständig gegossen. Die Nadel dürfte unter dem der Fibelrückseite anhaftenden Eisenoxid verborgen sein.

Unveröffentlicht.

R.B.

VI.155

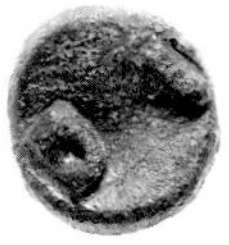

VI.155 Zellenemailfibel

9. Jahrhundert
Wünnenberg-Elisenhof/Friedrichsgrund (Kr. Paderborn), Ortswüstung Osteilern
Buntmetallegierung, gegossen. – Fibelplatte D. 0,30 cm, rekonstr. D. mit Nadelhalter ca. 0,7 cm, rekonstr. Dm. 1,42 cm (bzw. durch sekundäres Verformen auf 1,67 cm geweitet).
Geseke, Städtisches Hellweg-Museum

Zahlreiche der aus heutigem Ackerland geborgenen Fibeln sind, wie dieses Fundstück aus dem Siedlungsbereich der Wüstung Osteilern, stark beschädigt: Durch den Schlag eines scharfkantigen Bodenbearbeitungsgerätes ist der Rand der Fibel an zwei Stellen eingerissen und der Grundlehm wie auch das Email bis auf geringe Spuren ausgebrochen. Das Stegwerk ist vollständig verlorengegangen und hat keine Spuren hinterlassen, weil es in die keramische Platte eingesetzt war. Die Nadelrast ist abgebrochen; der ösenförmige Nadelhalter verbogen und an die Rückseite der Fibelplatte angepreßt worden.

Unveröffentlicht.

R.B.

VI.156 Fibel des Typs Frauenhofen

(s. Abb. S. 411)

2. Hälfte 10./1. Hälfte 11. Jahrhundert
Geseke (Kr. Soest), Dorfwüstung Stalpe
Buntmetallegierung, gegossen. – Spuren einer hellen graugrünen, glasartig glänzenden Schmelzeinlage. – Fragmentarisch erhalten. – Fibelplatte max. D. 0,25 cm, Dm. 3,31 cm.
Olpe, Westfälisches Museum für Archäologie

An eine runde Zentralgrube von 1 bis 1,07 cm Durchmesser schließt sich ein erhabener Ringsteg an, der möglicherweise ehemals mit Kerben verziert war. Auf diesen folgt ein zweiter, vom Niveau tiefergelegener Ring, von dem vier dreieckige Kreuzarme ausgehen, die sich noch erhalten haben. Die Spitzen der Kreuzarme weisen zum Fibelmittelpunkt. Die dreieckigen Eintiefungen innerhalb der Kreuzarme sind wie die Zentralgrube zur Aufnahme einer Schmelzmasse vorgesehen. Zwischen den Kreuzarmen erscheinen kreisbogenförmige, buckelartig gewölbte Felder. Die tiefliegende Randzone ist mit kleinen ovalen bis punktförmigen Gravuren verziert. Die flache Rückseite läßt keine Spuren der wahrscheinlich ehemals angelöteten Nadelkonstruktion erkennen.

Unveröffentlicht.

R.B.

VI.157 Tiermotivfibel

(s. Abb. S. 411)

10. Jahrhundert
Bad Lippspringe (Kr. Paderborn), Ortswüstung Withem (?)
Buntmetallegierung, gegossen. – Grubenemail ausgewittert. – D. mit Nadelkonstruktion 0,65 cm, Dm. 3,63 cm, Gew. 13,5 g.
Bad Lippspringe, Heimatverein

Auf der Vorderseite der großen und ungewöhnlich schweren Grubenemailfibel ist ein Vierfüßler mit senkrecht erhobenem, buschigem Schweif und rückwärts gewandtem Kopf dargestellt. Schweif, Kopf und Füße des Tieres berühren den Randsteg, an den sich eine tiefliegende, 0,35 cm breite Randzone anschließt. Randstegnahe Rudimente von Grübchen lassen vermuten, daß die Randzone ehemals mit Gravuren verziert war.

Unveröffentlicht.

R.B.

VI.158 Heiligenfibel

(s. Abb. S. 411)

Mitte 9./frühes 10. Jahrhundert
Büren-Brenken (Kr. Paderborn), Ortswüstung Schattenhusen
Buntmetallegierung, gegossen (?), dunkelrotes Email. – Fibelplatte D. 0,19 cm, D. mit Nadelhalter 0,56 cm, Dm. 2,52–2,59 cm.
Dortmund, Sammlung Skrzypek

Kennzeichnend für Heiligenfibeln ist die stark vereinfachte Darstellung einer menschlichen Halbfigur, deren durch eine U-förmige Grube symbolisierter Kopf oben von einem bogenförmigen Nimbus gerahmt wird. Bei dem hier vorgestellten Typ ist der Oberkörper durch eine Grube in Form eines Y angedeutet, das seitlich von zwei ovalen Gruben flankiert wird. Das Fundstück weist einen abgetreppten, abgeschrägten Rand auf, so daß anzunehmen ist, daß die Fibel aus zwei Platten zusammengesetzt ist.

Unveröffentlicht.

R.B.

VI.160

VI.159 Heiligenfibel *(s. Abb. S. 411)*

Mitte 9./frühes 10. Jahrhundert
Dortmund (Innenstadt), Olpe 17/19
Buntmetallegierung. – Fibel aus zwei Platten zusammengesetzt, Trägerplatte (mit Nadelkonstruktion) gegossen, Deckplatte aus Blech bestehend; Reste der Schmelzeinlage. – Fibelplatten D. 0,22 cm (wobei 0,11–0,13 cm auf die untere Platte entfallen), D. mit Nadelrast 0,73 cm, Dm. 2,5–2,58 cm.
Dortmund, Museum für Kunst und Kulturgeschichte

Bei dem Fundstück mit charakteristischem Design (bogigem Nimbus, U-förmiger Gesichtsgrube, nierenförmigen Oberkörpergruben, doppelbogig geschweifter Basisgrube, achsensymmetrischem Aufbau der Halbfigur) ergibt sich aus der Gestaltung des Randes, daß die Fibel in der sog. Senkschmelztechnik hergestellt worden ist: Der rechte Rand weist eine Stufung auf, die erkennen läßt, daß die Fibel aus zwei Platten besteht. Die Heiligenfigur ist sorgfältig und mit senkrechten Wänden aus einem Buntmetallblech ausgeschnitten, das anschließend mit der Trägerplatte verbunden worden ist. Wahrscheinliche Reste eingesetzten Stegwerks sind im Bereich der Basisgrube erkennbar. Im Bereich der linken Fibelhälfte ist die Stufung des Randes durch Feilen beseitigt worden. Beim Herstellen ist ein Fehler unterlaufen, indem die obere Blechscheibe in falscher Position auf dem Trägermaterial befestigt worden ist. Dies hat zur Folge, daß die Figur bei normaler Befestigungsweise der Nadel auf dem Kopf steht.

Unveröffentlicht.

R.B.

VI.160 Doppelheiligenfibel

Mitte 9./frühes 10. Jahrhundert
Büren-Steinhausen (Kr. Paderborn), Ortswüstung Diderikeshusen
Buntmetallegierung, gegossen. – Rotbraune und fleckig graugrüne Zersetzungsprodukte von Grubenemail, Nimbus der linken Halbfigur mit Lochfraßbildung. – Fibelplatte D. 0,2 cm, D. mit Nadelrast 0,63 cm, Dm. 3 cm.
Dortmund, Sammlung Skrzypek

Die Vorderseite der Fibel zeigt zwei Personen, deren jeweils durch zwei ovale Gruben angedeutete Gesichter durch Nimben gerahmt werden. Wie bei der Heiligenfibel Kat.Nr. VI.159 treten als untere Begrenzung der Halbfiguren geschweifte Basisgruben auf.

Unveröffentlicht.

R.B.

VI.161 Grubenemailfibel mit Christusdarstellung *(s. Abb. S. 411)*

Mitte 9./frühes 10. Jahrhundert
Paderborn, Balhorner Feld
Buntmetallegierung, gegossen. – Reste einer gelb-weiß verfärbten Schmelzeinlage. – Fibelplatte D. 0,18 cm, D. mit Nadelkonstruktion 0,58 cm, Dm. 2,15–2,20 cm.
Münster, Westfälisches Museum für Archäologie

Die Vorderseite der Fibel ist in ein Innen- und ein Außenfeld gegliedert. Das Innenfeld der Fibel umschreibt ein von Stegen begrenztes Oval, das durch einen V-förmigen Steg mit abgerundeter unterer Spitze in eine mittige Grube in Form eines auf dem Kopf stehenden 'Zuckerhuts' und zwei schräg zur senkrechten Mittelachse des Fundstückes ausgerichteten, spiegelbildlich gegenständig angeordneten kreissegmentförmigen Gruben untergliedert ist. Im Unterschied zu den übrigen westfälischen Fundstücken dieses Verzierungstyps sind bei der Balhorner Fibel an den beiden oberen Enden des V-förmigen Steges kleine, runde Fortsätze erkennbar. Wie sich aus einem Vergleich mit qualitätvolleren Zellenschmelzarbeiten ergibt, sind diese Punktgruben als Augen zu interpretieren. Um das Oval sind vier kleine, ungleich geformte Gruben zu einem den Christuskopf umgebenden Kreuznimbus angeordnet, die durch dazwischen befindliche, annähernd trapezförmige bis dreieckige Gruben voneinander abgesetzt sind. Auf der Rückseite befindet sich ein ösenförmiger Nadelhalter, eine hakenförmige Nadelrast und der Schlaufenrest der Eisennadel.

Unveröffentlicht.

R.B.

VI.162 Gußfibel mit Kreuzdarstellung

(s. Abb. S. 411)

9. Jahrhundert
Geseke (Kreis Soest), Ortswüstung Stalpe
Buntmetallegierung, gegossen. – Rest einer Eisennadel. – Fibelplatte D. 0,13 cm, D. mit Nadelkonstruktion, jedoch ohne Metallbuckel der Schauseite 0,58 cm, Dm. 2,15–2,21 cm.
Geseke, Hellweg-Museum

Die Vorderseite zeigt ein geringfügig erhabenes, gleicharmiges (griechisches) Kreuz mit 0,25 cm breiten und 0,8 cm langen Kreuzarmen. In den Zwickeln zwischen den Kreuzarmen erscheinen plastische Metallbuckel von 0,2 cm Durchmesser. Sie sind von den Kreuzarmen jeweils durch eine winklige bis bogenförmige Perlschnur abgesetzt. Das Motiv wird am Rand von einer doppelten Perlschnur gesäumt, von der die äußere korrosionsbedingt unvollständig erhalten ist.

Unveröffentlicht.

R.B.

VI.163 Pseudo-Münzfibel

(s. Abb. S. 411)

11. Jahrhundert
Büren-Steinhausen (Kr. Paderborn), Ortswüstung Diderikeshusen
Buntmetallegierung, getrieben bzw. geprägt und beidseitig vergoldet. – Spuren einer wahrscheinlich angelöteten Nadelkonstruktion. – D. 0,12 cm, Dm. 1,93–1,97 cm.
Dortmund, Sammlung Skrzypek

Vorbilder für die Gestaltung der Schauseite bestehen u. a. in Form byzantinischer Goldmünzen des Histamenon-Typs, insbesondere von Kaiser Romanus III. (1028–1034). Diesen entsprechend zeigt die Fibel den thronenden Christus mit halbkreisförmigem Nimbus als Weltenherrscher (Pantokrator). Zu beiden Seiten des Thronstuhles auftretende peltenförmige Zierelemente sind möglicherweise als rückgebildete Umschrift zu interpretieren. Das Münzbild wird von einer geperlten Randleiste gerahmt.

Unveröffentlicht.

R.B.

VI.164

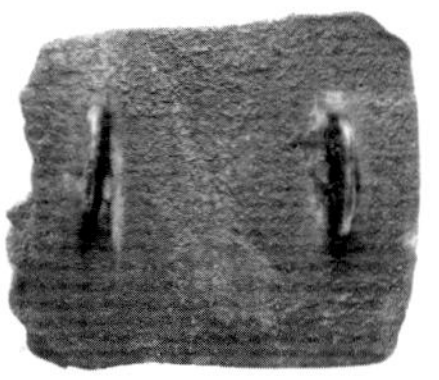

VI.164 Rechteckfibel

10. Jahrhundert
Erwitte-Bad Westernkotten (Kr. Soest), Ortswüstung Aspen
Buntmetallegierung, gegossen. – graugrün und tizianrot gefärbte, glasartig glänzende Schmelzmasse. – L. 2,74 cm, H./B. 2,32 cm, Fibelplatte D. 0,17 cm, D. mit Nadelkonstruktion 0,59 cm.
Bergkamen, Sammlung A. Ernst

Rechteckfibel in Grubenschmelztechnik mit Plateau und tiefliegender, 0,33 cm breiter Randzone, die teilweise erhebliche Verluststellen aufweist. Die ursprüngliche Größe der Fibel dürfte etwa 2,48 x 2,77 cm betragen haben. Das Plateau weist im Mittelbereich einen kreisförmigen Steg auf, von dem ausgehend vier schwach gekrümmte, in Kreise einmündende Stege diagonal in die Ecken des Plateaurahmens verlaufen. An den Längsseiten des Rahmens treten an einer Mittelachse ausgerichtete, paarig gegenüberliegende, zum Fibelmittelpunkt ausgreifende, bogig gekrümmte Stege auf.

Unveröffentlicht.

R.B.

VI.165

VI.165 Rosettenfibel

10. Jahrhundert
Büren-Steinhausen (Kr. Paderborn), Ortswüstung Diderikeshusen
Buntmetallegierung, gegossen. – Eisenoxidreste in der Umgebung des Nadelhalters. – Fibelplatte D. 0,16–0,23 cm, D. mit Nadelkonstruktion 0,48 cm, Dm. 2,43–2,53 cm.
Kamen, Stadtarchiv

Die Fibelplatte ist als Blütenrosette gestaltet, deren sechs Blätter jeweils mit einer runden Grube (zur Aufnahme einer Schmelzmasse) verziert sind. Die Gruben werden von einem mitgegossenen, flachen Metallring gerahmt, der eine Steinfassung imitieren soll. Eine entsprechende Grube erscheint im Zentrum des Fundstücks. Sie ist innerhalb eines Flachbuckels angelegt, durch den der Mittelpunkt der Rosette besonders hervorgehoben ist.

Unveröffentlicht.

R.B.

VI.166 Sternfibel *(s. Abb. S. 411)*

10. Jahrhundert
Erwitte-Bad Westernkotten (Kr. Soest), Ortswüstung Aspen
Buntmetallegierung, gegossen, Schmelzperle, Eisennadel. – D. 1,02 cm, Dm. 2,11–2,17 cm.
Dortmund, Sammlung Skrzypek

Die acht Sternstrahlen mit abgerundeter Spitze werden im Bereich der Fibelplatte durch Vertiefungszonen voneinander getrennt. In der mitgegossenen Zentralfassung hat sich eine schwarz korrodierte Schmelzperle mit graugelber Patina erhalten.

Unveröffentlicht.

R.B.

VI.167 Gußfibel mit Stern- oder Sonnenmotiv *(s. Abb. S. 411)*

9. Jahrhundert/1. Hälfte 10. Jahrhundert
Attendorn (Kr. Olpe), St. Johannes-Kirche, Grabungsfund
Buntmetallegierung, gegossen. – Fibelplatte D. 0,14 cm, D. mit Nadelrast 0,39 cm, Dm. 2,17–2,23 cm.
Attendorn, Kreismuseum, Inv.Nr. II/1733

Das Fundstück ist mit den bereits im Stuttgarter Psalter dargestellten Sternfibeln (Kat. Stuttgart 1997, Abb. 386.2 u. 3) vergleichbar. Anders als die Sternfibel (vgl. Kat.Nr. VI.166) weist die zudem runde Attendorner Fibel eine außerordentlich geringe Reliefierung auf. Das Motiv ist weiterhin nicht konsequent geometrisch dargestellt worden: Der Mittelbereich zeigt eine geringfügig erhabene Sonnen(?)-Scheibe, von deren Rand fünf von flachen Gußeisen begrenzte, dreieckige, einander asymmetrisch zugeordnete und ungleich große Srahlenkörper ausgehen, deren Spitzen die schwach erhabene Randleiste berühren. Die Zwischenräume der Strahlen nehmen ein bis zwei näherungsweise radial verlaufende Rippen auf.

Unveröffentlicht.

R.B.

VI.168 Gußfibel mit Eselsmotiv

11. Jahrhundert
Lippstadt, Dorfwüstung Ussen (Kr. Soest)
Buntmetallegierung, gegossen. – D.1,1 cm, Dm. 3,3 cm.
Lippstadt, Sammlung Borgmeyer

Auf der Vorderseite der schweren runden Fibel ist innerhalb eines erhabenen Rings ein Vierfüßler in einer ungewöhnlicher Weise als Halbplastik zur Darstellung gekommen, bei dem es sich aufgrund des langen Ohrs um einen Esel handeln dürfte. Der Kopf des Tieres mit geringfügig eingesenktem Auge ist überproportional groß dargestellt; der Eindruck einer Dreidimensionalität der Fibel wird dadurch verstärkt, daß das Hinterteil des Tieres dem Betrachter halbkugelförmig entgegenragt, wobei auf eine Herausarbeitung des Schweifes verzichtet worden ist.

Auf der plan gearbeiteten Rückseite befinden sich der ösenförmige Nadelhalter und die hakenförmige Nadelrast. Die Nadelachse ist annähernd parallel zur Mittellängslinie des Tierkörpers ausgerichtet.

Gußfibeln mit halbplastischem Tiermotiv sind innerhalb der Fundregion Westfalen-Lippe außerordentlich selten. Eine vergleichbare Fibel ist in der nicht weit von dem ehemaligen Dorf Ussen gelegenen Ortswüstung Osthem (Erwitte-Bad Westernkotten, Kr. Soest) geborgen worden.

VI.168

Kat. Münster 1993, Nr. 117, 245 f., Abb. 141 u. Farbabb. 50 (Sondermann).

R.B.

froiam et basiliscū hie
mis tempore misit sicque
in palatio hoc et natalem
dni et pascha a domno
rege celebrata sunt et
inmutauit se numerus
annorum.

DCCXCVIIII

Romani leonē papā leta
niā maiore captū exce
cauerunt ac lingua detrun
cauerunt · qui in custodiā
missus nocte per murū
euasit · et ad legatos dom
ni regis qui tunc apud ba
silicam sci petri erant
uuirundū scilicet abbatē
et uuinigisū spolitinū ducē
ueniens spolet iū est de
ductus; Domnus rex ad sa
xoniā profectus in loco
qui uocatur paderbrunno

[po]sitis castris consedit
[I]nde diuisa exercitu
carlū filium suū cum
medietate ad conloquiū
sclauorū que recipendos
[q]uinde nordliudis uene
[ru]nt saxones in barden
gauui direxit. ipse alte
ra medietate secum recema:
eodē in loco leonē pontifice
summo cū honore suscepit
ibique redditū carli filii sui
expectans leonē pontifi
cē simili quo susceptus est
honore dimisit qui statim
romā profectus est. Et rex
aquasgrani palaciū suū
reuersus est. In ea de expe
dicione legatus michahe
lis sicilie prefecti nomi
ne daniel ad domnum
regem uenit. adq; inde